예수의 활동지(1세기 팔레스타인) ▶

역사적
예 수

역사적 예수

초판 1쇄 발행 / 2016년 12월 23일
초판 4쇄 발행 / 2023년 8월 11일

지은이 / 김기흥
펴낸이 / 강일우
책임편집 / 정편집실
조판 / 신혜원
펴낸곳 / (주)창비
등록 / 1986년 8월 5일 제85호
주소 / 10881 경기도 파주시 회동길 184
전화 / 031-955-3333
팩시밀리 / 영업 031-955-3399 편집 031-955-3400
홈페이지 / www.changbi.com
전자우편 / nonfic@changbi.com

ⓒ 김기흥 2016
ISBN 978-89-364-7315-0 03300

역사적

예 수

김기흥 지음

창비

책머리에

사람들 중에 신의 아들이 있을 수 있을까? 이 질문을 21세기에 상식을 가진 일반인들에게 던진다면 대개는 부정적으로 대답할 것이다. 그렇다면 1세기에 살았던 갈릴리의 한 유대인 농부를 당시 사람들이 인간의 몸으로 온 하나님의 아들이라고 믿은 사실은 어떻게 보아야 할까? 우선은 종교적 심성이 풍부한 고대민족 내에서 있을 수 있는 일이었다고 볼 수 있겠다. 그런데 당시 유대인사회에서 역시 신의 아들이 이 땅에 있다는 것은 쉽게 믿기지 않는 일이었다. 일부는 믿었지만, 유대인 대다수는 믿지 않았다. 그들이 기대해온 영광스럽고 위대한 신의 아들의 모습과 현실의 질곡 속에 있던 나사렛 예수는 많은 차이가 있었던 것이다.

그런데 예수를 하나님의 아들 그리스도로 믿었던 사람들의 믿음은 매우 강고하였고, 더구나 이들은 믿지 않는 사람들에 비해 예수를 더 많이 접하고 잘 알고 있었다. 상당 기간 예수와 교류했던 이들은 예수가 십자가에 달려 국사범(國事犯)으로 처형을 당했으나 신령한 몸으로 부활했다고 믿고, 그를 하나님의 아들이라고 확신하였다. 전후 사정을 잘 모르는 일부 사람들이 어떤 오해에서 비롯된 심증에 의해 일시적으로 억지를 부린 것과는 분명히 다른, 광범위한 지역에서 다양한 사람들에게 지속적으로 일어났던 이 현상은 역사적인 것임을 부인할 수 없다.

더구나 하나님의 아들이라고 자부하기도 한 예수는, 고대사회의 영웅들과는 달리 자신을 신의 아들이라고 생각하되 자신의 왕국을 조성하여 섬김을 받아내려 하지 않은 매우 이질적인 존재였다. 그는 오히려 현대에 와서야 크게 부각되고 있는 지도자의 섬김을 강조하고, 가난한 자와 병든 자, 창녀와 세리(稅吏), 이방인 등 사회적으로 소외된 약자들을 자기 자신처럼 돌보고 사랑할 것을 가르쳤으며, 그 가르침을 몸소 실천해 보였다. 그가 이 땅에 실현하려고 힘써 가르친 하나님의 뜻이 구현되는 하나님 나라는, 사유재산을 부정하지 않으면서도 아침에 포도원에 들어온 일꾼이나 오후 늦게 온 이나 똑같은 품삯을 받고, 부자는 가난한 자를 위해 모든 재산을 다 팔아 나눠주어야 한다는 등 일견 비상식적인 것이었다. 전체적으로 그의 가르침은 당시의 세속적 가치관을 뒤집어놓은 것이라고 할 만큼 엉뚱하고 이상적이었다.

예수의 운동은 처음에는 이스라엘의 변방이라 할 수 있는 갈릴리 호숫가 유대인사회 내에서 펼쳐지기 시작했으나, 주변 이방에도 일부 영향을 미치고 사마리아와 유대 등 각지로 번져갔다. 그는 자신의 지향과 운동의 목표를 하나님 나라 실현이라고 말하였다. 그 존재 여부를 누구도 알 수 없는 사후의 천당이나 지옥 등을 말하지 않고, 바벨론 포로기에 이스라엘 예언자들의 예언으로 내비쳐진 해방과 더불어 고토(故土)에 이루어질 것으로 기대되던, 하나님의 뜻이 온전히 구현되는 통치를 1세기 그 시간 그 땅에서 실현하겠다는 현재적 종말론 운동이었다.

예수의 인도적이고 혁명적인 가르침과 사상은 굳이 그 연원을 찾아

본다면, 당대 이스라엘은 물론 여러 나라 여러 선각자와 학자들의 이상
적이고 인도주의적인 깨우침의 집합처럼 보일 수도 있다. 그런데 가난
하여 학교 수업도 받은 바 없고 체계적으로 학문을 닦은 사실도 없다고
여겨지는 그에게서, 당시로는 너무나 이상적인 가르침들이 비유를 주
된 방법론으로 하여 쉽고 자연스럽게, 그리고 일관성을 띠고 펼쳐졌다.
그것은 당대까지의 여러 가르침과 깨우침을 힘써 모아 억지로 조합한
것이 아니라, 이스라엘 전통신앙을 바탕으로 하되 예수의 직관으로 새
롭게 재인식된 단순하면서도 풍성한 지혜의 내용들이었다.

　인간사에서 한두 사람을 일시 현혹하는 일은 늘 있으며, 많은 사람을
상당 기간 속이는 것도 때로는 가능한 일이다. 그런데 예수는 본래 조직
화를 추구하거나 추종자들에게 충성을 강요하지 않았는데도 많은 사람
들이 지속적으로 그를 사랑하고 존경하며 그의 가르침과 그에 대한 신
뢰를 지키기 위해 심지어 죽음까지 감수하였다. 이러한 현상을 유발한
그의 감화력은 남다른 것이었다고 여겨진다. 그는 우리 같은 인간이면
서도 아마도 종교적인 면, 인간적인 면 등에서 범인을 초월하는 자질과
품성을 지녔던 듯하다. 그것은 흔히 말하는 신통력이나 이채로운 능력
정도와는 다른 수준의 것을 포함하고 있었을 것이다.

　이 책은 서양을 중심으로 전세계적으로 지대한 영향력을 미친 세계
적 종교의 교주로서는 너무 어이없게도 "사람들이 나를 누구라고 하느
냐" "너희는 나를 누구라 하느냐"라고 묻는 등 자신의 정체성에 대해
제자를 포함한 타인들과의 교감에 애로를 느꼈던, 인간으로 살았던 역
사적 예수(historical Jesus)의 실체 규명에 목표를 두었다.

　이를 위해 거의 동시대의 자료임에도 신앙적으로 윤색되어 사실성이
약한 편인 신약성경의 복음서와 바울서신 등의 자료를 역사학적으로

철저히 비판적인 관점에서 검토하고, 기존의 다양한 연구결과들을 최대한 참고, 활용하였다. 복음서 등을 예수 연구자료로 이용하는 데에 있어서는 어떤 전통적 그리스도교의 신조도 특별히 의식하지 않고 이성적이고 객관적인 분석이 되도록 하였다. 관련 지식들을 주로 신학적 인식을 기반으로 한 기존 연구들에서 얻었으나, 필자는 역사학적 방법론을 통해 보다 사실성에 근거한 인과관계에 의해 설명 가능한 새로운 이해체계를 세우고자 하였다. 청년 예수의 신앙적 방황과 구도(求道), 그리고 하나님의 한 아들로서의 거듭남, 하나님의 아들로서 그가 이루어간 현재적 하나님 나라의 내용과 역사적 의미는 물론, 자유롭고 유연한 그의 사유와 핵심 가르침인 '사랑'의 연원, '탕자의 비유' 등의 이해, '빈 무덤'을 넘어선 부활사건의 실상, 그리고 하나님의 아들이냐 사람의 아들이냐 같은 그의 정체성과 연관된 문제 등에서 상호 유기적이며 합리적인 진전된 인식을 얻고자 하였다.

이 책은 이처럼 인류 문명사에 대한 관심에서 수행한 한 위대한 선각자의 실체에 대한 역사학적 탐구이다. 동시에 20세기 후반 이래 가속화된 한국의 산업화 과정에서 너무 빠르게 성장하여 비대해지고 노후화한 한국 기독교가 현대사회에서 봉착한 딜레마에 대한 역사적 고민과, 40여년 인문학을 공부해온 학자로서 필자의 신앙적 정체성에 대한 점검의 산물이기도 하다. 모태로부터 이어진 기독교 신앙과 소년시절부터 오랜 세월 매일 일정량씩 꾸준히 읽어온 신약·구약성경 20회 내외 완독의 경험, 신화와 종교학에 대한 지속적인 관심과 40년간의 한국 고대사 연구, 그리고 약 7년의 시간 동안 200여권에 이르는 다양한 예수 관련 서적에 대한 집중적인 독서 끝에, 자유롭고 합리적인 사유로 보편성을 추구하며 소화해낸 결과물이다. 세월과 함께 그 소중함을 더욱 실감하게 된 건강과 시간, 그리고 기회가 더 주어진다면 고칠 것이 많은 부족한 저술임도 물론이다.

해외 원전을 많이 참고하지 못하고 번역본을 주로 이용했는데, 원저자들은 물론 벅찬 연구를 끝내 포기하지 않고 진행할 수 있도록 큰 도움이 되어준 여러 번역자들의 노고에 심심한 감사를 올린다. 늘 기억하고 성원해주시는 여러 지인과 친척들, 또다시 책을 만들어준 창비 관계자 여러분과 정편집실 김정혜 씨, 그리고 이 저술에 큰 관심을 갖고 도움을 준 아들 영종과 딸 영인 내외에게 고마움을 전하고 싶다. 인생을 동반하여 큰 수고를 아끼지 않고 있는 사랑하는 아내 권혜경과 함께 출간의 기쁨을 나누고자 한다.

끝으로, 이 책이 자신의 존재와 의미에 대해 고민하는 독자 여러분들에게는 반가움이, 인간 예수의 실체를 보다 깊이 알고자 하는 분들에게는 실질적인 도움이 되었으면 하는 마음이다. 매우 비중있는 사회적·문화적 위상을 지니면서도 일반 지성계와 거리를 두고 있는 종교의 담론이 일반 사회 가운데로 한걸음 더 나오는 데 한 연결고리가 되었으면 하는 바람도 있다. 더불어 역사학적 연구방법에 의해 보다 객관적으로 저술된 이 책이, 한국은 물론 세계적으로 여전히 전통적 신학과 교회의 영향력을 의식하며 진행 중인 역사적 예수 연구의 진전에 기여하기를 기대한다.

2016년 12월

김기흥

일러두기

1. 이 책에서 별도로 출전을 밝히지 않고 인용하는 모든 성경 구절은 대한성서공회의 개역 한글판 성경에 따랐다. 성경 구절 인용에서 장·절은 필요한 경우에만 표시하였다.
2. 개역 한글판 성경의 한글 맞춤법은 현행의 것과 일부 어긋나는데, 명백한 오자만 바로잡고 나머지는 모두 개역 한글판 성경의 표기에 따랐다.
3. 이 책의 성경 관련 고유명사는 대한성서공회 개역 한글판 성경에 따르고, 처음 나올 때 통용되는 원어를 병기했다.
4. 인용문 가운데 이해를 돕기 위해 저자가 덧붙인 부분은 〔 〕로 표시했다.

제 1 장

예수 이해의
역사적 배경

1. 이스라엘 구약시대 : 승리를 꿈꾼 약자의 길

타인을 감복시키는 능력이 뛰어난 고대의 영웅들은 흔히 자신의 의지와 욕망을 실현할 왕국을 건설하기 위해 분투하는 등 대개는 자신을 위한 영광의 길을 추구하곤 한다. 그러나 예수는 신의 뜻이 이루어지는 세상의 성취를 목표로 고군분투하다가 십자가에서 처형당하는, 결코 다른 영웅들에게서 볼 수 없는 삶을 살았다. 더욱이 그의 하나님 나라 운동은 강자의 일방성이 강력하게 관철되던 고대사회에서 쉽게 찾아볼 수 없는, 사회적 약자와 소외된 자들을 먼저 찾고 함께하는 민중적 행태를 보였다. 절대무한한 신인 하나님의 나라를 건설한다고 하면서 사회가 버리고 귀찮게 여긴 약자, 소외된 자들을 적극 깨우쳐 함께하려 한 그의 행동철학은 고금을 막론하고 흔치 않은 것으로, 의미심장한 가치가 있다.

이같이 약자를 더욱 주목하는 독특한 행적을 보인 예수는 유대인이었다. 그런데 그는 유대인 다수에게서 철저히 외면당했고, 결국 서로 다른 양자의 길은 종교적 갈등을 배태하여 중세 이후 현대에까지도 그리스도교 지역 곳곳에서 유대인 박해라는 비극을 낳는 배경이 되었다.

왜 이스라엘 전통에서 보아 전혀 문제가 없을 듯한 하나님 나라를 건설하자는 운동을 펼친 예수가 유대인 다수에게서 배척을 당한 것인지는 진지하게 따져볼 일이다. 왜 그는 대다수 유대인에게서는 하나님의 아들로 인정받지 못하고 주로 소위 이방에서 그리스도로 신앙되었던 것일까? 이것은 그의 역사적 실체를 파악하는 데 매우 중요한 문제가 아닐 수 없다. 같은 민족을 설득하지 못한 이를 진정한 현자요 심지어 하나님의 아들이라고 볼 수 있는가. 혹시 이방인들이 제대로 모른 채 사도들이 전한 신화화한 복음만 듣고 그를 신의 아들로 여기고 신앙했던 것은 아닐까 하는 당연한 의문을 가질 수도 있는 것이다.

바로 여기서 유대인 예수를 이해하기 위해 유대인의 신앙과 역사에 주목할 필요가 생긴다. 특히 고대 유대인들은 많은 민족적 고난을 통해 공동운명체로서의 의식이 다른 어떤 민족구성원들보다도 일찍 형성되었고 그 정도도 유별하였다. 아울러 종교와 정치를 일치시키는 신정국가(神政國家) 이념을 지지해온 기간이 장구하여 왕조시대에조차 제사장이나 예언자를 통한 야훼(Yahweh) 신의 정치 관여가 당연시되었다. 따라서 하나님의 통치 실현을 목표로 산 종교적 지도자 예수의 실체를 살펴봄에 있어 그가 속한 민족의 역사, 특히 종교와 연관하여 민족이 걸었던 길을 우선적으로 살펴볼 필요성이 있는 것이다.

구약성경이 전하는 이스라엘의 역사는 민족신의 계시와 그의 전면적인 간섭 속에 이루어지는 야훼 나라의 역사라고도 볼 수 있다. 그런데 이같이 성경이 전하는 이스라엘 역사는 후대, 특히 바벨론 포로기(BC 586~538. 유대인이 신바빌로니아 제국(바벨론)에 끌려가 포로 생활을 한 기간. 이 일은

16

'바빌론 유수'로도 불리며 사실상은 BC 605년부터 시작되었다) 전후 민족국가의 회복과 신정국가 건립을 위해 강력한 신앙적 의도에서 편집, 저술되는 과정에서 크게 윤색된 것이다.

구약성경 「신명기」에 극명하게 드러나 있듯이 야훼와 이스라엘 민족의 '계약'으로 성립된 비교적 독특한 신정국가 체제에서는 신에 대한 신앙 여부가 민족과 국가의 행불행을 결정짓는 시금석처럼 말해진다. 그러나 세상의 일, 세상 역사가 어찌 어느 한 민족신의 도움만으로 이루어질 수 있겠는가? 다른 나라의 신들도 있는 것이며 흔히 악의 세력이라고 말해지기도 하는 이방 민족의 영웅적 지배자들도 자신들의 의도를 역사에 적극 반영하고자 했을 것이다. 결국 야훼신앙에 의해 나라의 행불행과 승패가 좌우된 것으로 보이는 구약성경이 전하는 이스라엘의 고대사는, 후대에 강력한 신앙적 의도를 가진 사가들이 신앙적 요소를 더욱 강조하여 재해석하고 편집해낸 결과물인 것이다.

기원전 1200년경 오늘날의 팔레스타인 지역에 이스라엘이라고 여겨지는 실체가 있었음이 확인되지만[1] 이즈음에 대대적인 출애굽 사건이 있었다고 확신하기에는 무리가 있다. 구약성경이 말하는 60여만의 장정과[2] 그의 가족 등 300여만의 인구가 40년간 광야에서 실체를 알 수 없는 만나(manna)를 먹고 살았다는 신화적 내용을 그대로 믿는 일반 역사학자는 없을 것이다. 장기간 많은 인원이 광야 생활을 영위했음을 입증할 만한 이렇다 할 고고학적 자료도 없다. 따라서 성경의 출애굽 사건은 아무래도 포로로 끌려왔으나 바벨론(신바빌로니아)에 안주하고자 해서 돌아가기를 꺼려 하는 유대인들을 깨우쳐 예루살렘으로 돌아가도록 하기 위해, 사제들이 전설이나 신화 등을 이용해 과장하여 창출해낸 역사화한 파노라마였을 가능성이 없지 않다. 다윗(David)왕이라는 인물의 실재는 확실한 것으로 판명되지만, 구약성경에 보이는 다윗이나 솔로몬(Solomon) 시기 이스라엘의 위대한 영광을 입증해줄 만한 기원전 1,000년경에 건설된 웅장한 궁궐이나 관청 등의 고고학적 흔적도 없다.[3] 상고사, 특히 왕조의 건국사를 미화하는 것은 전세계 주요 고대사의 특징이기도 한데, 출애굽 사건은 바벨론 포로기와 이후 시기에 행해진 신앙의 역사화에서 나온 미화되고 과장된 역사상일 가능성이 높다.

이렇게 보면, 고고학적으로도 그 존재가 뒷받침되는 기원전 9세기 이래 북부 지역 이스라엘 왕조의 역사에서부터 보다 명확한 이스라엘 국가의 역사를 추적해볼 수 있는 형편이다. 그러나 이렇게 고고학에 의해 뒷받침되는 고대국가사는 필연적으로 선행하는 오랜 형성사를 가지고 있으므로, 전설 등으로 전해지는 국가 성립 이전의 역사성을 전면 부인해서도 안될 것이다. 주변 민족사까지를 참조하면서 과장되거나 윤색된 역사 속에서도 그 역사의 전사(前史)의 흔적을 추론해보아야 할 것이다.

이스라엘 고대사가 매우 특징적임은 이미 지적되어왔다. 종교사가 엘리아데(M. Eliade)는 원형의 반복으로서의 시간을 소거한 비역사성을 특징으로 하는 고대사회의 일반적 역사상에 비추어, 이스라엘 고대사는 야훼라는 인격신이 주도하여 단순한 반복 순환을 뛰어넘어 신의 출현에 따라 각기 본질적 가치를 갖는 역사적 사건이 이어지는 역사로서 세계사에 처음으로 등장한 것에 주목하였다.[4] 그리고 이스라엘인들은 고대사에서 독특하게도 인격신에 대한 '믿음'을 의(義)로 여겨 중시하는 종교사의 새로운 형태를 창출한 것으로 보고 있다.[5] 사회인류학자 르네 지라르(René Girard)에 의하면, 고대의 신화가 일반적으로 희생양 구조의 폭력성을 숨기고 있는 데 비해 이스라엘 구약성경이 전하는 역사는 그 진실에 주목하여 폭로하는 경향을 가진 것이 특징적이라고 한다.[6] 역사의 실상을 통해 보면, 유대인들은 특히 헬레니즘 시대에 문화 전반의 혼합의 소용돌이 속에서 자칫 국제화, 세계화의 유혹에 빠져드는 듯하다가도 결국 자신의 정체성을 민족적 수난을 치르면서까지 지켜냈던 것을 볼 수 있다. 유대문화를 처음 대한 상당수 이방의 지성인들이 그것에 호의를 가졌으나, 혼합주의를 지나치게 거부하는 유대인의 성향은[7] 헬레니즘 국가들은 물론 로마와 이집트(애굽) 등 주변국 사람들의 질시와 공격을 받는 빌미가 되기도 하였다. 기원후 70년 예루살렘 성전의 파괴도 혼합주의를 거부하고 유대교를 중심으로 한 독특한 민족정체성을 우선했던 유대인들이 만날 수밖에 없었던 비극인 면이 있다.

주위 민족들에 비해 비교적 약체라고 할 수 있는 민족으로서, 자신을 굳건히 지키기 위해 때로는 대다수 민족구성원이 죽음을 각오하고 고난의 길을 나섰던 이 독특한 역사는 어디서 비롯하는 것인가?

이쯤에서 필자가 느낀 이스라엘 고대사의 주요 특성을 말해본다면, 그것은 일견 대단한 선민주의(選民主義) 역사로 비치기도 하지만 단순한 선민주의를 넘어서 '승리를 꿈꾼 약자의 길'이었다고 볼 수 있을 듯하다. 선민주의는 고대의 다른 민족들에도 흔히 보이는 것인데, 이스라엘은 그것을 기본 바탕으로 하되 끝내 승리를 포기하지 않는 민족의 길을 걸었던 데 큰 특징이 있다고 여겨진다. 강자가 승리를 꿈꾸는 것은 국제관계에서 너무나 당연한 일이다. 그런데 상대적 약자인 고대 이스라엘은 지리적으로 이집트와 메소포타미아 두 선진 고대문명세력의 중간에 어렵게 끼여 있으면서도, 근접한 민족국가들은 물론 두 선진 제국들에 대해서도 자신의 정체성을 유지한 채 민족의 존립을 포기하지 않고 지켜내고자 하였다.

당시 인근의 블레셋인(Philistines)이나 암몬(Ammon), 모압(Moab, 모아브), 에돔(Edom, Idumea, 이두메), 아람(Aram) 등의 족속은 이스라엘 민족 형성과정에서 그를 정복, 분해, 흡수해낼 만큼의 역량을 갖추지 못했다. 그런데 주목되는 것은 세계적 문명 발상지에 기반을 둔 이집트는 물론 아시리아(앗수르)나 신바빌로니아 등 메소포타미아 일대에 출현한 제국들이 정복을 시도한 경우에도 민족적 존립을 포기하지 않았다는 점이다.

메소포타미아 일대의 세력들에 대해서는 유대민족의 시조 아브라함(Abraham) 전승에 보이는바, 그는 본래 그 지역 출신으로서 연원상의 친근감을 가졌던 만큼 어느정도 그들에 대한 이해가 있었다고 할 수 있다.[8] 이집트에 대해서도 지리적 인접성과 주민간 많은 교류경험을 통해 익숙한 상대라는 자신감이 있었을 만하다. 두 문명의 영향을 중간지대에서 받으며 두 문명과는 또다른 특성을 지닌 문화를 형성해오는 과정에서, 틈새에서의 존속 가능성과 존재의의를 자부했을 수도 있겠다. 사실 이스라엘이 젖과 꿀이 흐르는 가나안(Canaan) 땅에 국가를 세우고자 했다는 관념도[9] 후발주자로서는 두 문명권의 중간지대에 나라를 세우는 것이 가장 효율적이어서 형성될 수 있었을 것이다. 두 세력권의 중간지대에서 양 대국을 적절히 이용하면 이이제이(以夷制夷)를 통해 평화로운 존속이 가능하다고 여겼을 만하다. 히스기야(Hezekiah)왕의 외교정책에서 아시리아를 다른 강대세력인 신바빌로니아를 이용해 물리치려는 의도를 볼 수 있음은 물론, 신바빌로니아에 무너져가던 제국 아시리아를 도우려고 북진하던 이집트 파라오 느고 2세(Necho II, 네코 2세)의 군대를 막다가 전사한(BC 609) 유대왕국의 개혁군주 요시야(Jo-

20

siah)의 행적에서 약소국으로서 이이제이의 대외전략을 통한 외교를 중시하는 국가 보전책의 실상을 잘 볼 수 있다.

그런데 장기적인 역사적 안녕과 민족·국가의 보전은 필연적으로 승자가 될 때에 가능한 것이다. 강자들이 적극적으로 정복, 흡수하고자 할 때 역사에서 약자의 소멸과 퇴장은 당연한 일이었다. 이스라엘은 「이사야」 2:3에 보이는 것처럼 타민족이 야훼를 섬김으로써 이루어질 수 있는 공존 가능성을 그려보는 경우도 있으나, 결국은 자민족의 승리를 통한 민족국가의 보존과 번영을 꿈꾸게 되었다. 약자라고 승리자가 되지 말라는 법은 없고, 여타 약소 민족·국가들도 자신만의 신앙과 언어, 전통 등을 고수하며 승리를 기원한 것은 물론이다. 고대 이스라엘 민족은 약자이면서도 승리하겠다는 신념을 갖은 고난 속에서도 끝끝내 유지하였으며, 이에 역사적으로 특히 주목할 만한 점이 있다고 하겠다.

다윗이 건국한 이스라엘 통일왕국은 기원전 930년경 분열되어 두개의 왕국을 이루고 있던 중,[10] 북쪽 왕국 이스라엘이 아시리아에 의해 먼저 멸망당해(BC 722) 많은 주민이 강제로 이주되면서 민족 이산의 아픔을 겪었다. 그후 명맥을 유지하던 남쪽 유대 왕국도 신바빌로니아에 의해 멸망당하고(BC 586) 역시 많은 주민이 그 나라에 포로로 끌려가면서 민족 멸절의 위기를 만났다. 이후 신바빌로니아가 유대인들의 공동생활 허용 등 비교적 유화적인 포로정책을 취한 가운데 유대인들은 유배지에서도 성전 대신 회당을 중심으로 한 토라(tôrāh, 율법) 연구와 기도, 예배 등을 통해 민족정체성을 유지하기 위한 각성과 노력을 다하였다. 그러다가 새로운 제국 페르시아의 왕 고레스(Cyrus, 키루스 2세)의 등장이라는 일대 역사적 전환과 함께 피지배민족의 자율성과 신앙 등 정체성을 보다 적극적으로 인정해준 피정복민 정책으로 인해, 운 좋게도 포로 상태에서 해방을 맞이하여(BC 538) 일부 유대인들이 본토로 귀환함으로써 민족 멸절의 위기를 모면하게 되었다.

여기서 유대왕국 멸망과정에서 있었던 선지자 예레미야의 70년간 포로생활 이후의 귀환이라는 예언과(「예레미야」 25:11, 29:10; 「에스라」 1:1) 포로기 동안 있었던 에스겔의 이스라엘 회복 예언이 맞아떨어지는 감격적인 경험을 통해,[11] 유대인들의 야훼신앙은 종교뿐 아니라 민족의 정치·사회 이념으로 확고하게 자리하게 되었던 것으로 여겨진다. 페르시아의 왕 고레스까지 움직이게 했다고 여겨진 야훼 하나님은(「이사야」 45:1) 이로써 포로가 된 패배자 약소민족의 민족신이 아니라 대제국의 왕을 종처럼 움직이게 한 전능한 승리자의 신으로 선포되고 신앙되기에 이르렀던 것이다. 사실 포로기 이전 왕국시대의 야훼신앙은 국가적 옹호를 받기는 했지만 바알(Ba'al)이나 아스다롯(Ashtaroth) 등 토착적 농경신이나 유력한 이방신의 신앙과 공존하며 수시로 갈등을 일으키는 상황이었다. 특히 바알신앙은 농업과 밀착된 제의신앙으로서 농업의 비중이 확대되면서 농민사회에서 강고한 생명력을 유지하고 있었다.

유대인들은 포로기에 갑작스러운 행운 같은 변전을 경험하면서 타민족과의 공존과 야훼신앙의 세계화, 좀더 개방된 새로운 세상의 건설을 꿈꾸기도 하였다. 그러나 본토 귀환 후 예루살렘 재건과정에서 타민족과 토착민들의 강력한 반발 속에 현실적 고난과 궁핍을 겪으면서 약자 이스라엘은 더욱 신앙화, 관념화하여 야훼 하나님에게만 의지하게 되었다. 이는 식민지배가 계속되는 상황과 맞물려 정치체제에서도 왕국의 회복보다는 신정국가 건설을 지향하게 되었다. 다윗의 후손 메시아(Messiah, 헬라어로는 그리스도Kristos)를 기대하고 이야기하면서도 국가 멸망과정에서 이미 신뢰를 잃은 다윗왕조 국가의 회복은 적극 추진하지 않고, 민족신앙이 허용되는 식민지 상황에서 현실적으로 운영 가능한 제사장들 주도의 신정국가 체제를 수용, 유지하였다. 그런데 완전한 독립국가 재건의 희망과 달리 페르시아의 지배는 알렉산드로스 대왕(Alexandros III)의 출현시까지 계속되었고, 알렉산드로스 대왕이 페르시아에 이어 이집트까지 정복한(BC 332) 이후에도 유대는 헬레니즘 제국들의 지배를 받았다. 이러한 중에도 신앙의 자유와 민족의 자율성이 상당 부분 존중되는 데 일단 안도하고, 야훼가 포로 상태에서 해방해주신 그 감격을 회상하고 위대한 국가를 세워주실 것을 확신하면서, 야훼를 역사의 중심에 둔 '승리를 꿈꾸는 약자'로서의 민족정체성을 유지하였다. 외세의 지배가 강화될수록 상층 지배층은 외세와의 타협을 추구하기도 했지만 '약자의 승리' 가능성은 결코 포기하지 않았다. 그것마저 포기한다면 다른 인근 민족들처럼 정체성을 잃고 이산, 흡수될 것이 뻔히 예상되었던 것이다.

현실 국제관계에서 존재하기 어려운 '승리를 꿈꾸는 약자'라는 이 역설은 비교적 빠르게 정교한 논리적 틀을 갖추었다고 여겨진다. 포로기나 그 이후에 여러 전설과 문서자료 등을 이용해 편집된 현전하는 구약성경의 역사 관련 내용을 보면 이같은 점이 잘 반영되어 있다. 아브라함, 야곱(Jacob), 요셉(Joseph), 모세(Moses) 등 장자보다는 차자나 여타 아들이 내세워지거나, 사실성이 약한 구전설화라고 여겨지는 다윗과 골리앗(Goliath)의 싸움 이야기에서 소년 다윗이 승리자로 묘사되는 것 등이 그러하다. 가부장제 사회에서 소외된 약자에 불과한 라합(Rahab), 룻(Ruth), 드보라(Deborah), 아비가일(Abigail) 등 여성들의 선각적이고 적극적인 역할이 드러나 전해지는 것도 마찬가지다. 이같은 주변부 인물, 사회적 약자 들에 대한 관심은 고대 이스라엘 민족의 약자 경험의 사실성을 전제로 가능했던 것이다.

그런데 약자가 승리를 꿈꾸기 위해서는 특별한 방책이 마련되어야 했다. 이스라엘은 외세의 침략을 맞은 국가적 위기 속에서 이미 그 필요성을 생각한 적이 있었으나, 무엇보다도 바벨론 포로생활에서의 해방이라는 대경험을 통해 논리적 기반을 확고히 하게 되었다. 약자가 승리하기 위해서는 우수한 신, 전능한 신을 자기편에 모시면 될 것이었다. 그 신이 패배한 민족의 약한 신에 불과하다고 일시적으로 의심받기도 했을 야훼인 것은 두말할 나위가 없다. 야훼는 이미 바벨론 포로 해방에서 그 능력을 경험한 데 따라, 이스라엘이 배반하기 전에는 절대 약속을 어기지 않는 신실한 하나님으로 믿어지게 되었던 것이다.

신실한 하나님은 당연히 정의롭고 공정한 신이었고 그래야만 했다. 제우스 등 고대세계의 저명한 신들은 그같은 면모를 다 갖추지 못했으나, 역사가 진전될수록 정의로운 신이 추구된 것은 부정할 수 없다. 이스라엘 남북왕조의 혼란과 사회적 갈등, 특히 아시리아와 신바빌로니아의 대공세 속에 불의에 대한 심판은 누차 예고되었는데, 대체로 기원전 8세기 말 이후, 특히 기원전 6세기 이후 이스라엘의 신은 정의로운 신임이 구약성경 곳곳에서 강조되어 드러난다. 대표적 예언서인 「이사야」에는 야훼 하나님의 공정과 정의가 집중적으로 거론되어 있으며, 마침내 야훼의 정의는 약자인 이스라엘을 포로에서 구원하는 중대한 이유로 말해지기에 이르렀다.[12] 질투하는 무서운 야훼의 모습이 없는 것은 아니지만 그것은 대체로 고대 초기 전승을 중심으로 전해지는 모습이며, 포로기 이후 예언서와 역사서 「시편」 등에는 약자를 신원(伸寃)하는 공정하고 정의로운 하나님이 더욱 강조되고 있다.

정의라는 개념도 시대적 성격을 갖는 것일진대, 고대사회에서는 무엇보다도 전 시대에 형성된 평등한 공동체의 해체에서 오는 병폐를 줄이기 위해 공정과 균형의 분배 개념이 더 강조되었다. 공동체적 사회체제가 기층에 여전히 남아 있는 상태에서 그 와해에 따른 폐해를 염려하며 고대의 사회적 약자들은 왕과 귀족 등 강자들의 득세에 대해 더욱 정의 실현과 의로운 신의 도움을 갈망했던 것이다. 물론 시대를 초월하여 약자는 정의를 좋아하기 마련이다. 이스라엘 내부에서 부패와 부정이 판칠 때 사회적 약자들의 외침을 대변하던 예언자들은 공정한 저울과 공평한 재판을 설파하면서 사회적 안정의 회복과 유지를 희망하였다. 구약성경에 보이는 이스라엘 초기 예언자들의 외침은 그래서 대체로 사회적 균형의 회복을 지향하고 있다. 홍수와 가뭄, 곤충의 피해나 질병혹은 외세의 침략 등으로 제시되곤 하던 하나님의 심판(예언)은 불의한 사회 상황이 정상화될 때에는 되돌릴 수 있음을 보여주었다. 제국주의적 침략 앞에 선 약소국 유대왕국은 정의로운 하나님에게 큰 기대를 걸었다. 타국을 억압, 약탈하는 제국들은 약자의 입장에서는 타인의 것을 빼앗는 불의한 강도나 다름없는 만큼 정의로운 하나님의 심판이 따를 것이라 여겼던 것이다.

이처럼 정의로운 하나님에 대한 전적인 의탁과 더불어 무한전능한 유일신에 대한 신앙이 강조되었다. 매년 되풀이되는 축제의 신들에 대한 제의(祭儀)를 통해 순환적이며 반복적인 회복을 완전하게 이룰 수 있다고 여겼던 전래의 단순한 신화적 신앙과 달리, 신과 그를 섬기는 인간이 서로를 전면적이고 인격적으로 신뢰하는 관계를 중시하는 방향으로 진전한 것이다. 이같이 신에 대한 절대적 '믿음'이라는 인격적 관계의 종교형태는 반복적인 농경적 제의종교 중심의 당시 고대세계에서 매우 독특한 것으로서 주목된다. 100세에 얻은 아들 이삭(Isaac)을 야훼의 명령에 의해 번제(燔祭)에 바치는 아브라함의 행위는 첫아이를 신의 것으로 여겨 그에게 바치는 고대 팔레스타인의 종교적 습속과 연관해 생각해볼 수도 있겠지만, 자신이 신앙하는 전능한 하나님의 명령이기에 무조건 이행한다는 점에서 이채로운 믿음을 보여준다.[13] 전능한 절대신의 명령에 어떤 이의나 판단도 배제하고 순종함으로써 그는 의롭다는 평가를 듣게 되었다. 이를 통해 이스라엘 민족이 야훼에게 절대적 신뢰를 보냄으로써 정의롭고 선한 그 신에 대한 순종 자체가 정의로울 수밖에 없다는 결론에 이르게 됨을 볼 수 있다. 여기서 잔인한 신을 비난하고 싶은 마음은 누구나 가질 수 있겠으나, 이러한 순종이 고대 이스라엘인들의 야훼에 대한 절대적 신뢰의 산물임을 고려한다면 그리 비난할 일만은 아니다. 어쩌면 이 이야기 자체가 포로기나 이후 이스라엘 역사가 여전히 별다른 비전 없이 답답하게 흐르는 중에 등장한, 구약성경의 「욥기」와 「전도서」(「코헬렛」) 등에서 읽을 수 있는 야훼에 대한 회의를 의식해 윤색되었을 가능성도 생각해볼 수 있다. 역사적 전망이 보이지 않을수록 야훼 이외에 다른 방책이 없다고 본 전통 유대 종교적 사가들은 조상 아브라함의 절대적이고 무조건적인 신앙을 선양하며 그것을 모범 삼아 희망의 가능성을 찾았던 것이다.

하나님에 대한 절대적 믿음은 사회적·민족적으로는 율법이라는 약속과 계약의 법형식을 통해 현실화되었다. 관념적 신에 대한 믿음만으로 사회나 민족공동체를 운영할 수는 없었던 것이다. 그리하여 신인 야훼와 이스라엘 공동체는 계약의 쌍방이 되어 율법체계를 형성하게 되었다. 아브라함 이래 조상들이 하나님과 맺은 약속들이 강조되면서 마침내 모세를 통해 십계명 등이 제시되고 율법체계가 선포된 것으로 말해지게 되었다. 구약성경을 통해 보면 야훼는 자신의 명령과 가르침을 지키면 이스라엘 민족에 반드시 복으로 갚아주고, 명령에 불복하면 저주를 받을 것임을 밝혔다(『신명기』 11:26~28). 이스라엘 사회는 후대로 갈수록 더욱 율법에 의한 지배와 생활이 이루어지는 신정국가 체제를 지향하였다. 과거의 역사조차도 율법의 이행 여부와 관련하여 새롭게 해석되고 편집되었다.

정의롭고 전능한 하나님이 이스라엘 역사에 함께한다는 확신은 당연히 민족의 고난 중에도 희망을 잃지 않는 힘이 되었다. 그러나 '승리를 꿈꾸는 약자'는 현실 국제관계에서 강력한 질시의 대상이 되기 십상이었다. 그리고 이스라엘인들 스스로도 그 염원의 짐에 의해 크게 고통스럽기 마련이었다. 기원전 3세기 이집트에 자리한 프톨레마이오스(Ptolemaeos)왕조와의 평화로운 교류를 통해 유대인들은 국제 중개무역으로 크게 이익을 얻고 이방의 학자들로부터 철학적인 민족이라는 우호적 평가와 대우를 받았다. 그러다가 시리아에 자리한 셀레우코스(Seleucos)왕조의 강압적 지배를 받는 중에는 국제관계의 출렁임과 내부 개혁파와 보수세력의 대립 속에서 커다란 시련에 봉착하게 되었다.

외세의 통치와 간섭이 지속되는 나라에서 개방파와 보수파 혹은 화의파와 주전파가 나뉘어 대립하는 것은 동서고금에 상당히 보편적 현상이라고 할 수 있다. 이스라엘은 페르시아를 거쳐 특히 알렉산드로스의 후계자들의 장기 지배를 받으면서 헬레니즘 문화 속에서 개화·개방을 꿈꾸는 세력이 성장하였다. 헬레니즘의 이색적이며 도시적이고 향락적인 혼합주의 문물은 별다른 비전이 없던 동방 이스라엘인들에게도 매혹적인 면이 없지 않았던 것이다. 더구나 알렉산드로스 대왕 이래 정권들은 그리스문명에 자부심을 갖고 이를 식민지에 적극 전파하려는 정책을 취하여, 밀어닥치는 헬레니즘 문물은 약소민족인 유대인들에게는 힘겨운 파도였다. 용병 등 군인과 관료는 물론 많은 이주민들이 팔레스타인 지역에 들어오고 도시들이 건설되면서 그리스풍 학교와 체육관 등이 세워졌고 호메로스(Homeros)의 시들이 교육되고 체육활동이 중시되었다. 이러한 그리스인을 위한 학교에 유대 상층 귀족의 자제들도 다니게 되면서, 이들은 그리스어와 그리스식 교양과 생활방식에 익숙해졌다. 또한 그리스식 인명이 유대인의 전통적 이름과 함께 사용되었다.

유대 상층부를 중심으로 도시적인 소비·향락 중심의 헬레니즘 문화를 향유하는 풍토는 자연스런 것이 되었다. 예루살렘은 헬레니즘의 영향을 듬뿍 받으며 국제도시의 면모를 갖추어갔다. 유대 정체성의 중심에 있었던 유대교도 이미 대략 기원전 3세기 중반부터 헬레니즘적 유대교로 불릴 만큼[14] 변화를 겪고 있었다. 기원전 2세기 전반에는 셀레우코스왕조와 연계하여 적극적인 헬라(그리스)화를 추진하고자 하는 유대 대제사장이 출현하는 등 개방의 분위기가 무르익은 상황이었다.[15] 페르시아 지배하에서 사용되던 아람어가 널리 쓰이는 가운데 그리스어를 배워 사용하는 이들이 늘어갔으며, 오히려 민족언어인 히브리어는 사용이 활발하지 않은 형편이었다. 유대인의 이런 개방의식에는 구약성경「이사야」등에 보이는 바와 같이 (기원전 8세기 말에 일시 일어났다가 기원전 6세기의 국가 멸망과 이방인들을 접해본 포로기의 경험에서 나온) 만민이 함께 야훼를 경배함으로써 진정한 평화가 이루어질 것이라는 비전이 토대가 되었을 것이다. 전에 없던 민족 멸절의 위기를 겪으며 다른 민족들과 접촉하는 가운데, 특히 페르시아 왕 고레스의 피정복민정책 변화를 통해 해방을 맞음으로써 이방인에 대한 긍정적 이해가 싹트고 열린 사고가 가능해졌던 것이다. 여기서, 민족의 반역자로 매도

28

되기도 하는 대제사장 야손(Jason, Yason) 등 기원전 2세기 유대 개방파와의 진정한 의도가 무엇이었는지 궁금하지 않을 수 없다. 개방을 통한 하나님 신앙의 전파와 국제평화의 달성 같은 건설적인 명분이 있었을 법한데, 그들 편에서 그들의 의도를 전하는 자료는 남아 있지 않고 「마카베오기」 등 그들을 민족적 배신자로 혹평하는 자료들만 전하고 있어 아쉬움이 남는다.[16]

헬레니즘을 지향하는 대제사장 야손의 취임(BC 175)과 예루살렘을 헬라식으로 도시화하고자 하는 급진적인 개혁 시도는 셀레우코스왕조에 의지하는 바가 매우 컸다. 따라서 이미 기원전 3세기 말 카르타고를 제압한 지중해세계의 새로운 강자 로마의 등장에 따라 국제정세가 변화한 가운데 위상이 흔들리기 시작한 종주국 셀레우코스왕조와 함께, 이들 개혁세력은 여러 정치적 굴곡을 겪으며 소멸하게 된다. 셀레우코스왕조 안티오코스 4세 에피파네스왕(Antiochus IV Epiphanes, 재위 BC 175~164)은 로마의 등장에 따른 국제적 위기의 고조 속에 국가의 일체감을 공고히 하기 위해 자율적으로 행해온 유대인의 전통율법 준수를 금지하고 헬레니즘적 의식을 행하도록 하는 종교정책을 실시하였다(BC 167). 예루살렘 성전의 제단 위에 제우스 신의 제단이 설치되고 유대 각 지방에도 헬레니즘적인 제단을 세워 제물들을 봉헌하기에 이르렀다.[17] 이같은 전통적 유일신 야훼신앙에 대한 커다란 위협에 보수세력은 즉각 반발했고, 야훼신앙 사수를 내건 마카베오(Maccabeus)항쟁이 일어나 상당한 기간의 투쟁 끝에 이스라엘은 독립을 쟁취하게 되었다. 전 시대 어떤 제국의 지배하에서도 없던 이러한 종교적 탄압을 마주하여, 이스라엘 역사에 하나님의 적극적 간섭을 고대하는 종말론이 한층 강화되고 체계화되었다. 혼돈의 역사에서 하나님의 계획이 강조되며 그리스의 헤시오도스(Hesiodos) 등에게서 이미 보였던 단계적 역사관이 수용되고,[18] 하나님이 이루실 종말까지의 역사의 비밀이 특별한 자에게 은밀히 계시되었다는 묵시(默示)사상이 형성되어 「다니엘」서(BC 165년경) 등에 반영되면서 현실 역사의 고난과 절망을 참고 이겨낼 수 있는 힘으로 작용했다. 이러한 묵시문학이 하나님이 함께하는 약자 이스라엘의 승리를 기대하고 있었던 것은 물론이다.

마카베오항쟁이 여러 곡절 끝에 결국 승리를 거둠으로써 '신이 함께하는 약자의 승리'는 실현된 셈이었다. 그런데 이 신앙의 자유를 위한 투쟁을 지휘한 지방 제사장 출신 하스몬(Hasmon) 가문의 요나단(Jonathan Apphus)이 셀레우코스왕조에 의해 대제사장에 임명되어(BC 152) 일단 유대인의 종교적 자율과 자유가 존중받게 되었으나, 그가 전통적 대제사장 가문인 사독(Zadok) 가문의 대제사장 한 사람을 파면하면서 유대사회는 내부 균열을 겪게 되었다.[19] 더구나 요나단을 이은 그의 형제 시몬(Simon Maccabeus, 재위 BC 142~134)은 민족회의에 의해 이스라엘 민족이 기대해온 참된 예언자가 나오기 전까지 잠정적인 영도자 대제사장으로 임명되었으나, 뒤를 이은 요한 히르카누스(John Hyrcanus I, 재위 BC 134~104)는 예언자까지 자임하였다. 그뒤의 아리스토불루스(Aristobulus I, 재위 BC 104~103)는 스스로 왕이라 칭하고 헬레니즘 국가 같은 일반 왕국체제의 왕으로 군림하면서 신정국가의 이상과 멀어지게 되었다. 뒤이은 알렉산드로스 얀네우스왕(Alexandros Jannaeus, 재위 BC 103~76)의 획기적인 영토 확장은 왕조의 영광을 드높여주었지만 이방 민족들의 질시를 받는 원인이 되기도 하였다. 마카베오항쟁기의 투쟁에 큰 힘이 되었던 보수파 경건주의자 하시딤(Hasidim)이 갈라져 사두개(Saddoukaîoi)파, 바리새(Pharisee)파, 에세네(Essene)파 등이 성립하면서 유대교는 분열상을 보이게 되었다. 종교노선의 분파성은 사상사적으로 발전의 계기가 되기도 하지만, 대외적으로 취약했던 유대민족에 있어 정치적으로 상호 대립적인 종교 분파의 형성은 민족의 역량을 크게 약화시켰다.

알렉산드로스 얀네우스왕을 이어 왕비 알렉산드라(Salome Alexandra, 재위 BC 76~67)가 9년간 나라를 통치한 후 죽자 아들들인 히르카누스 2세와 아리스토불루스 2세가 왕위다툼을 벌였다. 이때에 중재자 역할을 한 로마 장군 폼페이우스(Pompeius)의 지시를 아리스토불루스 2세가 사실상 거부하자, 로마군은 유대로 쳐들어가 왕을 가두고 많은 유대인을 죽였으며 예루살렘 성전을 점령하고 지성소에 침입하기에 이르렀다. 이어 왕위를 폐하고 로마에 협조적이었던 히르카누스 2세로 하여금 대제사장직만 유지하도록 하여 유대는 로마의 속국이 되고 말았다(BC 63). 로마는 이전의 어떤 국가보다도 강력한 국력과 군대를 기반으로 유연하면서도 엄정한 제국주의적 통치를 실시하였다. 이러한 로마의 후원하에, 대제사장 히르카누스와 그의 친구이자 최고위 신하인 에돔 출신 안티파테르(Antipater II)가 통치하던 시기 유대는 비교적 안정을 유지하였다. 부자이자 뛰어난 정략가인 안티파테르는 유대 행정장관에 임명될 만큼 로마의 신임을 크게 얻었다.

유대의 실질적 지배자였던 안티파테르가 독살된(BC 43) 후, 갈릴리(Galilee)의 군사령관이었던 그의 둘째아들 헤롯(Herod)이 로마 원로원에 의해 유대왕에 임명되어(BC 40) 친로마적이고 강압적인 통치를 30여년 동안 실시하였다(BC 37~BC 4). 헤롯왕은 로마 장군 안토니우스(Antonius)의 후원을 받다가 그가 악티움해전에서 정적 옥타비아누스(Octavianus)에게 패해(BC 31) 죽자 재빨리 승자에게 충성을 맹세하고 후원을 받는 수완을 보였으며, 반쪽 유대인이라는 비난과 반발을 산 귀화인의 흠결을 보상하려는 듯 예루살렘 성전을 아름답고 웅장하게 확장, 개축하는 등 대내외적으로 능수능란한 통치자로서 군림하였다. 이러한 중에 대제사장의 사회적·정치적·종교적 지도력은 약화되고, 예루살렘 성전은 형식적인 신정기관으로서 기존의 종교 전통과 성전세 수취, 십일조 및 헌물 수납 등을 보장해주는 로마와 헤롯왕조에 우호적인 협조기관으로 전락해갔다. 그런데 헤롯왕의 통치양상은 유대인의 정서나 소망과는 거리가 있었다.[20] 로마의 간접적인 식민지 운영형태로 볼 수 있는 그의 통치는 감시와 고문, 살인 등 폭력과 강압에 의한 것이었으며, 도시의 건설과 로마제국에 대한 조공 및 헤롯왕조에 대한 세금, 그리고 성전체제에서 걷는 성전세 등의 수탈로 이 시기 일반 주민들의 생활은 날로 피폐해졌다. 유대는 물론 갈릴리 같은 농경사회의 주민들도 점차 농토를 잃고 전통적 농촌공동체는 해체의 위기를 맞아 주민들의 불만이 고조되어갔다. 약자의 승리를 꿈꾸는 선민적 민족주의는 잠복된 위력의 분출을 기다리며 세월을 보내게 되었던 것이다.

이처럼 고대 이스라엘이 고난의 역사 속에서 체득한 '정의롭고 전능한 야훼 하나님과 함께하는 약자의 승리'라는 이상은 고대 이스라엘 정치·종교·역사의 기본 인식이 되었다. 이것은 민족을 대외적 수난 속에서 지켜내는 긍정적인 역할을 했으나 한편 개방과 교류를 막는 기제가 되어, 강권적 외세를 만난 경우 민족구성원의 막대한 희생을 낳는 원인이 되기도 하였다. 그러나 약육강식의 세계사에서 상대적 약자가 승리를 꿈꾸며 자신들이 정의롭다고 여긴 신과 함께 희망을 걸고 숱한 역경을 이기며 민족과 민족문화를 지켜낸 것은 세계사적으로 그리고 인간사회의 도덕과 윤리의 발전 면에서도 의미있는 도전이라는 점을 주목해야 할 것이다. 약자가 훨씬 더 많은 인류사회에서 숱한 약자들의 존재 의의를 제고하고 공존의 삶을 설계할 논리의 근거를 제공해주는 측면 이 있는 것이다. 이는 홀로코스트를 경험한 제2차 세계대전 이후 신에 대한 근본적 회의가 높아진 중에도, 강자의 일방성·폭력성에 대한 반성 과 함께 약자에 유념하는 인류애적 윤리관념의 필요성에 대한 주장에 영감을 주고 있다고 하겠다.[21]

2. 예수시대의 정치상·사회상

예수의 탄생을 전후한 시기에 독재자 헤롯왕이 죽었다(BC 4). 에돔 출 신의 귀화인이어서 반쪽 유대인으로 여겨지기도 했던 그가 죽자 강압 적 통치에 눌려 있던 민심이 폭발하면서 유대인의 왕국을 회복하려는 메시아운동이 곳곳에서 일어나게 되었다. 농민 비적 출신 유다(Judas) 는 예수의 고향 갈릴리 나사렛(Nazareth)의 인근 도시 세포리스(Sep-phoris, Tzipori) 일대에서 봉기하여 왕궁을 공격하고 무기를 탈취해 부 자들의 재물을 빼앗는 등 왕 노릇을 하려고 하였다. 헤롯의 부하였던 시 몬도 왕을 칭하고 일어났고, 양치기 아트롱게스(Athronges)도 자신을 제2의 다윗이라고 주장하며 봉기하였다. 이들은 결국 로마의 시리아 총 독이 지휘하는 대규모 군대에 의해 진압되었다. 이때에 봉기한 자 중 약 2천명이 십자가에서 처형되고 많은 사람들이 노예로 잡혀갔다.

헤롯왕이 죽은 후 그가 다스리던 영토는 그의 유언과는 달리 로마 황제에 의해 그의 아들들에게 분할 상속되었다. 유대와 사마리아(Sa-maria)와 에돔은 헤롯이 왕위를 물려주려 했던 헤롯 아켈라오(Herod

Archelaus)가 다스리고(BC 4~AD 6), 예수의 고향인 갈릴리와 베레아 (Peraea)는 헤롯 안티파스(Herod Antipas)가 다스리게 되었다(BC 4~AD 39). 헤롯 필리포스(Herod Philippos)는 이투레아(Iturea, Ituraea) 바타니아(Batanaea) 등을 다스리게 되었다(BC 4~AD 34). 이 가운데 헤롯 아켈라오는 폭정으로 주민들이 로마에 탄원하여 가장 먼저 왕위를 박탈당했고 그가 다스리던 유대와 사마리아 등은 로마 총독이 다스리게 되었다.

이 시기 헤롯왕조의 통치를 못마땅하게 여기고 심지어 로마 총독의 통치를 원한 유대인들이 있었지만, 막상 로마 총독의 직접통치로 들어가게 되자 이에 반발하는 유대인들의 저항이 일어났다. 로마가 세금(인두세)을 징수하기 위해 호구조사를 실시하자 이에 반발하여 갈릴리 출신 유다가 바리새인 사독과 함께 유대인들에게 협조하지 말 것을 주장하였다. 유다는 오직 하나님 한분만이 유대인을 다스릴 수 있다면서 유대인들은 하나님의 통치가 이루어지도록 협력할 책임이 있다고 하였다. 아울러 로마에 세금을 내는 것은 그들의 노예가 되는 일이라고 하였다.[22] 이러한 신정주의는 갑자기 등장한 것이 아니고 오랜 연원을 가진 것으로서, 유대인사회에 광범위한 영향을 미쳐서 결국 로마제국의 총독 지배, 특히 조세 수취에 대한 직접적 저항운동과 66~70년 유대전쟁을 유발하는 기본 사상의 하나로 기능하였다. 성전 안에서 예수를 시험하려던 자들이 로마 황제에게 세금을 내는 것이 타당한지를 예수에게 물은 것도(「마가복음」 12:13~17) 바로 이같은 당시 유대인들의 심리를 이용한 도발적 질문이었다.

하스몬왕조가 팔레스타인 일대를 광범위하게 장악하여 통일왕국을 경험한 이래 헤롯왕조의 통치를 거치면서도 유지되었던 유대왕국은,

헤롯의 아들들이 격이 떨어지는 분봉왕으로 영토를 나누어 다스리고 유대와 사마리아에 로마 총독의 통치가 시행되면서 형식적 존속마저 위협받게 되었다. 물론 로마 총독의 통치는 유대의 대제사장이 주관하는 예루살렘 성전체제를 이용한 절충적 지배형태를 취했지만, 예루살렘의 통치를 로마 총독에게 내맡긴 유대인들의 민족적 심려와 위기감은 깊어갔다. 로마 황제들의 전제정치가 펼쳐지고 총독들의 자의적이고 강압적인 지배와 수탈이 실시되면서 유대인들의 고초는 날로 가중되었다. 더구나 로마제국이 확장세를 펼침으로써 독립의 희망과 국가 부흥의 가능성은 더욱 멀어지고 빈곤한 주민들 대다수의 생존과 함께 민족의 정체성을 수호하는 문제가 초미의 관심사가 된 형편이었다.

헤롯왕도 그랬지만 그의 아들들인 분봉왕들은 로마에서 교육을 받았고, 로마식 생활방식을 선망하고 자신들의 후원자인 로마 황실의 비위를 맞추기 위해 로마식 대도시를 건설하는 데 열심이었다. 헤롯왕이 건설한 지중해의 인공적 항구도시 가이사랴(Caesarea, 카이사레아)가 유명하며, 헤롯 안티파스도 세포리스를 재건하여 수도로 하였다가 다시 디베랴(Tiberias, 티베리아스)를 건설하여 천도하기에 이르렀다(AD 19). 헤롯 필리포스는 가이사랴 빌립보(Caesarea Philippi)를 건설하였다. 이러한 대도시 건설은 그 도시명에서 알 수 있듯이 로마 황제에 대한 충성심을 표현하는 방법이기도 했는데, 실로 막대한 재정이 소용되는 일로, 주민들에게 가혹하게 세금을 징수하는 주 원인이 되어 전통적 경제기반인 농업의 파괴를 가속화했다. 아울러 이들 새로 건설된 도시는 이방인들이 같이 살고 대규모 공연장과 운동경기장, 극장, 신전 등을 갖추고 있어서 그리스·로마식 생활풍조를 확대하는 기지로서 유대인들의 종교적·사회적·문화적 정체성을 위협하는 역할을 하였다. 언어적으로도 유대사회는 아람어가 널리 사용되고 그리스어와 히브리어가 일부 사용되는 복합적 문화환경 속에서 세계적 강대국 로마의 지배력이 더욱 강하게 영향을 미치면서 민족문화와 전통을 지키는 문제도 시련에 처해 있었다.

이미 헬레니즘의 혼합주의 문화가 곳곳에 스며든 가운데 로마 황제 숭배가 강화되면서, 유대인의 정신과 생활문화의 핵심인 예루살렘 성전을 중심으로 한 유대의 종교적 정체성은 종종 위협에 노출되었다. 앞서 헤롯왕 시대에는 예루살렘 성전 출입문 위에 로마를 상징하는 황금 독수리상을 설치하여 반발이 있었으며, 로마 총독 빌라도(Pontius Pilatus)는 유대인들이 십계명의 위반으로 여긴 로마 황제의 초상이 그려진 군기를 로마군이 몰래 예루살렘에 가지고 들어가도록 한다든지 성전 금고의 돈을 빼내서 관개수로 공사 등 일반 행정사업에 사용함으로써 유대인의 분노를 야기하며 크게 충돌하기도 했다.

이렇게 보면 예수가 살던 1세기 초반은 대다수 민중이 생계 자체를 위협받던 중에, 더구나 민족의 신앙적 정체성을 수호하고자 했던 유대인들의 삶은 극히 버거운 시기였다. 그리하여 외부의 영향과 충격에 민감해진 유대인들은 보수화를 추구했으며, 기회와 외침만 있다면 자신들의 정체성과 자존감을 지키기 위해 폭발할 수 있는 상태였다고도 할 수 있다. 충돌의 조짐은 그때그때 진압되고 타협하여 대충돌을 모면했지만, 하나님의 도우심에 기대어 메시아의 출현을 대망하며 절망적 상황에서도 최후 승리를 여전히 포기하지 않은 유대인들과, 세계 최강자로 군림하며 자신의 힘을 세상 모든 민족과 그들의 신들에게까지 마음껏 과시하고 싶었던 로마제국은 필연적으로 대격돌의 시점을 향해 전진하고 있었다고 보아도 좋을 것이다. 로마제국의 식민통치는 상대적으로 유연한 면이 있었다고 하지만, 양측에 포용력 있고 탁월한 지도자나 대타협을 이룰 주도세력이 나타나지 않음으로써 절망적 충돌을 향한 속도를 높여갔던 것이다.

이러한 중에 유대인 엘리트들은 민족의 신앙적 정체성을 지킨다는 명분하에 자신들의 신조를 앞세우며 종교적 분파 활동을 더욱 강화하였다. 그러면서도 한편 막강한 지배자인 로마제국과의 현실적 타협을 배제할 수는 없었기에, 이러한 그들의 행보는 전체 민족구성원들의 동의를 얻을 만한 비전을 제시하는 데 한계로 작용했다. 어떤 면에서 그들은 상당 부분 탈역사적 행태를 보이면서도 민족주의를 내거는 교묘한 이율배반의 길을 걷고 있었다고 하겠다. 그리하여 예수가 집중적으로 비판했듯이 인간을 중심에 두지 않는 형식적 율법주의가 만연하고, 지식을 독점한 자들이 자신도 그리고 백성들도 진리를 바르게 인식하도록 인도하지 못하는 상황이 벌어졌던 것이다.[23] 헤롯왕조와 대제사장 등 정치적 엘리트들의 지도력에 공감하지 못하던 이들 사이에서는 이방 민족 즉 로마와의 관계에서 자주적 선명성을 내걸고 하나님을 주인으로 섬기는 엄격한 율법 준수와 나아가 폭력도 불사하는 투쟁적 운동이 번져갔다. 한편으로는 외래 혼합주의의 종교적 오염에 대한 예민한 반응이나 되는 듯 '정결례(淨潔禮)'가 강조되어 에세네파 등의 종교 집단은 물론이고 일반 가정에서도 욕조를 설치하고 자주 목욕하여 정결하게 하고자 하는 풍조가 널리 퍼지기도 했다. 세례 요한(Johannes, John the Baptist)의 세례의 외침도 그래서 더욱 호응이 컸을 것이다.

이러한 상황 속에 갈릴리 나사렛에 농부인 예수가 있었다. 갈릴리는 유대 지방에 비해 농업에 훨씬 적합한 풍토를 가졌고, 기원전 8세기 말에 북왕조 이스라엘이 멸망한 이후 이방의 영역으로 여겨졌지만 오히려 전통적인 농업공동체 사회가 비교적 잘 유지되던 곳이다.[24] 신앙 면에서도 멸망 전 북왕조 이스라엘의 전통신앙이 기층사회에서는 여전히 존속했다. 그것은 남쪽 유대사회가 경험한 과도한 율법주의와는 거리가 있었으며, 비대립적 농업공동체의 구성원으로서 농민들 간의 우호와 여유를 간직하고 있었다. 예수의 언행 중에는 북왕조 이스라엘의 저명한 대예언자 엘리야(Eliyah, Elijah)에 대한 구체적 인식이 보이는데, 이는 우연한 일이 아니다. 갈릴리의 전통적 농업공동체 사회형태는 하스몬왕조 시대까지도 크게 와해의 위협을 받지 않았다. 그러다가 헤롯왕을 거쳐 기원전 4년에 시작된 헤롯 안티파스의 통치기에 이르러 헤롯왕조와 로마제국 그리고 성전제체 등 삼중의 조세 수탈과 대도시 건설에 따른 재정 부담의 확대로 전통적 자영 소농경제는 심각한 위협에 처하게 되는 것이다.[25]

비교적 안정되었던 갈릴리의 농촌공동체가 크게 위협받고 와해되는 중에 살았던 예민한 감수성을 지닌 예수는 자신과 이웃에 대해 구체적으로 번민하였다. 대제사장이나 사두개파, 율법 지식을 자랑하는 바리새파나 심지어 누구보다 깨끗함을 추구하는 에세네파도 소외된 농민을 위시한 대다수 민중들에게 삶의 대안을 제시하지 못하는 현실 속에 그의 고민과 회의와 방황이 있었던 것이다. 결국 그는 세례 요한이 외친 임박한 종말의 하나님 나라를 만나 이를 선포하고 현실에서 곧바로 실현하고자 분투하였다. 그의 하나님 나라는 심판을 전제하기보다는 은총과 구원을 중심으로 한 것이었다. 결코 결합되기 쉽지 않은 이스라엘의 전통적 현실정치이론인 신정론과 종말적 하나님 나라가 현재에서 만났던 것이다. 예수가 특별한 학문적 계보를 계승했다고 여겨지지는 않는 만큼, 그의 외침은 전통적 신앙에 서되 갈릴리 농민의 처지와 자신이 새롭게 얻은 인식에서 나온 보다 유연하고 희망적인 그 무엇을 가미한 것으로서, 특히 사회적 약자들을 격려하고 그들과 함께함으로써 그들에게 설득력을 갖고 다가갔다. 상대적 약소국으로서 옛 이스라엘은 고대사회로는 매우 드물게 승리를 꿈꾸는 약자로서 사회적 약자의 존재에도 관심을 가져왔던바, 그 전통에 닿아 있던 예수는 더욱 열악한 상태에 처한 사회적 약자들을 적극 고무하여 하나님의 자녀로 일으켜세우고자 하는 지경에 이르렀던 것이다. 그리고 그의 외침은 로마제국하에서 함께 신음하던 지중해 일대 각 지역과 민족의 사회적 약자들에게까지 퍼져나갔다.

오랜 제국주의 지배하에서 성전체제를 운영하다보니 타협을 시도하며 교묘해질 수밖에 없었고 한편으로는 힘겹기도 했던 유대 지방에 비해, 지역적으로 이방과 가까우면서도 건강한 농업공동체가 강고하게 지속되어 전통성을 유지하다가 동요하게 된 갈릴리였기에 이스라엘 민족 전체의 위기와 문제를 해결할 대안으로서 예수의 하나님 나라 운동이 탄생할 바탕이 있었다고 볼 수 있다. 예루살렘을 중심으로 한 유대인들은 '갈릴리에서는 선지자가 나지 못한다'면서[26] 갈릴리와 나아가 예수를 낮추어 보기도 했지만, 다른 나라 역사에서도 종종 볼 수 있는 대로 오히려 노쇠한 중심보다 그 변경에서 새로운 가능성이 싹틀 수 있었던 것이다. 그의 가르침과 치유의 능력은 '권세있는 것'으로 묘사되기도 하는데, 매우 악화된 민족적·계급적 상황에서 절망적 처지로 몰려 차라리 종말을 고대하던 사회적 약자들에게는 그의 가르침과 능력이 자신들을 구하기 위한 신의 응답으로 여겨지기조차 했을 듯하다. 그리고 그것은 헬레니즘의 여파와 로마의 제국주의 통치 속에서, 유대민족을 넘어 공동의 열악한 운명에 처해 구세주를 고대하던 지중해 일대의 민중들에게 희망의 복음으로 피어날 가능성을 갖고 있었다.

물론 이같은 예수의 가르침은 당대로는 매우 이상적인 것으로서, 현실 기득권세력의 강력한 반발을 초래할 것은 물론 그가 속하고 사랑해 마지않은 열악한 처지의 민중들조차 현실과는 너무 거리가 먼 그 생경한 가르침에 적극적인 호응을 주저할 수밖에 없는 면이 있었다. 따라서 그가 세상에 대고 외친 하나님 나라 운동이 순항할 가능성은 적었다.

제 2 장

예수의 역사자료로서의
신약성경

예수와 비교적 가까운 시기에 살았던 역사가의 그에 대한 기술은 로마의 유대계 역사가 요세푸스(Flavius Josephus)의 『유대고대사』(*Antiquitates Judaicae*)와 로마 역사가 타키투스(Cornelius Tacitus)의 『연대기』(*Annales*) 등에 보인다. 이에 대해서는 3장에서 상세히 검토하겠다. 예수의 구체적 가르침과 행적은 신약성경 내의 바울서신(Pauline epistles, Paul's letters)과 복음서들에 전해진다. 이것들은 1세기 중후반에 저술된 것으로 역사적 예수 연구의 중심자료이다. 그런데 이 자료들은 부활신 앙에 열광했던 초기 그리스도인들의 저작이며, 더욱이 복음서의 경우 주로 예수의 신성(神性)이 크게 과장된 구전자료를 취합해 저술한 만큼 역사자료로 이용함에 신중을 기해야 한다.

1. 바울서신

바울(Paul)의 서신임을 서두에 밝히고 있는 저술들은 신약성경 전체의 절반을 넘는 분량이다. 이 가운데 바울의 친서로 밝혀진 것은 「데살로니가전서」 등 모두 7개이다.[1] 이것들은 예수 사후 20여년 전후인 50~56년경에 쓰였으며[2] 복음서 중 가장 먼저 기원후 70년경에 나온 「마가복음」에 비해 약 20년이 앞선 것으로서 상대적으로 역사성이 높은 자료라 할 수 있다. 바울의 편지는 역사적 예수를 만나지 못하고 쓰인 한계를 갖고 있지만, 예수의 직제자들이 상당수 살아 있던 시기의 예수신앙공동체를 향한 공개적 진술이라는 점에서 예수 관련 언급들은 상당한 신빙성이 있다고 여겨진다.

바울의 신앙적 회심(回心)은 예수 사후 3, 4년이 지나 다마스쿠스(Damascus, 다메섹)로 가는 길에서 빛 속에 찾아온 부활 승천한 예수를 만남으로써 이루어졌다. 따라서 그는 부활 예수에 집착하는 태도를 보였지만, 「고린도전서」 15장 등의 부활 관련 기사에서 보듯이 기존 제자와 추종자 그룹, 예루살렘 예수신앙공동체를 크게 의식하기도 하였다.[3] 바울은 베드로(Petrus)와 예수의 동생 야고보(Jakobus)를 방문하여 만난 적도 있다.[4] 그러므로 바울이 전하는 예수 관련 언급과 신학적 내용은 전해들은 사실이거나, 초기 예루살렘 예수신앙공동체가 가지고 있었거나 적어도 그들로부터 인정받은 것이라는 점에서 역사성이 높은 것들이라고 보아도 좋다.[5]

바울서신이 전하는 역사적 예수와 직접 관련된 내용으로는 제자들과 사도 및 신도들의 예수 부활의 인지(認知) 순서, 성만찬 성격이 부여된 예수와 제자들의 마지막 만찬, 세례의 의미, 그리고 예수의 부활한 몸(신령한 몸), 예수가 다윗의 후손이라는 계보 문제 등이 있다. 아울러 여러 교회 내의 문제들을 걱정하는 내용이 적지 않은데, 그중에는 예수의 부활을 불신하는 신자들도 있었음을 보여준다.

바울이 시종일관 예수에 헌신하며 그의 권위에 승복하고 있는 점도 의미심장하다. 바리새인으로서 본래 예수에 대적하는 입장이었고 수제자 베드로조차 힐책했던 신비 경험도 적지 않은 지성인 바울이 예수의 권위를 시종 인정하고 있는 것은, 그의 부활 예수를 만난 경험의 진실성과 더불어 예수의 권위, 신성에 대한 특별한 확신이 그에게 있었음을 보여준다.

바울서신은 예수에 관한 역사자료로서는 한계와 아쉬움이 있지만 초기 그리스도교 신학의 구심점인 것은 주지의 사실인데, 앞서 언급한 몇 가지 예수 관련 사실은 비교적 믿을 만한 준거가 되어 역사자료로서 큰 의미를 갖고 있다.

2. 복음서

신약성경에는 일종의 예수의 전기라 할 수 있는 「마태복음」 「마가복음」 「누가복음」 「요한복음」이 전한다. 「마가복음」이 70년경에, 그 뒤를 이어 80~90년경 「마태복음」과 「누가복음」이, 그리고 약 100년경에 「요한복음」이 저술되었다.[6]

'복음(福音, gospel)'이란 말은 앞시대부터 사용되어왔으나, 기원전 1세기 말 이후에는 로마 황제의 등장과 신성화 추구와 함께 황제에 관한 '기쁜 소식'의 뜻으로 사용되었다. 따라서 로마 황제의 '복음(들)'이 강조되던 1세기에, 복음서(福音書, Gospel)들은 로마 황제를 의식하여 하나님의 아들인 예수 그리스도가 또다른 참된 '왕'임을 밝히고자 만들어졌음을 보여주는 면이 있다. 바울도 이미 복음이라는 용어를 사용하였으나[7] 자신이 복음서를 저술하지는 않았다.

새로운 장르인 복음서는 특별한 계기에 의해 나왔다. 현재적 종말론에 서 있었던 역사적 예수를 직간접으로 경험한 1세대 초기 그리스도인들의 자연적 퇴장과 함께 나온 것이다. 그들은 현재적 종말론에 따라 자신들이 들었거나 제자나 사도들로부터 전해들은 구전 내용을 중심으로 윤리적으로 행하며 깨어 있는 마음으로 예수 재림을 고대하며 살았다. 따라서 책을 만들어 예수의 행적을 후세에 전할 필요성이 없었다. 그런데 그들의 퇴장으로 구전의 원천적 생성·향유 세대가 소멸함에 따라 예수신앙공동체들에서는 미래를 대비해 예수의 언행을 모아 보존, 이용할 필요성을 절실하게 느끼기 시작했다.[8]

아울러 복음서의 등장은 로마와 유대의 처참한 유대전쟁(AD 66~70)의 종식에도 불구하고 예수 재림이 실현되지 않은 사실과도 깊이 연관되어 있다. 로마시에서는 일시 그리스도인들이 추방되는 일이 이미 있었고(AD 49) 더구나 로마 대화재 때에는 네로(Nerō) 황제의 그리스도인 대학살이 있었기에(AD 64) 종말의 도래를 고대하는 신앙은 더욱 고조되었을 것이다. 그러다가 신앙의 본고장인 예루살렘이 정복되고 하나님의 성전이 불탄 로마와의 대규모 전쟁이 벌어진 것이다. 이는 아직은 유대교 내에 있던 그리스도인들에게도 세상 권력자의 하나님에 대한 도전으로 받아들여졌을 것인 만큼 당시는 예수 재림의 최적기로 확신되고 예수의 재림이 크게 기대되었을 것이다.[9] 그러나 끝내 영광스러운 인자(人子) 예수의 재림은 일어나지 않았다. 이제 예수신앙공동체는 자신들에게 그리고 유대교 신도와 선교의 대상인 세상 사람들에게도 재림의 지연을 설명해야 했다. 기존 신앙이 제대로 된 것인지 점검이 요청되어, 예수의 정체성을 재고찰하는 동시에 대비해야 할 미래를 의식하여 신앙생활의 모범으로서 예수의 삶과 제자들의 신앙을 재인식하고자 했다. 현재적 종말론 신앙에서 등한시했던 인간 예수의 정체성에 특히 주목했으며, 그의 행적을 수집, 편찬하는 과정에서 새로운 신앙을 가진 자들이 겪기 마련인 박해에 대해 의식하게 되면서 예수 수난의 의미에도 주목하였다.

바울서신과 달리 복음서는 예수를 주인공으로 등장시켜 그의 입을 통해 중요 말씀을 가르치고 그 행적을 기술하였다. 인간 예수를 알지 못하기에 어조가 높고 시종 긴장된 바울서신이 예수를 대상화하고 교리를 관념적으로 논리화하여 민중 신도 일반을 감화시키는 데 한계를 가진 데 비해, 이를 적극 수정하고 있다는 느낌이 있다. 예수의 신성화가 강화되고 사도들의 권위가 높아지면서 일면 예수와의 단절이 심화되는 데 대한 일반 신도들의 내적 반발과 그에 따른 반성의 일면도 있다. 또한 민중 신도 사이에서 구전되어온 인간 예수의 감화력 회복작업의 측면도 있는 듯하다. 복음서는 결국 현재적 종말의 지연에 따라 1세대 사도 중심 신앙을 넘어서 다음 세대 신도와 지성들의 회의와 재점검의 의도를 반영한 것이다.

네 복음서는 예수의 열두 제자 중 두 사람, 마태와 요한과 다른 제자 혹은 추종자로 볼 수 있는 마가와 누가가 썼다고 되어 있으나, 이름 그대로 그들이 지은 것으로 확신할 수는 없다. 「이사야」 「다니엘」 등 구약성경에도 보이는 바이지만, 책의 권위를 높이려는 의도로 저명한 타인의 이름을 빌리거나 타인의 저작에 내용을 첨부하는 등의 풍조가 이미 있었는데, 복음서의 경우도 예외가 아니다. 복음서는 초기의 여러 예수 신앙공동체에서 그 구성원들이 전해들어 알고 있던 예수 관련 이야기와 예수에 관한 문서자료에 자신들의 신앙심을 더해 신앙고백적인 내용을 기술하였다. 해당 신앙공동체의 지도적 지성이었을 복음서 저자들의 신앙과 신학도 큰 영향을 미쳤다. 그들은 역사서를 편찬하고자 하지 않았으며, 해당 신앙공동체 신자들의 필요에 맞는 예수상을 재해석해 보인 것이다.[10]

복음서의 내용은 전해진 자료 자체에 이미 반영되어 있고 복음서 저자와 복음서를 만든 해당 신앙공동체 신도들이 전해들어 알고 있는, 원초기 예수신앙공동체에서 정형화된 케리그마(kerygma, 복음의 선포, 설교) 속 예수의 틀을 비껴갈 수 없었다. 현재적 종말론에 매였던 초기 신도들은 예수 관련 자료를 애써 보존하거나 정리할 필요가 없었을 것이므로 자료는 매우 소략했을 것이다. 이런 상황에서 추진된 복음서 편찬작업에서는 자료의 사실성 여부가 절대적 선택기준이 되지는 않았다. 변형된 여러 자료들이 해당 공동체원들의 신앙에 비추어 받아들여질 수 있는가 여부에 따라 취사선택되었고, 신앙 제고에 도움이 된다고 여겨지면 용이하게 받아들여졌을 것이다. 따라서 복음서에는 예수의 신적 존재감을 높게 보여주는 기적 등 신화적 요소가 다수 등장하게 되었고, 같은 내용을 전하는 기사도 각 복음서 저자의 관점이나 의도에 따라 달리 기술되어 차이를 드러내는 등 신빙성과 관련된 문제점을 보이고 있다.

그런데 신화나 설화 등을 통한 사실의 변형이나 재해석, 나아가 창작이 있었다고 해도[11] 복음서가 사실과 무관할 수는 없다. 초기 케리그마에 보이는 부활한 신적 예수조차 공생애(公生涯)를 동반했던 추종자들의 고백인 만큼, 인간 예수와 단절되는 면이 있는 중에도 한편 강력한 연결선이 있었다. 아울러 기록대상인 예수가 자신들이 사는 시대로부터 불과 40년 정도 전, 멀다고 볼 수 없는 시점에 살았던 데서 오는 변형의 한계 같은 것도 있었다. 예수를 알았던 증인이 일부 생존했을 수 있고 그 증인의 자녀나 친지들이 신앙을 계승하는 경우도 없지 않았다.[12] 거짓을 죄악으로 규정한 십계명이 중요한 신앙윤리로 살아 있었던 것도 조작의 정도를 제어하는 역할을 했을 것이다. 여기에 예수 행적의 사실성 자체가 주는 제약도 작용했을 것이다. 특별한 카리스마를 가진 인물의 행적이 부풀려질 가능성이 높긴 하지만, 한편 그렇기에 애초 강력한 인상을 남겨 적어도 그 진실의 일면이 변형된 형태로라도 전해질 개연성은 과소평가할 수 없다. 예수 가르침의 주요 방법론인 '비유'의 이야기들을 보면 단순한 본래의 구성을 유지하며 변형이 적은 상태로 전해지는 편이다. 나아가 그의 사상을 잘 보여준다고 여겨지는 토막 말씀들이나 예수와 제자들에 관한 부정적 인상을 전하는 일부 기록은 비교적 사실성이 있다고 할 것이다.

복음서의 자료는 신뢰할 만한 당대 사람의 일기 같은 개인자료도 국가기관의 공식 문서도 아니다. 추종자들의 구전이 그 상당 부분을 이루었고 작자 미상의 문서자료가 포함되었으며, 초기 신자들의 열렬한 신앙심으로 변형되거나 복음서 저자조차 신앙적 의도를 갖고 저술에 임한 만큼 그 사실성을 분별하는 일은 매우 힘들다. 따라서 복음서 내용에 근거한 예수에 대한 역사적 연구는 고도로 숙련된 연구자들이 다양한 방법론을 구사하며 조심스럽게 진행할 수밖에 없다.

「마가복음」

「마가복음」은 예수의 재림이 지연될 조짐에 따라 재림 대망 신앙에 싹튼 의구심을 재빨리 메우고자 한 면이 있다. 그리하여 부활한 예수를 넘어 인간이었던 그의 실체까지 찾고자 했고, 이에 하나님의 아들이라고 믿은 예수의 공생애 행적을 구성해 보여주고 있다. 「마가복음」의 구도는 다른 복음서들에도 이어졌다. 특히 「마태복음」과 「누가복음」은 기본적으로 「마가복음」의 구성을 따르고 있어서 이들 세 복음서는 공관복음서(共觀福音書)로 불린다.

「마가복음」이 저술된 때는 로마군에 의해 예루살렘 성전이 파괴된 시점(AD 70) 전과[13] 후로 견해들이 갈리나, 필자가 보기에는 직후에 저술되었다고 여겨진다. 「마가복음」 13:2을 보면 "예수께서 이르시되 네가 이 큰 건물들을 보느냐 돌 하나도 돌 위에 남지 않고 다 무너뜨려지리라 하시니라"라고 되어 있는데, 원수까지 사랑하자는 예수의 가르침이나 행적으로 보아 그가 굳이 성전 건물의 파괴를 예언하지는 않았을 것으로 보인다. 따라서 이 내용은 성전이 파괴된 이후 상황을 반영하여 복음서 저자가 만든 것으로 보인다. 아울러 곧 예수가 재림하여 종말이 이루어지기를 고대했을 유대전쟁기에 굳이 비용과 시간을 들여 새로운 복음서를 저술할 이유도 여유도 없었을 것이다. 「마가복음」 12:1~12의 '포도원 농부의 비유'를 보면 예루살렘 성전 파괴가 하나님의 아들 예수를 죽인 것에 대한 징벌임을 비치고 있는바, 이 복음서가 성전 파괴 이후 저술된 것임을 스스로 보여준다. 또한 이 복음서에는 라틴어 어원의 용어가 적지 않게 보이고 로마 등지에서 사용된 고드란트(kodrantes) 동전으로의 환산 금액이 제시되어 있기도 하다. 따라서 이 복음서는 유대전쟁의 로마군 사령관 베스파시아누스(Vespasianus) 황제 부자가 유대 포로들과 예루살렘 성전에서 탈취한 전리품을 이끌고 성대한 개선식을 펼쳐(AD 71)[14] 현지 그리스도인들에게 적지 않은 충격을 안겼을 로마에서 저술된 듯하다.[15] 유대 전통을 독자에게 설명해주는 것으로 보아 유대문화를 어느정도 아는 그리스도인이,[16] 주로 이방인 예수신앙공동체 신도들을 대상으로 구전 및 사화자료 등을 이용하여 편집, 저술한 것으로 보인다.

「마가복음」은 전후 연결이 거칠고 기술 내용이 소박한 가운데, 곳곳에서 원자료의 내용을 추론 가능할 정도로 보여준다. 뒤에 나온 복음서들이 「마가복음」의 기사를 이용하면서도 보다 합리적인 이해를 도모하거나 신앙적 의도에 따라 적극적으로 윤문하여 예수의 본래 의도를 약화시키는 등 마치 다른 주제를 다룬 기사처럼 만든 경우도 있음을 생각해보면, 「마가복음」의 단순소박한 편집과 윤문 정도는 역사적 예수 연구자들을 돕는 면이 있다. 「마가복음」의 이런 면모는 이 복음서가 예수를 신격화하려는 의욕과 더불어 그간 등한시한 역사적 예수의 복음사역을 처음으로 복원하고자 하는 의도를 가졌기에 가능했던 듯하다. 저술 시기가 예수 사후 불과 40년 정도 지난 시점인지라, 일부 생존했을 가능성이 있는 예수의 행적을 직접 체험한 증인들과 그들의 가족, 지인들을[17] 의식한 데서 비롯된 면도 있을 것이다.

사실과 신앙의 부조화는 소위 '메시아 비밀'이나[18] 특별한 제자들에게만 전해진 비밀스런 가르침 곧 비전(秘傳)이 있었던 것처럼 하여[19] 해결하려는 모습도 보인다. 「마가복음」에는 예수에 대해 부정적 이미지를 줄 법한 기사나 제자들의 무지와 무성의, 배신을 보여주는 사실들이 다수 기록되어 있는데, 「마태복음」과 특히 「누가복음」이 그것들을 삭제하거나 크게 완화한 것을 참작하면 이 기록들은 상당 정도 사실을 반영했을 가능성이 있다. 결국 역사적 예수 연구는 가장 먼저 저술되어 소박하면서도 사실 추정 가능성이 상대적으로 높은 「마가복음」을 중심으로 이루어질 수밖에 없다.

「마태복음」과 「누가복음」

「마태복음」과 「누가복음」은 「마가복음」에 있는 사실들을 뼈대로 예수의 말씀자료와 해당 신앙공동체의 자체 자료들을 보태어 저술되었다.[20] 이들 두 복음서에 사용된 비교적 풍성한 예수 말씀자료는 서로 중복되는 내용이 매우 많아 공통자료를 이용한 것으로 밝혀졌다. 그 공통자료는 책으로는 전해지지 않으나 「마가복음」보다 조금 앞서거나 거의 동시기에 만들어진 예수님의 말씀, 가르침 위주의 다른 문서 형태로 존재했을 가능성이 높다. 이 문서 혹은 책자는 흔히 '큐(Q)복음' '큐(Q)문서' 등으로 불린다.[21] 「누가복음」과 「마태복음」에 약간 변용되어 있으나 기본적으로 같은 내용으로 보이는 현재 확인된 큐복음은 두 복음서의 주요 재료로서 예수 본래의 복음에 한발 가까이 있다. 그런데 이것은 말씀자료 위주이고, 수난이나 부활을 말하지는 않으나 부활 이후 상당한 시간이 흘러 예수를 이미 신적으로 신앙하는 가운데 만들어진 만큼 예수 본래의 말씀과는 어느정도 거리가 있음도 물론이다.

「마태복음」은 80~90년경에 시리아 지역 유대인 신앙공동체에서 저술된 것으로 여겨진다. 이때는 유대교와 유대교 내의 예수 추종자들이 점차 구분되어 정체성을 세워가던 시기이므로 양자의 관계는 대립적이었다. 특히 유대교가 유대전쟁 이후 얌니아(Jamnia, 야브네Yavne)에서 재정비되는 중에 85년경 제정된 회당기도문에 그리스도인을 이단과 동일시하여 저주대상으로 명시함으로써 그리스도인들은 유대교 회당에서 축출되는 상황으로 내몰렸다.[22] 회당에서 분리된 이들은 결국 교회 즉 에클레시아(ecclesia)를 형성하게 되었다(「마태복음」 16:18). 이들 그리스도인은 자신들의 정체성이 무엇인지, 그리고 자신들이 기존의 유대교도들보다 무엇이 더 나은지에 대해 고민하였다. 더불어 마태신앙공동체는 내부적으로도 문제를 만났다. 예수의 가르침을 절대화하고 유대교 율법의 가치와 의미를 부정하는 신자들과 그것을 긍정적으로 보는 신자들 간의 대립이었다. 이와 같은 대내외 문제에 대처할 필요에서 편찬된 것이 「마태복음」이다.

「마태복음」은 네 복음서 중 분량이 가장 적은 「마가복음」 내용의 90% 정도를 그대로 싣거나 약간 윤색하여 이용하고 있는데, 그밖에도 큐복음 및 여러 비유와 전승 등 「마태복음」에만 보이는 자료들이 크게 보완됨으로써 전체 구성이 풍성해지고 여러 사실과 말씀 내용이 정리되어 세련도가 한결 높아졌다. 물론 마태공동체의 필요와 상황에 따라 예수의 가르침을 의도적으로 재해석하여 본래의 가르침과 더 거리가 멀어진 부분도 있다.

「마태복음」에만 보이는 내용으로는 예수의 족보와 탄생 이야기, 동방박사 이야기와 아기 예수의 애굽 피신 등이 눈에 띄며, 전통율법의 가치를 지지하여 예수가 율법의 완성자로 제시되었다.[23] 베드로에 관한 기사가 여럿 나와 그의 주도적 위상을 드러내려는 의도도 보인다. 그밖에 몇가지 비유를 더 전하고 있는데, 하나님 나라를 구체적으로 사실감 있게 제시해주는 포도원 품꾼의 비유(20:1~16)와 세상과 새롭게 형성된 교회에 대한 관점을 보여주는 가라지 비유(13:24~30)가 그것이다. 이외에도 예수의 죽음과 함께 성도들의 몸이 많이 깨어나서 예수 부활 후 무덤에서 나와 성에 들어가 많은 이에게 보였다는 기사도 있다(27:52~53). 부활을 둘러싼 대제사장측의 예민한 반응이 보이며, 갈릴리에서 행해졌다는 부활 예수가 제자들에게 선교를 명하는 장면도 기록되어 있다(28:16~20).

「누가복음」은 유대계 그리스도인이 80~90년경에 저술하였다.[24] 그는

「사도행전」도 함께 저술하여 예수의 복음 전파와 더불어 그를 계승한 사도들의 복음 전파까지 기술하는 역사적 안목을 보였다. 예루살렘에서 로마로 전파되며 세계화되어가던 그리스도교의 역사에 처음으로 주목한 것이다.

누가 예수신앙공동체는 로마제국 내 어느 도시에 자리했던 이방인 공동체로 여겨진다. 이들도 마태신앙공동체와 같이 자기정체성 확립의 과정에 있었는데, 이방인 공동체인 만큼 유대교와의 분리가 가져올 이스라엘 신앙전통과의 단절을 더욱 의식하며 극복하고자 하는 의도를 보였다. 예수를 통해 아브라함과 다윗의 후손이라는 점을 확인했던 유대계 마태공동체보다 더 나아가, 아브라함과 다윗은 물론 아담과 그 위로 하나님까지 연결하는 계보를 작성하며(3:23~38)[25] 자신들도 하나님의 선민이며 이스라엘 전통에 서 있는 자들임을 밝히고 있다.

누가공동체는 기존 「마가복음」과 큐복음 그리고 자체 자료를 바탕으로 복음서를 만들었다. 「마가복음」 구절의 약 50% 정도가 이용되었는데, 「마태복음」에 비해 그 비중을 크게 축소하고 내용을 대거 삭제한 부분이 있으며, 기사를 축소하거나 위치를 이동시키는 등 적극적 편집을 감행했다. 자칫 예수의 폭력성을 유추할 수 있는 감정적인 기사들이 삭제되고 친척들이 예수를 미쳤다고 보았다는 등의 부정적 묘사들 역시 생략되었다. 제자들에 대한 부정적인 기사도 생략하여 이미지를 의식한 편집이 행해졌음을 알 수 있다. 히브리어나 아람어 낱말들을 삭제하거나 대체하기도 했다.[26]

「누가복음」에는 「마가복음」과 「마태복음」에 비해 성령의 역할이 강조되고 자주 등장한다. 부와 빈곤이 중요한 소재로 쓰인 점도 주목된다. 부자들이 적지 않았다고 여겨지는 마태신앙공동체에 비해 누가신앙공동체 내에서는 부자와 빈자의 갈등이 문제되었음을 알 수 있다. 「마가복음」과 「마태복음」에는 보이지 않는 어리석은 부자의 비유, 부자와 거지 나사로(Lazaros) 이야기, 부자 세리 삭개오(Zacchaeus) 이야기, 탕자의 비유, 옳지 않은 청지기의 비유 등 재물과 관련된 다양한 이야기들이 전한다. 그중에는 "불의한 재물에 충성치 아니하면 누가 참된 것으로 너희에게 맡기겠느냐"(16:11)라는 구절도 있는데, 재물과 하나님을 보다 대립적으로 본 예수의 가르침에 비해,[27] 신앙과 재물의 관계를 적극적으로 연계 해석하여 일종의 중상주의적 의도를 내비치기도 한다.

「누가복음」은 신앙공동체원들에게 다가올 박해를 의식하여 이를 저술에 반영하였다. 예수의 무죄를 빌라도의 세차례 말을 통해 확인하고 (23:4, 14, 22) 빌라도가 예수를 풀어주려는 의사를 표명했음을 분명히 하여, 예수가 부끄러운 범죄자가 아니며 로마제국에 적대적인 존재가 아님을 내외에 확실히 하고자 했다. 아울러 기도의 중요성이 매우 강조되었다. 이는 박해에 대해 신자들이 할 수 있는 현실적 대응은 기도밖에 없었던 여건을 반영한 것이다. 예수는 끊임없이 기도하는 모습으로 묘사되며, 억지스런 기도도 이루어짐을 이 복음서에만 보이는 과부와 재판관의 비유(18:1~8)를 통해 보여준다. 또한 예수는 수난받는 의인이자 (23:47) 순교자로서 누가공동체 신도들의 신앙적 삶의 본보기로 묘사되었다.

「누가복음」에만 보이는 자료로는 세례 요한의 출생 약속, 예수의 수태고지, 성전에 간 소년 예수(2:21~28), 예수 가계의 긴 족보 등이 있다. 또한 70인의 귀환 이야기(10:17~20)와 예수 가르침의 진수를 보여준다고 여겨지는 선한 사마리아인의 비유(10:29~37), 탕자의 비유(15:11~32)가 크게 주목된다. 아울러 난해하기조차 한 불의한 청지기의 비유

(16:1~13)와 귀찮게 재판관을 찾아다녀 끝내 원한을 해결하는 과부에 관한 비유(18:1~8) 그리고 세리 삭개오 이야기가 있다. 그리스도 신앙 세계화의 루트로 예루살렘에서 로마로의 길을 의식하여 갈릴리가 아닌 예루살렘에서 부활한 예수가 제자들을 만나는 것으로 된 기사가 나오기도 한다(24:36~49).[28]

「요한복음」

「요한복음」은 100년경에 저술되었다. 요한계 신앙공동체의 원저자가 있고 그가 쓴 것을 같은 신앙공동체의 다른 인사가 최종 편집하였다.[29] 주로 이방계 그리스도인 독자들을 위해 「마가복음」처럼 유대교의 개념과 관습들을 설명하였다.[30] 사마리아인들에게 우호적인 기사가 보여 그들 계통의 신앙공동체에서 만든 것이라는 견해도 있다.

「요한복음」은 예수 전기적인 성격은 유지하되 그에 매이지 않고 자체의 신앙 기준에 따라 사실을 재해석, 재창작하였다. 다른 3개 복음서가 공관복음서로서 거의 같은 줄거리로 이루어진 데 비해 다른 구성을 보여준다. 예수가 성령으로 인해 여인을 통해 탄생했다는 설명은 버려졌다. 하나님과 인간 간의 중재자로서 지혜의 역할을 기대했던 유대의 지혜신학과[31], 플라톤 등 그리스 철학의 로고스(logos, 말씀)론을 수용하여, 하나님과 태초부터 공존하다가 육화(肉化)된 로고스적 인격체로서의 예수 그리스도를 명료하게 선언하였다(1:14). 이러한 융합적 신학은 이미 1세기 전반 알렉산드리아의 유대인 학자 필론(Philon, Philo)에게 수용되었고, 52~55년 사이에 작성된 바울의 「빌립보서」 2:6~11에 전하는 (초기 예수신앙공동체의 케리그마에서 유래했을) '그리스도 찬가'에도 반영되어 있다.[32]

56

고급 그리스도론으로 말해지기도 하는 '로고스 하나님'인 예수 그리스도를 선언한 「요한복음」에서, 독자들은 고난에 시달리는 안타까운 존재가 아니라 자신이 하나님의 아들임을 당당하게 선포하며 선교활동을 주도하는 능력있고 의연한 예수를 만나게 된다. 물이 포도주로 변했다거나 죽은 나사로가 나흘 만에 부활하는 등 이 복음서에만 있는 이적(異蹟) 기사들의 비중이 적지 않고, 그 구성도 시간성을 중시하지 않는 등 독자성을 보인다. 비유를 거의 싣지 않고 있으며, 공관복음서에 보이는 예수의 세례 사실이나 십자가 수난을 두려워하는 인간적 모습 등을 크게 다르게 전한다. 따라서 「요한복음」은 공관복음서들을 참고하지 않았을 가능성이 제기되기도 한다.

그런데 요한신앙공동체의 자체 전승자료가 일부 있었겠지만 사실성 있는 획기적인 자료가 새롭게 나왔을 개연성은 낮은 상황에서, 독자적으로 만든 복음서가 갑자기 차원이 다른 그리스도론을 제시하거나 이처럼 크게 구성의 세련미를 더하기는 쉽지 않은 일이다. 요한신앙공동체나 이 복음서 저자가 공관복음서를 몰랐을 리는 없다고 생각된다. 따라서 이 복음서에 처음 등장하는 이야기와 가르침은 이 공동체 내에서 새롭게 규명된 예수의 정체성 등과 연관해 재해석한 내용, 나아가 신학적 창작물일 가능성이 높다고 여겨진다. 그러므로 이 복음서 내용을 문자대로 사실로 여기고 예수의 역사를 찾는 작업을 진행하는 것은 매우 위험스러운 일이다.

「요한복음」은 기존 복음서를 참고하되 자체 기준에 따라 예수의 인격과 신성, 가르침의 진수를 반영하여 언행을 재구성해낸 작품이라 할 수 있다. 따라서 다른 복음서보다 사실성 면에서 크게 떨어지나,[33] 저자의 비교적 책임감 있고 자신있는 판단을 전제로 기술된 만큼 그 사실성을 전면 부인할 수만도 없는 독특한 위상을 지녔다. 사실 자체보다는 그 이면에 있을 수 있는 신앙적 진실을 추구하여 그것을 바탕으로 개연성 있는 내용으로 재구성해낸, 창작물의 속성을 많이 가진 것이다. 신과 인간의 직접적 연결을 추구한 것으로 보이는 예수의 본래 사상에 주목해 볼 때, 「요한복음」이 설파한 '로고스 하나님'이나 말씀(로고스)이 육신이 되었다는 그 하나님인 예수와 제자인 다른 인간들의 하나됨이 예수의 말로 선포되고 있는 것은 예수 사상에 보다 근접한 이해라고도 볼 수 있다. 타성에 젖어 기계적으로 편집한 역사서보다 때로는 훌륭한 문학가가 자료를 참고해 혼신을 다해 창작한 문학작품을 통해서 오히려 그 시대상을 더 사실감 있게 이해할 수도 있는 것이다.

「요한복음」은 네 복음서 중 가장 뒤늦게 저술된 것으로 예수의 제자인 요한이 지은 것처럼 되어 있으나 실은 당대에 흔하던 차명 저작이다. 저자에 대해서는 견해가 갈리는데, 이 복음서를 산출한 요한예수신앙공동체의 인사가 그리스도 신앙에 일가견을 얻은 후 그 인식을 바탕으로 기존 자료들을 신앙적 판단에 따라 재구성한 것으로 볼 수 있다. 이 복음서에는 여러 사건들을 예수와 함께 몸소 겪고 이 기록을 남기는 데 결정적인 역할을 한 사람으로 열두 제자 중 주요 인물인 세베대(Zebedee)의 아들 요한을 가리키는 듯한 '예수의 사랑하시는 제자'라는 독특한 존재가 보인다.[34] 이것은 이 복음서가 제자 요한 자신의 진술이나 서술이 아니고, 그로부터 직간접으로 영향을 받았거나 그렇다고 주장하는 다른 저자가 내용을 재구성, 재창작하면서 나타난 표현으로 볼 수도 있다.

'예수의 사랑하시는 제자'는 요한신앙공동체에서 중요한 역할을 한 어느 지도자를 이상화하여 기술한 것으로 보기도 하지만,[35] 1세기 말에 그같은 독특한 문학적 시도가 있었을 만한지 일단 의문이 든다. 베드로와 열두 제자 상당수를 본문에 등장시키면서 후대의 한 인물을 이상화하여 예수 당시의 제자로 소급해 넣었을 가능성은 낮다고 여겨진다. 그러기에는 90~100년경 그리스도교 사회에서 예수의 열두 제자, 특히 그 수제자급은 신도들 사이에 너무나 잘 알려져 있었을 것이다.

그런데 '예수의 사랑하시는 제자'라는 표현은 예수를 지칭하는 '하나님의 사랑하시는 아들'과[36] 비견되는 구성이기도 하다. '하나님의 사랑하시는 아들'은 「요한복음」에서 로고스 하나님으로, 선재(先在)하는 그리스도로서 하나님의 '독생자(獨生子, 독자)'로 나온다. 유일한 창조주 안에서 낳아졌으니 그 아들을 굳이 독생자라고 부를 만하다. 다른 복음서에는 전혀 사용되지 않은 예수를 가리키는 이 독특한 용어는 「요한복음」과 동일 저자의 저술인 「요한일서」에 사용되고 있음을 주목할 필요가 있다.[37] 이처럼 「요한복음」의 본래 저자 내지 재편집자는 하나님의 독자(독생자) 신학을 확립한 만큼, 제자들 가운데서도 가장 예수의 사랑을 받은 제자 또한 정립해보고자 했을 법하며, 그 과정에서 예수를 세 번씩이나 모른다고 부인한 베드로가 아닌 다른 제자를 찾은 듯하다. 어쩌면 상대적으로 젊어서 예수에게 기대 식사를 한 전승이 있었을지도 모르는 제자, (가장 젊었기에 그런 말이 나왔겠지만) 그가 죽기 전에 예수 재림이 반드시 이루어질 것이라는 소문이 있었을 법한 제자, 무엇보다도 요한계 신앙공동체가 자신들 공동체의 연원이 된다고 여겼을 가능성이 있는 그 제자를 '예수의 사랑하시는 제자'로 세우고자 했던 듯하다.

구약성경 「창세기」 22:2에 야훼가 아브라함에게 '너의 아들, 네가 사랑하는 너의 독자 이삭'을 데리고[38] 모리아 땅으로 가서 산에서 번제를 드리라고 한 내용이 있다. 그런데 『70인역 헬라어 성경』의 영어번역본을 보면 이 부분은 "네가 사랑하는, 너의 가장 사랑하는 아들 이삭"이라고 되어 있어[39] '독자'가 '가장 사랑하는 아들'로 대치될 수도 있음을 알 수 있다. 하나밖에 없는 아들이니 가장 사랑하는 아들인 것은 당연하기도 하다. 이로써 「요한복음」이 말하는 '독생자' 예수의 개념 속에 '하나님이 가장 사랑하는 아들'이라는 의미도 있음을 추정할 수 있으며, '예수의 사랑하시는 제자'에도 당연히 '단 하나'의 의미가 부여되어 있다고 볼 수 있다. 그는 예수에게 기대어 식사를 할 정도이며 끝내는 예수의 육신의 어머니 부양을 부탁받기도 했으니 '사실 여부를 떠나서' 요한공동체는 자신들이 그 신앙을 계승하고 있다고 여기는 세베대의 아들 요한을 예수가 가장 사랑한 제자라고 보고자 했을 것을 추정해볼 수 있다. 사실 외경인 「도마복음」에도 이같은 기대가 도마에게 주어져 있으니, 도마는 예수의 정체를 유일하게 제대로 알고 있는 제자임을 주장하며[40] 그 복음서가 도마를 통해 전해진 예수의 비전이라 밝히고 있다. 「요한복음」은 공관복음서보다 훨씬 더 나아가 사실 자체에 연연하지 않고 자신들의 신학에 따른 재창작을 구사하는 만큼 '예수의 사랑하시는 제자'와 세베대의 아들 요한의 행적이 꼭 맞아야 할 이유가 없음도 이해해야 할 것이다. 이는 복음서가 전하는 신앙의 예수 그리스도와 인간 예수의 행적이 차이가 있는 것과 유사하다.

복음서의 사료적 가치

역사학적 분석을 통해 보면, 복음서들은 하나님의 진술을 적은 완전한 책이라는 전통적인 그리스도교의 성서관을 입증하지 못한다. 매우 높은 수준의 영성을 갖춘 그리스도인 지성들이 각고 끝에 저작한 것임에도, 완전을 지향하더라도 완전할 수 없는 인간의 한계를 벗어날 수 없는 것이다.

예수는 학교 교육을 받지 못했고 기존의 어떤 사상 조류에 속한 이도 아니며 학식 위주의 가르침을 펼친 이도 아니다.[41] 그는 기성 유대 지식인들이 지닌 구약성경의 지식을 갖고 있으면서도 거기에 매이지 않았다. 태생적으로 자유로운 사유의 소유자로서 고대 아테네인이나[42] 헬레니즘 시대 지식인들 이상으로 큰 자유로움을 확보한 채, 하나님의 말씀이 가르치고자 하는 근본정신을 꿰뚫어봄으로써 그것을 다른 차원으로 이해하고 가르쳤다. 이스라엘을 위한 종말의 왕국인 하나님 나라를 현실에서 이루려 한 데서 볼 수 있는 것처럼, 그의 가르침은 기성 지식이나 인식과 거리가 컸던 만큼 생경한 면도 있었다. 더구나 예수의 가르침은 책자로 만들어져 유포되지 않았다. 그의 주요 제자인 베드로, 야고보, 요한 등의 면면을 보면 학식 있는 이들이 아니었다. 그들은 어부나 농부였으며, 문자를 터득했다고 할 수 있는 사람은 세리 레위(Levi) 정도가 보일 뿐 예수의 가르침을 학문적으로 체계화할 역량을 갖추지 못했다.

예수 사후 그의 가르침은 입으로 전해지는 구전의 범주에 머물렀다.[43] 그 복음을 '그대로' 전하려는 노력이 이어졌지만, 거기에는 예수를 신적 존재로 믿어 높이려는 초기 신자들의 신앙적 열망이 덧붙어 그의 능력과 위상이 크게 부풀려질 소지가 있었으며, 결과도 그러했다. 예수 공생애 이후 적어도 40년이 지난 시기라서 대다수 사실이 변형, 변질된 가운데, 사실을 가능하면 그대로 전해야 한다는 증인으로서의 의식과 예수의 행적을 신적으로 미화하고 싶은 신앙심 사이의 긴장관계 속에서 복음서는 저술된 것이다. 따라서 복음서를 예수의 역사성을 파악하는 데 중요한 자료로 여기면서도, 그것들이 열렬한 추종자들의 신앙 고백이며 그들이 처한 상황에 따른 산물이라는 면에 유의하며 조심스런 분석을 할 수밖에 없다.

복음서들은 예수의 가르침이 오랜 종교전통에 서 있음을 강조하려는 의도로 구약성경 구절을 이용하여 그의 행적을 기술함으로써 사실성 판별을 어렵게 함은 물론, 그리스도 재림사상 등에 따라 크게 윤색하여 역사자료로 이용하는 데 어려움과 안타까움이 있다.

게다가 예수의 혁신적이고 광대한 사유와 가르침을 제대로 이해하지 못하여 온전히 전하지 못하는 한계를 갖고 있기도 하다. 획기적인 사상가의 사유가 다 이해되어 그대로 전해지는 것은 본래 불가능한 일이나, 복음서에 보이는 제자들의 지적 수준과 행적, 그리고 당시 유대 땅에 형성되어 있던 강고한 전통적 사유체계로 볼 때 예수는 충분히 이해받지 못한 매우 외로운 선각자였을 것이다. 따라서 당대 누구도 제대로 이해하지 못한 예수라는 또 하나의 전제를 앞에 두고 연구자들은 고민하여야 할 것이다.

그러나 서로 다른 점들이 없지 않은 복음서 기사들의 다양성이 이 자료들의 사실성을 추적하는 데 도움이 되기도 한다. 이러한 다양성은 각 신앙공동체가 자신들의 신앙적 의도를 반영한 데서 비롯한 면도 있으나, 초기 신자들이 예수에 대한 증인적 노력을 의식함으로써 가능했던 면도 있고, 중앙조직이나 경전이 확립되지 않은 상태에서 각 신앙공동체가 자신들의 경험과 전문(傳聞)을 매우 소중하게 여겼기에 나올 수 있었던 면도 없지 않다. 아울러 어떤 우호세력과도 힘을 합해야 할 새로운 종교의 발생기에, 예수의 겸손함을 여실히 기억하고 있던 초기 신앙공동체들이 다른 공동체의 전승에 대해서도 존중하는 자세를 가졌기에 다양한 복음서들의 존속이 가능하기도 했을 것이다. 여러 연구자들이 지적하듯이 결국 복음서들은 예수 행적의 사진이 아닌 해당 공동체나 저자가 그려낸 그림인 것이다.

신앙고백인 복음서를 중심으로 예수의 역사적 삶을 연구하는 일은 그 자료들의 실상으로 보면 연구자들에게 고초와 좌절을 불러일으키는 악조건임이 분명하다. 그러나 한편 태부족의 사료를 바탕으로 탐구해야 하는 고대사 연구자로서 볼 때, 2천여년 전의 한 인물에 대해 적어도 같은 세기 내에 형성된 서로 다른 신앙공동체들이 저술한 이 정도 분량의 일종의 전기자료가 전해진다는 것은 부족하나마 역사적 예수 연구를 가능하게 해주는 여건을 갖추었다고 할 만하다.

제 3 장

예수의
가계와 출생

1. 다윗 가계 여부

「마태복음」과 「누가복음」의 예수 족보를 보면 예수는 다윗의 자손으로 나온다. 그런데 이스라엘 전통에서 상징적 존재인 '다윗의 자손'은 고대 유대인들이 자신들의 미래에 나타날 위대한 왕, 메시아로 대망하던 존재이다. 야훼가 선지자 나단(Nathan)을 통해 다윗에게 다음에 태어날 왕자는 자기의 아들이라 예언한 내용에서부터 찾을 수 있는 '다윗의 자손'은, 후대에는 하나님이 함께하는 위대한 왕이 될 것이 명약관화한 존재로서 이스라엘의 집단적 소망이 되었다. 물론 구약성경 「사무엘하」 7:12~16의 관련 내용을 보면[1] 그 다윗의 후손은 다윗의 아들 솔로몬(Solomon)을 가리키는데, 유대인들은 큰 고난을 겪으면서 언젠가는 이스라엘을 회복시킬 다윗의 후손으로서 메시아 출현을 고대하게 된 것이다.

신약성경 복음서에는 그 사실성 여부를 단정할 수는 없지만 예수를 다윗의 자손이라 외치는 여리고(Jericho)의 맹인 바디매오(Bartimaeus)

등이 등장하여(「마가복음」 10:46, 47) 민중적 소망 속에서 예수가 바로 그 메시아로 기대되었음을 볼 수 있다. 그런데 「마가복음」과 「마태복음」의 일부 내용에서 기적을 행한 예수는 제자들에게 자신이 행한 기적 자체에 대해 말하지 말 것을 명하거나[2] 자신이 그리스도임을 발설하지 말 것을 명함으로써[3] 성서학자들로부터 소위 '메시아 비밀'로 주목받은 바 있다.[4]

「마가복음」 12:35~37에 보면 다음과 같은 흥미로운 기사가 나온다. 이 기사는 약간씩 변형되어 「마태복음」 22:41~46, 「누가복음」 20:41~44에도 나온다.

> 35. 예수께서 성전에서 가르치실새 대답하여 가라사대 어찌하여 서기관들이 그리스도를 다윗의 자손이라 하느뇨 36. 다윗이 성령에 감동하여 친히 말하되[5] 주께서 내 주께 이르시되 내가 네 원수를 네 발 아래 둘 때까지 내 우편에 앉았으라 하셨도다 하였느니라 37. 다윗이 그리스도를 주라 하였은즉 어찌 그의 자손이 되겠느냐 하시더라 백성이 즐겁게 듣더라

당시의 율법 선생인 서기관들이 그리스도 곧 메시아를 다윗의 자손이라고 하는데 그 근거가 무엇이냐 물은 것이다. 구약성경 「시편」 110편에는 다윗이 주(하나님)께서 '내 주'께 자신의 오른편에 앉아 있으라 하셨다고 했는데, 어찌 다윗이 '내 주'라고 한 이가 후손이 될 수 있겠느냐 말한 것이다. 일단 기록 그대로 보면, 예수는 「시편」 110편에 나오는 다윗의 '내 주'를 하나님의 오른편에 앉은 왕적인 존재, 메시아로 보고 메시아가 다윗의 후손이라는 서기관들의 주장을 문제시하고

있다. 그런데 이는 「시편」 110편을 예수가 처음으로 메시아의 존재에 대한 근거로 제시한 것처럼 보이기도 하지만, 사실 이 시는 예수나 다른 백성들에게도 잘 알려져 있었던 만큼 이미 메시아의 근거로 제시되어 오던 것으로 보아야 옳을 것이다.[6] 「요한복음」에는 유대인들이 메시아는 항상 존재한다고 알고 있다는 내용이 나오기도 한다.[7] 서기관들 혹은 바리새인들이[8] 이스라엘에 오실 메시아 곧 그리스도가 예언된 다윗의 자손임을 널리 말해왔음을 알 수 있다.[9] 「시편」 110편 역시 메시아 대망을 담은 구절로 가르쳐져왔던 것이다. 메시아 자체가 신앙적·신화적 속성이 강하고 실체가 모호한 만큼 여러 관련 구절들이 정리되지 않은 채 이야기되어온 듯하다. 이런 상황에서 예수는 관련 가르침들 가운데 「시편」 110편의 다윗이 '내 주'라고 한 이와 '다윗의 후손'이 어찌 같은 메시아일 수 있겠느냐고 묻고 있다.

별다른 설명이 없어 예수가 어떻게 생각했는지는 정확히 밝혀지지 않는다. 신학자들 중에는, 예수는 다윗이 말한 '내 주'와 '다윗의 후손'이 같은 메시아라고 보았으며 결국은 예수 자신임을 내비치기 위해 수수께끼처럼 답을 말하지 않은 것으로 보는 견해가 적지 않은 듯하다.[10] 부활사건 후 예수 그리스도론이 제법 굳어져 있던 상황에서 「마가복음」 저자는 "다윗이 그리스도를 주라 하였은즉 어찌 그의 자손이 되겠느냐"라는 구절을 통해, 예수가 단순한 다윗의 자손이 아니고 이미 다윗 시대에도 하나님 오른편에 앉아 있는 '내 주'로 말해진 존재라고 여기고 이를 전한 듯하다.[11] 이러한 「마가복음」의 의도에 따른다면 그리스도가 다윗의 자손이면서 동시에 하나님 오른편에 앉아 있는 분임을 당시의 서기관들이 알지 못함을 지적한 것이라 볼 수 있다. 그런데 예수가 그렇게 생각했다면, 대답을 못한 서기관들이나 답이 궁금한 청중에게 메시아는 본래 하나님 오른편에 앉아 계신 아들(같은 분)로 다윗의 후손으로 태어날 것이라고 하면 될 일이다. 그러나 그런 내용은 없고 예수의 논박을 청중이 즐겁게 들었다고 말하는 것으로 보아, 청중은 일단 메시아가 다윗의 자손이라는 서기관들의 가르침은 문제가 있다고 생각하게 되었음을 알 수 있다.

한편, 「마가복음」의 저자는 이와 같이 나름의 이해를 전했겠지만, 본래 예수가 말한 의도는 예수의 인식에 근거하여 달리 볼 소지가 있다. 이 기사는 완벽하게 윤문하지는 않음으로써 본래 말하고자 했던 것을 읽어낼 수 있는 면이 있다. 사실 비유와 보충설명이 아니면 가르칠 수 없었다는(「마가복음」 4:33~34) 그의 제자들이 예수의 가르침을 얼마나 제대로 전했을지는 따져봐야 할 문제이며, 더구나 구전자료인 만큼 그 변질 정도는 쉽사리 단정할 수 없다. 앞의 인용구절도 온전한 실상을 전하고 있다고 확신할 수는 없는 만큼 변질의 정도나 편집의도 등을 헤아려 검토해야 할 것이다.

일단 인용된 내용을 존중해 본다면, 인간 예수는 조상이 후손을 주라고 할 수는 없다고 보았을 가능성이 높다. 그리고 거기에 청중들도 공감했던 것이다. 여기서 본래 예수의 말은 「시편」 110편에 보이는 다윗의 시를 제시하여 하나님 오른편에 앉은 하나님의 아들 같은 다윗의 후손을 말함으로써 메시아의 실체를 보완 설명하기보다는, 서기관들이나 바리새인들이 흔히 가르치는 대로 메시아가 다윗의 후손일 수 있는가에 대해 강한 의문을 제시한 것으로 볼 수 있다.

신약·구약성경을 보면 이스라엘인들은 곳곳에서 긴 족보를 나열하며 확고한 혈통의식을 보여준다. 조상 대대로 야훼신앙을 지켜왔음에 대한 자부심이 대단했던 것도 물론이다. 예수는 그렇게 조상을 존중하

70

는 의식을 가진 민족에서 다윗 같은 위대한 왕이 미래에 올 후손을 주라고 했을 리가 있겠냐는 단순 담백한 질문을 던지고 있는 것이다. 예수의 가르침이 단순명료함을 특징으로 하는 것은 널리 인정되고 있다.[12] 바리새인으로 여겨지는 율법학자인 서기관들은 물론 대답하지 못했는데(「마태복음」22:46), 영혼의 불멸과 부활을 믿었을 그들로서도 막상 질문을 받고 보니 위대한 조상 다윗이 후손을 '내 주'라고 했다고 보기가 주저되었던 것이다. 이 장면을 지켜보던 백성들은 예수의 지적에 수긍했고 말문이 막힌 서기관과 바리새인들의 처지를 고소하게 여겼던 것이다. 영혼의 불멸이나 부활은 1세기의 일반 유대인들에게 그리 익숙한 개념이 아니었다.

사실 이러한 질문에 제대로 답하려면 페르시아의 조로아스터교와 그리스 철학 등에서 유래하여 유대의 바리새인 등에게 수용된 영혼의 불멸성이나, 특히 「요한복음」에도 보이는 그리스 철학의 로고스론 정도가 원용되어야 가능했을 듯하다. 그러나 이는 예수와 동시대를 살았던 알렉산드리아의 필론 같은 엘리트 지성들이나 설명할 수 있었을 것이다.[13] 따라서 일반 바리새인과 서기관들은 그저 자신들이 스승으로부터 배운 대로 다윗의 자손 중에서 메시아가 나올 것이라고 말하며 백성들로 하여금 메시아를 기대하도록 하였다. 그러다가 예수의 단순하면서도 핵심을 찌르는 '어찌 조상이 자손을 주로 부르겠느냐'는 질문에 말이 막히고 말았던 것이다.

「마가복음」 저자의 의도와는 달리, 예수는 자신이 다윗에게 '내 주'로 불린 또 하나의 주임을 말하지는 않았다고 보인다. 아울러 메시아로 주목받거나 자신의 선재를 설명하는 것이 너무 민감한 문제이고 부담스러워 구체적으로 언급하지 않고 수수께끼처럼 남겨두었다면, 현명한 예수는 애초에 그런 질문을 하여 문제를 야기하지도 않았을 것이다.[14] 여기서 예수는 흔히 정치적 폭동을 불러와 많은 민중을 죽음과 노예 상태로 몰고 간 전통적인 정치적 메시아론의 근거가 허약한 것임을 폭로하려 한 것으로 보인다. 그는 유대의 엘리트 지식인들이 메시아론의 위험성에도 불구하고 그것을 고수하는 것은 이 이데올로기에 잠재된 힘을 이용하려는 데 목적을 두고 있음을 잘 알고 있었던 것이다. 아울러 예수는 바리새인과 서기관 등에게 지적으로 크게 주눅 들어 있는 백성들을 일깨우려는 부수적 의도도 가지고 있었을 가능성도 없지 않다.

결국 예수는 메시아에 대한 유대인들의 막연한 대망이 근거 없는 것임을 담백하게 제기한 것이다. 그러면서도 자신이 메시아라는 식의 어떤 언급도 하지 않은 점에 주목할 필요가 있다. 이 이야기가 말해지는 정황을 보면 예수는 자신의 정체성과 긴밀한, 민감할 수밖에 없는 메시아(그리스도) 문제를 그리 신중하게 다루고 있지 않다는 느낌을 준다. 그는 이 중차대할 수도 있는 문제를 그리 심각하지도, 중요하지도 않게 대하고 있다고 여겨진다. 적어도 그는 메시아와 다윗의 자손 문제에 거리를 두고 제3자의 객관적 위치를 유지하고 있다. 이 문제를 자신이 메시아임을 선포하기 위해 거론했다기보다는 자칫 서기관과 바리새인들의 교만을 무색하게 하는 공격용으로, 혹은 강의를 재미있게 하려고 말하는 감도 없지 않다.

물론 이는 「마가복음」에서 구사되는 단계적으로 실체를 드러내는 '메시아 비밀' 때문이라고 생각해볼 수도 있으나, 널리 다윗의 자손으로 이해되던 메시아에 대해 가볍게 언급하고 있음은 유의할 점이 있다. 복음서 중 가장 먼저 저술된 「마가복음」은 복음서들 중에서는 윤색의 정도가 상대적으로 낮고, 세련미는 떨어지나 그만큼 역사적 자료로서의 가치가 높은 편이다. 「마가복음」에는 예수 스스로 메시아라는 소문이 나지 않도록 발설 자체를 금지한 기사들이 수차례 나온다. 예수가 스스로 메시아라고 생각했는지 여부를 가리는 데 좋은 자료가 될 수 있는 것이다. 바로 앞의 인용구에서도 「마가복음」 저자의 의도와 달리 예수는 그리스도 곧 메시아가 다윗의 자손이라는 전통적 해석이 확실히 모순적이며, 자신은 그러한 견해를 의미있게 생각지 않음을 보인 것이다. 물론 자신이 메시아라는 주장을 드러내지도 않았고, 자신을 다윗의 자손이라고 외친 바디매오에게도 별다르게 반응하지 않았다.[15]

예수는 담백한 성품을 가졌고, 현재 전해지는 복음서는 예수 그리스도론의 윤색을 듬뿍 받은 상태이다. 따라서 복음서에 보이는 예수의 그리스도 발설 금지명령은 그가 살아서도 자신이 메시아라고 생각하지 않았고 그렇게 되고자 하지도 않았으며, 유대인들이 생각하는 유대 부흥의 주역이 될 다윗의 자손, 위대한 왕 메시아라는 존재에 대해 기대가 거의 없었음을 전해준다고도 볼 수 있다. 물론 그는 세례 요한을 위시하여 어느 선지자에 의해서도 왕이나 제사장 혹은 선지자로 임명받는 의례인 기름 부음을 받은 사실도 없다. 그는 앞의 인용구절에서 보는 바와 같이 메시아를 자신과 연관해 예민하게 받아들여 정중한 자세로 말하지 않고, 오히려 매우 객관적이랄 수 있는 태도로 자신과 별 관련 없는 일처럼 말했을 뿐이다. 사실 이스라엘의 회복과 영광을 가져올 것으로 여겨진 메시아 대망은 많이 이야기되었으나, 구약성경에는 유추 가능할 정도의 내용은 있으되 다윗의 자손을 메시아로 적시하지는 않았다.[16] 이같은 점을 잘 알고 있던 예수는 잠재적 위험에도 불구하고 시급한 어려움을 타개할 현실적 대안도 없이 막연하게 메시아 대망을 말하며 백성들에게 군림하던 서기관과 바리새인들을 무색하게 만들었던 것

이다.[17]

문제의 「시편」 110편은[18] '다윗의 시'라고 하는데, 이것은 '다윗이 지은 시'일 수도 있고 '다윗에 관한 시'일 수도 있다.[19] 별 선입견이나 그리스도 선재에 관한 식견이 없이 이 시를 본다면 대개는 왕이 된 다윗의 앞날을 축복하는 다윗에 관한 시라고 여길 만한 내용이다. 이스라엘 왕은 의제적(擬制的)으로 하나님의 아들로 인식되었던 만큼, 왕위에 오른 다윗을 하나님이 자신의 오른편에 아들처럼 앉혀두고 돌보셔서 그가 큰 영광을 얻게 될 것이라는 노래로 보아도 무리가 없다. 하나님이 함께 하시니 각종 전쟁에서 승리할 것이며 원수들도 꼼짝 못할 것이라는 내용의 대관식 축시 정도를 벗어나지 않는다. 이러한 왕의 취임 축하시가, 역사적 질곡 속에서 영광된 종말을 대망하며 민족국가 회복의 꿈을 키우던 포로기 이후 유대 지성들에 의해서는 종말에 올 영광된 이스라엘의 왕 메시아의 사전 임명의 노래처럼 해석되기에 이르렀던 것이다. 그런데 앞의 인용구절의 내용으로 볼 때 예수의 인식이 거기에까지 이르지는 않은 것으로 보인다.

예수는 이미 공생애 초기 광야에서 만난 사단(satan, 사탄)의 시험에서 세상의 권세자인 영광된 메시아됨의 유혹을 물리쳐 극복하였다.[20] 따라서 그는 메시아에 대한 대망도 없었고 그것을 중요하게 생각하지도 않았다. 더구나 혈통을 전제로 한 다윗의 자손에 대한 기대도 없었기에,[21] 널리 알려진 「시편」을 이용해 메시아사상이 거의 근거가 없음을 내비치는 동시에 지식을 무기로 민중들 위에 군림하던 서기관과 바리새인들을 부끄럽게 만들어버리고 민중들에게 지적 분발을 촉구했던 듯하다.[22] 인용한 「마가복음」 12:37에는 "다윗이 그리스도를 주라 하였은즉"이라고 되어 있는데, 이 내용도 「시편」 110편의 야훼의 오른편에 앉을 '내 주'를 예수가 메시아(그리스도)라고 인정한 것으로 단정할 수는 없다. 전통적으로 그렇게 말해져온 것을 인용한 것일 뿐, 예수는 메시아 자체에 관심이 없었던 만큼 그 확인할 수 없는 문제의 답을 굳이 찾으려 하지도 않았을 것이다. 메시아에 대해 확신했다면, 모세 등 누구에게도 특별한 권위를 인정하지 않는 그가 굳이 다윗의 시를 판단기준으로 언급하지는 않았을 듯하다. 인용한 구절의 다윗이 '성령에 감동하여' 말했다는 내용도 같은 내용을 전하는 「누가복음」 20:42에는 보이지 않는데, 예수가 한 말이 아니라 구전한 이들이나 「마가복음」 저자가 첨가한 것일 가능성이 높은 만큼 너무 의미있게 생각할 것이 아니다.

예수는 「시편」 110편이나 「다니엘」 7장 13~14절에 보이는바 메시아 대망과 연결해 해석될 수도 있을 전투적이고 정복적인 신화적 환상에 기대를 걸기보다는, 이방인과도 연합하여 하나님의 뜻을 따르고[23] 「말라기」 4장이 말하는 대로[24] 엘리야 같은 선지자가 와서 부모와 자식이 하나같이 경건한 삶으로 돌아가 종말의 심판을 거치지 않고 행복을 만끽하는 세상을 만나기를 기대했을 가능성이 더 높다. 이방을 철저히 쳐부술 대상으로 보는 민족주의적 메시아사상으로는 1세기 이스라엘 내부적으로도 악과 연계된 세력을 심판할 수 없으며, 이방의 선량한 사람들과 하나님을 경외하는 사람들조차[25] 구원할 수 없을 것이다. 그것은 선한 참신,[26] 공의로운 하나님의[27] 심판이 될 수조차 없는 면이 있는 것이다.

유대인들이 이방으로 여기기도 한 갈릴리에서 태어나, 만방 중에 구원해야 할 약하고 착한 백성들이 한없이 많음을 알고 있으며, 악한 세력이 전세계적으로 위세를 떨치는 상황에서 원수까지도 사랑하자 한 예수가 민족적 복수심을 가진 전통적 메시아사상에 동조할 까닭은 없는 것이다. 이스라엘 자체도 종말적 심판을 맞을 것을 예언한 「말라기」에 보이는 종말을 대비해 보내질 엘리야를(4:5) 세례 요한이라고 보았던 데서도[28] 그가 가진 종말론은 유대 민족주의의 배타적 메시아 대망과는 거리가 있었음을 알 수 있다.

예수는 공생애 초기부터 자신의 가르침을 세례 요한이나 바리새인들의 것과 다른 '새 부대에 담아야 할 새 포도주'로 말하였다.[29] 세례 후 광야에서 사단의 시험을 이겨내며 세상 모든 권력의 유혹까지 극복한 예수는 기존의 메시아신앙과는 다른 새로운 패러다임의 신앙운동을 펼치고자 했던 것이다. 그는 자신이 새롭게 펼치고자 하는 하나님 나라를 통해 낡은 세계 한복판에서 새로운 세계가 열리고 있다는 확신을 가졌던 것으로도 보인다.[30] 그는 유대 왕실 혈통에 대한 미련의 산물인 기존 메시아와는 다른, 겸손하게 섬기는 새로운 형태의 지도자를 기대하며(「마가복음」 10:43~45), 한없이 낮아짐으로써 소외된 자들도 사랑하고 일으켜서 역사의 주역으로 세우고자 하는 이전에 없던 뜻을 세우고,[31] 겨자씨 같이 미미하나 언젠가는 창대해질 하나님 나라 운동에 나섰던 것이다. 지도자의 중요성을 크게 강조하지는 않았지만, 낮아져 겸손하게 섬기는 지도자와 하나님의 자녀로 자부하며 일어설 소외된 민중들이 상보관계에 있을 것은 물론이다. 이같은 관점에서, 배타적이고 구시대적이며 헤롯왕 사망 직후(BC 4)의 봉기처럼[32] 결국 민중들에게 큰 피해만 주고 스러질 정치적 메시아 운동에 대해서는 긍정적 기대를 전혀 두지 않았던 것으로 보인다.

그는 과거에서 모범을 찾기 어려운 자신의 역할과 정체성에 대해[33] 제자들이 어떻게 생각하는지 물어보기도 했으나,[34] 메시아 여부가 문제될 때에는 거부감을 가지고 발설을 금하였다. 유대민족이 가졌던 배타적인 전통적 메시아 대망을 포로기 이후 민족이 처한 처절한 상황에서 나온 신화적 환상 정도로 보며, '묵은 술'에 속하는 구시대적 신앙의 철지난 산물로 여긴 것은 거의 확실하다. 이미 이스라엘 민족 내에 야훼신앙을 이방에 개방하려는 열린 신앙의 흐름이 있어왔고,[35] 하나님을 경외하는 이방인들이 지중해세계 곳곳에 존재하고 있었다. 이런 상황에서 소위 이방인 갈릴리에서 나고 자랐으며 원수를 사랑하고 평화를 희구하는 그의 정신으로 볼 때, 다른 민족들을 철저하게 쳐부순 다음에 맞이할 다윗의 자손 이스라엘의 메시아가 지배하는 배타적 종말의 나라가 그가 바라는 하나님 나라가 될 수는 없는 것이다. 그는 자신이 하는 일이 메시아가 되는 일인지에는 관심이 없이, 하나님의 아들이라는 선구적 자의식에 따라서 하나님 나라 건설에 나섰을 뿐이다. 최후 심판과 함께 저절로 이루어질 하나님 나라를 굳이 건설하려고 나선 그는, 전통적 종말론과는 다른 기조에서 새로운 비전을 보았던 것으로 여겨진다. 그것은 유대사회 일반의 기존 관념과는 다르게 민족의 설욕이나 복수심을 싣지 않은 것이었다. 이는 일견 우유부단한 이상론에 불과해 보일 소지도 있어 당대에 큰 이목을 끌지 못했으며, 결국 사후에 이방에서 더 큰 관심을 얻게 되었다.

예수는 사랑의 하나님에 대한 확신에 따라 매우 낙관적인 현재적 종말관을 가지고 있어서, 기존 사회체제와 인식체계에 대립하거나 공격을 일삼지 않고 그것들은 그대로 두고서 자신의 하나님 나라 운동을 펼쳤다. 이와 같은 특성에서 그는 자신을 메시아 곧 다윗의 자손으로 보는 인식도 굳이 적극적으로 부정하지 않음으로써 소모적 논쟁을 피했던 듯하다. 그런데 이 점은 부활사건 이후 그의 추종자들이 예수 그리스도론의 불씨를 지피는 데 단초를 주었다. 그리하여 예수의 예루살렘 입성시까지도 야고보와 요한 등 그의 제자와 추종자들은 그가 새로운 왕국을 이루고 왕이 되리라는 기대를 놓지 않았던 듯하다(「마가복음」 10:35~37). 예수의 생각과 추종자, 제자들 인식 간의 이러한 부조화는 최초의 복음서인 「마가복음」의 여러곳에 그리스도라는 예수가 자신이 그리스도임을 말하지 말 것을 명령하는 진풍경을 만들어냈다.

물론 예수의 제자들과 추종자들은 예수가 메시아일 가능성을 늘 헤아려보고 기대하였다. 제자 야고보와 요한, 심지어 그의 어머니조차 나서서(「마태복음」 20:20~28) 예수의 왕국에서 두 사람을 예수의 오른편과 왼편에 앉도록 해달라고 했다는 사실성 농후한 이야기도 전한다. 예수를 만나 진정한 인격적 위로와 치유를 받고 동고동락하며 큰 감동을 받았을 병자들과 창기, 세리, 이방인 등 사회적으로 소외된 자들 가운데 일부도 생시의 예수를 이미 구세주로 믿고 의지했을 개연성이 있다. 이러한 상황은 부활사건 후 예수 그리스도론이 급속히 확산되는 여건이 되었을 것이다.

복음서와 바울서신 등은 흔히 예수를 그리스도로 표현하지만, 예수가 자신을 그리스도로 확신하거나 주장하지 않았음을 보여주는 증거는 더 찾을 수 있다. 그것은 무엇보다도 그가 십자가에서의 죽음을 앞두고 인간적으로 매우 두려워하면서 고통을 면해보고자 한 점에서 알 수 있다. 자신을 하나님이 보낸 메시아로 확신했다면 죽음을 앞두고 그렇게 전전긍긍하지는 않았을 것이다. 로마 황제의 조세 수취를 순순히 받아들인 것을 보아도, 예수가 정치적·군사적 지배력의 회복을 전제로 한 유대의 전통적 메시아사상에 기댄 이가 아님은 쉽게 알 수 있다. 우리가 현재 접하는 신약성경의 복음서와 바울서신 등은 예수 부활사건 이후 급속히 확립된 예수 그리스도론을 반영하여 기술된 것임을 고려하면

이러한 이해에 큰 어려움은 없을 것이다. 또한 그의 제자들 역시 예수가 메시아일 가능성을 생각은 해봤겠지만 확신은 없었던 것으로 보이는데, 예수가 처형될 즈음에 모두 흩어져 숨거나 심지어 고향으로 도망가 버린 행태를 보면 알 수 있다.

그런데, 예수가 이처럼 유대인들이 대망하던 정치적 메시아에 별 관심이 없었다고 해서 그가 혈통상 다윗의 후손이 아니라는 결론을 내릴 수는 없다. 그것은 별개의 문제다.

그가 당대의 인식과는 확연히 구분되는 섬김의 리더십을 제기하거나 현재적 하나님 나라 운동을 펼친 것을 보면, 조상의 명망에 기대어 망해 버린 유대왕국의 재건에 매달리거나 다윗의 자손이라는 데 자신의 운명을 걸 사람이 아닌 것은 잘 알 수 있다. 앞서 인용한 다윗의 자손 관련 기사도 그러한 예수의 심사를 전해주는 면이 있다. 무엇보다도 예수는 다윗의 후손 메시아 대망을 뛰어넘어 세상을 전망하고 있었다. 결국 고대 유대인이었던 그의 추종자들이 가진 인식과 도량, 시대적 한계 때문에 설득력 낮은 유대민족의 메시아사상을 부여잡고, 초기 그리스도교는 예수 재림에 따라 도래할 왕국과 종말을 고대하며 많은 이들을 기다림에 지쳐 혼란에 빠뜨리고 마는 홍역을 통과하였다.

예수의 가계가 다윗의 후손인가를 구체적으로 검토하기 위해서는 이 가족의 경제적·사회적 위상을 먼저 알아볼 필요가 있다. 가난한 자의 친구라고 말해지는 예수는 1세기 로마제국의 대다수 주민들과 같이 빈민 출신으로 여겨진다.[36] 절대적 빈곤계층보다는 형편이 나은 상대적 빈곤층으로, 가정경제를 장기적으로 유지할 수 있는 자영소농 집안 출신으로 볼 수 있을 듯하다. 예수의 여러 형제들이 장성하도록 가족관계를 유지하여 예수의 공생애에 등장하고(「마가복음」 3:32) 이후 그의 형제 야고보가 베드로를 이어 예루살렘 예수신앙공동체의 지도자로 활약한 것은 이 집안이 경제적으로 극빈층이 아니며 최소한 생존이 가능한 정도의 재산을 소유했음을 입증해준다. 자녀가 많으면 생활에 큰 부담이기도 하지만 그들이 어느정도 성장하면 농사와 여러 집안일에 도움이 되는 것도 고려해야 할 것이다. 참고로, 자료의 신빙성을 장담할 수 없을지라도 초기 그리스도교 교회사가 전하는 예수의 형제 유다의 손자 일가의 경제상황도 이같은 추정을 뒷받침해준다.[37]

아울러, 하루하루의 생계가 불안한 고대사회의 극빈층 출신이 우주적 신의 존재나 인간 본연의 가치 등을 숙고하여 인류를 위해 시대를 가를 만한 새로운 이념을 제시해낸다는 것은 현실성이 없다고 보인다. 왕자인 석가모니는 물론 가난한 삶을 살았다는 공자도 인(仁)과 예(禮)를 의미있게 볼 만한 최소한의 삶의 터전은 있었던 것으로 보아야 옳다. 예수 가족의 경제적 기반은 가난한 시골 농촌의 삶 속에서도 그에게 노동 후 다소의 학습과 사색의 여유를 주었을 것이다.

이제 예수가 실제 다윗의 후손인지 여부를 판별해볼 단계에 이른 듯하다. 앞서 본 예수의 다윗과 메시아 관련 인식이나 굳이 다윗의 자손임을 말하지 않은 사실들을 보면 그가 다윗의 후손일 가능성은 거의 없다고도 말할 수 있다. 또한 최초의 복음서인 「마가복음」에는 가계 관련 언급이 없으며[38] 「마태복음」과 「누가복음」에 나타나는 족보는[39] 서로 다른 점이 많고 해당 신앙공동체가 의도성을 갖고 만들어낸 면도 있는 만큼 얼마나 신빙성이 있는지도 알 수 없다.[40] 거의 동시기에 이처럼 서로 다른 계보가 제시된 데서 예수 가계 족보의 신빙성은 높지 않음을 알 수 있을 뿐이다. 최초 복음인 「마가복음」에는 없다가 뒤에 족보가 실린 양상을 보면 예수 가계의 계보는 예수 부활사건 직후보다는 어느정도 시간을 경과하면서 의도적으로 체계화되었음을 알 수 있다.「마태복음」의 족보는 전통적 유대인들을 의식하여 유대계 예수신앙공동체가 예수를 통해 자신들도 아브라함과 다윗의 정통성에 연결되어 있음을 밝히고자 했으며,「누가복음」의 족보는 이방인 예수신앙공동체가 자신들이 비록 이방인이나 예수를 통해 다윗과 아브라함은 물론 그 이전으로 거슬러 올라가 아담과 심지어 하나님까지 연결됨을 확인하고자 한 것이다. 후자의 경우 유대민족의 경계를 넘어 모든 민족이 하나님의 자손이라는 확장된 시각을 보여준다. 이같이 족보의 체계화는 초기 그리스도교 역사와 함께 진행되었음을 알 수 있는데, 적어도 예수 스스로는 계보에 대한 인식이 크지 않았던 것으로 볼 수 있다.

그런데「마태복음」과「누가복음」이 제시한 족보가 서로 충돌하는 등 신빙성이 문제된다고 하여 그것들이 전면 조작된 것으로 볼 수 있는지는 신중하게 생각해야 할 것이다. 수백년 전에 망한 국가의 쇠락한 왕실이라고 할 때,[41] 그 후손들이 자기 조상들의 계보를 얼마나 자랑스럽게 학습하여 전할 수 있었을지는 생각해볼 문제이다. 두 복음서의 다윗 이후 족보의 명단으로 보아 예수 일가가 다윗왕실에서 일찍이 떨어져 나온 먼 방계 후손일 가능성도 부정할 수만은 없는데, 이런 경우라면 그 계보를 제3자가 찾아 의도적으로 체계화한 결과물이 혼란상을 보일 것은 능히 짐작 가능한 일이다. 결과적으로 두 복음서가 전하는 서로 다른 조상들이 다수 등장하는 계보는 복음서 저자들의 의도적 개입을 우선적으로 입증하면서, 한편 이 가문의 빛바랜 계보의 일부를 반영하고 있을 가능성도 부인할 수 없다. 일부 혼란된 계보 인식이 있었을 개연성조차 완전히 배제할 수는 없는 것이다.

공생애의 예수가 다윗의 자손 즉 메시아와 그처럼 거리를 두었고 예수에 대한 여러 다른 존귀한 칭호들이 있는데도, 그의 추종자들이 굳이 예수가 다윗의 후손임을 조작하여 계보를 작성했을지도 의심스럽다. 그렇게 할 경우 자칫 예수와 나아가 그리스도인에 대한 신뢰까지 무너 뜨릴 수 있는데, 그런 위험을 무릅쓰고 다윗의 자손임을 조작해냈을까 하는 것이다.

또 한편으로는, 고대 명문 가계가 아닌 인물이 제왕적 아우라까지 수반하는 획기적 사상, 세계적 종교의 창시자가 될 만한 통찰력, 자부심, 책임감, 비전 등을 가질 수 있었을지도 생각해볼 일이다. 인과관계 속에 펼쳐져온 인간 역사의 엄중함을 부정할 수 없는 역사학의 입장에서 볼 때, 1세기 갈릴리의 대대로 미천한 유대인 농가의 한 청년이 문득 시대의 고민을 극복하고 인류에게 새로운 소망의 가능성을 제시한다는 것은 현실성이 거의 없다고 여겨진다.

고대사회 등 전통사회 지도적 인간들의 행동기준이 명예심에 있음은 널리 받아들여지고 있다. 고대사회는 어쩌면 명예심에 충만한 인간들이 자기희생도 마다하지 않고 전진을 촉발해낸 면이 있다.『플루타르크 영웅전』이나 다른 고대의 저명한 영웅들을 보면 대다수가 명문 출신인 것이 사실이다. 부유하건 가난하건 간에 가문에 대한 자부심은 많은 사람들을 든든히 받쳐주고 키워냈던 것이다.

복음서 내용과 예수의 가르침을 통해 보면 예수와 그의 부모 형제까지도 어느정도의 경제적 기반을 가지고 있었고 나름의 자부심과 교양을 갖추었을 개연성을 부정할 수 없다. 아무리 복음서가 신앙고백이요 윤색의 산물이라고 해도, 아무런 감동을 주지 못하는 인물을 그처럼 빠르게 신격화하여 섬기게 되었다고는 볼 수 없다. 예수는 분명 당시의 유대인 및 지중해 주변 사람들에게 감동을 주고 감화시켰는데, 그 근저에는 그의 탁월한 지혜와 설득력 있는 가르침, 따듯한 언행, 신성조차 품은 카리스마적 매력이 있었던 것이다. 그리고 그러한 그의 품성과 능력은 가정환경과 가계의 전통에 따른 상당한 교양이 뒷받침되어 가능했을 것이다.

별다른 사회보장책도 없던 시대에 가난한 농민으로서 다수의 자녀를 양육하며 가정을 지켜낸 요셉과 마리아의 굳건한 생활자세도 의미있게 보지 않을 수 없다.[42] 이것은 최소한의 경제적 기반과 함께 가계에 대한 자부심이 뒷받침될 때 가능한 일이다. 공동체적 삶의 양식이 이미 쇠퇴하고 로마와 그에 빌붙어 호의호식하는 귀족, 성직자 및 관료 세력의 착취가 만연한 중에, 개별 가호가 자기 가족구성원의 운명을 힘들게 책임져야 했던 1세기의 갈릴리 상황에서는 더욱 그러했을 것이라고 생각된다.

의인으로 칭송되며 베드로를 이어 예루살렘의 초기 그리스도교 지도자가 된 야고보 같은 지도력을 갖춘 형제가 있었던 점도 예수 집안의 나름의 자긍심과 교양있는 가풍을 짐작게 해준다. 예수 형제가 연이어 종교공동체를 창출하거나 유지하는 데 지도자 역할을 한 것을 보면 이 집안의 품격을 수긍할 만하다. 예수의 동생 야고보는 의로운 리더십을 지녀, 대제사장이 위법적으로 그를 처형하자 예루살렘인들의 공분한 것을 볼 때,[43] 그가 단순히 예수의 형제라는 사실로 예수신앙공동체의 지도자가 된 것이 아님을 알 수 있다. 예수와 그 형제들은 가계에 대한 나름의 자부심이 있으며 어느정도 역사의식을 갖고 살아온 '퇴락했으나 가풍을 일부 유지하고 있는' '과거의 명망있는 가계의 후예'쯤으로 볼 만하다.

복음서에 전하는 예수의 언행을 볼 때 그 자신이 다윗의 후손임을 확신했는지는 의문이나, 그가 다윗의 먼 후손이지만 혈통을 중시하지 않고 다윗의 자손이라는 메시아에도 관심이 없어 그랬을 수도 있는 만큼, 관계 없음을 속단하지 않는 것이 좋을 듯하다. 그가 공생애 중에는 하나님만이 유일한 아버지라는 확고한 창조주 신앙을 가졌던 점도 유의할 일이다.[44] 그가 보여준 새로운 인식과 행동으로 보아 그는 가계나 조상을 거의 의식하거나 내세우지 않았을지라도 다윗 가계의 먼 후손일 수 있다는 생각을 접기 어렵다. 이러한 점은 부득불 그의 계보를 작성하는 과정에도 반영되어 허점투성이로나마 다윗과의 관계를 설정하는 결과를 낳았을 듯하다.

예수가 다윗의 후손일 가능성은 복음서보다 앞서 56년경에[45] 바울이 쓴 「로마서」에서도 볼 수 있다. 「로마서」 1:3에는 "이 아들로 말하면 육신으로는 다윗의 혈통에서 나셨고"라고 하였으니, 이 구절에서 어느정도 더 뒷받침을 얻을 수 있다. 바울은 예수를 직접 만나 배운 적은 없으나 학식과 교양이 높은 이였다. 아마도 바울은 예수를 처음 알게 된 기원후 30년경에 적어도 예수가 다윗의 혈통이라는 가계 정도는 들어 알고 있었을 것이다. 그는 회심하여 전도에 나섰다가 뒤에 예루살렘에 찾아가 베드로와 15일을 같이 보내고 예수의 형제 야고보를 만나기도 하였다.[46] 그들을 통해 인간 예수에 관한 자세한 이야기를 들었을 것은 물론이다. 그런데 「로마서」 1:4에는 "성결의 영으로는 죽은 가운데서 부활하여 능력으로 하나님의 아들로 인정되셨으니 곧 우리 주 예수 그리스도시니라"라고 하였다. 예수가 혈통의 우월함으로 하나님의 아들이 된 것이 아니라 부활한 그 능력으로 인정을 받았다는 것이다. 결국 바울도 예수처럼 예수가 다윗의 후손이라는 점을 그리 중요하지 않게 여겼던 것으로 볼 수 있다. 오직 '예수 부활'에서 신앙의 모든 전제를 얻었다고 여겨지는 바울이 큰 비중을 두지 않고 언급한 예수의 혈통은 오히려 상당한 객관성을 지녔을 개연성이 높다.[47]

　신약성경의 바울서신들이 굳이 예수가 다윗의 혈통임을 강조하지 않은 것을 볼 때, 예수 공생애 중에 그가 다윗의 후손이라는 사실은 예수나 그의 추종자들에게 별로 의식되지 않았을 가능성이 있다. 실제 다윗 왕실의 후손들이 포로 귀환 이후 민족 내에서 확고한 리더십을 보이지 못했고, 예수 탄생 즈음 메시아는 여전히 민족적 대망의 대상이었지만 더욱 관념화되어 오히려 다윗과 무관한 자들이 메시아를 칭하기에 이르렀다. 실제 다윗 후손의 대다수는 평범한 민중으로 영락하여 정치적으로 위험할 수도 있는 다윗의 후손임을 내세우지 않는 지경에 이르렀을 듯하다. 예수 집안도 바로 그런 상태로 정신적 유산을 일부 유지해오던 중에 새로운 세상을 꿈꾸는 탁월한 한 아들을 내놓게 된 것으로 보인다.

　예수신앙공동체가 성장하면서 그리스도론은 더욱 강화되고 그 근거가 될 만한 구약성경의 예언들을 면밀히 찾게 되었다. 복음서도 예수는 성령으로 잉태되었다고 하면서도, 다윗의 후손이라는 점을 여전히 의식하여 족보까지 실었던 것이다. 그러나 「요한복음」을 보면 알 수 있는 대로, 이후 복음서는 예수가 다윗의 자손이라는 데 매달리거나 통일된 족보를 만들어 제시하지 않고 더 차원 높은 (육신으로 오신 로고스) 하나님이기도 한 예수를 향해 나아갔다.

2. 출생

탄생설화

복음서에는 예수의 탄생설화가 보인다. 그의 탄생설화는 고대 영웅 탄생설화의 일반적 형태를 띠고 있다. 성령에 의한 잉태와 천사의 수태 고지라는 모티프는 그의 추종자들이 부활신앙으로 고조된 단계에서 뒤늦게 형성된 것으로 보이며, 사실과는 거리가 멀다. 동정녀 탄생(virgin birth)은 대단한 것으로 여길 수도 있으나, 고대 영웅이나 건국시조 등의 탄생설화를 보면 전세계적으로 그와 같은 신이한 탄생을 말하는 경우는 실로 비일비재하다. 설화들이 말하는 정상적 남녀관계를 벗어난 존재들 사이의 수태와 탄생은 해당 인물이 평범한 일반인과 다른 신이한 존재라는 점을 말하기 위해 사실과 무관하게 '말해져온 이야기'에 지나지 않는다. 처녀나 과부가 기이한 동물과 관계를 갖고 위인이 될 자를 출산한 이야기는 한국에도 다수 전해진다.[48]

예수의 신비한 탄생 이야기도 부활사건 이후 그에 대한 신적 숭배심이 고조되면서 일부 내용이 신도들 사이에서 이야기되다가 복음서들에 점차 그 모습을 드러내게 되었다. 사실 「마가복음」보다 20년 내외 먼저 작성된 바울서신들에는 예수의 탄생에 대한 구체적 언급이 전혀 없다. 예수의 생애 중에 그의 탄생설화가 사실처럼 이야기되었다면 복음서보다 먼저 나온 바울서신이나 최초의 복음서인 「마가복음」에서 당시로는 예수의 권위를 보증하는 최고 방책이었을 신이한 탄생설화를 배제할 이유는 없을 것이다. 「마가복음」이 먼저 나온 후, 예수의 신성화가 더욱 진행되어 그의 탄생의 신비가 구전으로 형성되는 과정에서 「마가복음」보다 약 10~20년 늦게 저술된 「마태복음」과 「누가복음」에 족보와 함께

서로 다른 내용의 탄생설화가 실리게 된 것이다. 로마군의 예루살렘 성전 파괴와 사실상 유대사회의 멸망을 불러온 대전쟁을 경과하며 일대 역사적 위기 속에 전능한 신의 위로와 임재(Immanuel, 하나님이 함께함)가 더욱 강력하게 요청된 가운데, 민중의 바람을 업고 예수 탄생이 보다 신비롭게 이야기된 결과가 아닐까 추정해볼 수 있다.

「마태복음」과 「누가복음」은 거의 동시기에 나왔으나 저술에 서로 직접적인 영향을 주지 않은 결과 예수의 족보나 탄생설화에 많은 상충점이 드러난다. 두 복음서에 서로 다른 전통에서 나온 탄생설화가 실린 것을 보면, 바울 등 전도자들이 신화적 인식을 경계했음에도[49] 일반 신자들 속에서는 예수의 신성이 강조되는 중에 각 지역 신앙공동체마다 탄생설화들이 별도의 구성으로 발전하였음을 보여준다. 하나님의 아들 예수를 설명하는 데는 헬라세계에 널리 퍼진 그리스 신화에 보이는바 신 제우스와 인간 알크메네가 관계하여 헤라클레스가 탄생하는 식의 영웅 탄생구도가 쉽게 이용될 수 있었을 것이다. 다만 최고 신 제우스조차 난잡한 여성편력을 서슴지 않는 그리스 신화에 비해, 유일신 신앙이 확립되어 신화의 발전이 멈춘 이스라엘의 엄숙하고 윤리적인 하나님은 마리아에게 '거룩한 영'으로 나타나 예수를 잉태하게 했다는 이야기가 생성되었을 것이다. 유대인 예수신앙공동체에서 나왔을 「마태복음」에는 탄생설화 자체는 짧게 전해지는 가운데, 아브라함과 모세의 인생역정을 연상케 하는 동방박사의 경배와 아기 예수의 애굽 피난이 이야기되고 있다. 이에 비해 「누가복음」이 보여주는 예수 탄생설화는 헬라 문화전통에 익숙한 이방인 예수신앙공동체에서 유대의 전통적 인식에 매이지 않고 주인공의 탄생의 신비를 증인 격인 요한 탄생설화까지 동원하여 더 세밀하고 그럴듯하게 엮어냈던 듯하다.[50]

「누가복음」이 전하는 예수 탄생설화는 구체적으로 연대를 대면서 호구조사가 있었던 것 등을 말하고 있으나 당시에 그런 일은 없었다고 보인다. 로마제국 내에서 거주지를 떠나 모든 백성이 고향에 가서 호적을 등록하라고 했다는(2:3) 것은 매우 비현실적으로, 있을 수 없는 일이다.[51] 물론 설화는 황당한 소재를 많이 드러내지만, 사실임을 강력히 포장하기 위해 구전과정에서 상상력 좋고 입심 센 이들이 다양한 방법을 구사한다는 것도 유의해야 할 것이다.

현재까지의 연구결과로 볼 때, 예수는 헤롯왕이 죽은 기원전 4년을 전후한 수년 중에 출생하여 빌라도가 유대 총독으로 있던 기원후 30년경에 처형된 것으로 여겨진다.

사생아설

일찍부터 '예수 사생아설'이 제기되어 현재까지도 일부에서 논란이 되고 있다. 로마 병사와 마리아의 관계에서 탄생한 존재가 예수라는 주장이다. 이러한 주장은 매우 구체적으로 그 병사의 인명을 제시하는 등[52] 사실성을 짙게 포장하고 있어 그럴듯해 보이기도 한다.

그런데, 만약 1세기 어느 유대민족 출신 여인이 자신의 정혼자가 아닌 이방인과 관계하여 아이를 잉태했다고 가정해보면 이야기의 허구성은 잘 드러난다. 간음하다가 돌에 맞아 죽을 위험에 처해 예수 앞에 끌려온 여인 이야기에서도(「요한복음」 8:3~11) 볼 수 있는 바와 같이, 율법적 질서가 지켜지던 갈릴리 유대인 전통마을에서 정혼한 여인이 이방 남자와 관계를 가졌다면 그녀는 돌에 맞아 죽었을 것이다. 그러나 마리아는 결혼생활을 지속했으며 여러 자녀를 낳고 비교적 장수하였다. 복음서가 전하는 마리아의 정혼자인 요셉이 인격자로서[53] 도움을 주어 극적으로 생명을 유지했다고 해도, 이방인의 사생아가 갈릴리나 유대의 회당에 나와서 성경을 가르치거나 토론하고 유대인으로서 종교생활을 하는 것은 불가능하다고 보아야 할 것이다.[54] 적어도 예수가 유대교 전통에 확고한 자리를 차지하고 있던 바리새파 일부로부터도 선생으로 여겨지며 여러 질문을 받아 탁월한 대답을 했던 사실들로 보아도[55] 그가 타민족계 사생아였다는 주장은 근거 없는 흑색선전 그 이상도 이하도 아니다.

또한, 어떤 아이가 정치·문화·종교 면에서 사실상의 적국이랄 수도 있는 로마 병사의 사생아로 태어났다면 사회적 질시 속에서 남을 믿고 사랑하며 너그럽고 긍정적인 품성을 가지고 자라나는 것은 심히 어려운 일일 것이다. 물론 그런 어려움을 극복하고 훌륭한 성품을 가진 이로 자랄 가능성이 아주 없는 것은 아니나, 역시 인간이었던 그가 그런 처지에서 인류의 문제를 걱정하며 더불어 사는 성인의 삶을 제시하는 넉넉한 인품의 청년으로 자라기는 거의 불가능했을 것이다. 만일 그런 처지에서도 모든 고난을 극복하고 모든 인간을 자신처럼 사랑하는 경지에 이르렀다면, 예수는 자신의 출신 배경을 굳이 감추려고 하지도 않았을 것이며 사마리아인처럼 민족적으로 질시받는 이들을 격려하는 중에 오히려 그것을 드러내 보이고자 했을 가능성도 있다. 그런데 그런 흔적은 어디에도 보이질 않는다.

한편 복음서 내용에도 해석에 따라서는 예수가 사생아일 가능성을 추론할 만한 점이 있고, 여전히 그렇게 보는 이도 있다.[56] 「마가복음」 6:3에는 "이 사람이 마리아의 아들 목수가 아니냐 야고보와 요셉과 유다와 시몬의 형제가 아니냐 그 누이들이 우리와 함께 여기 있지 아니하냐 하고 예수를 배척한지라"라고 하여, 당대 관습과 다르게 아버지의 이름을 말하지 않고 어머니 마리아의 아들로 말하고 있어 일단 의혹의 여지를 남기고 있다.[57] 더구나 「요한복음」 2 : 4에도 "예수께서 가라사대 여자여 나와 무슨 상관이 있나이까 내 때가 아직 이르지 못하였나이다" 라고 하여 모자관계가 친밀하지 않다는 인상을 주기도 한다.

이에 대해서는 우선, 고향에서 환영받지 못하는 장면을 전하는 중에 나온 「마가복음」의 '마리아의 아들'이라는 말이 예수가 공생애 중 고향을 찾았을 당시에 이웃들이 실제로 한 말인지는 확신할 수 없으며, 구전 자료로서 가변성이 크다는 데 유의할 일이다. 아울러 예루살렘 예수신앙공동체에서 예수 동생 야고보의 지도자적 역할까지 생각해볼 때, 모친 마리아의 실체는 적어도 신앙공동체 내에서 널리 인지되었을 가능성이 높다. 부친 요셉이 일찍 죽고 상대적으로 모친이 장수하여 예수 사후에도 신앙공동체 내에서나 전도과정에서 예수의 어머니로서 어떤 역할을 했다면[58] 이 내용은 해석할 수 있는 여지가 있다. 예수와 함께 그 모친에 대한 경외심도 고양되면서 70년대 「마가복음」이 저술되던 즈음에 「마가복음」의 저자는 고향 사람들과의 조우 장면에서 자연스럽게 부친보다 더 잘 알려진 모친의 이름을 들어 서술했을 개연성이 있는 것이다. 더구나 「마가복음」은 이미 예수를 '하나님의 아들'로 선언하고 있는 만큼(1 : 1, 11) 그 육신의 아버지를 의도적으로 거명하지 않았을 가능성도 있다. 「마태복음」이 전하는 예수의 족보에도(1 : 16) "야곱은 마리아의 남편 요셉을 낳았으니 마리아에게서 그리스도라 칭하는 예수가 나시니라"라고 되어 있어, 마리아가 계보 내 다른 사람들과는 다르게 남편에 앞서 거명되고 있으며 그 마리아를 통해 예수가 나왔다고 전하는 점도 참고할 일이다.

「요한복음」에 있는 가나(Cana)의 혼인잔치 관련 기사에 보이는 예수의 마리아에 대한 태도는 자연스럽지 않은 것이 사실이다. 그러나「요한복음」은 예수가 인간이기도 하지만 특별히 하나님 자체라는 인식에서 기록된 복음서이다. 따라서 복음서 저자는 로고스 하나님인 예수의 입을 통해 육신의 어머니가 자신과 무슨 관계가 있느냐고 질문하도록 의도적으로 창안했을 수 있다. 굳이 그 잔칫집을 위해서만 물을 포도주로 만드는 기적을 베풀 리도 없지만,「요한복음」저자는 예수의 신적 능력을 드러내기 위해 이 설화를 편입하거나 창작하는 중에 예수의 하나님으로서의 권위를 드러내고자 모자관계를 이처럼 어색하게 표현했던 것이라 여겨진다. 물론 '성(聖)가족 관념을 설파하기도 한 예수이니 실제로 이렇게 말했을 가능성도 없지 않으나, 그것도 예수가 사생아라는 증거로는 부족하다.

지중해 일대의 정치와 문화 등 여러 면에서 가진 자들의 폭압이 구조적으로 작동하고 있던 그 시대에, 이웃과 인류를 한없이 사랑하고 소외된 자들과 동고동락하는 새로운 세상을 만들어보려는 비전은 부모와 가족의 풍성한 사랑을 받은 이로부터 나올 수 있다고 보는 것이 오늘날의 심리학·교육학 이론으로 보아도 타당할 것이다. 더구나 복음서에도 보이는바 그의 가족들이 새로운 사상을 선포하는 예수를 이상하게 여기면서도[59] 걱정스럽게 그의 주위를 맴돌며(「마가복음」3:31~35), 결국 그가 뿌린 종교적 씨앗을 자라게 하는 데 예수의 형제 야고보가 적극 나섰던 것을 보면, 예수의 가정이나 출생의 비정상성을 추론하는 것은 설득력이 낮다.

한편, 예수의 결혼설도 꾸준히 제기되고 있는데 이 역시 신빙성은 매우 낮아 보인다. 예수는 청년시절 상당 기간 구도의 시간을 보낸 듯하며, 복음서에는 특히 그가 현재적 종말론에 따라 독신생활을 권유하는 내용도 전하고 있어서 그가 결혼했을 가능성은 높게 볼 수 없는 편이다. 자신의 눈앞에 있는 동시대인들의 세대 내에 하나님 나라가 이루어질 것으로 확신한 그로서는 굳이 결혼을 권하지 않았을 것으로 여겨지며, 스스로도 원하지 않았을 가능성이 높다. 그가 천국(하나님 나라)을 위해 스스로 고자가 된 자도 있다고 하며 수용할 만한 자는 받아들이라고 가르친 바 있다는 데(「마태복음」 19:12) 유의할 필요가 있다. 영지주의 복음서인 「도마복음」에 의하면 여성 제자 살로메의 침상에 올랐던 듯한 언급이 보이는데,[60] 영지주의 자체가 육체의 의미를 낮게 보고 영혼과 지식을 절대우월하게 보는 만큼 의도적으로 남녀 구분이나 육체적 접촉을 의미 없는 듯이 묘사한 면도 있다고 여겨진다. 따라서 거기서의 묘사를 현실의 반영으로 보기는 주저된다.

예수 비실재설

드물게나마 학계와 사회 일반에서 예수 비실재설이 일부 명맥을 유지하고 있다.[61] 복음서는 만들어진 이야기라거나, 예수가 메시아 대망과 관련해 종교적·사회적 필요성에 따라 만들어진 인물이라거나, 혹은 신화적 전승의 산물이라고 보기도 한다.

그런데, 1세기는 아주 먼 시대로 자칫 역사상을 알기 어려운 고대 초기쯤으로 여길 수도 있으나, 역사적 자료가 뒷받침해주는 세계 역사는 지금부터 약 5,500년 전까지로 그 시원이 올라간다. 이스라엘 고대사에 직간접으로 많은 영향을 미친 메소포타미아에서는 기원전 35세기에 고대문명이 싹텄고 이집트 문명도 거의 동시기에 면모를 드러냈다. 이스라엘이 자리한 현재의 팔레스타인 요르단 강 서쪽 가나안은 이들 고대문명의 중간지대에 있었고, 이스라엘인의 조상들은 이 지역에서 다른 선주민족들의 압박과 견제를 물리치면서 주위 나라들에 비해 뒤늦은 기원전 10세기경에 고대왕국을 건설하기 시작했다.

적어도 고대문명사와 이스라엘 고대사의 관점에서 볼 때 기원후 1세기는 고대 말기라고 할 만하며, 오랜 인간의 역사 뒤에 위치한 시대이다. 수메르의 고대문명에서 예수의 시대까지보다 예수의 시대부터 현재까지가 훨씬 더 짧다는 것을 상기할 필요가 있다. 예수가 살았던 때는 알렉산드로스 대왕이 거쳐간 지 이미 300여년 후이며, 로마의 카이사르(Julius Caesar)와 안토니우스 그리고 이집트의 클레오파트라(Cleopatra)와 유대 헤롯왕이 활보하던 것이 앞세기의 일이었다. 마침내 로마가 공화국체제를 종결하고 제국시대로 들어서서 초대 황제 옥타비아누스가 신의 아들로서 위력을 발하며 지중해세계를 제패한 직후이기도 하다. 상고적 여명 속에서 역사를 혼동하여 엉뚱한 것이 만들어지거나 중요한 역사가 조작되기에는 너무나 오래 인간사를 경과한 명징한 역사시대였다. 이러한 시대에 비역사적 존재가 역사화하여 실제 인물처럼 만들어져 예수 그리스도가 되었다는 식의 인식은 과거 예수 연구사의 흔적으로나 여겨질 일이다.

물론 신약성경을 제외하면 역사적 예수의 존재를 입증할 객관적 자료가 적은 것은 부인할 수 없다. 그러나 고대의 위인들 중에서도 그 삶의 궤적이 당대의 문서자료를 통해 명료하게 전하는 이는 많지 않으며, 전해지는 자료의 사실성을 신뢰할 수 있는가는 별도의 고찰이 필요한 경우가 적지 않다.[62]

예수의 전기는 그가 살다 간 1세기 후반에서 말기에 저술된 「마가복음」 「마태복음」 「누가복음」 그리고 「요한복음」이 주류를 이룬다. 이들 신앙적 의도에 따라 크게 윤색된 자료를 제외하면, 그의 생애와 가까운 시기에 쓰인 일반 역사서의 예수 관련 기록은 1세기 후반에 유대인으로서 로마에 투항하여 귀화한 요세푸스의 『유대고대사』와 로마인 타키투스의 2세기 초 저술인 『연대기』 등에 보인다. 그러나 그 내용의 구체성이 빈약하고 『유대고대사』의 기록은 후대인의 가필 가능성이 제기되는 등 논란이 되고 있는 실정이다.[63]

그런데, 본래의 예수는 고대 역사가들의 관점으로 볼 때 크게 관심을 끌 만한 인물이 아니었다. 우선 그는 고대인들이 역사에서 주목한, 전쟁에서 크게 승리하거나 쿠데타를 시도하거나 정체(政體)를 바꾸는 데 공헌한 정치적 영웅이나 장군이 아니었다. 그는 로마제국의 식민지였던 갈릴리와 유대에서 상대적 약소민족의 정신사에 새로운 조류를 막 제시한 별로 알려지지 않은 존재였다. 로마의 식민지 팔레스타인의 일부 힘없고 감수성 예민한 인사들이 관심을 기울이기 시작한 약간 유별한 종교그룹의 지도자였다. 확실한 자기 조직이랄 것도 없었다. 에세네파처럼 일종의 아웃사이더이면서도 강력한 조직과 강령을 내걸고 사회적 평판이 높은 집단을 이끈 것도 아니었다. 그는 먹기를 탐하고 포도주를 즐기는 사람(「마태복음」11:19), 미친 사람이라거나 귀신 들린 이상한 자라는 평도 들을 정도로 전통적인 것, 일반적인 것과는 거리가 있는 새로운 유형의 종교운동가였다. 다만 예민한 지성을 갖춘 극히 일부 지식인들과[64] 세상의 멸시와 천대 속에 힘들게 살아가던 상당수의 사람들이 그의 카리스마와 지혜로운 가르침, 질병과 배고픔의 고통을 함께하는 위로와 격려에 크게 감동하여 그를 추종했던 것이다. 그가 과연 누구인지는 당대인들의 관점에서 보아도 확실히 규정할 수 없는 면이 있었고, 심지어 복음서에서조차 분명히 말하지 못하는 형편이었다. 이미 백성들의 지지를 잃고 쇠락의 가능성 앞에 심려하던 대제사장 등 종교지도자들은, 모호한 그의 정체 속에 있는 어떤 잠재력에 관심을 갖고 다소 걱정스럽게 그를 바라보았다. 그러나 그는 당장 민족을 일깨워 로마제국의 식민통치에 무력으로 맞서지도 않았고 빈민들을 모아 귀족과 제사장 같은 기득권층을 공격하지도 않았다. 그에게 깊이 관심 갖지 않은 사람들은, 그를 대변화 속에 혼란스런 요소들을 안고 있던 확장된 헬레니즘과 로마체제에서 인간이 만든 질서에 대항해 세상을 등지고 금욕적으로 살며 자연적인 삶을 추구한 견유학파 철학자 부류[65] 정도로 여겨 도외시하거나 무심히 지나쳤을 듯도 하다.

기원후 37년에 태어나 100년경까지 살았던 것으로 보이는 역사가 요세푸스가 로마와 유대의 전쟁을 다룬 『유대전쟁사』(*Historia Ioudaikou polemou pros Rōmaious biblia*, AD 75~79)에는 예수에 대한 언급이 전혀 없다. 유대민족의 운명을 건 로마와의 대전쟁의 원인과 과정을 서술하는 데 굳이 예수를 말할 필요가 없다고 보았거나, 달리 그에 대한 정보가 없어 언급하지 않았을 가능성이 크다.

그러나 그가 조금 뒤에 저술한 『유대고대사』(AD 93)에는 예수와 관련해 두가지 사실이 전한다.

'그리스도라 하는 예수'[66]
'그리스도라 불리는 예수의 형제 야고보의 죽음'[67]

첫번째 기사의 신빙성에 대해서는 찬반이 갈린다. 잘 정리된 문장과 예수에 대해 우호적인 듯한 기술은 아무래도 후대에 그리스도인이 『유대고대사』에 삽입한 듯한 감도 있음을 부인할 수 없다. 그러나 그 내용을 보면 과연 후대 그리스도인의 삽입으로만 볼 수 있을지 의문이 든다.

우선,『유대전쟁사』에서는 관심을 두지 못했을지라도 이스라엘의 전체 역사를 다루는 뒤에 나온『유대고대사』의 체계로 볼 때 예수는 메시아 여부가 문제되는 주목할 만한 역사적 인물이었다. 그를 신앙하는 이들이 요세푸스가 살던 로마에도 상당수 있던 현실에서 그리스도교 교주인 예수에게 관심을 갖고 서술하는 것이 무리 없는 구성일 수 있는 것이다.[68]

또한, 기술된 내용도 과장되거나 우호적이라고만 볼 수 없는 면이 있다. 그간 이를 우호적인 서술로 보아온 데는, 신약성경 복음서 기록 등의 영향을 받아 예수가 공생애 동안 유대인들과 크게 대립하거나 배척을 받은 듯이 생각해온 데서 비롯된 면이 있는 듯싶다. 예루살렘 성전 파괴 이후 바리새인 등 유대인들과 대립관계가 형성되던 시기에 저술된 복음서의 내용과 달리, 예수의 가르침과 사역은 그의 생전에 일부 식자들에게 현자의 지혜와 선행으로 공감을 얻기도 하였다. 예를 들면, 모세5경(「창세기」「출애굽기」「레위기」「민수기」「신명기」) 이외에 구전 전승의 가치를 인정하고 율법의 현실적 해석을 시도하며 운명을 믿되 인간의 자유를 박탈하지 않고 영혼의 불멸을 믿었던 바리새인[69] 특히 힐렐(Hillel)파의 가르침과 통하는 면도 적지 않았다.[70] 율법의 근본정신에 주목하고 이웃을 적극 사랑하고자 한 예수의 행적이 그와 가까운 시기에 살았던 사제 출신의 행동파 바리새인 요세푸스에게 긍정적으로 비쳤을 가능성은 없을지도 생각해볼 일이다.

요세푸스는 유대민족을 배반했다는 낙인이 찍혀 있고 과도한 자기변명을 했다고 보기도 하나, 그 나름의 기준에서 유대민족에 애정을 갖고 역사서를 저술하여 자신과 유대민족을 변정(辨正)하고자 했음도 주목할 필요가 있다. 그는 유대사회의 서너개 종교 분파들을 철학으로 거론하며[71] 유대민족이 훌륭한 철학을 가진 민족임을 우호적인 필치로 이방인들 앞에 자랑하기도 했다.[72] 이러한 그의 입장에서 볼 때, 유대인들의 반발이 있지만 추종자가 상당하고 로마를 위시한 일부 이방인들도 신앙하는 유대민족 출신 예수를 어느정도 우호적으로 기술할 수도 있었을 법하다.

더구나 그가 『유대전쟁사』를 이미 기술하고 『유대고대사』라는 통사체제의 역사서를 다시 기술한 저력 있는 역사가임을 주목할 필요가 있다. 역사서 한권을 편찬하는 일은 매우 큰 고난의 여정이다. 더구나 자료의 제약, 통신·교통의 난맥에 휩싸인 채 고대 이방의 땅에서 로마인의 눈총 속에 진행되는 패망한 자민족 역사서의 편찬이 얼마나 어려움이 많을지는 말할 필요도 없다. 이런 가운데서도 『유대전쟁사』에 이어 대작을 다시 편찬했다는 데서 역사가로서 그의 자질과 역량, 의지를 주목해야 할 것이다. 헤로도토스(Herodotos)의 『역사』(*Historiai*)에 보이는 바와 같이, 지중해세계 고대 역사가의 근본정신은 시간의 흐름과 함께 있었던 일들이 잊혀서 놀라운 업적들을 세상 사람들이 알지 못하게 될 것을 염려하여 연구, 조사, 서술하는 것이었다.[73] 요세푸스는 바로 이런 정신으로 그 어려운 역사서 편찬작업을 다시 감행했던 것이다. 이런 사람에게 자신을 변명하려 했다는 이유만을 들어 그 내용의 신뢰도를 과도하게 문제 삼는 것은 성급한 재단일 듯하다. 오류나 아전인수, 자기변명 등은 역사서를 위시한 다른 서적들에도 흔히 있는 문제이며, 그같은 악조건에서 대작들을 저술했다는 데서 역사가로서 요세푸스의 자질과 능력을 인정해도 좋으리라 여겨진다.

이런 바탕에서 보면, 그는 유대인 사제 집안 출신으로 예수에 우호적일 수 없는 조건에서도, 역사가로서 최소한의 객관성을 유지하며 당대의 평가를 전하기 위해 노력한 결과가 관련 기록 내용의 상당 부분을 이루었을 개연성이 있다. 물론 학자들의 지적처럼 일부 내용이 후대에 삽입되거나[74] 윤색되었을 가능성을 부인할 수는 없으나, 예수 사후 수십년이 지나 예수와 율법사·바리새인의 대립적 상호관계를 강조해 기술된 복음서 내용을 기준으로 요세푸스 기사의 신빙성을 재단하는 것은 주의할 필요가 있다.

물론 그렇다 해도, 예수에 대한 요세푸스의 기술을 증거로 그의 역사적 실재 여부를 단정하여 말하기는 어렵다. 그러나 그동안 이 기사에 대한 부정적 인식들이, 아무래도 초기 그리스도교와 유대교가 분리되어 대립적 추세로 들어가던 시절에 기록된 복음서의 경직되고 대립적인 예수와 전통 유대인 간의 관계를 기준으로 형성되어온 데 유의할 필요가 있다. 최근 연구들은 역사적 예수와 유대교의 관계가 결코 대립적이지만은 않았다고 보며 그리스도교 역시 유대교 안에서 배태된 것을 부정하지 않는 만큼, 우호적으로 여겨질 수 있는 요세푸스의 예수 평가는 사실로 신뢰할 가능성이 더해지는 듯하다.

두번째 기사는 역사적 사실로 널리 인정되고 있다.[75] 그런데 '그리스도라 불리는 예수의 형제 야고보'에는 이미 그리스도로 불린 예수의 존재가 전제되어 있다. 물론 그것조차 후대 그리스도인들의 윤문으로 볼 수도 있겠지만, 그리스도로 불린 예수와 관계없다면 예수의 형제 야고보가 대제사장 아나누스(Ananus)의 박해 속에 율법을 어겼다는 죄목으로 다른 동료 몇명과 함께 산헤드린(sanhedrin, 공회)의 결정에 의해 돌에 맞아 죽을 일도 없었을 것이다.

이렇게 보면 이 두 기사를 통해서 우리는 예수의 역사적 실재를 일반사의 기준으로도 부정하기 어렵다는 것을 알 수 있다. 아울러 네로 황제시절 로마 대화재 사건에서 희생양이 된 그리스도인들에 관한 타키투스의 『연대기』 기록으로 보아도[76] 빌라도에 의해 처형된 예수의 실재는 달리 의심할 수 없음도 물론이다.

'역사적 예수'는 상당 부분을 그를 신화화한 복음서의 '신앙적 예수'를 통해 추론해낼 수밖에 없는 자료상의 큰 제약이 있다. 고대문헌의 사료 비판과 분석에 훈련되지 않은 이들이 나름의 사명감이나 열정만으로 예수의 실체 연구에 임하게 되면 필연적으로 신화와 실제의 경계 구분에 큰 혼란을 겪기 마련이다. 그런 상황에서 대담하게 예수의 역사적 실재를 부인하거나, '선포된 예수' 이외의 '역사적 예수'에 대한 연구는 불가능함을 주장할 여지도 있었을 듯하다.

예수의 제자들과 사도들, 일반 추종자들의 목격담과 증언을 저변에 깔고 있는 복음서와 바울서신, 고대 역사가의 기술 내용, 나아가 그리스도교라는 거대 종교집단의 탄생과 발전상을 통해 보면, 이 종교의 발생의 근원에 예수라는 조작해내기 불가능할 정도로 시대를 초월한 지성과 영성, 탁월한 감화력을 지녔던 유대계의 한 역사적 존재가 있음은 달리 부인할 수 없다. 복음서들의 신이하고 심지어 황당한 기사 앞에서 신뢰를 보내기 주저되기도 하지만, 그것조차 오히려 당대 예수 추종자들의 식견과 정신세계, 신앙세계가 반영된 산물이라고 보고 진전된 역사학적 방법론을 통해 역사적 예수를 찾는 것이 더욱 합리적이며 설득력이 있다고 여겨진다.

제 4 장

하나님의 아들로
거듭남

1. 세례 요한과 예수

예수의 행로에 끈질기게 그림자를 드리우는 이가 있다. 바로 세례 요한이다. 그가 실재했던 것은 학자들에 의해서 널리 지지되고 있다. 그는 제사장 가문 출신으로 마지막 선지자(예언자)라는 칭호가 따라다닌다. 선지자로도 불렸던 예수가[1] 추종자들에 의해 결국 그리스도(메시아)로 신앙됨으로써 복음서들은 세례 요한을 마지막 선지자로[2] 기술했던 것이다.

세례 요한은 그 이름에서 알 수 있는 바와 같이 물세례를 널리 베풀어 경제사정으로 성전에서 하나님에게 사죄(赦罪)의 제사를 드리기 부담스러웠을 대다수 민중들에게 손쉬운 방법을 제공하였다. 유대 전통 신앙에서 예루살렘 성전 제사가 차지하는 중요성으로 볼 때 '물세례'라는 의식을 요단(Jordan)강에서 유대인 일반에게 베푼 것은 획기적인 일이었다. 유대인들은 오랫동안 자취가 끊어졌다가 수백년 만에 나타난 선지자가 베푸는, 금전적 부담이 거의 없는 간단한 죄 사함의 방법에 크게 호응하였다. 단정할 수 없지만 '요한의 세례'라는(「사도행전」18:25) 명칭으로 볼 때 그가 일반 대중에게 물세례를 처음 실시한 자일 가능성이 높아 보인다. 본래 세례는 바빌론 포로기 이후 유대교 신앙을 갖기 위해 이방인이 개종할 때 행하던 의식이었다고 하는데,[3] 이교도로서의 더러움 곧 죄를 씻고 하나님의 백성이 되는 의미로 이방인에게 베풀던 의식을 유대인에게도 적용하게 된 듯하다. 헬레니즘 문화가 오래 지속되어 이방 문화가 다방면에서 자연스럽게 수용되면서 이방인에게 적용하던 의식이 오히려 유대인 일반에게 적용되는 변용이 가능해진 것으로 여겨진다.

기원전 10세기 말경 이스라엘이 남북왕국으로 갈라진 이후에도 지배층의 중심집단을 이루고 있던 제사장 가문은 대체로 세습적으로 제사권을 관장하였다. 북쪽 왕국과 달리 특히 남쪽 왕국에서 그들은 예루살렘 성전 중심체제로 제사권을 장악함으로써 종교적 지배력과 더불어 경제적 특권을 누렸다. 국왕의 권한이 크게 강화되었지만 왕과 제사장들 간의 협력관계가 (기복이 있는 중에도) 유지되고 율법의 가치가 옹호되는 사회에서, 죄 사하는 권한을 장악한 이들은 백성들의 삶에 직간접적으로 지대한 영향력을 행사할 수 있었다. 이로써 상층 지배집단이 된 제사장들은 예언자들과 민중들로부터 지탄의 대상이 되었다. 구약성경 「호세아」 6:6에는 "나는 인애를 원하고 제사를 원치 아니하며 번제보다 하나님을 아는 것을 원하노라"라고 하였고, 「이사야」 1:13에는 헛된 성전 제물이 가증스럽다는 야훼의 탄식이 보인다. 「말라기」 1:10에는 제물이 통과하는 성전 문을 닫아주는 자가 있었으면 좋겠다는 내용도 있다. 아울러 「에스겔」 36:25~27에는 맑은 물을 뿌려서 더러운 것으로부터의 정결을 소망하고 있어(「에스겔」 36:25~27) 씻음 의식인 세례가 이스라엘 사회에 언제든 출현할 가능성이 잠복해 있었던 것을 볼 수 있다. 제사장 집단의 정치적·사회적·경제적 특권의 일환으로도 기능하게 된 성전 중심의 형식화, 제도화된 종교의례에 대한 민중들의 반응은 흔쾌하지 않았던 것이다.[4]

여기에 기원전 6세기 바벨론 포로기 이후 페르시아의 선신과 악령의 이원론적 종말론과 기원전 4세기 알렉산드로스 대왕의 정복 이후 인간을 대립적인 영혼과 물질이 결합한 존재로 보는 그리스 철학이 유대 신앙에 영향을 미쳤다. 또한 그리스를 중심으로 한 과학과 수학의 발전에 따라 행성들이 지구를 중심으로 도는 거대한 우주가 상정되었다. 이에 따라 과거 3층 구조의 우주에서 땅에 아주 가까운 하늘에 살며 사람과 비슷한 형상을 하고 있다고 여겨진 이스라엘의 신 야훼는 그 우주의 지고하고 유일한 영적 지배자로 인식되는 변화를 겪게 되었다. 유일한 우주적·비물질적 존재로 신을 이해하게 되자, 그 영적 신이 물질적 희생제물을 불사른 냄새를 좋아하며 받는다는[5] 속죄의 번제 등 전통적 희생제사 논리를 계속 유지하는 데에도 한계가 생길 수밖에 없었다.[6]

바벨론 포로생활에서 귀환한 이후 유대사회는 민족적 단결을 추구했지만, 남아 있던 자와 돌아온 자 간의 대립과 사회적·경제적 요인에 의해 사회 내적 갈등은 재연되었다. 기원전 2세기 초반 시리아 셀레우코스왕조의 압제하에서는 헬라 문화를 적극 수용하려던 대제사장 등과 전통적 보수세력 간의 갈등이 발생하였다. 이어 셀레우코스왕조에 대항해 투쟁을 이끌었던 마카베오가의 정치·군사 지도자 요나단이 기원전 152년에 대제사장에 임명된 후, 쫓겨난 대제사장을 '의(義)의 선생'으로 내세운 에세네파가 형성되어 요나단의 정통성에 의문을 제기하면서, 국권은 회복되었지만 오히려 새로운 갈등이 심화되기도 하였다.[7] 하스몬왕조의 뒤를 이은 에돔 출신 헤롯왕조의 경우 강력한 통치력을 발휘하여 안정을 이루었으나, 로마에 밀착 충성하는 종속적 행태로 인해 정치적 지배층과 제사장 집단이 모두 민중들과 더욱 심한 갈등관계에 놓이게 되었다. 일반 민중들은 로마제국과 헤롯 정권 그리고 대제사장 등 지배층으로부터 삼중의 착취를 당했다.

이렇게 민족적·계급적 수탈 속에서 가난과 질병으로 생존이 위태로운 절대다수의 가난한 민중들에게 세례 요한은 물세례를 통해 하나님의 이름으로 죄 사함을 선포하여 큰 호응을 얻었던 것이다.[8] 제사장들과 그들과 같은 기반 위에 서 있던 헤롯왕가로서는, 신정국가의 외피를 쓴 권력구조에 드러나게 위협이 되지는 않는 듯하면서도 자칫 정치적 갈등으로 발전할 소지를 가진 종교적 현안을 만난 것이다.

한편, 물세례가 민중적으로 큰 호응을 받은 데는 그것이 비용이 거의 들지 않는 방법인 때문도 있으나,[9] 당시 유대사회에 죄 씻음과 정결을 추구하는 분위기가 고조되었기 때문이기도 하다.[10] 당시 유대사회는 정치·종교·경제 모든 면에서 안정을 이루지 못하고 대외적 침탈을 당하는 중에 각 계층과 집단이 자신들의 이익을 우선적으로 확보하기 위해 다투는 형국이었다.[11] 따라서 사회 전반에 갈등이 고조되고 모두가 상대의 허물을 탓하는 분위기였다. 또한 개인적 행복을 중시하며 스포츠를 즐기고 탐미적이고 다양성을 존중하는 헬레니즘 문화의 침투와 확산, 로마풍 도시의 확대 등은 유대 정체성 유지에 위협적이어서 민족적으로 전통의 상실에 대한 염려가 깊었다.

이러한 중에 유대인들은 자신들의 종교·문화의 순수성을 지키려는 상징적 행위로 정결례 등을 강화하였다. 기원 전후 유대인들의 저택에는 정결례를 위한 욕조 시설이 갖추어져 있었고,[12] 사해(死海) 근처에서

106

발굴된 쿰란(Qumran)공동체 유적에서도 에세네 신앙공동체가 매일 식사 전에 정결례를 시행했던 관련 시설이 출토된 바 있다.[13] 정치적 비전의 부재와 사회·문화·종교의 혼란은 전체적으로 당시 유대인들로 하여금 죄지음, 죄에 의한 오염에 예민하게 하여 정결을 추구하는 풍조를 강화했던 것이다. 바로 이러한 분위기가 세례 요한의 외침에 많은 민중들이 호응하는 사회적·문화적 배경이 되었을 것이다.

세례 요한은 전통적인 제사장 가문 출신일 가능성이 높다. 이에 대해서는 복음서는 물론 1세기 요세푸스의 『유대고대사』에도 언급되어 있다.[14] 세례 요한의 출생설화는 「누가복음」에만 보이는데, 그 내용은 민담으로서의 특성을 보이는 외에 예수 탄생과 관련지어 예수의 거룩함을 드높이려는 의도를 보여주어(「누가복음」 1:5~80) 문자 그대로 사실로 받아들일 수는 없다. 그런데 세례 요한이 정치적·사회적 구호를 내걸고 사회변동을 시도한 것이 아니라 죄 사함의 의례를 개혁하는 행적을 보였음은 주목할 일이다. 그는 정결례나 제사의식에 익숙하고 그에 관한 사전지식이 있었을 가능성이 농후하다. 진실한 마음이 제사의 근본이라는 앎을 바탕으로 형식화된 제사를 무력화했던 것이다. 이방인 개종자에게 시행하던 물세례를 유대인 일반에게 확대 시행한 것도 전통에 근거한 것이라서 비난이나 반발을 줄일 수 있었던 것으로 보인다. 아울러 성전 내에서 의례의 개혁을 내세워 제사장 집단과 분란을 일으키지 않고 이스라엘 민족해방사에서 약속의 땅으로의 진입이라는 상징성이 있는 요단강가 광야에서 독자적인 예언자의 행태를 취하여, 새롭게 선포한 임박한 천국(하나님 나라)의 의미를 드높이면서도 직접적으로 기존 성전체제의 공격을 초래하지 않는 지혜를 보였다. 그럼에도 이같은 그의 요단강가의 세례는 종말적 천국 도래의 역사적 상징성이 강했기에 제사장들과 정치적 지배자들은 이를 잠재적 위협이자 심각한 도전으로 여겼다.

그의 세례는 "죄 사함을 받게 하는 회개의 세례"였다고 하는데(「마가복음」 1:4) 이는 임박한 천국을 전제한 종말론적인 것이었다. 세례 요한은 "회개하라 천국이 가까웠느니라"라고 외쳐댔다(「마태복음」 3:2). 임박한 종말을 선포함으로써 그는 예수에 앞서 종말을 현재화하였다. 그의 세례는 들이닥친 심판,[15] 곧바로 시작될 하나님의 최후 심판을[16] 대비해 절박하게 행해졌다. 『유대고대사』에 의하면 요한은 유대인들에게 서로 의를 행하고 살 것과 하나님 앞에서 경건하게 살 것을 강조하면서, 그렇게 하고 와서 세례를 받으라고 주장했다. 그의 말을 듣고 감동한 사람들이 구름처럼 몰려들었다고 한다.[17] 율법의 전통 위에서 의로운 행위를 강조하며 세례를 통해 죄 사함의 완성을 확인하도록 했던 것이다.

「누가복음」 3:10~14에 의하면, 세례 요한은 하나님의 심판이 임박했으며 그것을 대비해 행해야 할 일이 있다고 가르쳤다. 회개하고 세례만 받으면 되는 것이 아니라, 옷 두벌 있는 자는 나누어 입고 먹을 것이 있는 자도 그렇게 하라고 하였다. 정한 세금 외에는 더 받지 말고 병사들에게도 강포하게 굴지 말라고 했다. 남은 기간에 당장 할 수 있는 선한 일을 하라는 뜻을 이처럼 선포했을 듯하다. 여기서 언급한 내용은 그를 뒤이어 활동한 예수의 가르침과 일면 부합하는 것이 있으나, 후술하겠지만 양자의 종말관은 질적 차이가 있었다.

예수가 요한의 세례를 받은 것은 여러 정황으로 보아 분명하다.[18] 그러나 요한으로부터 세례를 받은 예수라고 하면 자칫 예수보다 요한의 위상이 높게 여겨질 수도 있었던 만큼, 예수를 그리스도로 확신하게 된 부활사건 이후 그의 추종자들은 예수의 그리스도됨에 있어 요한과의

108

관계를 부담스럽게 여겼다. 따라서 이를 탈색시킬 수 있는 여러 해석을 생각하는 중에, 예수에게 세례 주기를 사양하는 요한을 그리기도 하고(「마태복음」 3:14) 세례 줌이 하나님의 뜻을 이루기 위한 불가피한 행위로 예수의 요청에 따른 것으로 묘사하기도 했다(「마태복음」 3:15).

예수의 추종자들이 그다지 말하고 싶어하지 않았음에도 각 복음서가 조금씩 다르게라도 끝내 세례 요한과 예수의 관계를 부인하지 못한 이유는 무엇일까?

무엇보다도 요한에게 세례를 받은 것이 사실이었기 때문일 가능성이 높다. 공개적인 요단강가의 세례 장면을 직접 본 사람, 예수로부터 이 사실을 전해들은 사람, 다른 이를 통해 전해들은 사람 등 이 일에 관한 숱한 증인들이 있었다. 이들의 상당수가 고인이 되었다 해도 그들로부터 전해들은 이들이 아직 존속하는 상황에서 복음서에 사실 자체를 없던 일로 적을 수는 없었을 것이다. 더구나 그들 중에는 본래 세례 요한의 제자나 추종자였던 이들도 있었다.[19] 게다가 요한의 세례는 그의 사후에도 이방에서까지 행해질 정도로 큰 호응을 얻었으니(「사도행전」 18:24, 25), 수백년간 끊겼다가 다시 출현한 예언자(선지자)이자 순교자인 세례 요한의 지명도는 유대인 사회 전반에 상당한 것이었다.

아울러 예수를 추종하던 신자들이 예수를 하나님의 아들 또는 그리스도로 확신해감에 따라서, 구약성경에 예언된바 하나님의 구체적 개입에 앞서서 먼저 와 광야에서 길을 닦는[20] 하나님의 사자의 역할이 중요한 의미를 갖게 되었다. 예수 바로 앞에 와서 회개와 하나님 나라를 선포한 세례 요한이야말로 먼저 와서 외친 하나님의 사자로 제격이었다.

더 나아가, 예수에게 있어 수세(受洗, 세례를 받음)는 단순한 형식적 통과의례에 그치지 않았을 가능성이 높다. 그에게 요한의 세례는 특별한 의미를 가진 중요한 계기로서 스스로 제자들에게 이를 의미있는 것으로 말해왔을 가능성이 있다. 「마가복음」 1:9~11에 의하면, 예수는 세례를 통해 성령이 하늘에서 내려오는 것을 보았고 하늘에서 나는 "너는 내 사랑하는 아들"이라는 소리를 들었다고 하였다. 존재를 새롭게 자각하는 신비한 종교적 체험이 있었던 것으로 보인다.

예수와 세례 요한 관계의 역사성을 읽어낼 수 있는 복음서의 관련 기사들이 적지 않다.

「마태복음」 11:2~19과 「누가복음」 7:18~35에는 세례 요한의 제자들이 예수에게 찾아와서 오실 그이가 당신이냐고 물었다는 내용과, 그들이 떠난 후 예수가 요한에 대해 자신의 제자들에게 말한 내용이 전한다. 예수 공생애의 극히 초기에 있었던 일이다. 요한에 대한 예수의 긍정적인 평가도 전해지는데, 사실성이 높다고 여겨진다. 예수의 위상을 높이기 위해 상당한 윤색이 행해졌음에도 예수가 세례 요한을 '선지자이나 선지자보다 더 큰 자'라 했다는 내용이 주목되며, 모든 선지자와 율법이 예언한 것이 요한까지라고 한 데서도 적어도 요한을 선지자로 신뢰했음을 알 수 있다. 구약성경 「말라기」 4:5에는 종말 직전에 엘리야가 올 것으로 예언되어 있는데 세례 요한이 바로 그라고도 하였다.[21] 그리고 「마태복음」 11:12에는 "세례 요한의 때부터 지금까지 천국은 침노를 당하나니 침노하는 자는 빼앗느니라"라는 구절도 전해진다. 이로써 보면 민중적 인기를 크게 끌던 세례 요한에 대해 엘리야가 온 것이라는 소문도 있었던 듯한데, 예수는 세례 요한을 훌륭한 선지자로 신뢰하였다. 그로부터 세례를 받았음은 물론 예수와 그 제자들도 물세례를 주었고[22] 초기 그리스도교회에서도 입교 의식으로 세례를 행한 것을 보면 알 수 있다.

예수의 종교적 권세의 근거가 무엇이냐에 대한 논란을 전하는 「마가복음」 11:27~33의 다음 기사로도 그가 세례 요한을 매우 신뢰하고 있었음을 알 수 있다. 같은 기사는 「마태복음」 21:23~27과 「누가복음」 20:1~8에도 보인다.

27. 저희가 다시 예루살렘에 들어가니라 예수께서 성전에서 걸어 다니실 때에 대제사장들과 서기관들과 장로들이 나아와 28. 가로되 무슨 권세로 이런 일을 하느뇨 누가 이런 일할 이 권세를 주었느뇨 29. 예수께서 가라사대 나도 한 말을 너희에게 물으리니 대답하라 그리하면 나도 무슨 권세로 이런 일을 하는지 이르리라 30. 요한의 세례가 하늘로서냐 사람에게로서냐 내게 대답하라 31. 저희가 서로 의논하여 가로되 만일 하늘로서라 하면 어찌하여 저를 믿지 아니하였느냐 할 것이니 32. 그러면 사람에게로서라 할까 하였으나 모든 사람이 요한을 참 선지자로 여기므로 저희가 백성을 무서워하는지라 33. 이에 예수께 대답하여 가로되 우리가 알지 못하노라 하니 예수께서 가라사대 나도 무슨 권세로 이런 일을 하는지 너희에게 이르지 아니하리라 하시니라

언뜻 보아 예수의 재치와 지혜를 드러내는 듯한 이 질의응답 과정에 세례 요한에 대한 그의 인식이 잘 전해진다. 복음을 전하고 특히 성전 폐쇄 등을 명하는 권세를 누가 주었느냐는 물음에 예수가 굳이 요한의 세례를 거론한 사실에 주목할 필요가 있다. 제사장들은 자신들의 허락을 받지 않고 성전까지 출입하며, 사고방식과 삶의 방향 전환(회개)을 촉구하는 복음을 전하고 성전 폐쇄를 선포하는 예수의 행위에 분노

하여 제동을 걸려 하였다. 예수는 역으로 세례 요한의 세례가 하늘로부터 온 것인지 사람이 만들어낸 것인지 대답할 것을 요구하며 자신의 대답을 유보한 것이다. 여기서 예수의 복음 전파가 일단 요한에게서 받은 세례와 그의 회개의 외침과 직결된 것을 읽을 수 있다. 종말이 이르기 전에 오리라 예언된 광야의 선지자, 엘리야처럼 보이는[23] 끊겼던 선지자가 수백년 만에 나타나 하나님 나라의 도래를 외치며 세례를 준 만큼, 예수가 세례를 받은 자로서 그를 따라 천국의 복음을 전한다고 하면 쉽게 논박할 수 없는 형편이기도 할 것이다. 그만큼 예수의 복음 전파는 세례 요한의 외침을 계승 발전시킨 면이 있었으며, 다른 사람에게도 제시할 수 있는 복음 전파의 현실적 근거로 요한의 세례가 있었던 것이다.

무엇보다도 그가 세례를 받으며 하늘로부터 성령의 강림을 목도, 체험하고 하나님의 아들이라는 음성을 들은 신비한 경험은 하나님 나라를 선포할 수 있는 기본 근거가 되었을 것이다. 일찍이 바벨론 포로 상태에서 귀환한 후 대제사장 여호수아(Jehoshua)와 더불어 두 메시아 중 하나로 기대된 유대 총독 스룹바벨(Zerubbabel)은 '메시아'의 본래 의미인 '기름 부음을 받은 자'가 아니었으나, 하나님의 거룩한 영(성령)으로 인해 기름 부음을 받은 것으로 인정되었다고 말해지기도 했다.[24] 예수는 성령 강림 체험의 계기가 된 세례를 베푼 요한을 하늘이 보낸 의로운 도를 전한 참선지자로서 신뢰했던 것이다(「마태복음」 21:32).

그랬기에 "회개하라 천국이 가까왔느니라"라는 그의 외침을 신뢰하고 따른 것도 물론이다. 세례 요한이 투옥된 후 예수 공생애의 첫 일성이 곧 "때가 찼고 하나님 나라가 가까왔으니 회개하고 복음을 믿으라"였다(「마가복음」 1:15). 「마태복음」은 하나님을 드러내 말하지 않는 유대 전통에 따라 하나님 나라를 흔히 천국으로 말하였다. 예수의 복음 전파

112

의 외침은 이처럼 일단 세례 요한의 것과 같은 것이었다.

요한에 대한 복음서의 긍정적 언급은 「마태복음」 21:31~32의 구절들에서 다시 확인된다.

31. 그 둘 중에 누가 아비의 뜻대로 하였느뇨 가로되 둘째 아들이니이다 예수께서 저희에게 이르시되 내가 진실로 너희에게 이르노니 세리들과 창기들이 너희보다 먼저 하나님의 나라에 들어가리라 32. 요한이 의의 도로 너희에게 왔거늘 너희는 저를 믿지 아니하였으되 세리와 창기는 믿었으며 너희는 이것을 보고도 종시 뉘우쳐 믿지 아니하였도다

이 구절은 복음서가 굳이 내세우기 껄끄러웠을 세례 요한에 대한 긍정적 평가로, 다른 복음서들에 전해지지 않는 점을 볼 때도 상당히 신빙성 있는 내용일 것이다. 요한이 의로운 하나님의 도를 전한 사실과 그것을 믿지 않은 제사장과 장로들이 하나님 나라에 들어가는 데 세리와 창기들보다 뒤짐을 말하고 있다.

달리 개인적 확신이 있었을 가능성이 높지만, 당시의 곤고한 사회상과 국제관계의 질곡을 보며 수백년 내려온 성경의 예언이 이루어져 종말적 현실이 도래할 것을 실감하던 중에, 자신을 내던져 광야에서 외롭게 외치는 신실한 선지자를 만난 예수는 요한이 외친 종말의 임박에 공감했던 것이다.

구약성경을 통해 보면, 이스라엘은 고통 속에서 장기간 페르시아의 지배를 받으며 조로아스터교의 선신과 악령의 대결이라는 이원론적 인식의 영향까지 받게 되어, 선신의 최후 승리 후에 세워질 하나님 나라

도래라는 전에 없던 종말의 비전을 세워갔다. 그러나 그 수백년간 이어져온 종말 도래의 예언은 언제인지 모를 장래에 이루어질 막연한 것이었다.

그런데 세례 요한은 하나님 나라의 임박을 구체적으로 선포하였다. "이미 도끼가 나무뿌리에 놓였으니 좋은 열매 맺지 아니하는 나무마다 찍어 불에 던지우리라"라고 그 절박함을 말했다(「마태복음」3:10). 충격적인 이 선포는 대중의 공감을 얻어 많은 사람들이 회개하고 죄 사함을 위한 세례를 받았다. 예수도 물론 그 외침에 공감하였다. 흔히 죄 없는 예수를 생각하기 마련이지만, 예수도 인간인 이상 우리가 알지 못하는 신앙적 회의도 있을 수 있으며 소소한 마음의 죄, 미움이나 유혹됨이 있었을 가능성조차 부정할 수는 없다.[25] 요한의 외침에 대한 대중들의 공감은 점증하던 로마제국의 강압, 민족 종교지도자들의 로마와의 야합, 그에 따른 종교적 정체성의 혼란, 나아가 대다수 민중의 극심한 생활상의 피폐에 기인했을 것이다. 머지않은 과거에 셀레우코스왕조 안티오코스 4세 에피파네스왕은 예루살렘 성전을 약탈하고 많은 사람들을 죽이고 포로로 잡아갔으며 신앙을 탄압하여 제사의식과 안식일과 할례를 금지하고 자신이 섬기던 신을 섬기도록 했다.[26] 그뒤에도 로마 장군 폼페이우스의 예루살렘 성전 지성소 침입사건(BC 63)이 있었고, 제국시대를 열어 신을 자처하며 이스라엘의 유일신 신앙을 위기로 몰아가던 로마의 황제 숭배도 강화되어가고 있었다.

당시 로마의 유대 총독 본디오 빌라도(재임 AD 26~36)는 로마 황제의 초상이 그려진 군기를 예루살렘에 몰래 들여와서, 우상의 초상조차 율법에 위반된다고 여긴 유대인들이 떼를 지어 그가 머물던 가이사랴에 몰려가 6일간 목숨까지 내놓고 대치한 끝에 이를 철수시킨 일이 있었다. 뒤에도 그는 예루살렘 성전 금고의 돈을 수로 건설에 유용하여 유대인들의 비난과 시위가 일어났고, 수많은 유대인들이 로마 병사들에 의해 살해된 끝에 해산되기도 했다.[27] 이 두 사건 모두 이스라엘 신앙의 핵심을 위협한 것으로, 순수한 신앙을 가진 유대인들이라면 종말적 위기감을 느낄 만한 사태다. 로마제국에 별다른 저항능력이 없는 유대인들로서는 이제는 하나님의 전격적인 개입만이 이러한 상황을 해결해줄 것이며 하나님의 날이 목전에 왔다고 여기고 기대할 만한 시점이었던 것이다. 로마제국과 그 식민지 유대인사회는 대립 요소를 안고 위태로운 평화를 연출하며 유대인의 대파멸을 가져온 처절한 유대전쟁을 향해 가고 있었다. 30년을 전후한 예수의 공생애 시기에 종말의 선포가 충분히 나올 만한 상황이었음을 부인할 수 없다.

다시 「마태복음」 11:12로 돌아가 보면 이 문제에 대한 예수의 인식을 좀더 확실히 알 수 있다. "세례 요한의 때부터 지금까지 천국은 침노를 당하나니 침노하는 자는 빼앗느니라"라는 이 구절은 신약성경 번역본마다 상당한 차이를 보일 정도로 논란이 적지 않다.[28] 「누가복음」 16:16의 같은 내용은 "율법과 선지자는 요한의 때까지요 그후부터는 하나님 나라의 복음이 전파되어 사람마다 그리로 침입하느니라"라고 하였다.

「마태복음」은 천국이 힘이 강한 자들에게 침략당하고 있다고 수동적으로 표현한 데 비해, 「누가복음」은 요한 이후로는 사람들이 그리로 힘써 들어가고 있다고 능동적 의미로 기술한 듯하다. 한국 천주교회 성경에 의하면, 「마태복음」 11:12은 "세례자 요한 때부터 지금까지 하늘나라는 폭행을 당하고 있다. 폭력을 쓰는 자들이 하늘나라를 빼앗으려 한다"라고 하였고, 「누가복음」 16:16은 "율법과 예언자들의 시대는 요한까지이다. 그 뒤로는 하느님 나라의 복음이 전해지고 있는데, 모두 이 나라에 들어가려고 힘을 쓴다"라고 하였다.[29]

요한이 하늘나라(천국)의 임박을 선포하자 힘있는 자의 대표격인 헤롯 안티파스는 요한을 가두었다가 죽였고, 서기관들과 바리새인은 지식의 권위로써 천국 문을 닫고 스스로도 들어가지 아니하고 사람들이 들어가는 것도 막았으며, 당시의 일반인들은 이에 관심이 별로 없었다.[30] 이렇게 기득권을 가진 힘있는 자들이 자기 이익을 위해 하나님 나라 운동의 확산을 막고 하나님 나라에 대해 침략자와 같은 역할을 했던 것이다. 「누가복음」은 구성과 서술에서 폭력적이거나 부정적인 요소를 애써 피하고 있는데, 바로 앞의 구절에서도 침략당하는 장면을 비록 일부지만 예수를 따르는 자들이 애써 하나님 나라로 들어가는 긍정적인 내용으로 적고 있다. 그 이유를 다 알 수 없으나, 대체로 두 복음서가 보았을 큐복음 자료의 내용이 모호한 중에 마태와 누가 신앙공동체가 각자의 입장과 처지, 의도에 따라 내용을 수정 기술한 듯하다. 언뜻 모순된 내용으로 보이지만 실상은 저마다 하나님 나라 운동이 맞닥뜨린 두 측면을 중심으로 기술한 것이다.

예수가 공생애 초기에 이같은 내용을 직접 말했다면, '세례 요한의 때부터 예수가 말하는 때까지도' 하나님 나라는 기득권을 가진 강자들에게 강력한 방해를 받고 있으며, 세리와 창기 등 예수의 뜻을 따르는 일부 사람들은 하나님 나라에 힘써 들어가고 있었음을 이야기한 것이라 할 수 있다. 결국 예수는 세례 요한이 회개를 촉구하고 하나님 나라 임박을 선포한 데서부터 하나님 나라(천국)는 이 땅에 실현되기 시작했음을 말하고 있는 셈이다.

이에 예수는 세례 요한의 외침에 호응하고 나섰다. 세상 형세로 볼 때

116

도 광야의 예언자의 하나님 나라 선포가 거짓일 수는 없다고 믿었을 것이다. 후술하겠지만 예수가 생각한 종말의 시작 시점을 확정하는 것은 논란이 있을 수 있으나, 종말이 임박한 것이 확실하다고 믿는 입장이라면 종말 임박 선포를 듣자마자 그의 인생이 종말적 삶에 들어갈 것은 자명하다. 예민한 의식을 가진 이들에게 미래의 꿈은 현실의 삶을 규정하며 강력하게 영향을 주기 마련이다. 그런 사람에게 미래는 현재로 확장되어 들어올 수밖에 없다.

한편, 종말과 관련하여 세례 요한과 예수의 가르침에는 차이점이 있었다. 세례 요한의 제자들과 바리새인들은 금식하는 상황에서 예수와 그의 제자들은 금식을 하지 않았다고 한다(「마가복음」 2:18~22). 윤색된 것이겠지만 예수는 신랑과 함께 있으니 금식할 때가 아니라고 하며 요한의 종말론과 거리가 있음을 비치는데, 은총의 하나님 나라가 선포되어 이루어지고 있는 만큼 잔치를 베풀 때라고 여겼던 것이다. 그에 비해 요한은 하나님 나라의 임박을 선포하고 심판을 대비한 속죄와 근신의 금식의 필요성을 고수하였다. 결국 예수는 세례 요한을 묵은 포도주로 비유하며 자신을 새 포도주라고 말했다. 그만큼 세례 요한의 신앙의 기조는 여전히 전통적 율법주의에 서 있었던 것이며, 예수는 자신이 사람들이 낯설어하는 새로운 차원의 가르침을 펴고 있다고 말한 셈이다.

세례 요한과 예수의 정체성은 일견 비슷한 듯하지만 질적 차이가 있다. 다른 신탁이 없어서인지 세례 요한은 하나님 나라의 임박을 선포하면서 심판을 절대적으로 의식할 뿐 스스로 다른 국면으로의 전환에 나서지 못한 데 비해, 후발 주자인 예수는 현실에서 하나님 나라 실현에 중점을 두어 적극 나섰다. 예수의 자세는 예언자로서의 역할에 묶인 요한과 다른 자부심과 자신감을 반영하고 있다. 예수는 신탁에 매인 자가 아니라 진전된 해석을 한 자였던 것이다.[31] 그리하여 당시 유대인 일반과 요한이 기대하던 메시아 대망을 거부하면서 하나님의 뜻에 따라 약자들에게 복음을 전파하고 그들을 일으켜세우는 일에 적극적으로 나설 수 있었다.

양자가 가진 종말론의 차이에서 대표적인 것으로는 전통적 메시아에 대한 기대가 있다. 옥에 갇힌 세례 요한이 제자들을 보내 오실 그이(메시아)가 당신입니까, 아니면 다른 이를 기다려야 합니까 하고 물었을 때, 예수는 즉답하지 않고 자신으로 인해 일어나고 있는 일들만을 보고 듣는 그대로 전하라고 하였다(「마태복음」 11:3~4). 그리고 이어 11:5~6에서는

> 5. 소경이 보며 앉은뱅이가 걸으며 문둥이가 깨끗함을 받으며 귀머거리가 들으며 죽은 자가 살아나며 가난한 자에게 복음이 전파된다 하라 6. 누구든지 나를 인해 실족하지 아니하는 자는 복이 있도다 하시니라[32]

라고 하였다. 물론 이 내용은 구약성경을 참조해 윤색된 것인데, 예수는 세례 요한이 기대한 메시아인지 여부를 분명히 대답하지 않고 오히려 자신을 둘러싼 현상들을 열거하여 답을 대신했던 듯 전하고 있다. 예수는 자신이 세례 요한이 기대하는 오실 그이, 아마도 메시아가 아니라는 대답을 했던 듯하다. 그러면서도 당연히 하나님의 일이라고 여겨지는 일인 장애인들과 환자들을 치료하고 가난한 자에게 천국이 너희 것이라고 복음을 전파하고 있다고만 말했던 것이다. 절망의 구렁텅이에 빠진 사회적 약자들을 그냥 두고 막연히 메시아가 나타나 종말의 영광을

장식해주기를 기다리는 것은 하나님의 아들된 자로서 할 수 없는 일이라고 여겼던 것이다. 예수가 한 일은 사실 하나님의 대리자나 중재자로 볼 수 있는 행위로, 이로써 세례 요한이 생각하는 종말관과 다른 운동을 하고 있음을 내비친 것이다. 그러면서 자신이 메시아라고 잘못 기대해 괜한 문제를 만들지 말 것을 말한 것이다. 「마가복음」에 보이는 메시아에 대한 인간 예수의 거리 두기를 생각해보면, 사실 예수는 분명하게 자신이 메시아가 아니며 관심도 없다고 말했을 것이다. 더 추정해보자면 메시아를 바라는 요한의 기대 자체가 부질없다고 대답했을 만한 정황도 읽을 수 있다. 그런데 「마태복음」과 「누가복음」의 원자료가 된 큐복음의 저자는 예수 그리스도론에 서 있어서 이런 예수의 부정적 입장을 그대로 전하지 못하고 메시아인가에 대해 긍정도 부정도 하지 않은 것처럼 미묘하게 윤문했을 것으로 여겨진다. 같은 입장에 있었던 「마태복음」과 「누가복음」의 저자들은 그런 기조를 유지하면서, 메시아 여부를 대답하지 않고 자신을 둘러싼 일만 알리라는 수수께끼 같은 대답을 한 것처럼 전한 것이다.

예수가 메시아 위주의 종말론에 회의적이었을 가능성은 세례 후 광야에서 있었다는 사단의 시험과정에서 보다 분명하게 읽을 수 있다. 사단의 시험 관련 이야기는 「마가복음」 1:12~13에는 간단한 언급만 있고 「마태복음」 4:1~11과 「누가복음」 4:1~13에는 거의 같은 내용이 보다 자세하게 전한다.[33]

사단은 40일간의 금식으로 몹시 시장한 예수를 향해 '네가 만일 하나님의 아들이면' 돌을 떡으로 만들어 먹으라고 하였고, 이어 예수를 성전 꼭대기에 세우고 네가 하나님의 아들이라면 사자(천사)들이 와서 받을 테니 뛰어내려보라고 하였다. 마지막으로는 지극히 높은 산으로 데리고 가서 천하만국을 보여주고 자신에게 경배하면 이 모든 것을 주겠다고 시험하였다. 예수는 떡으로만 살 것이 아니요 하나님의 말씀으로 살 것이라 하고, 주 하나님을 시험치 말라 하며 주 하나님께 경배하고 그를 섬기라고 하여 사단을 물리쳤다는 내용이다.[34]

먹는 문제, 신앙 문제, 그리고 현실정치의 지배권에 관한 문제를 제시하여 예수를 시험한 것이다. 영웅적 인간이 맞게 마련인 가장 현실적인 문제들을 시험받은 셈이다. 이는 실제로 사단이 모습을 드러내서 시험했다고 볼 수는 없을 것이고, 예수 스스로 마음속으로 이런 번민을 했을 가능성이 크다. 1세기 유대 땅에서 이제 막 하나님의 아들이라는 자의식을 가진 사람이 이런 고민을 했다면, 이는 쉽게 말해서 유대민족의 위대한 왕이 되어볼까 하는 생각으로 번민했음을 보여주는 것이다. 절대빈곤에 시달리던 백성들의 먹는 문제를 해결하고, 사분오열되고 위협받는 종교적 정체성의 혼란을 해소하며, 나아가 만국의 지배자가 되는 것은 유대인들이 열망하고 고대하던 종말의 위대한 왕 메시아의 역할일 것이다.[35] 그러나 예수는 정치적 지배자를 목표로 한 메시아됨을 결국 지양, 극복하였다. 그것은 물리쳐야 할 악마 사단의 시험이므로, 자신이 확신하는 하나님의 뜻과 능력으로 완전히 제압하고 평정을 찾았던 것이다.

예수가 메시아됨을 포기한 이유는 무엇이었을까? 뒤의 공생애에 보이는 그의 가르침과 행적을 통해서 그 이유를 알 수 있다. 「시편」 110편과 「다니엘」 7장 등 곳곳에 보이는 이스라엘의 메시아가 가진 배타적 민족주의가 우선 문제되었을 것이다. 거기에는 메시아가 하나님으로부터 천하왕권을 위임받기 전 종말의 심판시에 이루어질 타민족에 대한 처절한 도륙과 정복이 나타나 있다. 본래 이스라엘의 메시아사상은 주

120

변 제국의 잇단 침략과 특히 포로로서의 피압박, 피식민지배 등 오랜 민족적 수난으로 별다른 희망이 없는 상황에서 신의 힘을 빌려서라도 펼치고 싶은 타민족에 대한 복수심을 품고 있었다.[36] 자민족의 영광을 위해 타민족·국가들의 완전한 파멸을 전제로 하는 메시아사상은 이스라엘 민족의 큰 호응을 받았다. 그러나 타민족들과의 교류 속에서 점차 변방의 민족신을 벗어난 공의의 하나님,[37] 성전조차 만민의 기도하는 집으로 개방하려는[38] 만민의 하나님이라는 새롭게 확대된 인식에서 보면 이는 문제가 아닐 수 없었다. 이스라엘에서 종말적 심판론은 본래 포로기 이전 자국 내 빈부격차의 심화로 고조된 사회적 갈등을 해소하라는 경고로서 예언자들에 의해 제기된 면이 있으며, 뒤에 「말라기」 등에서도 이스라엘 내부의 악한 무리를 향해서 선포되기도 하였다.

이방의 땅이라고 여겨질 만큼 예루살렘 중심의 유대 정치·종교질서와 거리를 둔 채 전통적 농업공동체를 유지하는 한편으로 외국 문화를 접하고 교류할 수밖에 없어서 그만큼 개방적이었을 갈릴리 출신의 예수에게 유대인의 민족적 배타성은 부자연스럽게 여겨졌을 가능성이 높다. 나아가 이방인에게도 복음을 전파하며 질병을 치유해주고 원수까지 위하는 사랑을 최고의 계명이라고 말하며 만민을 차별 없이 대하고자 한 예수의 열린 마음으로 볼 때, 다른 나라들을 파멸시키고 영광을 얻는 이스라엘의 위대한 왕으로서의 메시아는 용납할 수 없었을 것이다. 그는 사단의 시험으로 여겨질 만큼 일생일대의 고민 끝에 메시아됨을 포기했던 것이다.

이 과정에서 메시아사상이 갖는 구시대적 성격을 직시함으로써 전통적 종말론을 수정할 필요성을 느끼게 되었으며, 결국 요한의 제자들에게 메시아 여부에 대해 부정적으로 답하고 자신이 지금 하고 있는 일의 중요성을 강조했던 듯하다. 앞에 인용한「마태복음」11:5~6에서 본 바와 같이, 그것은 이스라엘 민족의 영광과는 무관하게 소외된 약자를 찾아 치료하고 살리며 특별히 소망이라곤 없는 가난한 자들에게도 복음을 전파하는 새로운 차원의 하나님 나라 운동이었다. 그가 하고자 했던 바는 이미「이사야」42, 61장에 제시된 대로 약자를 돌보고 구원하는 '하나님이 기뻐하는 겸손한 야훼의 종'의 행태와 거의 같은 것으로, 1세기 일반 유대인들이 기대한 것과는 전혀 다른 유형의 메시아상을 보여주었다. 예수는 세례 요한의 종말 선포에 지지를 보내고 동참했으나 그가 기대한 이스라엘 민족의 영광을 위한 메시아 대망은 과감하게 청산한 채, 하나님 나라 선포와 그것의 현재적 실현에 나선 것이다. 두 사람의 메시아에 대한 이러한 생각의 차이는 하나님 나라 인식 등 여타 부분에서도 차이를 낳았을 것인데, 그런 만큼 예수는 자신과 요한을 새 포도주와 묵은 포도주로 다르게 보았고 그를 구시대의 선지자로 여겼다.[39]

그 행적을 볼 때, 예수는「이사야」42장에 보이는바 포로와 가난한 자와 맹인 등 약자에게 해방을 가져오는 바벨론 포로 해방의 주역 페르시아의 고레스왕을 상징적으로 미화했을 '야훼의 종'의 행실을 모범으로 삼았던 듯하다.[40] 그 종은 하나님의 뜻을 따라 공의를 행하며 강압적이지 아니하고 죽어가는 민족도 살리고자 하는, 약자와 소외된 자들에게 오히려 정성을 다하는 겸손한 자였다. 그것은 약자 이스라엘 민족이 처절한 고난 속에서 발견할 수 있었던 새로운 지도자상이기도 했다. 예수는 실로 가난한 자와 식탁을 함께하며 가난한 자가 행복해질 하나님 나라가 왔다는 복음을 선포하고 맹인을 눈뜨게 하고 병든 자와 귀신들린 자들을 치유, 해방시켰던 것이다.

「이사야」42:1~13은 하나님이 주체가 된 신탁의 노래이다. 본래의 선지자 이사야가 아니고 기원전 6세기 중반 바벨론 포로기에 살았던 위대한 예언자이자 시인이라 할 제2 이사야가[41] 예언한 내용이다. 물론 후대에 약간의 윤문이 가해진 것은 부인할 수 없을 듯하다. 야훼 스스로 기뻐한다고 말한 그 종은, '공의를 베풀어' 약자 이스라엘의 억울함을 살피며, 하나님의 종으로서 '목소리를 높여 외치지 않아' 정복자처럼 고압적이지 않고 겸손하였다. 그리고 '상한 갈대를 꺾지 아니하고' '꺼져 가는 등불을 끄지 아니하였으니' 곧 민족 멸절의 풍전등화의 위기에 있는 이스라엘 민족을 꺾어 멸절시키지 않을 것이었다. 이는 '야훼(나)의 신을 그에게 내려서' 그리된 것이니, 성령을 내려 야훼의 뜻에 순종하는 겸손한 종이 되게 하였다는 의미다. '야훼의 기름 부음을 받은 고레스' 가(「이사야」 45:1) 명한 유대인 포로 해방령을 야훼에 의해 내려진 것으로 노래하고 있다. 사실 여기서의 겸손한 종 고레스의 모습을 통해 이스라엘 민족의 구원을 가져올 하나님 앞에 겸손한 메시아상이 그려지고 있는 것이다. 광야에서 사단의 유혹을 거절함에서 본 바와 같이 예수는 자신이 정치적 메시아이기를 거부했지만, 이 겸손한 하나님의 종의 모습은 거룩한 하나님을 만나 겸허해진 예수에게[42] 매력적으로 보였고, 종 같은 아들로서 당연히 좇아야 할 그의 행동의 모범이 되었던 것으로 보인다. 그런데 예수는 물론 동시대 유대인들도 제왕적인 정치적 메시아만을 메시아로 인식하고 있었을 뿐, 아직 그러한 겸손한 종으로서의 메시아상을 상정하지는 않았던 것으로 보인다. 부활사건 이후 그의 추종자들과 신도들은 (구약)성경에서 예수 행적의 근거가 될 만한 내용을 찾던 중에 겸손하게 약자들에게 복음을 선포한 메시아로서의 그를 재발견하게 되었던 것이다.

이렇게 42장이 제3자의 입장에서 고레스를 은유적으로 노래한 데 비해 「이사야」 61:1~11은[43] 예언자 스스로의 입장에서 노래하는 형식으로, 후대에 다른 예언자에 의해 재창작된 작품이다. 소위 이 '제3 이사야'는 42장의 의미를 자신의 사명으로 재해석하여 '나의 노래'로 삼아 복음 전파와 환자 치유 등 구원사업의 필요성을 선포하고 있다. 한편, 「이사야」 52:13~53:12의[44] 또다른 종인 '고난받는 종'은 당연히 고난받는 이스라엘 민족집단을[45] 의인화한 것이다.

물론 예수는 고레스 같은 위대한 제왕을 지향한 것은 아니며, 해방과 치유가 자신의 시대에 절실한 것을 알고 예언서가 이미 제시한 바 있는 이상적인 겸손한 하나님의 종의 행실을 했을 따름이다. 어쩌면 그런 모범 사례의 존재 여부를 떠나서, 그는 하나님 앞에 겸손해진 아들이자 종으로서 스스로 하나님의 뜻을 헤아려 약자와 소외된 자를 찾아 치유하고 교제하며 격려하는 삶을 살았을 가능성이 있다. 예언으로 제시된 '하나님이 기뻐하는 택한 사람'(「이사야」 42:1)의 행실은, 하나님의 피조물인 그의 사랑하는 자녀라면 당연히 본으로 삼아야 할 모범일 것이다. 예수는 창조주 하나님의 형상(image)을 받은 피조물로서 아들로 자부하고 있었던 이상, 겸손하게 아버지 하나님의 뜻을 실현하고자 한 것이다. 이런 예수에 대해, 생시의 행적에서 통상적으로 유대인들이 고대하던 정치적 메시아의 의미를 찾지 못한 추종자들은, 수난과 부활을 경험한 후에 이르러 그에게서 '고난받는 종'이자 '하나님이 기뻐하는 종'이라는 구약성경이 전하는 메시아상을 찾으면서 그에 대한 예언이 성취되었다고 여겼다. 그 '고난받는 종'이 고난 끝에 죽은 것같이 예수도 죽었으나 다시 살아났고, 자신의 분깃을 얻기 위해 영광스럽게 재림할 것으로 기대했던 것이다.

전체적으로 보아 예수는 세례 요한이라는 선배 예언자(선지자)에게서 구시대의 한계를 보면서도 동시에 새로운 시대의 단초를 발견한 것으로 보인다. 그런 만큼 예수와 그의 제자들은 선지자 요한에게 늘 부채의식을 가졌으며, 그것을 발전적으로 극복하려 한 흔적이 복음서 곳곳에 남겨진 것으로 보인다.

2. 세례를 통한 존재의 거듭남

청년 예수는 이스라엘의 전통신앙 위에서, 타고난 감수성을 바탕으로 스스로 탐구하는 가운데 고향 '이방의 갈릴리'가 가졌던 대외적 개방성을 호흡하며 살았다.[46] 나사렛의 유대인 마을에서 자라 전통적 신앙지식을 상당히 갖춘데다 인접한 대도시 세포리스가 재단장되고 헬라식 대도시 티베리아스가 건설된 갈릴리 지역에서 살았으니 세상 돌아가는 형세 정도는 알고 있었을 것이다. 그런데 갈릴리의 다른 유대인 청년들처럼 그에게도 별다른 비전이 보이지는 않았던 만큼 장래에 대한 고민과 모색이 있었을 것이다. 그의 위대한 종교적 성취가 우연히 주어진 것이 아니라고 할 때, 그 나름 진리를 찾는 고민과 열정적인 구도가 있었을 것을 부인할 수 없다. 1세기 유대인 청년 중에 광야의 수련 등 적극적으로 구도에 나서는 경우가 있었던 것은 예수와 동시기 세례 요한의 광야 생활(「마가복음」 1:4~6)과 예수 사후에 태어난 유대계 역사가 요세푸스의 경험을 통해서 볼 수 있다.[47] 이외에 에세네파 쿰란공동체 성원들의 경우도 해당할 것이다. 참고로 불교의 석가모니도 29세에 출가하여 6년간의 힘든 구도 끝에 득도하였다 한다.[48]

공생애 이전 예수의 신앙상의 회의나 방황, 구도에 대해 바울서신과 복음서들은 전혀 언급하지 않고 있다. 그를 그리스도인 하나님의 아들이라고 믿었던 만큼 방황이나 구도의 과정을 전하고 싶지 않았을 가능성도 물론 있다. 아니면 인격적·신앙적 거듭남〔重生〕과 더불어 거듭남이전 예수의 생애가 갖는 의미가 경시되면서 전해지지 않았을 가능성도 생각해볼 수 있다.

그런데 예수의 신앙적 회의와 방황, 구도의 여정이 있었음을 간접적으로 읽어낼 수 있는 복음서 기사들이 있다. 공생애 초기 예수 친척들의 반응과 그가 고향 사람들에게 배척받은 사실을 전하는 내용들이다.

예수의 친속들이 듣고 붙들러 나오니 이는 그가 미쳤다 함일러라

(「마가복음」 3:21)

1. 예수께서 거기를 떠나사 고향으로 가시니 제자들도 좇으니라 2. 안식일이 되어 회당에서 가르치시니 많은 사람이 듣고 놀라 가로되 이 사람이 어디서 이런 것을 얻었느뇨 이 사람의 받은 지혜와 그 손으로 이루어지는 이런 권능이 어찌됨이뇨 3. 이 사람이 마리아의 아들 목수가 아니냐 야고보와 요셉과 유다와 시몬의 형제가 아니냐 그 누이들이 우리와 함께 여기 있지 아니하냐 하고 예수를 배척한지라 4. 예수께서 저희에게 이르시되 선지자가 자기 고향과 자기 친척과 자기 집 외에서는 존경을 받지 않음이 없느니라 하시며 5. 거기서는 아무 권능도 행하실 수 없어 다만 소수의 병인에게 안수하여 고치실 뿐이었고 6. 저희의 믿지 않음을 이상히 여기셨더라 이에 모든 촌에 두루 다니시며 가르치시더라(「마가복음」 6:1~6)[49]

126

이들 기사는 공생애 초기의 일로 보아 무리가 없을 것이다. 첫번째 기사는 예수가 귀신들을 쫓아내는 기적을 행하고 제자들을 세워 본격적으로 공생애에 돌입하던 때에 있었던 일이다. 예수에 관한 소식을 들은 친척들이 그를 미친 것으로 여기고 붙들어가기 위해 왔었다는 것이다. 예수에 대해 부정적 이미지를 줄 수도 있는 이 기사를 굳이 그의 추종자들이나 복음서 저자가 창작해 넣었을 가능성은 적으며, 정황으로 보아도 사실성이 높다고 여겨진다. 그런데 만약 예수가 고향 집에서 이웃, 친지들과 함께 지내다가 다른 많은 이들과 더불어 요한의 물세례를 받고 성령이 강림하여 그런 기적을 행하게 되었다면, 사태의 추이를 다 지켜본 이상 친척들이 그를 미쳤다고 보았을 가능성은 적다. 이는 예수의 태도가 전과 크게 달라져 생긴 오해로 보이며, 이 배경에는 예수의 독자적인 구도의 여정이 있었을 것이라 볼 수 있다.

이외에도 공생애에 돌입한 이후 예수와 그의 가족 간에 거리감이 있었음을 짐작할 만한 복음서 내용들이 적지 않다. 모친과 동생들이 찾아왔을 때 예수가 성가족 개념을 말하며 거리감을 둔 기사가 있고(「마가복음」 3:31~35), 사실감은 매우 떨어지나 가나의 혼인집에서 어머니 마리아에게 보인 거리감 있는 언행도 전해지며,[50] 형제들조차 예수를 믿고 따르지 않고 자신들로부터 떠나기를 종용하였다(「요한복음」 7:1~5). 공생애 전환에 따라 예수가 사적 관계를 정리하고자 한 결과로도 볼 수 있겠지만, 예수와 가족 간의 관계가 서먹해질 정도로 이별 기간이 길었을 가능성도 생각하게 한다.

두번째 기사를 보면 예수가 상당 기간 고향 나사렛을 떠나 있었던 것을 보다 분명하게 알 수 있다. 여기서 먼저, 이 기사도 예수에 관해 전하고 싶지 않았을 부정적인 면을 전하고 있고, 전체 정황도 현실성이 농후해 사실일 가능성이 높다는 것을 확인해야겠다. 공생애 중에 고향에 들렀는데 고향 사람들의 대접이 후하지 않았다. 물론 예수가 갑자기 나타나 회당에서 거룩하게 행세하여 반발심을 산 것일 수도 있지만, 특히 3절 내용은 고향 사람들이 예수를 오랜만에 만나고도 배척하였음을 보여준다. 고향 사람들이 예수의 모친과 형제, 누이들이 자신들과 함께 살고 있다고 했으니 예수가 오랜만에 고향에 돌아온 것을 알 수 있다. 예수는 요한의 세례를 받고 며칠 혹은 수개월 만에 돌아온 것이 아니라, 알아보는 데 상당한 시간이 필요할 만큼 오래 떨어져 있었고 곧바로 알아보지 못할 정도로 변모했던 것이다. 그래도 오랜만에 만난 고향 사람을 일단 환영하는 것이 인지상정인데, 옛 이웃들이 그를 알아보고도 배척했다는 내용은 심상치 않다.

그 이유를 다 알 수는 없지만, 고향 사람들이 그의 권세있는 가르침에 놀라면서도 끝내 그를 배척한 것은 아무래도 전비(前非), 곧 이전의 잘못과 연관이 있다고 보는 것이 실상에 가까울 것이다. 과거 고향을 떠날 때 예수는 고향 사람들에게 골치 아픈 존재였다고 보아도 무리가 없을 것이다. 그래서 그의 놀라운 능력과 변화조차 신뢰를 받지 못했던 것으로 여겨진다. 예수의 인생을 일별해볼 때, 고향 사람들이 그를 싫어한 이유가 부도덕 등의 문제였을 개연성은 낮다.[51] 그들이 회당에서 의연하게 말씀을 가르치는 예수에게 크게 놀라는 것으로 보아서 아무래도 그것은 신앙의 문제였을 가능성이 높다.

사실 별다른 고민이나 구도의 과정도 없이 한 농촌 청년이 어느날 다른 이들도 많이 받는 세례를 받다가 성령이 임하여 전세계를 뒤흔드는 지혜를 쏟아내는 성인으로 등장한 것처럼 되어 있는 현재 복음서의 내용은, 현장의 목격자들이 아닌 이상 거의 이해하기 힘들다. 우주적 깨우침과 거듭남이 젊은 농부의 신앙상의 약간의 의지적 행위로 인해 얻어 졌다는 것은 학문이나 예술의 연마, 종교적 구도 등에서 고투를 겪어보지 않은 이들의 속단에 불과할 것이다.

들꽃이나 참새에도 깊은 관심을 기울이는 감수성 예민한 시골 청년 농부 예수는,[52] 자신과 이웃, 유대민족의 답답한 현실 앞에 다른 이들보다 더 낙망하고 번민했을 것이다. 그리하여 자신의 온 정신세계의 바탕이었던 전통신앙 차원에서 돌파구를 생각해보았을 것이다. 기성 종교·사회 엘리트들은 유대인 일반, 특히 소외된 민중을 방기한 채 자신들만의 율법적 정결과 구원을 추구하며 배타적으로 종파를 운영하는 상황이었다. 예수는 아무리 기도하고 희망을 가지려 해도 긍정적 전망을 찾을 수 없었을 것이다. 구약성경의 「욥기」나 「전도서」에도 보이는 바와 같이 답답한 현실 앞에서는 참으로 신실한 신자라도 회의가 따르기 마련인데, 청년 예수도 예외였을 리 없다. 회의는 절망과 방황으로 발전하고 결국 그는 고향을 떠나게 되었던 것이다. 전통적인 농촌공동체를 이루고 살던 순박한 유대교 신자들인 나사렛 마을 주민들과 가족들의 눈에 신앙에 흔들리며 방황하던 예수는 불신자에 가까운 탕자로 여겨졌을 법도 하다.

경제력이나 인맥, 학문적 연줄도 없는 그가 그리스나 로마, 심지어 인도 등 먼 이국으로 갈 처지는 아니었다. 뒤에 그의 복음 선포 지역으로 보아서 아마도 자신이 어느정도 풍문으로 알고 있었을 갈릴리의 여러 지방과 두로(Tyre)나 시돈(Sidon), 사마리아와 유대 데카폴리스(Decapolis) 등 주변 이방을 전전했을 듯하다. 그의 사상의 중심에 이스라엘의 전통적 하나님 신앙이 굳건히 자리하고 있는 것으로 보아도 그가 먼 타국에 가서 이질적인 학문체계를 배워왔을 가능성은 거의 없다고 보인다. 그는 여러 마을과 도시는 물론 광야에서도 생활했을 것이다. 그의 감수성과 열정으로 보아, 어쩌면 이 방황의 시절에 막막한 민족의 운명에 더욱 눈뜨게 되어 바리새파와 에세네파, 로마제국에 폭력으로 맞서기를 주장한 젤롯당(Zealots, 열심당) 등에 관심을 가졌을 가능성도 생각해볼 수 있다. 복음서에는 그의 열두 제자 가운데 젤롯당 출신 시몬이[53] 보이는 등 예수를 젤롯당과 연관해 볼 만한 내용도 보이는데,[54] 바리새인들과 헤롯당이 그에게 가이사에게 세금을 납부할 것인가 여부를 물은 것도 그의 과거나 사상을 의식한 질문이었을 가능성도 있다.[55]

그러나 미물에도 관심을 쏟는 그의 예민하고 따뜻한 심성이나 사상 전반의 특징으로 볼 때 예수가 젤롯당에 가담했다거나 심지어 그 지도자였을 가능성을 생각하는 것은 지나친 감이 든다. 그는 기본적으로 자유로운 정신의 소유자로서 조직적이기보다는 개인적 인간형이며, 원수 사랑, 이웃 사랑, 로마에 대한 납세 지지, 비폭력저항 등을 통해 알 수 있는 바와 같이 로마제국에 대한 폭력적 투쟁도 불사하는 젤롯당의 행태와는 큰 거리를 보였다. 그리고 그의 사상의 구체적인 내용으로 보아도 기존 사상들과 같은 점과 다른 점이 있는 만큼[56] 그가 특정 사상에 경도되었을 가능성은 단정하기 어렵다. 이미 성년에 이른 인간의 기본 심성이나 인식이 일시에 단절적으로 급변하는 것은 거의 기대하기 어려운 일이며, 더구나 명민한 그로서는 로마제국의 실체와 현실 정세를 알수록 젤롯당에 대한 기대도 접을 수밖에 없었을 것이다.

고향 집을 떠나 객지를 떠도는 것은 곤고한 생활이며, 끝내 예수는 방황에 몸도 마음도 지쳤을 것이다. (이러한 구도를 위한 방황과 그 귀결은 많은 사람들을 감동시키고 있는 '탕자의 비유'에 반영되었을 것으로 보이는데, 그에 관해서는 본서 5장에서 상술하겠다.) 방황 끝에 몹시 지쳐

일말의 자긍심이나 자신감조차 고갈된 즈음에, 구도자 예수는 물세례를 베풀며 죄의 청산과 생각의 전환(회개)을 외쳐 사람들의 이목을 크게 끌고 있던, 수백년 만에 나타난 광야의 선지자 요한의 소문을 들었던 것이다. 예수는 공생애 초기부터 율법사들의 관심을 끄는 새로운 해석을 할 만큼 구약성경을 잘 알고 있었으니, 예언서에서 이미 성전 제사의 가식성이 공격받고 있음도 알았을 것이다. 로마 세력과 야합하면서도 민족종교의 정체성을 유지한다며 약삭빠르게 처신하던 제사장들이 운영하는 성전체제가 문제가 많다는 점을 모를 이유가 없다. 가난한 백성들의 비명에도 불구하고 무심하게 성전 제사권을 고수하며 신분적·경제적 특권을 누리는[57] 제사장 무리를 곱게 보았을 리 없는 청년 예수는, 어떤 기대감을 가지고 광야에 출현한 선지자를 찾아 요단강가로 나아갔던 것이다. 그런데 이것은 오랜 방황 끝에도 개인적·민족적으로 어떠한 비전도 찾지 못한 자기를 완전히 내려놓고 전통신앙으로 귀환하는 일이었던 듯하다.

분봉왕 헤롯 안티파스가 염려할 만큼 사람들은 세례 요한의 외침에 귀를 기울였고 많은 이들이 요단강가에 모여들었다. 율법의 정죄(定罪)를 염려하여 모여든 유대인들은 속죄를 위한 간단한 세례만으로도 새로운 삶을 다짐하며 행복해했을 것이다. 예수는 그들 속에 동참해 놀라지 않을 수 없었을 것이다. 사실 광야까지 나와 회개를 서두른 심성으로 보아 그들은 평소에 대단한 죄를 지을 이들이 아닐 것이다. 물로 씻는 것만으로도 죄의식으로부터 해방감을 얻고[58] 하나님의 명령대로 살아보겠다고 다짐하는 천진한 민중들을 보면서, 예수는 여기가 천국인가 하는 정도의 소회를 얻었을지도 모를 일이다.

신약성경의 네 복음서 중 가장 일찍 저술된「마가복음」1:9~11에는,

9. 그때에 예수께서 갈릴리 나사렛으로부터 와서 요단강에서 요한에게 세례를 받으시고 10. 곧 물에서 올라오실새 하늘이 갈라짐과 성령이 비둘기같이 자기에게 내려오심을 보시더니 11. 하늘로서 소리가 나기를 너는 내 사랑하는 아들이라 내가 너를 기뻐하노라 하시니라

라는 장면이 보인다.

인용된 구절 중 "갈릴리 나사렛으로부터 와서"는 앞에서 본 고향 사람들의 태도로 보아 문자 그대로 생각할 것은 아니다. 예수의 고향이 나사렛으로 널리 알려진 만큼 복음서 저자가 상투적으로 그리 적었을 개연성이 있다. 요한에게 세례를 받은 예수는 하늘이 갈라지고[59] 성령이 비둘기같이 '자기에게' 내려오심을 보았으며 하늘에서 "너는 내 사랑하는 아들이라 내가 너를 기뻐하노라"라는 소리를 들었던 듯하다. 답답한 현실에 해결책을 내놓지 못하는 전통신앙에 회의하며 오랜 세월 구도의 방황 끝에 지쳐 다시 돌아온(회개) 그를 하늘은 놀라운 은총으로 환영했던 듯하다. 아니, 그가 그렇게 느꼈을 것이다. 자신을 크게 낮추고 비운 만큼 보이지 않던 영적인 무엇이 존재감을 드러냈을지도 모를 일이다. 방황 끝에 전통 신의 품으로 돌아온 예수에게 이 기대하지 않은 따뜻한 영적 환영은 참으로 크나큰 경험이었을 것이다.

신을 만나는 위대한 체험은 인간의 언어로 다 묘사할 수 없는 것이겠지만, 이 기사로도 대강의 느낌과 진실은 전해진다고 볼 수 있다. 하나님의 거룩한 영인 성령의 하강과 임재를 통해 예수는 하나님과 하나되고,[60] 그의 아들로 다시 태어나는 일종의 신비 체험을 했다고 볼 수 있다.[61] '아들'은 물론 '아버지'가 전제되어야 나올 수 있는 것이다. 피조

132

물인 인간이 창조주 하나님의 아들됨을 음성으로 들었다는 것은 실로 하나님이 아버지됨을 받아들이는 것이다. 이는 창조주와의 일치 체험 이외의 것에서는 나올 수 없는, 인간으로서 형언하기 어려운 거룩한 무엇에 대한 신비로운 경험이다.[62] 자연만물과 친밀하게 벗 삼으며 치열하게 진리를 찾던 구도자가 오랜 여정 끝에 마침내 광대한 우주 속에서 창조주를 만나게 되었을 때, 그 구도자의 기쁨이 어떠할지는 실로 형언할 수 없을 듯하다. 예수는 우주적 해후를 했다고 감히 말해볼 수 있다. 예수의 이 존재의 대자각은, 자기의 존재 그 자체에 대한 깨달음이 아니라, 그가 갖고 있던 이스라엘의 전통 창조신앙에 기반한 절대적 창조주와의 관계 속에서의 자신의 존재 곧 자신이 하나님의 아들임을 깨달은 것이었다. 개별적 인간이 하나님의 아들로 다시 태어난 것이다.[63]

이같은 남다른 영적 체험이 아니면 이렇다 할 가정적 배경도 학력도 없던 그가 갑자기 많은 사람들을 놀라게 하는 지혜롭고 직관적이며 권위있는 가르침을 편 것이나, 제자들을 모아 곧바로 선교활동을 펼친 능력이 어디서 온 것인지를 설명할 수 없다. 공생애 시작 전에 준비나 계기가 없을 수는 없을 텐데 이 수세시의 성령 임재 체험 이외에 다른 계기가 될 만한 흔적은 발견할 수 없다. 인간은 때로 순간적 깨달음을 얻기도 하는 만큼, 보통 사람보다 영적인 면에서 훨씬 뛰어났을 예수에게 재탄생, 중생(重生)의 계기가 공생애 직전의 성령 강림으로 주어졌다고 볼 수 있다.

창조주 하나님만이 전능하고 선하다고(「마가복음」 10:18) 여긴 그의 인식에서 볼 때, 예수가 하나님의 아들임을 감히 받아들여 자부한 것은 가볍게 볼 일이 아니다. 신의 무한거룩한 비밀을 접한 피조물은 형용할 수 없는 위엄에 압도되어 엎드려 겸허해지기 마련일 것이다. 그러나 막대하고 무한한 이같은 성스러운 것을[64] 만나, 종교학자 오토(Rudolf Otto)가 말한바 피조물의 한없이 작아지는 '피조물적 감정'으로[65] 무화(無化)되고도 하나님이 아들로 선언하심을 감히 수용하고 그에 화답한 것은, 일치 체험을 통해 갖게 된 하나님에 대한 확신이 매우 컸으며 아울러 그의 영적 자아가 얼마나 담대했는지도 알려준다. 그의 이 경험은 「에스겔」 1:1~28에서 형언하기 어려웠을 하나님의 비밀을 신화적으로 자세히 묘사하는 옛 예언자의 체험이나[66] 이상(vision, 환상) 중에 알 수 없는 묵시를 들어 그에 우쭐하며 슬며시 자랑했던 옛 묵시 예언자들의 경험과도[67] 차원이 다른 것이었을 가능성이 높다. 접신의 신통함을 자랑하는 샤먼의 경지와 다른 것도 물론이다.[68] 이는 특별히 구약성경에서 모세와 야훼의 만남[69] 정도에 비견해볼 수 있겠는데, 준비 없이 불려가 허둥대며 "보낼 만한 자를 보내소서"라고 부담스러워한 수줍은 모세와 달리,[70] 예수는 그 타고난 자유로움과 담대함으로 감히 하나님의 부르심에 화답하여 아들됨을 받아들였던 것이다.[71]

이렇게 거룩한 하나님과의 하나됨, 그래서 아들됨의 체험은 예수의 모든 것을 바꾸어놓았다. 우선 그는 하나님의 아들로서 체득하게 된 하나님의 입장과 관점에서 세상을 바라보게 되었다.[72] 그래서 그의 가르침이 그처럼 사람들에게 직관적이고 명쾌하며 권세있는 것으로 여겨질 수 있었다.[73] 소외된 모든 자들에 대한 한없는 연민과 사랑도 거기서 나왔을 것이다. 그의 변화가 얼마나 크고 전복적이기조차 했는지 가족과 친척도 그를 이상하게 여겼으며, 고향 사람들도 달라진 그의 존재감 앞에 이질감과 불편함을 느껴 피하고 배척했던 것이다.

예수의 하나님과의 신비한 부자인식은[74] 이스라엘 민족이 하나님과의 관계에서 갖는 '장자(長子)'라는[75] 선민주의적·집단적 부자인식과는 차원이 다르다. 그것은 개인적으로 경험한 일치 체험이며, 피조물의 미천함을 절대적으로 인식한 가운데서도 나온 존재의 함께함에 대한 화답이었다. 하나님이 먼저 피조물을 아들로 찾아 불러주심으로써 그는 너무나 황송하면서도 그래서 기꺼이 하나님을 '아바'(abba, 아버지)라 부를 수밖에 없었던 것이다. 창조주 하나님의 이 특별하고 기쁜 찾아 부르심의 동인(動因)을 예수는 '사랑'이라고 직관했던 듯하다. 아람어 '아바'는 당대에 사람의 아들이 아버지를 부르던 호칭인데, 하나님을 크게 두려워하던 유대인 출신의 예수가 그 신을 '아바'라 부른 것은 창조주와 개인 피조물이 친근하게 하나됨을 의미한다. 이제 예수는 실존적으로 하나님과 늘 현실에서 함께하는 하나님의 아들로 살아가게 된 것이다.[76] 이는 그리스도교의 기원이 되는 위대하고 신비로운 체험으로서, 인간사에 기념할 만한 특별한 경험이었다.

예수는 그의 체험을 인간 일반으로 확장하여 생각하게 되었다. 창조주 앞에 겸손해질 수밖에 없는 피조물로서의 경험은 다른 사람들도 본래 자신과 같은 피조물로서 하나님의 자녀가 됨을 곧바로 깨닫게 한 듯하다.[77] 그가 가르친 잃은 양의 비유나[78] 되찾은 드라크마(drachma)의 비유(「누가복음」 15:8~10), 나아가 탕자의 비유를(「누가복음」 15:11~32) 보면, 하나님은 자신을 버리고 떠나간 자들도 끝내 찾아내고 기다리며 잔치하여 반긴 분인 만큼, 모든 인간을 하나님의 자녀로 보았음을 알 수 있다. 다만 그들은 거듭나지 못해 자신들도 하나님의 자녀임을 아직 알지 못하고 전통과 인습에 따라 두려워하는 종으로서 살고 있는 것이다. 그들이 탕자처럼 깨어서 돌아온다면(회개) 본래의 자녀됨을 회복할 수 있다고 본 것은 물론이다. 따라서 예수는 공생애 중에 '하나님의 아들'은 물론 복수형인 '하나님의 아들들'이나(「마태복음」 5:9, 5:45) '하나님의 자녀'라는[79] 말도 사용했는데, 그 일부가 복음서에도 전해진다. 예수는 하나님의 아들됨을 실존적으로 재인식한 선각자였다고 할 수 있다.

10~20년 뒤에 그리스의 로고스 철학 등으로 더욱 윤색된 「요한복음」 1장의 내용을 별도로 하면, 예수의 수세와 성령 체험은 공관복음서들에는 거의 같은 내용으로 전해진다.[80] 앞서 인용한 「마가복음」 기사를 통해 몇가지 중요한 사실을 알 수 있다.

우선 성령이 내려오고 하나님의 음성이 들린 사실은 예수 스스로가 말한 내용일 가능성이 있다. 마치 제3자가 본 것처럼 보이지만, 내용상 예수가 자신에게 내려오는 비둘기 같은 성령을 본 장면과 함께 자신만이 들은 하늘에서 울려나오는 소리에 대해 말한 내용을 기술한 것이다. 이 신비한 환상이나 음성 이야기를 함부로 공표하고 다니지는 않았을 테고, 아무래도 신뢰하는 주위 제자나 추종자들에게 말했을 것이다. 이 환상의 내용과 하늘의 음성은 하나님이 예수에게 특별히 계시한 것으로 보아[81] 신앙의 근거로서 소중하게 여겨졌을 것이다.

그렇다면 복음서에 더이상 자세한 언급이 없다고 해도 이 내용은 누가 함부로 조작하기 쉽지 않았을 것이다. 「시편」 2:7 등을 이용해 추종자들이 조작을 했다면, 오히려 부활 이미지가 투영되어 만들어진 것으로 여겨지는 변화산의 이적에서처럼[82] 그 일을 목격한 증인들을 등장시켜 말했을 가능성이 높다.[83] 유대인들은 두 사람 이상의 증인이 있으면 사실로 입증되는 율법적 관행을 가지고 있었기 때문이다(「신명기」 19:15).

예수는 선지자에게 기름 부음을 받지도 않았고 왕이나 대제사장의 정식 임명이나 인정을 받은 것도 아니며 토라 학교에서 수학해 학력을 공인받은 것도 아닌 형편에서, 자신의 권위를 보증하기 위한 근거로서 이 성령 강림 체험을 말했을 개연성이 매우 높다.[84] 바울이 다메섹 도상에서 부활 예수 만남을 사도됨의 근거로 말한 것과 같다.[85] 이 성령 강림 체험이 없었다면 가난한 갈릴리의 농부인 그가 제자를 모으고 회당에 나가서 성경을 강론하고 귀신들을 쫓아내는 등의 능력과 용기를 어떻게 얻고 낼 수 있었는지도 심히 의문이며, 측근 제자들이 예수 공생애 초기에 그물을 내던지고 따르게 된 그의 카리스마가 어디에서 연유하는지도 설명할 수 없는 것이다.

물론 이와 같은 이해를 주저하게 하는 면들도 없지 않다. 우선, 그것이 예수의 공생애를 여는 계기가 된 사실이라면 왜 공관복음서들이 간단한 언급에 그쳤는가 하는 점이다. 예수의 부활이 수난사와 함께 장문으로 자세히 언급되고 있으며, 사도 바울의 회심도 19개 절에 이르는 긴 이야기로 전해지는 데(「사도행전」 9:1~19) 비해 교주가 될 예수의 첫번째 종교적 통과의례인 세례는 불과 2개 절로 간단히 전하고 있는 것이다. 부활에 비해 예수의 세례는 그 사역상의 비중이 매우 낮다고 본 데서 연유한 것이 아닌가 싶은 점이 있다.

그런데 초기 그리스도교에서는 불과 성령의 세례라고 새롭게 의미를 부여하여 세례를 실시했으나 형식상 여전히 요한이 실시한 물세례를 계승하고 있었다. 55~56년경에 바울이 쓴 「고린도전서」 6:11에는 "너희 중에 이와 같은 자들이 있더니 주 예수 그리스도의 이름과 우리 하나님의 성령 안에서 씻음과 거룩함과 의롭다 하심을 얻었느니라"라고 하였다. 이것은 바울이 전해받은 초기 예수신앙공동체의 세례 이해에 대한 내용으로 인정되고 있다.[86] 바울 이전의 예수신앙공동체에서는 물을 이용해 죄를 씻음으로써 공동체 가입을 허락하는 세례가 실시되었고,[87] 이 의식을 통해 예수의 이름으로 세례를 받은 자는 그리스도인 곧 하나님의 아들이라는 정체성을 얻었던 것이다.[88]

그렇다면 세례는 초기 예수신앙공동체 가입의 성례(聖禮)로서 실로 인생이 새롭게 태어나는 중생(거듭남)의 의례라는 막중한 의미를 가졌던 것이다. 그런데 예수 부활사건 이후 예수신앙공동체가 형성되면서, 이같이 중차대한 성례를 새로 제정할 경황이나 조직, 체계적 신학지식을 갖춘 인사가 있었을지는 의문이다. 종교 발생 초기인 만큼 신학이론적 대응보다는 아무래도 창시자의 생전의 행적에서 근거를 얻었으리라고 보는 것이 역사적 현실성이 있는 해석일 것이다. 따라서 예수와 상당수 제자들이 요한으로부터 받았고 또한 다른 사람들에게 실시했던 물세례를[89] 계승하여 입교의 성례로 시행했을 것이다. 회개(돌아섬)의 세례는 입교시에 세상으로부터 돌아섬의 상징으로 매우 적합한 것이기도 하였다. 그런데 예수신앙공동체의 세례는 굳이 성령의 세례라고 강조됨을 주목할 필요가 있다.[90] 그들의 세례는 예수가 받고 베푼 것에 근거를 두었을 것이므로 예수신앙공동체의 '성령 세례'라는 명칭 역시 예수가 세례받을 때의 성령 강림 체험에서 비롯했을 것이다.

　그럼에도 예수의 세례 장면이 복음서에 저처럼 간략하게 묘사된 것은, 무엇보다도 예수가 요한에게서 세례받은 사실을 감추거나 그 의미를 축소하고 싶었을 초기 신자들의 심리를 반영한 것으로 볼 수 있다. 그런데 복음서들이 예수가 요한에게서 세례를 받았음을 부인하지는 않고 있어 그렇게만 보기에는 무리가 있다. 이것은 아무래도 부활사건 이후 형성된 예수 그리스도론이 복음서 기술에 관철되면서 나온 결과가 아닌가 한다. 부활이 예수 신성의 확실한 증거로 인정되던(「로마서」 1:4) 초기 예수신앙공동체에서, 예수가 요한의 세례를 받음으로써 처음으로 하나님의 아들로서 자의식을 가졌다는 이해는 받아들이기 곤란했을 것이다. 예수가 본래 하나님의 참아들이라는 예수 그리스도론의 입장을 가진 복음서 저자로서도 이는 용납하기 어려운 일이었을 것이다. 그들은 예수가 애초부터 하나님의 아들이었으며 그 사실이 부활로 확증되었다고 믿었다. 그리하여 세례받을 때의 신비 경험은 그 의미가 축소되어 존재만 드러내는 정도에 머물게 된 듯하다.

예수가 세례를 통해 하나님의 아들임을 자각했음을 의심스럽게 하는 다른 문제도 있다. 무엇보다도 신약성경에 보이는 '하나님의 아들'이라는 그리스도론적 칭호가 부활사건 이후 예수 추종자들에 의해 나왔다는 점이다. 부활이 예수를 신 곧 하나님의 아들로 확신케 한 결정적 사건임은 쉽게 인정할 수 있다. 그 사건을 통해 예수의 메시아 여부를 의심하던 추종자들 대다수가 예수를 메시아 곧 그리스도로 믿고 하나님의 참아들로 선포하게 되었다. 그리하여 복음서는 신적인 '하나님의 아들'이란 존칭을 예수에게만 한정해 사용하게 되었다. 「사도행전」 13:33에 보이는 대로 하나님은 부활사건을 계기로 하여 "너는 내 아들이라 오늘 너를 낳았다"라는, 왕이나 메시아 임명시에 주는 찬사를 발하기도 한 것으로 이해되기도 한다.[91]

이렇게 되고 보니 예수 그리스도만을 지칭하는 용어로서 '하나님의 아들'은 매우 엄중하고 신적 권위를 띤 것으로 큰 무게감을 갖게 되었고, 적어도 그리스도론을 따르는 복음서에서 하나님의 아들이라는 칭호는 하나님의 친아들로 여겨진 예수 그리스도 한 사람과 관련된 것으로 보아야 하는 면이 없지 않다. 이렇게 보면 세례받는 장면에 나오는 '너는 나의 사랑하는 아들이라 내가 너를 기뻐하노라'라는 하늘의 음성은 예수의 거듭남의 자각을 축하하기보다는 변화산 이적의 경우와[92] 유사하게 하나님이 아들에 대한 지지와 보증을 보이려고 발했다고도 할 수 있다.

그런데 여기서 고려할 것은, 구약성경은 이스라엘 민족 전체를 야훼의 장자로 보았고 천사들을 하나님의 아들들로 보기도 했다는 점이다. 왕 역시 그의 아들로 보았다. 복음서에서도, 저자가 의도적으로 개입해 기술한 상투적인 칭호나 신앙고백을 제외하면 인간 예수는 '하나님의 아들'이라는 칭호를 배타적으로 독점하지 않은 듯하다.[93] 그는 '하늘에 계신 나의 아버지'라고 말하였으나[94] '하늘에 계신 너희들의 아버지'도 말했고[95] '너희의 하늘에 계신 (우리) 아버지'도 말했다.[96] 하늘에 계신 아버지는 하나라고 생각했던 만큼,[97] 나의 아버지나 너희들의 아버지나 모두 같은 우리 아버지 하나님일 것은 자명하다.[98] 예수가 제자들을 가르치면서 내 아버지, 너희 아버지를 구별했을 이유는 전혀 없다. 복음서에 전하는 '내 아버지' '너희 아버지'는 예수만을 신의 아들로 인정한 가운데 초기 예수신앙공동체원들과 복음서 저자들이 구분해 사용한 탓으로 보아야 타당하다.

예수는 어린아이 한명을 영접하는 것이 자신과 하나님을 영접하는 것이라 하였고, 화평케 하는 자와 원수를 사랑하고 그를 위해 기도하는 자는 '하나님의 아들들'이 될 수 있다고도 했다. 그리고 하나님의 뜻을 따르는 자들이 자신의 형제요 자매요 어머니라고도 했다. 이 대부분이 그의 생시에 사용한 언어의 흔적들이 완벽하게 탈색되지 않고 남은 것으로 보아 무리가 없을 것이다.

언어의 용례는 시대적 추이와 함께 변화, 변질하기도 한다. 여기서 예수가 자신의 사유와 가르침은 기존의 것들과 다른 새 포도주라고 자인한 사실을 상기할 필요가 있다. 어떤 왕이나 제사장도 거들떠보지 않은 가난한 자들에게 찾아가 복음을 선포하고 전대미문의 섬기는 리더십을 제창한 예수의 가르침이 새로운 사상임은 부인할 수 없다. 사해동포주의나 개별 인간 중심의 헬레니즘 철학 같은 타민족의 사상과 종교가 유대민족과 예수에게 직간접의 영향을 미쳤던 것도 물론이다. 그는 이스라엘 전통 종교사상을 바탕으로 그러한 외래 요소들을 적절히 소화해 새로움을 낳았던 것이다. 그의 자유로운 사고로 인하여 전통을 따르되 새로운 시대의 비전에 맞는 참신한 해석이 가능했다. 이렇듯 당시 세상 인식을 전도(顚倒)한 것 같은 직관적이고 참신한 사상을 낳은 인간 예수에게 당대인들로서는 쉽게 도달하기 어려운 '하나님의 아들'로서의 자의식이 있었을 가능성은 부인할 수 없다.

예수가 살아서 하나님의 아들로 자부했음은 「마태복음」 17장에만 전하는 다음 기사를 통해서도 알 수 있다. 이 기사는 설화적 성격이 강한데, 설화는 하나의 이야기로서의 완결성이 있어 내용이 거의 변하지 않은 채 다른 작품이나 저술에 전해지는 경우도 있다.

24. 가버나움에 이르니 반 세겔 받는 자들이 베드로에게 나아와 가로되 너의 선생이 반 세겔을 내지 아니하느냐 25. 가로되 내신다 하고 집에 들어가니 예수께서 먼저 가라사대 시몬아 네 생각은 어떠하뇨 세상 임금들이 뉘게 관세와 정세를 받느냐 자기 아들에게냐 타인에게냐 26. 베드로가 가로되 타인에게니이다 예수께서 가라사대 그러하면 아들들은 세를 면하리라 27. 그러나 우리가 저희로 오해케 하지 않기 위하여 네가 바다에 가서 낚시를 던져 먼저 오르는 고기를 가져 입을 열면 돈 한 세겔을 얻을 것이니 가져다가 나와 너를 위하여 주라 하시니라

이 이야기는 일견 제법 복잡한 듯하나 실상은 매우 소박한 내용이다.

아마도 갈릴리 호수 근처 가버나움 일대에 떠돌던 민담을 실은 듯하다. 타복음서에는 전하지 않는 것으로 보아 이 이야기는 초기 신자들이나 복음서 저자들이 전하기에 다소 부담스러운 면이 있었다고 보인다. 예수가 하나님의 아들이라는데 다른 백성들처럼 성전세를 냈다는 이야기이니 굳이 말하고 싶지 않았을 만도 하다. 「마태복음」 저자는 이 일화를 예수가 하나님의 아들임을 보여주는 기적 사화로 소개한 것인데, 예수가 성전세를 낸 일이 흠결처럼 붙어 있어 저자는 오해받지 않기 위해 부득이 냈다고 변명하고 있다.

소박한 이 이야기가 전하는 본래의 진실은 무엇일까? 그것은 예수가 성전세를 냈고, 그것을 이상하게 여긴 제자나 추종자들이 있었다는 것이다. 평소 그는 하나님의 아들로 자부했는데 세금을 내겠다고 한 것이다. 어떤 제자들은 하나님의 아들이신데 (문제 많은 성전체제에서) 왜 성전세를 내야 하냐고 순수한 마음에서 이의를 제기했을 개연성이 있다. 베드로가 처음에 곧바로 '내신다'고 순순히 대답한 사실을 보면,[99] 예수는 오해를 막기 위해서가 아니라 다른 사람들이 해오던 대로 세금을 냈을 것이다. 예수는 자신만을 구별해 하나님의 아들됨을 독점하지 않은 만큼, 역시 하나님의 자녀인 다른 백성들처럼 세금을 내는 것이 문제가 되지 않았던 것이다. 그런데 인간 예수의 자의식을 끝내 제대로 이해하지 못한 제자들은 하나님의 아들이라면서도 성전세를 낸 선생이 여전히 이해되지 않았다. 이에 이야기는 가버나움 근처를 맴돌며 말해질 여지가 생겼고, 충분히 이해될 때까지 설왕설래하다가 복음서를 통해 전해지게 된 것이다. 예수 추종자들은 그가 오해를 피하기 위해서 부득이 성전세를 냈으나 고기 입속에서 나온 것으로 냈다고 하여 예수 권위를 높이면서 끝을 맺었다. 물고기 입속에 한 세겔(sheqel, shekel)의 돈이 있을 가능성은 거의 없으니 어부였던 베드로가 고기를 잡아 팔아서 세금을 낸 것은 아닌가 생각해볼 수 있는데, 이것은 전체 이야기의 진실에 비해 중요한 부분은 아니다.

이 이야기에서 중요한 것은 예수가 다른 사람들처럼 성전세를 냈으며, 그가 생시에 하나님의 아들로 자부하고 있었으며, 이를 추종자들이 의식하고 있었다는 사실이다. 그리고 그 자부심은 배타적인 독생자 의식이 아니라 다른 모든 사람과 함께할 수 있는 것이었다. 그런데 이러한 예수의 의식은 유일신으로 하나님을 매우 두렵게 여기던 종교심 충만한 당시 사람들로서는 수용하기 어려운 것이었음을 이 이야기가 보여주고 있기도 하다. 이러한 이야기가 예수 부활사건 이후에 생성될 소지가 전혀 없는 것은 아니다. 그런데 만약 그랬다면, 부활에 의해 거룩한 신적 존재로 확인된 하나님 아들의 권위 앞에 세금 징수자들이 걷은 세금을 다 가져다 바치고 경배하며 돌아갔다는 이야기 정도로 변형되었을 것이다.

복음서에는 예수와 하나님의 관계가 형식적인 것이 아니라 매우 친밀하게 나와서 예수가 평소에 하나님을 친근한 아버지로 여겼을 가능성이 높음을 보여준다. 예수와 하나님의 유별한 부자적 친밀성은 「요한복음」이 의도적으로 거듭 말하는 '아버지'보다는 「마가복음」이나 「갈라디아서」 「로마서」에 보이는[100] 예수가 실제로 사용한 듯한 '아바'라는 칭호에서 더욱 분명해진다. 아버지를 일상에서 친근하고 공손하게 부르는 용어로 보이는 '아바'로 하나님을 부른 것이, 예수의 신실한 사도임을 매번 확인해야 직성이 풀리는 조심성 많은 사도 바울의 창안으로 나왔을 리는 없을 것이다. 아무래도 이 용어는 예수 자신의 자유로움과 파격 그리고 카리스마에서 나왔을 듯하다.[101]

그렇다면 이 용어는 복음서들 중에 유일하게 보이는 「마가복음」 14:36의 장면에서 처음 사용되었을까? 십자가 수난을 앞두고 피땀 흘려 기도하는 그 순간에 친근한 칭호가 처음 사용되었을 가능성은 아무래도 낮다. 이것은 어떤 계기로 친밀감을 느끼게 된 상태에서 처음 쓰이기 시작했을 것으로 여겨진다. 세례를 받고 하늘에서 비둘기같이 평화롭고 순수한 모습의 성령이 내리며 '너는 나의 사랑하는 아들이다, 너를 만나게 되어 너무 기쁘다'는 환청이 들리는 환희 넘치는 그 벅찬 순간에, 예수는 자신에게 임재한 아버지를 실존적으로 느끼며 '아바!'라고 불렀을 가능성이 높다. 저 멀리 계신 무서운 아버지가(「로마서」 8:15 참조) 아니라 두려운 가운데서도 사랑의 아버지를 느끼게 되면서, 하나님과 예수의 관계는 관습적이고 의제적인 것이 아니라 성스러운 가운데 친부자지간 같은 친밀감을 나누는 관계로 돌입했던 것이다.

　　예수는 이제 종이나 신하, 백성이 아니고 하나님의 참아들로서 계승자(후사)이자 대리인이 될 수 있다는 자부심을 갖게 되었다. 그리고 비할 수 없이 높아진 이 정체성의 변화에 따라 높고 넓은 새로운 시야가 확 트였던 것이다. 하나님의 아들로서 보는 이 세상은 새로운 풍경으로 다가왔으며, 사자에 불과한 선지자 등이 중개해준 하나님에 관한 이전의 지식에도 대대적인 수정을 가할 수 있었다. 아들로서의 자부심은 아버지의 뜻인 하나님 나라를 이루는 일을 곧 그의 계승자인 자신의 일로 여기고 전력투구하게 하였다.

　　기원후 56년경에 쓰인 바울의 서신 「로마서」 1장 "3. 이 아들로 말하면 육신으로는 다윗의 혈통에서 나셨고 4. 성결의 영으로는 죽은 가운데서 부활하여 능력으로 하나님의 아들로 인정되셨으니 곧 우리 주 예수 그리스도시니"는 예수 그리스도의 정체성과 관련해 많은 주목을 받고 있다. 이 구절들은 바울 이전의 초기 그리스도인의 인식으로 인정되고 있다. 3절은 예수가 다윗의 혈통임을 말하고 있는데, 혈통을 중시하는 인식을 벗어나기 어려웠을 초기 예수신앙공동체가 그가 다윗의 후손임을 확인하고 메시아 곧 그리스도임을 주장했던 듯하다. 4절은 부활하여 하나님의 아들로 확인된 주 예수 그리스도를 고백하고 있다. 예수를 메시아로 기대하면서도 그가 죽을 처지에서 모른 체하고 도망가버린 제자들과 추종자들은 부활을 통해 비로소 그가 하나님의 아들임이 확증되었다고 보았던 것이다. 이들은 부활사건 후 곧바로 부활신앙과 더불어 이같은 인식을 갖게 된 듯하다.

여기서 드는 지극히 기본적인 의문은 공생애의 예수의 정체성과 부활사건 후 인정받은 하나님의 아들은 어떤 관계에 있는가 하는 것이다. 물론 그가 생시에는 미미한 존재로 여겨지다가 부활이 확신되어 하나님의 아들로 인정받았을 수도 있다. 그런데 죽은 뒤 매우 짧은 기간 안에 신의 아들로 인정을 받은 점을 볼 때 다른 가능성은 없는가도 생각해볼 수 있다. 하나님의 아들이라는 추종자들의 믿음이 예수 죽음 후 3, 4년 뒤에 있은 바울의 회심 이전에 확립되었을 것은 물론이다. 메시아인지 여부를 두고 늘 기대하던 위대한 선생인데 상당 기간 매장지조차 찾지 못한 상황에서 등장한 부활가능성은, 추종자들에게 요원의 불길처럼 번지면서 대다수가 급속히 부활신앙을 갖게 된 것으로 여겨진다.[102] 그런데 추종자들이 그처럼 빠르게 그를 하나님의 아들로 인정했다면 당연히 살아서 그에게 기대한 정체성이 거기에 영향을 주었을 가능성이 매우 높다.

물론 예수가 생각한 하나님의 아들과 추종자들이 인정하게 된 그리스도론적인 하나님의 아들 인식에는 차이가 있었다. 앞서 본 대로 예수 스스로 유일한 하나님의 아들이라는 생각은 하지 않았다고 여겨지나, 부활을 믿게 된 추종자들은 죽음을 이긴 예수만이 참하나님의 아들이라고 여겼다. 그 앞에 더욱 겸손할 수밖에 없었던 초기 신자들은 그를 통해서만 하나님의 양자가 된다고 여기기도 하였다.[103]

그런데 예수의 메시아 여부가 살아서도 종종 문제가 되었음은 앞서 얘기한 바 있다. 예수는 발설을 금지했는데도 제자들은 예수가 메시아로서 권세를 잡을 때를 기대하였다.[104] 왕적인 메시아가 아니며 선지자라고도 확신할 수 없고 제사장도 아니라면 랍비일 가능성 정도가 남을 것이다. 실제 예수는 그렇게 불렸을 듯도 하다.[105] 그런데 랍비라고만 보기에는 그의 활동은 토라 연구와 전수라는 범주와 거리가 있었다. 그는 종말을 선포하며 소외된 자, 병든 자, 가난한 자들에게 위로와 치료와 격려와 복음을 전하였다. 하나님 나라의 전파와 건설에 나섰다. 이것은 아무래도 그의 정체성이 전에 없던 존재임을 보여준 것이다. 자유롭게 새로운 생각을 하는 자 예수는 새로운 역할을 하는, 전에 없는 유형의 인물이었던 것이다. 그는 자신은 물론 사람들이 모두 하나님의 피조물로 하나님의 자녀라는 관념으로 세상을 새롭게 구성하고자 하는 꿈을 꾸고, 이를 실천하였다.

관념상 하나님의 아들이라 여겨지던 왕의 대관식에서 선포된 하나님의 말씀으로는 "너는 내 아들이라 오늘날 내가 너를 낳았도다"(「시편」2:7)를 전형으로 생각한 듯하다. 이것은 메시아 소명(召命)시에도 있을 것으로 여겨졌으며, 왕의 권위를 보장하면서도 그를 압도하는 절대 주권자 하나님의 일종의 소유권이 간단명료한 부권(父權)으로 선포되었던 듯하다. 이 내용은 하나님이 미리 약속한 대로 예수를 일으켜서 부활케 했다고 전하는 「사도행전」 13장에도 그대로 인용되어 있다.[106] 「누

146

가복음」의 저자이기도 한 「사도행전」의 저자는 부활을 통해 예수가 하나님의 아들로 인정된 것으로 보고 역시 주권적·권위적·가부장적 하나님의 입장에서 '너는 내 아들이다, 오늘 내가 너를 낳았다'라는 선언을 전하고 있다. 그러나 「사도행전」의 저자나 당시 신자들이 이렇게 부활로써 예수가 하나님의 아들로 확인되었다고 인식하고 「시편」의 구절을 인용해 엄중하게 선포했다고 해서, 본래 인간 예수가 가진바 일체된 교감으로 동행한 아바 아버지 하나님의 아들이라는 자의식을 없던 것으로 말할 수는 없을 것이다. 예수의 세례시에 들린 '너는 내 사랑하는 아들'이라는 환청의 내용도 「시편」 2:7을 이용해 기술되었을 것이나, 이미 예수와 추종자들이 친근한 하나님과 그의 사랑스런 아들이 이루어갈 새로운 차원의 하나님 나라를 전망할 수 있었던 만큼, 권위적이고 가부장적인 하나님 우선의 차원을 넘어선 새로운 관점에서 나온 것으로 독자성이 있다고 여겨진다. 더 분명하게 말한다면, 「시편」 2:7의 내용을 몰랐더라도 예수는 자신에게 닥친 성령 강림을 통한 하나님의 계시를 부자됨의 현실로 받아들였을 것이다. 서로 사랑하며 기뻐하는 전에 없던 이 부자가 만들어나갈 세상은, 세례 요한까지 외쳤던 심판과 엄포와 위엄보다는 공존과 위로와 치료가 앞서는 은총과 사랑의 하나님 나라였다.

「마가복음」은 세례 요한의 광야에서의 외침에서 출발하며, 예수의 행적은 바로 앞서 본 세례 요한을 통한 수세에서 시작된다. 다른 복음서들도 같은 구도를 벗어나지 않는다. 더구나 예수의 공적 신앙운동은 수세와 사단의 시험을 지나 '요한이 잡힌 후' 갈릴리에서 하나님의 복음을 전파함으로써 시작되었다고 하였다.[107] 예수 추종자들의 입장에서 보면 흔쾌하지 않을 요한으로부터의 수세가 예수 공생애 첫머리에 기록되어 있는 것은, 그만큼 이 수세가 그의 공생애에 중대한 계기와 의미를 가졌음을 반영하는 것이다.

더욱 주목할 것은 예수가 성령의 강림과 하나님의 선포 음성을 보고 들었다고 말하고 있다는 점이다. 이는 적어도 예수는 물론 그의 추종자들은 예수가 수세와 더불어 새로운 종교적 경지를 맛보았음을 말하는 것이다. 세례받기 전에는 그를 종교적으로 보증하거나 그의 자격을 뒷받침해줄 확실한 내용이 없었다.[108] 그런데 예수는 수세와 더불어 성령이 '자기에게' 내려옴을(「마가복음」1:10) 보았고 사랑하는 아들이라는 하늘의 음성을 들었다고 말했던 것이다. 성령의 강림은, 이미 바벨론 포로 귀환과 더불어 페르시아에서 임명받은 유대 총독 스룹바벨이 이스라엘의 전통적인 기름 부음의 의식을 받은 바 없었는데도 정치적 메시아로 간주되는 이유가 되기도 했다.[109] 사실 하나님의 신(성령)이 직접 특정인에게 임하는 것 이상 하나님의 임재와 동행을 입증해줄 만한 일이 있겠는가?

2세기 초반에 저술된 영지주의 경향의 외경 「히브리인들의 복음」에도 예수가 세례를 받을 때 경험한 성령 강림에 대한 내용이 다음과 같이 전한다. 참고로 이 복음서는 성령을 어머니로 칭하고 있다.

사실 주님께서 물에서 올라오셨을 때 성령의 샘 전체가 내려와 그분 위에 머무시며 그분에게 '내 아들아 나는 모든 예언자들 가운데 바로 네가 오기를, 그리하여 내가 네 안에 쉬기를 고대하였다. 너는 나의 휴식이며 너는 나의 맏아들, 영원히 다스릴 자이기 때문이다'.[110]

여기서는 세례시 성령의 강림으로 성령과 예수가 하나되며 예수는 하나님의 맏아들로 선언되고 있다. 초기 그리스도인들도 예수 세례의 의미를 매우 중요하게 생각한 증거로 볼 수 있다.

아울러 인용한 내용 바로 앞에는 "성령의 샘 전체가 그분 위에 내려온다. 주님은 영이시고 주님의 영이 계신 곳에 자유가 있다"라고 하였다. '성령이 있는 곳에 자유가 있다'는 인식이 범상치 않다. 진리가 우리를 자유롭게 함을 말하며(「요한복음」 8:32) 사람들을 종이 아니라 친구라고 선언하고[111] 모세 율법의 문제점조차 곧바로 지적해 새로운 해석을 제시한 자유로운 영혼의 인간 예수가 바로 연상됨을 부인할 수 없다. 교육을 많이 받은 것도 아니고 지위가 높은 것도 아닌 가난한 농부이자 목수 예수에게 새로운 사상적 출발의 기반과도 같은 그의 자유로운 사유가, 바로 성령의 강림과 함께 하나님의 아들로서의 자의식을 얻음으로써 가능했음을 알 수 있는 것이다.[112] 고대사회에서 자유로운 사유란 소수 지성들이 각고의 노력으로 찾기 전에는 거의 신에게서나 기대할 수 있는 것일 텐데, 역설적이게도 예수는 엄정한 유일신 신앙이 여전히 위력을 발하던 1세기 팔레스타인 유대사회에서 성령을 통해 자유로움을 획득하였다. 이는 예수의 유연한 사상 전개에 확고한 기반이 되었는데, 여기에 물론 그의 자유로운 성품과 오랜 고민과 궁구의 노력을 배제하고 생각할 수는 없다.

정도의 차이는 있겠으나 오늘날의 신자들도 교회의 세례의식 등을 거치면서 새로운 신앙적 각오와 영적 각성을 맞이하는 것은 부인할 수 없다. 예수가 구도의 여정 끝에 지쳐 돌아와 세례받음을 통해 그 탁월한 감수성으로 자신에게 성령이 임재함(혹은 임재하고 있음)과 자신이 곧 하나님의 아들됨을 인식한 상황은, 예수가 복음운동을 일으킬 수 있는 계기가 되는 깨달음의 순간이었다.

그런데 그때 예수의 깨달음은 실은 자신만의 하나님 아들로서의 자부가 아니었다. 그는 요한의 세례를 받고 율법의 정죄에서 해방되어 행복에 겨워 즐거워하는 가난한 민중들을 보면서 그들도 참하나님의 자녀라는 확신을 가졌을 듯하다.[113] 예수는 요한의 세례를 통해 하나님의 아들이라는 자신의 근본 정체성을 깨달은 외에, 자신은 물론 다른 사람들의 세례와 연관된 행동양상을 보고 요한이 외친 회개(돌아섬)의 참의미를 알고, 회개를 통해 새로운 인간상이 태어나는 거듭남의 실상과, 기쁨에 찬 하나님의 자녀들로 이루어지는 하나님 나라의 일면까지 보았을 개연성도 있다.

그때에 예수는 인간들의 두가지 모습을 적나라하게 보았을 듯하다. 하나는 율법 아래 정죄되는 전통적 유대인의 모습이다. '하나님의 장자'라는 허울 좋은 명분을 부여잡고 율법을 범할까 두려워하는 인간 군상이다. 특히 유대인 엘리트들은 죄를 밝히기 위해 공의와 심판을 내세우며 자신들의 거룩함과 율법지식을 자랑하고, 주로 자신의 정결을 방어하기에 힘쓰며 타인의 죄에 민감하였다.[114] 거기에는 사랑도 진정한 용서도 사회적·인간적 문제 해결의 비전도 없었다.[115] 실로 악마의 권세 아래 놓인 악한 세상이 펼쳐지고 있었던 것이다.[116] 일차적으로는 종교적·도덕적인 면에서 그러했지만 당대의 부조리와 착취를 고착화하고 있는 정치구조도 마찬가지였다. 당시 유대사회 지배구조의 정점에는 법치를 내세우며 군사적 위력으로 팍스 로마나(Pax Romana)의 강압적 평화체제를 이루고 있는 로마제국이 있었다. 로마제국은 유대인을 포함한 식민지 하층민의 희생 위에 영광을 누렸다. 따라서 로마의 식민지 갈릴리의 농민 출신인 예수가 본 세상 권력자들은 악에 속한 세력으로 하나님의 자녀인 민중을 억압하는 자들로 보였을 것이다.

그들에 비해 세례를 받고 해방감을 맛보는 회개한 민중들은 하나님의 자녀의 모습이었을 것이다. 천진하게도 그들은 잠시 율법을 의식하지 않고 죄로부터의 해방을 즐겼을 것이다. 하나님과 인간의 관계를 원활히 하기 위해 만들어진 율법이 사슬이 되어 그들을 죄의 억압으로 옭죄고 있었음이 입증된 것이다. 여기서 인간은 본래 하나님의 자녀(아들)였음이 저절로 확인되며, 예수는 이처럼 하나님이 함께한다면 인간 세상도 진실로 행복한 세상이 될 수 있음을 발견했을 것이다.

이 하나님의 아들로 거듭나는 대경험 후에 예수는 얼마간 숙고의 시간을 가졌다. 앞으로 무엇을 어떻게 해야 할지 궁구했던 것이다. 많은 영웅들이 그러듯 메시아임을 외치며[117] 정변을 꾀해 권세를 잡아볼까. 회당에 나가 이 가르침을 나누어볼까. 아니면 학생들을 가르칠 것인가. 갑자기 닥친 존재의 대전환을 맞아 예수는 앞으로 어떻게 살아야 할지 고민했을 것이며, 그 흔적은 앞에서 검토한 광야에서의 사단의 시험이라는 이야기로 남겨진 듯하다.

광야에서의 사단의 시험은 영웅의 길에 늘 있는 통과의례로 볼 만하다. 그러한 일화는 흔히 허구를 차용한 설화로 이해되지만, 많은 의지적 인간이 인생에서 실제로 맞닥뜨리는 현실이기도 하다. 큰 깨달음을 얻은 인간에게 미래를 두고 여러 소회가 들끓을 것은 두말할 나위도 없다. 「마가복음」 1:12~13의 가벼운 언급을 지나서 추종자들의 관심이 확대 부연된 「마태복음」 4:1~11과 「누가복음」 4:1~13에 가면 예수의 고민에 거의 근접한 내용을 만나게 된다. 이야기는 물론 예수 추종자들이 만들어낸 설화의 성격을 가졌으나, 거기에는 예수에 대한 민중들의 현실적인 기대와 욕구가 반영되어 있다. 가난한 민중들은 그 탁월한 인물에게 먹는 문제의 해결, 종교적 혼란의 종식, 그리고 세계를 호령하는 유대민족의 메시아가 되기를 기대했던 것이다.

예수는 궁구 끝에 이스라엘의 배타적 민족주의의 산물인 메시아사상이 구시대적인 것임을 알게 되고, 원수까지도 사랑해야 하는 하나님의 열린 세상에서 그것은 배제해야 한다고 생각하였다. 그러면서 요한이 선포한 하나님 나라가 하나님의 아들로 거듭난 자신에게 이루어졌음을 확신한 만큼, 곧 완성될 하나님의 통치를 예상하고 '회개하라, 하나님 나라가 가까이 왔다'고 외치며 갈릴리를 누볐던 것이다. 이제 하나님의 아들을 겸허히 자부하게 된 예수가 나선 현장에서 그의 하나님 나라는 현실로 확장, 실현되는 역사를 맞이하는 것이다.

제 5 장

예수의
인식과 가르침

지역별·민족별 차이가 있었지만, 1세기 지중해 일대 민중들은 대체로 기존 공동체의 해체와 함께 헬레니즘의 여파 속에서 로마제국의 힘을 더욱 실감하며 살고 있었다. 고대 로마사회는 중산층이 부재하고 화폐경제가 제대로 발달하지 않았으며 체계적 관료기구가 갖추어지지 않았고, 강자와 그에 예속된 약자의 사적 연대인 후견인제와 주인-노예 계급으로 이루어진 노예제도가 사회관계의 전형을 이루었다.[1] 대다수 피지배층 민중들은 권리는 잃고 수탈은 가중된 처지였다. 이들에게 인격적 삶은 항상 실종의 위험에 처해 있었으며 기본적인 생존조차 위협받는 열악한 상황이 전개되고 있었다.

과거 공동체와 그 공동체의 신앙은 그들 삶의 울타리가 되고 끝내 죽어서도 함께해줄 것이라 소망되었던 데 비해, 이제 공동체는 해체되고 경쟁이 고조되며 수탈대상으로 몰린 형편에서 민중들은 종교적으로도 위안을 받기 어려운, 의지할 바 없는 소모품이 되어갔다. 동족도 착취하고 가족도 함께해줄 수 없는 운명을 만나면서, 그들은 자신들의 실존적 문제를 해결해주지 못하는 전통적 민족신앙이 아니라 이 대변화 속에서 자신들을 보호하고 구해줄 더욱 믿을 만하고 능력 있는 신을 필요로 했다. 자애롭고 헌신적인 모성의 인간미를 지닌 이집트의 여신 이시스(Isis) 신앙이 크게 번져간 것도 이같은 상황이 배경이 되었다. 처지가 열악하고 희망이 보이지 않는 만큼, 그들의 신은 자비로운 구원자로서 향토를 넘어 제국 내 여러 이방에까지 힘을 발휘할 수 있는 호소력 크고 능력 있는 신이어야 했다.

종교 분파들의 활동이 활발한 중에도 유일신 신앙의 최소한의 공통성을 유지하던 유대인들의 경우는 조금 다른 면모를 보여주었다. 외부의 억압이 지속되자 유대인들은 위협받는 유구한 신앙전통을 수호하기 위해 민족적 단결력을 발휘했다. 그리하여 식민지배와 더불어 사회질서가 변질되고 상층 지배집단이 반민족적 이익을 추구하는 지경에서도, 오히려 겉으로는 민족적 일치가 유지되는 듯한 양상을 보이기도 했다. 지배층은 민족의 유일신 신앙을 정치적·사회적으로 교묘히 이용했는데, 민중들은 여전히 그것에 희망을 건 채 민족신앙 수호를 위해 큰 희생의 가능성까지 안고 살아가고 있었다.

민족이 맞이한 위기의 해결방법도 전망도 분명치 않은 기원 전후 팔레스타인 유대사회에서는 몇몇 왕을 자칭하는 존재, 메시아를 자부하는 이들이 나타났다. 물론 그들은 정치적 성향을 강하게 드러냈다.[2] 이러한 중에 메시아로 기대되는 존재들도 등장했으니, 그중의 한 사람이 세례 요한이었다. 그는 성전 제사권을 독점하고 있던 제사장들의 권한을 무색하게 할 방법을 제시했다. 그가 행한 물로 하는 죄 사함의 세례는 일단 민중들을 현실적인 부담에서 해방시켰다. 큰 소망을 가질 수도 없고, 원해도 이루어질 가능성도 없었을 유대 민중들에게 죄 문제의 해결은 종교에 바라는 가장 큰 현실적 기대 중 하나였을 것이다. 심판을

156

통한 천국의 임박을 절실하게 선포하는 요한에게 사람들이 몰려들자 제사장들과 왕은 위협을 느껴 그를 처형하기에 이르렀다.

이런 상황에서 예수가 등장하였다. 예수는 소외된 민중들의 아픔을 직시하고 하나님의 사랑에 의한 공동체적 삶의 회복을 지향하며 나섰다. 종교적 의로움을 앞세워 민중을 억압하고 이용하던 유대 엘리트층과 민중 간의 관계는 이미 금이 간 채 미봉 상태에 있을 뿐이었다. 그는 요한의 세례를 받으며 신비한 체험을 하고서 자신과 모든 인간이 본래 하나님의 자녀임을 재인식하게 되었다. 그는 세례 요한이 외친 "회개하라 천국이 가까웠느니라"라는 외침을 하나님이 보낸 선지자의 참된 예언으로 받아들이고 그 구호를 계승하여(「마태복음」 3:2, 4:17) 하나님 나라 운동을 펼쳤다. 그런데 그는 하나님의 자녀들은 마땅히 아버지인 하나님의 선한 뜻에 따라 하늘나라 곧 천국을 이 땅에 하루빨리 이루어야 한다고 보았다. 하나님의 사랑에 근거한 사회를 건설하고자 했던 것이다. 그리하여 그는 사회적 약자, 소외된 자들을 우선적으로 찾아 일깨우며 힘을 북돋우려 했다. 예수는 그 하나님 나라가 자기 시대 안에 이 세상에 이루어질 수 있다고 생각하고 그것을 전파하다가 예루살렘에 입성하였다.

복음서 내용을 통해 볼 때, 하나님의 아들로 거듭났음을 자부한 예수는 시대를 전환할 만한 통찰력을 보였다. 그는 극소수 지배층과 가진 자들이 주도하며 나머지 사람들은 철저히 배제된 로마제국 치하의 억압받고 착취당하는 이들을 역사의 주체로 각성, 분발시키기 위해 '가난한 자가 복이 있다'는 등 이스라엘 전통에서는 생각하기 어려운 새로운 인식들을 제시하였다. 자신의 계급과 신분, 기존의 세상 가치관에 매이지 않고 그것을 넘어선 그의 가르침은 너무 이상적이라서 오히려 당대 지배층에게는 별다른 관심의 대상이 되지 못하였다. 나아가, 그가 그토록 깨우치고 섬기려고 노력한 사회적 소외계층, 소위 '죄인'으로 구분된 이들은 물론 자신이 속한 계층이기도 한 대다수 민중들 역시 선뜻 호응하지 않았다.[3] 고대적 사유를 초월한 그의 본원적이고 자유로운 인식의 의미를 다 알 수 없었던데다 변화를 두려워하는 인간 사회 약자들의 속성도 작용했을 것이다.

예수 가르침의 상당 부분은 고대사회에서 흔히 볼 수 있는 것이 아니나, 굳이 연원을 찾아볼 수 있는 면도 있다. 하나님 사랑, 이웃 사랑은 물론이고 여자, 어린이, 노예에까지 이르는 인간에 대한 존중과 사랑이 그렇다. 사회적 약자를 배려하는 정신은 구약성경은 물론 동양 성인들의 가르침과 그리스 철학·헬레니즘 철학 등에서도 볼 수 있는 것으로, 인간들이 기본적으로 가진 인도주의 정신이기도 하다. 그러나 그의 가르침은 별다른 교육을 받지 못한 한 식민지 시골 농부의 통합적 인식체계로서, 유대의 전통신앙을 바탕으로 하면서도 그것을 넘어서 직관적이고 자유롭게 구사되었다는 데 큰 특징이 있다. 그것은 오랜 연구 끝에 진리의 가능성만을 교묘하게 토로하는 학자들의 그것과는 완연한 차이가 있다. 더구나 그는 자신이 깨달은 진리와 믿음을 스스로 실천하여 보임으로써 추종자들에게 전인적인 모범이 되고 감동을 주었다. 그의 가르침은 당대의 문제는 물론 그것을 넘어선 이상적인 세계상까지 전망함으로써, 당대와 미래를 연결하여 인간 삶의 수준을 높이고 자유롭게 하는 데 공헌하였다. 그런 의미에서 그의 가르침에 대해 굳이 구약성경에서 전거를 찾아 훈고적 해석만을 붙이려는 태도는 재고할 필요가 있다. 이해의 배경으로 필요한 부분도 있지만, 그보다 앞선 고대 지성들의 시대적 한계 속에서 나온 구약성경 기록에만 매여 해석하다보면, 탈고

158

대적이고 결국 미래지향적인 예수 사고의 발전적인 면을 놓치기 십상이다. 예수의 사상은 고대는 물론 현대와의 연결성까지를 고려하며 해석할 필요가 있다.

물론 그의 인식체계는 고대 이스라엘의 전통적 유일신 신앙을 기저로 한 것으로서 전능하며 무한한 창조주 하나님에 대한 절대적 신뢰에서 출발한다. 단적으로 그는 아버지는 오직 하늘에 계신 하나님 한분이라고 고백하며 '하늘에 계신 아버지'와 실존적으로 관계함으로써, 창조주와 피조물인 개별 인간이 일치되는 신비하고 친밀한 경험을 전제하고 있음을 알 수 있다. 그런데 그는 유일신 하나님 신관을 중심으로 하면서도, 이미 이스라엘 종교와 문화에 상당 부분 흡수되어 있던 조로아스터교의 선악 관념이나 종말론, 고대 그리스의 영혼과 물질의 이원론적 인간관 등을 굳이 떨쳐내지 않고 자연스럽게 수용하였다.[4] 악마의 존재와 영혼의 불멸성 등은 이미 유대 전통사상에 들어와 자리를 잡고 있었던 것이다.

1. 자유로운 사유

예수 사유의 두드러진 특징은 그 유연한 자유로움에 있다. 그는 하나님의 왕국에 대한 지배를 고수하는 이스라엘의 예언자 전통에 서 있으면서도, 하나님을 상투적으로 내세우는 단순한 신탁 전달자에 머물지 않았다. 다양한 현실 문제에 대해 단순히 율법의 주석을 내세우거나 기존 지혜를 제시하는 것이 아니라 그 이상으로 유연하고 직관적으로 응답하곤 했다. 그는 전통적 창조신앙에[5] 굳건히 서서 독자적 사유를 확대해가는 특장을 보였다.

자유로운 사유는 그 스스로 하나님의 아들로 거듭났음을 확신한 데서 온 것이겠지만, 그의 출신의 복합성과[6] 사고의 기질 자체가 유연한 데서 기인한 면도 있다고 보인다. 바리새인과 서기관, 나아가 일반인들이 끊임없이 제시하는 난제에 대해 요령껏 피할 만도 한데 거침없이 응답하는 자세를 보면, 그가 지적 호기심이 충만함은 물론 이스라엘 전통에서는 찾아보기 힘든 스스로의 궁구에 익숙한 자이며[7] 그만큼 자신의 영역 즉 자유를 확보하고 있던 이였음을 알 수 있다. 그는 유대사회에서 신앙의 대상이 된 모세의 율법에 대해 자신만의 수정 의견을 제시하며, 정결례에 문제를 제기하고 안식일에 대한 재해석을 시도하는 데도 주저하지 않았다. 율법을 제한하거나 때로는 확장하여 해석함은 물론 하나님의 뜻을 찾아 그 근본정신에 서서 율법이 인간 삶의 굴레와 거침이 되는 것 자체를 거부하였다. 이러한 정신은 바울서신에서 두드러진 여파를 볼 수 있기도 하다.

그의 자유로운 의식은 가족관계를 상대화한 데서 극명하게 볼 수 있다. 그는 공생애에 들어 가족들이 찾아왔을 때 하나님의 뜻을 행하는 자들이 자신의 형제요 자매요 모친이라고 설파하고(「마가복음」 3:35) 성가족 개념을 내비치면서 가족관계조차 상대화하는 태도를 보였다. 나아가 하나님 나라 운동이 자신의 추종자들의 가족관계에서도 분란의 소지가 됨을 분명히 밝히면서(「마태복음」 10:35) 제자들의 용기를 북돋았다. 하나님 나라 원칙에 제대로 서려면 전통적 가족관계로부터도 자유로움을 확보해야 했으니, 자신이 솔선하고 추종자들에게도 인습과 혈연에 매여 살지 않도록 촉구했던 것이다. 전통적 방식이 큰 힘을 떨치는 고대사회에서 이런 인식을 갖고 사는 삶은 철저한 소외와 고독을 감수해야 했다. 예수의 가르침을 따라 율법으로부터의 자유를 외친 논리적이고 헌신적인 사도 바울조차 혈통적 민족의식의 굴레를 벗는 데 크게 고민하였고(「로마서」 9:3), 「요한복음」의 저자도 예수가 십자가상에서 육신의 어머니를 걱정하며 다른 제자에게 부양을 부탁한 듯이(「요한복음」 19:26~27) 창작한 것으로 보이는데, 예수의 자유로움은 현실을 초월한 경지였음을 알 수 있다. 제자들을 위시한 주위 사람들의 끊임없는 정치적 메시아 기대에 타협하거나 수용하지 않고 끝내 자신의 의지대로 일생을 나아간 점에서도 고독한 자유인을 만날 수 있다.

그의 유연하며 자유로운 기질은 그의 가르침들 일부에 보이는 해학(유머)을 통해서도 볼 수 있다. 오른뺨을 치거든 왼뺨도 대주고, 겉옷을 달라 하거든 속옷까지 내어주고, 5리를 가자거든 10리를 동행해주라는(「마태복음」 5:39~41) 유명한 가르침이 있다. 자신을 핍박하는 자에게 그들이 원하는 것 이상을 해주라는, 원수 같은 자에게도 너그럽게 사랑으로 대하라는 내용으로 해석될 만하다. 당대 소농 중심 농촌공동체가 무너지고 지배층의 착취가 가중되는 상황에서 민중들이 당한 현실을 생각해보면, 이러한 대응방식은 매우 전술적인 면이 있다고 보인다. 모두 상대적 약자가 현실에서 만나게 되는 강자의 폭력에 대응하는 법을 말하고 있는 것이다.

유대사회에서 왼손은 부정하다고 여겨 사용하지 않았던 만큼 상대의 오른쪽 뺨을 치려면 오른손등으로 치는 수밖에 없다. 그런데 손등으로 치는 것이야말로 주인이 노예를 때리는 경우처럼 상대방을 낮추어 보고 처벌하는 행위였다. 권세있는 자가 오른손등으로 갈릴리 가난한 농민의 오른뺨을 때릴 때 농부가 왼뺨을 들이대고 더 때리라고 하면, 강자는 약자의 돌발적 도전에 주춤해서 그만두거나 오른손바닥으로 때려야 할 터인데, 그렇게 되면 둘은 대등한 관계로 바뀌는 것이다. 약자가 자신의 존엄을 주장하는 돌발적 행동에 강자가 충격을 받아 당황할 것이 충분히 예상되는 상황이다. 그렇게 되면 강자는 자기 행위의 타당성을 점검하고 무시하던 상대방의 존재감을 의식할 것이다. 물론 더 화가 나서 큰 사달이 날 수도 있겠지만, 폭력적인 강자에게서 인격적인 반성이 이루어질 최소한의 가능성은 생각해볼 수 있다.

빈자의 겉옷을 저당 잡은 부자가 끝내 그 옷을 차지하려 한다면 속옷까지 벗어서 주라는 것도 대단히 도전적이고 기발한 대응방식이다. 이스라엘 전통상 가난한 자의 겉옷은 밤이 지나기 전에 돌려주어야 하는데, 사회분화가 심화되면서 이런 전통까지 무시하고 악착스럽게 재물을 축적하고자 하는 탐욕스런 부자들이 등장했다. 그런 인정사정없는 이에게 속옷까지 벗어주고 발가벗고 나서라는 것이다. 역시 이스라엘 전통에서는 아버지의 벌거벗은 몸을 보고 형제에게 말한 것만으로도 저주를 받은 노아(Noah)의 아들 함(Ham)의 사례가 전해지는데, 여기서는 오히려 속옷까지 벗어주어서 폭압적인 부자의 진면목을 노출시키라는 것이다. 그 부자는 크게 당황해 얼른 겉옷까지 돌려주고 내뺄 것이 예상되는데, 일면 유머러스하기도 한 이런 전례 없는 대응방식은 실로 자유로운 영혼이 아니면 결코 생각해낼 수 없는 제3의 길이[8] 아닐 수 없다.

세번째 가르침과 관련해서는, 로마 군인에게(아마도 여타 식민지 지방정권 군인들에게도) 적용된 법으로 군인이 식민지 백성들을 차출하여 5리까지 짐을 옮기게 할 수 있는 법이 있었다. 그런데 여기서는 백성들에게 차출당해 짐을 옮기게 되거든 5리를 다 간 후 5리를 더 가겠다고 해보라는 것이다. 상상도 못해본 그 상황에 군인이 얼마나 당황할 것인지는 짐작할 수 있다. 더 가게 했다가는 군법에 의해 처벌받을 수도 있었을 것인데, 강압에 의해 차출된 식민지 백성의 당돌한 제안에 그 군인이 자신과 상대방의 존재를 재고해볼 것도 예상할 수 있는 일이다.[9]

이와 같은 폭력에 대한 비폭력적 저항은 예수 이전에는 거의 없던 것이다. 피해자와 가해자 모두의 인권과 인격적 회복까지를 의도한 이 새로운 대응방식의 창안은 예수의 자유로운 사유를 떠나서는 생각할 수 없다. 이 비폭력저항은 차후 인류 역사에 지대한 영향을 미쳐 20세기 인도 간디(Mohandas Gandhi)의 독립운동, 미국 마틴 루터 킹(Martin Luther King, Jr.) 목사의 인권운동, 그리고 남아프리카공화국 및 동유럽의 자유화운동 등에까지도 직간접의 영감과 지침이 된 소중한 자산임을 기억해야 하겠다.[10] 이러한 예수의 자유로운 사유는 당대에 사회적으로도 일부 인식되고 있었음을 복음서의 바리새인과 헤롯당의 발언에서도 확인해볼 수 있다.[11]

예수의 자유로운 인식은 전통적 민족사회에서 반발을 살 가능성이 높았는데, 국제적으로 수세적 상황에 처해 보수화하고 있던 유대사회는 그의 진보적이고 개방적인 행보를 결국 용납하지 않았다. 그런데 전통적인 이스라엘의 신관·인간관을 전제로 하면서도 지중해세계에서 널리 받아들여진 이원론을 적절히 수용한 그의 가르침은 일부 유대계는 물론 이방인들에게 큰 무리 없이 전파될 여건을 갖추고 있었다. 특히 그는 유대민족의 배타적 메시아사상을 수용하지 않음으로써 차후 그의 추종자들로 하여금 이방인도 받아들일 수 있는 진전된 그리스도론을 제기할 기반을 마련해주었다. 아울러 그는 사후 문제를 드러내 쟁점화하지 않는 등, 입증할 수 없는 일로 새로운 시대를 지향하는 가르침을 펼치는 데 장애가 되지 않게 하는 지혜도 보였다.

그의 주요 가르침은 유대 전통과 헬레니즘 철학의 범주에서도 상당 부분 찾아지는 것으로 그 자신만의 창안이 아니지만, 그는 당대를 넘어서 새로운 시대를 전망할 만한 사유를 체계적이며 실천적으로 인류에게 제시했다. 그의 생각이 시대를 초월한 지혜라는 점은 인류 차원의 자유·평등·평화 등 그의 주장들이 현대에도 여전히 세계가 지향하는 주요한 가치임을 보면 잘 알 수 있다. 2천년 전 고대 지중해변 갈릴리의 농촌에서 불기 시작한 모든 인간의 존엄과 자유와 공존 그리고 생명 존중의 바람은 아직도 인류가 추구할 목표로 존재하고 있는 것이다.

그의 가르침에 탈고대적·초시대적인 면이 적지 않음은 역설적으로 무식자층이 그의 제자와 신도의 주류를 이루었다는 점에서도 찾을 수 있다. 이런 인적 구성은 초기 그리스도교의 확장과정에서도 대체로 유지되었다.[12] 따라서 예수는 직접적인 주석적 해석보다는 비유를 들어 의미를 전달했는데, 그것조차 용이하지 않았음이 복음서에 적나라하게 드러나 있다. 이렇듯 무식자층이 주류를 이룬 것은 자칫 그리스도교의 비논리적·반지성적 특성 때문이라고 해석될 소지도 있다. 그러나 그리스도교가 서양문화 발전의 중심축이었음을 부인할 수 없는 한, 다른 해석을 찾아야 할 것이다.

유식자층이 예수의 하나님 나라 운동에 적극 참여하지 않은 것은, 예수의 가르침이 기존 지식체계와 질적으로 다르게 급진적이고 그래서 관념적으로도 여겨진데다 종말적이고 초시대적인 성격을 가진 때문일 수 있다. 기존 지식이 많을수록 이 획기적인 새로운 가르침을 받아들이기 어려웠을 것이다. 따라서 무식자층을 가르치는 일은 애로는 크지만 전통사회의 지식인이 갖기 마련인 새로운 지식에 대한 거부감이나 인습적·지적 저항이 적어서 호응도가 상대적으로 컸을 것으로 볼 수 있다. 예수가 어른보다는 어린이를 주목하고 여자도 하나님 나라 사람으로 대한 것도 이런 관점에서 이해해볼 수 있을 듯하다.

주의할 것은 그의 가르침이 급진성을 띠고 그래서 이상주의적이며 관념적이라고 할지라도, 현실의 사람들에 대한 애정과 깊은 성찰의 산물이라는 점이다. 세속적 소재를 이용해 하나님 나라를 설명하는 비유나 비폭력저항을 가르친 세가지 현실적 사례 등에도 보이지만, 무엇보다 가난한 자와 병든 자, 세리와 창기 등 현실을 아프게 실감하며 살던 소외된 이들과 적극적으로 함께한 점에서 그는 현실을 매우 중시한 삶을 살았음을 알 수 있다. 그가 함께한 이들은 그를 진실로 존경하며 헌신적으로 따르다가 마침내 그의 부활을 신앙하여 그를 새로운 신으로 믿기도 했다.

2. 주요 인식

하나님의 관점

당대인들이 놀라워하고 권세있다고 본 예수 가르침의 기반은 하나님의 아들이라는 그의 자의식에 있었다. 앞장에서 보았듯이 그의 깨달음과 가르침은 인간이 하나님의 자녀라는 신과 인간의 부자됨의 체험을 출발점으로 했다.

이 체험은 그의 모든 것을 바꾸어놓았다. 철부지 자녀가 어떤 계기로 부모의 참사랑을 깨닫고 부모의 마음을 이해하고 삶의 태도를 일신하는 경우는 인간사에서도 종종 볼 수 있다. 식민지 갈릴리의 농민, 한 피조물 예수는 하나님을 참으로 경험함으로써 하나님의 아들로서 체득하게 된 하나님의 입장과 관점에서 세상을 보고,[13] 보다 명쾌하며 권세있는 가르침을 펼칠 수 있었던 것이다.

이러한 하나님과의 부자인식은 이스라엘 민족이 종래 집단적으로 가져온 것이며 왕권의 정당성을 보장하는 이념으로 기능하기도 했다. 하지만 예수가 갖게 된 것은 집단적·정치적 이념이 아니라 평범한 한 인간의 실존적·실제적 의식이었다.[14] 이는 공동체적 삶과 사유가 지배적이다가 헬레니즘으로 대변화를 맞아 전통적 공동체가 깨지고 개별 인간의 존재와 그의 행복이 철학의 중심과제로 자리하게 되는 변화와 궤를 같이하는 것이기도 하다.

그런데 이같은 예수의 체험적 깨우침에서 온 신과의 부자인식이 인간이 완전히 하나님과 같다는 등호(=)관계를 뜻하지는 않는다. 하나의 신비로서 피조물인 인간이 하나님의 형상을 갖고 있다는 것이지[15] 인간이 곧 하나님이라는 이해는 아니다. 예수가 하나님의 아버지됨의 근원성과 완전성, 우월성을 인정했음은 그의 가르침에서 얼마든지 읽어볼 수 있다. 어린아이를 대접하는 것이 자신을 대접하는 것이요 하나님을 대접한 것이라는 가르침에도 궁극의 우월적 위치에 하나님이 있다. 그는 어려운 난관을 만나면 기도하여 하나님의 뜻을 헤아려보았는데, 인간인 자신의 한계를 알고 있었던 것이다. 또한 그는 종말이 자기 세대 안에 이루어지리라고 강하게 예상했으면서도, 그 시기는 아버지 하나님만 안다고 하여 자신의 신성이 제한적인 것에 불과함을 보였다. 피조물 인간으로서 그는 하나님을 알았지만 다 알지는 못했고 그럴 수도 없었던 것이다.

사랑

신과 인간의 신비한 일치 경험을 통해 양자의 동질성을 인식한 예수는 전통적으로 이어져온 신과 인간에 대한 사랑을 개인적 실존의 차원에서 새롭게 인식하게 되었다.

이스라엘에서 하나님은 민족의 창조주이며 복과 화를 주시는 역사의 주인이고 민족집단의 아버지로서 사랑과 경외의 대상이었다. 전통적으로 유대인들은 아침저녁으로 「신명기」 6:4 이하의 구절 등을 낭송하는데, 그 셰마(Shema) 기도[16]에는 "너는 마음을 다하고 성품을 다하고 힘을 다하여 네 하나님 여호와를 사랑하라"라는 구절이 포함되어 하나님에 대한 절대적 사랑을 명하고 있다.

그런데 예수는 세례시 경험한 하나님과의 일치 체험에서 사랑의 진면목을 만난 듯하다. 사랑이 아니고는 창조주가 격도 위상도 다른 미미한 피조물을 찾아와 아들로 불러주실 이유가 없다고 여겼던 듯하다. 바로 거기서 하나님의 무한한 사랑을 실존적으로 느끼고 그를 아버지로 칭하게 되었던 것이다. 하나님은 본성이 사랑이기에 미물 같은 피조물에게 관심을 갖고 찾아와 아버지가 되어주시니, 그 피조물은 자신이 아들됨을 깨닫고 감히 응답하였다. 이제 집단적·관념적·의제적인 것에 그치지 않고 자기 존재에 내재하며 감응하는 창조주 하나님을 만난 것이다. 여기서 그의 하나님 사랑은 의무적인 것이 아니라 부자간의 선험적 윤리로 다가오게 되었다. 그의 하나님 사랑은 율법 규정에 따라 하나님의 명령을 지켜 현세의 복을 받기 위한[17] 것이 아니고 아들이 아버지를 사랑하는 당연하고 자연스러운 차원이었다. 그는 창조주 하나님과 피조물 인간의 부자관계됨의 동인(動因)이 사랑임을 확신했던 듯하다. 그리하여 그 하나님의 무한한 사랑을 하나님에 대한 사랑으로 응답하

고 나아가 하나님의 사랑의 대상인 고귀한 피조물 인간에 대한 사랑으로 확장한 것이다.[18]

「마태복음」 5장에는 예수의 여러 가르침이 전하는데, 원수 사랑을 당부하는 가운데 그가 생각한 하나님 사랑의 진면목을 잘 보여주는 구절이 보인다.

43. 또 네 이웃을 사랑하고 네 원수를 미워하라 하였다는 것을 너희가 들었으나 44. 나는 너희에게 이르노니 너희 원수를 사랑하며 너희를 핍박하는 자를 위하여 기도하라 45. 이같이 한즉 하늘에 계신 너희 아버지의 아들이 되리니 이는 하나님이 그 해를 악인과 선인에게 비추게 하시며 비를 의로운 자와 불의한 자에게 내리우심이니라 46. 너희가 너희를 사랑하는 자를 사랑하면 무슨 상이 있으리오 세리도 이같이 아니하느냐 47. 또 너희가 너희 형제에게만 문안하면 남보다 더 하는 것이 무엇이냐 이방인들도 이같이 아니하느냐 48. 그러므로 하늘에 계신 너희 아버지의 온전하심과 같이 너희도 온전하라

본래 예수 말씀의 대강을 잘 전하면서 「마태복음」 저자가 약간 윤문한 정도이다. 세리의 부정적인 면을 전제로 한 언급은(46절) 세리를 위시해 종교적·사회적으로 죄인으로 여겨진 자들도 차별 없이 대했던 예수의 실제 말은 아닐 것이다.

43절의 네 이웃을 사랑하라는 내용은 이미 구약성경에 나오는 것인데,[19] 원수를 미워하라고 한 구절은 그대로는 나오지 않는다. 다만 구약성경이 전하는 율법은 가족의 복수 등을 정당화하고 타민족·국가와의 전쟁에서 용감한 전투를 격려하고도 있는 만큼 원수를 미워하라는 내

용은 현실적으로 실행된 면이 없지 않다. 그러나 한편 구약성경도 원수를 갚지 말 것을 말하고 있는 만큼, 이 구절의 연원은 다른 데 있을 것이다. 기원전 2세기 중반에 시작되어 예수 시대에도 존속했으며 유대전쟁의 패망과 함께 사라진 신앙운동인 에세네파 쿰란공동체의 구성원들은 자신들을 하나님의 거룩한 자들로 구분해 유난스럽게 정결을 추구하고 율법의 완전한 준수를 목표로 정진하며 종말을 대비하였다. 쿰란문서에 전해지는 그들의 공동체 규칙은 소속 공동체원들을 사랑하고 악한 영에 속한 적인 어둠의 자녀들을 미워하라고 규정하고 있다.[20] 이 에세네파는 바리새파를 이어 두번째로 구성원이 많은 종파로서, 1세기의 유대인 역사가 요세푸스에 의하면 약 4천명에 달했다.[21] 에세네파를 잘 알고 있었을 예수는 바로 그들의 규칙을 의식해 이같이 말했을 가능성이 없지 않다.

예수는 에세네파처럼 단지 친척이나 이웃, 자기 공동체 구성원만을 사랑하라고 하지 않고, 심지어 원수를 사랑하고 핍박하는 자를 위해 기도하라는 인간이 행하기 어려운 가르침을 말했다. 소극적 자기방어가 아니라 적극적·공세적 사회 구원방법을 제시하고, 그렇게 하면 하나님의 아들(들)이 될 수 있다고 하였다. 하나님은 선인과 악인을 가리지 않고 햇빛을 비춰주고 비를 내려주는 차별 없는 분인 만큼 악인(원수)까지도 사랑할 때, 곧 하나님처럼 모든 사람을 사랑할 때 하나님의 자녀가 될 수 있다는 것이다. 결국 부끄럽지 않은 하나님의 자녀가 되기 위해서는 인간의 일반적 정서를 넘어서야 한다는 말이다. 그는 예민한 감수성으로 자연의 햇빛과 비에서 하나님의 무차별적이고 무한한 사랑을 읽어냄은 물론, 하나님의 형상을 가졌다고 여긴 인간의 고귀한 자격과 가능성을 신뢰하고 있음을 알 수 있다.

그런데 원수 사랑이 하나님 자녀됨의 자격이라고 말하는 데 주목할 필요가 있다. 곧 후술할 탕자의 비유까지 아울러 생각해보면, 그것은 아무래도 세례를 받고 하나님을 만나 일치 체험을 통해 부자관계를 깨달은 경험과 무관하지 않다는 생각을 갖게 한다. 젊은 날의 예수가 구도 중에 얼마나 하나님 신앙을 떠나서 방황했는지는 모르겠으나, 성령 강림을 통한 하나님의 만나주심에 감격한 그로서는 자신의 신앙적 방황이라는 과오가 더욱 막중하게 느껴졌을 듯하다. 그리고 그 용서하심과 아들로 불러주심에서 하나님이 악인조차 사랑하심을 절감했을 가능성이 낮지 않다. 하나님의 사랑의 무한함과 무조건성을 알게 된 그는 원수 사랑을 설파하며 아들된 자는 당연히 아버지의 중대한 본성을 좇아 원수조차 사랑할 수 있는 경지에 이르러야 한다고 말한 듯하다. 유대 전통에 없는 것은 물론 다른 종교사상에서도 주목하지 않은 원수 사랑을 하나님 아들된 자의 자격처럼 말하는 것은 아무래도 이 가르침이 그의 깨달음 자체에서 나왔음을 보여주는 듯하다. 하나님 앞에 늘 주눅 들어 있던 유대인 일반의 성향을 생각해볼 때 '유대인 예수'가 '하나님의 온전하심'을 감히 인간의 삶의 목표로 말한 것은, 그가 직접적인 체험을 통해 원수와 악인일 수 있는 탕자까지도 반기시는 하나님의 사랑에 확신을 가지고 있었음을 알려주는 것이다.

그의 공생애를 통해 하나님 사랑과 이웃 사랑의 충실한 실천을 보아온 제자들과 추종자들은 '사랑'이야말로 예수가 가르친 윤리의 근본이라고 여기고 결국 그것을 '새 계명'으로 말하기도[22] 했던 듯하다.

그런데 그가 가르침에서 하나님을 사랑하라는 전통적 명령조를 앞세우지 않고 실로 사랑의 하나님, 하나님의 사랑 자체를 이해시키는 데 치중한 것을 주목해야 한다. 복음서가 하나님 사랑과 이웃 사랑을 첫

째와 둘째 계명, 소위 '사랑의 이중계명'으로 전하고 있으나(「마가복음」 12:28~34), 기실 그는 사람들에게 하나님 사랑의 실상을 먼저 알리려 했다. 곧 후술하겠지만 그것은 그가 구사한 각종 비유 속에 잘 드러나 있다. 잃은 양을 찾아 광야를 헤매다 끝내 찾아내어 기뻐 잔치를 하는 사람이나, 일 없는 품꾼들의 생계를 걱정해 저녁까지 같은 품삯으로 고용하며 그들을 염려하는 이상한 포도원 주인, 무엇보다도 아버지를 거역하고 재산을 탕진해 거지처럼 돌아온 아들조차 뛰어나가 반기며 아들로 인정하고 잔치를 베푸는 탕자의 아버지에게서 하나님의 진면목과 그 사랑의 무조건성, 절대성을 볼 수 있는 것이다. 아울러 별 근거도 없이 전통적 적대감에 길들어 미워해온 사마리아인을 착한 이웃 사람으로 등장시켜 강도를 만난 유대인에게 무조건적인 사랑을 베푸는 이야기를 통해, 인간에게 담긴 하나님의 무조건적 사랑의 형상을 드러내주어 인간이 원수까지 사랑하는 하나님 사랑의 실현 가능성을 가지고 있음을 제시하였다. 예수는 자신의 거듭남의 체험에서 체득한, 유대 전통상 두려움의 대상으로 굳어진 하나님의 사랑의 실상을 깨우쳐주어, 인간들 스스로 보다 주체적이고 적극적으로 하나님 아버지를 사랑하고 그 자녀로서 하나님이 사람들을 사랑하시는 것처럼 서로 사랑하며 사는 하나님 나라를 이루고자 하였다. 자신이 창조주 하나님의 지극한 사랑으로 말미암아 아들로 거듭나고 그의 뜻을 따라 하나님 나라의 삶을 살고 있는 것처럼, 하나님 사랑의 진면목을 알게 되면 다른 사람들도 하나님의 자녀로서 그분을 진실로 사랑하게 되고 그의 뜻을 따라 이웃과 원수조차 사랑하는 하나님 나라를 이룰 수 있다고 여겼던 것이다. 하나님 나라는 하나님의 본성인 사랑이 온전히 이루어지는 곳일 것이다.

당시 팔레스타인 사회는 빈부 차이가 심화되고 전통적 공동체가 해체되어 경쟁이 격화되면서 인간에 대한 사랑은 크게 후퇴한 상황이었다. 공동체적 삶이 영위되는 동안에는 사회적으로 친족·동족에 대한 의무적 사랑이 관류했는데, 이제 제국질서로 재편되면서 동족은 물론 가족까지도 공동운명체만은 아니게 되었다. 이처럼 인간에 대한 보편적 사랑이 크게 약해진 중에 신에 대한 사랑도 형식적 의무에 그치는 면이 있었다. 그리하여 '고르반'(corban)과 같은 형식적·피상적 방법이 통용되기도 했던 것이다.[23] 이런 가운데 예수는 인간에 대한 사랑을 신에 대한 사랑과 같은 엄중한 계명으로 되돌려 지킬 것을 가르쳤던 것이다. 그는 율법 자체를 신앙의 대상으로 보고 율법의 모든 조항을 중시하던 당시 유대교의 가르침과는 달리 가장 중요한 계명은 하나님 사랑과 이웃 사랑임을 분명히 했다(「마가복음」12:30, 31).

그런데 사랑의 실천은 종교적이고 의식적으로 되기 쉬운 하나님에 대해서보다는 감정을 가지고 살아 대응하는 이웃 인간과의 관계에서 더욱 현실감 있고 구체적으로 행해질 수 있다. 따라서 예수의 사랑의 가르침은 이웃, 곧 인간에 대한 사랑으로 귀결된다. 그가 목적한 하나님 나라도 때로는 귀찮고 성가시며 적대적이기도 한 이웃 인간에 대한 사랑이 없다면 도저히 이루어질 수 없는 것이다. 이는 구약시대에도 있던 가르침이나(「레위기」19:18) 예수에 이르러 이웃 사랑을 위한 비폭력저항이 제시되는 등 보다 구체적으로 (이웃의) 원수 사랑의 차원까지 진전되었다. 그것은 공동체나 민족의 범주를 뛰어넘어 이방의 민족적 원수에 대한 사랑으로까지 확장될 수 있는 것으로, 범세계 차원에서 사랑의 실천이 선포된 것으로 볼 수 있다.

한편 「고린도전서」13:13을 보면, 믿음·소망·사랑 중에서 그리스도인의 제1 덕목으로 사랑이 제시되어 예수의 가르침이 그리스도인의 근본 가르침을 이룸을 잘 알 수 있다. 그런데 예수 부활사건 이후 사랑이 제1 덕목으로 되는 과정에는 다소 다른 신앙적·지적 논리가 합류했다고 여겨진다. 십자가상에서 예수의 죽음이 하나님이 자신과 인간을 화목하게 하기 위해 아들을 제물로 삼은 것이라는 인식이 반영되어 정립된 듯하다. 아들을 희생으로 내놓은 것은(「로마서」 3:25) 하나님이 인간을 무한절대적으로 사랑해서 이루어진 일인 만큼 하나님은 사랑이고,[24] 그러한 아버지의 사랑을 따라 인간들을 위해 자기 목숨도 내어준 예수의 사랑이 있었다고 믿었기에, 사랑은 초기 예수신앙공동체에서 최고의 덕목이자 가르침으로 정립될 수 있었던 듯하다.

예수가 가르친 최고 덕목인 사랑은 현실적으로는 타인에 대한 용서와 사죄(赦罪) 문제와 연관성을 가진다. 예수는 음욕을 품는 것만으로도 간음죄가 된다고 하여 죄에 대한 율법을 강화하는 듯한 경우도 있으나,[25] 기본적으로는 용서의 문, 죄 사함의 문을 활짝 열었다. 간음 중 잡혀온 여인에 대해 죄 없는 자가 먼저 돌로 치라고 하여(「요한복음」 8:7) 목숨을 구해주고 자신도 정죄하지 않겠다고 한 것을 보면 그가 정죄보다는 용서에 치중한 것을 잘 알 수 있다. 형제가 자신에게 죄를 지으면 일곱번까지 용서할까 묻는 베드로에게, 일흔번씩 일곱번이라도 용서해주라고 한 데서는(「마태복음」 18:21, 22) 무한한 용서를 베풀 것을 말하고 있다. 원수까지도 사랑하고 핍박하는 자를 위해 기도해주라고 한(「마태복음」 5:44) 그가 사람들의 죄를 밝히려 하거나 죄인을 저주하거나 적대하지 않았을 것은 명백하다.

주기도문에는 인간이 인간의 죄를 용서한다는 구절이 분명히 보인다.[26] 사람끼리 잘못한 것은 당사자들이 서로 용서할 수 있음을 보여주는 것이다. 그런데 자신에게 지은 타인의 죄를 용서하겠으니 하나님께 자신들의 죄도 용서해달라고 하였다. 물론 예수는 하나님이 용서해주실 것을 확신하며 이렇게 기도하도록 가르친 것이다. 결국 사람이 사람의 죄를 용서하고 나서 하나님께 용서를 빌면 하나님도 용서하신다는 것이다.[27] 이는 또한 구약성경에 보이듯 율법 규정에 따라 제사장을 통해 수송아지나 수염소, 수양을 제물로 제사를[28] 드리지 않더라도 죄의 용서가 이루어진다는 뜻이다. 사실 예수는 성전에서의 제사나 예배가 아니라 신령(영)과 진정(진리)으로 예배를 드리면 된다는 전인격적인 진실한 예배를 가르쳤다.[29] 그의 시대에도 에세네파 쿰란공동체는 율법을 엄히 준수하되 예루살렘 제사장들을 자신들의 적대세력이며 악한 자들로 보아 그들이 드리는 성전 제사에 참여하지 않는 실정이었다.

예수는 자신의 죄에 대한 관념과 당시의 종교적 상황의 영향도 없지 않아 죄의 고백과 반성에 대해 지체 없이 사죄를 선언했던 것으로 보인다. 죄를 고백하고 진실로 회개하며 보상까지 확실히 하기로 약속한 세리장 삭개오의 집에 구원이 이르렀다고 선언한 것도 이를 보여준다.[30] 더구나 「마가복음」 2:1~12에서 예수가 죄 사함을 선포하고 중풍병자를 고친 이야기를 다시 전하는 「마태복음」 9:1~8을 보면, 사람들이 죄 사함의 권세를 '사람들'에게 주신 하나님께 영광을 돌렸다는 내용이 나온다.[31] 이는 예수 혼자만이 아니라 사람들 모두에게 죄를 사할 권한이 있다고 예수가 가르쳤음을 보여준다. 예수가 자신의 권한으로 죄를 용서한다고 선포했을 가능성이 없는 것은 아니나, 죄를 고백하고 청산을 다짐하는 사람에게 "네 죄 사함을 받았느니라"라고 한 것으로 보아(「마가복음」2:5), 하나님이 죄를 용서하셨음을 확신하고 선포한 것이다. 탕자의 비유나 주기도문을 보아도 하나님은 항상 용서할 준비가 되어 있는 분으로 믿어진 이상, 예수는 죄인된 이의 자복과 회개가 있으면 당연히 하나님이 죄를 사하셨다고 선언했을 것이다. 이 경우 사죄의 주체는 당연히 하나님이며, 예수나 그의 제자 등 죄 사함을 선포하는 사람은 전달자의 입장을 벗어나지 않는다. 여기서 선포자의 권한이 형식적인 것에 불과하다고 볼 수도 있지만, 하나님의 죄 사함을 선포하는 권한만으로도 구약시대는 물론 예수 시대 제사장 이상의 역할을 하는 것으로 사람들에게 특별하게 인식되었을 가능성이 있다.

이러한 예수 자신을 포함한 사람들의 사죄의 권한은 어떤 근거로 가능할까? 그것은 무엇보다도 성령의 강림 내주(來住)를 경험한 이후 가지게 된 하나님의 아들이라는 의식에서일 것이다. 성령의 강림은 흔히 구약시대 예언자(선지자)됨의 표징으로 이해되어왔으며, 하나님의 아들로서 자의식을 갖게 되었다면 하나님의 용서를 적극 선포할 수 있었을 것이다. 이같은 관점에서 회개하고 하나님에게 돌아온 이들은 하나님의 자녀라고 보았던 예수는 자신의 제자와 추종자들에게도 죄의 용서를 통해 병자를 치유하고 하나님 나라의 도래를 선포하도록 한 것이다.

예수가 이같이 용서와 사죄의 문을 활짝 연 것은 그의 종말인식과 긴밀하게 관계되어 있다. 임박한 종말, 시작된 종말을 외친 예수는 회개를 우선적으로 선포하였다. 죄를 고백, 청산하고 하나님께 돌아온 자는 마치 탕자와 같이 즉시 죄를 용서받고 하나님의 품 곧 하나님 나라의 성원이 될 수 있다고 보았다. 하나님 나라의 성취를 서두르던 예수가 죄를 지적하고 처벌로 위협하기보다 적극적인 용서와 구원을 선언한 것은 당연하기도 하다. 사실 이렇게 사죄의 문을 넓게 열어 회개를 손쉽게 한 것은 이미 세례 요한으로부터 시작되었는데, 그 천국운동을 계승한 예수도 같은 관점에서 그것을 더욱 적극적으로 독려하고 확대하고자 했다. 안식일 규정에 관한 관용적인 해석이나 정결례를 약화시킨 것 등도 정죄 대상을 줄이는 획기적 방안이었다.

인간관

인간이 하나님의 아들(자녀)이라는 예수의 신과 인간의 동질성 인식은, 신과 지배층으로부터 복종만을 요구받는 종과 같은[32] 고대적 백성을 넘어 자유롭고 존엄한 인격체로서의 인간상을 제고해주었다. 율법을 지키기 위해 사는 것이 아니라 실로 율법이 인간을 위해 존재하는 것임이 밝혀졌다. 모든 음식물은 깨끗한 것이니 정결례나 금지 율법에 매여 가릴 것 없이 먹을 수 있으며,[33] 안식일은 사람을 위해 있다는 선언과 굶어 죽게 된 다윗 무리가 재단의 재물도 먹은 사례를 제시하는 장면에서는(「마가복음」 2:23~28) 신의 위엄에도 제약받지 않는 자유롭고 존엄한 인간이 드러나 있다. 구약성경에 보이는 바 타민족의 지배와 포로 상태에서의 해방이라는 집단적·정치적 자유를 넘어서 자유로운 인격, 개별적 인간의 존엄을 실감할 수 있다.

모든 인간을 하나님의 자녀로, 결국 신과 같은 수준의 인격적이고 자유로운 존재로 바라본 이상,[34] 이제 인간은 시대를 분변하고 스스로의 의지로 판단하고 선택하며 하나님의 나라를 이루어가는 주체로 인식되었다.[35] 인간 본연의 가치를 훼손하거나 제약하는 율법조항의 효능이 정지되거나 수정되어 사랑의 하나님 안에서 역사적 주체로서 인간의 자리가 보다 넓게 확보되었다. 하나님처럼 일하는 예수가 말해지는 것은[36] 물론 하나님의 뜻을 실천하는 인간들이 예수처럼 하나님 나라를 이룩하는 역할을 한다고 하였다.[37] 하나님 나라는 먼 곳에 있는 듯하지만 결국 기본적으로는 하나님의 모상(模相)이자 자녀인 인간들 속에 있다고도 하였다.[38] 이렇듯 인간이 온 천하보다 귀한 존재임이 설파되는

순간에는 신도 존재감을 드러내지 않았다.[39]

하나님을 공경과 두려움의 대상으로 여겨온 유대민족 가운데서 그를 감히 아바(아버지)로 호칭한 예수는 제자들과 청중들도 함께 하나님을 아버지로 부르도록 하였다.[40] 더구나 인간으로서는 도달할 수 없는 경지라 여겨왔을 원수를 사랑하라는 가르침이 선포되는 때에는, 하나님의 온전하심과 같이 인간들도 온전해지자는 파격이 선포되었다.[41] 흠없이 완전한(perfect) 것을 의미하는 온전함은 무한하고 전능한 신의 용어일 것인데, 유대인 출신 예수는 자신에게 체현된 신성으로나 가능한 자유로운 목소리로 그의 가르침을 듣는 2천년 전의 유대인 청중에게도 신처럼 온전하라고 외쳐댄 것이다. 이것은 두려워 하나님의 이름조차 거명하지 못하던 유대 전통에서는 감히 꿈꾸어보지 못한 도전이 아닐 수 없었다. 신비 체험을 통해 하나님의 아들됨을 얻은 그이기에 자신 같은 인간들이 모두 하나님의 자녀인 것을 깨달을 수 있었고, 그래서 인간들에게 친구와 이웃은 물론 원수까지 사랑하여 온전한 사랑 곧 하나님의 사랑을 이루고 하나님의 자녀로서 하나님처럼 온전해지라고 요청할 수 있었다.[42] 그는 인간세상의 상식적인 선함의 정도를 넘어 하나님만이 할 수 있는 원수 사랑까지를 실천할 때 그 사람은 하나님의 자녀로서 온전하게 된다고 말한 것이다. 이같이 인간을 하나님의 아들(자녀)로 보는 확고한 인식 속에서 예수에게 모든 인간은 온전함에 이를 수 있는 존엄한 인격으로 다가왔으며, 세리와 창녀와 난치병에 든 자와 이방인과도 즐겁게 동행할 수 있었다. 기왕에 자신들의 의로움을 내세우며 차별화를 시도하던 바리새파, 사두개파, 에세네파 등의 종파들은 이 신관과 인간관에서 예수와 큰 거리를 두고 있었다.

구약성경과 쿰란문서의 관련 내용을 예수의 인간관과 비교해보면,

예수와 기왕의 유대 전통사상이 인간을 달리 보고 있음이 명료하게 드러난다. 구약성경은 「창세기」 2 : 7에서 흙으로 만든 인간 창조를 묘사한 이래, 티끌 같은 인간,[43] 풀 같은 인간,[44] 식언하고 후회하는 인간,[45] 여인에게서 난 깨끗하지 못한 자,[46] 벌레 같고 구더기 같은 인간[47] 등 부정적이며 심지어 자학적인 묘사들이 적지 않은 것을 볼 수 있다. 모세 율법의 철저한 준수를 다짐하는 거룩한 자들의 모임을 자부한 쿰란공동체의 문서에 보이는 인간관도 그에 머문다. 그들이 남긴 찬양의 노래에 의하면, 인간은 흙으로 만들어진 피조물, 물로 만들어진 존재, 부끄러움의 원천, 부정함의 근원, 불법의 그릇, 죄로 만들어진 존재, 지식을 갖지 못한 오류와 부패의 영, 당신의 의로운 판단으로 인해 두려움을 느끼는 존재라 하여 대체로 매우 부정적인 인간관을 피력하였다.[48] 거기에는 당당한 인격보다는 다른 인간들과 자신에게 실망하고 하나님 앞에 주눅든, 종이나 죄인처럼 두려움이 체질화된 비천한 인간상이 보인다.

이에 비해 예수가 주인공인 신약성경의 복음서는 인간을 존엄한 존재이자 만물 가운데 가장 소중한 존재로 말하고 있다.[49] 부정적이고 자학적인 구절은 찾아볼 수 없다. 하나님의 자녀가 될 수 있음이 산상수훈 등에 잘 나타나며, 심지어 어린아이 한명을 대접하는 것이 하나님을 대접하는 것과 같다고 하였다. 또한 인간은 하나님의 온전함을 닮아야 하는, 닮을 수 있는 존엄한 존재로 기대되고 있다(「마태복음」 5 : 48). 안식일이 인간을 위해 있으며, 인간을 사랑하는 것이 하나님을 사랑하는 것과 같이 최고의 계명임을 말하고 있다. 무엇보다도 예수는 바리새인 등의 비난에도 전혀 개의치 않고 세리의 집에 들어가 함께 먹고 마셨으며 소위 죄인으로 낙인찍힌 이들과의 교제를 전혀 꺼리지 않고 어울리며 제자로도 받아들였다. 가부장적 사회구조에서 인격체로서 제대로 대우받지 못하던 당대 여성들도 차별 없이 친구처럼 대하고 대화 상대로 하며 가르침의 대상으로 여겨 제자로 삼기도 하였다.[50] 이에 큰 감동을 받았을 여러 여성 제자들은 끝까지 예수를 따라 십자가상의 운명을 지켜보았으며[51] 그를 애도하다가 남자 제자들보다 먼저 부활을 인식하였다.

인간의 목숨은 천하보다 소중한 것이라고 할 때에 개인의 인격과 가치는 이미 온 우주 앞에 당당할 것이다. 예수는 죄와 심판 앞에 무서워 떨고 있던 인간들에게 잃은 양의 비유 등을 통해 하나님은 인간을 자녀로 여기며 끝까지 무조건적으로 사랑함을 밝혀 구원의 은혜 곧 해방을 선포하였다. 이제 인간은 근거도 확실하지 않은 원죄 등의 죗값에 대한 두려움을 떠나 하나님과 동행할 새로운 삶의 소망으로 초대받은 것이다. 그것은 율법의 처벌 가능성에 매인 오랜 두려움의 동굴에서 나와 기쁨의 밝은 세계로 나아가는 것이었다.[52] 이러한 예수의 본래 가르침의 초시대적 성격은 역설적으로 그의 훈육과 감화를 받은 추종자들이 뒤에 여성관 등에서 그의 가르침을 후퇴시킨 것을 보아도 알 수 있다.

예수의 새로운 인식들은 하나님의 인간 사랑에 대한 확신이 배경이 되었다. 예수는 자신의 체험을 통해 격절(隔絶)된 대립체로 여겨지던 창조주가 피조물을 아들로서 기뻐한 이 신비는 신의 무한한 사랑 이외에 다른 것으로는 설명할 수 없다고 본 듯하다. 이 사랑을 경험한 예수는 그것을 확장하여 결국 인간들을 종이 아니라 친구라고 선언하였다(「요한복음」 15:15). 신분제 사회에서 온전한 친구는 실로 동격의 계급·신분 간에만 가능했으니 하나님의 자녀로서 모든 인간이 동등한 존재로 여겨진 것을 알 수 있다. 물론 이 엄청난 인간해방 선언, 자유인 선언은 그 시대와 인간들이 용납하기에는 너무 생경하고 당돌한 것이어서 제대로 소화되지 못하고 많은 굴곡과 시간을 경과한 후 현대에 와서야 세계의 상당 지역에서 비로소 그가 말한 정도에 근접하게 되었을 뿐이다.

신과 인간의 부자로서의 동질성 인식은 자연스럽게 인간의 평등의식을 낳았다. 예수가 인간을 하나님의 자녀로 본 것은 인간이 하나님의 형상을 닮은 피조물이라는 이스라엘 전통사상에서 왔다고도 보이는데[53] 더구나 성령이 임재, 동행하는 임마누엘 상태에 있는 모든 인간은 평등한 존재로 볼 수 있었을 것이다.[54] 예수는 자신이 만난 절대무한의 창조주와 그의 무조건적인 사랑 앞에서 미물에 불과한 인간들의 신분·재산·직업·건강·성별·노소·민족 등에 따른 구별은 별 의미가 없음을 자연스럽게 알게 되었을 것이다. 당시 사회에 분명 여러 구분과 그에 따른 차별이 있다 해도, 그것은 인간이 만들어낸 현상적인 것에 불과할 뿐 본질적으로 모두가 하나님의 자녀라는 점에서 구분과 차별은 근원적일 수 없다고 보았던 것이다.

신과 인간의 동질성 인식이 유일신 신앙이 영위되던 유대사회에서 대단한 정신문화적 혁명성을 가진 것이라면,[55] 그에 기초한 인간 평등 주장은 사회적 혁명성을 내장한 것이다. 신분제를 기반으로 하는 로마제국 치하에서 신분적·계급적 차별을 내적으로 부인하는 것은 결국 현실 체제를 부정하는 것이었다. 시민으로서 권한의 한계가 엄존하던 여성들로서는 예수의 인간 평등 선언이 드디어 인격적·사회적 주체로서 존재의의를 찾는 출발점이 되었다.[56] 물론 교회 내 여성의 지위와 권한은, 가부장제 사회에 자리한 교회체제가 그것을 수호하기 위해 '여자의 머리는 남자'라거나 '여자는 교회에서 잠잠하라'고 하는 등,[57] 오히려 처음에는 가능했던 지도자 역할에서도 제약받고 후퇴하게 되었다.[58] 그러나 예수가 뿌려놓은 인간 평등 관념은 고대와 중세를 거치고 근대를 경과하면서 꾸준한 생명력으로 살아남아 세계적으로 여성 해방 역사의 강고한 자양분이 되었던 것이다.

어린이의 경우도 마찬가지이다. 부모, 특히 아버지의 소유물로 인식되던 어린이의 존재감은 하나님의 형상을 입은 자로서 어린이를 잘 대접하는 것이 예수 자신과 하나님을 대접하는 것과 같다는(「마가복음」 9:37) 선포로 인해 고양되어 인격체로서 어린이의 존재의의가 높아진 것은 달리 강조할 필요가 없다.

이와 같은 인권의식·인격의식의 고양은 율법을 제대로 지키지 못하는 죄인으로 낙인찍힌 세리나 창기, 일부 병자와 이방인에게도 사회적 관심이 미치게 했다. 복음서에서 이들은 예수의 연민과 긍휼의 대상으로 묘사되어 있다. 사회적 약자에 대한 배려는 구약시대 예언서들의 사회비판 끝에 등장하는 주요 요청이기도 한데, 예수에 와서는 관심을 촉구하는 것만이 아니라 그들이 처한 절박함에 호응하여 예수가 직접 중심에서 그들과 함께하는 삶의 차원으로 진전하였다. 그의 가르침과 행동이 민중적이라는 이해는 여기서 나올 수 있을 것이다. 사상적 맥락에서 보면 예수는 그들이 다른 사람들보다 부족하고 불쌍한 존재여서라기보다는, 다 같은 하나님의 자녀이면서도 그들이 처한 환경과 여건이 길 잃은 양과 같이 불우하기에 아버지 하나님의 심정에서 더욱 관심을 기울여 찾아갔던 것이라고 할 수 있다. 사실 사회적으로 큰 비중을 차지한 소외된 민중들 중에서도 더욱 약자인 그들 '죄인'들은 더욱 차별받고 질시당했는데, 예수는 거듭 버려진 그 마지막 약자들에게까지 하나님과의 동질성을 인정하고 그 가치를 수호하고자 했다. 가난한 자가 하나님 나라를 갖게 되고, 주린 자는 배부르게 되고, 우는 자는 웃게 된다는 축복과 격려의 선포는(「누가복음」 6:20, 21) 흑암의 질곡 속에 빠져 있던 이들에게도 아버지 하나님이 함께하리라는 소망이 제시되는 현장이었던 것이다.

그의 따뜻한 눈길은 수로보니게(Syrophoenician, 팔레스타인 북서부 시리아에 살던 페니키아 사람, 베니게 민족) 여자 같은 이방인게도 베풀어졌고(「마가복음」7:24~30), 출신 민족이 아니라 그 행위를 들어 착한 사마리아인을 높인 것을 보면[59] 예수는 민족이나 국가를 넘어선 열린 세계의식을 갖추고 있었다. 유대인들의 이방인에 대한 열린 자세는 「이사야」 등에 보이는 바와 같이 바벨론 포로기 이후 보다 구체적으로 제시되기에 이르렀다. 제국의 구성원으로서 이방인의 존재가 엄연한데다 디아스포라를 통해 이방 교류가 확대되면서 이방인 존재의 현실성을 배타적으로 부정할 수 없었던 것이다. 그리하여 예언서들은 이스라엘을 패망시키고 야훼를 비웃는 그들을 종말의 심판과 복수의 대상으로 말하면서도, 한편으로 공의로운 신인 야훼의 성산(聖山)에 함께 모여 경배하며 인자(仁慈)를 베풀 연합의 대상으로 이해하기도 하였다.[60] 예수는 여기서 후자 즉 이방인에 대한 사랑과 개방적 인식에[61] 공감했던 것이다.

복음서에는 예수 추종자들과 복음서 저자에 의해 윤색되어 여전히 유대 전통과 율법을 강조, 옹호하는 듯한 보수적인 예수상이 드러나기도 하지만,[62] 감춰진 가운데도 틈틈이 보이는 이방인을 향한 열린 자세는 실로 새로운 세계인식이자 개명의 창으로서 주목해야 할 것이다. 배타적 종족의식과 민족종교에 매몰돼 있던 유대사회에서 예수가 남긴 혁명적·급진적 가르침의 많은 부분이 복음서에 온전히 전해질 수 없었다. 변형되고 감추어지거나 축소되어 기술되었으리라고 여겨지는데, 그럼에도 예수신앙공동체가 초기 선교과정에서 이방 전도에 적극 나섰던 것을 보면 예수의 이방인에 대한 자세는 복음서가 전하는 것보다 훨씬 크게 열린 보편적인 것이었다고 여겨진다.

182

겸손과 섬김의 리더십

모든 인간이 하나님의 자녀이며 그들이 모두 자유롭고 평등하다면, 누구나 타인을 존중하고 서로 겸손해야 할 것이며 아무도 다른 사람을 강압적으로 다스릴 수 없고 다만 섬겨야 할 것이다. 여기에는 역시 예수의 수세시 체험이 깊이 영향을 미쳤다고 보인다. 무한하고 거룩한 창조주를 만난 피조물인 그는 신의 무한한 거룩함에 압도되어 한없이 겸손해지지 않을 수 없었을 것이다.[63] 이러한 정황은 거룩한 야훼 만나보기를 극히 두려워하며 얼굴을 가렸던 출애굽 시기의 모세와, 야훼의 형상을 보고 놀라고 감격하며 부복한 아브라함과 에스겔 등 여타 이스라엘인들의 행적에서도 미루어 알 수 있다. 결국 모든 피조물은 하나님 앞에 겸손할 수밖에 없는 존재임을 예수는 알게 되었던 것이다. 아울러 그는 하나님이 미물과 같은 자신을 기뻐하며 아들로 선포할 때에, 자신의 높아짐에 감격하기보다 오히려 신이 피조물인 인간을 향해 내려오신데 전율했을 것이다. 피조물을 아들로 여기며 기뻐하는 한량없는 사랑의 행위를 신의 겸손함으로 이해했을 가능성이 높다. 기존 유대의 통상적인 신 관념, 그리고 그리스를 위시해 지중해 일대 민족들에 보이는 오만하기조차 한 신 관념을 넘어선 역설적인 신의 품성을 발견했던 것이다.[64] 고대의 지배자인 세상 왕들도 신의 아들임을 주장하거나 자부했으니, 다스리는 자는 하나님처럼 내려와 낮아져 섬기는 이가 되어야 한다는 이해가 나올 수 있었을 것이다. 하나님의 자녀인 인간들이 하나님 아버지처럼 겸손하게 서로 섬기는 것이 실로 하나님 나라의 생활양식일 것이다.

누가 더 높은지를 다투는 제자들에게 예수는 자신을 낮추어 섬기는 자가 참으로 높은 자라는(「마가복음」 9:35) 현대적이고 민주적인 섬김의 리더십을 제시하였다. 신의 경지를 떠나서 보더라도, 모두를 온전한 인격체로 보는 사회라면 힘을 빼야 몸이 물 위로 떠오르듯이 스스로 자신을 낮추어야 그 존재가 드러날 수 있을 것이다. 이는 지배자, 가진 자들의 오만과 폭력이 철벽을 이룬 로마제국하에서는 오히려 낮아짐에서 오는 섬김의 리더십이 기존 지배세력의 그것보다 더 가능성 있는 리더십이 되리라는 놀랍고 획기적인 통찰력을 보여준 것이다. 더구나 그의 섬김의 리더십은 주장에 그치지 않고 스스로 사회적 약자를 찾아가 섬기고 제자들의 발을 씻는 정도에 이르렀으니, 겸손의 덕과 섬김의 리더십이라는 미래에나 실현 가능한 전망을 현실화해 보여준 그의 가르침은 제자들의 심령과 뇌리를 깊은 감동으로 두드렸을 것이다. 앞에서도 보았지만 그것은 그가 하나님을 만나 느끼고 터득한 신성의 참된 체현이었다. 제자들과 추종자들은 은연중 그에게서 거룩한 신성의 면모를 체감했을 것이며 거기서 오는 감화력이 예수 부활 확신의 밑바탕이 되었을 것이다.

겸손한 지배자는 바벨론 포로기의 민족적 대수난을 경과하면서 이스라엘인들이 바라온 이상적 군주의 모습이었을 개연성이 높다. 유대왕국 말기의 무능한 왕들이나 폭압적인 제국의 군주들을 보면서 유대인들은 지혜롭고 정의로운 군주,[65] 인자한 군주를 그렸다. '연한 순 같은' 모습이나[66] 공의롭고 구원을 베풀며 겸손해서 나귀 새끼를 타는 시온(Zion)의 왕의 모습이[67] 제시되기도 했다. 포로기 이후에도 국가의 회복이 무산되고 사회적 갈등이 해결되지 않은 채 대내외적 착취와 폭압이 지속되던 때에 일부 백성들이 그린[68] 백성들의 고난을 함께하는 공의로우면서도 겸손한 그 왕의 모습에 예수는 공감했던 것이다.

산상수훈(「마태복음」 5~7장)에 보이는 황금률과[69] 같은 인간들의 오랜 경험에서 얻어진 인간간 행위의 지혜도 적극 받아들여 권장하였다. 예수가 말하는 황금률은 당대 일반적 황금률과 달리 인간의 동등한 존재의의를 전제로 하는 것으로, 하나님 나라에서 행해야 할 인간 상호간의 행동지침이다. 그것은 일반적으로 알려진 고대의 황금률이 동일 신분이나 계급을 전제로 했을 가능성이 높은 데 비해 보다 발전적인 것이었다.

재물관

예수의 인식 중에서 차후 세계 정신문화사 전반에 크게 주목할 만한 통찰력을 보이는 가르침이 있다. 그것은 재물에 대한 인식이다. 예수는 하나님과 재물을 두 주인으로 보고 인간이 이들을 겸하여 섬길 수 없다고 하였다.[70] 영혼과 물질을 구별하여 이분법적으로 본 그리스적 사고의 영향도 보이나, 낙타가 바늘귀를 통과할 만큼 어렵지만 부자의 구원도 가능하다고 한 데서 알 수 있듯이 완전한 대립관계로 본 것은 아니다. 재물은 과거나 현재나 인간의 생존과 인격적 삶을 위해 불가결한 것이므로 이런 통찰은 역사적 안목에서 나왔다고 보는 것이 설득력이 있을 것이다.

이스라엘에서는 전통적으로 부자가 되는 것을 야훼의 축복으로 여겼다. 「신명기」 28:1~6에는 하나님의 명령을 듣는 자가 받는 복은 자녀와 토지와 가축의 축복이라 했으니 이는 곧 부자가 되는 복을 말한다. 고통 속에서도 하나님을 원망하지 않고 사랑하며 자신을 괴롭힌 친구들조차 용서해주도록 빌었던 욥(Job)은 처음보다 두배의 부자가 되는 복을 받았다(「욥기」 42:10). 그런데 적어도 고대사회의 상당 기간 동안은 재물을 신과 동격으로 보는 지경에 이르지 않았다. 상고시기로 올라갈수록 공동체적 삶의 방식이 지배하는 정도가 크고 사유재산이 제한적이었던 만큼, 재물을 인간이 지향하는 최고 가치로 여기지 않았으며 오히려 명예가 중요한 지향점이었다는 이해가 설득력을 갖는다.

앞에서 언급한 대로 헬레니즘 시대에 이르러 전래의 공동체적 삶이 쇠퇴하고 왕과 귀족 등의 권력자, 그들과 손잡은 부자들이 대토지를 집적하는 등 경제적·사회적 분화가 심화되었다. 이런 현상은 로마제국하에서 더욱 강화되었는데, 로마가 헤롯왕조의 존속을 인정하고 간접적 식민지배를 실시한 예수의 고향 갈릴리에서도 마찬가지였다.[71]

이런 상황에서 재물은 공동체 가치체계의 정점이라고 할 수 있는 신과 같은 위치를 차지하기에 이르렀다. 깨어진 공동체적 유대를 부여잡고 자신의 목숨이나 재물을 던지는 자는 거의 없어졌다. 부족이나 민족·국가가 아니라 개인의 안위를 보장해줄 제국의 지배층과 유대를 맺기 위해 모두가 그 연결고리인 재물을 얻는 데 혈안이 되었다. 헤롯 일가는 물론 제사장을 포함한 귀족들도 결혼과 이혼을 반복하고, 형제자매 심지어 부자지간이 반목하고 갖은 불법이 동원되었다. 이제 재물이 새로운 신으로 자리하게 되었던 것이다. 예수는 로마체제의 이러한 사회·경제 변화의 본질을 꿰뚫어보고 하나님과 재물이 대립하는 세계가 도래한 것을 지적하였다. 실제로 이후 인간의 역사는 신과 재물이 대립하여, 근현대 자본주의는 재물을 신으로 삼고 펼쳐진 역사임을 부인할 수 없는 만큼, 예수의 역사적 통찰력은 높이 평가하지 않을 수 없다. 당대 사람들이 하나님의 대항자로 두려워한 악령(마귀)보다 재물이 진정한 의미에서 신의 대항마임을 알아본 것은 당대를 관조, 비판하고 새로운 시대를 전망하는 초시대적 통찰력에서 비롯한 것으로 여겨진다.

3. 하나님 나라

예수의 가르침은 교훈적·이상주의적 관념에 그친 것이 아니고 최종적으로 현실에서의 하나님 나라 운동으로 나타났다. 그는 자신이 이 일로 보냄을 받았다고 하였다.[72] 그리스도론이나 예수 재림을 고대하는 종말론이 반영된 현재 전하는 복음서에서, 예수는 '내 아버지 집에 거할 곳이 많다'라거나(「요한복음」 14:2) '자신으로 인해 핍박을 받는 자는 하늘에서 상이 크다'고 말한 것으로 되어 있기도 하다(「마태복음」 5:12). 마치 그가 하늘 어느 곳에 하나님 나라가 있다고 말했던 것처럼 보이기도 하는데, 그것들은 그의 말이 아니라 그의 추종자들에게서 나온 것이다.

예수가 선포한 '하나님 나라'는 영토적 국가를 의미하는 것이 아니다. 그것은 본래 '하나님의 왕적 통치' '하나님의 지배'를 의미한다. 그러므로 하나님의 지배가 관철되어 그의 뜻이 실현되면 어디든 무엇이든지 하나님 나라라고 할 수 있다. 따라서 심지어 로마제국도 하나님의 지배가 관철된다면 하나님 나라가 될 수 있는 것이다. 그의 하나님 나라는 고대로부터 이스라엘 민족 위에 하나님의 통치가 행해졌다는 신정국가 관념에 그 연원이 있다. 본래 이스라엘의 전통적 신정론은 현실에서 야훼의 지배를 인정하는 것으로, 바벨론 포로기 이후에는 유대민족이 주권을 잃어 그 정치적 실현 가능성이 희박해지자 마지막 때에 이르러 온전히 이루어질 것이라는 종말론적 하나님 나라 관념이 출현하게 되었다. 이후 셀레우코스왕조 특히 안티오코스 4세 에피파네스왕의 전통신앙까지 위협하는 강압적 통치가 더해지면서, 하나님이 숨겨둔 장래 계획을 특정인에게 은밀히 알려주었다는 확신 속에 하나님 나라 도래의 필연성이 더욱 강조되었다. 그것이 「다니엘」로 대표되는 묵시적 종말론이다. 유대인의 종말론은 타민족을 타도와 정복의 대상으로 보는 배타적 민족주의 성향이 주류를 이루는 가운데, 포용과 통합의 대상으로 보는 개방적 입장도 있었다.

유대민족은 거듭된 대외적 시련 속에 하나님 나라는 유대인 스스로의 힘으로는 이룰 수 없는 것으로, 종말에 이스라엘의 신인 하나님이 심판과 함께 세상 모든 권세있는 나라들을 평정하고 이루실 완전하고 행복한 나라로 기대되었다. 이것은 사실 타민족과의 대결에서 패배에 지친, 승리를 꿈꾼 약자 이스라엘이 거의 자포자기한 가운데서도 끝내 내려놓지 않은 희망 한점이랄 수도 있을 것이다.

예수의 하나님 나라도 고난 속에서 살고 있던 1세기 유대인들의 절망 속의 열망과 무관할 수 없다. 예수는 현실의 질곡 속에서 수백년 만에 다시 출현한 선지자 세례 요한을 통해 종말이 선포되자 종말의 하나님 통치가 임박했다고 받아들였다. 세례를 통해 자신에게 아버지가 되어주신 하나님의 아들로 거듭남으로써 하나님 나라가 이루어지기 시작한 것으로 확신한 예수는, 자신에게 하나님을 만나는 기회를 제공한 세례 요한을 신뢰하며 그의 외침을 믿고 따르게 되었다. 그리하여 세례 요한이 잡힌 후에는 그를 이어[73] 하나님 나라가 가까웠으니 회개하고 복음을 믿을 것을 전파했던 것이다.[74] 기왕의 죄스러운 삶을 뉘우치고 방향을 돌려 하나님 나라의 삶을 살라고 외쳤다. 하나님의 통치가 임박했다는 소식은 1세기 팔레스타인 현실에서 크게 환영받지는 않았지만 당시 로마제국 체제에서 고난의 삶을 살고 있던 대다수 민중들에게는 복음이 될 소지를 가지고 있었다. 그래서 가난한 자에게 복음이 먼저 전파되었던 것이다.

그런데 예수는 광야의 번민을 통해서 사단의 유혹인 유대인의 전통적인 정치적 메시아 대망을 극복하였다. 자신이 체험한 하나님은 피조물을 아들로 여길 만큼 무한한 사랑의 하나님이고, 현실적으로도 유대교의 하나님은 이방인들도 상당수가 신앙하는 단계에 있었던 만큼, 공의와 인자와 긍휼의 신, 만백성이 섬기는 신이 되어가는 상황이었다. 이방인에게도 열린 마음을 품었던 갈릴리의 예수가 포로기의 민족적 원한을 배경으로 다른 민족을 복수심으로 정복하고 징벌해 이루어질 전통적 종말의 하나님 나라를 받아들일 수는 없었다. 예수는 만민을 대상으로 한 보편적 의미의 하나님 나라를 추구하였다. 종래의 이스라엘 민족 우선의 종말적 하나님 나라 관념을 벗어나자 새로운 차원의 하나님 나라를 제시해야 했다. 전에 없던 것인 만큼 그것은 설명하기도 어렵고 이루어가기는 더욱 어려웠다. 유대인인 그의 제자들조차 선생의 의도를 끝내 다 알지 못했으니, 그의 공생애 중에 하나님 나라는 완전히 이해되지 못한 면이 있었다.

세례 요한은 메시아 대망에 관심이 없는 예수에게 제자들을 보내 확인할 만큼 전통적 메시아 대망을 안고 있었다. '오실 그이'가 예수인지 여부를 물었다는[75] 복음서 내용의 사실 여부를 떠나서, 적어도 세례 요한이 예수의 태도에서 전통적인 것과 다른 면을 발견하고 확인하고자 했을 개연성은 높다.[76] 심판을 전제로 종말적 천국의 임박을 내건 자신의 기치를 따라나섰으면서도, 율법을 철저히 준수하지 않고 병자 치료와 죄인으로 여겨지기도 하던 소외된 자들과의 공동식사나 교제에 치중하는 예수와 제자들에게 불만스런 시선을 갖고 있었을 가능성이 높다. 세례 요한의 입장에서 보면 예수는 임박한 심판 대비에 전념해야 할 것인데, 오히려 죄인들과 더불어 하나님 나라를 만들겠다고 나서는 미심쩍은 자로 보였을 법하다.

「마가복음」 2:18~22에 의하면, 예수의 공생애 초기에 이미 양자의 인식에는 상당한 차이가 있었다. 요한의 제자들은 바리새인들과 같이 금식하는데 예수의 제자들은 금식을 하지 않아서 혹자가 그것을 지적하였다. 이에 예수는 신랑과 함께 있는 동안이라 자기 제자들은 금식하지 않는다고 했는데, 이것이 뒤에 그리스도론에서 나온 윤색임은 두말할 나위 없다. 일단 예수와 그의 제자들은 관습적이거나 타인을 의식한 겉치레 금식을 배제하였다(「마태복음」 6:16~18). 이미 관례화되어 있는 것도 원칙에 공감이 가지 않으면 문제를 삼는 것이 예수의 행적에 적지 않게 보이는데, 금식 문제도 마찬가지다. 대부분 소외된 자, 절대빈곤층과 교류한 예수와 추종자들에게 일상적 식사도 제대로 하기 어려운 터에 굳이 금식을 하는 것이 얼마나 형식적으로 여겨졌을지는 짐작이 가고도 남는 면이 있다.

그런데 이 구절의 마지막 부분(2:22)에서 '새 포도주는 새 부대에 넣어야 한다'는 유명한 말이 나온다. 예수와 제자들은 이미 자신들은 바리새인이나 세례 요한의 제자들과는 다른 부류라는 인식을 보여주고 있는 것이다. 복음서에 다 전해지지 않고 있으나, 세례 요한을 직접 본 예수는 그와 자신의 인식과 지향은 차이가 있다고 본 것이다. 예수는 율법사회의 제약 속에서도 주체적인 판단으로 습관적 금식을 하지 않는 등이미 자신과 제자들의 자유로운 자리를 확보해가고 있었다. 마침 당시의 갈릴리나 유대사회는 통일적인 종교체계가 확립되지 않았고 바리새파, 사두개파, 에세네파 등 다양한 신앙적 조류가 공존하던 상황인지라예수와 제자들의 새로운 행보는 어느정도의 공간을 얻을 수 있었다. 세례 요한은 이방인 개종에 시행되던 물세례를 대중화한 대단한 창안을 한 듯하지만, 율법적 관행을 근본적으로 성찰하는 데까지는 나아가지 못한 선지자로서 구시대적 인식에 서 있었던 것이다. 그는 기본적으로 묵은 것에 익숙한 자라고 예수는 보았다.[77] 아마도 두 사람은 인품과 성향에서도 큰 차이가 있었을 것이다. 율법에 어긋난 왕의 죄를 예외 없이 비판하여 죽음을 맞이한 보다 직선적인 열혈 선지자 세례 요한에 비해, 예수는 갈릴리의 유다가 제안하여 민중적 공감이 만만치 않았던 로마 황제에 대한 납세 거부 운동을 받아들이지 않고 '가이사의 것은 가이사에게' 돌리도록 하는 등[78] 현실적이면서도 자신의 더 큰 목표를 향해 나아가는 현자의 진중함을 보여주었다.

그런데 예수가 전통적 메시아 대망을 포기한 것은 그것이 가진 일방적이고 배타적인 근본 한계를 보았기 때문이지만, 다른 요인도 있었다고 생각된다. 그것은 예수 자신이 하나님의 아들로서 자의식을 갖게 되면서 자신의 존재를 확인한 사실과 관련되었다. 그는 하나님의 아들로서 자신과 인간들을 재인식함으로써 이 땅 위에 있는 하나님의 자녀들은 굳이 메시아라는 근거도 확실치 않은 중개자를 필요로 하지 않는다고 본 듯하다. 메시아가 왕이라면, 그의 관점에서는 마찬가지로 하나님의 아들인 자신이나 하나님의 자녀인 인간들도 왕적 존재였다.[79]

메시아는 다윗의 자손으로 영광스런 미래 이스라엘의 왕이라는 점에서 공감대를 얻었지만, 이미 포로 귀환과 예루살렘 성전 재건을 허락한 페르시아의 왕 고레스를 메시아로 보기도 했고(「이사야」 45:1~6), 귀환한 다윗의 후손으로 페르시아의 유대 총독이던 스룹바벨이나 대제사장 여호수아에 대한 기대가 부각되다가[80] 수포로 돌아가는 등, 예언서 자체에서도 그 모호한 예언의 신빙성은 의심스런 것이었다. 더구나 확대된 지중해세계의 역동적인 역사는 유대 예언자나 백성들이 예측하고 소망한 대로 이루어지기에는 너무나 복합적이고 세계적인 규모로 발전해 있었다. 결국 왕을 메시아로 고대하던 관념은 변화하여 쿰란의 에세네파같이 제사장 메시아와 왕인 메시아 두 종류로 전형화하는 일도 벌어졌다. 물론 기원전 1세기 후반에서 기원후 1세기 전반에 저술된 것으로 여겨지는 「솔로몬 시편」에 보이는 바와 같이 다윗의 자손으로 왕인 메시아는[81] 여전히 지지를 받았고 복음서도 상당 부분 그것을 반영하고 있지만, 확고하게 예언된 구체적 존재로서 메시아의 엄숙한 존재감은 생각만큼 크지 않은 면이 있는 것이다.[82] 예수가 태어날 즈음인 헤롯왕의 사망 직후 한미한 신분의 유다, 시몬, 아트롱게스 등 3명이 봉기했을 때, 이들 메시아로 볼 수 있는 자칭 왕들에 대해서도 다윗의 자손 여부는 거론되지 않았던 것으로 보인다.[83] 구약성경에 '여호와의 날'로도[84] 표현되는 종말의 양상은 홍수, 기근, 병충해, 가뭄, 전쟁, 전염병, 나아가 하나님의 심판 등으로 다양하게 묘사되는데, 별다른 역할도 없는 메시아가 종말의 심판에서 이스라엘 왕으로 불쑥 등장하는 근거 없는 신화적 사고에 예수는 공감하지 않았던 것이다. 무엇보다 원수까지 사랑하시는 사랑의 하나님이 다른 민족을 멸절한 후 이스라엘 민족에만 메시아를 보내 영광된 나라를 이루어줄 리는 없다고 보았을 것이다.

성령의 강림을 통한 존재의 거듭남으로 하나님의 지배 곧 하나님 나라가 예수의 삶에 이루어진 것을 부정할 수 없다면, 세상으로부터 돌이켜(회개) 하나님의 자녀로서 거듭난 이들이 하나님의 지배를 받아들여 그의 뜻을 따라 신실하게 산다면 하나님 나라는 저절로 이루어질 것이다. 하나님의 자녀가 아버지인 하나님의 뜻을 따라 사는 것은 너무나 당연한 일이기도 하다. 그의 자녀들은 하나님의 뜻, 하나님의 통치가 하루라도 빨리 이루어지도록 하나님 나라의 성취를 위해 서둘러 앞장서야 할 것이다.[85] 하나님의 아들임을 자각한 예수가 하나님 나라의 임박을 외치며 곧바로 하나님 나라 운동을 펼친 것은 지극히 당연하다.

이같이 피조물인 인간이 개별적으로도 감히 하나님의 자녀를 자부하며 하나님의 일을 적극적으로 이루어가려는 책임의식을 갖게 된 것은, 민족적으로 하나님의 종이요 백성에 불과하다고 여겼던 고대 이스라엘인들의 수동적이고 소극적인 의식에 비하면 대단한 진전이 아닐 수 없다. 이것은 고대사의 흐름에서 특히 헬레니즘 시대에 과거의 공동체가 해체되면서 개별 인간의 존재가 부득불 역사와 철학의 주체가 된 것과 궤를 같이하는 면이 있다. 이미 기원전 2세기 전반의 마카베오항쟁기에 상당수 유대 엘리트들과 백성들은, 친셀레우코스왕조파 민족지도자인 대제사장 등과 달리 스스로 나서서 신앙의 자유를 얻기 위해 합력하여 순교를 마다하지 않고 투쟁한 바 있다. 아울러 1세기 초 유대 귀족층의 협조하에 로마 총독의 지배가 펼쳐질 때, 갈릴리 유다는 로마의 세금 징수에 저항하며 유대인들은 오직 한분의 주이신 하나님의 통치에 적극 협조해야 한다는 주장을 펼쳐[86] 그 의식 진전의 흔적을 보여주기도 하였다. 갈릴리 유다의 주장은 오랜 이방 제국의 지배를 일면 당연한 것으로 여기며 민족적 전통신앙의 자유를 얻는 데 주력했던 종래 유대인들의 인식에 비해 근본주의적이고 혁명적인 면이 있었다. 요세푸스 같은 친로마적 역사가는 유대 멸망의 가장 주요한 이유의 하나로 이같은 비타협적인 유다의 주장을 꼽았을 정도이다.

예수의 하나님 나라 운동은 이같은 역사의 흐름을 반영한 것이기도 하다. 역사의 주체로 내던져진 1세기 지중해 일대 인간들로서는 자신의 운명을 적극적으로 개척해야 했고, 이때에 인간들을 창조하고 끝까지 사랑하시는 하나님의 뜻에 따라 새로운 세상 건설에 나선다면 성공

할 수 있다고 여길 만했던 것이다. 그렇다면 예수의 전생애 동안 유대인 사회에 확산된 갈릴리 유다의 하나님만의 통치 주장에 대한 예수의 입장은 무엇인지 더욱 궁구할 바가 있다고 여겨진다. 요세푸스는 『유대고대사』에서 유다가 제시한 사상을 유대의 소위 제4철학으로 분류하기도 했다.

앞서 기원전 1세기 헤롯왕의 강압적 통치가 실시되던 시기에는 조세에 대한 유대인들의 구체적이고 체계적인 저항은 없었다. 그러다가 헤롯왕이 죽고 그의 아들 아켈라오가 대를 이어 강압적 통치를 지속하려 하자 이에 적극 반발하였다. 유대인들의 고소로 결국 그는 로마제국에 의해 실각되었으나(AD 6) 이제는 로마 총독의 지배가 시작되었다. 사실 아켈라오를 고소한 유대인들은 헤롯 아들의 지배보다는 로마의 시리아 총독의 지배를 받는 쪽이 낫다는 의견을 내기도 했다.[87] 그런데 막상 로마 총독의 유대 지배가 펼쳐지자, 괴뢰정권 헤롯왕조가 사라짐을 반기면서도 로마제국의 통치가 하나님의 성전이 있는 예루살렘에 직접 미침으로써 유발될 수 있는 신앙상의 오염이나 억압적 통치의 증대 가능성을 크게 염려하게 되었다. 아마도 갈릴리 유다나 그와 협력한 바리새인 사독은 경제적 요인 외에 그같은 신앙상의 위험에도 예민했을 것이다. 그래서 그들은 납세 문제로 로마 황제의 통치와 하나님의 통치를 대비시키고 유대인은 오직 하나님만을 주로 모실 수 있다고 하면서 납세 행정을 위한 호구조사를 반대해 유대인들의 호응을 얻었던 것이다. 예수는 예루살렘 성전에서 헤롯당과 바리새인들이 보낸 자들에 의해 바로 그 갈릴리 유다가 제기한 사상과 연관된 매우 대답하기 곤란한 질문을 받았다.「마가복음」12:13~17에 보면

194

13. 저희가 예수의 말씀을 책잡으려 하여 바리새인과 헤롯당 중에서 사람을 보내매 14. 와서 가로되 선생님이여 우리가 아노니 당신은 참되시고 아무라도 꺼리는 일이 없으시니 이는 사람을 외모로 보지 않고 오직 참으로써 하나님의 도를 가르치심이니이다 가이사에게 세를 바치는 것이 가하니이까 불가하니이까 15. 우리가 바치리이까 말리이까 한대 예수께서 그 외식함을 아시고 이르시되 어찌하여 나를 시험하느냐 데나리온 하나를 가져다가 내게 보이라 하시니 16. 가져왔거늘 예수께서 가라사대 이 화상과 이 글이 뉘 것이냐 가로되 가이사의 것이니이다 17. 이에 예수께서 가라사대 가이사의 것은 가이사에게, 하나님의 것은 하나님께 바치라 하시니 저희가 예수께 대하여 심히 기이히 여기더라

라고 하였다. 널리 알려진 내용이며 해석상 상당한 논란이 되고 있기도 하다.[88]

헤롯당은 로마의 통치에 적극 협조하여 이득을 취한 자들이며, 함께 온 바리새인들 역시 로마의 통치를 현실적으로 받아들이고 있음은 말할 필요조차 없다. 이런 자들이 로마 황제 카이사르(가이사)에게 세금을 내는 것이 가한지 불가한지 물은 것이다. 예수는 이들이 자신을 곤경에 빠뜨리기 위한 의도로 질문한 것을 익히 알고 있었다. 예수로서는 그대들이 로마의 통치에 협조해 살아가면서 그런 질문을 왜 굳이 나에게 하느냐고 대답을 피할 수도 있었다. 그런데 예수는 그렇게 하지 않고, 당시 사용하던 로마의 화폐를 가져오게 하여 확인하며 가이사의 것은 가이사에게 바치고 하나님의 것은 하나님에게 바치라고 하였다.

로마 황제의 화상이 그려진 데나리온(denarius)을 황제의 것으로 말

하면서 세금을 내도 좋다고 한 것이다.[89] 그 은화와 대비해 볼 때 그렇다면 하나님의 것은 「창세기」의 내용에 따라 마땅히 하나님의 형상으로 만들어졌다는 인간 자체임이 명확해진다. 즉 로마 황제의 돈으로는 그에게 세금을 내고 하나님의 형상으로 지어진 너 자신(인간)은 하나님께 바쳐야 한다고 말한 것이다.[90] 마음과 뜻과 정성을 다하여 하나님을 사랑으로 섬기라는 말일 것이다.[91]

그런데 이같이 은화를 확인하면서까지 진지하게 대답을 한 이유는 무엇일까? 예수는 질문한 당사자는 물론 이 의미심장한 질문에 큰 관심을 가지고 모여들었을 유대인 일반을 향해서도 말하고자 하는 바가 있었던 것이다. 최종 대답 내용으로 보아 예수는 이 질문에 깔려 있는 갈릴리 유다의 사상에 대해 나름의 견해를 밝히려고 한 것으로 보인다.[92] 갈릴리 유다의 신정주의는 대로마 폭력투쟁도 불사하는 이데올로기로서 로마와의 비극적 전쟁의 주요 원인의 하나로 지목될 만큼 유대인 일반에 상당한 호소력을 발휘하고 있었다. 따라서 남다른 통찰력을 가진 예수는 이 이념의 확산 가능성을 예상하고 이에 대해 분명한 의견을 제시할 필요가 있다고 여겼던 듯하다.

예수가 가이사의 것은 가이사에게 바치고 하나님의 것은 하나님에게 바치라고 한 것은, 로마 황제에게 낼 세금은 내라고 확실하게 말한 것이다. 적어도 갈릴리 유다가 주장한 로마에 대한 납세 거부 운동에는 반대한 셈이다. 예수는 질문자들뿐 아니라 모여들었을 그곳에 여러 유대인들에게도 당시 사용하던 로마제국의 은화를 확인시키면서 로마 지배의 현실을 인정할 것을 말한 것이다. 그러면서 예수는 하나님의 것은 하나님에게 바치라고 하였다. 돈이나 세금보다 더 중요한 피조물인 너 자신을 하나님께 온전히 바치라고 한 것이다.

196

그런데 가이사의 것과 하나님의 것에서 가이사와 하나님이 병치되고 있음을 볼 수 있다. 언뜻 보아 예수가 양자를 대등하게 보는 듯하지만,[93] 사실은 갈릴리 유다가 제시한 가이사와 하나님을 등치시키는 논리에 근본적인 이의를 제기하고 있다는 점에 주목해야 한다. 오늘날의 우리는 자료에 대한 제3자적·평면적 인식에 익숙하여 놓치기 쉽지만, 당대 유대인의 입장으로 보면 예수는 하나님과 가이사를 양자택일할 수 있는 동격의 주로 놓는 갈릴리 유다의 사상을 거부한 것이다. 그것은 당시 현장에 모인 전통적 하나님 신앙에 익숙한 유대인들 상당수에게도 곧 바로 이해되고 공감을 얻었던 것으로 보인다. 현장의 유대인들은 예수가 데나리온에 그려진 화상을 통해 가이사의 것을 확인해주면서, 동시에 하나님의 형상을 가진 피조물로서 하나님의 것인 인간의 존재를 환기해주자, 이로써 생각이 열리며 하나님과 로마 황제의 질적 차이에 곧바로 주목하게 되었다고 보인다. 전통신앙을 가진 유대인들로서는 고레스왕도 알렉산드로스 대왕도 하나님이 종으로 사용하셨다고 여겼을 것이니, 로마 황제도 그저 하나의 피조물이며 청지기며 종으로, 창조주인 하나님의 심판을 피할 수 없는 존재로밖에 볼 수 없었던 것이다.[94]

그런데 정치적·종교적·경제적 압박에 시달리던 갈릴리 유다와 일부 유대인들은 절박한 마음에서 하나님을 가이사 같은 세상의 통치자와 등치하여 결과적으로는 그 존엄성을 훼손한 것이다. 이같은 사실은 갈릴리 유다와 거의 동시대를 산 헤롯왕의 아들 안티파테르(Antipater)의 인식에서도 볼 수 있다. 그는 부왕 헤롯의 정권에서 형제들을 제거하고 득세한 끝에 오히려 죽을 위험에 처한 자신을 변명하는 중에 "누구도 하나님을 속일 수 없는 것처럼 케사르도 속일 수 없지 않습니까?"라고 하여[95] 아우구스투스 황제의 권위를 하나님의 권위와 등치시키며 황제의 권위에 의해 목숨을 구하고자 시도했던 것이다.

물론 당시의 로마 황제도 신의 아들을 칭했던 것은 사실이나, 하나님을 절대적으로 신뢰하는 예수로서는 우선 하나님이 가이사와 대비되는 그 전제 자체에 반대하였다. 헤롯당과 바리새인 그리고 신앙이 깊은 유대인들은 질문의 올무에 걸리지 않으면서도 전통적인 하나님을 절대적으로 신뢰하는 그의 대답의 품격에 놀랐을 것이다. 그에게 가이사는 그저 하나님이 세상 나라를 맡긴 청지기에 불과했다. 따라서 현실적으로 로마 지배하에 살고 있으며 당장 독립의 가능성도 없으니 그에 대해 너무 고민하고 반항하고 질시하며 살지 말 것을 말한 것이다.[96] 그러면서 가이사와 하나님은 결코 병치할 수 있는 동격의 존재가 아님을 가르친 것이다. 그런데 이같은 대답은 아무리 로마제국이 강력하다 해도 곧 하나님 나라가 이루어질 것을 예수가 낙관하고 있었기에 나올 수 있었다고 보인다. 그의 현실정치 감각이 이상에 치우친 듯도 하지만, 하나님에 대한 절대적 신뢰를 가진 그에게 로마제국은 일반의 예상만큼 강력한 장애로 여겨지지 않았던 것이다. 그는 로마에 협력한 군인과 세리에게도 그 직책을 버리라는 등의 가르침을 준 일이 없으며, 세리장 삭개오를 칭찬했고 세리 출신 레위를 제자로 삼기도 하였다. 갈릴리에서 시작된 하나님 나라는 누룩이 밀가루 반죽을 점점 발효시켜가듯이 세계제국 로마 전역을 부풀릴 것을 낙관했던 듯하다. 로마제국의 현실적 위력 앞에 주눅 든 그의 추종자들이나 복음서 저자들은 이같은 예수의 낙관을 제대로 다 전하지 못했을 가능성이 높다.

예수는 하나님과 가이사를 두고 의도적으로 양자택일 구도를 설정한 갈릴리 유다의 정치이데올로기가 근본적으로 정당하지 못한 것임을 명백히 하였다. 그러면서 로마 황제 가이사와는 차원이 다른 하나님을 제대로 인식하고 하나님의 뜻에 따라 살 것을 주문하였다. 현장에 있던 유대인들은 더 높고 절대적인 자기 민족의 하나님을 재인식하며 더욱 자부심을 갖게 되어 로마에의 납세 문제를 한결 덜 부담스럽게 대할 수 있는 답을 얻었던 것이다. 하나님의 것을 하나님에게 돌리라는 것은 실제적으로는 예수가 선포한 하나님 나라 운동에 동참하라는 요구이기도 하다.

한편, 이와 같은 예수의 대답에 대해 그의 지성과 영성에 미칠 수 없었던 유대인 일반이 흔쾌하게 여기지 않았을 것은 물론이며, 그만큼 예수의 대중적 인기는 한계가 있었을 것이다. 그런데 차후 유대역사의 비극적인 전개를 생각해볼 때, 하나님과 로마 황제 양자택일이라는 극단적 선택을 강요한 갈릴리 유다의 제4철학의 문제점을 직시한 예수의 이와 같은 해석이 유대사회에 확산되지 못한 점은 아쉬운 면이 있다.

여기서 유의할 것은, 예수의 이같은 대답이 세상 모든 정권의 권위를 무조건 인정하라는 뜻과는 무관하다는 것이다. 인간을 자녀로 소중히 여기며 사랑하는 하나님의 뜻에 맞서는 개인이나 조직, 국가의 존립까지 예수가 지지할 이유는 없다. 그는 로마제국이 득세하던 당대를 악한 세상으로 보고 종말을 고대한 이였다.

하나님의 아들로 자부했기에 하나님의 대리자로도[97] 볼 수 있는 예수는 하나님 뜻이 이루어지는 나라를 하루라도 앞당기기 위해 복음 전파에 진력하였다. 주기도문에도 보이는 바와 같이 그는 막연히 미래에 올 하나님 나라를 기다리라고 말하지 않고 회개하여 거듭난 하나님의 자녀들이 지금 당장 하나님 나라(통치)가 임하도록 기도하고[98] 하나님 나라의 완성을 위해 노력하여 도래를 앞당기자는 운동을 펼쳤다.[99] 그의 하나님 나라는 현재에서 이미 실현되고 있는 가까운 미래에 완성될 것이었으니, 그는 종말의 하나님 나라를 시공적으로 '지금 여기'로 확장하는 신실한 하나님 아들로서의 역할을 한 것이다.

예수는 현실정치를 하나님이 지배한다는 이스라엘의 전통적 신정론과 종말론적 하나님 나라 개념을 결합하여 현재에 실천하는 새로운 하나님 나라 운동을 펼쳤다고 볼 수 있다. 그는 굳이 사후에 올 하나님 나라를 말하지 않고, 추종자들에게도 살아서 그가 함께 세워가고 있는 하나님 나라가 완성되는 것을 볼 이가 있음을 말했던 것으로 보인다.[100] 그는 이같이 미래적 종말을 현재화하고 더구나 성전 폐쇄를 선언함으로써, 현실에서 명맥만 이어가던 신정국가의 유해(遺骸)와 같은 대제사장 중심의 예루살렘 성전체제와 충돌할 수밖에 없었다. 그들은 세례 요한의 종말 외침에 긴장했다가 이제는 이미 하나님의 통치가 시작되었다며 성전 청산을 선포하는 예수의 외침에 놀라서 그를 제거하기 위한 대책을 마련하고자 했다.

예수라고 사후의 천국을 생각하지 않았을 리 없다. 그런데 그는 자신의 깨달음과 사명을 실천하기 위해 가족과도 거리를 두었으며, 하나님의 뜻을 거역하려는 베드로 같은 제자를 크게 질책하고 사명에 충실하다가 끝내 십자가에서의 죽음까지 감수하였다. 이렇게 담백한 그의 성품으로 볼 때, 아무도 확실하게 알 수 없는 사후의 천당이나 지옥을 운운하며 사람들을 현혹하거나 겁박하지는 않았다고 보인다.[101] 그것을 이루는 과정은 순탄할 수 없다고 보았으나, 그의 생의 목표는 하나님의 아들로서 이 땅에 사는 동안 하나님의 뜻이 이루어지는 것, 곧 하나님의 지배를 완성하여 많은 사람들과 더불어 완전한 평화와 행복을 누리며 사는 것이었다. 그것을 실현하기 위해 세례 요한의 때부터 시작된 하나님 나라가 곧 완성될 것이라는 복음을 전파하며, 하나님의 자녀됨을 깨우치고 소외된 자들과 함께 먹고 마시며 악마(사단)의 부하인 귀신을 내쫓고 많은 병자를 치료했던 것이다. 「누가복음」과 「도마복음」에 잘 나타나 있는 바와 같이 그에게 하나님 나라는 장차 올 것이 아니라 세상에 이미 시작되어 펼쳐지고 있었다.[102]

이처럼 예수는 하나님의 아들로 자부한 만큼 메시아를 매개로 한 하나님 나라를 소망하지 않았다. 언제 올지 모를 하나님 나라를 준비하라는 복음서의 많은 구절들은 예수를 신으로 믿게 된 초기 신자들이 고대한 예수 재림의 대비책이었을 뿐이다. 예수는 한명의 메시아가 아니라 자신을 포함한 하나님의 자녀들에 의해 이루어지는 하나님 나라의 성취를 확신하였다. 다윗의 자손 메시아라는 신화적 미몽을 기대하고 따르기에 예수의 지성과 영성은 훨씬 멀리 나아가 있었다. 하나님 나라는 하나님의 자녀로서 자각한 자들이 사명감으로 멍에를 매고 연대해 실천할 때 이루어지는 것이지,[103] 옛 영광의 추억이 가져다줄 선물이 아닌 것을 악의 세력과 로마제국이 활보하는 역사의 장에서 현실적으로 인식하였던 것이다. 무엇보다도 현상의 근본 의미를 직관적으로 파악하는 예수의 통찰력으로 볼 때, 메시아가 통치하는 이스라엘을 위한 종말의 하나님 나라는 곤고한 과거 역사에서 부득불 나온 것에 불과하며, 하나님 나라는 다만 하나님의 뜻이 실현되면 이루어지는 것임을 어렵지 않게 인식했을 것이다. 세상 권력자의 속성을 간파한 예수는 결국 또 하나의 세상 왕이 될 수밖에 없을 메시아에 대해 이미 앞시대의 일부 지성이 그랬듯이 별다른 기대를 하지 않았을 수도 있다.[104]

한편, 복음서에는 종말에 구름을 타고 천사들과 함께 올 영광의 심판자인 '인자(사람의 아들)'의 도래가 자주 언급되어 있다. 그는 메시아적 성격을 가진 이로, 「다니엘」 7:13에 보이는 종말에 하나님으로부터 모든 권세를 받게 되는 '인자 같은 이'에서 연유한 것이다. '인자'를 마치 제3자로 언급한 듯한 경우도 일부 있으나 대부분 예수 자신을 가리킨다. 이에 대해서는 상세히 후술하겠지만, '인자'에 대한 언급은 어쩌면 예수가 공생애 초기에 「다니엘」 7장 관련 질문에 부득이하게 대답한 흔적이 아닐까 생각해볼 수 있으나[105] 사용례의 대대수는 예수 사후 그가 재림할 것으로 믿은 추종자들이나 복음서 저자들이 지어넣은 것으로 보인다. 구름 타고 하늘에서 온 사실도 없고 하나님으로부터 세상 권세를 위임받은 적도 없는 그가 영광의 '인자'를 자처하거나 누구도 알 수 없는 종말의 심판 등 하나님의 계획에 대해 왈가왈부했을 것으로는 보이지 않는다. 하나님의 자녀들이 이루어갈 하나님 나라에서 종말의 영광스런 '인자'는 메시아와 마찬가지로 굳이 필요하지 않다고 여겼을 가능성이 더 높다. '심판이 아닌 구원'을 선포한 예수가[106] 불확실한 종말의 심판의 주(主)이기도 한 인자를 언급하며 청중을 겁박했을 가능성은 없다고 보인다.

복음서에는 하나님 나라를 알리는 여러가지 비유의 가르침이 전한다. 그런데 그 비유들은 구약시대 이사야와 에스겔, 다니엘 등 선지자들의 신비한 경험이나 그것들을 활용해 창작한 「요한계시록」의 환상 등 신비하고 황당하기조차 한 소재를 전혀 활용하지 않는 점에 큰 특징이 있다. 그것은 예수의 하나님 나라가 전통적으로 이해되어온 하늘의 보좌에 좌정한 하나님이[107] 통치하는 신화적인 천국과 달랐음을 보여주는 증거이다. 씨 뿌리는 자의 비유나 겨자씨 비유, 그리고 밭에 감추어진 보배와 진주 비유, 잃은 양과 드라크마의 비유 등을 보면, 하나님 나라는 알 수 없는 하늘에서 이루어지는 것이 아니라 이 땅에서 접할 수 있는 현실적인 사례를 들어 설명되고 있다. 복음서가 전하는 일부 내용과 달리, 예수 스스로는 선지자들이나 「요한계시록」의 저자, 심지어 삼층천을 보았다는 바울과도 다르게 아무도 알 수 없는 저세상 하늘나라(천국) 등을 거의 거론하지 않았다고 여겨진다. 예수가 생각한 하나님 나라는 하나님의 자녀들이 아버지의 뜻을 하루라도 빨리 이루기 위해 지금 당장 이곳에서 만들어나가야 할, 이전에 생각해보지 않은 새로운 나라였다. 그것은 그가 하나님과 만나 하나님의 아들임을 받아들인 데서 시작된 아버지의 계승자인 '아들의 일'이기도 했다. 거듭나서 하나님의 뜻대로 살려는 아들에게 하나님의 통치는 시작된 것이고, 이에 예수의 하나님 나라는 세례 요한의 때부터 이루어지기 시작했던 것이다.[108]

예수가 하나님과 만남으로써 하나님 나라가 시작되었다고 여겼다면, 왜 세례 요한의 때부터 하나님 나라를 말하였나 하는 의문을 제기할 수 있을 것이다. 이에 대해서는 우선, 자신에게 실현되고 있는 하나님 나라가 세례 요한의 세례를 받고 일어난 일인 만큼 그때부터 하나님 나라가 시작되었다고 말한 것이라 할 수 있다.[109] 또한 하나님의 아들을 독점하지 않은 그의 관점에서 다른 가능성을 찾을 수도 있다. 그는 선구적 예언자인 요한이 자신처럼 신비한 체험을 통해 하나님의 아들로 인정받았을 가능성을 배제하지 않았을 듯하다. 예수는 세례 요한의 외침에 의해 세례를 받고 성령 임재를 경험한 만큼 선지자로서 요한을 크게 신뢰하였다.[110] 창조주 앞에 겸허해진 예수는 하나님의 나라가 자기로부터 시작된 것이라는 인식에 집착하지 않았으며, 그것은 현대 학자들이 생각하는 만큼 예수에게 예민한 문제가 아닐 수 있다고 여겨진다. 거듭난 아들에게 하나님 나라는 기본적으로 아버지의 나라인 만큼 이 땅에서 누가 먼저 시작했나는 중요한 문제가 아닐 수 있는 것이다. 그리고 하나님이 먼저 찾아주지 않는 한 누구도 하나님의 아들로 거듭나서 하나님의 뜻을 온전히 알 수 없기도 하다. 다만, 예수의 하나님 만남은 은혜와 은총으로 하나님의 자녀들이 이루어가는 매우 혁명적인 하나님 나라의 시작임을 확인해야 할 것이다. 이는 세례 요한이 생각한 심판을 전제로 한 전통적 종말관과는 차이가 크다. 세례 요한도 성령 강림의 신비를 체험했겠지만, 예수와 다른 신앙 기반과 인생 역정, 기질과 성품 등에서 두려운 하나님을 만나 심판의 절박성만을 더 강하게 느꼈던 것이 아닐까 한다. 그것은 기본적으로 그가 가진 신관과 세계관이 반영된 결과일 것이다.

예수는 그의 비유들에서 알 수 있는 바와 같이 하나님 나라를 이 세상에 내재하는 것으로 설명하였다. 겨자씨 비유를 보면[111] 작은 겨자씨가 잘 자라면 새들의 천국이 될 수 있음을 말하고 있다. 겨자씨 비유와 누룩 비유를[112] 통해 보면 하나님 나라는 성장 중에 있는 것이기도 하다. 확장되는 하나님 나라는 결국 악의 영역을 위축시켜 그것을 쫓아내게 될 것이다.[113] 아울러 가라지 비유를 보면 예수가 말한 하나님 나라가 바로 이 세상에서 펼쳐진 것을 잘 알 수 있다. 「마태복음」에 전하는 관련 구절은[114] 이 세상이 선신인 하나님의 알곡과 원수인 악마(사탄)가 오염시킨 가라지가 혼재하는 사회임을 말하고 있다. 이는 앞서 본 대로 유대사상에 수용된 페르시아 조로아스터교의 이원론적 시각을 드러낸 것이기도 하다.

그렇다면 알곡과 가라지가 혼재하는 상태를 크게 문제 삼을 것도 없을 터인데, 예수는 왜 하나님 나라의 도래를 선포하며 힘써 전파했던 것일까? 역사적 질곡 속에서 가라지들의 기세에 치여 희망을 잃고 의기소침하게 억눌린 알곡들을 깨우려는 것이 일차적 목표였을 듯하다. 병자와 약자, 죄인들을 치료하고 위로하며 함께하였고 가난한 자, 주린 자,

우는 자의 복을 우선적으로 빌어준 행적에서 그의 이같은 의도를 읽어낼 수 있다. 씨 뿌리는 자의 비유에서 강조되듯이, 그것은 또한 좋은 마음의 땅을 갈아서 복음을 듣고 그 씨를 심어 잘 키우는 깨달은 자들이 30배, 60배, 혹은 100배의 엄청난 수확을 얻는 하나님의 섭리에 대한 강한 기대와 연결된 것으로 볼 수 있다. 하나님 나라 관련 비유들을 보면, 잃어버리고 감추어진 천국을 찾으려는 사람들은 재산을 다 팔아 밭을 사는 등 모험적 투자를 마다하지 않는다. 이것은 분명히 하나님 나라 운동의 결과를 강력하게 낙관하고 하나님의 확실한 승리를 전제한 데서 나온 것이다. 예수는 악마에 비해 선신 하나님의[115] 능력이 비교할 수 없을 정도로 크다고 확신했기에,[116] 세상 현실과 어려움에 짓눌려 있는 하나님의 자녀인 인간들을 일깨워 자부심을 갖게 함으로써 하나님 나라는 큰 동력을 얻어 빠르게 완성될 수 있다고 믿었던 것이다. 그는 악마와의 싸움을 펼치기도 했는데, 사람들의 악마에 대한 근심과 공포와 싸움을 벌였던 것이다.[117] 어쩌면 그의 인식에서 악령인 악마는 마음의 작용인 근심과 공포 그 자체일 가능성이 높다.

작은 씨앗에서 다 자란 식물을 미리 볼 수는 없지만, 복음의 씨앗에서 천국이 배태될 것은 부인할 수 없을 것이다. 예수도 가졌던 이스라엘의 전통적 창조신앙의 유일신관으로 보면 이 세상은 하나님이 창조한 하나님 나라이다. 이 세상 밭을 더욱 잘 갈아서 더 많은 복음의 씨앗을 뿌린다면 약간의 가라지가 있더라도 더욱 많은 알곡으로 가득 찬 하나님 나라가 될 것이다. 예수는 세상은 선과 악이 대결하는 전장이면서 동시에 하늘나라가 자랄 가능성이 확실한 밭이라고 보았던 것이다.

예수는 하나님 나라를 하늘에 있기보다 이 세상에서 현재 이루어지고 있는 나라, 곧 완성될 것으로 보았으므로, 이 세상에 사는 자, 보내진 자녀로서 현재에 서서 이 세상에서 하나님의 뜻을 펼치고자 했다. "하나님의 나라는 너희 안에 있느니라"(「누가복음」 17:21)라는 구절은 그러한 예수의 인식을 단적으로 전해준다. 그런데 '지금 여기'는 유대민족의 배타적 울타리나 인간이 만든 민족적·정치적 경계를 의식한 표현이 아니다. 가이사의 것은 가이사에게 돌려주라는 세금에 관한 예수의 태도에서, 그의 하나님 나라는 종래 개념대로 이 땅의 권력과 충돌하며 무력으로 이루는 유대민족 위주의 나라가 아닌 것을 알 수 있다.[118] 좌절감에 몸부림치던 포로기 이스라엘인들이 열망한 하나님의 최후 심판의 결과물로서 인간의 관여 없이 갑자기 맞이할 것이 아니라, 하나님의 자녀들이 회개하고 적극 나서서 이 땅에서 지금 세우고 확장하자는 현실적이고 인간 중심적인 목표이기도 했다.[119]

예수의 하나님 나라 운동은 인간의 영적·정신적 회개와 각성, 연대를 통해 종말의 구원을 성취하고자 했으므로, 현실에서 인간들의 주체적인 참여를 적극 요청하였다. 종이 아닌 하나님의 자녀로서[120] 아버지가 지향하는 나라를 하루빨리 만들기 위해 적극 나서자는 이 운동은, 역사적으로 형성된 차별구조까지 넘어서 인간 평등의 가치를 고양한 만큼 강력한 혁명성을 내재한 동시에 관념적이었다.[121] 따라서 그의 하나님 나라는 그의 낙관적 바람과는 관계없이 광포한 현실 속에서 실현 가능성이 미약한 것이기도 했다. 그런데 그 불씨는 살아남아 결국 현대 인간 역사에까지 영향을 미치고 있는 것이다.[122]

인간의 평등을 강조한 예수의 소외되고 차별받는 이들에 대한 관심은 적극적이고 실천적이었다. 죄인 같은 탕자도 여전히 아버지에게 다시 아들로 용납됨을 가르쳐 죄의식에 사로잡힌 이들을 일깨우고, 수시로 병자와 창기, 세리, 가난한 자를 만나 축복하고 격려하여 자부심과 실천적 의지를 북돋워 역사 무대에 복귀시키고자 하였다. 가난한 자가 복이 있다는 비현실적인 듯한 구호로 가난한 민중들을 격려하고(「누가복음」6:20), 부자들에게 가난한 자를 위해 재물을 다 기부할 것을 요구하는 급진적 가르침을 펼치기도 하였다.[123]

그는 회개한 인간들이 합심해 나선다면 하나님 나라가 이 땅에서 빠르게 이루어질 것을 기대하고 희망적으로 예루살렘에 입성했으나, 오히려 십자가 처형이 예견되자 크게 당황했던 것으로 보인다. 선한 사람들 특유의 낙관성으로, 하나님 말씀에 오랫동안 익숙해온 유대 땅이니 하나님 나라가 비교적 쉽게 공감을 받고 호응을 얻을 것을 기대했음을 알 수 있다. 그는 십자가에서의 죽음을 피하려고 피땀 흘려 기도했다고 하는데, 이것은 그가 참으로 인간이었음을 보여준다. 바리새인이나 상당수 유대인들처럼 그도 최후 심판과 함께 부활이 있을 것이라는 막연한 생각을 가지고 있었겠지만,[124] 자신이 죽은 후 곧바로 부활하리라 예상하지는 않았음을 알 수 있다. 그리하여 그의 제자들도 스승의 부활을 전혀 기대하지 않았고, 십자가 처형 이후 흩어져 숨거나 고향을 향해 달아났던 것이다.

1세기 유대 사람들은 세례 요한과 예수가 외치던 하나님 나라 곧 천국이 어떤 것인지 관심을 갖고 있었다. 그런데 하나님 나라는 구약성경에도 명백히 말해진 것이 아니고 도대체 그 누구도 구체적으로 말할 수 있는 것이 아니다. 그래서 복음서는 감추어진 천국을 알게 된 자의 기쁨이나 천국의 확장성 등에 관해 여러 관점과 소재를 동원해 적극 설명할 필요가 있었다. 소수 상층계급만이 잘살고 대다수 민중이 파탄 직전에 몰려 있는 상황에서 유대인들에게 인간들이 평화롭게 공존하는 하나님 나라는 낯설고 꿈처럼 신비스런 이야기에 불과할 수도 있었기 때문이다. 그런데 인간들은 질곡의 세상에 살면서도 종말이 가져올 불안은 반기지 않기 마련이어서, 예수의 하나님 나라는 그 종말적 뉘앙스로 인해 민중들에게조차 널리 환영받지 못했다.[125]

예수는 자기 앞에서 복음을 듣는 자들 중에 하나님 나라가 성취되는 것을 보는 이들도 있을 것이라고 가르쳤다.[126] 예수의 가르침을 들은 사람 가운데 가장 어린아이들을 기준으로 하면 예수는 하나님 나라가 40년, 늦어도 60년 정도 안에는 이루어질 것으로 본 듯하다. 하나님 나라 건설은 새로운 건국에 비할 수 있는 만큼, 이스라엘 건국 초기 출애굽의 광야 생활을 상기하여 세례 요한이 광야에서 하나님 나라를 선포한 이래 40년 정도의 시련과 성장을 통해 완성될 것으로 예상했으리라 추정할 수 있다. 예수 부활 후 곧바로 시작된 제자들과 사도들의 복음 전파의 열성으로 볼 때 그 예상 기간이 40년을 넘지는 않았을 듯하다. 그런데 예수는 그 시기를 숫자로 정확히 말하지 않고 당시 청중들의 세대 안에 이루어질 것이라 가르친 만큼, 제자들과 사도들은 재림이 지체된 이유를 해명하는 데 다소 여유를 얻을 수 있었을 듯하다. 결과적으로 그의 하나님 나라는 추종자들이 다 죽을 때까지 어디에서도 이루어지지 못했다. 그의 종말관도 임박한 심판을 예언했던 옛 예언자들의 종말관처럼 예상이 빗나가고 말았다. 하나님을 만난 피조물인 그로서는 하나님이 그에게 오심을 곧 하나님 나라가 개시된 것으로 보고 역사의 종말을 확신하는, 인간으로서의 판단의 한계를 보인 것이다.[127]

이후 예수의 십자가 수난과정을 주목해보면, 그는 하나님 나라의 미완성을 인정한 것으로 볼 수 있다. 예수는 그의 삶의 거의 끝까지 하나님 나라가 '지금 여기에' 이루어질 것을 낙관하였으나, 그 낙관이 의외로 예루살렘 성전 사제들의 저항에 부딪혀 좌절되고 죽게 되자 하나님이 자신을 버리시려는 것은 아닌가 하는 번민에 빠지기도 했다. 그러나 결국 흔들림 없이 죽음을 받아들인 것을 보면, 자신이 떠난 후에라도 이 땅에 자신이 뿌려놓은 하나님 나라가 곧 이루어질 것이라는 미래 역사에 대한 소망을 간직하고 모세처럼 자기 역할의 한계를 받아들였다고 여겨진다.

한편, 예수의 종말적 하나님 나라 운동의 성패를 판단함에 있어서는 좀더 유연하게 해석해볼 여지가 보인다. 비록 예수의 세대 안에 하나님 나라가 완성되지 못했다 해도 그것을 과연 실패로 볼 것인가. 그는 이스라엘의 전통적 현실정치 이념인 신정론과 종말론적 미래의 하나님 나라를 결합하여 현실에서 실천하는 하나님 나라 운동을 펼친 만큼, 그 운동의 결과를 종말의 실현 여부만을 따져 판단할 수는 없을 것이다. 그가 전망하고 실천한 것은 하나님의 자녀들이 이루어가는 현재진행형의 하나님 나라였기 때문이다. 전통적인 신의 심판에 의한 종말을 인간에 의한 현재진행형의 전망으로 바꾸어준 것만도 인간들에게 현실적이고 지속적인 삶의 목표와 희망을 제시한 것으로, 역사적으로 의미있는 전환이자 새로운 종말관으로 중시해야 할 것이다. 미래적 종말을 현재화한 예수의 성취 중인 하나님 나라의 의미를 평가하지 않을 수 없으니, 역사가 지속되는 한 예수가 그 성취를 다 보지 못한 것이 오히려 당연한 면도 있다.

역사적 산물이되 쓰라린 고난의 과정에서 더욱 구체화되게 마련인 이상(理想)이 미래에 실현될 막연한 소망으로만 남는다면 역사는 지체될 것이다. 실현 가능성은 낮을지라도 미래의 이상을 현재로부터 실천할 때 그 실현 가능성은 제고되고 역사는 발전할 것이다. 과거에 대한 보응과 청산의 의미를 가진 전통적 심판의 종말을 넘어, 보편적이며 이상적인 사랑과 은총의 미래적 종말을 발견하고 현재화한 예수의 하나님 나라 운동은 이런 면에서 그 역사적 의의를 높이 평가할 수 있다.

4. 비유

왜 복음서에는 비유들이 그렇게 많은 것일까? 특히 어렵지 않은 가르침도 굳이 비유를 통해 말했던 이유는 무엇일까? 지금의 우리는 이들 비유에 상당히 익숙해져 별다른 감격이나 충격을 받지 않을지도 모른다. 그러나 2천년 전 갈릴리에 살던 가난하고 무지한 농민들의 입장에서 볼 때 시대를 뛰어넘는 새로운 가르침인 예수의 복음은 그전에는 들어보지 못한 결코 쉽지 않은 내용이었다.

복음서의 비유는 생성 및 구전과정을 중심으로 몇가지로 나눌 수 있다. 예수의 비유 자체가 비교적 원형에 가깝게 전해지는 경우, 구전과정이나 초기 신앙공동체 설교과정을 통해 변형된 경우, 뒤늦게 예화로 만들어졌다가 권위를 얻어 예수의 비유처럼 기록된 경우 등이 있다.[128] 물론 구전과정에서 오해가 덧붙어 왜곡된 경우도 있고, 본래 쉽지 않았을 비유를 잘못 알아듣거나 전승과정에서 와전된 경우도 있을 것이다.

예수는 많은 비유를 통해 자신의 가르침을 전했다. 씨 뿌리는 자의 비유(「마가복음」4:3~8)에 보이는 길가나 돌밭, 가시떨기 속, 그리고 좋은 땅 등 다양한 여건에 씨를 뿌리는 행위는 갈릴리 농업의 특성을 모르면 알 수 없는 비유라고 하는데,[129] 갈릴리 농부 출신인 예수 자신의 가르침일 가능성이 높다. 포도나무 재배와 물고기잡이가 등장하는 것을 보면 (갈릴리의) 농업과 어업에 익숙한 이의 저작임을 알 수 있다. 그리고 천국 즉 하나님 나라에 대한 비유가 절대다수인 것은 핵심 주제인 하나님 나라가 무엇인지를 바로 알리기 위한 예수의 노심초사를 잘 보여주는 것이다.

복음서에는 예수가 오직 비유로만 말하였다는 구절도 있다(「마태복음」 13:34). 새로운 차원의 인식과 깨달음을 전하는 예수의 가르침은 당시 사람들에게 일단 낯설고 난해한 이야기였을 가능성이 높다. 무지한 자들을 제자로 받아들여 사도로 길러낸 탁월한 교사인 예수는 제자와 청중들의 수준에 맞게 교육하고자 숱한 비유를 만들어 사용했던 것이다. 전통적 심판의 종말관과는 다르면서 악함이 가득한 현실에서 제대로 경험하지 못하는 하나님 나라를 영성이나 지적 능력이 높지 않은 이들에게 설명하기 위해서는 그들이 알 수 있는 내용에 빗대어 말하는 비유가 제격이었던 것이다. 「마가복음」 4:33~34은 "예수께서 이러한 많은 비유로 저희가 알아들을 수 있는 대로 말씀을 가르치시되 비유가 아니면 말씀하지 아니하시고 다만 혼자 계실 때에 그 제자들에게 모든 것을 해석하시더라"라고 하였다. 잘 알아듣지 못하는 것이 거의 일상인 중에, 비유로 쉽게 말하고자 노력했으나 제자들조차 따로 설명해야 할 정도였음을 알 수 있다. 현재 전하는 비유들로 보아서는 의미가 꼭 어려운 것만은 아닌데, 그만큼 당시 유대사회의 인식과 예수의 가르침이 관점과 수준에서 차이가 있어서 벌어진 일이었다. 아울러 일반 청중과 달리 제자들은 복음을 세상에 곧바로 전할 사명이 있었기에 그들을 집중 훈련한 상황도 전해준다. 그러나 그럼에도 불구하고 제자들이 서로 누가 크냐를 다툰다든지 예수의 왕위 등극을 소망한 것을 보면 비유를 얼마나 제대로 이해했을지는 역시 의문이다.

복음서가 주목하여 전하는 예수의 가르침은 단순성과 혁명성 그리고 난해함으로 특징지어진다. 전통적 율법 등에 대한 예수의 해석은 선포적인 경우가 적지 않고, 그 직관적 단순성이 빛난다고 할 만하다. 카리스마를 동반한 그의 명료하고 단순한 지혜로운 가르침은[130] 일반적으로 청중에게 비교적 용이하게 다가갔겠지만, 종래의 세속적 기준에 너무 매여 있거나 지적·정신적으로 숙련되지 못한 이들에게는 때로 전혀 이해되지 못할 정도의 혁명적이고 난해한 가르침으로 남기도 했을 것이다.

사실 이 점이 복음서를 분석하고 이해하는 데 숨은 난제 중의 난제라 할 수 있다. 앞에서 본 대로 심지어 예수는 비유로 가르친 다음 제자들에게 다시 설명하곤 했다. 일반 대중을 가르칠 때 같이 들었을 제자들이 잘 이해하지 못하자 보충 설명을 한 것이다.[131] 초기 예수신앙공동체나 복음서 저자로서는 감추고 싶었을 제자들의 허점을 전하는 이야기인 만큼 이것은 사실일 가능성이 높은데, 이런 상황에서 복음서에 전하는 지혜의 말씀이나 비유가 얼마나 제대로 전달된 것인지는 문제가 아닐 수 없다. 다소 난해한 비유나 의미가 혼란스러운 비유가 일부 전하는 것도 이런 정황으로 보아 당연한 면이 있다. 흔히 신학자들이 예수가 '수수께끼'처럼 청중에게 해답을 유보한 것이라고 말하는 경우나 대답이 제대로 전해지지 않는 질문 관련 내용 등도, 전달자가 그 질문과 대답의 의미를 바르게 이해하지 못한 결과일 수 있다.

예수와 제자들 간의 복음과 지혜에 대한 이같은 소통의 장애를 제자들이 추후에 얼마나 극복해갔는지는 잘 알 수 없으나, 이런 점은 복음서나 신약성경을 성령의 구술에 의한 무오(無誤)한 책으로 인정하는 태도가 진실과 거리가 있을 수 있음을 재삼 알려준다. 아울러 예수의 가르침이 부활사건 이후 그리스도교 성립과정에서 어떻게 변용되어 그 사상적 바탕이 되었는지 궁구할 필요성이 있음도 알려준다. 예수 자신의 가르침과 바울 등이 중심이 된 초기 그리스도교 교리의 상관관계에 대한 탐구는 그래서 대단히 의미있는 작업이 될 수 있다. 다만 양자는 같은 지향점을 가졌던 만큼 대립적이기보다는 당시 역사에 참여한 인간들과 역사적 상황이 함께 만들어낸 결과물로 읽어내야 할 것이다.

예수의 비유는 역사적 예수를 연구하는 데 중요한 의미를 갖는다. 그것은 짧은 이야기로 정형화되어 상대적으로 변질이 적은 편이라 예수의 본래 가르침을 비교적 실상에 가깝게 볼 수 있는 자료이다. 단순명료하면서도 깊은 통찰력을 보여주는 짧은 이야기는 그 본래 구성의 완성도가 높아서 원형대로 전해졌을 가능성도 높다. 여기서는 예수 가르침의 진수를 보여준다고 여겨지는 대표적인 비유들을 중심으로 살펴보고자 한다. 다른 연구자들이 누차 분석한 것이라도 의미가 크다고 여겨지는 비유들은 간단히 언급할 것이며,[132] 몇몇 비유에서는 필자의 견해를 적극 개진하는 경우도 있을 것이다.

밭에 숨겨진 보화

천국은 마치 밭에 감추인 보화와 같으니 사람이 이를 발견한 후 숨겨두고 기뻐하여 돌아가서 자기의 소유를 다 팔아 그 밭을 샀느니라

(「마태복음」 13:44)

매우 잘 알려진 비유이다. 이 비유가 실린 「마태복음」은 앞서 저술된 「마가복음」에 보이는 '하나님 나라'를 일부에서만 그대로 사용하고 대개 '천국'으로 바꾸어 적고 있다. 따라서 여기서의 천국은 예수 공생애

의 활동 목적이었던 하나님 나라를 말한다. 어떤 이가 남의 밭에 일하러 가서 우연히 보물을 발견한 듯한데, 동서양을 막론하고 고대에는 전쟁이 적지 않고 도적도 있었으며 반면에 믿을 만한 보관소나 금고는 거의 없었던 만큼 땅에 보물을 묻는 일이 종종 있었다. 앞대의 누군가가 보물을 밭 가운데 묻어두었다가 무슨 변고가 있었는지 찾아가지 않아 그대로 묻혀 있었던 것이다. 남의 밭에서 보물을 발견하자 일단 그대로 두고 와서 비싸게라도 그 밭을 산 사람의 행동은 그 도덕성에서 논란이 있을 만하다. 남의 밭의 보물을 발견했으면 주인에게 알리는 것이 가장 떳떳하겠으나, 인간에게 그런 완벽한 청렴함을 기대하기란 쉽지 않은 일이다. 예수가 이 비유를 말할 때 갈릴리의 농부들은 마치 자기가 보물을 발견한 듯 고민도 하면서 이야기에 집중하게 되었을 것이다. 타인의 밭에 감추어진 보물을 발견하더라도 땅에서 들어올리지 않았다면 나중에 자신이 취해도 된다는 해석도 있다. 그러나 모든 청중은 물론 이야기하는 예수조차도 율법적·윤리적 해석을 떠올리기보다는 그 행운의 당사자가 자기인 양 몰입했을 것이다. 사실 비유는 약간의 논란의 소지나 도덕적 문제 등을 괘념치 않고 단순화해 말하기도 한다. 특별한 비밀이나 지혜를 쉽게 전하기 위해 그런 정도는 대화 당사자들 간에 충분히 양해되는 것인데, 인간의 삶은 법조문이나 도덕규범대로만 되지 않기 때문이기도 하다.

이 비유의 핵심 내용은 밭에 감춰진 보물을 얻기 위해 자신의 재산을 다 팔아서 그 밭을 산다는 것이다. 밭에 감춰진 보물은 곧 천국(하나님 나라)이다. 그런데 그것을 얻기 위해서는 자신의 모든 것을 팔아야 한다. 사람들의 재산의 크기가 다 다른데 다 팔지 않으면 살 수 없단 말인가 하며 청중들은 의문을 가졌을 것이다. 예수는 재산의 차이를 언급하지 않고 누구나 모든 재산을 팔아야 살 수 있다고 말하고 있다. 그가 전하는 하나님 나라는 그만큼 자신을 전적으로 부인한 뒤에야 얻을 수 있는 것이라는 말이다. 어느 부자에게 영생을 얻으려면 아무리 계명을 잘 지켰더라도 재산을 다 팔아서 가난한 자들에게 나누어 주라고 한(「마가복음」 10:21) 예수의 말씀을 상기할 일이다. 세상에서 가진 모든 것을 다 팔아야 천국을 얻을 수 있다는 말에 두려워진 청중들도 있었을 것이다. 별 재산이 없는 상당수 농민들은 해볼 만하다고 여겼을지도 모른다. 그래서 예수가 가난한 자는 복이 있다고[133] 했구나 하면서.

그러나 얼마 되지 않는 재산이나마 다 팔아서 천국을 얻으라고 하면 그렇게 하는 사람이 얼마나 될까? 사실 갈릴리나 유대의 엘리트들은 물론 농민과 하층 백성들도 예수의 이같은 가르침을 따르기에 머뭇거렸다. 그것은 기존 세상의 삶의 방식을 부정하고 전복하는 것이었기에 그 변화가 두려웠던 것이다.[134]

값진 진주

45. 또 천국은 마치 좋은 진주를 구하는 장수와 같으니 46. 극히 값진 진주 하나를 만나매 가서 자기의 소유를 다 팔아 그 진주를 샀느니라(「마태복음」 13:45~46)

이 값진 진주 비유는 앞의 밭에 감추어진 보화 비유에 바로 이어나오는데, 「마태복음」에만 전한다. 앞의 비유에서 보화를 진주로만 바꾼 것을 알 수 있다. 예수가 도시 지역에 가서 상인이 많이 포함된 청중을 향해 이 비유를 말했거나,[135] 아니면 뒤에 누군가가 앞서 예수의 비유를 이용해 윤색했을 가능성이 있다. 말하고자 하는 내용은 앞서 인용한 비유와 완전히 같다.

좋은 진주를 사고 싶어하던 중에 아주 좋은 진주를 발견한 진주장수가 그것을 사기 위해 자신의 전재산을 팔아 상대방의 호가에 응했다. 청중들은 자신이 그 상인이라면 어떻게 했을까 몰입하게 되었을 것이다. 그 상인이 전재산을 다 주고 진주를 샀다는데 과연 그것이 옳은가 두고두고 생각했을 것이다. 예수는 짧은 비유를 통해 사람들의 인식에 큰 충격을 주었던 것이다. 한참 뒤에라도 이 비유로 해서 하나님 나라 운동에 참여하려 찾아온 사람이 있었을 수도 있다. 예수가 전하는 하나님 나라는 흔히 재물로 표상되는 세상을 부정하고 회개(방향 전환)해야만 얻을 수 있는, 결단이 필요한 역사적 사건이기도 하다. 재물을 그 무엇보다 숭상하는 사람들이 많은 현대사회가 과연 얼마나 행복한 세상인지 생각해볼 만하다.

겨자씨 한알

30. 또 가라사대 우리가 하나님의 나라를 어떻게 비하며 또 무슨 비유로 나타낼꼬 31. 겨자씨 한 알과 같으니 땅에 심길 때에는 땅위의 모든 씨보다 작은 것이로되 32. 심긴 후에는 자라서 모든 나물보다 커지며 큰 가지를 내니 공중의 새들이 그 그늘에 깃들일 만큼 되느니라 (「마가복음」 4:30~32)

흔히 '겨자씨 비유'로 불리는 유명한 이야기이다. 겨자씨는 세상에서 가장 작은 씨는 아니지만 매우 작은 씨앗에 불과한데, 거기서 움튼 겨자

216

풀은 강고한 생명력을 발휘하여 풀대가 사람 키보다 더 높이 자라기도 한다. 지금도 갈릴리의 들에 널리 군락을 이루어 고운 꽃을 피우며 때로 다른 작물 재배에 장애가 되기도 한다. 씨는 작지만 왕성한 번식력으로 지상을 장악해 우거져 서로 엉키면 그 안에 새들이 집을 짓고 살기도 하는 것이다.

예수는 갈릴리에서 흔히 보이는, 자신도 청중들도 잘 아는 일면 골치 아픈 풀을 들어 하나님 나라를 거론하고 있다. 이런 풀로 천국을 설명하다니, 예수의 역설적 가르침의 묘미를 보여주는 대목의 하나이다. 단순히 하나님 나라가 자라는 것을 말하려 했다면 더 이미지가 좋은 풀이나 나무를 들어 이야기할 수도 있었을 것이다. 사실 천국과 연결지어 말해볼 만한 이스라엘 사람들에게 잘 알려진 나무라면 백향목이 있다. 솔로몬왕의 왕궁 건축과 헤롯왕의 성전 재건축에도 사용되었던 거룩하게 여겨지는 거대한 나무이다.[136] 그러나 예수는 낮은 곳에도 있는 천국을 말하려는 듯 모두에게 익숙한 흔하고 하찮은 겨자풀로 청중들의 이목을 집중시키고 있다. 하나님 나라는 이처럼 작은 것으로 지금 예수 자신에 의해 씨 뿌려지고 있는데 곧 번창하여 우거질 것을 확신하여 말한 듯하다.

그러나 한편 과연 예수가 하나님 나라의 확장성, 생명력을 말하려고 이 비유를 들었을까 의문이 들기도 한다. 그는 분명히 하나님 나라 자체를 말하려 했으니, 여기서 우리는 숨어 있어 흔히 놓치게 마련인 작은 하나님 나라, 천국을 찾아볼 필요가 있다. 그것은 그 골치 아픈 풀들이 엉킨 사이에 새들이 깃들어 집을 짓고 노래하며 살고 있다는 것이다. 그 새들은 지금 자연의 질서를 즐기며 하나님이 지어주신 대로 하나님 나라를 이루어 살고 있는 것이다. 백향목으로 지은 궁궐이 아닐지라도 새들처럼 하나님이 주신 대로 오순도순 산다면 가난하고 소외된 백성들도 천국에서 살 수 있음을 말하려는 듯도 하다. 아니, 어쩌면 예수는 본래 미천한 사람들도 천국을 이루어 살고 있음을 말하고 있었을 가능성이 높다.

이렇게 보면 앞에서 본 밭에 감추어진 보물이나 이 겨자풀숲에 감추어진 새들의 삶이나 모두, 사람들이 그 의미를 깨닫지 못하지만 이미 세상에 존재하고 있는 하나님 나라를 말하고 있는 셈이다. '하나님 나라는 너희 안에 있다'는(「누가복음」 17:21) 구절이 그냥 나온 것이 아님을 알 수 있다. 하나님이 만드신 우주 안에 이미 하나님 나라의 삶이 존재하는데도 사람들은 그 존재와 의미를 발견하지 못하고 있음을 알려준 것이다. 너무도 삭막해진 세상이지만 숨겨진 작은 하나님 나라들에서는 여전히 즐거운 노래가 울려나오고 있다. 그것을 깨우쳐줌으로써 하나님 나라를 번지게 하여 본래대로 작동하게 하려는 것이 그의 목표였던 것이다. 이 짧은 한 토막의 비유를 통해, 로마제국 같은 세상의 나라만이 아니라 실로 다양한 관계 속에 이루어지고 있는 하나님의 뜻이 실현되는 예수의 하나님 나라를 볼 수 있다. 그는 세상 정치체제도 그렇게 변하기를 바라 마지않았을 것이다. 이 비유를 통해 참으로 섬세한 감성을 지닌 지혜로운 선생 예수를 만나볼 수 있다.

포도원 품꾼의 일당

1. 천국은 마치 품꾼을 얻어 포도원에 들여보내려고 이른 아침에 나간 집주인과 같으니 2. 저가 하루 한 데나리온씩 품꾼들과 약속하여 포도원에 들여보내고 3. 또 제 삼시에 나가보니 장터에 놀고 섰는

사람들이 또 있는지라 4. 저희에게 이르되 너희도 포도원에 들어가라 내가 너희에게 상당하게 주리라 하니 저희가 가고 5. 제 육시와 제 구시에 또 나가 그와 같이하고 6. 제 십일시에도 나가 보니 섰는 사람들이 또 있는지라 7. 가로되 너희는 어찌하여 종일토록 놀고 여기 섰느뇨 가로되 우리를 품꾼으로 쓰는 이가 없음이니이다 가로되 너희도 포도원에 들어가라 하니라 8. 저물매 포도원 주인이 청지기에게 이르되 품꾼들을 불러 나중 온 자로부터 시작하여 먼저 온 자까지 삯을 주라 하니 9. 제 십일시에 온 자들이 와서 한 데나리온씩을 받거늘 10. 먼저 온 자들이 와서 더 받을 줄 알았더니 저희도 한 데나리온씩 받은지라 11. 받은 후 집주인을 원망하여 가로되 12. 나중 온 이 사람들은 한 시간만 일하였거늘 저희를 종일 수고와 더위를 견딘 우리와 같게 하였나이다 13. 주인이 그중의 한 사람에게 대답하여 가로되 친구여 내가 네게 잘못한 것이 없노라 네가 나와 한 데나리온의 약속을 하지 아니하였느냐 14. 네 것이나 가지고 가라 나중 온 이 사람에게 너와 같이 주는 것이 내 뜻이니라 15. 내 것을 가지고 내 뜻대로 할 것이 아니냐 내가 선하므로 네가 악하게 보느냐 16. 이와 같이 나중 된 자로서 먼저 되고 먼저 된 자로서 나중 되리라(「마태복음」 20:1~16)

이 비유는 「마태복음」에만 전한다. 마지막 16절의 '먼저 된 자와 나중 된 자'의 해석은 예수보다는 후대의 설교자나 「마태복음」 저자가 부가한 것일 가능성이 높다. 비유의 원의미를 잘못 이해하고 해석한 감이 있다.

이 이야기는 갈릴리의 농촌을 배경으로 하였다. 대지주들이 수익성이 높은 포도를 많이 심었는데, 그 와중에 점점 경작지를 잃고 품꾼으로 전락하던 1세기 갈릴리 농민들의 어려운 현실을 잘 보여주고 있다.

이 이야기를 보면 현대인의 대다수가 의아해하고 거부감도 들 것이다. 그리스도교 신앙이 돈독한 사람이라도 매우 부담스러운 비유이다. 장터에서 품꾼을 사서 포도원에서 일하게 했는데, 아침부터 온 일꾼이나 오후 5시쯤 들어와 일한 사람이나 같은 품삯을 주었다. 당연히 아침 일찍 온 일꾼들이 항의했으나 주인은 그들에게 추가 임금을 주지 않았다. 이같은 주인의 행위를 불공정하게 볼 여지가 충분하다. 상식을 가진 이라면 금세 잘못되었다고 지적할 것이며 그리스도교 신자들 중에도 이것만은 부당하다고 고집하는 이들이 있을 만하다.

갈릴리 농촌의 소농경제가 붕괴하고 많은 농민들이 빈민화하여 생계를 위협받던 현실에서 예수는 과연 무슨 이야기를 하고자 한 것일까? 너무 어렵게 생각할 것 없이 현실성을 더 참작해보면 의외로 문제가 풀릴 수 있다. 오후 늦게 온 사람들의 말을 보면, 그들도 열심히 일을 찾아 나섰지만 일자리가 없어 놀 수밖에 없었다. 오늘날 전세계에서 이루어지는 기계화, 자동화, 효율성 제고 경영으로 직장에서 배제된 많은 실업자들이 떠오르는 순간이다.

하나님의 아들을 자부하는 입장에서 예수는 하나님의 관점으로 이 문제를 보고 있다. 포도원 주인인 하나님은 자신이 사랑으로 만든 피조물인 인간들이 연명을 염려하며 일을 찾아헤매는 상황이 마음 아팠다. 그들의 일용할 양식을 걱정했고, 오후까지 장터로 나가서 일자리를 찾지 못한 이들을 초대하였다. 자녀들이 실업 상태에 있을 때 부모의 심정과 처사가 어떠할까 생각해보면 쉽게 답이 나올 것이다. 하나님은 사랑으로 일자리를 만들어주신 것이다. 먼저 일자리를 잡은 자들의 공정성 운운은 세상의 상식은 될 수 있겠지만 하나님의 기준과는 다르다. 하나님은 피조물인 인간을 사랑하는 만큼 그들의 생존을 우선적으로 염려하는 것이다. 1데나리온은 하루 품삯인데 가난한 이들에게 며칠의 긴요한 생활비는 되었을 것이다. 늦게 온 이들의 품삯을 먼저 주도록 한 것도 어쩌면 기아 상태에 처했을지도 모를 그들과 그들 가족을 배려한 일이었을 것이다. 가난한 사람들의 삶을 염려하고 보장하려는 하나님의 뜻, 예수의 뜻을 보게 된다.

이 비유는 매우 온건한 이야기 형식을 취했지만, 로마제국이 주도하는 당시 세상에 대한 강력한 비판을 내포하고 있다. 강자 독식의 질서를 앞세운 세상 지배체제에 대해, 생존을 위협받는 사회적 약자들에게 근본적 생활대책을 마련할 것을 촉구하고 있는 것이다. 그것을 해결할 의지도 능력도 없는 자들이라면 하나님의 청지기인 지배층으로 굳이 특권을 누리며 자리를 차지하고 있을 이유도 없는 것이다. 청중 가운데 감수성이 뛰어난 이들은 로마 황제를 정점으로 한 세상의 지도자들과 확연히 대비되는 포도원 주인이 하나님 나라의 주인인 사랑의 하나님임을 알아차리고 감격했을 것이다.

하나님 나라는 보다 근원적인 사랑의 이치가 행해지는 곳이니 세상의 상식과 충돌할 수 있다. 부자들이나 그들의 포도원에 상시 고용된 이들은 매우 꺼릴 이야기이지만, 예수는 세상 이목을 의식하지 않고 아버지 하나님의 입장에서 세상 사람들을 가르친 것이다. 다른 차원 높은 종교적·정치적 의미를 찾고자 하는 해석도 없지 않지만, 이 비유가 말하는 것은 인간에 대한 하나님의 차별 없는 염려와 사랑이라고 보면 결코 본래 의도에서 벗어나지 않을 듯하다. 적어도 이 포도원 주인의 원칙이 세상의 상식과 배치되는 듯하면서도 결국 수긍이 된다는 점에서 비유의 진실성은 입증된다고 여겨진다.

참된 이웃 사마리아인

29. 이 사람이 자기를 옳게 보이려고 예수께 여쭈오되 그러면 내 이웃이 누구오니이까 30. 예수께서 대답하여 가라사대 어떤 사람이 예루살렘에서 여리고로 내려가다가 강도를 만나매 강도들이 그 옷을 벗기고 때려 거반 죽은 것을 버리고 갔더라 31. 마침 한 제사장이 그 길로 내려가다가 그를 보고 피하여 지나가고 32. 또 이와 같이 한 레위인도 그곳에 이르러 그를 보고 피하여 지나가되 33. 어떤 사마리아인은 여행하는 중 거기 이르러 그를 보고 불쌍히 여겨 34. 가까이 가서 기름과 포도주를 그 상처에 붓고 싸매고 자기 짐승에 태워 주막으로 데리고 가서 돌보아 주고 35. 이튿날에 데나리온 둘을 내어 주막 주인에게 주며 가로되 이 사람을 돌보아 주라 부비가 더 들면 내가 돌아올 때에 갚으리라 하였으니 36. 네 의견에는 이 세 사람 중에 누가 강도 만난 자의 이웃이 되겠느냐 37. 가로되 자비를 베푼 자니이다 예수께서 이르시되 가서 너도 이와 같이 하라 하시니라(「누가복음」 10:29~37)

흔히 '착한 사마리아인 이야기'로 널리 알려진 비유이다. 이 비유는 「누가복음」에만 전한다. 사마리아는 본래 이스라엘 땅이었으나 기원전 8세기 말 아시리아에 멸망당한 이후 주민의 이동과 종족의 혼혈이 심해진 곳으로, 유대인들은 이들을 같은 민족으로 여기지 않고 멸시하며 상호 적대적인 관계에 있었다.

이 이야기는 「누가복음」 저자가 예수를 시험하려는 한 율법사의 질문에 예수가 답한 것처럼 구성하였으나, 내용의 심도로 보아 본래는 아마도 유대인 청중을 향해 예수 스스로 적극적인 의도를 가지고 말한 비유였을 듯하다.[137] 예수는 누가 참된 이웃인지를 이야기하면서, 이처럼 유대인들이 이방인보다 못한 더러운 이들로 여겨 멸시해온 사마리아인을 착한 이웃의 표본으로 제시하고 있다. 거기에 비해, 당연히 유대인일 제사장이나 성전에 근무하는 레위인은 부정한 피를 피한다는 율법조항이나 자기 임무의 중요성 등을 내세우며 이웃을 사랑하라는 인간 본연의 의무를 다하지 않음으로써 스스로의 가식을 폭로하고 있다.

하나님께 선택된 민족이라는 유대인의 자부심도 하나님의 성직을 수행한다는 그럴듯한 명분도, 그토록 천시하던 한 사마리아인의 참된 선행 앞에 그만 무색해짐을 적나라하고 도전적으로 보여준 것이다. 유대인 청중들의 충격은 매우 컸을 것이며, 더러는 부끄러움에서 자신에 대한 반성보다 예수에 대한 반발심을 키우는 이들도 있었을 만하다. 참으로 유대인 청중들을 확 깨우고 달구는 이 이야기를 예수는 별일 아닌 듯 조곤조곤 이야기했을 것이다. 사마리아인은 착하지 말라는 법이라도 있단 말이냐 하는 듯이.

그런데 이 이야기는 전통적 적대감에 길들어온 종족 간에서 불가능하다고 여겨졌을 사랑의 베풂을 구체적으로 들려줌으로써, 모든 인간에게 담긴 하나님의 무조건적 사랑의 형상을 드러내고 원수까지도 사랑하는 하나님 사랑의 보편적 실현 가능성을 제시하고 있음에도 주목해야 할 것이다. 여기서 하나님 나라 실현을 향한 예수의 낙관을 읽어볼 수도 있다.

한편 누가 예수신앙공동체는 비유대계 이방인 신앙집단으로 여겨지는바, 이방인으로도 볼 수 있을 착한 사마리아인 이야기를 의미있게 보고 전승하다가 복음서에 기록하게 되었을 듯하다.

포도원 농부

1. 예수께서 비유로 저희에게 말씀하시되 한 사람이 포도원을 만들고 산울로 두르고 즙 짜는 구유 자리를 파고 망대를 짓고 농부들에게 세로 주고 타국에 갔더니 2. 때가 이르매 농부들에게 포도원 소출 얼마를 받으려고 한 종을 보내니 3. 저희가 종을 잡아 심히 때리고 거저 보내었거늘 4. 다시 다른 종을 보내니 그의 머리에 상처를 내고 능욕하였거늘 5. 또다른 종을 보내니 저희가 그를 죽이고 또 그외 많은 종들도 혹은 때리고 혹은 죽인지라 6. 오히려 한 사람이 있으니 곧 그의 사랑하는 아들이라 최후로 이를 보내며 가로되 내 아들은 공경하리라 하였더니 7. 저 농부들이 서로 말하되 이는 상속자니 자 죽이자 그러면 그 유업이 우리 것이 되리라 하고 8. 이에 잡아 죽여 포도원 밖에 내어던졌느니라 9. 포도원 주인이 어떻게 하겠느뇨 와서 그 농부들을 진멸하고 포도원을 다른 사람들에게 주리라 10. 너희가 성경에 건축자들의 버린 돌이 모퉁이의 머릿돌이 되었나니 11. 이것은 주로 말미암아 된 것이요 우리 눈에 기이하도다 함을 읽어 보지도 못하였느냐 하시니라 12. 저희가 예수의 이 비유는 자기들을 가리켜 말씀하심인 줄 알고 잡고자 하되 무리를 두려워하여 예수를 버려두고 가니라(「마가복음」 12:1~12)

주인이 포도원을 농부들에게 소작을 주고 갔는데 그들이 세를 받으러 온 종들을 때리거나 심지어 죽이고 마침내는 주인의 사랑하는 아들

224

(독자)조차 죽여버려 처벌당한다는 이야기이다. 이스라엘의 종교·정치지도자인 대제사장 등이 하나님의 예언자들을 핍박한 역사와 마침내는 독생자 예수까지 죽여서 처벌을 받아 성전을 빼앗긴다는 비유임을 누구나 눈치챌 수 있을 것이다.[138] 예수를 핍박하고 죽여서 마침내 로마군의 공격으로 예루살렘 성전이 불타 무너졌다고 보고, 이를 사후에 비유로 말하고 있는 것이다. 그런데, 예수 스스로도 자신의 부활을 확신하지 않았다고 보이는데도 불구하고, 여기서는 하나님의 아들인 자신을 죽인 댓가로 성전이 파괴될 것처럼 예수가 미리 비유로 말한 것으로 되어 있다. 원수도 사랑하자고 힘써 가르친 예수가 스스로 자신의 죽음과 관련한 응보를 비유로 전했다는 것은 설득력이 없다. 대제사장에 체포되어 심문받는 과정에서 성전 파괴와 관련된 예수의 혐의는 증거가 합치하지 않아 성립하지 않은 사실도 상기해야 할 것이다.[139] 다만 이 비유를 통해 초기 예수신앙공동체원들은 로마군의 유대 침략과 예루살렘 성전 파괴를 예수를 죽인 첫값으로 해석하고 있었음을 볼 수 있다.

10절과 11절 내용은 「시편」 118:22~23을 인용한 것인데, 전체 구성으로 볼 때 이미 만들어진 비유에 뒤에 추가한 것으로 연결이 다소 부자연스럽다. 누군가가 예수의 위상을 드러내 보이고자 구약성경에서 이 구절들을 찾아 첨가했을 것이다. 하나님의 사자들과 아들을 죽인 자들이 큰 처벌을 받을 것이라는 본래 메시지에 비해 거리가 있는 내용으로, 예수가 비록 안타깝게 죽임을 당해 버려진 듯하지만 오히려 머릿돌(초석)처럼 사용되었음을 애써 강조하고 있는 것이다.

이처럼 예수의 비유라고 전해질지라도 초기 신자들이나 복음서 저자에 의해 뒤늦게 의도적으로 만들어진 것이 있음을 알 수 있다. 이 비유는 내용으로 보아도 예수의 본래 가르침과는 거리가 있다.

옳지 않은 청지기

1. 또한 제자들에게 이르시되 어떤 부자에게 청지기가 있는데 그가 주인의 소유를 허비한다는 말이 그 주인에게 들린지라 2. 주인이 저를 불러 가로되 내가 네게 대하여 들은 이 말이 어찜이뇨 네 보던 일을 셈하라 청지기 사무를 계속하지 못하리라 하니 3. 청지기가 속으로 이르되 주인이 내 직분을 빼앗으니 내가 무엇을 할꼬 땅을 파자니 힘이 없고 빌어먹자니 부끄럽구나 4. 내가 할 일을 알았도다 이렇게 하면 직분을 빼앗긴 후에 저희가 나를 자기 집으로 영접하리라 하고 5. 주인에게 빚진 자를 낱낱이 불러다가 먼저 온 자에게 이르되 네가 내 주인에게 얼마나 졌느뇨 6. 말하되 기름 백 말이니이다 가로되 여기 네 증서를 가지고 빨리 앉아 오십이라 쓰라 하고 7. 또다른 이에게 이르되 너는 얼마나 졌느뇨 가로되 밀 백 석이니이다 이르되 여기 네 증서를 가지고 팔십이라 쓰라 하였는지라 8. 주인이 이 옳지 않은 청지기가 일을 지혜 있게 하였으므로 칭찬하였으니 이 세대의 아들들이 자기 시대에 있어서는 빛의 아들들보다 더 지혜로움이니라(「누가복음」 16:1~8)

이 비유는 「누가복음」에만 전한다. 그런데 그 내용 중에 매우 의아한 부분이 있어서 해석에 상당한 어려움이 있다. 주인의 대출증서를 조작해 채무액을 낮추어주고 자신의 은퇴 후를 대비한 사기꾼이라고 할 수밖에 없는 악한 청지기를, 주인은 지혜롭게 했다고 칭찬했고 예수조차 그를 지혜롭다고 하였다. 쉽게 이해되지 않는 일이다. 그런데 여기서

'지혜롭다'의 '지혜'는, 그리스도교 전통에서 하나님의 속성의 하나로 여기는 선하고 지고한 사고에 따른 덕목으로서의 지혜(wisdom)라기보다는, 일상적으로도 흔히 사용되는 사물의 이치를 빨리 깨닫고 정확하게 처리하는 능력으로서의 현명함, 기민함(shrewdness) 정도로 보는 것이 타당할 것이다. 이 비유에 대한 많은 해석이 있는데 명료하지 않은 편이며, 대체로 예수는 청지기의 용의주도한 대응을 칭찬함으로써 추종자들을 깨우치고 있다고 보고 있다.[140]

다양한 견해가 제시되었음에도 이 비유가 정리된 해석을 얻지 못한 것은 채무액을 줄여준 청지기를 주인이 칭찬했다는 구절의 이해가 실로 어렵기 때문이다. 필자도 수십년 동안 이 비유에 문제가 있다는 생각을 해왔다. 그러다가 근래에 와서 복음서 편집에 대해 공부하고 생각하는 중에 역사학적 사료 비판을 해보면서 설득력 있는 해석을 얻게 되었다.

먼저 유의할 것은, 예수의 비유는 본래 문자로 적힌 것이 아니라 청중에게 이야기된 것이며 구전되었다는 점이다. 이 구전 비유가「누가복음」에 기록된 것이다. 그렇다면 이 자료는 문자상으로 보면 해석에 문제가 있어 보이지만, 본래 청중과 이야기를 나눈 현장에서는 별 문제가 없었을 가능성에 유의할 일이다.

청지기가 채무자들에게 문서를 주며 채무액을 줄여 쓰게 했다는 것과(6~7절) 이렇게 일을 처리한 청지기를 주인이 지혜롭게 일했다고 칭찬한 것(8절)의 부정합은 매우 두드러진다. 누구도 이 어긋난 두 부분을 모순 없이 연계하여 합리적으로 해석하기는 불가한 것처럼 여겨지기도 한다. 그런데 생각을 돌려 갈릴리의 농촌, 청지기의 업무와 속성을 잘 이해하는 청중과 예수의 대화 현장으로 가본다면 상황은 전혀 달라질 수 있다. 청지기가 문서에 채무액을 줄여 적도록 했다고 할 때, 그다음

일이 어떻게 진행될지는 예수에게나 청중에게나 설명이 필요 없는 공지의 사실이었던 듯하다.

대출증서를 고쳐 채무액을 줄여주자 그 채무자들은 입을 모아 동네방네 떠들고 다녔을 것이다. 자신들에게 해가 될 수 있는 문서 변조 사실은 말하지 않고, 그들로서는 너무도 고마운 그 청지기에 대해 참으로 정직하고 성실하게 주인의 일을 잘 보고 있다고 말이다. 사실상 사기 행각의 공범이 되었던 것이다. 문서 변조를 이야기하고 별다른 설명 없이 아마도 잠깐 말을 멈추자, 예수도 갈릴리 농민들도 다 아는 이 뻔히 예상되는 결과에 청중들은 박수를 치고 호응의 탄성을 발하기도 했을 것이다.

빚을 탕감받은 채무자들이 적극적으로 소문을 내자 주인도 들었을 것이다. 그러자 주인은 청지기를 해고하기로 마음먹은 이유가 된 앞서의 소문은 근거 없는 것이었다고 생각하게 되었다. 나중 소문이 앞의 소문을 덮을 만큼 은혜를 입은 채무자들이 열심히 소문을 내고 다녔던 것이다. 7절과 8절 사이에는 어쩌면 며칠의 시간이 흘렀을 것이다. 주인은 청지기의 문서 변조를 전혀 모른 채 새로운 소문에 따라 그가 일을 잘하고 있다고 여기고 칭찬하며 아마도 청지기 일을 계속하도록 했을 것이다.

예수는 어쩌면 갈릴리 농촌 현장에서 흔히 있었을 청지기들의 문서 변조 등의 비위를 들어 이 비유를 말했던 것이다. 당시 청지기의 이같은 행태를 잘 알고 있던 농민들이 대다수인 청중들은 쉽게 공감하고 호응하였다. 그들은 아마도 거의 전부가 자신도 그런 경우를 만나 빚이 줄어드는 행운을 얻었으면 하는 마음을 가졌을 것이다.

주인은 옳지 않은 청지기의 행위에 결과적으로 속고 말았다. 예수는 청지기의 행위 자체를 옳다고 한 것이 아니라, 이같이 세상에 속한 자들이 세상사에 요령껏 대처하고 있음을 말하면서 빛의 자녀들도 이들보다 더 민첩하고 슬기롭게 살 것을 말한 것이라고 볼 수 있다. 대개는 착한 심성을 가졌을 빛의 자녀들은 어쩌면 선한 만큼 우유부단하고 어리석기조차 했을 수 있다. 악을 쫓아내고 새로운 세상을 만들기 위해서는 하나님의 자녀들이 세상 사람들보다 더욱 깨어 있고 명민하게 살 것을 촉구한 듯하다.

이 비유가 크게 난해하게 여겨진 것은, 본래 구연(口演), 구전되던 자료를 문자로 전환하는 과정에서 양자의 성격이 서로 달라 오해의 소지가 있는데도 문자적으로만 해석하게 되어서였다. 결국 본래의 상황을 다 알 수 없어서 이해할 수 없는 이야기처럼 된 듯하다.[141]

잃은 양

12. 너희 생각에는 어떻겠느뇨 만일 어떤 사람이 양 일백 마리가 있는데 그중에 하나가 길을 잃었으면 그 아흔아홉 마리를 산에 두고 가서 길 잃은 양을 찾지 않겠느냐 13. 진실로 너희에게 이르노니 만일 찾으면 길을 잃지 아니한 아흔아홉 마리보다 이것을 더 기뻐하리라 14. 이와 같이 이 소자 중에 하나라도 잃어지는 것은 하늘에 계신 너희 아버지의 뜻이 아니니라(「마태복음」 18:12~14)

3. 예수께서 저희에게 이 비유로 이르시되 4.너희 중에 어느 사람이 양 일백 마리가 있는데 그중에 하나를 잃으면 아흔아홉 마리를 들에 두고 그 잃은 것을 찾도록 찾아다니지 아니하느냐 5. 또 찾은즉 즐거

워 어깨에 메고 6. 집에 와서 그 벗과 이웃을 불러 모으고 말하되 나와 함께 즐기자 나의 잃은 양을 찾았노라 하리라 7. 내가 너희에게 이르노니 이와 같이 죄인 하나가 회개하면 하늘에서는 회개할 것 없는 의인 아흔아홉을 인해 기뻐하는 것보다 더하리라(「누가복음」 15:3~7)

예수님께서 말씀하셨다. 〔하늘〕나라는 양 백 마리를 가진 목동과 같다. 그 가운데 큰 양 한 마리가 길을 잃었다. 그는 아흔아홉 마리를 그대로 놓아둔 채 나머지 한 마리를 찾을 때까지 찾으러 다녔다. 그리고 고생이 끝나자 그 양에게 '나는 아흔아홉 마리보다 너를 더 아낀다.' 하고 말하였다(「도마복음」 107).[142]

잃은 양 비유는 매우 잘 알려진 내용이다. 잃어버린 양을 끝내 찾아내어 진실로 기뻐하는 주인(목동)의 모습이 잘 나타나 있다. 하나님도 여러 사정으로 인해 자기로부터 멀어진 자들을 이처럼 결코 잊지 않고 끝내 찾으시고 만다는, 약자들을 격려하기 위한 복음이다. 단 한 사람이라도 잃어버리는 것은 하늘에 계신 아버지의 뜻이 아님을 보여주기 위한 비유인 것이다. 이 비유는 본래 적대자들에게 복음을 변호하기 위해 만들어진 것이라고 이해되기도 하는데,[143] 내용 자체로 보면 약자들을 향한 복음의 선포로 보아야 옳다. 복음서에는 적대자들을 의식하여 이야기된 것처럼 기록되어 있지만 그것은 복음서를 만든 해당 예수신앙공동체들이 유대교와의 분리과정에서 맞이한 상황 이후를 반영한 것으로 보는 것이 더 타당할 것이다. 이 이야기를 예수로부터 들은 청중들은 하나님의 그 무한한 사랑에 새로운 깨우침을 얻고, 진실로 안도하면서 감사한 마음을 가지고 하나님의 사랑의 대상인 자신들의 존재의의를 다시 생각하게 되었을 것이다. 그런데 이 비유는 복음서에 따라 약간씩 차이가 나게 변형되어 전해지고 있다.

「마태복음」과 「누가복음」에 전하는 비유 중에 어느 것이 더 예수의 본래 가르침에 가까울까에 대해서는 저명한 학자들도 견해가 갈린다.[144] 필자가 보기에 두 복음서만 볼 때는 「마태복음」의 것이 더 원형에 가깝다고 생각된다. 「누가복음」의 내용에는 잔치를 강조해 넣었고 더구나 잃은 양을 찾는 것을 죄인의 회개로 말함으로써 누가신앙공동체에서 이같이 변형하여 가르친 것임을 보여준다. 원래 양은 의지를 가지고 주인을 찾아올 수 있는 존재가 아니다. 오로지 주인의 끈질긴 탐색에 의해 찾아질 뿐이다. 예수는 하나님이 당시 사회적으로 죄인이라 여겨진 소외된 자, 낙오자도 한없이 사랑하시어 끝끝내 찾으신다는 하나님의 한없는 사랑을 보여주려는 의도에서 말했을 것이다. 이것은 사회적·종교적 역할을 체념하고 사는 소외된 자들, 약자들을 하나님의 자녀로서 일깨우고 격려하는 내용이었다.

그런데 이 비유는 신앙공동체에서 지속적으로 활용하기에는 한계가 있었다. 사람을 깨우치는 일을 동물을 들어 말하다보니 인간의 주체성을 드러내기 어려웠던 것이다. 사실 인간이 양과 같을 수는 없다. 인간에게는 생각이 있어서 스스로 자신이 해야 할 바를 궁구하고 행동에 옮기지만 길 잃은 양은 본능에 따를 뿐이다. 아마도 누가신앙공동체는 자기 신앙공동체원들이 일탈할 가능성을 전제로 하여 이 이야기에 하나님은 인간의 회개를 진실로 기뻐하신다는 메시지를 더 싣고 싶었던 듯하다. 그리하여 잃은 양을 찾은 것을 잃은 양과 같은 이탈자들이 스스로 회개하여 돌아옴을 하나님이 매우 기뻐하신다는 내용으로 교훈을 변형하여 전한 것이다. 사실 「누가복음」에서 이 비유 바로 다음에 전해지는 탕자의 비유를 보면 하나님의 절대적 사랑 가운데서 회개하여 돌아오는 탕자가 보이는데, 바로 그 탕자의 비유도 이 비유의 변형에 영향을 미쳤을 법하다.[145]

한편 영지주의 복음서로 근래에 세상의 이목을 끌었던 「도마복음」의 잃은 양 비유는 의도를 한층 달리하고 있다. 주목하지 않으면 그냥 지나칠 수도 있는데, 잃은 양을 '큰 양'이라고 하였다. 목동이 99마리를 그대로 놓아두고 그 한 마리를 끝내 찾아낸 것은 그것이 큰 양이고, 심지어 그것을 다른 99마리 양들보다 더 아끼기 때문이라고 말하고 있는 것이다. 그런데 어찌 보면 「마태복음」과 「누가복음」에 전하는 대로 99마리를 놔두고서 한 마리 잃어버린 양을 찾아나서는 행위가 염려스럽고 의문이 들 수 있는 내용이기도 하다. 한 마리를 찾다가 다른 99마리가 잘못될 위험이 없지 않기 때문이다. 「도마복음」은 대중적 구원보다 참된 지식(영지靈智)을 아는 자의 구원을 확신하는 영지주의자들의 서책인만큼 자신들이 숭모하는 제자 도마와 같은 깨우친 존재를 주목하는데, 그런 사유의 연장에서 그 잃은 양이 다른 양보다 큰 양이고 가장 사랑하는 양이라서 목동이 그렇게 심혈을 기울여 찾았다고 해석한 듯하다. 참으로 하늘의 영지를 아는 자가 하나님이 끝내 찾는 대상이 된다고 말하고 있는 것이다. 그런데 이는 예수의 복음이 가난한 자, 소외된 자, 무지한 자들에게 먼저 선포된 약자를 우선한 것이라는 사실에서 벗어나 있다. 예수는 100마리 모두를 사랑한다고 했을 터이고, 큰 양 한 마리를 다른 99마리보다 더 사랑하기 때문에 찾아나섰다고 말할 이치는 없는 것이다. 따라서 「도마복음」의 잃은 양 비유는 그들의 신학에 의해 본래 예수의 가르침을 크게 변질, 왜곡한 것으로 여겨진다.

돌아온 탕자

11. 또 가라사대 어떤 사람이 두 아들이 있는데 12. 그 둘째가 아비에게 말하되 아버지여 재산 중에서 내게 돌아올 분깃을 내게 주소서 하는지라 아비가 그 살림을 각각 나눠 주었더니 13. 그후 며칠이 못되어 둘째 아들이 재물을 다 모아가지고 먼 나라에 가 거기서 허랑방탕하여 그 재산을 허비하더니 14. 다 없이한 후 그 나라에 크게 흉년이 들어 저가 비로소 궁핍한지라 15. 가서 그 나라 백성 중 하나에게 붙여 사니 그가 저를 들로 보내어 돼지를 치게 하였는데 16. 저가 돼지 먹는 쥐엄 열매로 배를 채우고자 하되 주는 자가 없는지라 17. 이에 스스로 돌이켜 가로되 내 아버지에게는 양식이 풍족한 품꾼이 얼마나 많은고 나는 여기서 주려 죽는구나 18. 내가 일어나 아버지께 가서 이르기를 아버지여 내가 하늘과 아버지께 죄를 얻었사오니 19. 지금부터는 아버지의 아들이라 일컬음을 감당치 못하겠나이다 나를 품꾼의 하나로 보소서 하리라 하고 20. 이에 일어나서 아버지께로 돌아가니라 아직도 상거가 먼데 아버지가 저를 보고 측은히 여겨 달려가 목을 안고 입을 맞추니 21. 아들이 가로되 아버지여 내가 하늘과 아버지께 죄를 얻었사오니 지금부터는 아버지의 아들이라 일컬음을 감당치 못하겠나이다 하나 22. 아버지는 종들에게 이르되 제일 좋은 옷을 내어다가 입히고 손에 가락지를 끼우고 발에 신을 신기라 23. 그리고 살진 송아지를 끌어다가 잡으라 우리가 먹고 즐기자 24. 이 내 아들은 죽었다가 다시 살아났으며 내가 잃었다가 다시 얻었노라 하니 저희가 즐거워하더라 25. 맏아들은 밭에 있다가 돌아와 집에 가까웠을 때에 풍류와 춤추는 소리를 듣고 26. 한 종을 불러 이 무슨 일인가 물은

대 27. 대답하되 당신의 동생이 돌아왔으매 당신의 아버지가 그의 건강한 몸을 다시 맞아들이게 됨을 인하여 살진 송아지를 잡았나이다 하니 28. 저가 노하여 들어가기를 즐겨 아니하거늘 아버지가 나와서 권한대 29. 아버지께 대답하여 가로되 내가 여러 해 아버지를 섬겨 명을 어김이 없거늘 내게는 염소 새끼라도 주어 나와 내 벗으로 즐기게 하신 일이 없더니 30. 아버지의 살림을 창기와 함께 먹어버린 이 아들이 돌아오매 이를 위하여 살진 송아지를 잡으셨나이다 31. 아버지가 이르되 얘 너는 항상 나와 함께 있으니 내 것이 다 네 것이로되 32. 이 네 동생은 죽었다가 살았으며 내가 잃었다가 얻었기로 우리가 즐거워하고 기뻐하는 것이 마땅하다 하니라(「누가복음」 15:11~32)

이 비유는 소위 '탕자의 비유'로 너무나 잘 알려져 있고 문학·미술작품의 주요 소재가 되기도 하였다. 「누가복음」에만 전하는데, 이방인 공동체인 누가 예수신앙공동체가 먼 이방에 가서 허랑방탕했다는 둘째아들 탕자에 주목하여 전하게 된 듯하다. 이방인으로서 그들이 둘째아들과 묘한 동질감을 가졌을 가능성을 생각해볼 수 있다. 많은 연구자들이 이미 지적한 대로 이 비유는 당시로서는 도저히 있을 수 없는 부모 생전의 유산 처분까지 말하고 있어서 현실성에 문제가 있다.[146] 그러나 비유는 사실 그 자체를 말하는 것이 아니고 다른 것에 빗대어 말하는 것이므로 구성과 내용에 완전한 현실의 반영을 기대할 수는 없다는 점을 참작하고 그 의미를 살펴보는 것이 좋을 것이다.

이 비유를 보면 우선 전체 이야기가 매우 길다는 느낌을 누구나 받을 것이다. 간단한 일화가 중심이 되는 예수의 비유치고는 너무 긴데다 여러 인물이 나오는 것도 의아한 면이 있다. 사실 이 비유는 25절 이하 큰 아들이 등장하는 대목 이후로는 본래 비유에 없었을 것으로 말해지기도 하는데, 필자 역시 동감이다. 아버지와 둘째아들의 갈등과 화해로 끝나야 지루하지 않고 극적인 여운이 남는다. 이 비유는 「누가복음」 같은 장의 앞에 실린 잃은 양 비유(15:3~7), 되찾은 드라크마의 비유(15:8~10)와 구조상 긴밀하게 연결되어 있다고 여겨지는데[147] 그 점에서 보아도 본래 이야기는 작은아들의 귀가로 끝났을 가능성이 높다. 그런데 아버지와 돌아온 둘째아들 이야기가 끝나자 누구나 집에 있던 장자의 반응은 어떠했을까 하고 궁금하게 여겼을 것이다. 이것은 비유의 묘미이기도 하다. 여운을 남겨 생각을 더욱 깊게 유도하는 것이다. 어쩌면 초기 그리스도인들이나 복음서 저자가 그 궁금함을 참지 못했고, 아마도 유대인을 하나님의 장자로 여기던 영향도 남아 결국 이렇게 기술하게 된 듯하다. 그리하여 여운도 감동도 조금은 줄어든 채 여느 아버지와 아들들 간의 갈등과 화해 이야기처럼 되고 만 것이다.

그런데 이렇게 후반부가 길게 덧붙어 전하는데도 많은 사람들이 큰 영감을 받고 감동하고 있으니 이 비유의 깊이는 남다른 것이 아닌가 싶다. 앞에서 언급했지만 이 이야기는 본래 갈릴리나 유대 지역에는 없는 부모 생전의 유산 처분이 등장하고, 제멋대로 객지로 나가서 재산을 탕진해 거지처럼 되어 돌아온 아들을 뛰어나가 맞이하는 하해(河海) 같은 사랑의 아버지가 있으며, 탕자를 다시 아들로 맞이해 잔치를 베푸는 감격스런 용서와 화해가 있다는 점이 특색이라면 특색이다. 흔히 일어나지 않을 듯한 일들이 이 부자간에는 연속적으로 일어나고 있는 것이다.

세상에는 흔히 없을 것 같은 그 아버지가 무한한 사랑의 하나님을 말한다는 것은 누구나 쉽게 짐작할 수 있다. 물론 현세에도 이런 아버지가 있을 수는 있겠으나, 고대 지중해변에서 결코 흔한 경우가 아님은 장자의 분노와 항의를 통해서도 알 수 있다. 따라서 이 이야기는 무한하고 무조건적인 사랑으로 잃은 자를 기다리는 하나님의 아가페(agape)의 사랑을 보여주고자 만든 것임을 인정할 수 있다.

실제로 이 비유의 명칭에 대해서는 '잃은 아들의 비유' '아버지의 사랑에 대한 비유' 등 매우 다양한 의견들이 제시되어 있는데[148] 필자는 몇가지 점에서 널리 불리는 대로 '탕자의 비유' 혹은 굳이 설명을 붙인다면 '돌아온 탕자의 비유'로 부르는 것이 좋다고 생각한다. 이 비유 속의 아버지는 세상에 있을 수는 있지만 지극히 완전한 아버지, 그래서 우리 인간들로서는 조금 거리감이 느껴지는 모습이다. 그런데 그에 비해 탕자는 바로 대다수 우리들의 모습으로, 자신의 고집을 앞세우는 데서 인간의 실체를 보는 듯한 강한 동류감이 느껴진다. 그러면서도 한편 자신의 잘못을 깨닫고 진정으로 회개하며 돌아와 아버지의 품꾼을 자처하는 모습에서 불완전한 우리 인간들은 공감과 더불어 안도와 희망을 강하게 느끼게 되는 것이다. 따라서 이 이야기는 감격스럽고 완전한 하나님 아버지의 사랑과 동시에 천만다행스럽게도 타락한 인간의 회개와 거듭남의 희열을 말하고 있기도 하다. 많은 인간들은 완전한 아버지보다는 우리 자신의 동류인 탕자 아들에 더 주목하여 그의 귀환에 안도하며 공감의 박수를 보내기도 한다. 이러한 인간적 공감과 연대감이 그리스도교 초기부터 이 이야기를 하나님의 사랑의 비유가 아니라 '탕자의 비유'로 부르게 된 이유였을 것이다. 덧붙여 생각해보면, 예수는 주로 사회적으로 버려진 자, 약자들을 격려하기 위해 이 비유들을 구사했다는 점이 반영되어 그렇게 불렸을 가능성도 있다. 따라서 오랜 역사성을 가진 이 명칭을 굳이 새롭게 붙이는 것은 죄의 굴레와 회개의 필요성을 늘 지고 사는 숱한 인간들의 공감도를 낮추고 예수의 본래 의도를 약화시키는 부질없는 일이라고 여겨진다. 숱한 인간들이 오랜 세월 공감해온 명칭은 그대로 존중해야 할 역사인 것이다. 곧이어 말하겠지만, 이 비유에는 탕자에 비견할 수 있는 예수의 구도과정이 반영되어 있어 비유가 이야기되던 현장에는 말하는 자와 듣는 자 간에 생생한 공감의 물결이 출렁였을 것이다.

일어날 법하면서도 결코 쉽게 있을 것 같지 않은 이 부자간의 사랑과 화해의 이야기는 예수가 창작했다고 보는 것이 사실과 크게 어긋나지 않을 것이다. 하나님 사랑과 이웃 사랑에 원수 사랑까지 외친 그이니 충분히 가능한 일이다. 무엇보다 관습도 율법의 제약도 장애로 여기지 않았던 그의 자유로운 영혼에서 나올 법한 이야기인 것이다.

예수가 이 비유, 장자의 등장 부분을 제외한 둘째아들과 아버지 간의 일화를 창작했을 가능성을 더욱 적극적인 분석을 통해 알아보자.[149] 앞서 언급한 대로 이 이야기에는 당시에 일어나기 어려운 내용들이 자리하고 있다. 우선 부친이 생존한 상태에서 둘째아들이 재산 분배를 요구하고, 특히 그 재산을 처분한 것이다. 당시의 엄격한 가부장제 사회의 풍습에서 거의 불가능한 일을 적극적으로 제시한 배경은 무엇일까 궁금하지 않을 수 없다. 이것은 어쩌면 작자나 어떤 특별한 이가 개인적으로 경험한 사실을 반영하여 이 이야기가 만들어졌음을 보여주는 듯하다. 작자의 경험과 심리가 작품 내용에 영향을 주는 것은 지극히 당연한 일이다. 아마도 비유의 작자는 이에 견줄 만한 개인적 경험이 있었기에 이처럼 다소 무리해 보이는 설정을 과감하게 펼쳤을 것이다.

이 비유는 전체적으로 보면 하나님 사랑을 내세우면서도 회개를 촉구하는 내용이다. 탕자처럼 어떤 잘못이 있더라도 언제든 돌아오기만 하면 하나님은 늘 환영하고 아들로 맞이하실 것이라는 강력한 은혜의 메시지이다. 청중들은 결국 하나님께 돌아가기만 하면 되는구나 하고 안심하며 자신을 되짚어보고 공감했을 것이다. 이 현실에 없을 듯하면서도 한편 있을 법한 존재인 탕자는 과연 누구를 모범으로 한 것일까? 여기에는 어쩌면 예수의 경험, 특히 그의 구도자로서의 역정이 반영되었을 가능성을 상정해볼 수 있다. 그가 세례를 받자 성령이 강림하고 자신을 하나님이 기뻐하시는 아들로 선포하는 환상과 환청을 보고 들었다는 것이 복음서에 전해지지만, 평범한 인간들이 하기 어려운 그런 신비한 경험을 하기 이전에 예수에게는 전해지지 않는 구도의 세월이 더 있었다고 보는 것이 타당할 것이다.

골이 깊어야 산이 높다. 그가 하나님의 아들로 거듭나기까지 그만큼의 회의와 방황이 있었을 것은 부인할 수 없을 듯하다. 예수 공생애에 집중하는 복음서들의 특성상 그 구도과정의 경험은 전하지 않지만, 예수를 미친 것으로 오해한 예수 가족이나 예수를 배척한 고향 동네 사람들의 행태를 미루어볼 때, 예수의 회의와 방황은 상당한 것이었으리라고 추정해볼 수 있다. 그는 공생애 초에 달라진 인격으로 고향을 찾았지만 환영받지 못한 '탕자의 귀향'을 경험했던 것이다. 「마가복음」 6:2~3을 보면 고향 사람들은 예수를 얼른 알아보지 못할 만큼 상당히 오랜만에 만난 듯한데, 그가 놀라운 가르침을 어디서 얻었는지 궁금해하면서도 그리 탐탁하게 여기지 않는 분위기를 여실히 읽을 수 있다.[150]

이 구도를 위한 회의와 방황 그리고 상당 기간의 떠돌이 생활은 기존에 그의 내적 세계의 거의 전부였다고 할 수 있을 유대 전통신앙에 대한 회의에서 출발했을 가능성이 매우 높다.[151] 탕자가 아버지 생전에 재산 분배를 요구하고 그것을 뜻대로 처분한 것처럼 하나님의 백성인 유대인으로서는 할 수 없는 일을 작정하고 감히 떨쳐나섰을 개연성도 있는 것이다. 학력이나 재력, 별다른 집안 배경도 없는 그로서는 아주 먼 나라로 나가지는 못했을 듯하며, 갈릴리 주변 팔레스타인 일대 이방의 촌락과 도시, 광야 등을 편력하였을 것이다. 그런데 그는 기본적으로 유대 전통신앙에 젖어 있었던 만큼, 하나님에 대한 회의와 방황은 결국 그 자신의 (내적) 고갈로 끝났을 가능성이 크다. 그리고 바로 그 끝에서 그는 체질화된 전통신앙으로 인해 다시 하나님에 대한 그리움을 싹틔웠을 것이다. 그리하여 마침내 많은 민중들 속에 섞여서 광야에서 외치는 선지자의 소리에 겸손히 따라 죄 씻음과 회개의 세례를 받고자 신에게 나아갔을 법하다. 험난한 방황 끝에 지쳐 돌아와 지극히 낮아져 회개의 세례를 받는 그에게 하늘이 열리고 성령이 강림하며 하늘의 환영의 소리가 들려왔던 것이다. "너는 내 사랑하는 아들이라 내가 너를 기뻐하노라(「마가복음」 1:11)." 이 소리는 바로 집 나간 아들을 늘 기다리다 재빨리 달려나와 아들이 아닌 품꾼이 될 것을 청하는 탕자를 안아 맞이하는 아버지의 반가운 외침인 것을 알 수 있다.

이와 같은 개연성 높은 추론을 통해서, 나름 자신의 길을 고집하며 방황과 구도의 길을 걸어본 후 하나님 신앙으로 돌아온 바 있는 예수의 경험이, 무리한 재산 분배 요구에 이어 그것을 처분하고 제멋대로 자신의 길을 찾아간 탕자 둘째아들의 모습에 투영되었다고 생각해볼 수 있는 것이다.

설사 예수의 방황과 구도 경험의 반영 가능성을 흔쾌히 용납할 수 없다고 해도, 예수가 창조주 하나님과 하나된 수세시의 성령 강림과 하늘의 소리를 듣는 신비한 일치 체험이 이 비유에 큰 영향을 주었을 것은 부인할 수 없을 듯하다. 바로 그때 깨닫고 인식한, 방황하던 피조물인 자신을 먼저 찾아주신 하나님 아버지의 조건 없는 무한한 사랑이, 어떤 경우에도 집 나간 아들이 자신에게 다시 돌아오기만을 학수고대하는 그 아버지의 사랑과 거의 같음을 추정하기는 어렵지 않다. 적극적으로 거역하고 대항한 자까지도 품어 용납하는 무한하고 조건 없는 사랑은, 말로는 누구나 할 수 있지만 피조물이 창조주를 아버지로 받아들이면서 느꼈을 정도의 거룩한 실존적 일치의 경험이 없다면 감히 누구보다 앞서 깨닫고 전할 수 있는 것이 아님은 달리 강조할 필요가 없다.

1세기 지중해세계에서 보기 쉽지 않은 무조건적이고 무한한 사랑의 아버지는 바로 예수가 자신의 방황과 구도의 여정 끝에 신비한 체험 속에서 경험한 아바 아버지 하나님이며, 그 당돌한 탕자는 바로 고향을 떠나 하나님 신앙에 회의하며 거리를 두고 방황했을 구도자 예수의 모습일 가능성이 적지 않다. 이 비유가 그 뛰어난 사실감과 함께 많은 사람들로 하여금 자신을 탕자에 투사해 하나님과의 관계를 깊이 생각하게 하는, 지금도 여전히 살아 있는 이야기로 회자되는 것도 그런 이유에서일 것이다.

5. 직관과 역설

예수의 가르침은 그 내용뿐 아니라 그것을 낳은 인식방법상의 특성에도 주목할 만한 점이 있다.

가장 눈에 띄는 것은 직관적 이해이다. 곧바로 대상이 가진 본원적 의미에 주목하여 직감으로 판단하는 것이다. 본래 직관적 이해는 범상한 인간들의 인식방법론은 아니며 신성의 요소로 볼 만한 점이 있다. 사실 예수는 대개 전통과 역사로부터 자유로운 인식이나 행위로 자신의 자유를 드러내곤 했는데, 이는 개인적 기질, 출신 배경 등과 더불어 무엇보다도 하나님의 아들이라는 위상과 하나님과 하나됨에서 오는 거칠 것 없는 안목에서 연유하는 듯하다. 그의 직관적 인식은 일면 역사를 부정하는 것으로 볼 수도 있으나, 인간의 역사의 불가피한 한계를 있는 그대로 인식하고 수용하는 역사적 인식론임을 부인할 수 없다. 수가(Sychar)성 우물가에서 여인을 만났을 때 여인은 자기가 들어온 대로 고향의 그리심(Gerizim)산과 예루살렘 성전에서 드리는 예배만이 참된 예배라고 여기는 데 비해, 예수는 문제투성이인 성전 예배를 짚고 넘어가 예배의 근본정신을 따라야 참된 예배가 됨을 설파하였다. "신령과 진정으로 예배"를 드려야 한다고 말한 데서(『요한복음』 4:23, 24) 볼 수 있는 바와 같이, 이런 인식방법은 어떤 상황이나 현상을 직시하고 기존 인식을 넘어서 그 성찰 대상이 가진 본연의 의미와 역할에 주목하는 것이다. 인간이 역사과정에서 얻은 것을 답습하는 것이 아니라, 그 문제점을 직시하고 본래 목적과 의도를 헤아려 문제를 근원적으로 재인식하는 것이다. 이는 실로 자유로운 영혼만이 가능한 주체적 인식태도이다.

더 예를 들면 '안식일은 사람을 위해 있다'[152] 같은 이해도 문제를 직시하고 본원적 의미를 천착한 결과이다. 어떤 거리낌도 없이 당당한 카리스마까지 느껴지는 예수의 직관적 통찰은 유대사회 지성들을 일갈하는 벽력과도 같은 것이 아닐 수 없다. 율법의 사슬로 인해 안식일이 오히려 사람들을 전전긍긍하게 하고 고통을 주던 현실에서, 안식일은 사람이 쉬라고 있는 것이라는 근본을 직시한 이해는 실로 단순하면서도 전적인 공감을 준다. 사실 예수가 떠난 후에도 끝내 하나님의 독생자로 신앙되고 그리스도교 교주가 된 데는 바로 당시 사람들을 탄복하게 한, 이러한 현상적·인습적 인식을 넘어 근본을 단번에 읽어내는 직관적 지혜가 크게 작용했으리라 여겨진다.

예수의 가르침 중에는 전통적인 모세 율법을 계승하면서도 새롭게 해석하거나 종래 전통과 다른 사유를 제시하는 경우도 적지 않다. 기존 해석이나 성경 구절에만 매이지 않고 그 근본정신을 헤아려 자신이 처한 현실과 시대에 맞게 재해석하는 것이다. 대체로 율법의 준수를 완화하였으나, 살인과 간음 등에 있어서는 마음으로 짓는 내밀한 죄까지 지적한 데서 보듯 준수 정도를 강화하는 경우도 없지 않다.[153] 사실 전통 사회에서 조상 전래의 해석을 따르지 않는 것은 많은 저항과 위험을 초래할 수 있는 일이다.[154] 이러한 중에 예수가 새로운 해석을 거리낌 없이 제시한 것은 참자유인으로서 주체적인 판단에서 오는 확신과 카리스마가 없다면 불가한 것이라 할 수 있다. 바로 이같은 예수의 태도도 추종자들에게 강렬한 인상을 주어 메시아일 가능성의 기대를 모으는 데 일조했을 것이다.

전통적 관념을 수정한 주목할 만한 예로는, 앞서 예수의 주요 인식에서도 언급한 재물 즉 부에 대한 관념의 수정을 높이 꼽아야 할 것이다. 「신명기」 28:1~6에 보이는바 하나님의 명령을 듣는 자가 받는 축복은 자녀와 토지와 가축의 축복인데, 그는 들어와도 복을 받고 나아가도 복을 받는다고 하였다. 아울러 「신명기」 8:18에 의하면 "그가 네게 재물 얻을 능을 주셨음이라"라고 하였다. 재물을 얻는 능력을 하나님이 주셨으니 부자는 큰 축복을 받은 자임이 틀림없다. 현세에서의 축복을 참축복으로 여겼던 고대 이스라엘인들의 현실적이고 보상적인 축복 관념을 분명하게 볼 수 있다.

그런데 「마태복음」 6:24에는

242

한 사람이 두 주인을 섬기지 못할 것이니 혹 이를 미워하며 저를 사랑하거나 혹 이를 중히 여기며 저를 경히 여김이라 너희가 하나님과 재물을 겸하여 섬기지 못하느니라

라고 하였다. 또한 부자가 천국에 들어가는 것은 낙타가 바늘귀를 통과하는 것보다 어렵다는(「마가복음」 10:25) 유명한 구절도 있다. 이러한 명징한 재물관은 감히 예수의 제자들이나 추종자들이 지어내거나 덧붙일 수 없는 지적 수준과 통찰력을 필요로 하는 내용이다. 재물을 감히 전능하고 절대적인 하나님과 비교하는 것 역시 확신과 자신감이 없다면 도저히 언급하기 불가능한 카리스마의 산물인 것이다.

하나님과 재물을 동격에 두고 양자의 병립이 불가하다는 이런 단언은 예수의 역사적 감각과 통찰력을 단적으로 보여준다. 예수는 어떻게 부가 하나님의 축복이라는 전통적 재물관을 이처럼 수정할 수 있었을까? 오랜 역사를 통해 인간의 정치·사회체제는 부를 단순히 축복으로만 볼 수 없을 만큼 강압적인 착취구조와 갖은 술수로 불의(不義)한 부가 횡행하는 현실을 낳았고, 가난하고 소외된 이들에게 깊은 관심을 가진 예수는 그것을 예민하게 의식하기에 이르렀던 것이다.

예수 가르침의 또다른 특색으로는 역설적 요소를 꼽을 수 있다. 여기서 몇가지만 제시하여 그의 사고 특성으로서 역설에 주목해보고자 한다. ① 받으려면 먼저 주라[155] ② 잃는 자는 얻으리라[156] ③ 높아지려고 하면 먼저 낮아져야 한다[157] ④ 남에게 대접을 받으려면 먼저 대접해야 한다[158] ⑤ 쉼을 얻으려면 먼저 멍에를 메야 한다[159] 등이다.

역설은 외관상 자가당착적인 상황을 조성하고 그것을 뒤집음으로써 진실과 깨우침을 전하는 인식방법이다. 모순적으로 보이는 말로 청중

의 관심과 긴장을 유발하면서 자신이 전하고 싶은 새로운 진리나 진실을 뒤집어 내밀듯 전하는 것이다. 예수는 역설의 기법을 비교적 많이 사용하였다. 지적 수준이 높지 않은 제자와 추종자들에게 새로운 차원의 복음을 전하는 데는 흥미 유발과 얼마간의 긴장감 조성이 필수적이었으며, 어려운 논리적 해석보다는 간단한 뒤집기를 통해 강한 인상을 남기는 것이 효과적이었던 것이다.[160]

사실 역설은 화자의 노력은 더 많이 들지만 듣는 자는 훨씬 쉽게 이해하면서 강렬한 여운이 남는 화법이다. 예수의 가르침에 역설적인 것들이 많다는 것은 그의 가르침의 목표이자 주제인 하나님 나라 실현이 당대의 가치관과 대립되는 것이었음을 보여주는 듯한데, 그만큼 새로운 시대를 전망하는 혁명적 가르침을 전하면서 예수의 노고가 컸음을 알수 있다. 아울러 역설은 일상에서 무심히 지나가는 대상의 진면목을 포착해 진리를 깨우치는 것인 만큼, 그의 통찰력을 높이 평가하지 않을 수없다.

역설은 세계적으로 널리 사용되는 화법이며 이스라엘 전통사상에도 잘 드러나는 특성이다. 약소국 이스라엘이 자신의 약함에도 불구하고 전능한 하나님을 절대신뢰하여 승리자로서 강대한 민족국가를 이루려 했으니, 약자가 강대국이 되겠다는 그 발상 자체가 역설적이다. 그리하여 야훼는 왕에게 백성의 수를 세지 말고[161] 말과 전차의 수에 의지하지 말고 이웃 강대국에 의지하지 말 것을 강력히 명하기도 했다. 국부(國富)에 의지하지 말고 오히려 하나님 앞에 진실로 낮아져 약자로서 그만 의지할 때, 그의 도우심으로 승자가 될 수 있다는 것이다.

이러한 가르침은 인간적으로 보아 받아들이기 어렵고, 그래서 이스라엘 지배자와 백성들은 야훼의 명을 떠나 오히려 말과 병사나 백성의 수, 이웃 강대국에 의지해 나라를 지키고 이웃나라를 제압하려 노력한 적도 있었다.[162] 그러나 결과적으로 그런 노력은 대부분 수포로 돌아갔다. 열악한 지리적·생태적 여건과 빈약한 인구를 가진 약체로서 이웃 강대국들이 하는 방식대로 나라를 일으키고자 하는 것은 선진 강대국을 뒤쫓는 형국이 될 수밖에 없었다. 결국 이스라엘인들은 그들 나라와는 다른 방식, 높은 윤리와 공의, 한걸음 나아간 신관을 가지고 야훼신앙을 중심으로 잘 갖추어진 율법에 의해 지배되는 신정국가를 경영하는 것만이 평안과[163] 부국의 길이라고 생각하게 되었다.[164] 물론 이같은 고대 이스라엘 지성의 깨달음은, 구약성경의 역사서 등을 통해 볼 수 있듯이 포로기 이후 기왕의 역사에 대한 철저한 반성과 검토 끝에 보다 일관된 기준에 따라 재편집된 역사를 통해 제시될 수 있었던 것으로 보인다.

약자가 강자와 더불어 살기 위해서는 강자의 비위를 맞추기도 해야 겠지만, 자신만의 강점으로 강자의 침략을 대비하고 예측 불가한 기술로 느긋한 강자를 일시에 쓰러뜨림으로써 끝내 존속할 수 있을 것이다. 그것은 역설이라고도 말할 수 있다. 마치 소년 다윗이 물매와 돌로 거인 골리앗을 물리치듯이 역설적인 방법이 효과를 얻을 개연성이 높은 것이다. 강대국 사이에 끼어 지혜를 무엇보다도 중시한 이스라엘의 역사는, 그래서 늘 역설을 생각하면서 현실적 약자가 메시아의 출현으로 최고의 나라 되기를 마지막까지 포기하지 않았던 것이다.

로마제국이라는 현실 최대의 폭력 앞에서도 압도되지 않고, 가이사의 것은 가이사에게 돌리라는 명언을 남기며 무저항의 저항을[165] 제시한 예수의 대응은[166] 일면 답답하고 관념적으로 보이기도 하지만 약자가 최고 강자를 이길 수 있는 현실적 방법론으로서, 전래의 역설문화의 바탕 위에서 더욱 정치해진 역설의 진수라 볼 수 있을 것이다.

한편, 그의 가르침이나 지식에도 시대적 한계가 없지 않다. 여러 이론이 가능하겠지만, 「출애굽기」 3:6에 보이는 '아브라함과 이삭과 야곱의 하나님'을 '산 자의 하나님'이라고 해석한 것은[167] 찬성하기 어렵다. 본래 구절의 내용은 모세 앞에 자신을 계시하게 된 야훼가 자신이 갑자기 나타난 연륜이 짧은 신이 아니라 이스라엘 민족 조상들의 숭배를 받아온 유구한 역사가 있는 신임을 강조하는 말이었다. 그런데 예수는 그것을 아브라함과 이삭과 야곱의 영혼이 살아서 아마도 낙원에 있다고 보고 '산 자의 하나님'이라는 새로운 해석을 한 것으로 보인다. 대체로 헬레니즘 시대에 그리스 철학 등의 영향을 받아 바리새파 등에게 영혼의 불멸성이 수용되면서 이같은 해석이 가능해졌던 것으로 여겨진다.

6. 예수 사후 그의 가르침

하나님 나라의 실천 속에서 시대적 한계를 넘어선 가르침이 제시되었고, 예수는 이 세상을 떠났다. 죽음 후에 그가 향한 곳이 어디인지는 사실과 믿음이 교차하는 문제로 남은 가운데, 제자들과 추종자들은 그가 하늘나라로 승천했다는 신앙 속에서 그를 하늘에 오른 하나님의 유일한 아들 그리스도로 확신해갔다. 그리하여 「요한복음」에 보이듯이 결국 구세주 예수를 하나님의 로고스이고 하나님의 아들인 성자 하나님으로 믿는 신앙을 확립하였다.

역사적으로 보아 예수의 가르침은 혼돈과 절망 속에 갈 길을 모르던 많은 인생들을 향한 격려와 각성의 외침이었다. 역사의 주체이자 하나

246

님의 자녀인 인간들에게 평등한 가치를 확신하고 스스로 깨어나서 판단하여[168] 하나님의 나라를 만들어갈 것을 외쳤던 것이다. 그가 일으키려던 주 대상이 무지하고 가난한 자, 병자, 과부, 창기, 세리, 이방인 등 세상으로부터 소외된 자들이라는 데서 그의 가르침은 민중적인 것으로 이해되며, 그만큼 그의 인식은 관념적인 동시에 혁명적인 것으로 평가할 여지가 많다.

그런데 인간이란 선각자가 아무리 고기 잡는 방법을 설명하더라도 그것을 배워 스스로 고기를 잡기보다 선각자가 그 신기한 어획술로 자신에게 고기를 당장 잔뜩 잡아주기를 바란다. 기술을 배워 장기적인 호구책으로 삼으라고 아무리 가르쳐도, 절박하게 배고픈 민중들은 당장에 그 탁월한 기술로 고기를 많이 잡아주십사고 고대하기 마련인 것이다. 손가락이 가리키는 대상을 주목하지 않고 그 손가락만 주목하는 어리석음을 불교에서 지적한 바 있는데, 살아 있는 인간이란 도대체 다급한 필요를 채우려는 욕심에 몰두하기 마련이다.

예수가 살아서 기적을 베풀고 탁월한 가르침을 말하고 실천할 때 그를 주목한 많은 사람들이 그를 따라다녔다. 그러나 그가 끝내 로마제국으로부터 유대민족을 구원할 메시아의 임무를 수행하려고 하지 않자 그들은 그에게 걸었던 기대를 버리고 그가 십자가에 못 박히는데도 방기하고 말았다. 그런 그들이 부활사건 이후 그의 신적 존재감이 높아지자 죄책감 속에서도 다시 그에게 기대를 모으게 되었다.

추종자들은 부활했다는 예수를 자신들의 식견에 따라 자신들의 필요에 맞게 변형하기 시작했다. 만물에 대한 인식은 인식 주체에게 느껴진 일종의 인상일 수밖에 없다. 추종자들 역시 예수의 역사적 실체와 그 가르침의 탐구에 몰두하기보다는, 자신들에게 보이고 자신들이 아는 만큼의 예수를 자신들의 역량과 필요, 욕구에 따라 그려갔다. 그리하여 예수를 죽음을 이긴 하나님의 유일한 아들, 나아가 하늘에 오른 인자로서 반드시 재림하여 종말의 날에 이 땅에서 왕 노릇 할 그리스도라고 확신하고 선포했던 것이다. 복음서들이 저술되면서 공생애 중의 그의 행적과 가르침이 다시 주목받았지만 그 또한 앞서 추종자들이 믿은 예수의 신성과 그리스도론에 따라 분식, 수정되어 해석되었다. 살아서의 그의 언행은 그리스도론과 재림의 종말론에 입각해 곳곳에서 윤색의 손길을 피할 수 없었다. 신이라 여겨진 만큼 예수가 살아서 행한 일들은 더욱 신비롭게 과장되었고 기적 기사가 상당수 가미되었다.[169] 오병이어(五餠二魚)로 수천명을 먹이고도 여러 광주리가 남았다면 빈곤 상태에 있던 유대인들은 예수를 죽이지 않고 강제로라도 왕으로 모셨을 텐데, 그런 합리적 판단은 도외시되고 오직 신적 존재의 기적으로 자랑되고 있다. 제자들과 배를 타고 가면 될 것인데 군이 자연법칙을 거슬러 예수가 물 위를 걸었다는 이야기도 부활한 예수의 신성을 고양하려는 지나친 숭모심이 빚어낸 민담에 불과한 것으로 보인다.

역사적 예수의 가르침의 핵심이랄 수 있는 하나님 나라는 실로 지금 이 땅에서 실현되는, 하나님의 뜻을 따라 사는 하나님의 자녀된 자들이 이루어야 할 지극히 현실적인 연대운동이었다. 그러나 예수가 떠나고 그가 신으로 믿어지면서는 하나님 나라는 차후에 예수의 재림으로 선물처럼 완전한 모습으로 다가올 것이라 여겨졌다. 그것은 추종자들이 여전히 가지고 있던 유대 메시아사상과 종말론에 연결된 것이었다. 이 땅에서 예수가 세우고 있었던 하나님 나라는 방기되거나, 그의 신성이 인정되면서 마지못해 이미 이루어졌던 것으로 인정되었다. 하나님의 오른편에 앉았다고 여겨진 인자 예수가 재림하여 심판 후에 이룰 선물

같은 하나님 나라가 어떠한 것인지는 여전히 의문으로 남았으나, 아무도 알 수 없는 미래의 천국에 예수는 관심을 두지 않았으니, 보석의 나라로 상상한다 한들(『요한계시록』 21:1~27) 크게 문제될 일은 아니었다.

예수는 인간이 하나님의 형상을 가진 자녀 같은 존재인 만큼, 평등하고 고귀한 인간들이 모두 일어나 손잡고 아버지 하나님 나라를 이루어 갈 것을 가르쳤다. 그런데 그가 떠난 후, 그의 가르침 대신 그 가르침을 펼친 예수 자신에 이목이 집중되면서 사태는 크게 변하였다. 예수 자체가 한없이 높이 평가되면서, 모든 것은 그를 통해 이루어지고 인간은 그가 지시하는 대로 따르면 된다는 지극히 수동적인 종래의 신앙으로 굳어져갔던 것이다. 예수가 일깨우려던 인간들은 그 가르침을 상당 부분 받아들였음에도, 자신들의 식견과 필요와 소망에 따라 그것들을 변형시키고 중요도를 조절했다. 이로써 초기 그리스도교는 예수의 가르침을 상당 부분 따른다 해도 근본적인 면에서는 오히려 반대방향을 취한 경우조차 생겼던 것이다.

특히 민중을 종이 아닌 친구라 말하며 자발적인 인격을 고양해 현실의 낙망과 좌절에서 벗어나도록 독려한 예수의 의도는 충분히 받아들여지지 않았다. 오히려 하나님에 대한 절대적 충성을 예수에게 돌려 다함 없는 절대믿음의 대상으로 삼은 것은 실로 심각한 가르침의 배반이 아닐 수 없다. 이로써 다른 가르침의 핵심 내용들도 하나님이 또 하나의 신인 예수로 대치된 구조에 따라 조정되었던 것이다.

예수에 대한 신앙이 야훼 하나님에 대한 신앙의 틀을 벗어나지 못함으로써, 하나님은 인간과 동고동락한 새롭게 등장한 신 예수에 비해 한풀 퇴색한 채로 그 존재감을 유지할 수 있었다. 특히 인간의 죄를 사하기 위해 독생자를 제물로 보내신 사랑의 하나님이란 새로운 성격을 얻으면서, 그는 인간의 죄를 위해 십자가에서 죽었다는 구세주 예수가 신앙되는 한 하나님 아버지, 곧 성부로서의 지위를 잃지 않게 되었다. 이러한 신앙적 틀은 4세기에 들어 성부와 성자 구조로 유일신 신앙을 재확립하고 결국 성령까지 포함해 삼위일체의 하나님이라는 난해한 구조가 고안되기에 이른다.

계시의 야훼와는 다르게 이 땅에서 인간들과 함께 수십년 동안 생활했고 3년 내외를 제자들을 가르치며 직접적 접촉을 가졌는데도 어찌하여 인간 예수는 다시 거룩한 신처럼 여겨지게 된 것인가. 그것은 당시 사람들의 인식과 필요와 욕구, 그리고 정치·경제·사회·문화·전통 등 당대의 여러 현실이 맞닿아 만들어진 결과라고 할 수 있다.

로마제국의 지배 아래 전통적 공동체질서가 와해된 중에 버려지고 소외된 가련한 민중들은, 자신들을 일깨워 역사의 주체로 서도록 위대한 혁명적 가르침을 제시한 선각자보다는, 이 답답하고 비전 없는 세상의 문제들을 시원하게 해결해줄 해결사 같은 구세주를 바랐던 것이다. 예수가 살았던 시기를 전후한 한 세기 동안 팔레스타인에는 메시아로 볼 만한 여러명의 자칭 왕들이 봉기하기도 했다.[170] 유대인들은 로마의 압제를 물리쳐 자기 민족에게 자유와 독립을 선사하며 다른 민족들까지 제압, 군림할 유대제국의 왕을 고대하였다. 마케도니아와 로마처럼 지중해 일대를 제패하고 세계를 호령하며 다른 민족들을 지배, 착취하여 부를 누리는 제국의 역사를 쓰고자 했다. 따라서 유대인들은 자신들의 고난 속에서 종말에 출현할 메시아를 대망하면서 다윗의 후손인 위대한 유대인 왕의 출현을 고대하고 있었다.

물론 이런 바람은 로마제국의 번영 앞에 현실적으로 좌절되어가고 있었는데, 사망을 이기고 부활한 예수 같은 하나님의 아들이라면 기대해봐도 되겠다는 생각들이 있었던 것이다. 그가 하늘나라로부터 다시 온다면(재림) 모든 문제가 일시에 해결될 것으로 여겨졌다. 이 땅에서도 자신들을 위로하고 격려하며 고난을 함께했던 나사렛 예수는 부활하신 하나님의 아들이니, 자기 목숨을 내줄 만큼 사랑한 고난 중의 백성들을 잊지 않고 다시 찾아와서 이 땅을 최종적으로 지배하리라 확신되었다. 이런 믿음은 팔레스타인의 유대인 신자를 넘어서 디아스포라 유대인, 그리고 역시 구세주에 기대를 걸고 있던 여러 이방인들에게도 번져갔다.

이에 초기 그리스도인들의 모임은 '지금 여기의 하나님 나라 건설'과 같은 예수의 본래 가르침을 최우선적으로 따르기보다는 예수를 전능한 신으로 믿는 종교로 변해갔다. 한편 예수의 가르침을 가능한 한 그대로 따르려는 실천논리를 가졌음에도, 결과적으로 새로운 종교 성립운동의 선봉에 섰던 이가 바울이라고 보는 것이 옳을 것이다. 그는 예수를 생전에 접해보지 않았으나 부활 승천한 예수를 만나 극적으로 회심한 일로 인해 부활 예수에 대한 절대적 신앙을 선포하며 그리스도교 성립의 초석을 다진 면이 있다.

그렇다면 이처럼 예수 자체를 신으로 신앙한 초기 그리스도인들을 어떻게 보아야 할 것인가. 혹자는 이를 대단히 못마땅하게 여기고 초기 그리스도인들 특히 바울 등의 역할에 대해 비판적인 해석을 마다하지 않기도 한다. 그런데 스승이 가르친다고 해서 제자가 그것을 다 이해하고 스승의 도를 제대로 따르는 일은 역사적으로 매우 드물다. 예수가 비유를 들어 쉽게 가르쳐도 제자들조차 잘 이해하지 못했던 상황에서 예수의 가르침이 그대로 실천될 가능성은 원래부터 낮았다. 또한 그의 가르침이 서책으로 기록되어 전해진 것도 아니다. 인간은 자기중심적으로 사유하고 해석하고 행동하기 마련이다. 자기의 지식과 인식능력, 필요와 욕구, 그리고 여러 현실적 여건에 따라서 배운 것을 나름대로 변용하여 실천할 따름이다.

더구나 초기 그리스도교와 관련된 문제는 영적인 면을 적지 않게 가지고 있어서 어떤 것을 기준으로 하여 일정한 원칙을 가지고 재단하기도 어렵다. 같은 종교 구성원 간에도 그 종교의 특성이나 교리의 중요도에 대한 인식 차이가 상당히 큰 것을 부인할 수 없다. 또한 종교는 한계 속에 있는 부족한 인간이 해결하기 어려운 부분, 해결할 수 없는 문제조차 해결해보려는 열망에서 만들어지고 유지되는 것이기도 하다. 따라서 종교, 특히 새로운 종교의 가르침에는 창시자가 외친 본연의 것들 외에도, 그 시대 참여자들이 당면한 현실, 그들의 희망과 욕구, 나아가 그들을 둘러싼 역사적·문화적 상황이 강력하게 반영되기 마련이다.

기원 전후 절망의 나락에 빠져 하루살이 같은 인생을 살던 지중해 일대 민중들은 예수라는 위대한 스승을 재빨리 구세주로 삼아서 전능한 해결사로 만들어갔다. 따라서 그들이 따른 신앙 교리의 우선순위는 예수가 생각한 인식의 중요도와는 괴리가 있기 마련이었다. 예수는 현실에서 하나님의 자녀인 인간들이 힘들어도 서로 격려하며 하나님 나라를 만들어가자고 역설했지만, 추종자들은 어서 그가 재림하여 더할 수 없이 행복한 하나님 나라를 이루어줄 것과, 부활에서 보여준 영생의 능력을 자신들에게도 발휘하여 불사(不死)의 영광된 천국으로 자신들을 인도해주기를 갈망하였다. 인간의 한계를 가진 그들에게 탁월한 역사관을 갖추고 시대적 통찰력을 발휘하여 위대한 스승이자 비폭력적인 혁명적 사상가요 실천적 지성인 예수가 가르친 내용을 그대로 반영한 이상적 종교를 만들어낼 것을 요구하는 것은 비역사적인 요청으로 실현 불가능한 관념에 불과하다.

아쉬움은 있겠으나, 역사적 예수와 그리스도교 간의 괴리를 없을 수 있었던 것, 심지어 있어서는 안되는 것으로 여기는 어리석음을 범하지 말아야 할 것이다. 자칫 현대인들이 개선하고 혁신해야 할 역사적 임무를 초기 그리스도교 신자나 사도들 또는 복음서 저자들 탓으로 돌리며 모면하려 해서도 안될 것이다. 그들은 유대교의 강고하고 배타적인 야훼 하나님 신앙과 헬레니즘의 사상적·문화적 혼합주의 속에서도, 절망에 빠져 삶의 의의를 찾지 못하는 민중들에게 적어도 앞으로의 세계가 지향할 한 이정표로서 예수의 가르침을 예수 그리스도 신앙을 통해 밝혔다고 할 수 있다. 그 그리스도교가 로마제국의 종교가 되고 기성체제화되면서 예수가 보인 소외된 약자를 우선한 모든 인간에 대한 사랑이 빛바랜 것은 사실이나, 그것은 스스로 모순을 만들어가는 역사의 행로를 보여준 것일 뿐이다.

제 6 장

예수 부활사건

예수 부활사건의 기록은 신약성경에만 보인다. 이 가운데 시기적으로 앞서 기록된 바울서신의 간단한 언급과(「고린도전서」 15:3~8) 보다 상세한 정황을 전하는 뒤에 나온 복음서들의 내용 간에는 상당한 차이가 있다. 더구나 각 복음서들의 부활 기사들 간에도 여러 부분에서 크고 작은 차이가 있어서 일상과 신비가 교차하는 예수 부활사건의 실상이나 그 신빙성을 역사학적으로 가리기가 심히 어려운 형편이다.

공교롭게도 복음서 중에 상대적으로 가장 일찍이 기록된 「마가복음」은 부활사건을 다루다가 부활 예수가 등장하지도 않은 상태에서 갑자기 16장 8절에서 끝나는 것처럼 보이는 중요 사본이 존재하고, 여타 복음서들의 부활 관련 기사는 「마가복음」의 내용을 의도적으로 보완, 발전시킨 것으로 보여 부활사건의 역사성을 더욱 미심쩍게 보이도록 한다. 더구나 복음서 내용 중에는 설화적 성격을 띤 것도 적지 않아서 사실 여부를 분별하기가 쉽지 않다. 부활사건과 연관된 주요 사실들을 분석하면서 그 실상에 접근해보도록 한다.

1. 안식일 후 첫날 아침 부활사건

예수가 처형된 날부터 사흘째인 안식일 후 첫날 이른 아침에 예수 무덤 앞에서 벌어진 사건은 원초적 부활 사실처럼 기술되어 있다. 일단 네 복음서에 보이는 부활 당일 아침 기사를 비교 검토하면서 부활사건의 전체 상황을 알 수 있는 단초를 얻도록 하겠다.

「마가복음」의 예수 부활 기사(16:1~8)

1. 안식일이 지나매 막달라 마리아와 야고보의 어머니 마리아와 또 살로메가 가서 예수께 바르기 위하여 향품을 사다 두었다가 2. 안식 후 첫날 매우 일찍이 해 돋은 때에 그 무덤으로 가며 3. 서로 말하되 누가 우리를 위하여 무덤 문에서 돌을 굴려 주리요 하더니 4. 눈을 들어본즉 돌이 벌써 굴려졌으니 그 돌이 심히 크더라 5. 무덤에 들어가서 흰 옷을 입은 한 청년이 우편에 앉은 것을 보고 놀라매 6. 청년이 이르되 놀라지 말라 너희가 십자가에 못 박히신 나사렛 예수를 찾는구나 그가 살아나셨고 여기 계시지 아니하니라 보라 그를 두었던 곳이니라 7. 가서 그의 제자들과 베드로에게 이르기를 예수께서 너희보다 먼저 갈릴리로 가시나니 전에 너희에게 말씀하신 대로 너희가 거기서 뵈오리라 하라 하는지라 8. 여자들이 심히 놀라 떨며 나와 무덤에서 도망하고 무서워하여 아무에게 아무 말도 하지 못하더라

「마태복음」의 예수 부활 기사(28:1~10)

1. 안식일이 다하여가고 안식 후 첫날이 되려는 미명에 막달라 마

리아와 다른 마리아가 무덤을 보려고 왔더니 2. 큰 지진이 나며 주의
천사가 하늘로서 내려와 돌을 굴려 내고 그 위에 앉았는데 3. 그 형상
이 번개같고 그 옷은 눈같이 희거늘 4. 수직하던 자들이 저를 무서워
하여 떨며 죽은 사람과 같이 되었더라 5. 천사가 여자들에게 일러 가
로되 너희는 무서워 말라 십자가에 못 박히신 예수를 너희가 찾는 줄
을 내가 아노라 6. 그가 여기 계시지 않고 그의 말씀하시던 대로 살아
나셨느니라 와서 그의 누우셨던 곳을 보라 7. 또 빨리 가서 그의 제자
들에게 이르되 그가 죽은 자 가운데서 살아나셨고 너희보다 먼저 갈
릴리로 가시나니 거기서 너희가 뵈오리라 하라 보라 내가 너희에게
일렀느니라 하거늘 8. 그 여자들이 무서움과 큰 기쁨으로 무덤을 빨
리 떠나 제자들에게 알게 하려고 달음질할새 9. 예수께서 저희를 만
나 가라사대 평안하뇨 하시거늘 여자들이 나아가 그 발을 붙잡고 경
배하니 10. 이에 예수께서 가라사대 무서워 말라 가서 내 형제들에게
갈릴리로 가라 하라 거기서 나를 보리라 하시니라

「누가복음」의 예수 부활 기사(24:1~12)

1. 안식 후 첫날 새벽에 이 여자들이 그 예비한 향품을 가지고 무
덤에 가서 2. 돌이 무덤에서 굴려 옮기운 것을 보고 3. 들어가니 주 예
수의 시체가 뵈지 아니하더라 4. 이를 인하여 근심할 때에 문득 찬란
한 옷을 입은 두 사람이 곁에 섰는지라 5. 여자들이 두려워 얼굴을 땅
에 대니 두 사람이 이르되 어찌하여 산 자를 죽은 자 가운데서 찾느냐
6. 여기 계시지 않고 살아나셨느니라 갈릴리에 계실 때에 너희에게
어떻게 말씀하신 것을 기억하라 7. 이르시기를 인자가 죄인의 손에
넘기워 십자가에 못 박히고 제 삼일에 다시 살아나야 하리라 하셨느

니라 한대 8. 저희가 예수의 말씀을 기억하고 9. 무덤에서 돌아가 이 모든 것을 열한 사도와 모든 다른 이에게 고하니 10. (이 여자들은 막달라 마리아와 요안나와 야고보의 모친 마리아라 또 저희와 함께한 다른 여자들도 이것을 사도들에게 고하니라) 11. 사도들은 저희 말이 허탄한듯이 뵈어 믿지 아니하나 12. 베드로는 일어나 무덤에 달려가서 구푸려 들여다보니 세마포만 보이는지라 그 된 일을 기이히 여기며 집으로 돌아가니라

「요한복음」의 예수 부활 기사(20:1~18)

1. 안식 후 첫날 이른 아침 아직 어두울 때에 막달라 마리아가 무덤에 와서 돌이 무덤에서 옮겨간 것을 보고 2. 시몬 베드로와 예수의 사랑하시던 그 다른 제자에게 달려가서 말하되 사람이 주를 무덤에서 가져다가 어디 두었는지 우리가 알지 못하겠다 하니 3. 베드로와 그 다른 제자가 나가서 무덤으로 갈새 4. 둘이 같이 달음질하더니 그 다른 제자가 베드로보다 더 빨리 달아나서 먼저 무덤에 이르러 5. 구푸려 세마포 놓인 것을 보았으나 들어가지는 아니하였더니 6. 시몬 베드로도 따라 와서 무덤에 들어가 보니 세마포가 놓였고 7. 또 머리를 쌌던 수건은 세마포와 함께 놓이지 않고 딴 곳에 개켜 있더라 8. 그때에야 무덤에 먼저 왔던 그 다른 제자도 들어가 보고 믿더라 9. (저희는 성경에 그가 죽은 자 가운데서 다시 살아나야 하리라 하신 말씀을 아직 알지 못하더라) 10. 이에 두 제자가 자기 집으로 돌아가니라 11. 마리아는 무덤 밖에 서서 울고 있더니 울면서 구푸려 무덤 속을 들여다보니 12. 흰 옷 입은 두 천사가 예수의 시체 뉘었던 곳에 하나는 머리 편에, 하나는 발 편에 앉았더라 13. 천사들이 가로되 여자여 어찌

하여 우느냐 가로되 사람이 내 주를 가져다가 어디 두었는지 내가 알지 못함이니이다 14. 이 말을 하고 뒤로 돌이켜 예수의 서신 것을 보나 예수신 줄 알지 못하더라 15. 예수께서 가라사대 여자여 어찌하여 울며 누구를 찾느냐 하시니 마리아는 그가 동산지기인 줄로 알고 가로되 주여 당신이 옮겨 갔거든 어디 두었는지 내게 이르소서 그리하면 내가 가져가리이다 16. 예수께서 마리아야 하시거늘 마리아가 돌이켜 히브리 말로 랍오니여 하니 (이는 선생님이라) 17. 예수께서 이르시되 나를 만지지 말라 내가 아직 아버지께로 올라가지 못하였노라 너는 내 형제들에게 가서 이르되 내가 내 아버지 곧 너희 아버지, 내 하나님 곧 너희 하나님께로 올라간다 하라 하신대 18. 막달라 마리아가 가서 제자들에게 내가 주를 보았다 하고 또 주께서 자기에게 이렇게 말씀하셨다 이르니라

이 안식일 후 첫날 아침 부활사건이 사실이라면 예수의 몇몇 남녀 제자들이 당일 오전 중 짧은 시간 내에 경험한 상황을 적은 것이라 할 수 있다. 각 복음서 내용에는 이미 구전 및 신화적 요소에 따른 변형이 보이고 등장하는 인물과 인원수 등에서도 차이가 나 본래 사실을 그대로 전한 것이 아님을 알 수 있다. 그런데 이것이 부활사건에서 중차대한 최초의 경험인 데 비해 기록의 통일성 유지를 위한 적극적 검열이나 통제의 흔적을 발견할 수 없는 만큼, 아쉬운 가운데서도 어떤 원초적 사실이 이 이야기들에 반영되어 있을 가능성을 생각해볼 만하다.

복음서 기록들에 의하면, 안식일 후 첫날 아침 일찍 무덤을 찾은 이들은 예수에 대한 기대를 버린 남성 제자들이 아니라 그를 진심으로 따르고 그로부터 큰 위로와 격려를 받았을 감수성 예민한 여성들이었다.

「요한복음」은 막달라 마리아 혼자인 것처럼 기술했으나, 새벽에 무덤을 여성 혼자 찾아갈 개연성은 낮으니 최초의 복음서인 「마가복음」이 전하는 대로 막달라 마리아 등 세 여자 정도가 찾아갔을 가능성이 높아 보인다. 여인들은 빈 무덤을 발견했다고 한다.[1] 이어 그들에게 천사로 보이는 이들이 나타나 예수 부활을 고지했다고 하는데, 사실로 믿을 만한 내용은 아니다. 같은 여자들이 무덤에 가서 보고 들은 같은 이야기인데도 각 복음서가 이 천사 부분을 서로 매우 다르게 이야기하는 것을 보면,[2] 추후에 신자들의 구전과정에서 만들어진 설화적 요소인 것을 알 수 있다.

천사에 의해 살아난 뒤에 예수가 먼저 갈릴리로 가겠으니[3] 거기서 만나자는 생전의 예수 말씀이 제자들에게 전해지는데, 그것은 「마가복음」 14:28에 이미 보인다. 그런데 예수는 십자가 고난을 앞두고 죽을 만큼 고민하며(「마가복음」 14:34) 그것을 모면케 해달라고 핏방울 같은 땀을 흘리며 간절히 기도하였다(「누가복음」 22:44). 자신이 그리스도라 확신했다면 이처럼 고난과 죽음을 두려워했을지 의문이며, 또한 부활을 확신하고 제자들과 갈릴리에서 만나기로 한 후에 이렇게 했다는 것은 매우 설득력이 없다. 더구나 제자들이 그의 부활을 전혀 기대하지 않고 선생을 모른다고 부인하고 다 달아났으며, 사실일 가능성은 보류해야겠지만 빈 무덤을 보고도 전혀 예수의 부활 가능성을 생각해보지 않은 것을 보면, 사전에 예수가 제자들에게 자신의 부활을 고지했을 가능성은 없다고 보는 편이 옳을 것이다.

인간 예수는 그 당시 바리새인들처럼 아마도 세상 종말에는 인간들의 부활이 있다고 믿었을 가능성이 매우 높지만,[4] 자신의 사흘 만의 부활은 예상하지 못한 것이고, 오히려 그의 추종자들이 부활사건 이후 부활신앙을 가지게 되면서 복음서를 편찬할 때 이미 부활이 예고되었던 것으로 만들어 넣었을 것이다. 따라서 천사(청년)가 전하라고 했다는 내용도 「마가복음」 14:28을 알고 있던 저자의 창작일 가능성이 있다. 저작 연대나 내용 관계로 보면 「마가복음」이 먼저 그리하였고 「마태복음」이 이를 따른 듯하다. 여기에 비해 같은 공관복음서지만 「누가복음」은 갈릴리 만남을 이야기하지 않고 갈릴리에서 하신 사흘 만의 부활 예고를[5] 상기시키고 있어서 천사의 전언 부분은 사실과 관계없음을 더욱 확실하게 보여준다. 이같은 사정을 알아차린 「요한복음」은 아예 천사 전언 부분을 언급하지 않았다.

「마가복음」에 의하면 여인들은 무서워서 도망했는데 아무 말도 할 수 없었다. 갑자기 빈 무덤에서 천사를 만나서 예수 부활을 통고받고 전언을 듣게 되자 황망하고 무서워 무덤에서 달아난 정황을 잘 전하고 있다. 너무 무서워 말을 못했다는 것도 현실성이 높다고 하겠다. 그러나 이미 천사 관련 내용부터가 사실성 없는 설화이거나 복음서 저자의 창작일 가능성을 보았다. 그렇다면 이 여인들은 무덤이 빈 사실 자체에 놀라서 말이 막혀 무덤에서 달아난 것으로 볼 수 있다.

그런데 문제는 최초의 복음서인 「마가복음」의 오래된 주요 사본이 여기서 끝난다는 것이다. 현재 전해지는 「마가복음」 16:9 이하는 누군가가 뒤에 다른 복음서 등을 참조해 보충한 것이다. 「마가복음」의 기술은 본래 16:8에서, 즉 여인들이 무덤에서 놀라 달아난 사실에서 끝났을 가능성을 부정할 수 없다. 「마가복음」이 작성된 70년경에는 십자가 수난과 부활사건의 기억이 비교적 생생하고 증인들이 일부 생존해 있었다고 보인다. 따라서 마가 예수신앙공동체는 뒤의 다른 복음서 공동체에 비해 좀더 부활을 확신했을 개연성이 높다. 부활신앙이 확고한 편이라면, 빈 무덤과 천사의 예수 부활 선언과 전언 부탁이 있었다는 이야기 정도로 부활의 증거는 충분했을 법하다. 최초의 복음서인 만큼 모범으로 삼을 책도 없었고, 뒤이은 복음서들의 끝맺음 방식이 앞선 「마가복음」에도 적용되었다고 장담할 수 없다. 「마태복음」과 「마가복음」의 부활 아침 사건 이후 기사들도 큰 차이가 있어서 「마태복음」 저자가 자체 신앙공동체의 자료를 이용했거나 일부 창작했을 것이 짐작되는데, 그 점은 오히려 「마가복음」이 16:8에서 끝난 결과로 볼 만하다. 물론 부활 사건은 초기 그리스도교 신앙에서 엄청난 비중을 갖는 만큼, 각 신앙공동체원들이 가진 관심과 증인으로서의 자부심 등이 각별하게 작용하여 부활 관련 기사들에 차이를 낳을 여건이 더 있으므로 속단하기는 어렵다.

한편 「마가복음」이 16:8로 끝났다면 예수 부활이 확실한 것인지 다소 의문스럽게 생각할 여지가 있다. 빈 무덤 이후의 내용을 보면, 「마태복음」은 여인들이 달아나다 부활한 예수를 만나 인사와 경배가 오가고 천사가 전하라 한 말을 예수가 재부탁하는 것으로 되어 있다. 「누가복음」은 여인들이 열한 사도와 다른 이들에게 알렸고, 사도들은 불신했으나 베드로는 무덤에 가서 안을 들여다보고 세마포만 있음을 확인하자 기이하게 여기며 귀가했다고 하였다. 「누가복음」은 뒤에 베드로에게 예수가 처음 나타나신 사실을 엠마오(Emaos, Emmaus)로 가는 제자들의 경험 가운데 짧게 삽입하여 전하기도 하는데(24:34), 이는 「고린도전서」 15장에서 베드로를 최초의 증인으로 한 초기 예루살렘신앙공동체의 부활 인지에 대한 공식적 견해를 알고 이를 의식해 조치한 것일 가능성이 있다.

이와 같은 기술 내용의 큰 차이에서, 「마태복음」과 「누가복음」 편찬

264

시에 참고한 「마가복음」은 서로 사본이 달랐을 가능성도 생각해볼 수 있다. 그러나 당시는 「마가복음」이 편찬된 지 10여년에 불과한 만큼 다른 사본의 존재 가능성은 낮다고 보인다. 이 부활 아침 기사에서 설화적 속성을 많이 보이며 내용을 크게 보강한 「마태복음」은 자체 구전을 첨가했거나 적극적으로 윤문했을 가능성이 더 높다. 여인들이 부활 예수를 무덤 앞에서 다시 만나게 한 것도, 부활이 천사가 아니라 예수 자신에 의해 시원하게 확인되었으면 하는 신도들의 바람을 반영한 것으로 볼 수 있다. 그런데 부활 예수가 천사가 전하라고 한 말을 다시 부탁하는 것은, 마태공동체나 저자의 이야기 구성력이 낮음을 보여주는 동시에 마태공동체가 복음서 편집 당시 맞이한 현실 상황의 영향도 있는 듯하다. 큰 지진과 천사 강림, 초주검이 된 무덤의 파수꾼들, 그리고 이 부활 아침 기사에 이어 수직을 섰던 파수꾼과 대제사장 간에 예수 시체를 밤에 제자들이 훔쳐갔다고 하자는(28:13) 밀약 내용 등은 「마태복음」에만 전해진다. 기존 유대교 공동체와 대립관계가 심화되고 있던 유대계 예수신앙공동체인 마태공동체가 예수 부활에 대한 전통 유대교인들의 시비를 크게 의식하여[6] 의도적으로 이렇게 편집했을 가능성이 있다.

그에 비해 「누가복음」은 「마가복음」이 전하는 비교적 단순명료한 부활 증언을 존중한 것으로 볼 수 있다. 부활 예수를 만나 재확인하는 등의 신화적인 방식을 취하지 않고 현실성 있게 기술하고 있다. 누가 생각해보아도 빈 무덤을 본 여인들은 놀라서 다른 제자들이나 추종자들을 찾아갔을 법하다. 그런데 부활을 생각해보지 않았을 그들이 이 일을 부활과 바로 연결지어 생각하기는 어려웠을 것이다. 죄책감에 시달렸을 베드로가 그래도 궁금하여 찾아갔다가 빈 무덤에서 세마포를 보고 기이하게 여기며 귀가했다고 하였다. 누가공동체는 자체 전문이나 자료를 이용해[7] 비교적 사실감 있게 기사를 개작하거나 보완했을 개연성이 높다. 여기서 베드로의 태도는 미온적으로 느껴지기도 하는데, 어쩌면 부활사건 초기 실제 빈 무덤을 바라보는 제자들의 심사를 사실감 있게 전해주는 듯도 하다. 빈 무덤을 확인했다면 제자들은 스승의 시체를 누가 훔쳐갔는지 옮긴 것인지 착잡했을 것이다. 그런데 이런 점으로 보아도 천사 관련 이야기는 첨가된 설화적 요소임을 다시 확인할 수 있다. 천사의 출현과 전언이 있었다면 제자들의 태도가 이러할 리는 없을 것이다.

「요한복음」의 부활 아침 기사는 두 부분으로 나뉜다. 앞부분의 주인공은 베드로와 '예수가 사랑하시던 그 제자'이다. 막달라 마리아는 그저 빈 무덤을 보고 와서 베드로와 '예수가 사랑하시던 그 제자'에게 알려주는 역할에 그친다. 두 남성 제자의 행위나 동작은 아주 세세하게 순서와 상황까지 일일이 기록하였다. 너무나 엄청난 사건인지라 특별히 당시 상황을 생생하게 기억하여 전했다고 볼 수도 있다. 요한신앙공동체가 별도의 전승을 가졌을 가능성도 생각해볼 수 있다. 그러나 「요한복음」의 저자 혹은 최종편집자의 창작에 가까운 편집태도를 볼 때 그 가능성은 선뜻 수긍하기 어렵다. 베드로와 다른 제자가 뛰어가서 무덤 안을 보고 들어간 순서까지 기술하고 빈 무덤에서 세마포와 머리를 쌌던 수건을 차례로 발견했다고 전하는데, 예수 부활이란 대사건을 두고 보면 대단한 것도 아닌 그들의 행동을 카메라를 들이댄 양 자세히 보여주며 의미를 과장하고 있음을 알 수 있다. 베드로와 세마포는 이미 「누가복음」 기사에서 등장했던 것으로, 조금 보태서 머리를 쌌던 수건까지 발견했던 것처럼 발전시켰다고 볼 수 있다. 과장되게 행동을 묘사한 그 두 제자는 결국 그냥 집으로 돌아갔을 뿐이다.

266

뒷부분 이야기는 막달라 마리아가 따로 남아 있다가 부활한 예수를 만난 내용이다. 역시 세세한 언급을 통해 사실감을 과장하고 있지만 「마태복음」 기사에 「누가복음」 기사의 두 천사 관련 내용을 참작하여 재창작한 정도로 볼 수 있다. 다만 신화처럼 인식될 가능성을 꺼렸던 듯 천사의[8] 역할을 대폭 축소하고 부활한 예수를 직접 출현시켜 하늘나라에 올라갈 또 하나의 하나님인 자신의 승천을 예고한 것으로 적고 있다. 로고스(말씀)가 육신이 된 분이 예수라고 했으니(「요한복음」 1:14) 부활 이후 하늘나라로의 복귀 곧 승천 문제는 긴급한 현안으로 여겨졌을 만하다. 「마가복음」과 「마태복음」에서 다 같이 천사를 통해 갈릴리에서 제자를 만나기로 한 일을 전하도록 한 것과 「누가복음」이 천사의 말을 통해 갈릴리에서 하신 사흘 만의 부활 예고를 기억하라고 한 사실은 삭제해버린 채, 요한계 신앙공동체의 신념과 저자의 의도에 따라 부활한 예수가 승천을 서두른 것처럼 서술한 듯하다.[9]

한편, 뒷부분 이야기도 세밀한 언급이 가관이라고 할 수 있는데, 이는 기실 「마태복음」에서 부활한 예수와 여인들이 만나는 장면에 「누가복음」의 일부 요소를 참작하여 별도 이야기처럼 재창작한 것이다. 만남의 과정을 자세히 적고, 부탁의 말씀은 「누가복음」의 천사의 전언을 더 발전시켜 예수가 직접 승천을 언급한 것처럼 기술한 것이다. 여기서 주목할 만한 것은 막달라 마리아가 부활한 예수를 알아보지 못하고 동산지기로 생각했다는 점이다. 「누가복음」에도 제자들이 예수를 잘 알아보지 못한 것으로 기술되었는데(24:41), 바울이 경험하고 자신의 서신에서 주장한 부활한 '신령한 몸'에 대한 이해가 여전히 영향을 미치는 중에도, 부활한 몸에 대해 확실하게 정리된 인식이 없었음을 보여준다. 물론 신비를 일상의 언어로 기록하는 일이란 혼란과 한계를 가질 수밖에 없기도 하다.

전체적으로 보아 「요한복음」의 부활 아침 기사는 「마태복음」과 「누가복음」 기사를 참고하여 사실감 있게 재창작함으로써 마치 두가지 이야기가 별도로 전승되었던 듯 그럴듯하게 포장한 것이며, 새로운 사실이나 정보가 더해지지는 않은 것으로 보인다. 「누가복음」에는 베드로만 보였는데 여기서는 「요한복음」과 유관한 '예수의 사랑하시는 그 제자'가 의도적으로 추가되고, 무덤을 찾아간 여인은 막달라 마리아 한 사람으로 처리하는 편집자의 힘을 발휘하였다. 그런데 세련되고 사실감 넘치는 개작 수준에 비해 새로운 사실이나 정보를 추가한 것은 없다고 보여 아쉬움이 남는다. 의욕에 비해 새로운 사실을 추가하지 못한 것에서, 부활사건의 실상이 혹시 복음서들의 기록과 달랐을 가능성이 있는 것은 아닌지 하는 생각이 들기도 한다.

2. 여러 사람들의 예수 부활 경험

복음서의 안식일 후 첫날 아침 부활사건 기사의 검토를 통해 어느정도 믿을 만한 공통적 요소로 '빈 무덤'이 있을 뿐, 천사의 출현이나 부활 예수의 현현은 복음서들 간에도 일치하지 않는 비역사적·설화적·신앙적 요소임을 확인할 수 있었다. 이제 부활이 확신되어간 정황과 이유를 다른 면에서 더 찾아보아야 할 것이다.

실제 부활이 일어났다면 사람들은 그것을 어떻게 맞이했을까? 쉽게 단정할 수 있는 일은 아니다. 부활이란 것 자체가 인간사에 일어난 적이 없는 초역사적 사건인 만큼 그것을 맞이하는 사람들의 느낌과 대응방식은 다양한 양태로 나타날 소지가 있는 것이다.

부활사건의 사실성을 긍정적으로만 생각할 수 없는 이유에는, 예수의 제자나 추종자인 초기 신도들 가운데도 부활을 확신하지 못하는 부류가 있었다는 사실도 있다. 부활한 예수를 만나기 전 부활을 믿지 않았다는 의심 많은 제자 도마는 물론(「요한복음」 20:25), 부활사건 후 제자들이 다시 고향 바다로 고기를 잡으러 간 듯한 기록도 있다(「요한복음」 21:1~14). 이런 부정적인 기사는 굳이 초기 경전에 드러내지 않을 법한데, 초기 신자나 저자들은 이 또한 별일 아닌 듯 전하고 있어서,[10] 당시 정황을 추론하는 데 있어 혼란 속에서도 여러 가능성을 열어놓았다.

이제 안식일 후 첫날 아침 부활 기사 외 부활사건을 전하는 몇몇 사람들의 경험들을 추가로 검토해 부활사건에 대한 이해를 확대해보도록 한다.

베드로의 부활 예수 만남

바울은 「고린도전서」 15:3~8에서 부활한 예수가 게바(Cephas, 반석) 곧 베드로에게 가장 먼저 보이고 이어 열두 제자 등 다른 이들에게도 차례로 보였음을 다음과 같이 전하고 있다.

3. 내가 받은 것을 먼저 너희에게 전하였노니 이는 성경대로 그리스도께서 우리 죄를 위하여 죽으시고 4. 장사 지낸 바 되었다가 성경대로 사흘 만에 다시 살아나사 5. 게바에게 보이시고 후에 열두 제자에게와 6. 그후에 오백여 형제에게 일시에 보이셨나니 그중에 지금까지 태반이나 살아 있고 어떤 이는 잠들었으며 7. 그후에 야고보에게 보이셨으며 그후에 모든 사도에게와 8. 맨 나중에 만삭되지 못하여

70년경에 저술된 「마가복음」보다 15년 정도 앞서 작성된 바울의 편지에 전해지는 이 내용은 당시 예루살렘 예수신앙공동체를 위시한 예수신앙공동체들의 공식 견해로 받아들여지고 있다.[11] 그런데 「고린도전서」보다 10여년 혹은 수십년 뒤에 나온 주요 복음서들은 부활 후 베드로에게 처음 나타났다는 예수 이야기를 언급하지 않고 있다. 수제자에게 나타난 부활 예수 이야기를 복음서들이 전하지 않음은 큰 의혹을 불러일으킬 만한 것이라 여겨진다.[12]

다만 「누가복음」만은 엠마오로 가는 두 제자에게 나타났으나 잘 알아보지 못한 부활 예수에 관해 자세히 이야기한 끝에 "곧 그시로 일어나 예루살렘에 돌아가 보니 열한 사도와 및 그와 함께한 자들이 모여 있어 말하기를 주께서 과연 살아나시고 시몬에게 나타나셨다 하는지라"라고 전하고 있다(24:33~34). 다른 복음서에 보이지 않는 이 내용은 어쩌면 지금은 전하지 않는 「마가복음」 16:8 이후에 있었던 것이거나, 누가공동체가 「고린도전서」를 참고해 삽입한 것, 또는 자체적으로 확보한 자료의 내용일 가능성도 있다. 「마가복음」에 있었는가의 문제는 현재의 「마가복음」 사본 여건상 확인할 수 없으나, 「마태복음」이나 심지어 「요한복음」조차 이를 언급하지 않고 있어서 그 가능성은 낮다고 보인다.

자료의 형편을 다 알 수 없지만, 수제자 베드로가 부활한 예수를 이미 보았다는 내용이 구체적 맥락 없이 다른 이야기 끝에 끼워넣은 것처럼 되어 있는 「누가복음」의 구성은 기이하다고 하지 않을 수 없다. 그 구체적인 만남 이야기가 있었다면 시간 순서나 인물의 비중상 엠마오로 가는 두 제자보다 베드로에게 보인 예수 관련 이야기를 당연히 먼저 기술할 만하다. 그런데 그 이야기는 끝내 아무데도 보이지 않는다. 어쩌면 누가공동체가 「마가복음」, 큐복음, 자체 자료들을 통해 일종의 예수 전기라고 할 수 있는 복음서를 저술하는 중에, 인간 예수를 직접 만나보지 않은 바울의 서신을 별로 의식하지 않다가 「고린도전서」 15:5의 구체적 언급을 도외시할 수 없어 문득 첨가하게 되었을 가능성도 있다. 「고린도전서」 15:5도 그야말로 전후 맥락은 전혀 없이 사실 전달에 그치고 있다. 별다른 이야기가 전하지 않던 베드로에게 보이신 부활 예수 관련 내용은 「요한복음」 21장에 구체적으로 나오는데, 여기서도 부활한 예수를 처음 알아본 사람은 '예수의 사랑하시는 그 제자'로 나온다. 이에 관해서는 본장에서 후술하겠다.

여기서 기원후 50년대 예수의 제자들이 사도로 활동하던 시기의 부활사건 인식과 70년대 이후 복음서들의 인식에 차이가 있음을 인정하지 않을 수 없다. 우선 앞에서 검토한 안식일 후 첫날 아침 사건에서 '사실일 가능성이 있는 정황'을 중심으로 생각해보면, 50년대에는 여성들의 최초 무덤 방문과 빈 무덤 발견, 경악과 두려움, 그리고 제자들에게의 사실 전달 역할이 말해졌을 듯하다. 이어 베드로의 확인차 방문과 무덤 속 점검은 예루살렘 예수신앙공동체가 부활의 확증으로 인정하여 선언한 것이 아닌가 싶다. 초기 예루살렘 예수공동체의 중심 제자를 베드로로 볼 수 있다면 그가 빈 무덤 속을 확인함으로써 예수 부활은 신앙적으로 확신되어 선포될 수 있었을 만하다. 초기 지도자들의 권위를 세우는 과정에서 천국의 열쇠를 받았다고 이야기되기도 한 베드로가[13] 예수 부활을 처음 알았다고 인정하는 것은 필요불가결한 면도 있었을 것이다. 두려움에 감히 무덤 속을 들여다보지도 못하고 떨며 돌아왔을 여인들에 비해[14] 베드로의 무덤 속 확인은 부활신앙이 굳어지면서 최초의 부활 확인으로 인정될 소지가 매우 높은 것이다.

한편 만약 베드로가 무덤 속을 실제로 확인했다면, 시신이 없어진 이유를 알지 못해 기이하게 여기고 돌아간 후 인식의 진전이 있었을 가능성도 생각해볼 수 있다. 혹시 예수가 부활하여 하늘로 올라간 것은 아닌지 정도의 생각을 해보았을 법하다. 구약시대 에녹(Enoch)이나 엘리야는 산 채로 하늘로 올라갔고, 바리새인들이 부활을 믿어온 것도 생각났을 만하다. 그리스 신화에는 헤라클레스가 불에 타서 죽어 오히려 신이 되었다는 이야기도 있다.[15] 번민 중에 스승 예수가 부활하셨을지도 모르겠다는 생각을 가장 먼저 떠올리고 어쩌면 그것을 다른 제자들에게 말했을 가능성도 있다. 만약 이런 일이 있었다면 뒤에 그의 지도자적 위치가 굳어지면서 약간의 윤색이 더해져 결국 (영적으로) 부활한 예수가 가장 먼저 그를 찾아와 자신의 부활을 계시해주었다고 말해졌을 가능성을 생각해볼 수 있다. 이런 이야기가 예루살렘 예수신앙공동체에서 부인될 리는 물론 없었을 것이다.

베드로가 예수 부활을 최초로 생각하거나 확인한 제자로 인정되었다면 이 사실이 부활한 예수가 처음으로 베드로에게 '계시' 곧 '나타나 보이셨다'는 내용으로 변했을 가능성은 충분하며[16] 그 결과가 「고린도전서」에 실리게 된 것이 아닐까 생각해볼 수 있다. 이렇게 베드로가 최초로 부활한 예수를 본 자로 일찍이 인정되면서 이 사실은 공적 권위를 갖게 되어 별다른 민중적 상상력이 부가될 여지도 없이 공식적 사실로 굳어졌을 가능성이 높다. 그럼으로써 특별히 민중적 관심의 대상이 되지 못하고 설화화되지도 않아 베드로와 처음 만난 부활 예수 이야기가 복음서에 부재하게 되었을 가능성을 생각해볼 수 있는 것이다. 70년에 예루살렘 성전이 파괴되고 유대교는 물론 유대교 내에서 배태되고 있던 예수신앙공동체도 대재앙 속에 혼란을 겪는 즈음에 만들어지기 시작한 복음서는, 과거 초기 예루살렘 예수신앙공동체가 가졌던 절박한 현재적 종말론 등의 신앙과 전통을 그대로 계승할 수 없었으며 새로운 상황에 따라 어느정도의 변화도 있었을 것이다. 이런 혼란한 상황에서 부족한 자료를 기반으로 만들어진 「마가복음」 등에는, 미숙한 예수신앙공동체들의 조직에 비추어 공식적이라는 말이 과연 타당한지는 더 따져보아야 할 일이지만, 이전의 공식적 혹은 대표적 견해보다는 각 신앙공동체 내에서 폭넓게 공감을 얻고 있던 설화적 부활 이야기가 더 지지되어 복음서의 중심 내용에 들어오게 된 것으로 보인다.

이렇게 보면 부활한 예수가 베드로에게 처음 나타났다는 기록은 그대로 사실은 아니고, 빈 무덤 속을 최초로 확인하고 예수 부활 가능성을 처음 생각해낸 그의 공로를 인정하여 신앙적 필요와 권위 확립을 위해 약간 변용한 것이라고 볼 만하다. 이 일은 부활 신앙에서 보면 일대 사건이고 신앙적 논리로 해석 가능한 일인 만큼, 부활 예수가 베드로에게 최초로 나타나 보이셨다는 「고린도전서」와 「누가복음」의 기록을 백안시할 이유는 없다.

한편, 이와 같은 추론만으로 인류 역사상 가장 신비한 종교적 체험의 하나라고 할 수 있는 부활 예수 만남, 그것도 '수제자의 체험'을 충분히 설명했다고 볼 수 있을지 의문이 남는 것도 사실이다. 다른 가능성은 없을까 더 생각해볼 필요가 있다.

앞에 인용한 「고린도전서」 15:3~8의 부활 증인 관련 기사를 다시 주목해보자. 거기서는 베드로를 필두로 바울 자신까지 부활 승천한 예수를 만난 증인이랄 수 있는 이들을 차례대로 이어 말하며 부활의 증거로 제시하고 있다. 따라서 빈 무덤 등이 문제되는 앞에서 본 복음서 기사의 부활 예수 만남과는 다른, 바울의 경험과 유사한 경험을 베드로도 했을 것을 추정할 수 있다. 바울은 부활한 몸을 육체의 몸과 대비해 신령한 몸이라고 정리하고 있는 만큼,[17] 바울이 다메섹으로 가는 길에서 만난 부활 예수가 빛으로(혹은 빛 속에서) 나타나 음성으로 질책하며 지시했듯이 부활 예수가 신령한 존재로서 베드로를 찾아왔을 가능성을 생각해볼 수 있는 것이다. 다른 제자들과 추종자들이 공감할 만한 특별한 경험도 없이 스승을 배반한 제자가 수제자로서 신앙공동체의 지도자가 되기는 어려웠을 것이다. 그러한 부활 예수와의 만남을 베드로가 증언하고 다녔을 가능성은 매우 높다.[18]

그런데 베드로의 경험은 바울의 경험처럼 매우 신령한 것이라서 민중 신도들의 경우 자신들이 공감할 수 있는 사실감 있는 일로 받아들이지 않았을 가능성도 없지 않다. 본래 구약시대 이스라엘에는 사후 부활 개념이 없었으며, 대체로 바벨론 포로기 이후 페르시아 조로아스터교의 영향과 종말론이 강화되면서 그 외래 종교의 종말관에 보이는 부활 인식이 받아들여졌다고 보인다. 「에스겔」 37:1~13에는[19] 썩어 빛바랜 마른 뼈들이 다시 모여 살과 근육이 붙고 거기에 생기(호흡)가 부여되는 재생적 부활 인식이 나타나 있다.[20] 기원전 2세기 전반 마카베오항쟁기의 순교자들도 자신의 잘린 혀나 손,[21] 심지어 할복하여 스스로 내던진 창자가[22] 하나님에 의해 되돌려질 것을 소망하고 확신하기도 하였다. 따라서 민중 신도들은, 제자나 사도들의 부활 예수와의 신비한 만남은 거룩한 이들의 차원 높은 경험으로 치부하고, 보다 전통적 인식에 의해 '무덤을 열고 나오게 하는'(「에스겔」 37:13) 부활 쪽을 선호하고 구전을 통해 발전시켜갔을 가능성이 있다. 이런 점은 「요한복음」에만 보이는 (예수 부활사건 이후에 생성되었을) 나사로의 나흘 만의 소생처럼

274

혼란스러운 부활 인식을 반영한 일화를(11:38~44) 통해서도 짐작할 수 있다. 더구나 친필 서신이나 저술도 남기지 않은 탓에, 베드로의 부활 예수와의 만남은 널리 회자되고 전승되지 못한 것이 아닐까 하는 생각도 든다.[23] 한편 「마가복음」이 1세대 초기 신도들이 확신한 종말이 유대 전쟁의 대재난 속에서도 이루어지지 않아 회의가 싹튼 가운데 신앙적 결속 차원에서 다시 예수로 돌아가 일종의 예수 전기형식으로 만든 것이라고 본다면, 베드로의 추상적·영적 경험이 2, 3세대 일반 신도들에게 감동적으로 전해질 이치는 거의 없었을 것이다. 바울의 경험이 뒤에 나온 복음서들에 간접적으로라도 반영되지 않은 것도 마찬가지 이유에서일 것이다. 「마가복음」은 베드로 등 제자들의 부족함을 적나라하게 기술하고 있는 만큼, 과거에 공식적이었던 베드로 등의 부활 체험 외에그 이전의 것도 추구하여 여성 우선의 부활 체험 구전을 적극 기술한 것이 아닐까 하는 생각도 든다. 「마가복음」이 구축한 이런 편찬방향은 모범이 되어 다른 복음서들에도 영향을 미쳤다.

엠마오로 가는 제자들의 만남

부활 아침 사건이 있은 날 오후, 엠마오로 가던 두 제자와 그들이 쉽게 알아보지 못한 부활 예수의 동행 이야기가 「누가복음」 24:13~35에만 보인다.[24] 역사적 감각이 있는 「누가복음」 저자는 부활이 인식되어가는 점진적 과정을 주시하고 이 다소 모호한 이야기를 의미있게 보아 실은 것으로 보인다.[25] 부활 예수의 동행을 말하기 위해 뒤에 의도적으로 덧씌운 이야기만 벗기고 보면 비교적 이른 시기에 생성된 것으로 보이는 두 제자가 경험한 부활 이야기를 만나볼 수 있다.

예수가 메시아일 것이라고 기대했던 꿈을 접고 연고지로 내려가던 두 제자의 처연한 노정이 수채화처럼 펼쳐지면서도, 부활의 작은 불씨가 저녁 어스름 속에서 조금 더 지펴지며 다가옴을 느끼게 하는 이야기이다. 모든 복음서의 부활 후 사건 중에서 가장 이야기로서의 완결성이 있고 신화적 색조도 과하지 않아서 예수 부활의 실상을 알고자 하는 이들의 이목을 끈다. 글로바(Cleopas)라는 제자의 이름이 나오는 것을[26] 사실성의 근거로 보아야 할지 조작의 근거로 보아야 할지는 망설여지나, 이야기의 구성과 분위기는 작위적인 느낌 없이 상당한 감화력을 지녀서 일부 초기 예수신앙공동체에서 회자되었던 이야기로 볼 만하다.

크게 과장되지 않은 「누가복음」의 부활 아침 기사를 전제로 하여 누가공동체나 저자가 창작한 것이 아닌가 생각할 수도 있다. 그러나 뒤에 첨가된 듯 두드러지는 부활 예수의 동행 관련 내용을 별도로 하면, 부활이 강조되거나 억지스럽지 않고 흐름이 자연스러워서 부활사건 초기에 원래 이야기가 있었을 가능성을 보여준다. 그 원이야기에 「누가복음」 부활 아침 기사를 반영하여 부활 예수를 등장시키고 시몬 베드로에게 예수가 나타난 일을 첨가한 것으로 볼 만하다.

원이야기가 예수 부활사건 초기에 있었다고 보는 데는, 역사적으로 경험되지 않은 부활에 대해 선입견이나 신념이 덜 반영된 다소 모호하기조차 한 경험을 이 기사가 전하고 있기 때문이다. 창작의도가 앞섰다면 이야기는 보다 분명한 묘사를 전개하며 확실하게 부활을 입증하기 위해 앞서 나갔을 것이다. 아울러 창작의도가 강했다면 「요한복음」 20:11~18의 막달라 마리아의 경우처럼 시몬 베드로에게 나타나신 예수 이야기를 먼저 보여주고 이를 모르는 상태에서 엠마오로 향한 두 제자의 경험을 연결 구성했을 것이고, 그랬다면 크게 문제가 되지도 않았을 것이다.

276

물론 이 이야기의 사실성 여부는 단정할 수 없다. 그러나 과도한 의욕이 보이지 않는 이 서정적인 이야기에 우리는 처음 있는 부활을 맞이하는 예수 추종자들로서는 이럴 수도 있겠구나 하고 공감할 수 있다. 부활이라는 누구도 규정하거나 정의할 수 없는, 육적인 것과 영적인 것이 교차하는 신비한 사태에 대해, 이 이야기는 육을 가진 인간들이 가질 수밖에 없는 인식의 모호함을 잘 전해주는 면이 있다.

엠마오를 향해 가는 두 제자는, 과거에 스승 예수와 함께 하나님 나라 복음을 전파하기 위해 기쁨에 가득 차서 바삐 걸었던 그 길을 이제 낙심하여 무거운 걸음으로 내딛고 있었다. 그때까지 예수와 있었던 일들을 회상하며 걷고 있었을 것이다. 감동의 순간도 희열의 순간도 있었으며 안타깝고 부끄러운 장면도 떠올랐을 것이다. 어느 누구와도 비교할 수 없을 정도로 말과 일에 능한 위대한 선지자인 선생님을(24:19) 생각할 때 아쉬움과 안타까움은 말로 다 할 수 없었을 것이다. 별다른 죄도 없이 고생만 하다가 선한 행위로 인해 오히려 미움을 사서 십자가에서 강도처럼 처형되었고, 자신들은 아무런 항거도 못하고 도망치고 만 것을 생각하니 분하고 부끄럽고 또한 비참한 마음을 어찌하지 못했을 것이다. 날이 서서히 저물어가는 쓸쓸한 길은 슬픔 속에서 선한 그분에 대한 그리움을 돋우고 있었다.

그들은 그 훌륭한 선생이 이스라엘을 회복해줄지 모른다고 기대하기도 했다(24:21). 무력이나 억지가 아니라 탁월한 지혜로 가르치고 가난하고 병든 자들의 배고픔을 해결하고 질병을 치유하며 보인 의연하고 권세있는 행동은 민중들의 상당한 호응을 얻기도 했다. 그런데 그는 죽어 이미 사흘이 지났는데 여인들은 무덤이 비었다는 허탄한 소식을 전하고 한두 제자들도 시체가 사라졌음을 확인했다고 하였다.[27] 선한 선생의[28] 시체조차 사라지다니, 그들은 도대체 시체가 어디로 왜 사라진 것인지 생각해보았을 것이다. 십자가에서 처형된 부정한 범죄자로 여겨졌을 이의 시체를 누가 가져갔을 것 같지는 않았다. 그렇다고 자기 목숨이 아까워 도망가버렸던 동료 제자들이 감추었을 것도 아니며, 그런 일이 있었다면 자신들이 모를 리 없었다.

이즈음 문득, 선한 선지자 예수가 살아 있는 것은 아닌가 하는 생각이 들었을 수 있다. 에녹과 엘리야는 살아서 하늘로 올라갔다고 하며 바리새인들은 부활이 있다고 주장하는데, 하나님의 일에 힘쓰다 미움을 사 죽은 의로운 예수를(23:47) 하나님이 살리신 것이 아닌가 하는 생각이 솟아올랐을 만하다.[29] 예수가 다시 살아났을 가능성을 생각하니 문득 낙심하고 외로운 자신들을 예수님이 동행하는 듯싶기도 했을 것이다. 사람의 부활 가능성을 말한 성경 구절들을 짚어보니 더욱 예수님이 살아 자신들과 함께하는 듯이 뜨거운 마음이 느껴지기도 했다(24:32). 외로운 자신들을 찾아와 함께하시는 예수를 느끼는 순간 그들은 예수의 부활이 더욱 믿어지는 듯하였다. 예수가 부활했을 수도 있다는 생각을 갖게 되자, 두 사람은 시체가 없어졌다고 낙망하고 있는 친구들이 떠올랐다. 이에 그들은 곧장 발길을 되돌려(24:33) 친구들을 찾아가서 아무래도 예수님이 부활한 것이 아닐까 하고 말했던 듯하다. 어쩌면 그들이 이같은 생각을 전할 때에 이미 아침에 무덤을 찾다가 찾지 못하고 돌아왔거나 또는 빈 무덤 속을 확인하고 돌아온 시몬 베드로 역시 예수님이 부활하신 것이 아닌지 생각했다는 말을 듣게 되었을 가능성도 있다(24:34~35).

이 비교적 설득력 있는 줄거리를 갖춘 이야기 속에서 우리는 죽은 스승을 그렇게 회고할 때에 가슴이 뜨거워지는 경험을 통해(24:32) 두 제자가 예수의 임재를 느끼고, 그분이 아직 살아서 자신들과 동행하는 듯하다고 생각하게 되었을 가능성을 볼 수 있다. 마음으로부터의 교감이 현실에 부재하는 이의 존재감을 불러일으키는 것은 우리도 가끔 경험할 수 있다. 돌아가신 부모나 죽은 친구, 멀리 떨어져 있는 남편이나 아내가 외롭고 힘든 순간에 문득 마음속으로 느껴지며 함께 있는 듯한 느낌을 갖기도 한다. 동행하는 듯했는데 눈을 떠서 보니 예수의 모습이 보이지 않았다는 데서도 그와 같은 상황을 추정해볼 수 있다.

이 이야기에서 초기 신자들이 예수의 부활을 확신해가는 과정을 짐작해볼 수 있다는 점에 유의할 만하다. 그리움이 사무쳐 마음으로 뜨겁게 느껴지는 예수의 존재감도 부활을 긍정적으로 생각하는 사람에게는 부활의 증거로 믿어질 수 있었을 것이다. 그리고 이런 경험들이 예수 추종자들에게 공감을 얻어서 윤색을 거쳐 복음서에 실리게 된 것이다. 예수 부활의 확신은 객관적·구체적·일회적인 역사적 경험에 의해서보다는 개인적 감정이나 심리적 경험을 통해서 인정되었을 가능성도 고려해야 할 것이다.[30] 한편, 부활한 스승 예수가 동행하는데도 알아보지 못했다고 서술된 데서, 누가공동체는 부활 예수의 변화된 형체가 친근한 제자들도 알아보지 못할 정도였다는 인식을 가지고 있었다는 점도 기억해야 할 것이다.

제자들의 공동 만남

초기 그리스도교 지도자들이자 사도의 뿌리이기도 한 예수의 제자들이 집단적으로 부활 예수를 만난 경험은 각 복음서들이 다루는 부활기사의 최종 장면에 나온다. 열한 제자들에 의해 확인된 부활은 부인할 수 없는 확실한 것임을 말하고 있다. 「마가복음」은 중요 사본에 그 부분이 실리지 않았으므로 제외하고, 다른 세 복음서의 기사를 중심으로 살펴보도록 한다.

「마태복음」은 부활 당일 아침 기사에 연결하여 예수 시체를 제자들이 훔쳐간 것으로 하자는 대제사장들과 무덤 파수꾼들의 밀약 내용을 전하고(28:11~15), 이어 마지막 다섯절에서(28:16~20) 부활한 예수가 갈릴리에서 제자들을 만나서 선교 사명을 주는 것으로써 복음서를 마감하고 있다. 「누가복음」에는 다른 내용이 나오는 것을 볼 때, 아마도「마가복음」에 없던 이 부분을 마태공동체가 자체 자료나 창작에 의해 보완했을 가능성이 있다. 부활 아침 기사에 보이는 갈릴리에서 만나기로 한 천사와 예수의 전언을 의식하여, 그 마지막을 열한 제자가 갈릴리에 가서 예수가 명한 산에 올라가 예수께 경배하고(28:16, 17) 만민 선교의 사명을 받은 것으로 끝맺음한 것이다.

이 가운데 주목되는 내용은 예수께 경배하던 제자들 중에 의심하는 자도 있었다는 언급이다(28:17). 갑자기 문제화되었을 부활을 확신하지 못하는 사람들이 있었을 것은 당연한데, 제자들 가운데도 일부 그런 이들이 있었다는 것이다. 이것은 당시 제자들의 실제 상황을 전한 것일 수 있는데, 제자들이 처음에 부활을 쉽게 믿지 못하는 정황은 「누가복음」 24:41에도 언급되며, 「요한복음」에는 도마의 경우에 두드러지게 묘사되기도 하였다(20:25). 이같은 내용들은 부활사건 초기의 확신과 불신이 혼재하는 상황을 어느정도 실제적으로 전하는 것으로, 달리 보면 복음서들이 저술되던 무렵도 부활을 확신하지 못하는 신자들이 일부 있었을 가능성을 생각해볼 수 있다.

「마태복음」 28장이 열한 제자와 부활 예수의 만남을 안식일 후 첫날 아침 부활 기사에 보이는 천사와 예수의 부탁대로 갈릴리에서 있었던 일로 묘사한 데 비해,「누가복음」24장은 부활 당일 엠마오로 가던 두 제자가 예루살렘에 돌아와서 합류한 제자들 모임에 부활한 예수가 갑자기 나타나서 만난 것으로 기록하였다(24:36). 그때 제자들이 놀라고 그가 영(유령)인 것처럼 여기자, 예수는 자신은 영과 달라서 살과 뼈가 있다고 말하며 자신을 만져보라고 손과 발을 보였다. 그러나 제자들은 기쁘면서도 믿지 못하고 기이하게 여겼다고 한다. 예수는 먹을 것이 있느냐고 하면서 제자들이 내어준 구운 생선 한 토막을 그 앞에서 먹었다고 한다.[31]

「요한복음」20장은 「누가복음」24장과 유사한 내용을 전한다. 다만 식사 이야기는 빠져 있고, 의심 많은 도마가 자신은 그 자리에 없었기에 확인해보지 않고는 믿을 수 없다고 말했다는 내용을 추가로 기록하고 있다. 그 여드레 후에 제자들이 집 안에서 문을 닫고 있었는데도 그 가운데 예수가 나타나 자신의 손과 옆구리 상처에 손을 내밀어보고 믿음을 가지라고 하여 결국 도마의 자복을 받은 일을 전하고 있다(20:28).[32]

우선, 제자들이 공동으로 부활한 예수를 만난 이 역사적 사건이 주요 복음서들에 달리 기록되어 있음이 주목된다. 특히 「마태복음」과 「누가복음」은 각각 다른 장소인 갈릴리와 예루살렘에서 만난 것으로 적고 있다. 「누가복음」은 천사 전언에서 갈릴리로 가서 만난다는 「마가복음」의 내용을 생략하고 사흘 만의 부활 예고 사실로 대신하였다. 「누가복음」의 저자는 그리스도 복음의 중심지가 예루살렘에서 로마로 이동하며 복음이 세계 만방으로 전파되고 있음을 매우 의미있게 보고 「사도행전」까지 저술했음에 유의해야 하겠다. 그런데 천사의 전언 내용을 바꾼 것도 작은 문제가 아니지만, 부활한 예수와 제자 일동의 만남이 역사적 사실이라면 이처럼 서로가 만난 지방까지 달리 전할 가능성은 낮지 않을까 생각하지 않을 수 없다.

보다 앞서 예루살렘 신앙공동체의 공식적 견해를 전한다고 알려져 있는 「고린도전서」에는 부활한 예수가 게바 즉 베드로에게 나타나신 후 열두 제자에게 나타나셨다고 하였다(15:5). '열두 제자'라는 표현은 예수를 팔고 자살한 가룟 유다(Judas Iscariot)를 포함하고 있어 잘못된 것이라고 할 수 있으나, 열두 제자라는 대표적 제자 그룹 가운데 열한 명을 부활 예수가 만났다면 이 표현을 크게 문제 삼을 일은 아니다. 문제는 이처럼 공식적으로 인정되는 엄청난 역사적 사실을 두고 「마태복음」과 「누가복음」이 만남의 내용을 달리 전하는 것을 단순히 해당 신앙공동체 신도들의 이해 편의나 저자의 신학적 의도의 산물로만 보아야 할 것인가이다.[33]

더구나 이 일이 일어난 시일도 차이가 있다고 보인다. 「마태복음」에 그 날짜는 명기하지 않았지만 갈릴리에서 만남을 가졌다면 거리가 먼 만큼 며칠 후에 이루어진 일이 되는 반면, 「누가복음」은 부활 당일 밤에 이루어진 일로 기록하고 있다. 지리나 시간 문제에 별 관심이 없었던 「요한복음」은, 다른 자료가 있었는지는 모르겠으나 「누가복음」 기사를 이용해 재창작한 것으로 보면 크게 틀리지 않을 것이다(20:19~29).

「마태복음」은 집단적 제자 재상봉을 단순하고 의례적으로 기술하였고, 「누가복음」은 다른 자료에 근거하되 특유의 간결하면서도 사실에 충실하려는 의도를 반영해 약간 더 자세하게 기술하였다. 그러나 「누가복음」의 만남 기사가 신비적 요소를 많이 보이는 것으로 볼 때 저술에 이용된 자료는 상당히 변형된 설화자료였을 것으로 보인다.

열한 제자를 동시에 만난 분명한 사실이 역사적으로 있었다면 이같은 중요 사건의 기술 내용은 상호 공통점이 더 많아야 할 것이다. 그런데도 장소나 시간, 상봉 상황 등이 서로 다르게 기록된 것으로 볼 때, 부활했다는 예수의 집단적 제자 상봉사건은 사실성이 매우 낮다고 여겨진다.

「요한복음」 21장에 보이는 만남

「요한복음」은 20장의 끝인 30~31절에 이 복음서가 끝나는 것을 밝히고 있다.[34] 그러고 난 후 다시 21장을 추가 편성하였다. 그런데 부록이라고 볼 만한 이 21장은,[35] 디베랴 바다 즉 갈릴리 호수에서 일곱 제자들이 예수의 부활을 재확인하는 명장면이 연출되고, 이어 무엇보다도 베드로에 대한 예수의 세번의 다짐과 사명 부여가 선포됨으로써 교회사적 비중이 매우 높다.

「요한복음」을 편집한 이후 추가로 확보한 중요한 자료가 있었거나, 신앙공동체의 어떤 절실한 필요나 기존 구성에 문제를 제기하는 구성원들의 요청에 의해 이 내용을 추가했을 가능성을 생각해볼 수 있다.

「요한복음」이 20장에서 끝난다면 예수 부활의 확인이라는 면에서 다소 미흡하게 여겨질 소지도 없지 않다. 열한 제자에게 부활한 예수가 나타났으나, 그를 대하는 제자들의 태도는 부활을 확인했다기에는 미온적으로 여겨질 수 있다. 도마의 의심을 드러내 부활을 재확인하기도 했지만, 불신하는 제자를 거론하는 것은 부활에 대한 회의를 유발할 가능성도 있는 것이다. 게다가 이미 수십년 전에 나온 「마가복음」과 「마태복음」에서 천사가 고지한 대로 제자들과 갈릴리에서 만나기로 했다는 전언은 예수신앙공동체들에서 널리 알려진 전승일 가능성이 높다. 따라서 요한 예수신앙공동체도 부활 예수와 제자들의 갈릴리 만남을 당연한 일로 여기고 그에 대한 기대가 있었을 만하다. 애초 「요한복음」은

20장에서 「누가복음」의 부활 당일 예루살렘에서의 제자들 만남이라는 구성을 발전시키고 있었지만, 「마가복음」과 「마태복음」에 기록된 갈릴리 만남의 약속이 상당한 비중을 가지고 초기 교회들에서 회자되어 이를 무시할 수 없었던 것으로 보인다. 예수의 마지막 예루살렘 상경 이후 여정의 최종 귀착지는 당연히 고향 갈릴리였을 것이며, 혼이라도 마땅히 갈릴리로 귀향함으로써 예루살렘에서의 비참한 객사(客死)를 위로받아야 할 것으로 여긴 초기 신자들의 신원(伸冤)의 바람이 작용했을 가능성도 없지 않다.[36]

아울러 신앙공동체 안에도 부활에 의혹을 가진 영지주의자들이 일부 있는 상황에서, 「요한복음」은 예수와 제자들의 갈릴리 만남을 통해 예수 부활을 재확인하고 100년경 초기 교회가 맞이한 모종의 문제를 해결하고자 한 의도를 반영한 것으로 생각해볼 수 있다. 그 문제로는 사도들의 권위에 대한 보증 등이 거론되고 있다. 새로운 조직인 초기 교회의 입장에서 볼 때 사도들의 권위는 매우 중요한 부분이 아닐 수 없다. 예수의 전기라는 복음서 본연의 임무에 치중하다보니, 예수의 복음을 책임지고 전해야 할 제자 사도들의 확고한 권위가 복음서에서 제대로 보장되지 않은 면이 있었다. 게다가 예수가 떠난 이후의 교회는 제자들에 더해 그 제자들의 제자들이 이끌어가는 상황이었다. 공관복음서들의 끝부분에서는 제자들에게 전도의 지상명령이 내려진다. 그런데 「요한복음」 20장에는 그런 장면도 보이지 않는다. 이런 면에서 「요한복음」 21장은 적어도 이 두가지 중요한 문제, 즉 부활에 관한 초기 전승의 재확인과 베드로를 대표로 한 사도 권위의 근거를 구체화하려는 의도에서 추가된 것이 아니었을까 생각해볼 수도 있다. 더불어, 요한 예수신앙공동체가 예수는 인간이 아니고 하나님의 아들로서 겉으로만 육체의 형태를 취했다는 내부 영지주의자들의 가현설(假現說)을 비판 극복하는 중에, 전통적 사도 계열의 교회들과 통합하려는 과정에서 베드로의 권위를 인정하는 내용을 보다 구체적으로 명시하게 되었으리라고 생각해볼 여지도 있다.[37]

「요한복음」 21장은 부활 예수가 다시 출현한 사건을 다루면서도 잔잔한 회상의 어조와 꿈처럼 서정성 깊은 이야기로 시작된다. 고기를 잡으려 고향 디베랴 바다로 나아갔으나 밤새 고기를 못 잡은 일곱 어부 제자들의 모습에서(21:3) 인간사의 처연함을 맛볼 수도 있다. 제자들도 알아보지 못한 부활 예수, 헛수고만 하는 제자들이 안타까웠는지 오른편으로 그물을 던지라 하니 그물은 찢어질 듯 고기로 가득 차고, 그 놀라운 표적을 보고 '예수의 사랑하시는 그 제자'만이 그분이 예수인 것을 알아차리고 베드로에게 알렸다. '주'란 말에 놀란 베드로는 옷을 걸친 채 바다로 뛰어내렸다. 제자들이 육지로 나오니 이미 생선과 떡이 불 위에 구워져 있고, 예수는 잡은 고기 중에서 더 내어놓으라고 하며 아침식사를 준비하고 아침을 먹으라며 고기와 떡을 가져다가 제자들에게 주었다. 제자들은 이제 그분이 누구인 줄 다 알므로 누구냐고 묻는 사람도 없었다. 「누가복음」에도 보이는 바와 같이, 부활한 예수가 식사한 것을 다시 확인시켜 영적 부활에 그치지 않고 육체의 부활도 말하고자 했던 것이다. 물론 그가 유령이 아닌 것도 보여주려 한 것이다.

이렇게 끝날 듯도 한데 이야기는 아침식사를 마친 후 있었다는 심각한 장면으로 진전하여(15절 이후) 너무 잘 알려진, 베드로에게 예수 당신을 사랑하느냐는 세번의 질문과 사목(司牧)의 부탁 장면이 펼쳐진다. 그리고 그 끝에는 '예수의 사랑하시는 그 제자'와 묘한 갈등관계를 보이는 듯한 내용이 나온다.

앞부분 디베랴 바닷가의 고기잡이 장면은 물론 베드로, 안드레, 야고보, 요한 등 주요 제자들의 고향 이야기이며, 더러 말해지듯이 제자로서 부름 받을 당시의 상황을 부활 후의 이야기로 윤색한 감도 있다. 아니면 어느 제자가 꿈에서 본 고향 바다 이야기일 가능성도 없지 않다. 무엇보다 이례적이게도 일곱 제자 중 이름을 밝히지 않은 두 제자가 있었던 것은(21:2) 인물이 모호하게 등장하기도 하는 꿈속 장면일 가능성을 크게 제고해준다. 부활 예수 만남 같은 대사건의 객관적 사실 기술이라면 두 제자만 잊힐 가능성도 거의 없을 듯하다.[38] 한편, 후반의 베드로와 '예수의 사랑하시는 그 제자'의 미묘한 갈등관계는 달리 보아야 할 것이다. 민중적 구전이나 「요한복음」 저자·편집자의 창작으로 보기에는 너무 깊고 사실감 있는 개인 심리의 갈등상을 담고 있다. 거기에 그것을 개인이 극복해가는 과정이 반영되어 있음도 유의할 일이다.

　「요한복음」에만 보이는 '예수의 사랑하시는 그 제자'는 제자 요한 혹은 요한신앙공동체가 이상적으로 생각하는 제자상을 나타내고 있다고 이해된다. 그런데 적어도 이 21장 후반부에 보이는 베드로와 경쟁적이며 갈등관계에 있는 '예수의 사랑하시는 그 제자'는 그 심리적 갈등의 내밀함으로 보아, 예수 공생애와 그 이후까지 상당 기간 베드로와 함께 생활한 세베대의 아들 요한과 연관성이 높지 않을까 싶다. 1세기 말에 어느 탁월한 편집자가 있어 아무리 로고스 하나님으로서 예수상을 정립하는 업적을 이루었다고 해도, 베드로와 요한 사이에 있었음직한 마음 깊은 곳의 예민한 갈등을 제3자가 이처럼 잘 묘사하고 그 극복과정까지 정리하기는 어려운 일이다. 아울러 그가 요한신앙공동체가 이상적으로 생각하는 제자상을 추상화한 존재라면, 신앙공동체들 간의 통합을 시도하는 마당에 굳이 베드로와 그의 갈등상이 마지막 장면에 나올 이유도 없을 것이다. 아무래도 이 21장 이야기는 제자 요한의 개인적 경험을 참조하여 크게 바꾸지 않고 재구성해낸 것이 아닌가 하는 생각이다.

다소 덤벙대고 감정적이며 소심한 면조차 있다고 여겨지는 베드로에 비해, '우레(천둥)의 아들'이라는 별명을 가진[39] 열정적이면서 미숙한 젊은 제자 요한이 베드로 등 다른 연장 제자들에게 여러 불만을 가졌을 것은 쉽게 짐작해볼 수 있다. 야고보, 요한 형제가 하나님 나라가 이루어지면 예수의 왼편과 오른편에서 권력을 잡고자 한 이야기를 통해서도 알 수 있는 바와 같이(「마가복음」 10:37), 나름 열정과 야망에 불타던 요한이, 자신도 역할을 다했다고 자부할 수는 없겠지만, 선배 구실 다 못하고 비겁하게 행동한 베드로를 못마땅해했을 개연성은 매우 높다. 특히 베드로가 예수를 세번이나 부인한 사실은 그 자신은 물론 다른 제자들에게도 매우 커다란 마음의 상처가 되었을 것이다. 대단한 신앙고백을 마다하지 않고 목숨을 내놓을 듯 나서다가도 결정적인 순간에 예수를 세번이나 부인하고 저주한 사실은, 새로운 예수신앙공동체가 시작되어 베드로가 지도자로 내세워지는 순간에도 여전히 그에 대한 불신 요소로 잠재했을 것이다.[40]

결국 그는 세번의 긍정을 통해 세번의 예수 부인을 상쇄하는데, 이것은 예수의 죽음에 대한 베드로만의 죄의식 해소 의례가 아니라, 요한을 비롯한 가까운 여러 제자들이 베드로를 내세워 예수에 대한 자신들의 죄의식을 해소하는 장면일 수도 있다. 특히 젊지만 베드로에 버금가는 지도자 자질을 갖고 「사도행전」에 보이는 대로(3:1~4:22) 일시 공동 지도자처럼 활동하기도 한 제자 요한에게 있어, 새로운 신앙공동체의 지도자로 베드로를 인정해야 하는 그 심리적 극복과정의 자문자답일 가능성도 있다. 결국 요한이 세번으로 상징되는 숱한 번민과 질문 끝에 예수에 대한 베드로의 사랑의 진실성을 인정하면서 사목의 지도자로서 그를 세우고 자신은 양보의 길로 들어선 것을 반영하는 듯도 하다. 하나님의 예수 사랑과 같을 예수의 인간 사랑, 제자 사랑을 인정하면서, 돌아온 탕자인 베드로의 회개도 예수에게 환영받았을 것으로 확신하게 되었을 것이다. 예수의 그 절대적이고 무조건적인 사랑을 깨닫고 나자, 결국 다 같이 스승을 배신한 처지였던 제자들 사이의 예수에 대한 사랑, 충성도 경쟁의 무의미함을 깨달았을 것이다. 그는 예수의 무한한 사랑을 참으로 아는 제자로 거듭 태어났을 듯하다. 예수의 큰 사랑 앞에 그는 감히 '예수의 사랑하시는 제자'임을 부득이 받아들였을 듯도 하다. 그는 예수가 하나님의 아들을 독점하지 않은 것처럼 자신만이 '예수의 사랑하시는 제자'가 아님을 알았겠지만, 요한신앙공동체는 예수만을 하나님이 가장 사랑하시는 '독생자'로 여긴 것처럼 그 영광된 제자의 명칭을 그에게만 부여한 듯도 하다. 비록 지도자의 길을 고향 선배이며 연장자인 베드로에게 양보했지만 요한도 예수의 제자로서 그분을 따르는 길을 계속 걸었다. '예수의 사랑하시는 그 제자'의 동행에 신경 쓰는 베드로의 태도에서 베드로가 요한을 경계했을 가능성도 비치는데, 그럼에도 요한은 예수에 대한 사랑과 믿음에서 그에 크게 괘념치 않고 자신의 길을 걸었다는 이야기를 하고 있는 듯도 하다. 이같이 '예수의 사랑하시는 그 제자'라는 표현은 베드로와 대비해 요한이 가진 비중에 따라, 지도자의 길을 포기했지만 '그는 예수님이 특별히 사랑한 자'라는 그 자신과 요한공동체의 자부심이 반영된 결과일 수 있다.

이렇게 다소 시론적인 필자의 새로운 해석을 기반으로 본다면, 「요한복음」 21장은 제자 요한의 개인적 꿈이나 회상, 신앙고백 등을 자료로 재구성되었을 가능성을 높게 볼 수 있다. 「요한복음」을 편찬한 요한 예수신앙공동체에서 베드로가 주인공인 죄의식 해소 장면이 전승될 가능성은 낮으며, 부활한 주를 처음 알아보았다고 하는 '예수의 사랑하시던 그 제자'의 이야기를 전했을 가능성이 훨씬 높을 것이다. 베드로 관련 이야기를 전하기 위해 이 21장을 추가한 것이라면, 마지막 장면에서 예수의 사랑하시는 그 제자에게 신경 쓰는, 일면 베드로의 여전한 인간적 미숙함을 보여주는 내용을 굳이 전하지는 않았을 것이다. 따라서 이 21장 내용을 요한신앙공동체와 사도 계열 신앙공동체 연합의 주요 근거로 내세우는 것은 타당성이 낮음을 부인할 수 없다. 다만 이같은 내용을 굳이 부록처럼 첨가한 것이 이질적인 신앙공동체 간의 상호 영향 증대와 공존의 추구라는 보다 큰 역사적 흐름이 반영된 결과라고 보는 것은 설득력이 있을 듯하다.

이와 같이 이해한다면, 21장에 보이는 장면은 부활한 예수가 실제 출현한 데 따른 사건이 아닐 가능성이 매우 높다. 일단 전반부 이야기는 바닷가에 함께 있던 일곱 제자 중 두 제자의 이름이 전하지 않는 것으로 보아 꿈일 가능성이 높으며, 후반부 이야기는 생각과 꿈, 환상 등 일상적인 것에서 신비한 경험에 이르는 여러가지가 뒤엉킨 복합적 장면일 가능성이 없지 않다. 사실인지 꿈인지 생각인지 잘 구분되지 않는, 기억력이 약화된 어떤 연로한 이가 회상한 다양한 인생 경험의 복합물이었을 가능성도 생각해볼 수 있다.[41]

「요한복음」 내용만으로 보아도, 사실 예루살렘에서 부활한 예수를 이미 확인했다면(20:19~29) 제자들이 갈릴리 고향으로 돌아와 다시 고기잡이를 한다는 것은 개연성이 매우 낮다. 더구나 이미 만났다던 부활 예수를 알아보지 못하는것도 납득하기 쉽지 않다. 이처럼 21장 이야기는 처음 편집에서는 그 자료의 성격 등으로 인해 제외되었다가, 뒤이어 제기된 필요에 따라 재구성되었을 가능성이 있다.

부활사건의 사실성과 관련해 볼 때, 이 「요한복음」 21장의 부활 예수의 현현은 객관적·현실적 범주에서 모든 사람이 함께 경험할 수 있는 것이 아님을 부인할 수 없다.

변화산의 경험

예수가 모습을 변형하여 모세 그리고 엘리야와 만났다는 신비한 이야기는 공관복음서에 모두 나온다.[42] 「마가복음」 9:2~9의 기사를[43] 보면 이 신비한 일은 베드로, 야고보, 요한 세 제자에게만 보이신 기적이며, 부활 때까지 이 일을 아무에게도 말하지 말라고 비밀에 부친 것으로 되어 있다.

이 변화산 사건은 대체로 부활사건 이후에 예수의 부활이 예고된 일이었던 것처럼 하기 위해 만들어져 삽입된 것으로 이해되는 편이다. 특히 부활 이전에는 발설하지 말라는 대목에서는, 그리스도교 신앙을 가진 사람이 아니라면 으레 이 이야기가 부활 이후에 만들어진 것이 아닌가 하는 생각을 하게 될 것이다. 부활사건의 중대성으로 볼 때 이 일이 과연 예수의 핵심 세 제자에게만 알릴 일인지도 의문이다. 더구나 이처럼 사전에 변화의 대이적까지 보여주었는데도 베드로 같은 수제자가 예수가 잡혔을 때 저주하며 모른다고 부정하고 다른 제자들도 다 달아났다는 것은 아무리 보아도 설득력이 없다. 물론 예수도 수난을 걱정하고 염려한 것으로 볼 때 자신의 부활을 확신하고 있었다고 보이지 않는다. 여기서의 소위 '메시아 비밀'은 앞서 제2, 3장에서 본 대로, 복음서 저자가 편집과정에서 사실과 신앙의 괴리를 해결하기 위해 의도적으로

290

설정한 것으로 볼 수 있다.

바울의 경험

「사도행전」 1:3은 예수가 부활 후 40일을 이 세상에서 지냈다고 하여 부활사건이 40일간 지속된 듯이 말하고 있다. 그러나 예수가 죽고 3, 4년 뒤의 회심으로[44] 열렬한 바리새인에서 예수 그리스도의 헌신적인 사도가 된 바울은, 부활한 예수가 마지막으로 자신에게 보이셨다고 말함으로써(「고린도전서」 15:8) 부활사건의 기간을 더 길게 잡고 있다. 이처럼 예수 부활사건은 각자의 경험에 따라 그 기간이 달라지는 만큼, 이 사건을 겪은 개인 경험의 다양함을 보여주는 면이 있다.

「사도행전」에는 바울의 회심이 세차례 언급되어 있다(9:1~19, 22:6~16, 26:12~18).[45] 9장에 보이는 기사가[46] 가장 자세한 편인데, 신비한 종교적 체험이랄 수 있는 환상과 환청을 통해 부활 승천한 예수가 바울에게 나타나 보인 사건이다. 「사도행전」의 세 기사는 같은 내용을 기술한 것임에도 불구하고 그 용도에 따라서 달리 정리되어 있고 심지어 내용도 약간 차이가 나서 기사의 신빙성을 의심받기도 한다. 그런데 「사도행전」은 90년경에 쓰인 것으로, 바울이 죽고 거의 30년의 세월이 흘러 바울도 이미 기적을 보인 사도로 신비화되어 이해되던 시기의 산물이다. 더구나 일부 내용상의 차이까지 있는 것으로 볼 때 이미 구전되던 자료를 이용한 것이 아닐까 싶은 점도 있다.[47] 설화화된 신비한 경험 이야기에 완벽한 구성을 요구하며 부분적인 문제로 사실 자체를 의심하는 것은 고대문헌을 다루는 자세로는 지나친 면이 있다.

본래 바울은 생시에 친히 쓴 편지 중 하나인 「갈라디아서」에도 이 사건을 간단히 말하였다(1:11~20).[48] 이미 그 자신과 자신의 회심에 대해 잘 알고 있는 신자인 수신자들을 대상으로 이 일을 환기하는 내용으로 보이며, "그를 내 속에 나타내시기를 기뻐하셨을 때에"라고 짧게 언급하고 있다(1:16). '나타내신다'는 것은 '계시'의 의미이니, 하나님이 자신의 아들을 바울에게 기쁘게 계시하셨다는 것이다. 부활한 예수가 자신 속에 나타나셨다는 말인데, 「사도행전」이 전하는 대로 환상과 환청 등 타인들은 알 수 없고 자신만이 보고 들은 신비 체험이 있었음을 언급하는 듯하다. 이로써 그는 자신이 부활 승천한 예수를 만나 그의 명을 받아 사도가 되었음을 주장한 것이다.

바울은 이외에도 셋째 하늘에 이끌려 갔다 왔다는(「고린도후서」 12:1~4) 등 종교적 신비 체험에 익숙한 이였다. 따라서 바울이 경험한 예수의 부활은 환상과 환청으로 자신에게 확신된 것이었을 가능성이 있다. 그러한 극적 경험 없이 단순히 내적으로 생각만 바뀐 정도로는, 생전의 역사적 예수를 만나 배우지도 못한 그가 자기를 부활 예수가 인정한 사도라고 베드로나 야고보, 여타 신도들에게 자신있게 주장할 수는 없었을 것이다. 또한, 신비 경험자는 그 어떤 방해도 받지 않고 그의 체험을 통해 얻은 신조를 즐기게 된다고 한다.[49] 바울이 스스로 선택한 고난의 일생이 그런 종교적 경험을 통해 얻은 확신이 없다면 견뎌내기 힘든 것이었음은 더 말할 나위가 없다.

그런데, 「사도행전」 9:7에는 빛 가운데 예수가 나타나 자신을 부를 때 자신은 그것을 보았는데 같이 가던 사람들은 소리만 들을 뿐 보지 못했다고 하였다.[50] 그의 종교적 신비 체험이 객관적으로 이해될 수 있는 것은 아니었음을 시사해준다. 이러한 부활 예수 체험으로 바울은 부활한 몸의 존재를 구명(究明)하기에 이르렀다. 그는 육체의 몸과 대비되는 '신령한 몸'을 부활체로 보았다.[51] 바울이 베드로와 야고보 등 예루살렘

신앙공동체 지도자들로부터 이방인의 사도로 인정된 것을 보면 당시 바울의 체험은 이들 신앙공동체의 지지를 받았던 것을 알 수 있다. 그리고 그는 이 체험을 「고린도전서」 15:8에 자랑스럽게 기록한 것이다. 예수 부활사건의 가장 변경에 있었지만 오히려 역사성이 가장 확실하다고 여겨지는 바울의 경험은, 부활 예수 만남의 실상에 상대적으로 더 근접한 것이라 보아도 무리가 없음을 알 수 있다.

3. 예수의 '빈 무덤'

복음서의 안식 후 첫날 아침 예수 부활사건 기사와 여러 부활 예수 만남의 기록들을 검토하면서 객관적으로 보아 부활의 물적 증거일 가능성이 있는 실체 하나를 만나게 된다. 그것은 예수의 '빈 무덤'이다. 반대자도 적지 않지만, 상당수 학자들이 빈 무덤이 있었던 것은 부정할 수 없다는 생각을 가지고 있다.[52] 빈 무덤이 있었다면 예수의 부활신앙은 더욱 쉽게 퍼질 수 있었을 것이다. 비어 있는 예수의 무덤을 가리키면서 그가 부활했다는 주장을 펼치는 것은 비교적 설득력이 높았을 것이다. 「마태복음」은 대제사장측과 무덤 지키는 이들 간에 예수의 시신을 제자들이 훔쳐갔다고 말하자는 밀약이 있었음을 전해준다. 누가 시신을 훔쳐갔는지 예수가 부활한 것인지는 확증할 수 없지만, 적어도 무덤 문이 열리고 무덤 속이 비어 있었던 것은 확실하다고 볼 수 있는 정황이 전해지는 것이다. 한편, 326년경 로마 콘스탄티누스 황제(Constantinus I)의 명령을 받은 건축자들이, 약 200년 전에 하드리아누스(Hadrianus) 황제가 예루살렘 성벽 바로 외곽에 세운 아프로디테(Aphrodite, 로마 시대에는 흔히 베누스Venus) 여신의 신전을 부수면서 그 터 밑에 있던 동굴무덤 흔적을 발견했다고 한다. 그들은 이 이방 신전이 예전의 거룩한 장소에 세워졌을 것이라고 짐작하여 그곳을 예수가 십자가에 처형되어 묻힌 장소로 보았다.[53] 신전이 있던 장소가 예수의 처형장과 무덤이었다는 이 추론은 근거가 모호하고[54] 학문적으로 공인되지 않았지만 이곳은 여전히 예수의 무덤으로 전해지고 있기도 하다.[55]

이렇게 보면, 특별한 반증이 없는 한 예수의 빈 무덤의 존재를 인정하고 그 이유가 시체 도난이냐 부활 승천이냐 하는 현실 혹은 신앙 차원의 선택만 남은 것으로 정리하면 될 일로 보이기도 한다. 그러나 현대에도 신화·설화의 생성은 계속되고 있으며, 때로는 짧은 시간 안에 사실에서 제법 멀리 나아간 내용으로 바뀌어 연구자들을 곤혹스럽게도 한다.[56] 종교의 위세가 크고 미신이 횡행하던 고대사회에 더구나 신흥 종교의 교주에 관한 이야기가 신화적 변형을 겪기 십상인 것은 굳이 강조할 일도 아니다.

앞에서도 보았지만 복음서의 부활 아침 기사는 복음서마다 중구난방이라서 무엇이 사실인지 잘 알 수 없는 상황이다. 「마가복음」이 비교적 단순한 이야기를 전하고 있는 데 비해 「누가복음」 「마태복음」 「요한복음」으로 갈수록 부연되고 재창작된 내용이 증가하는 것을 볼 수 있다. 그리스도교 최대의 역사적 사건 내용이 이처럼 다양한 것은 아무래도 「마가복음」부터 그 참고한 자료들이 역사적 신빙성이 크게 떨어지는 민담·구전자료이기 때문일 것이다. 이러한 자료적 한계 속에서, 다른 줄거리는 신빙성을 부인하면서 유독 그 무대처럼 보이는 빈 무덤만은 엄존한 사실이라는 주장은 아무래도 근거가 취약하다고 아니할 수 없다.

294

부활한 예수는 문이 닫혀 있는데도 (벽을 통과해) 제자들의 모임 가운데 나타났다고 하였다(「요한복음」 20:19, 26). 공간적 제약을 받지 않기에 승천도 가능한 일일 것이다. 그런데 벽이 전혀 문제가 되지 않는 부활 예수가 굳이 입구를 봉한 돌이 열려야 무덤에서 나올 수 있다는 것은 모순이다. 요란하게 지진을 일으키거나 천사의 도움 없이도 그는 그저 나오면 될 일이다. 그런데도 아리마대(Arimathea)의 요셉이 돌을 굴려서 막은 무덤 문이(「마가복음」 15:46) 열리지 않으면 부활 예수가 어떻게 나올까 하는 것은 1세기 후반 초기 그리스도인들의 염려요 걱정거리였던 듯하다.

십자가 처형 현장 가까이에 추종자가 적지 않은 국사범의 무덤을 제대로 갖추어 두게 할 리도 없지만, 만약 예수가 부활한 빈 무덤이 그곳에 있었다면 초기 예수신앙공동체는 당연히 성묘 숭배를 했을 것이다. 그렇다면 예루살렘을 두차례 방문한 바울 사도가 그곳을 찾지 않았을 까닭이 없다. 생시의 예수를 만나보지 못한 것을 한없이 안타까워했을 그가 그리스도 부활의 현장을 참배하지 않을 리 없는 것이다. 바울은 「고린도전서」 15장에서 부활을 부정 또는 의심하는 고린도(Korinthos) 교회 신자들에게 부활의 중요성과 그에 대한 확신을 열렬히 강조하면서도[57] 예수의 빈 무덤이 당시 예루살렘에 있다는 등의 증거를 거론하지 않았다. 그는 다만 예수가 매장되고 성경대로 사흘 만에 부활했다는 다소 원론적인 언급만을 하였다(15:3~4). 복음서에 보이는 대로 만약 예수를 하나님의 아들로 믿은 당시 최고 종교기관인 산헤드린 의원 아리마대의 요셉이 있어서 예수의 장례를 잘 지냈다면, 그 사실도 언급하여 신뢰성을 높였을 것은 쉽게 예상할 수 있다. 그러나 바울은 이런 좋은 증거들은 전혀 말하지 않고 부활한 신령한 몸에 관한(15:44) 자신의 이

해체계를 힘주어 설명하고 있을 뿐이다. 바울은 사실 자신이 다메섹 가는 길에서 만난 부활 예수 경험으로 부활을 설명하고 있는데, 베드로 등의 경험이 자신의 경험과 질적 차이가 없다고 여긴 듯 자신있게 말하였다. 그가 베드로와 야고보 등에게 이방인의 사도로 인정받은 사실도 상기해야 할 것이다.

결국 바울은 베드로나 야고보 혹은 그와 동행한 바나바(Barnabas) 등을 통해서도 빈 무덤의 존재나 그와 관련된 다른 사실들, 막달라 마리아나 베드로 등이 빈 무덤에 왔다는 등의 이야기를 들은 바 없었던 것을 알 수 있다. 이로써 바울의 시대까지도 예수신앙공동체 지도층의 인식에 골고다(Golgotha)의 빈 무덤은 없었다고 보아도 좋을 것이다.[58]

그런데 바울서신보다 뒤늦게 나온 복음서에 풍성한 부활 아침 기사들이 나오는 것을 보면, 이런 가운데도 민중 신도들 간에는 예수를 신성화하면서 신화적 분위기의 부활 이야기가 싹터 자라고 있었던 것을 알 수 있다. 그렇다면 '빈 무덤'은 어디서 유래한 것일까? 이 문제를 해명하기 위해서는 예수의 무덤이 본래 있었는가 하는 문제부터 살펴보아야 할 것이다.

예수는 대제사장 등에 의해 하나님의 아들을 사칭한 신성모독죄로 단죄되고, 그와 연관해 로마에 대항한 죄로 빌라도에 의해 십자가형이 확정되어 처형되었다. 그런데, 고대에는 왕들이 신의 아들을 자부하고 살았다. 다윗의 아들이 야훼 하나님의 아들이 되리라 일찍이 예언되었고(「사무엘하」 7:14) 셀레우코스왕조의 왕들과 로마 황제도 신을 칭하거나 신의 아들을 칭하곤 했다. 이는 전세계 고대문명에서 흔한 일이었다. 고대 수메르문명권 아카드(Akkad)왕조의 왕 나람신(Naram-Sin)은 살아서 신전을 짓고 자신을 신으로 숭배하도록 했다.[59] 이집트의 파라오들도 자신을 신과 동일시했으며 중국의 왕들도 천자라고 하여 하늘의 아들을 자부했던 것이다. 한국의 고대신화에 보이는 고조선의 단군은 천신의 손자이며, 고구려의 주몽도 천손을 자부하였다. 그런데 자신을 포함해 모든 인간을 하나님의 아들, 하나님의 자녀로 본 예수는, 그 때문에 '그대가 거룩하신 이의 아들이냐'라는 대제사장의 질문에 '그렇다'고 대답함으로써[60] 신성모독죄를 범한 자로 여겨졌던 것이다. 하나님의 아들은 왕이라는 의미를 가졌으니 로마제국의 입장에서는 일종의 반역도인 국사범으로 볼 만했다. 바로 이렇게 종교적으로는 신성모독자요 정치적으로는 유대의 메시아로 여겨진 국사범을 산헤드린 의원이 빌라도에게 특청하여 시신을 인계받아 장례를 지냈다는 것이다. 그는 존귀한 공회원 아리마대의 요셉이라고 구체적으로 인명도 언급되었다 (「마가복음」 15:42~47).

그런데 제자들도 예수의 정체성에 확신을 갖지 못하고 생명의 위협을 느껴 다 도망간 중에, 예수 처형에 협조 내지 묵인했을 공회원이 부활사건 이전인데도 예수의 실체를 제대로 알았고, 그래서 대담하게 빌라도에게 요청해 이미 파둔 무덤에다 예수를 장례하고 돌을 굴려 무덤문에 놓았다는 것은, 당시의 정황으로 보아 있을 수 없는 일이다. 실명이 제시되는 등 확실한 근거가 있음을 말하는 듯하지만, 구체적 언급이 반드시 사실을 입증하는 것이 아님은 역사 자료를 취급해본 사람이라면 모두 아는 일이다. 이것은 오히려 다른 연유에서 이야기가 부풀려지다가 인명이 제시되기에 이른 것이라고 여겨진다.

로마제국 체제에서 적군이나 흔히 강도로 지칭되던 반역사범들의 시신 처리는 항구적인 시설 매장 등의 인도적인 방식과는 거리가 먼 것이었다. 본래 십자가형은 시민이나 귀족의 처형방식이 아니고 일반 농민이하 하인이나 노예, 특히 로마의 통치에 저항한 이들에 대한 처형방식이었다. 시신이 인도적으로 취급되는 경우는 극히 예외적이었으며[61] 처형된 십자가에 그대로 두어 썩게 하거나 시신을 던져버려 짐승의 먹이가 되게 하거나 이름 없는 무덤에 매장하는 식이었다. 이렇게 하여 로마법과 질서의 엄중함을 각인시키고자 했던 것이다.[62]

그렇다면 십자가에 처형된 예수도 골고다 언덕에 시신이 방치되었을 가능성이 적지 않다. 그런데 십자가에 방치되었든 끌어내려져 버려졌든 시신이 매장되지 못했다면, 처형부터 시신 처리까지 모든 과정은 공개적으로 이루어졌으므로 무덤 관련 이야기가 만들어질 가능성은 거의 없어 보인다. 상당수의 예수 추종자들과 일반인들이 다 같이 목도했다면 도대체 무덤을 상정하고 빈 무덤과 부활을 확신하는 사태가 일어났을 가능성은 거의 없지 않을까 하는 생각이다. 아무리 신비화되어 전설로 만들어진 것이라도 무언가 이야기될 만한 단초가 필요한 것이다. 따라서 「고린도전서」 15:4에 전하는 대로 예수가 일단 매장되었거나 그렇게 주장될 수 있을 또다른 상황을 염두에 두고 문제를 풀어가는 것이 설득력이 있을 것이다.

복음서는 공회원인 아리마대의 요셉이 대제사장과 다수 유대인들의 적대감,[63] 그리고 로마체제의 질서를 무릅쓰고 과감하게 나서서 예수의 시체를 인수하여 세마포에 싸서 정성스럽게 돌무덤에 매장했다고 전한다. 상당히 구체적이라서 사실성이 높은 듯하지만,[64] 당시의 정황을 종합해 보면 사실과는 거리가 멀다고 여겨진다.[65]

예수가 숨을 거두자, 아마도 대제사장측에서는 안식일 혹은 유월절을 의식하여 나무에 달려 죽은 자는 저주받은 자이니 밤새도록 그대로 두지 말고 당일에 장사하라는 「신명기」의 율법조항에 근거해[66] 당일 내로 시신을 처리하고자 했을 법하다. 그리하여 사법권을 행사한 빌라도 측에 시신을 인계해줄 것을 요청했을 것이다. 율법 문제도 있지만 예수의 시신이 계속 매달려 있는 것은 추종자들의 반발을 유발할 가능성이 있어 그들도 원하는 바가 아니었을 것이다. 예수에게 특별한 범법 사실이 없는 것이 이미 공회 심문과정에서 드러나기도 했던 만큼 그 처형이 부당하다는 여론이 형성될 소지도 있었다. 더구나 예수가 로마 총독에 의해 사실상 메시아 혐의로 처형된 것이기에 유대인 상당수는 민족적 감정에서 내심 그를 동정하기도 했을 것이다. 처형을 결의한 공회원들 스스로도 별다른 죄도 없는 자를 처형해 십자가에 달아두는 것은 자신들의 억지와 죄를 공표하는 것 같아 부끄럽고 양심에 거리끼는 면이 없지 않았을 것이다. 빌라도측에서도 이 문제는 유대인 내의 종교적 갈등이므로 조용히 빨리 마무리되었으면 했을 것이다. 유대 지도층과 빌라도 양측의 이같은 이해관계가 맞아떨어져 예수의 시신은 아마도 로마에 대한 반역자일 두 강도와 함께 밤중에 비밀스럽게 처리되었을 개연성이 높다. 잘 알 수 없는 곳에 은밀히 매장되거나 버려졌을 가능성을 생각해볼 수 있다. 뒤에 예수와 연계하여 이해되었을 「이사야」의 '고난받는 종'은 '그 무덤이 악인과 부자와 함께 있게 되었다'는[67] 예언을 성취하기 위해 등장시켰을 가능성이 높지만,[68] 어쩌면 대제사장측에 예수 시신의 조속한 수습을 주장한 이가 있어서 그가 공회원 아리마대의 요셉으로 말해졌을 가능성도 생각해볼 수 있다.[69] 예수와 강도들의 시신은 대제사장측에서 은밀하게 처리했을 것이다. 그리고 그 무덤이 어디에 있는지, 어떻게 매장했는지는 비밀에 부쳤을 것이다. 로마 군사의 강압적인 형 집행과정에서 남자 제자들이 모두 도망간 터라 야간에 은밀히 시행되었을 예수 시신 처리과정이 어떠했는지 예수 추종자들은 전

혀 알 수 없었을 것이다.[70]

안식일은 일단 쉬고 그다음 날쯤 되어서 예수 추종자들 중 일부, 아마도 그의 최후 운명시까지 십자가 근처에 있었던 여성 제자들이 처형 현장에 보이지 않는 시신의 행방을 수소문했을 수 있다. 그러나 시신이 어디에 있는지는 알 수 없었을 것이다. 이에 체포의 두려움에 움츠리고 숨어 있던 베드로 등 남자 제자들도 나서서 장지를 찾아보았을 듯하다. 무덤은 쉽게 찾아지지 않았으며, 결과적으로 찾지 못했다고 보인다. 「요한복음」 21장의 디베랴 바다에서 다시 고기 잡는 제자들 이야기를 보면, 베드로, 요한 등은 모든 것을 포기하고 결국 고향 갈릴리로 내려갔던 듯하다.

시신의 행방을 찾던 이들 중에 감수성 풍부한 여성 제자들이 예수가 혹시 부활한 것은 아닌가 생각했을 개연성이 있다. 그렇게 생각한 것이 십자가 처형 후 사흘째 날부터였을 것을 부정할 수 없으나, 전체 자료가 매우 설화적이라서 죽은 뒤 사흘이라는 시점을 확정적으로 볼 수는 없다. 그것은 사흘 만의 부활이라는 구약성경의 예언이[71] 이루어진 것으로 하려는 의도의 반영일 수도 있는 것이다. 이미 의인의 부활은 막연하게나마 믿어지고 있었던 만큼(「마가복음」 6:14~16), 장지를 찾지 못하자 예수가 부활했을 가능성을 떠올릴 수 있었을 것이다. 여성 제자들의 부활 확신이 커져가면서 다른 남성 제자들도 점차 부활 가능성을 생각하게 된 듯하다. 이 과정에서 점점 더 많은 추종자들이 죄 없는 예수는 부활했고, 그래서 무덤조차 도저히 찾을 수 없다고 믿게 되었다. 그러면서 부활한 예수가 찾아오셔서 만났다는 고백들이 나타나게 되었던 것이다. 이러한 예수 부활의 믿음은 매우 빠르게 확산되면서 확신으로 굳어졌다. 이 부활의 확신 속에 빈 무덤이 상상되었겠는데, 찾지 못한 무덤을 굳이 언급하는 것은 추종자들 간에 스스로 금기시했던 듯하다. 그런데 부활의 증인은 가부장제 사회의 특성상 공식적으로는 여성을 제외하고 남자들로 인정되었을 것이다. 예수와의 관계가 깊고 시련이 컸으며 상대적으로 무덤 확인에 적극적이었을 베드로의 체험이 우선적으로 인정되면서 대체로 「고린도전서」 15장에 보이는 예수 부활의 인지 순서가 확립되었던 것이다.

세월이 지나 부활사건의 초기 증인들이 퇴장하면서, 찾을 수 없는 예수 무덤은 민중 신자들의 구전 가운데서 보다 새롭고 강력하게 모습을 드러내게 된 것으로 보인다. 그 모습은 「에스겔」 37장에 보이는 재생(소생)적 부활 관념에 가까웠던 듯하다. 따라서 뼈와 살이 있는 육체와 굳이 차이가 없는 부활한 몸이 무덤에서 나오는 부활 예수가 상상되었다. 그는 부활한 몸을 가졌으므로 스스로 무덤 문을 열거나 다른 누가 열어주어야 나올 수 있었다. 그리하여 '빈 무덤'이 구체화되었을 듯하다. 그리고 상황을 합리적으로 설명하기 위해 애초에 예수 무덤 찾기에 나섰을 개연성이 높은 여성 제자들을 등장시켜 그럴듯한 설화를 형성해갔을 것이다. 「마가복음」에 보이는 바와 같이 초기에는 무덤 앞에서 부활한 예수를 만나지 못하는 등 그리 적극적 윤색을 가하지 않았다. 그러나 시간이 흐르며 여러 요소들이 추가되면서 「마태복음」과 「요한복음」에서처럼 더욱 변형된 이야기로 발전했던 것이다.

열고 나올 무덤이 상정되면서 당연히 누가 그 어려운 상황에서 무덤을 마련했나를 설명해야 했을 것이다. 자기 살자고 도망간 제자들 가운데는 있을 수 없으니, 반대측이지만 하나님을 두려워하는 신실한 사람을 내세울 수밖에 없었다. 여기서 등장하는 아리마대의 요셉은 예수 처형 당시 공회원이었을 개연성이 있다. 예수를 위해서라기보다 율법 위반을 염려하고 긴장 상태가 지속되는 것을 우려하여 당일 시신 처리를 제안했을지도 모를 일이다. 그러나 이것이야말로 추정에 불과한 것도 물론이다.

이같이 복음서에 보이는 예수의 빈 무덤은 베드로나 바울 등은 보지 못한, 민중 신도들의 상상의 산물로 보는 것이 타당할 듯하다. 두차례 예루살렘에 갔던 사도 바울이 자신의 서신들에서 그 무덤을 찾아갔다거나 그와 관련한 아무런 언급을 하지 않았고, 초기 예수신앙공동체들이 예수의 빈 무덤을 숭배한 사실이 구체적으로 없었던 것을 보아도 이와 같은 추정은 결코 지나치지 않을 듯하다.

4. 부활사건의 성격

앞에서 본 부활 예수 만남 사례들의 검토를 통해서 예수 부활사건은 객관적·공개적·일회적 사건이 아니었던 것을 알 수 있다. 추종자와 반대자를 포함해 수백 수천명이 모여 있는 상태에서 예고에 따라 죽은 지 사흘 만에 무덤 문이 열리고 분명히 죽었던 예수가 걸어나와 부활을 선언하여 공적으로 확인받은 것이 아니다. 따라서 복음서 기록들 간에 엄존하는 혼란과 차이를 가볍게 여기고 억지로 연결하여 해석하며 사실성에 문제가 없다고 하는 주장은, 부활사건을 그것 자체가 경험된 본래의 상황 속에서 받아들이지 않고 그 시간 그 무덤 앞에 있었다면 누구나 볼 수 있었을 역사적 사실인 양 전제하는 근본적 오류를 안고 있다.

부활사건은 일상에서 흔히 경험되는 사건이 아니고 무덤이 열리면서 확인된 사건도 아니다. 어쩌면 매장지조차 알 수 없는 상황에서 여러 추종자들이 예수가 죽은 (사흘) 뒤 느끼기 시작해 수십일 혹은 수년간 지속적으로 '예수가 여전히 살아 있어 자신과 함께한다'는 확신을 갖게 한 심리적·종교적 현상이었다고 할 수 있다. 마음의 감동으로 또는 꿈이나 환시, 환청 등 다양한 방식으로 죽은 예수를 다시 만나는 체험을 한 것이며, 이것이 추종자들 상호간에 공감을 이루어 예수가 부활했다는 확신을 가져온 사건이고 사실이었다. 부활사건의 경험은 현장에서 일어난 일회적 사건의 순간적 목도에 기초한 것이 아니었으나, 마음의 감동이나 꿈, 환시나 환청도 분명 인간들이 경험하는 실제 현상으로서 자신과 타인의 인식에 중대한 영향을 미친다. 많은 제자와 추종자들이 비교적 단기간에 집중적으로 여러 방식을 통해 경험하고 공감한 다시 살아났다고 여겨진 예수와의 만남은, 그것 자체로 하나의 현상이며 사건으로 인정해야 할 일이다. 이 현상은 일시적으로 나타나 저절로 소멸하지 않았다. 경험한 자들과 주위 많은 사람들로 하여금 예수를 죽음을 이긴 신적 존재로 믿고 하나님처럼 따르게 하여, 그들로 하여금 큰 박해를 뚫고 새로운 보편적 종교를 형성하게 하는 계기가 되었다. 따라서 이 현상은 마땅히 역사적 사건으로 인정될 수 있는 것이다.

부활의 확신은 신비 경험의 범주에서 이루어진 일이다. 그것은 기본적으로 믿는 자들에게만 믿어진 신앙의 차원에서만 인정될 수 있는 사건이었다. 로마 총독 빌라도나 대제사장 등에게는 전혀 영향력이 없는 찻잔 속의 미풍처럼 시작되었다. 만약 부활이 오감으로 인식할 수 있는 통상적인 일이었다면, 예수를 대적한 이들 지배층이 부활한 그를 다시 잡아 처형하고자 했을 것은 거의 틀림없는 일이다. 그런데 그러한 역사적 흔적이나 기록은 전혀 없다. 종교적 신비 체험은 누구나 하는 것이 아니고 체험의 결과도 다른 사람들이 온전히 공감할 수 없는 것이다. 복음서보다 수십년 먼저(55년경으로 추정) 작성된 바울의 서신인 「고린도전서」는, 부활사건이 불과 20여년 전에 일어났는데도 신앙공동체 안에 부활을 부정하는 부류가 있다고 심려하고 있다.[72] 초기 예수신앙공동체원들 중에도 부활을 부정하거나 확신하지 못하는 사람들이 일부 있었다는 말이다. 여기서 의심의 잔재가 얼마나 질긴가를 생각하는 이들도 있겠지만, 직접 신비 체험을 하거나 믿는 마음이 들기 전에는 부활이라는 객관적으로 일어날 수 없는 역사적 사실을 확신하는 일이 녹록지 않았음을 실감할 수 있다. 더구나 예루살렘을 중심으로 일어난 일이라 현장 상황을 상상하기도 어려운 이방인 신자들이 부활을 확신하기란 결코 쉽지 않았을 것이다. 심지어 제자들 중에도 믿지 않는 이들이 있었다는 복음서들의 내용을 보아도, 일상적·객관적으로 확인될 수 없는 종교적 신비성을 띤 부활사건은 믿기 어려운 일이었음을 알 수 있다. 이는 쉽지 않았던 만큼, 보지 않고도 믿는 믿음을 복된 것으로 보는[73] 인식을 낳기도 했다.

역사적 시각으로 볼 때 예수 부활사건은 다음과 같이 정리할 수 있다.

부활한 예수를 만난 신비 체험 가운데 현재 전해지는 자료상 가장 구체적이고 믿을 수 있는 것은 바울의 경험이다. 그는 복음서나 「사도행전」보다 더 일찍 55~56년경 쓰인 자신의 편지 「갈라디아서」 1장을 통해 하나님에 의해 자신에게 나타내진(계시된) 부활한 예수를 만나 사명을 얻었다고 하였다. 바울의 이 신비 체험 증언의 역사성을 부정할 이유가 없다면, 그보다 신앙적 선배격인 베드로를 포함한 예수의 제자들, 예수의 형제 야고보, 그리고 예수의 생시부터 따르던 추종자들이 부활한 예수를 만났다는 바울의 증언도(「고린도전서」 15:4~8) 부인할 수 없을 것이다. 물론 그것은 신비주의적이기도 한 신앙인이 전하는 이야기인 만큼, 그들의 경험은 통상적이고 객관적인 것과는 거리가 있을 가능성이 크다. 그들은 대개 비일상적인 신비한 체험을 통해 예수의 부활을 확신하게 되었을 것이다. 앞서 예수신앙공동체에 있으면서도 부활을 믿지 못하는 이들이 있다고 했는데, 이런 바울의 증언이야말로 그 증언의 신빙성을 높여준다고 여겨진다.

여기에 비해, 바울서신보다 뒤에 나온 복음서에서 '빈 무덤'을 굳이 상정하여 돌문이 열린 후 나오는 부활 예수를 전하는 기사들은 대부분 민중 신자들의 신앙과 상상력에서 나온 것으로 볼 수 있다. 이들 기사는 상충하는 점이 많은데, 무덤 앞에서 부활했다는 예수를 보지 못하거나 뒤늦게 만나는 경우도 있다. 아울러 제자들을 함께 만난 곳이 갈릴리라고도 하고 당일에 예루살렘의 닫힌 집 안에서라고 전하기도 한다. 이것은 복음서의 부활 기사가 그리스도인들의 최대 역사인 부활사건을 눈으로 목도하여 적은 기사가 아닐 가능성이 매우 크다는 것을 보여준다. 아울러 이들 기사는 바울이 정리한 '신령한 몸'인 부활체가 아니라 「에스겔」 37:1~13에 보이는 유대의 전통적인 재생(소생)적 부활 관념에 더욱 기울어져, 육체를 가지고 숨 쉬고 식사하는 부활 예수를 상상해내고 돌을 밀쳐 무덤을 나서도록 만들기도 하였다. 이 기사들은 앞에서 본 사도 바울 등의 역사적 신빙성 높은 경험 기사들과 부합하지 않으며, 뒤에 민중 신자들 사이에서 발전된 신앙적 설화에서 유래한 것임을 보여준다.

예수의 부활을 믿는 이들이 있는 반면 여전히 믿을 수 없다고 생각하는 이들이 있을 것이다. 이것은 부활이라는 비일상적일 수밖에 없는 현상을 역사적으로 확인하려는 작업에서 최종적으로 봉착하는 예상된 결론이기도 하다. 예수 추종자들의 신비 체험을 통해 확신되어온 예수의 부활은 비체험자들에게는 여전히 믿기지 않는 사실일 수밖에 없다. 그러나 바울서신으로 뒷받침되는 바울의 부활 예수 만남 체험은 그의 신앙노선의 일대 전환과 일생의 헌신을 가져온 만큼 그 진실성의 무게를 가볍게 볼 수 없다. 아울러 그가 연대한 예루살렘 예수신앙공동체의 헌신적인 신앙도 부활 예수 만남과 별도로 생각할 수 없다. 적어도 예수의 십자가 처형 직후부터 상당 기간 동안 예수 추종자들에게 나타난 부활 예수 만남 현상이 역사적으로 실재했던 것은 부정할 수 없다.

제 7 장

예수의 칭호

예수가 공생애 중에 어떻게 불렸는가를 정확하게 아는 것은 예수의 정체성 파악에 있어 매우 중요한 문제이다. 이미 본서에서 누차 메시아(헬라어 그리스도)라는 칭호는 예수 스스로 사용하지 않았을 뿐 아니라 그에 대한 제자들의 기대조차 금지했음을 '메시아 비밀' 등을 언급하며 말한 바 있다. 당시에 메시아는 흔히 다윗의 자손(아들)이라고도 불렸는데, 예수는 어찌 다윗이 자기 자손에게 '주'라고 했겠느냐며 메시아 자체에 회의적 시각을 드러냈으며,[1] 광야의 사단의 시험에서도 세상의 지배자인 정치적 메시아가 될 것을 분명히 거부하였다. 아울러 요한이 제자들을 보내 오실 이가 당신이냐고 물어왔을 때, 예수는 자신을 메시아라고 생각하여 실족(失足)하지 말 것을 말하기도 했다(「마태복음」 11:2~6). 원수까지도 사랑하는 하나님의 사랑을 실천하고자 한 예수는 다른 민족을 타도, 제압하고 영광스런 나라를 이루려 한 당시 유대 민족주의의 정치적 메시아 대망을 거부한 것이다.

따라서 여기서는 메시아 곧 그리스도는 추종자들이 기대했으나 예수 자신은 받아들이지 않은 것으로, 부활사건 이후 추종자들에 의해 고백

된 칭호였음을 확인하며 다른 명칭들의 사용 양상을 살펴보도록 하겠다. 성경 내용과 당시의 문화적·역사적 전통으로 보아 메시아와 연결하여 이해할 수 있는 '하나님의 아들' 그리고 '인자(사람의 아들)'가 그것으로, 그리스도교 신학에서 흔히 그리스도론(기독론)이라 불리는 내용 중 가장 대표적인 예수의 거룩한 칭호들이다.

1. 하나님의 아들

이스라엘인들은 인간사회의 기초인 가족관계에서 유추하여 자신들의 신을 아버지처럼 인식해왔다. 구약성경 「창세기」는 인간이 창조주 야훼의 피조물이며 특히 그의 형상을 닮게 창조되었음을 전함으로써[2] 여타 사물들과는 다른 고귀한 피조물로서의 자부심을 실어서 인간이 창조주의 아들됨을 주장할 만한 기본 근거를 마련해두었다.

앞서 언급한 대로 이스라엘 민족은 집단적으로 유일신 야훼가 선택한 민족으로서 하나님의 장자 또는 아들로 자부해왔다.[3] 재산과 지위 상속에서 절대적 우선권을 갖는 장자됨을 의식하며, 국제관계에서 큰 시련을 겪는 가운데서도 대외적으로 이방의 빛이 되는 역할을 수행하기 위해[4] 야훼가 첫번째로 선택한 민족이라는 자부심을 주장한 것으로 보인다.

이들은 왕정의 성립과 더불어 특별히 왕을 하나님의 아들로 보아 그 권력의 정당성을 주장하기도 하였다.[5] 이것은 다른 고대국가들도 흔히 가진 정치이념이었다. 이러한 왕권 논리는 국권을 상실한 상황에서는 미래의 이상적인 왕을 고대하는 민족적 소망으로서 메시아왕 논리로 발전하였다. 이외에 종교적 차원에서 천사를 하나님의 아들로 말하기도 하였다.[6] 현실과 동떨어진 인식이지만 민족의 시련이 깊어져 「다니엘」 등을 통해 묵시론적 소망이 제시된 뒤, 그것을 계승한 유대문학에서는 환상적 존재인 천사도 미래의 역사에 활약할 것으로 묘사되기도 하였다.

유대인들은 유대왕국의 멸망에 따른 바빌론 유수의 큰 고난을 겪고 포로 귀환의 기쁨을 맞이했으나 이후에도 독립을 성취하지 못하고 제국들의 지배를 받게 되었다. 이후 셀레우코스왕조 안티오코스 4세 에피파네스왕의 종교 탄압에 저항하여 적극적 무력투쟁을 통해 마침내 독립을 이루고, 약 1세기 동안 하스몬왕조가 주도하여 획기적인 영토 확장이 이루어졌다. 그러나 다시 강력한 제국 로마의 속국이 되면서 민족의 비극은 재현되었다.

힘써 지켜온 전통신앙을 근간으로 한 유대민족의 정체성은 종속적 국제관계 속에서 위협에 직면하였다. 백성들은 로마제국은 물론 그 앞잡이 헤롯 정권과 대제사장 세력에 의해 삼중의 수탈에 시달렸으며, 더욱 형식화된 채 준수를 강요받는 율법의 올무는 여전히 풀리지 않아 종교적으로도 위로받을 수 없는 처지였다.

예수는 이렇게 절망스럽고 답답한 1세기 로마제국의 식민지 팔레스타인의 갈릴리에서, 여러 역사적 굴곡과 주민의 이합집산, 영토상의 변동에도 불구하고 유지되던 유대민족이라는 모호한 집단 관념에 의탁하지 않고, 구도와 종교적 신비 체험을 통해 개인적 실존의 차원에서 하나님과 일체가 되어 인간인 자신이 곧 하나님의 아들됨을 재인식하였다.[7] 왕이나 제사장도, 특별히 하나님의 부름을 받은 선지자도[8] 아닌 한 농민이, 구도 끝에 세례를 통해 성령의 임재를 경험하고 인간인 자신이 곧 하나님의 아들, 신의 아들이라는, 당시에도 현재에도 쉽게 하기 어려운 존재의 재인식, 대자각을 하게 되었던 것이다.

사실 헬레니즘하 셀레우코스왕조의 왕들은 제우스나 아폴론 등 신의 이름을 칭하였고[9] 예수가 살던 동시대에 로마 황제들은 자신이 신의 아들이거나 심지어 신이라고 선언하며 신앙의 대상이 되고자 했다.[10] 또한 이미 유대문화에 영향을 주고 있던 헬레니즘 안에서 신화에 보이는 많은 신들과 그 아들들의 존재는 유대인의 엄정한 유일신관을 흔들기도 했을 것이다. 유대인들은 헬레니즘의 세계 이해·역사 이해에 저항하고 그와 의식적으로 경쟁하고자 한 동방의 유일한 민족이었지만, 대략 기원전 3세기 중반부터 유대교는 엄밀하게는 헬레니즘적 유대교라 특징지을 수 있을 만큼 헬레니즘의 영향은 달리 어찌할 수 없는 상황에 있었다.[11] 유대인들은 그리스·로마의 혼합·개방의 흐름과는 다르게 유일신체제를 고수하고 있었지만, 이와 같은 다신교적 외래 문화의 영향력 증대는 1세기 팔레스타인 유대사회에서 하나님의 아들 인식이 전통적인 민족의 집단주의를 벗어나 어떤 특별한 개인에게 나타날 수 있는 환경을 이미 조성해준 면이 있다고 하겠다.[12] 역사적·문화적 관점에서 보아 예수의 하나님 아들로서의 거듭남과 자각은 전혀 돌출적인 것이 아니다. 하나님의 형상을 따라 창조되었고 그의 장자로 여겨진 이스라엘 민족의 구성원이라면 능히 그러한 재인식이 가능할 만한 것이다.[13]

그런데 예수는 자신이 체득한 하나님의 아들됨을 모든 사람이 가질 수 있는 보편적 지위이며 신분으로 보았다. 그의 이러한 의식은 당대로서는 매우 이색적인 것이었다. 그는 자신의 제자와 청중들에게 하나님의 자녀, 하나님의 아들들이 될 수 있음을 가르쳐 그 흔적들이 복음서에 상당수 전해진다. 복음서에 전하는 예수의 이런 인식은, 부활 후 형성된 예수 그리스도론에 의해 하나님의 아들을 특별하고 거룩한 예수만의 정체성으로 배타적으로 인정하고 사용한 복음서 서술방식으로 볼 때 예수 생존시의 용례 중 일부가 편집과정에서 다행히 살아남은 것이라 할 수 있다.

「마가복음」9:37에는

> 누구든지 내 이름으로 이런 어린아이 하나를 영접하면 곧 나를 영접함이요 누구든지 나를 영접하면 나를 영접함이 아니요 나를 보내신 이를 영접함이니라

라는 내용이 전한다. 널리 알려진 성경 구절의 하나인데, 여기서 비롯한 듯한 유사한 내용들이 복음서에 더 보인다. 그런데 1세기 초반의 고대 사회, 영아 유기가 흔한 일이고 어린이는 부모 특히 아버지의 소유물로 여겨지던 그 시대에, 한 갈릴리 농부가 이같은 이야기를 했다는 것은 실로 놀라운 일이 아닐 수 없다.

이 구절의 내용을 단순화하면 곧 어린이 영접=예수 영접=하나님 영접이 된다. 이 등식은 곧 어린이=예수=하나님이 될 가능성을 부인하기 어렵다. 이 구절은 누가 크고 작은 자인가를 두고 벌인 제자들의 논쟁을 보고서 나왔다. 예수는 인간 자체에 크고 작은 자는 없다고 생각하여, 큰 자가 되고자 하는 이는 다른 사람들을 섬겨야 한다는 평등의식과 새로운 리더십을 천명하는 중에 나온 내용이다. 예수가 친히 말한 '어린이를 영접하는 일이 곧 하나님을 영접하는 일'이라는 내용이 그리스도론 등이 반영되어 일부 윤색된 것으로 보인다. 사실 예수가 살아서 이런 말을 했다면 애초에 '내 이름으로'라는 조건을 달지 않았을 것은

물론이다. 예수는 소수의 제자들만을 대동하였고, 자신을 만나 병이 나은 자들도 제자 무리에 합류시키기보다는 일상으로 돌아가도록 권하며 굳이 종교조직이나 단체를 만들려 하지 않았다. 아울러 모든 생명에 대한 각별한 사랑으로 인간 존재의 차별 없는 가치를 인정하였다. 이러한 그가 '자신의 이름이 아니면' 어떤 어린이를 영접하는 일이 아무 의미도 없는 것처럼 말했을 리는 없다. 아직 유대교 신앙 안에 있었고 별도의 종교를 창시하지도 않은 예수가 누구 이름으로 어린이를 영접하는가를 문제 삼아 언급할 이치는 없는 것이다. '내 이름으로'는 종교적 방향을 잡은 초기 예수신앙공동체 형성 이후의 관점을 반영한 것이다.[14]

예수는 하나님과의 일치 체험을 통해 얻은 확신을 바탕으로 어린이나 자기 자신이나 다 하나님과 동질적인 존재임을 말하고 있다. 즉 인간은 누구든지 모두 창조주 하나님의 피조물로서 아들이며 자녀라 할 수 있는 만큼, 부자로서 아버지인 하나님과 동류라고 말할 수도 있다는 인식이다.[15] 아울러 그리스 철학에서 유래하여 바리새파 등이 받아들인 비물질적 영혼의 가치를 굳이 거부하지 않았을 예수로서는,[16] 하나님의 세계로부터 온 영혼을 가진 인간들의 기본적 동등성을 인정하고 나아가 영적 존재인 하나님과 영혼을 가진 인간을 부자관계로 말할 수 있다고 여겼을 개연성도 있다.

이러한 인식들을 확장하다보면, 모든 인간이 하나님의 형상을 닮았고 하나님의 자녀이며 그래서 혹은 하나님이라고 생각했을 가능성조차 생각해볼 수 있다. 그러나 예수는 영혼과 대립된 육체를 인식하고 있었고,[17] 인간과 신의 모습이 같다는 유대인의 전통적 신인동형설에 의한 아버지 하나님상을 계승하면서도 한편 영적 하나님을 확신한 듯도 한만큼,[18] 육체적 제약을 가지고 살아가는 영육의 존재인 인간을 지고한 영적 존재인 신 곧 하나님과 같다고 보았을 가능성은 낮다고 보인다. 사실 예수는 자신을 선하다고 말하는 사람에게 오직 하나님만이 선하다고 할 만큼[19] 하나님 앞에서 그의 겸손은 유별했는데, 하나님과의 부자 관계를 용납하면서도 전능하고 거룩한 하나님의 신비와 실체를 다 알고 체득했다고 여기지는 않았던 것이다. 그래서 그는 때때로 하나님께 기도를 드렸을 것이다. 그리고 예수는 거룩한 존재를 만난 자의 한없는 겸손에서, 자신만을 구별해 하나님의 아들이라고 주장하지 않은 것으로 보인다. 또한 그가 가진 지혜로써 판단해보아도, 다 같은 인간 중에 자신만이 하나님의 아들이라고 생각되지는 않았을 것이다.

그런데 하나님과 인간이 동등하다고 보지 않았을지라도, 사실 어린이 한명을 영접하는 것이 자신과 나아가 하나님까지 영접하는 것이라는 선언은 1세기 유대 땅에서는 대단히 혁명적인 언사이다. 다만, 인간이 우주의 울림을 듣지 못하는 것처럼 그 폭발력이 너무나 크고 생경한 말이라서 사람들은 무심히 들어넘겨 그 말의 진수를 느끼지 못하였다. 그것은 당시 사람들에게 매우 낯선, 잘 마시지 않는 새 포도주이기도 했던 것이다.[20]

예수가 자신과 제자들, 나아가 인간 일반을 개별적으로 하나님의 자녀로 보았을 가능성을 짐작게 하는 구절들은 더 있다. 「마태복음」 23:9에는

> 땅에 있는 자를 아비라 하지 말라 너희 아버지는 하나이시니 곧 하늘에 계신 자시니라

라고 하였다. 메시지의 서두가 도발적이며 전하고자 하는 의미가 범

상치 않다. 전후 맥락으로 보아 서기관과 바리새인들의 행태를 말하는 중에 그들이 저명한 선생을 아버지라고 부르는 것을 못마땅해하며 나온 듯하다.[21] 그런데 '너희 아버지는 하나이시니 곧 하늘에 있는 자'라는 말은, 당시 유대사회의 종교적·사회적 통념으로 보아 예수 정도의 카리스마가 없다면 할 수 없는 말이라 여겨진다. 그가 새롭게 인식해 제시한 말이 편집과정에서도 살아남아 전해진 것으로 볼 만하다. 예수는 공생애 시기 가족관계를 통상적인 혈연관계로만 보지 않고 하나님을 아버지로 하는 성가족을 이상적으로 말했다고 여겨진다. 「마가복음」 3:35에는 모친과 동생들이 와서 찾자 "누구든지 하나님의 뜻대로 하는 자는 내 형제요 자매요 모친이니라"라고 하며 혈연가족도 상대화하여 거리를 두었을 정도였다. 자신의 새로운 가르침으로 생길 수 있는 혈연가족간의 신앙·신념상의 대립이나 갈등 가능성을 강하게 내비쳤으며,[22] 결국 하나님의 뜻을 함께하는 자들의 집합을 가족관계로 말하곤 했다. 예수와 그의 초기 추종자들은 모두 이런 관점에서 하나님을 아버지로 부르게 되는 변화를 경험했다. 물론 「창세기」가 말하는 창조주를 아버지로 여길 수도 있겠지만,[23] 유대인으로서 왕도 대제사장도 아닌 일반인과 소위 죄인으로 여겨진 빈천하고 소외된 이들조차 하나님을 아버지로 여기고 자기 입으로 부르는 일이 얼마나 두렵고 부담스러우며, 혁신적인 일이었을지는 능히 짐작된다.[24]

약자 유대민족의 고난의 역사 속에서, 굳어지고 세분화된 율법조항의 철저한 이행을 요구하며 공의를 찾는 엄격한 절대자 하나님이 유대인 개개인에게 따뜻한 아버지로 여겨질 리 없었을 것이다.[25] 그런데 예수는 육체의 아버지가 아니라 하늘에 계신 아버지만이 참아버지라고 하면서 그를 아버지로 모시라는 것이다. 부모를 둔 세상 모든 인간들에

316

게 거부감이 들 수도 있는 이 말을 주저 없이 한 것은 하나님을 만난 후 깨달은 진실을 솔직하게 쏟아내던 예수의 진면목을 보여주는 일 중의 하나이다.

예수는 자기 입으로 하나님을 1세기 유대인들이 일상적으로 사용하던 아람어 '아바(아버지)'로 부른 것이 신약성경에서 확인된다.[26] 초기 그리스도인들도 물론 인간 예수의 언어와 가르침을 따라서 하나님을 입으로도 '아바'라고 불렀는데, 바울 사도는 그것을 하나님이 자신의 아들(예수)의 영을 우리 가슴에 보내서 '아바'라 부를 수 있게 한 것이라고 논리적으로 정리하였다. 이제 예수가 만나고 전파하는 하나님은 과거의 심판자요 징벌자, 이스라엘 민족의 주인 두려운 하나님이 아니라, 탕자 한 사람까지도 기다리며 맨발로 달려나오는 용서하는 아버지이며, 비천한 갈릴리 농부 출신 예수가 세례받을 때 큰 소리로 사랑하는 아들의 거듭남을 함께 기뻐하며 즐거워한 사랑의 하나님이 된 것이다.

병자를 성심껏 대하고 고쳐준 예수의 행적에서도 그가 인간을 신뢰하고 하나님의 자녀로 인식했음을 알 수 있다. 예수는 권위있는 명령을 통해 귀신을 쫓아내고 마른 손을 고치고 죽은 자를 일어나게 했다고 한다. 이런 일의 상당수는 그리스도론이 확립된 이후에 이야기된 것으로, 예수 그리스도의 신적 능력을 믿게 된 이들이 고양되어 말하던 민담의 수준을 크게 벗어나지 않을 것이다. 사실 예수의 병자 치유는 늘 이루어진 것이 아님을 복음서도 내비치고 있다.[27] 결코 예수는 어떤 의사도 필요 없게 만든 만능 치료사가 아니었다. 다만 그의 치료과정에서 가끔씩 보이는 '네 죄가 사하여졌다'라거나[28] '네 믿음이 너를 구원했다'라는 내용은 예수의 실제 행적을 상당히 반영하고 있을 가능성이 있다.

질병 치료시 죄 사함의 선포는 하나님의 권한으로 여겨져 예수의 참람함을 보여주는 대목으로 서기관들의 비난을 받은 것으로 나온다.[29] 그러나 생시의 예수는 메시아(그리스도)임을 주장하지 않은 만큼 예수가 실제 죄 사함을 선포했을 가능성은 없다고 볼 여지도 있다.

한편 예수는 음욕을 품는 것만으로도 간음죄가 된다며 죄의 개념을 강화하는 듯한 경우도 있으나,[30] 기본적으로는 용서의 문, 죄 사함의 문을 활짝 열었다. 간음 중 잡혀온 여인에 대해 죄 없는 자가 먼저 돌로 치라고 하여 목숨을 구해주고 자신도 정죄하지 않겠다고 한 것을 보면(「요한복음」 8:7~11) 그가 정죄보다 용서에 치중했음을 잘 알 수 있다. 베드로에게 일흔번씩 일곱번이라도 죄지은 형제를 용서해주라고 한 데서는 무한한 용서를 베풀 것을 말하고 있다.

주기도문에는[31] 인간이 인간의 죄를 용서한다는 구절이 보인다. 사람끼리 잘못한 것은 당사자들이 서로 용서할 수 있다는 것인데, 당연한 말이기도 하다. 그런데 더 나아가 다른 사람의 죄를 용서하겠으니 하나님도 자신들의 죄를 용서해달라고 하였다. 예수는 하나님이 용서해주실 것을 확신하며 이렇게 기도하도록 가르친 것이다. 결국 사람이 사람의 죄를 용서하고 하나님께 용서를 빌면 하나님은 반드시 용서하신다는 뜻이며, 구약성경에 보이는 율법 규정대로 제사장을 통해 제사를[32] 드리지 않더라도 용서가 된다는 뜻이다. 사실 예수는 성전 제사나 예배가 아니라도 어디서든 신령(영)과 진정(진리)으로 예배를 드리면 된다며 전인격적인 진실한 예배를 가르쳤다.[33] 그의 시대에도 있었던 에세네파 쿰란공동체는 자신들의 악한 적으로 여겼던 예루살렘 제사장들의 성전 제사에 참여하지도 않는 실정이었다.

이러한 예수의 인식과 당시 종교적 상황을 볼 때, 죄를 고백하고 반성하면 예수가 그 사람의 사죄(赦罪)를 선포했을 가능성은 낮지 않다.

318

예수는 죄를 고백하고 진실로 회개하며 보상까지 하기로 약속한 세리장 삭개오의 집에 구원이 이르렀다고 선포하였다.[34] 더구나 「마태복음」 9:1~8을 보면, 사람들이 죄 사함의 권세를 '사람들에게' 주신 하나님께 영광을 돌렸다는 내용이 나온다.[35] 이는 사람들 모두에게 죄를 사할 수 있는 권한이 있다고 예수가 가르쳤음을 보여준다. 예수가 자신의 권한으로 죄를 용서한다고 선포했을 가능성이 아주 없는 것은 아니나, 죄를 고백하고 청산을 다짐하는 사람에게 '네 죄 사함을 받았느니라'라고 했을 것으로 보아, 하나님이 죄를 용서하셨음을 선포했을 것으로 보인다. 탕자의 비유를 보거나 주기도문을 보아도 하나님은 항상 용서할 준비가 되어 있는 분으로 확신되고 있는 이상, 예수는 죄인된 이의 자복과 회개가 있으면 당연히 하나님이 죄를 사하셨다고 선언했을 것이다. 사죄의 주체는 하나님이며, 예수나 그의 제자 등 죄 사함을 선포하는 사람은 전달자의 입장을 벗어나지 않는다.

예수가 자신을 포함해 사람들이 사죄의 권한을 가졌다고 여긴 근거는 성령 강림을 통한 하나님의 아들됨에서 나왔을 것이다. 성령 강림은 구약시대 예언자(선지자)됨의 표징으로 이해되던 것이니, 이를 통해 하나님의 아들로서 자의식을 가졌다면 하나님의 용서의 뜻을 적극 선포할 수 있었을 것이다. 그리하여 예수는 제자들에게도 복음 전파와 더불어 죄 사함을 통한 병 치유를 행하도록 했던 것이다.

예수가 이같이 용서와 사죄의 문을 활짝 연 것은 그의 종말 인식과 긴밀한 관계가 있다. 임박한 종말, 시작된 종말을 외친 예수는 '회개'를 우선적으로 촉구하였다. 죄를 고백, 청산하고 하나님께 돌아오는 자는 탕자와 같이 즉시 죄를 용서받고 하나님의 품 곧 하나님 나라의 성원이 될 수 있다고 보았던 것이다.

한편, 예수가 병자들의 죄를 사하여 치유의 기적이 있었다고 본 데는 다른 정황도 있었을 듯하다. 당시 유대인들에게는 죄가 병의 원인이라는 생각이 널리 퍼져 있었다.[36] 예수는 사죄의 선포뿐 아니라 환자와 더불어 죄와 죄 사함에 관해 이야기하며 과잉된 죄의식을 해소해주어 치유의 효과를 얻었을 듯도 하다. 자기 병의 원인이 자신의 죄라고 여겨 자복하는 환자에게, 예수는 그것은 대단한 죄가 아니라든지 그만큼 뉘우쳤으면 당신의 죄는 이미 용서된 것이라고 말했을 만하다. 병자들이 지은 죄란 대부분 인간 사이의 죄일 테고 그 죄를 용서하는 것도 인간일진대, 병자 스스로 자복하고 눈물 흘렸다면, 그만하면 되었다는 위로와 격려는 평범한 인간도 능히 할 만한 일이다. 상당수 환자는 마음이 약해진 상태에서 지레 자신의 죄 때문에 병들었다고 과잉된 죄의식을 가진 경우도 적지 않았을 것이다. 이런 경우 권세있고 메시아로도 기대되는 예수가 그것은 죄가 아니라고 말해준다면 환자들은 죄의식으로부터 해방감을 느꼈을 것이다. 어쩌면 이렇게 해서 죄를 사해줬다는 풍문이나 후대의 평가를 낳았을 법도 하다.

질병의 상당 부분이 심리적·정신적 요소에서 유발되거나 악화되기도 하는데, 자신의 잘못을 고백하며 회개하는 이에게 제3자가 용서의 가능성을 말해주면 효과가 없지 않았을 것이다. 환자 입장에서는 다윗의 자손, 메시아로 기대되기도 하는 위대한 선생이 죄에 관한 자신의 생각을 잘 들어주고[37] 죄가 아니라거나 그 정도로 회개했으면 되었다고 자신있게 판단해주고 격려해줄 때, 기운이 나서 병에서 놓여날 가능성이 높아지는 것은 있을 법한 일이다. 현대의 우리도 권위있는 의사의 진단으로 대단한 병이 아니라는 말을 들으면 곧 염려에서 놓이고 건강상태가 호전되는 것을 종종 경험한다. 사실 1세기 갈릴리의 가난한 민중들이 율법 지상 사회에서 스스로 생각한 병의 원인으로서 자신의 죄악이라는 것이 얼마나 타당했을 것이며, 환자가 갖기 마련인 염려와 두려움에서 자기 죄를 지나치게 확신해 병을 키우는 경우도 적지 않았을 것이다. 따라서 예수의 정확한 판단과 적절한 위로, 그리고 일정한 의학지식의 제공은 치료에 큰 효과를 나타낼 여지를 가지고 있었다고 볼 만하다. 예수가 제자들을 마을로 보내면서 환자들에게 복음을 전하고 기름을 발라주게 했다는 기사(「마가복음」6:12~13) 등을 보면 일종의 치료약을 소지하고 있었다고 볼 수도 있는 만큼, 의료 혜택을 거의 받을 수 없던 민중들에게는 기적으로 여겨질 만한 치유 효과가 있었을 가능성을 부정할 수만은 없다. 영양과 위생 상태가 매우 불량했을 당시 현실에서는 깨끗이 씻고 소독하거나 적절한 음식물을 섭취하는 것만으로도 피부병이나 어지러움 등 여러 병이 쉽게 치유되었을 가능성이 높다. 더구나 예수는 신성을 체험하고 상당한 카리스마를 가지고 있었으므로 그의 선언이나 진단, 위로와 격려가 미치는 영향력은 기적으로 불릴 지경에 이를 만도 했을 듯하다.

인간이 하나님의 자녀라는 예수의 인식은 기적적인 치유와 관련해 사용된 '네 믿음이 너를 구원하였다'라는 선포에도(「마가복음」 5:34, 10:52) 반영되어 있는 듯하다. 이 말은 예수 자신이나 하나님의 능력을 앞세우지 않고 환자 자신의 믿음을 강조하는 면이 있다. 전통사회에서 대개의 종교나 미신들이 그렇듯 신에 절대적으로 의탁하여 온 정성을 다해 노심초사하며 치병(治病)하는 것과 비교해볼 때, 참신하고 또한 그만큼 혁명성을 지닌 언사이다. 이것은 예수 부활사건 이후 강화된 그리스도론 속에서도 살아남은 듯한데, 예수 본래 말씀의 흔적일 가능성이 높다. 한편, '네 믿음'의 믿음은 예수의 정체성과 능력에 대한 강한 신뢰로 볼 수 있고 그렇게 설교되기도 한다. 그러나 일단 복음서에 예수 자신의 능력으로 치병이 선포되지 않고 '네 믿음'이 말해지는 것으로 보아, 본래 역사적 예수는 환자 본인의 믿음에 중점을 두고 이같은 말을 했다고 보인다. 대부분 초면이었을 환자들에게 예수가 곧바로 자신에 대한 절대적 신뢰와 신앙을 요구한다면 이것은 일종의 강압으로, 그의 인간 사랑의 기조에도 어긋나는 일이다. 예수에 대한 신앙을 요구한 것처럼 보이는 복음서 내용은 역시 뒤에 그의 추종자들이나 복음서 저자들의 손에서 윤문된 것으로 보아야 할 것이다.

왜 예수는 자기의 능력이 아니고 환자 자신의 믿음이 그를 질병에서 구원했다고 했을까? 여기에는 환자(인간) 자신에 대한 인간 예수의 무한한 신뢰가 전제되어 있다. 그것은 곧 하나님의 온전함처럼 온전하게 될 수 있다고 기대한 인간에 대한 신뢰이기도 하다.[38] 한걸음 나아가 예수 자신의 체험을 통해 알게 된, 피조물에게 무한한 사랑으로 관계하는 창조주 하나님에 대한 신뢰에서 나온 것일 수 있다. 질병 상태의 환자를 정상 상태로 복귀하게 하는 것은 다른 무엇보다 나을 수 있다는 환자 자신의 굳센 믿음이라는 이 말은 자칫 터무니없게 여겨질 수도 있으나, 의술과 의약품 수준이 열악한데다 그조차 이용하기 어려웠을 가난한 환자들에게는 자신의 신앙심을 포함한 강한 치유의지 외에는 이렇다 할 치료법이 없는 형편이기도 했을 것이다. 그리고 사실 이 말은 오늘날 많은 의사들이 환자에게 하는 말과도 상당히 부합한다. 특히 중병에 걸려 의술이 효력을 발휘하기 어려운 경우일수록, 의사는 환자의 적극적이고 긍정적인 의지가 치료에 큰 영향을 미침을 강조하곤 한다.

예수의 이 말은 인간 안의 창조주 하나님의 임재를 전제로 한 말로 보인다. 환자 안에 이미 하나님이 임재했다면 그 하나님은 사랑과 생명의 속성상 자녀의 질병을 그냥 둘 리 없으며, 그로써 분명히 치유된다는 믿음이 이런 선포를 가능하게 했을 것이다.

또한 이 말은 대다수 소외된 병자들에게 하나님이 성령으로 임재하고 있으며 따라서 그들도 하나님의 자녀임을 알리려는 의도가 실린 복음의 선포라고도 여겨진다. 인간 안에 임재하는 하나님의 치유능력을 믿고 굳게 의지한다면 기적처럼 치유가 일어날 수 있음을 말한 것이다. 편재하는 능력의 하나님으로서 성령은 멀리 하늘에만 있지 않고 인간 개체 안에 찾아와서 이제 큰 능력을 발휘할 계제에 있었다. 그 위에 당사자인 환자 자신에게 하나님이 함께하신다는 확고한 믿음이 있음을 위대한 선생이 선언해준 것이다.[39]

한편 병 치유시 말해진 너의 '믿음'에는, 선하고 전능하신 하나님이 악마의 부하로 병의 원인이라 여겨진 귀신들을 물리쳐주실 수 있다는, 유대교 사상에 수용된 이원론을 배경으로 하나님의 능력에 대한 전통 신앙의 절대적 확신이 작용한 면도 있다. 세상에 악마의 권세가 횡행하고 있다고 본 예수로서는[40] 환자가 전능한 선한 신 하나님이 자신을 지켜주고 귀신들을 쫓아주시리라는 믿음을 가진다면 병이 나을 수 있다고 보고 자신있게 설득하고 가르쳤던 것이다. 특히 당시의 정신병 관련 환자들에게 권위있는 예수의 이러한 말은 치료 효과를 갖기도 했던 듯 복음서에는 많은 귀신 퇴치 기사들이 보인다.

누구나 하나님의 아들과 자녀가 될 수 있음은 유명한 산상수훈에도 보인다. 예수는 "화평케 하는 자는 복이 있나니 저희가 하나님의 아들〔들〕이라 일컬음을 받을 것임이요"라고 가르치고 있다(「마태복음」 5:9). 조건이 달려 있긴 하지만 가능성은 누구에게나 열려 있다. 또한 원수를 사랑하고 핍박하는 자를 위해 기도하면 하늘에 계신 너희 아버지의 아들들이 될 수 있다고도 하였다(「마태복음」 5:44~45). 혈통이 아니라 하나님의 뜻을 따름으로써 하나님의 아들로 여겨질 수 있다고 본 것이다. 피조물인 모든 인간은 기본적으로 하나님의 자녀이지만, 하나님을 향해 관계를 가짐으로써 살아 있는 부자관계가 작동하게 된다는 말로 여겨진다. 예수와 하나님 관계와 다른 인간들과 하나님 관계는 다르다는 그리스도교 내의 신조가 있지만, 사실 인간 예수가 특별한 존재라는 선입견을 버리고 생각해보면 하나님과의 관계에서 인간 예수와 다른 인간들이 구별될 이유는 없다. 한 자녀가 뛰어나다고 해서 자녀됨의 사실에서 다른 자녀들과 구별될 일은 아닌 것이다. 더구나 하나님 앞에 한없이 겸손했던 예수는 아버지 앞에 다른 사람들과 다른 자신의 유별한 지위를 주장하지 않았다고 보인다.

어떤 피조물이 의지나 판단력 등에서 일부 신적인 속성을 발휘해 창조주의 뜻을 헤아리고 힘써 실천한다면 그는 그렇지 않은 여타 피조물들과는 분명 차별성을 갖는다고 할 수 있다. 사랑을 근본 속성으로 한 신이라면 자기 뜻을 적극 따르는 피조물을 달리 자리매김해야 할 듯도 하다. 다른 피조물보다 나은 존재로 그 위상을 지어주어야 할 것이다. 선한 신은 자신이 만든, 자신의 뜻을 따르는 이 타자를 '타자인 나'로[41] 볼 수 있으며 부득이 '아들(자녀)'로 호칭할 수도 있을 것이다. 예수는 자신의 체험을 통해 알게 된 이 신비를 전파하며 피조물인 인간들이 하나님의 자녀로서 정체성을 찾기를 촉구했다고 할 수 있다.

하나님의 아들임을 먼저 알게 된 선각자로서 예수가 타인들을 깨우고 인도하려 했음을 보여주는 복음서 구절들도 물론 보인다. 「마태복음」 11:27~30을 보면,

27. 내 아버지께서 모든 것을 내게 주셨으니 아버지 외에는 아들을 아는 자가 없고 아들과 또 아들의 소원대로 계시를 받는 자 외에는 아버지를 아는 자가 없느니라 28. 수고하고 무거운 짐 진 자들아 다 내게로 오라 내가 너희를 쉬게 하리라 29. 나는 마음이 온유하고 겸손하니 나의 멍에를 메고 내게 배우라 그러면 너희 마음이 쉼을 얻으리니 30. 이는 내 멍에는 쉽고 내 짐은 가벼움이라 하시니라

라고 하였다(「누가복음」 10:22 참조). 그리스도 신앙에 의해 윤색되었지만 예수의 하나님과의 일치 체험, 그리고 먼저 깨달은 하나님의 아들로서의 의무감과 역할을 잘 보여준다. 앞부분 27절에는 하나님과 예수의 일치 체험이 기술되고 이어 하나님의 아들인 예수를 통해서만 하나님을 알 수 있다는 복음서 저자의 신앙적 해석이 나온다. 28절에는 무슨 자신감에서인지 예수는 무거운 짐 진 세상 사람들을 무한히 초대하고 있다. 이유는 곧 알게 된다. 이어 29절은 예수 자신이 마음이 온유하고 겸손하다는 사실을 선언하고 있다.[42] 거룩하고 전능한 창조주 하나님을 만난 미물 같은 피조물이 온유하고 겸손하지 않을 수 없을 테니, 그의 품행을 잘 전하고 있는 셈이다. 그러면서 초대한 자들에게 자신이 부여하는 멍에를 메고, 자신에게서 아마도 온유와 겸손을 배울 것을 말하고 있다. 그러면 자신처럼 하나님의 아들이 되어, 혼자 시달리지 않고 전능한 하나님 아버지로 인해 마음의 참휴식을 얻을 수 있다고 말하는 듯하다. 마지막 30절은 자신이 추종자들에게 부여하는 멍에는 쉽고 지우는 부담은 가볍다고 말하고 있다. 복음서 저자의 포교를 위한 배려가 실려 있겠지만, 율법사나 바리새인들처럼 죄와 심판을 두려워하도록 무거운 족쇄를 채우지 않고 쉽고 가벼운 최소한의 부담만 지리라는 말이다. 그 쉽

고 가벼운 멍에와 짐이 무엇인지 분명히 말하지는 않았지만 본래 하나님의 아들로서의 의무 이상은 아닐 것이다.

그런데 어쩌면 바로 여기에 먼저 깨달은 '하나님의 한 아들'로서 예수의 당당함이 실려 있는 듯하다. 이전까지 하나님 백성의 한 사람인 갈릴리 농민으로 별다른 희망도 없는 가운데 율법을 범할 가능성과 그에 따른 심판을 두려워하며 종처럼 살아왔던 삶에 비해, 아들로서 깨닫고 자부하며 사는 삶은 실로 상쾌하고 가뿐했을 것이다. 종으로 살던 자가 해방되어 아들로 받아들여졌을 때, 그는 종전의 무거운 부담과 억압, 고통스러운 마음에서 벗어날 것이다. 종인 그에게 주어졌던 고역은 이제 자아실현의 대상이 될 수도 있는 자신의 일이 되었을 것이다. 이처럼 예수는 아들로 인정받고 그것을 자부하게 되면서 자신에게 주어진 모든 일이 쉽고 가볍게 여겨졌을 것이다. 그리하여 그는 제자와 청중을 향해, 자신처럼 아버지의 자녀로 돌아와 기쁘게 하나님의 일이자 자신들의 일을 하자고 선포한 것이다.

예수는 살아서 유대 전통의 메시아로 자부하지 않았지만, 보편적 의미에서 하나님의 아들이라고 했을 가능성을 보여주는 증거는 비교적 사실성이 높다고 보이는 그의 최후 수난 기사에서도 찾아볼 수 있다. 대제사장과 로마의 유대 총독 빌라도가[43] 예수를 처형할 혐의를 찾지 못해 애쓴 것은 복음서에 분명하게 나타나 있다(「마가복음」 14:55, 56, 15:10, 14). 그런데 대제사장의 "네가 찬송 받을 자의 아들 그리스도냐"라는 질문에 예수는 "내가 그니라"라고 대답했다(「마가복음」 14:61~62). '찬송 받을 자'는 당연히 하나님이니 결국 하나님의 아들이라고 시인한 것이다. 대제사장은 더이상 증인이 필요 없다고 말했고 다른 이들도 예수가 사형에 해당한다고 정죄했다고 한다(「마가복음」 14:63~64). 다만, 예수가 평

326

소에도 메시아(그리스도)로 여겨지는 것을 극히 피하고 발설을 금했던 것으로 보아 그 스스로 그리스도라고 시인했을 가능성은 없다. 그렇다면 여기서의 그리스도는 뒤에 복음서 저자가 신앙심에서 집어넣은 것으로 볼 수도 있다.

대제사장의 질문에 예수는 자신은 하나님의 피조물이자 이스라엘 백성으로서 종교적 신비 체험을 통해 인식한 바에 따라 마땅히 하나님의 (한) 아들임을 인정했던 것이다. 그런데 개별 인간이 하나님의 아들이라는 것은, 사두개파로서 모세 율법의 전통에 서 있던 경직된 대제사장의 관념으로는 신의 친아들을 주장한 것으로 들릴 만했다. 그것은 율법을 자의적으로 해석하고 가르친 죄인에 불과한 갈릴리 출신 거짓 예언자로 보이는 자가 하나님을 모독한 말로 여길 소지가 있었다. 이에 예수는 우선 신성모독죄를 지은 것으로 여겨졌다. 그리고 결국 빌라도에게도 그런 해석을 들이대며 예수를 죄인으로 몰아갔던 것으로 여겨진다. 즉 예수는 보편적 관점에서 자신을 '하나님의 (한) 아들'이라고 한 것을, 대제사장측이 예수가 특별히 자신만의 거룩함을 주장하여 신의 아들이라거나 왕이라고 말한 것으로 몰아갔을 수 있다. 예수에게 유대의 왕이 되려 한 메시아라는 혐의를 씌운 것이다.

예수가 공생애에 하나님의 아들임을 자부했음은 복음서 출현보다 앞서 활약한 사도 바울의 행적을 통해서도 볼 수 있다. 예수의 신비한 부름을 받아 회심한 바울이 가장 먼저 한 일은 예수가 하나님의 아들이심을 전파한 것이라고 하였다(「사도행전」 9:20). 예수 부활사건 이후 불과 3, 4년 뒤로 여겨지는 바울의 회심 시점을 생각해보면, 예수는 살아서부터 하나님의 아들로 자부했음을 미루어 알 수 있다. 「사도행전」이 사도들의 행적을 다소 과장하고 윤색하는 경우가 적지 않은 것을 고려한다면,

바울 자신의 서신을 통해서도 이같은 점을 보완해 알 수 있을 것이다. 56년 봄에 쓰인 것으로 보이는「로마서」1:3~4은 '하나님의 아들'인 예수 그리스도를 매우 구체적으로 말하고 있다. 특히 4절은 바울도 전해받은 것으로 여겨지는 당시 예수신앙공동체의 신조로서, 부활을 통해 예수가 신적인 하나님의 아들로 인정되었음을 말하고 있다.[44] 이처럼 예수는 부활사건 이후 아주 빠른 시일 내에, 부활 확신으로 인격적 대전환을 이룬 열광 상태의 추종자들의 복음 선포(케리그마)를 통해 신 즉 하나님의 아들로 인정되었던 것이다. 그런데 이같이 급속하게 선포된 거룩한 신적 하나님의 아들이라는 존칭은, 하나님과 자신을 친밀한 사랑의 부자관계로 인식한 역사적 예수의 평소 자의식을 연결고리로 하여 용이하게 형성된 면이 있을 것이다. 평소에도 '아바'라고 공손하고도 친밀하게 하나님을 부르던 스승 예수를 떠올리면서, 제자들은 그가 천국의 하나님 곧 그의 아버지에 의해 다시 살아나 승천했다고 여기며 하나님의 참아들이었음을 쉽게 인정하게 되었을 것이다. 예수의 제자들과 추종자들은 학자가 아니었으므로, 어려운 성경의 전거를 찾아서 논란하지 않고 자기들이 함께 살고 본 경험과 확신하게 된 부활신앙으로 거의 직감적으로 공감하며 선포할 수 있었을 것이다.

앞에서 본 복음서에 전해지는 여러 구절들을 통해 볼 때, 예수는 살아 있을 때에 자신은 물론 다른 인간들도 집단으로서가 아니라 개인적·주체적·실존적으로 하나님의 아들(자녀)로 보았던 것을 알 수 있다. 자신이 실존적으로 의식한 '하나님 아들'은 인간이면 누구나 가질 수 있고 꼭 회복해야 할 보편적인 본래의 지위라고 여겼던 것이다. 이것은 일견 당연하고 평범한 인식인 듯하지만 민족적으로 수백년 넘게 율법체제에 억눌려 살아온 당시 유대인들로서는 이해하기도 수용하기도 매우 벅찬

328

개념이었다. 그리하여 부활사건 이후 추종자들에 의해 예수의 신성이 적극 강조되는 과정에서, 예수가 일반 인간을 왕 같은 제사장처럼 보고[45] 보편적인 하나님의 아들로 말하던 것은 급격히 퇴색하고, 예수의 신성을 나타내는 하나님의 친자인[46] 독생자[47] 예수를 표현하는 존칭으로서 '하나님의 아들'[48] 즉 '신의 아들' 예수로만 사용되는 방향으로 나아가게 되었다. 이같은 전환에 부활사건이 극적인 영향을 미친 것은 물론이다. 아울러 여기에는 당시 세상의 왕인 로마 황제를 신의 아들이나 신으로 부르던 정치적 상황도 영향을 미쳤다.

2. 사람의 아들(인자)

'하나님의 아들'과 마치 대척점에 있는 듯한 '사람의 아들' 즉 '인자(人子)'는 예수를 지칭하는 용어로 복음서에 널리 사용되고 있다. '사람의 아들'이라고 할 때는 우선 인간에 대한 강한 자부심을 드러내는 듯한 면이 있어 예수의 사상과 연계하여 주목을 받기도 한다. 그런데 이런 인상과 달리 복음서의 '인자'는 인간 일반을 가리키기보다 예수를 지칭하는 그리스도적 칭호로 사용되고 있다.

'인자'는 본래 고대 셈(Sem)족어에서 '사람(인간)'을 가리킨다. 구약성경에서 '인자'(son of man)를 나타내는 가장 기본적이고 널리 쓰는 히브리어 용어는 '아담의 아들'이라는 뜻의 '벤 아담'(ben-'adam)이다. 이외에 「다니엘」 7:13에 단 한번 사용되었지만 종말론상 큰 의미를 가진 '사람의 아들'이라는 뜻의 아람어 '바르 에나시'(bar 'anash)가 있어 주목된다. 구약성경에는 '인자'가 100여회 등장한다. 사람 자체를 지칭하는 경우로는 같은 내용을 반복하고 있는 「시편」 8:4,[49] 144:3 등이 있으며, 하나님과 대비해 인간을 나타내는 경우로는 「민수기」 23:19,[50] 「사무엘상」 26:19, 「욥기」 25:6,[51] 35:8,[52] 「시편」 80:17,[53] 「이사야」 51:12[54] 등이 보인다. 또한 「다니엘」에서 이상(vision, 환상)을 본 다니엘에 대해 가브리엘 천사가 호칭한 경우 1회와[55] 에스겔이 본 이상 중에 하나님이 천상에 온 에스겔 선지자를 호칭하는 경우 92회가 보인다.[56] 그리고 메시아사상과 관련해 주목되어온 표현으로 천상에 살다가 종말에 하나님으로부터 세상 통치권을 부여받는 「다니엘」 7:13의 '인자 같은 이'(one like a son of man)가 있다.

이 구절들을 보면 알겠지만, 구약성경에서 '아담의 아들' 곧 사람의 아들인 인자는 '인간'을 의미하는 것으로 사용되고 있다. 그런데 「시편」 80:17 "주의 우편에 있는 자, 곧 주를 위하여 힘있게 하신 인자의 위에 주의 손을 얹으소서"에 보이는 인자는 '힘있게 하신 인자'라는 묘사로 보아 인간으로서 왕을 가리키는 듯하다. 이는 「시편」 110편과 직결되어 하나님(주)이 오른편에 앉게 한 '내 주'를 가리킬 수도 있고, 「다니엘」 7:13~14의 "내가 또 밤 이상 중에 보았는데 인자 같은 이가 하늘 구름을 타고 와서 옛적부터 항상 계신 자에게 나아와 그 앞에 인도되매 그에게 권세와 영광과 나라를 주고 모든 백성과 나라들과 각 방언하는 자로 그를 섬기게 하였으니 그 권세는 영원한 권세라 옮기지 아니할 것이요 그 나라는 폐하지 아니할 것이니라"에 보이는 '인자 같은 이'와 연계될 수도 있어 주목할 만하다. 그런데 「욥기」 25:6을 보면 인간 곧 '인자는 벌레요 구더기'라고 하여 '인자' 자체가 예부터 거룩한 정체성을 가진 자를 가리키는 특별한 용어가 아니었음을 알 수 있다.

다니엘과 에스겔을 하나님이나 천사가 '인자'라고 부른 것도 특별한 의미를 둘 것은 아니라고 여겨진다. 그들은 이상(환상)이라는 신비한 종교적 경험 상태에서 천상의 존재들과 대비되어 인자로 불렸다고 보인다. 문제는 「다니엘」 7:13에 보이는바 미래의 메시아로 해석되기도 하는 천상의 '인자 같은 이'이다. '인자 같은 이'는 추정적 표현이라서 신인지 인간인지 단정할 수 없고 논란의 여지를 안고 있다. 같은 「다니엘」 8:15에는 '사람 모양 같은 것'이라는 표현도 있는데[57] 어쩌면 이상 중에 본 '사람처럼 보이는 하나님'에 대해 이처럼 유보적 표현을 사용한 것일 수 있다. 하나님을 사람 같다고 보는 것은 신인동형론의 유대 전통사상에서는 있을 수 있는 일인데, '인자 같은 이'도 이처럼 천상의 어떤 신비한 존재를 전제로 하여 제시되었을 것이다. 어떤 신비한 존재, 천사장이나 천사, 하나님의 아들이나 대망된 메시아, 나아가 죽지 않고 하늘나라로 들려올라갔다는 이스라엘의 전설적 인물인 에녹이나 대선지자 엘리야 같은 이와의 관련도 생각해볼 수 있으며 차후 그렇게 여겨지기도 했다.

이상으로 보아 구약성경에서 '인자'는 인간을 말하는 것으로, 그 이상의 특별한 의미를 부여해 사용된 것으로는 보이지 않는다. 다만 아람어로 전해지는 묵시서 「다니엘」 7장의 '인자 같은 이'는 하나님이 권세와 영광을 부여한 종말의 성도들의 나라로서 제시되어[58] 유대 종교사에서 주목받는 존재가 되었다. 결국 구름 타고 오는 이 '사람 같은 이'는 '인자'라는 용어로, 메시아와 하나님의 아들과 같은 존재로 1세기경에 저술된 복음서와 「비유에녹서」 「제4에스라서」 등에 존재를 드러내게 되었다.

신약성경에는 복음서를 중심으로 상당수의 '인자' 사용례가 보인다.[59] 그런데 신약성경에 사용되는 인자의 대다수는 정관사(the)가 붙어 있어 '그 인자'(the Son of Man)라는 의미를 띠고 있다. 복음서에서는 예수가 자신을 가리킬 때 사용하고 있다. 복음서 이외의 경우에 사용된 예는 매우 소수이다. 「히브리서」 2:6은[60] 구약성경 「시편」 8:4을 인용한 것이라 특별히 의미를 둘 것은 아닌데, 예언된 예수 그리스도를 말하기 위해 쓰였다. 「요한계시록」은 요한이 본 이상을 기록한 내용처럼 되어 있는데, 이상 중에 본 것인 만큼 단정적으로 말하지 않고 '인자 같은 이'라는 표현이 2회 나온다.[61] 저술할 때 「다니엘」 7:13을 많이 참고하다보니 이렇게 된 것으로 보인다. 다만 「요한계시록」의 '인자 같은 이'는 1:18에 의하면 '전에 죽었다가 산 자'이니 곧 예수 그리스도와 직결됨을 알 수 있다. 「히브리서」와 「요한계시록」의 '인자'나 '인자 같은 이'는 제3자가 예수를 지칭하는 것이라서 예수의 정체성과 관련해 주목할 소지가 있으나, 본래부터 인간 예수에게만 사용된 거룩한 칭호라고 단정할 수는 없다.

복음서에 앞서 나온 바울서신에는 '인자'가 전혀 언급되지 않았다. 이스라엘의 종말론적 전통에 익숙하지 않은 이방의 신도들에게 설명하기 쉽지 않아서 말하지 않았을 가능성도 있으나[62] 좀더 숙고할 점이 있다고 보인다. 이에 대해서는 후술하겠다.

복음서의 인자 자료 분석

복음서에는 인자 용례가 매우 많은 편인데, 인간 예수가 자신의 특별한 정체성을 의식해 이 용어를 사용한 것인지 아니면 뒤에 그의 추종자들이나 복음서 저자들이 새롭게 의미를 두어 예수에게만 사용한 것인지를 판별하기가 쉽지 않다. 학자들의 견해도 갈린다.

복음서의 인자 말씀은 흔히 '현재의 인자에 관한 말씀' '고난받는 인자에 관한 말씀' '미래의 묵시적 인자에 관한 말씀'으로 나눈다. 이 가운데 십자가 죽음과 사흘 만의 부활을 예언한 '고난받는 인자 말씀' 자료는 십자가 처형과 부활사건을 경험한 이후에 사후 예언 형식으로 만들어져 편입된 것으로 볼 수 있는 만큼, 실제 예수의 말이 아닐 가능성이 매우 높다.[63] 그렇다면 인자가 예수의 정체성을 나타내던 용어인지는 그의 공생애 중에 이야기된 내용과 미래 종말에 이루어질 영광된 인자의 도래를 이야기하는 인자 말씀을 분석해보면 알 수 있을 것이다.

「다니엘」 7:13에 보이며, 1세기 팔레스타인에서 일상적으로 널리 사용된 아람어 인자를 코이네(Koinē) 그리스어로 번역한 '호 휘오스 투 안드로푸'(ὁ υἱὸς τοῦ ἀνθρώπου) 곧 '인자'는 복음서에 자주 보인다. 학자들 간의 견해 차이가 없지 않으나, 당시 아람어의 인자는 일반적으로 세가지 용례로 사용된 것으로 보고 있는데, 인간 일반(총칭), 어떤 사람(불확정한 의미), 나(I)의 다른 표현 등이다. 여기에 더해 복음서의 미래의 인자에 관한 말씀과 곧바로 연결되는 「다니엘」 7:13의 환상적 존재인 묵시종말의 인자가 있다.[64] 이 신화적이고 영광된 천상의 존재는 예수의 그리스도적 정체성과 연관되어 있다.

이제 공관복음서의 기본이랄 수 있는 「마가복음」의 인자 관련 말씀을 먼저 분석하여 예수와 인자의 관계를 구명해보고자 한다.[65]

「마가복음」 인자 말씀 자료

① 그러나 인자가 땅에서 죄를 사하는 권세가 있는 줄을 너희로 알게 하려 하노라 하시고 중풍병자에게 말씀하시되(2:10)

② 이러므로 인자는 안식일에도 주인이니라(2:28)

③ 인자가 많은 고난을 받고 장로들과 대제사장들과 서기관들에게

버린바 되어 죽임을 당하고 사흘 만에 살아나야 할 것을 비로소 저희에게 가르치시되(8:31)

④ 누구든지 이 음란하고 죄 많은 세대에서 나와 내 말을 부끄러워하면 인자도 아버지의 영광으로 거룩한 천사들과 함께 올 때에 그 사람을 부끄러워하리라(8:38)

⑤ 저희가 산에서 내려올 때에 예수께서 경계하시되 인자가 죽은 자 가운데서 살아날 때까지는 본 것을 아무에게도 이르지 말라 하시니(9:9)

⑥ 가라사대 엘리야가 과연 먼저 와서 모든 것을 회복하거니와 어찌 인자에 대하여 기록하기를 많은 고난을 받고 멸시를 당하리라 하였느냐(9:12)

⑦ 이는 제자들을 가르치시며 또 인자가 사람들의 손에 넘기워 죽임을 당하고 죽은 지 삼일 만에 살아나리라는 것을 말씀하시는 연고더라(9:31)

⑧ 보라 우리가 예루살렘에 올라가노니 인자가 대제사장들과 서기관들에게 넘기우매 저희가 죽이기로 결안하고 이방인들에게 넘겨주겠고(10:33)

⑨ 인자의 온 것은 섬김을 받으려 함이 아니라 도리어 섬기려 하고 자기 목숨을 많은 사람의 대속물로 주려 함이니라(10:45)

⑩ 그때에 인자가 구름을 타고 큰 권능과 영광으로 오는 것을 사람들이 보리라(13:26)

⑪ 인자는 자기에게 대해 기록된 대로 가거니와 인자를 파는 그 사람에게는 화가 있으리로다 그 사람은 차라리 나지 아니하였더면 제게 좋을 뻔하였느니라 하시니라(14:21, 인자 사용 2회)

⑫ 세번째 오사 저희에게 이르시되 이제는 자고 쉬라 그만이다 때가 왔도다 보라 인자가 죄인의 손에 팔리우느니라(14:41)

⑬ 예수께서 이르시되 내가 그니라 인자가 권능자의 우편에 앉은 것과 하늘 구름을 타고 오는 것을 너희가 보리라 하시니(14:62)

여기서 역사적 신빙성이 없다고 인정되는 '고난받는 인자에 관한 말씀'을 우선 찾아본다면 ③ ⑤ ⑥ ⑦ ⑧ ⑨ ⑪ ⑫이다.[66] 복음서에 의하면 예수는 예상되는 죽음을 두려워하고 일단 피했으면 한 것을 알 수 있다. 예수와 그의 제자들이 사흘 만의 부활을 예상하지 못했음은 분명하다. 특히 제자들이 예수가 체포되자 도망하였고 심지어 고향으로 달아난 정황을 보면 충분히 짐작이 간다. 따라서 십자가 수난과 사흘 만의 부활을 구체적으로 예언한 '고난받는 인자에 관한 말씀'은 예수가 생전에 한 말이 아닐 것이며, 그가 자신의 정체성을 실어 말한 내용으로 볼 수 없다. 아울러 이들 자료의 '인자'는 일반적 용례인 1인칭 '나(I)'로 대치해 보아도 전혀 문제가 되지 않는 만큼, 자료 자체만으로도 예수의 정체성을 나타내는 그리스도적 인자의 의미로 쓰였다고 강변할 수 없다.

이제 '고난받는 인자에 관한 말씀'을 제외하고 보면, '현재의 인자에 관한 말씀'인 ① ②와 '미래의 인자에 관한 말씀'인 ④ ⑩ ⑬이 남는다. 자료 ⑬은 수난 중에 있었던 내용이지만 미래에 대한 말씀인 것을 알 수 있다.

'현재의 인자에 관한 말씀' ①은 「마태복음」 9:6과 「누가복음」 5:24에 병행하여 나온다. 그런데 같은 내용에 연계된 「마태복음」 9:8에는 "무리가 보고 두려워하며 이런 권세를 사람[들]에게 주신 하나님께 영광을 돌리니라"라고 하였다. 죄를 용서한다는 선언에 서기관들은 감히

인간인 예수가 하나님의 권한을 행사하다니 참람하다고 생각했는데
(9:3), 오히려 거기 모인 사람들 무리는 예수의 권세에 놀라 그러한 권세
를 '사람[들]에게' 주신 하나님께 영광을 돌렸다는 것이다. 이들이 '사
람[들]에게' 죄 사함의 권세를 주었다고 생각한 것을 보면 의당 '땅에
서 죄를 사하는 권세가 있는' ①의 인자는 아람어 일반적 용례의 '인간'
일 가능성이 높다. 예수가 '자신'에게 그러한 권세 주심을 보여주려 했
다고 볼 수도 있으나, 그보다는 '일반 인간'에게 죄 사함의 권세가 있음
을 보여주려 한 것임을 「마태복음」 9:8을 통해 알 수 있는 것이다. 구약
시대 율법체제에서 속죄는 제사장들이 주관하는 속건제나 속죄제 등을
통해 이루어졌는데, 예수는 이를 무력화시키며 일반 인간들도 죄 사함
의 권세가 있음을 보여준 것이다. 그렇다면 ①의 말씀은 예수가 자신만
을 구별해 '인자'를 사용한 것으로 볼 수 없고, 당시 아람어 용례에 따라
'인간 일반'을 말했는데 이것이 구전과 저술 과정에서 의도적으로 예수
만을 나타내는 그리스도적 존칭 '인자'로 바뀌어 사용되었을 가능성을
보여준다.

　'현재의 인자에 관한 말씀' ②는 잘 알려진 내용이다. 안식일은 사람
을 위해 있는 것이고 사람이 안식일을 위해 있는 것이 아니라는, 당대
유대사회에서는 매우 도전적이었을 내용에 이어 나온다.[67] 안식일 준수
는 당시 유대인들에게는 가장 소중한 율법조항의 하나인데, 배고픈 예
수의 제자들이 안식일에 곡식 이삭을 잘라 먹었다. 제자들만 먹었을 것
으로 보이지는 않고 아마도 예수도 같이 먹었을 것이다. 이에 대해 추종
자들이나 복음서 저자가 거룩한 예수가 제자들과 같이 비난받을 여지
가 있는 행동을 한 것으로 기술하지는 않았을 듯하다. 예수는 그의 직관
적이고 전복적인 인식의 특성상, 안식일은 사람을 위해 있는 것이며 안

식일의 주인은 인간이라는 선언을 했을 법하다. 물론 하나님이 주인이지 어찌 감히 인간이 안식일의 주인이라 주장할 수 있을까 생각할 수도 있다. 복음서 저자들도 아마도 그렇게 생각해서 그 인간일 인자를 그리스도 인자로 바꾸어 적었을 가능성이 적지 않다.

「마가복음」이 이렇게 하자 그를 뒤이은 「마태복음」과 「누가복음」은 한결음 더 나아갔다. 「마태복음」은 '안식일은 사람을 위해 있는 것'이라는 구절을 생략하고 율법 관련 내용을 보충하고(12:5) '성전보다 더 큰 이'가 여기 있다는 말을(12:6) 추가하여 (그리스도) 인자가 안식일의 주인이라고 그럴듯하게 보완하였다(「마태복음」 12:1~8). 「누가복음」의 저자는 앞의 「마가복음」 구절에서 핵심 내용 중 하나인 '안식일은 사람을 위해 있는 것'이라는 내용만 삭제하여 안식일의 주인은 그리스도인 인자라고 요령 있게 전하였다(「누가복음」 6:1~5). 「마가복음」에 보이는 안식일이 사람을 위한 것이라는 구절이 안식일의 주인이 (그리스도) 인자라는 구절과 잘 부합하지 않음을 알아채고 삭제한 후, 예수 그리스도가 안식일의 주인이라는, 「마가복음」이 전하고 「누가복음」 저자 자신도 공감하는 내용을 전한 것이다. 간단한 생략으로 오히려 본래 서술의도를 강화하는 수준 있고 세련된 편집능력을 보여주었다.

그런데 아무리 안식일이 인간을 위해 있다고 해도 어찌 그날의 주인이 인간일 수 있겠느냐는 생각에 많은 이들이 공감할 것이다. 하나님이 안식일의 주인이라고 해야 할 것이며, 그가 아니라면 예수 그리스도 정도를 주인이라고 할 만하다. 그런데 여기에는 문제가 있다. 그렇게 본다면 안식일만이 아니라 모든 날들의 주인이 하나님이라고 해야 할 것이다. 그런데 그런 말은 군이 할 필요가 없는 것이다. 창조주 하나님이 만물과 만사의 주인이라고 주장하면 누구도 어떤 것도 예외일 수 없으며 굳이 안식일만 지적하여 누가 주인인지를 말할 필요도 이유도 없는 것이다. 그렇다면 그리스도인 인자 예수가 안식일의 주인이라는 것도 마찬가지다.

사실 예수는 안식일에도 병자를 치료해주는 등 필요 이상으로 인간을 억압하는 안식일 율법규정들을 완화했으며, 같은 기조에서 안식일은 하나님이 인간을 위해 만들어주셨다는 근본 취지를 천명한 것이다. 여기서 안식일의 주인이라는 인자는 당시의 일반적 용례의 인자(인간)임을 알 수 있다. 인간을 하나님이 지은 자녀라고 본 예수는 안식일이 하나님의 자녀인 인간(인자)을 위해 만들어진 것이니 이날의 주인이 감히 인간인 인자라고 선언했던 것이다. 이는 5월 5일 어린이날의 주인은 어린이라고 하는 것과 다르지 않다. 하나님의 무한한 사랑을 체득한 예수는 하나님이 인간을 위해 안식일을 만들어주셨다고 믿었던 것이다. 고된 노동에 시달리던 1세기 팔레스타인의 민중에게 안식일마저 없다면 그 고초가 어떠했을 것인가. 결국 '현재의 인자에 관한 말씀' ②에 보이는 '인자'도 본래 예수만을 특별히 지칭하는 것이 아니고 인간 일반을 가리켰을 것임을 알 수 있다.

이렇게 보면 구전과정이나 「마가복음」 저술과정에서 아람어 '인자'의 일반 용례를 잘못 이해했거나 또는 의도적으로 예수만을 지칭하는 것으로 만들고 말았음을 알 수 있다. 다른 복음서 저자들도 그런 의도에 동조하여 보충하거나 삭제함으로써 오히려 「마가복음」 저자의 의도를 보강해주었다. 자료 ① ②의 분석을 통해서 적어도 복음서 저자들이 예수만을 지칭하는 '인자' 사용을 확대하려는 의도를 가졌고, 이를 실천에 옮긴 것을 확인할 수 있다.

「마가복음」에는 보이지 않고 다른 복음서들에 보이는 '현재의 인자

338

에 관한 말씀'으로 주목할 만한 것은 「마태복음」 8:20 "예수께서 이르시되 여우도 굴이 있고 공중의 새도 거처가 있으되 오직 인자는 머리 둘 곳이 없다 하시더라"도 있다.[68] 짐승에 불과한 여우도 굴이 있는데 하물며 인간인 예수 자신이 묵을 처소가 없다는, 자신의 무소유와 더불어 절실한 고독감을 호소하는 듯한 내용이다. 여기서의 '인자'는 단순히 예수를 가리킨다고 볼 수도 있으나, 당대의 일반적 용례 중에서 '어떤 사람'에 해당하는 '인간인 나'를 가리키는 것으로 보는 것이 더욱 정확할 것이다. 이 경우도 예수만의 특별한 칭호로서 인자가 사용되었다고 볼 수는 없다. '현재의 인자 말씀' 중에서 일반적 용례는 「마태복음」 11:19에서도 확인할 수 있다.[69] '세례 요한은 와서 먹지도 않고 마시지도 아니하자 귀신 들렸다고 여기더니, 어떤 인간은(인간의 하나인 나는) 먹고 마시매 말하기를, 보라 먹기를 탐하고 포도주를 즐기는 사람이다'라고 했다는 내용이다. 그런데 먹고 마시는 것은 인간의 일이니, 여기서의 '인자'는 본래 그리스도적인 영광된 존재와는 거리가 멀다. 인간을 나타내는 1세기 유대사회의 아람어 용례를 오해해서라기보다는 의도적으로 그리스도적 인자인 양 사용한 듯하다.[70]

'미래의 인자에 관한 말씀'인 ④ ⑩ ⑬에 보이는 인자는 「다니엘」 7:13에서 유래한 환상적인 묵시종말적 존재이다. 「다니엘」 7:13에는 아람어로 '인자 같은 이'로 되어 있는데, 복음서와 근접한 시기에 나온 것으로 여겨지는 「비유에녹서」와[71] 「제4에스라서」 등에도 이 환상적인 존재는 '인자'로서 천상의 메시아적 존재로 나온다.[72] 「다니엘」 7장과 연관된 것으로 보이는 쿰란문서 4Q246 아람어 묵시록 제2열에도 '하나님의 아들'과 '지극히 높으신 분의 아들'로 불릴 것이라고 되어 있다.[73] 각각의 출전에 따라 다소 성격을 달리할 소지도 있으나, 로마의 압제 속에 희망 없는 유대인들이 종말에 대한 기대를 강화하는 중에 「다니엘」 7:13의 하나님 앞에 구름 타고 나타난 모호한 천상의 존재인 '인자 같은 이'의 성격을 보다 분명히 하면서 메시아적 존재인 '인자'로 구체화했던 듯하다. 본래 짐승 같은 나라와 구별되어 등장하는 '인자 같은 이'는 하나님의 성도들(의 나라)을 가리키는 집합적 상징인데, 쿰란문서 4Q246이나 복음서, 「에녹 1서」와 「제4에스라서」 등을 보면 그것이 점차 개별 존재인 '인자'로 변화해간 것을 알 수 있다. 이것은 유대인의 뿌리 깊은 메시아 대망이 영향을 미쳐 「다니엘」 7:13의 '인자 같은 이'를 개별적 메시아적 존재로 이해하도록 한 것으로 보인다. 계속되는 역사의 질곡 속에서 소망을 포기하지 않기 위해 종말론적 묵시에 큰 기대를 걸고 있던 유대인들에게, 「다니엘」의 '인자 같은 이'는 그것이 본래 영감을 받았을 「시편」 110:1의 야훼 오른편에 앉게 된 '내 주'에 비해 한층 신화적 요소가 가미된 구체적인 존재로서 주목을 받고 널리 이야기되었을 것이다. 더구나 '인자 같은 이'는 「다니엘」에서, 유대인이 실생활에서 거의 사용하지 않은 전통적 성경의 언어인 히브리어가 아니고 페르시아의 지배를 받게 된 이후 유대사회에서 가장 널리 쓰이던 아람어로 기록된 부분(2:4~7:28)에 나오는 만큼, 대중적으로 쉽게 회자될 수 있었을지도 모를 일이다. 널리 알려진 그 '인자 같은 이'는 아마도 '그 인자(그 사람의 아들)'로 말해지고 집단적 상징보다는 개별적 존재로서 이해되기에 이르렀을 듯하다. 그런데 '인자'는 명칭상으로는 메시아 등과 구별되지만, 「제4에스라서」 7, 12, 13장 내용을 보면[74] 마지막 시기에 드러날 유대인들이 대망하던 그 존재는 (하나님의) 아들, 구세주, 다윗의 자손(메시아), 그리고 인자로도 보았던 듯하다. 따라서 이들 명칭의 독자적 성격을 규명해 썼다고 보기는 어렵다. 사실 신비한 천상의 존재, 환상적 존재를 인간들이 하나님의 아들, 메시아, 인자 등으로 각각 구분하고 그 지위나 직능을 구체적으로 상상해내기는 쉽지 않은 일이며, 그럴 만한 문화적·지적 경로가 달리 있지도 않았던 듯하다.

제시된 자료 ④ ⑩ ⑬의 환상적이고 종말적인 미래의 인자는 '오실 인자'로서 공통점을 보여준다. 그는 구름을 타고 큰 권능과 영광으로 오는 존재로 묘사되고 있다. 이같은 내용은 하늘 구름을 타고 하나님 앞에 와서 권세와 영광과 영원한 나라를 받는다는 「다니엘」 7:13~14의 '인자 같은 이'의 모습과 같다. 문제는 이같은 종말적 인자에 관한 말씀들에서 예수는 마치 그 인자를 제3자처럼 말하고 있다는 점이다. 여기서 예수가 종말에 임할 또다른 인자에 대한 언급을 이처럼 했을 가능성을 생각해볼 수도 있고, 자신을 미래의 전혀 새롭게 변화된 존재로 예상하여 제3자처럼 언급한 것으로 이해할 수도 있다.[75] 물론 이 인자 관련 자료도 추종자들이나 복음서 저자들이 만들어넣은 것으로 보기도 한다.

「다니엘」 7:13 이하의 구절과 예수의 행적이 어떤 연관성을 갖는지가 우선 문제가 될 것이다. 예수가 종말의 하나님 나라를 현재화하면서 기존 묵시종말론의 주요 출전인 「다니엘」 7장에 관심을 가졌을 가능성은 부인할 수 없다. 종말에 관심이 적지 않았을 그의 제자와 추종자들, 바리새인 등이 그에게 「다니엘」의 '인자 같은 이'에 대해 물었을 개연성도 충분하다. 그런데 예수 공생애의 가르침이 하나님 나라의 현재적 실현에 중점을 두었음은 두말할 나위가 없다.[76] 그 나라는 거저 주어지는 나라가 아니라, 복음에 응답하여 회개하고 하나님의 자녀로 자각한 자들이 합력하여 이룰 나라이다.[77] 감히 하나님의 온전하심을 닮고자 하는 이들이 원수까지도 사랑하고 그를 위해 기도하는 하나님의 온전함을 향해 자라나는 중에 이루어질 나라이다(「마태복음」 5:48). 깨우친 인격적 존재들이 만들어가는 나라인 것이다. 예수는 그 하나님 나라를 전하기 위해 왔다고 하였다.[78] 그에 비해 「다니엘」 7장의 종말의 나라는, 하나님을 대적하는 짐승 같은 세상 나라들에 대한 하나님의 철저한 심판 후에 고난을 받은 성도들에게 주어질 나라이다. 여기서 '인자 같은 이'는 '짐승 같은 것'들로 비유된 네 제국들에 대해 '집합적 성도들(의 나라)'을 상징한다. 이 하나님 나라는 성도들의 고난에 대한 신원이고 복수의 결과이며 당연히 타민족·국가에 대한 철저한 보복과 심판을 전제한 종말의 왕국이다. 성도들의 인격적이고 자발적인 노고의 결과가 아니라 하나님이 주시는 나라라는 성격이 강하다.

여기서 또한 상기할 것은, 세상의 가치나 기준에 대한 예수의 전복적 인식과 가르침은 기왕의 학문체계나 성경 등을 궁구하거나 학습한 끝에 이루어진 것이 아니라는 점이다. 그런 방식을 취했다면 그가 당대의 유대사상에 대립할 이유도 적고, 그것을 넘어선 경지를 설파하기도 어려웠을 것이다. 물론 「다니엘」 7장 내용에서 어떤 시사를 받았을 가능성조차 부정할 수는 없다. 하나님 나라 도래의 필연성 등에 고무되었을 수도 있다. 그런데 '인자 같은 이'는 결국 '인자'로 말해지고 이 천상의 신비한 존재는 유대 전통에서 정치적 메시아 대망을 벗어날 수 없었다. 이 인자는 권세와 영광과 나라를 하나님으로부터 선물받고 세상 모든 민족을 지배할 제왕의 상을 벗어나지 못하고 있는 것이다. 「다니엘」 은 기원전 165년경, 셀레우코스왕조 안티오코스 4세 에피파네스왕의 극렬한 종교 탄압 속에서 '경건한 사람들'(하시딤Hasidim)이 민족종교를 수호하기 위해 일어나고 많은 유대인들이 목숨을 걸고 투쟁하던 시기에 나왔다. 이미 좀 앞서 헬라화 정책을 적극 추구하는 유대 대제사장과 추종자들이 있어 유대민족 내부의 혼란과 대립이 가중되던 그 시점에, 「다니엘」은 유대인 전체가 아니라 거룩한 성도들에게 나라가 주어질 것을 말하였다. 그런데 그 하나님의 거룩한 성도는 여전히 유대민족의 범위를 벗어나지는 않았다. 절망적 상황에서 민족의 희망을 잃지 않기 위해, 이 민족주의적·묵시종말론적 책자는 하나님이 영광된 이스라엘의 회복 계획을 이상 중에 보여주셨다는 신비 증언을 담고 있으며, 제국들에 대한 보복 후 이스라엘의 하나님 나라를 희망하고 있다. 종말의 때에는 끝내 이스라엘 민족의 수호천사인 천사장 미가엘(Michael, 미카엘)이 일어날 것이라 말해지기도 했다.[79]

이런 면에서 볼 때, 예수가 「다니엘」 7장에서 유래한 정치적 제왕의 성격을 갖는 인자와 자신을 연계하여 이해했을 가능성은 매우 낮아 보인다. 더구나 직관적이고 문제의 본질 파악에 탁월했던 예수가 '인자 같은 이'가 하나님의 성도들을 나타내는 집단적 상징임을 몰랐을 리 없다.[80] 별다른 신앙적·신학적 선입견 없이 보면 중등교육만 받은 평범한 사람도 이 구절에 보이는 '짐승 같은 것'인 폭압적 제국에 대비해 '인자 같은 이'가 선한 사람들의 집합이나 나라라는 것을 알 수 있을 것이다. 이런 정도를 예수가 간파하지 못하고 자신의 사명과 역할을 여기에 보이는 집단적 상징으로서의 '인자 같은 이'와 연계하여 생각했을 것으로 추정하는 것은 착오인 듯하다.[81] 모세의 율법에 대해서도 거침없는 판단을 내리는 등 하나님의 보장을 받은 자가 아니면 보일 수 없을 예수의 인식과 행적으로 볼 때, 굳이 「다니엘」 등 기존 예언서에 자신을 연계시켜 정체성을 세우거나 진로를 선택했을 가능성은 낮다고 여겨진다. 그는 하나님과의 개별적 일치 체험에서 온 아들로서의 자부심에서 하나님의 뜻을 실현하는 하나님 나라 건설에 매진했을 뿐이다. 따라서 만약 그가 종말에 오실 인자를 의식했다면 당연히 자신과 무관한 제3자적 존재로 보았을 터이지만, 그렇다 해도 공생애 초기 세례 요한의 외침에 따라 회개와 심판 후의 천국을 선포하던 짧은 시기 동안에나 있었을 법한 일이다. 사단의 시험이라 말해지는 정치적 메시아 유혹을 극복한 이후, 심판이 아니라 구원의 은총으로[82] 이루어질 하나님 나라 건설을 선포하며 기쁜 잔치를 베풀게 된 시기에는 종말의 인자는 그의 안중에 없는 존재였을 것이다. 사실 하나님의 아들임을 확신했다면 실체도 불분명한 신화적 지위나 역할에 관심을 갖고 기웃거릴 이유도 없는 것이다. 국왕의 아들인 왕자가 다른 관직에 군이 관심을 기울일 필요가 없는 것과 마찬가지이다.

이런 검토를 전제로 「마가복음」의 '미래의 인자에 관한 말씀' 자료를 보다 구체적으로 검토해보고자 한다.

우선 자료 ④ 「마가복음」 8:38은 조직 내부자를 향해 말한 매우 방어적 내용이다. 죄 많은 이 세대에서 예수를 부끄러워하면 영광스럽게 올 인자도 그를 부끄러워한다는 말이다. 그런데 이 구절은 예수의 실제 가르침으로 보기에는 지나치게 부정적인 면을 가지고 있다. 은혜와 은총, 원수에 대한 사랑과 그 축복까지를 가르치며 하나님의 온전함을 따라 온전하라고 말하는 예수의 거칠 것 없이 상쾌한 가르침과는 큰 거리감이 있다. 종교적 조직을 갖추지 않아 내외부가 구분되지 않는 상태에서 모든 사람을 초청해 복음을 선포한 예수가, 추종자 조직 내부만을 향해 이같은 협박조의 언사를 말했을 리는 없는 것이다. 그리고 공생애 중에 예수가 자신의 가르침이 부끄러움의 대상이 될 것을 이처럼 의미심장하게 생각했을 가능성도 없다. 그가 하나님의 성령에 취해서 기쁜 마음으로 세상의 조롱도 전혀 신경 쓰지 않고 세리나 창기 등 소위 죄인들과도 어울린 것은 잘 알려진 일이다. 그런데 이미 이 구절의 앞구절들에

344

서 예수는 자신이 고난을 받고 죽임을 당해 사흘 만에 부활할 것을 처음 말했고, 이에 베드로가 반발하자 꾸짖은 후에 이 구절이 나온다. 그리고 제자들에게 자신을 따르려면 스스로를 부인하고 각기 십자가를 지고 좇을 것을 명하며 자신과 복음을 위해 목숨을 잃으면 구원을 받을 것임을 말하고 있다. 자신의 고난과 죽은 지 사흘 만의 부활 예언이 역사적 사실은 아닐 것이므로, 그와 연결된 구절들은 비장함에도 불구하고 예수 스스로가 그대로 말한 것은 아닌 것이다.

무엇보다도 자신의 말을 부끄러워하면 마치 댓가를 치르게라도 할 듯이 인자 앞에서 부끄럼당하리라는 말은, 예수 본연의 사랑의 행적과는 거리가 멀다.[83] 따라서 이 내용은 예수 사후 신앙공동체가 어느정도 정비된 다음에 내부적으로 신자들을 단속하려고 했던 공동체 지도자들의 심사를 반영해 만들어졌을 가능성이 높다. 이 구절은 「누가복음」 9:26에는 거의 그대로 나오지만 「마태복음」 16:27에는 약간 변형되어 "인자가 아버지의 영광으로 그 천사들과 함께 오리니 그때에 각 사람의 행한 대로 갚으리라"라고 하였다. 예수와 인자를 더욱 일치시키면서 행한 대로 갚겠다는 일종의 보응적 심판이 이야기되고 있다. 기존 유대교를 벗어나면서 그들과 경쟁·대립관계에 있던 마태 예수신앙공동체가 절실하게 구성원들을 관리하고 있었음을 알 수 있는 한편, 앞선 「마가복음」 내용이 기본적으로 심판의 내용으로 이해되었음도 알 수 있다. 아마도 당시 그리스도인들을 가장 부끄럽게 한 것은 예수가 죄수로서 십자가에서 처형되었다는 비난이었을 것이다.[84] 결국 자료 ④는 제자들을 한없이 가엾게 여기고 사랑했던 예수의 말은 아니며, 그렇다면 이를 예수 정체성 파악의 근거 자료로 삼을 수도 없을 것이다.

자료 ⑩은 소위 '소묵시록'이라고 말해지는 「마가복음」 13장의 종말

예언 중에 보이는 내용이다. 그런데 「마가복음」 13장은 그 1절부터 예루살렘 성전 파괴를 매우 직접적이고 구체적으로 언급한다. 제자 중 한 명이 당시 일부 공사가 진행 중이던 예루살렘 성전에 대해[85] 그 돌이 크고 건물이 웅장함을 찬탄하는 내용으로 시작된다. 그런데 예수는 곧바로 '돌 하나도 돌 위에 남지 않고 무너뜨려질 것'을 예언하고 있다. 이어 3절 이하에서 네명의 제자를 데리고 감람산에 올라가서 성전을 보던 중 제자들이 어느 때에 그런 일이 일어날 것이며 무슨 징조가 있을지를 물었고[86] 그리하여 예수의 종말의 묵시록이 펼쳐지는 것이다.

　「마가복음」 13장의 내용은 그것이 사후(事後) 예언임을 보여준다.[87] 성전의 아름다움과 웅장함이 서두에 말해지고 돌 위에 돌이 하나도 남지 않을 것이라는 아주 구체적인 언급이 곧바로 나오는 것을 보면, 이는 아무래도 예루살렘 성전의 완성과 철저한 파괴를 경험한 뒤에 나올 수 있는 내용이다.[88] 이미 하나님 나라가 시작되었으며 확장되는 중이라 본 예수가 굳이 성전 건물을 두고 부정적 예언을 했을 가능성은 거의 없다고 보인다. 이 소묵시록은 예루살렘 성전 멸망의 예언으로 시작하지만 유대인의 상황과 세계적·우주적 시각이 혼재하며, 이미 경험한 것과 충분히 예상할 만한 고난상을 제시하면서 그리스도인들에게 거짓 그리스도와 거짓 선지자들에게 미혹되지 말 것을 환기하고 있다. 결국 이 재난·고난의 내용은 야고보와 바울, 베드로, 그리고 네로 황제 치하 로마의 그리스도인 등이 당한 고난, 유대전쟁시 유대인들의 참상, 예루살렘 성전 파괴 후 닥칠지 모를 로마제국의 그리스도인 박해 가능성 앞에서 예상되는 재난이 복합된 것임을 부인할 수 없다. 예언의 주체가 30년대 초반의 예수인 만큼, 그의 입에서 나온 예언은 「마가복음」 독자들로서는 이미 겪은 것과 장차 예상되는 것이 뒤섞인 내용이었을 것이다. 그런데 이 묵시록의 뒷부분은 역사적 예수는 전혀 관심이 없었을 조직 내부를 향한 발언 즉 거짓 그리스도와 거짓 선지자들을 주의하며 신앙을 지킬 것을 말하고 있다(21~23절).[89] 이 소묵시록의 저자나 「마가복음」의 저자는 유대전쟁기에 이미 있었으며 앞으로의 고난 속에서 신자들을 미혹할 것으로 충분히 예상되는 거짓 메시아(그리스도)와 선지자들의 출현 가능성에 유의하면서, 예수 재림에 대한 확신을 고수한다면 반드시 영광된 인자 예수가 재림할 것이라는 강한 소망을 예수의 입을 빌려 선포했던 것이다.[90]

이러한 분석을 통해 볼 때, 자료 ⑩은 예수의 언급이라고 볼 근거가 매우 약하다. 「마가복음」은 예루살렘 성전 파괴를 경험한 직후나 직전 상황에서 만들어진 것이라 보는 편인데,[91] 어느 쪽이든지 기원후 70년의 성전 파괴와 긴밀하게 연결된 13장에 나오는 말씀 자료를 「마가복음」이 저술되기 수십년 전에 사망한 예수의 말로 볼 수 없는 것은 마찬가지이다. 구약성경 「요엘」 2장의 종말론 영향을 보여주는[92] 이 13장 24~25절의 '해와 달이 빛을 잃고 별들이 떨어지며 하늘의 권능이 흔들린다'는 표현도, '겨자씨' '누룩' '밭에 감춰진 보배' '잃은 양' '알곡과 가라지' '포도원' 등 예수의 천국(하나님 나라) 비유에 보이는 자연친화적 일상생활의 언어와 거리가 멀다는 것을 잘 알 수 있다. 「마가복음」 13장에 보이는 인자의 영광된 강림에 대한 고대는, 네로의 박해와 유대전쟁기 많은 유대인들의 참살과 성전의 파괴에도 실현되지 않은 재림에 대해, 여전히 큰 고난이 예상되던 70년대 초반 초기 그리스도인들의 절실한 소망이요 기도요 외침이었던 것이다. 지나간 유대전쟁을 오히려 '재난의 시작'으로 말하며(8절) 예상되는 큰 고난들을 잘 감내하고 만국에 복음을 전파하여[93] 마침내 다시 오실 영광의 인자에 의해 구원받도록 다시 힘을 내 나아가자는 다짐인 것이다.

자료 ⑬은 대제사장이 체포된 예수에게 한 '네가 찬송 받을 자(하나님)의 아들 그리스도냐'라는 물음의 답으로 나온 내용이다. 예수가 하나님의 아들임을 인정하면서, 인자가 권능자의 오른편에 앉은 것과 하늘 구름을 타고 오는 것을 너희가 보리라 했다는 것이다.

이 대답에 보이는 인자는 제3자일 수도 있고, 예수 스스로일 수도 있다. 먼저 예수와 무관한 제3자라면, 예수는 죽을 입장에 처했지만 곧 영광의 인자가 임하는 종말이 오리라는 내용이 된다. 예수의 수난 상황에 곧이어 종말이 실현된다는 것이다. 그런데 이것은 앞에 언급한 「마가복음」 13장 소묵시록의 내용과 상충하는 점이 있다. 거기서는 영광된 인자 강림의 종말이 만국에 복음이 전파된 후 이 세대가 지나가기 전에 이루어질 것이라고 하면서도(13:30) 환난을 경과한 다음에 갑자기 올 것인데, 그날과 그때는 오직 아버지만 아신다고 하였다(13:32).

그런데 이 인자 관련 자료 ⑬은 이미 예수 자신을 계속 인자로 표현해온 「마가복음」의 마지막 자료인 점을 상기해야 할 것이다. 더구나 대제사장의 질문에 하나님의 아들임을 인정하면서 곧 이어지는 여기서의 인자는 예수 자신임을 부인하기 어렵다. 대제사장측이 자신을 체포해 억압하고 있으나, 자신을 죽인다고 해도 자신은 인자로서 하나님의 오른편 보좌에 앉은 것을 보게 될 것이며 하늘 구름을 타고 영광스럽게 강림하는 것을 보게 되리라는 내용이다. 물론 이 말을 예수가 실제로 한 것인지 추종자들이나 복음서 저자들의 말인지는 별도로 따져야 할 것이다.

그런데 「마가복음」이 전하는 수난을 앞둔 예수의 겟세마네(Gethsemane) 동산의 기도 장면을 상기해보면, 그는 제자들에게 자신이 심히 고민하여 죽을 정도이니 자신이 기도하는 동안 깨어 있으라고 부탁하였다(14:34). 그리고 자신이 처한 쓴 잔을 가능하면 물리쳐주실 것을 하나님께 기도하였다(14:36). 이것은 예상되는 죽음을 두려워하는 인간의 진솔한 면모로서 사실성이 높다고 할 수 있다. 그리고 이처럼 죽음을 두려워한 것으로 보아서, 그 스스로 곧 부활한다든지 승천하여 인자로서 하나님 오른편 보좌에 앉고 곧이어 영광의 인자로 강림하리라고 확신하지 못했던 것을 알 수 있다. 부활이나 인자 강림은 수제자들도 몰랐던 일로 그들은 예수가 체포되자 모두 숨고 달아났다. 더구나 인자의 영광된 강림의 때는 천사도 아들인 자신도 모른다는 앞서 본 내용까지(13:32) 참작하면, 자료 ⑬은 「마가복음」 구성으로 보아도 예수의 실제 말씀으로 보기 어렵다. 아울러, 예수의 신성을 더욱 강조하는 경향이 있는 「마태복음」은 이 「마가복음」 ⑬ 자료를 그대로 살려 전하고 있으나(26:64), 세련미를 추구하며 편집자의 권한을 강력하게 행사하는 편인 「누가복음」에서는(22:69) 이 구절 중 '인자가 하나님의 권능의 우편에 앉아 있을 것'만을 말하고 여전히 실현되지 않고 막연하기만 한 영광된 인자 강림 부분은 삭제해버렸다. 이처럼 중대한 내용이 예수의 진실한 말씀으로 초기 예수신앙공동체에 전해져 확신되고 있었다면 「누가복음」 저자가 인자 강림 부분을 삭제할 수는 없었을 것이다. 이렇게 보면 「마가복음」 자료 ⑬이 사실의 전승일 가능성은 낮다고 할 수 있다.

예수가 자신의 최후에 무엇을 기대했는지는 분명히 알 수 없으나, 그가 십자가 위에서 최후로 말했다는 소위 가상칠언(架上七言)을 통해 짐작해볼 수는 있다. 이 말들을 그가 실제로 했는지는 확인할 수 없고 이를 전하는 복음서들의 내용도 서로 차이가 있다. 그러나 그것들이 그의 죽음의 고통을 가까이서 느끼고 함께 나눈 동시대 추종자들의 인식을 반영하고 있음을 생각해보면 마냥 백안시할 일만은 아니다. 「마가복음」 15:34과 그것을 옮겨 전한 「마태복음」 27:46은 구약성경 「시편」 22:1을 차용해 '나의 하나님 나의 하나님 어찌하여 나를 버리시나이까(엘리 엘리 라마 사박다니Eloi, Eloi, lama sabachthani)'라고[94] 하였다고 전한다. 하나님 나라 운동이 제대로 결실을 맺지도 못했는데 갑자기 죽음이 닥친 상황에서 나올 만한 내용이다.

「누가복음」은 편집권을 발휘하여 다소 오해의 소지가 있는 「마가복음」의 내용을 전하지 않고 '아버지여 내 영혼을 아버지께 부탁하나이다'라고 하며(23:46) 최후를 맞았다고 하였다. 「요한복음」은 로고스 하나님인 예수의 하나님 나라 운동이 실현된 것으로 보는 자체 신앙공동체의 관점에서, 예수의 최후 발언으로 '다 이루었다'라는(19:30) 구절을 창안하여 제시한 것으로 보인다.

십자가상에서의 예수의 최후 발언으로는 그 사실성과 내용에서 아람어로 된 「마가복음」(및 「마태복음」)이 전하는 것이 진실에 가깝다고 볼수 있다. 그런데 예수 공생애의 행적과 신앙을 상기해보면, 추정한 것이겠으나 「누가복음」이 전하는 내용에도 주목할 점이 있다. 공생애를 통해 오로지 현실에서 이루어질 하나님 나라를 선포하고 실천했던 예수는 사후의 천국이나 지옥, 신화적인 영광스런 인자의 강림 등에 별다른 관심도 의미도 부여하지 않았다. 복음서에 나오는 사후 문제에 대한 언급은 당시 유대인과 지중해변 사람들, 특히 그의 추종자들의 인식을 반영한 것 이상도 이하도 아닐 것이다. 결국 예수는 주기도문에 보이는 것처럼 하나님의 나라가 이 땅에 이루질 것을 기도하고 실현하고자 헌신했으니,[95] 사후의 일에 대해서는 그 자신이 확고하게 믿는 하나님 아버지의 은혜로운 대처가 있을 것을 확신했을 것이다.[96] 담백하고 단순한

350

그가 자신이 경험하지 못했고 알 수도 없는 사후의 일을 잘 아는 것처럼 청중들에게 설파했을 이치는 없다. 이런 점은 그가 남긴 비유들을 보면 잘 알 수 있다. 그의 천국 비유는 온통 현실생활과 자연생태에서 볼 수 있는 소박하고 사실적인 내용으로 가득하다.

이러한 점을 볼 때, 초기 그리스도교의 대지성인 복음서 저자의 한 사람으로서 「누가복음」 저자가 전하는바 '아버지여 내 영혼을 아버지께 부탁하나이다'라는 겸손하고도 하나님에 대한 신뢰에 찬 말이 예수의 최후 심경을 제대로 추정해 전하고 있다고도 볼 수 있다. 이처럼 '하나님 아버지'에게 겸손히 자기 사후의 영혼을 부탁하는 예수가, 그 몇시간 전에 대제사장 앞에서 자신이 하나님의 오른편 보좌에 앉았다가 구름을 타고 이 세상에 영광스럽게 강림할 것이라고 말했을 가능성은 없어 보인다. 대제사장이 예수에게 '찬송 받을 자(하나님)의 아들이냐'고 묻는 데 대해 자신의 자의식에 따라 그러하다고 인정했을 뿐인 것이다.

따라서 「마가복음」 ⑬ 자료는 예수의 추종자들이나 「마가복음」 저자가 곧 들이닥칠, 그리고 꼭 그리되어야 할 것으로 기대하던 영광스러운 인자로서 부활 예수 재림의 확실성을 강조하기 위해 제시한 것으로 볼 만하다. 더구나 「마가복음」은 메시아나 인자 등 예수의 그리스도적 정체성을 감추었다가 마침내 수난과 부활의 장에서 확실히 드러내는 구성방식을 취하고 있는 만큼, 의도적으로 이렇게 제시했을 가능성이 더욱 높다. 예수가 죽기 직전 유대교 대표인 대제사장의 질문에 대해 자신이 다시 살아 하늘 보좌에 앉았다가 영광스런 인자로서 강림할 것을 밝혔다는 것은, 여전히 유대교의 영향하에 살고 있던 초기 예수신앙공동체원들에게는 특별한 신앙적 확신을 가져다줄 만한 내용이었다. 결국 자료 ⑬은 예수의 신앙과 행적으로 보아 그가 말한 것이라고 믿을 수 없으며, 추종자들이나 복음서 저자들이 의도적으로 만들어 삽입했다고 보는 것이 타당하다.

지금까지의 「마가복음」에 보이는 '인자' 자료들에 대한 분석은 이렇게 정리할 수 있다. ① ②의 '현재의 인자에 관한 말씀'에 보이는 '인자'는 예수만을 배타적으로 지칭하는 것이 아니고 당시의 아람어 '인자'의 일반적 용례를 반영하고 있다. '고난받는 인자에 관한 말씀' ③ ⑤ ⑥ ⑦ ⑧ ⑨ ⑪ ⑫는 기본적으로 예수와 그의 제자들도 사흘 만의 부활을 예상하지 못한 행적들로 보아 사실성이 없다고 할 수 있다. 「다니엘」7:13과 연계하여 예수의 정체성과 직결되는 내용으로 주목받아온 환상적이며 종말론적인 '미래의 인자에 관한 말씀'인 ④ ⑩ ⑬도 예수가 공생애에 현재적 하나님 나라 운동에 치중하고 정치적·제왕적 메시아를 거부한 것으로 보아 사실성과 거리가 멀다고 여겨진다. 하나님께 자기 영혼을 부탁하며 십자가 위에서 최후를 맞았다는 「누가복음」의 내용에서 읽을 수 있는 그의 신앙과 사후관으로 볼 때도, 곧바로 영광스런 인자의 강림을 운운한 것이 예수의 말씀 자료일 가능성은 없다고 보인다.[97] 따라서 「마가복음」의 인자 말씀 자료를 통해 볼 때 예수가 당시 아람어의 일반적 용례를 따라 인자를 사용했을 가능성은 충분하나, 영광스런 인자로서 자신을 배타적으로 언급했을 가능성은 없다고 여겨진다.

「마태복음」에서 '인자'는 모두 30회 나온다.[98] 각각의 구절은 의미 중심으로 축약하여 주에 밝혔다.[99] 이 30회의 인자 사용 구절 중에서, 부활과 관련되어 있어 역사적 신빙성이 없다고 보이는 예언 형태의 '고난받는 인자에 관한 말씀'은 12:40, 17:9, 17:12, 17:22, 20:18, 20:28, 26:2, 26:24(인자 사용 2회), 26:45 등 모두 9개(인자 사용 10회)이다. 「마가복음」에서 이미 언급한 대로 부활 예언은 사실성이 없으니, 이것들은 역사성을 신뢰할 수 없는 구전자료를 이용했거나 복음서 저자가 지어낸 말들일 것이다. 여기에 나오는 '인자'는 당시 아람어 인자의 일반적 용례의 하나인 '나'라는 의미를 벗어나지도 않는다.

'현재적 인자에 관한 말씀' 자료는 8:20, 9:6, 11:19, 12:8, 12:32, 13:37, 16:13 등 7개이다. 「마가복음」과 중복되거나 그 자료를 분석하면서 추가로 언급한 것들을 빼고 13:37과 16:13의 내용을 검토하면 되겠다. 전자에 보이는 '좋은 씨를 뿌리는 이가 인자'에서 '인자'는 '인간으로서의 나' 즉 한 인간인 예수를 가리키는 일반적 용례로 볼 수 있다.

현재적 인자 자료인 「마태복음」 16:13은 예수가 제자들에게 자신의 정체에 대해 물은 유명한 구절이다. 본래 「마가복음」 8:27에서 가이사랴 빌립보 마을을 다닐 때에 제자들에게 "사람들이 나를 누구라고 하느냐"라고 물은 말을 다시 전하는 내용이다. 이어 「마가복음」 8:29에서는 "너희는 나를 누구라 하느냐"라고 다시 물었고, 이에 대해 베드로의 '주는 그리스도'라는 고백이 나온다. 그런데 「누가복음」 9:18, 20은 "무리가 나를 누구라고 하느냐" "너희는 나를 누구라 하느냐"라고 거의 그대로 전하고 있는 데 비해, 「마태복음」 16:13은 "사람들이 인자를 누구라 하느냐"라고 하여 「마가복음」의 '나'를 '인자'로 바꾸어 전하고 있다. 이어 제자들에게 물을 때는 그대로 '나'를 사용하고 있다. 여기서 「마태복음」 저자는 예수가 말한 「마가복음」의 '나'를 아람어 일반 용례를 적용하여 자의적으로 '인자'로 바꾼 것을 알 수 있다.

이와 같이 「마태복음」의 '현재적 인자에 관한 말씀' 자료들은 본래부터 예수의 특별한 정체성을 담고 있었던 것이 아니라 일반 용례를 특별한 의미인 양 예수에게 배타적으로 사용한 것들이다. 더구나 '나'를 의도적으로 '인자'로 고친 경우가 보여서 「마태복음」 저자가 인자 사용을 적극 강화한 것을 알 수 있다. 복음서는 예수의 그리스도적 칭호의 하나로 '인자'를 예수에게만 사용하고 있기에 '인자'로 되어 있던 전승을 '나'로 고쳐 사용할 가능성은 없는 만큼, '나'와 '인자'가 병용된 경우에는 '나'를 '인자'로 바꾸는 방식으로 의도적 개서가 있었다고 볼 수 있다.[100]

「마태복음」의 '미래 인자에 관한 말씀' 자료는 앞의 두 경우에서 제외된 나머지 13개의 말씀들이다. 「마가복음」의 '미래 인자에 관한 말씀'이 모두 3개인 데 비해 적극적인 확장이 이루어진 것이다. 「마태복음」 저자가 예수 재림에 대한 고대를 강화하면서 미래의 '오실 인자'에 대한 말씀을 적극적으로 수집하고 작성해 넣은 것을 알 수 있다. 그 내용들을 보면 영광된 인자가 '심판주'임이 강조되고 있음도 볼 수 있다 (25:31~46). 마태 예수신앙공동체가 유대교로부터 분리해나오는 과정에서 대립과 갈등을 겪고 율법 준수와 관련해 내부적으로도 견해 차이를 보이던 상황에서 미래 인자의 심판을 강조하게 된 듯하다. 이중에는 열두 제자가 이스라엘 12지파를 심판하게 되리라는 믿기 어려운 내용도 있는데, 그리스도인 신앙공동체가 조직화되면서 예수의 제자나 사도의 권위에 대한 배려로 뒤늦게 생성된 것으로 볼 수 있다. 「다니엘」 7:13 이하와 연관된 「마태복음」의 '미래 인자에 관한 말씀'들이 예수의 입에서 실제로 나왔을 가능성이 없음은 이미 「마가복음」 자료들의 분석을 통해 밝힌 바 있다. 따라서 이 구절들에 보이는 영광된 오실 인자를 예수가 자신과 동일시했다고는 볼 수 없다. 더구나 이들 「마태복음」의 종말의 인자 관련 말씀에는 심판이 매우 구체적으로 언급되는 등[101] 특별히 강조되어 있어 심판이 아닌 구원을 강조한 예수의 종말관, 구원관과는 거리가 멀다.

354

약간의 변용이 있으나 「누가복음」의 '인자' 관련 말씀들도[102] 「마가복음」이나 「마태복음」의 사례와 다름이 없다. 여기에서도 예수의 말로 인자 관련 말씀들이 전해지고 있으나, 예수의 독자적 정체성을 예수 스스로 말했다고 보이는 사실성 있는 '인자'의 용례를 찾아볼 수 없기는 마찬가지이다. 이중에서 17:24~25은 "번개가 하늘 아래 이편에서 번뜻하여 하늘 아래 저편까지 비침같이 인자도 자기 날에 그러하리라 그러나 그가 먼저 많은 고난을 받으며 이 세대에게 버린 바 되어야 할지니라"라고 하여 종말에 오실 영광된 인자와 수난을 당한 역사적 예수를 같은 이로 연결하여 말하고 있다.

「요한복음」의 '인자'는[103] 앞선 공관복음서들의 '인자'와 공통점과 함께 나름의 다른 특성을 보인다. 「요한복음」은 예수를 하나님의 말씀(로고스)이 내려와 육신을 입은 존재로 보고 있으며, 그 로고스 하나님이 이 땅에 와서 자신이 맡은 하나님 나라를 전파하고 대속(代贖)의 죽음까지 행함으로써 사명을 완수한 것으로 본다. 독생자이신 하나님을 말하면서 이 세상에서 그의 사역은 성공적으로 완수된 것으로 보는 소위 '실현된 종말론'을 펼치고 있다.

우선적으로 주목되는 것은, 예수를 로고스 하나님으로 이 세상에 성육신(成肉身)하여 온 것으로 봄으로써 미래의 영광스런 인자가 아니라 이미 '하늘에서 내려온 자인 인자(3:13) 예수'를 전제하는 특색 있는 해석이 펼쳐진다. 공관복음서가 「다니엘」 7:13과 연계하여 말하는 미래에 오실 영광스런 인자는 퇴색하고, 예수가 십자가에 달림을 영광으로 보아 처형되는 것이 아니라 '들려지는' 것이라는(3:14, 8:28, 12:34) 묘사가 유별하게 나오기도 한다. 육신이 된 하나님이 세상에 온 사명을 완수하고 십자가에 달려 죽음으로 마침내 본래 있던 곳 하늘나라로 다시 돌아가게 되었으니(6:62), 십자가는 고난과 부끄러움의 상징이 아니라 영광의 하늘로 가는 사다리 정도로 인식되었던 것이다(1:51). 예수를 팔겠다는 결심을 하고 나서 가룟 유다가 떠나자 예수는 오히려 자신이 영광을 이미 받았고 이로 말미암아 하나님께서도 영광을 받게 되었다는 기쁨의 말씀을 발하는, 자칫 이해하기 쉽지 않은 장면을 연출하기도 하였다(13:31). 따라서 고난이나 수난의 인자라는 개념이 사라지게 된 것도 당연하다. 이미 하늘에서 오신 인자 예수이니 굳이 미래의 영광된 인자가 설정되지도 않는다. 전체적으로 보아 십자가 수난 대신 들림의 영광이 말해지고, 오실 인자가 아니라 하늘나라에서 오신 인자가 이미 활약하고 있으며, 거기에 현재적 인자에 관한 말씀이 몇군데 나타나게 되었던 것이다.

이처럼 성육신하여 이미 오신 인자가 강조되고 재림의 오실 인자가 퇴색한 「요한복음」의 변화된 인자관은 아마도 이 복음서의 생산처인 동시에 독자이기도 한 요한 예수신앙공동체 내에서도 약간의 혼란을 야기했던 듯하다. 그리하여 이 「요한복음」에서만 인자가 누구인지가 문제가 되고 있다. 9:35~39에는 맹인을 눈뜨게 한 예수가 그것을 믿지 못하는 유대인들 앞에서 대화를 통해 스스로 인자임을 밝히는 내용이 있게 되고,[104] 아울러 12:34에는 무리들이 예수에게 그리스도인 인자가 왜 들려야 한다고 말하는지 묻는 장면도 나오게 되었다.[105] 있었던 사실들처럼 구체적으로 전하고 있으나 「요한복음」은 재해석이나 창작도 마다하지 않는 특성이 있는 만큼, 그 말 자체보다는 말하고자 하는 의도에 주목할 필요가 있다. 오신 인자인 로고스 하나님 예수가 맡은 사역을 완수하고 승천하여 하늘 보좌로 복귀한다고 보는 입장에서는 그의 십자가 죽음은 하늘에 올라가는 영광스런 들림으로 해석될 수 있었다. 이렇게 기존 인자관을 수정하게 되면서, 초기 그리스도인들이 고대한 재림할 영광된 인자는 퇴색하고 오실 성령이 강조되었다. 따라서 의당 생소하게 여겨졌을 '들릴 인자'를 보다 분명하게 설명할 필요성이 등장했을 것이다. 그것이 이와 같이 메시아로 이해해온 인자가 들려 올라간다는 것이 무슨 뜻인가 하는 물음을 기술하는 배경이 되었을 듯도 하다. 한편 12:34을 통해 당시 요한 예수신앙공동체에서는 메시아와 인자를 같은 존재로 이해하고 있었음도 볼 수 있다.

단순한 그리스도가 아니고 로고스 하나님인 예수의 정체성을 내세운 이상 「요한복음」은 '인자'를 굳이 확대 사용하지 않은 것도 특징 중의 하나이다. 「요한복음」에 보이는 인자는 당연히 하늘에서 이미 오신, 즉 성육신한 인자가 가장 두드러지고, 이것이 예수의 정체성으로서 가장 주목할 만한 점이 되는 것이다. 이처럼 「요한복음」은 그리스도론을 고급화하여 로고스 하나님의 차원으로까지 발전시키고 실현된 종말론을 펼친 이상, 오실 영광의 인자에 대한 기대가 퇴색하였다. 따라서 「다니엘」 7장이 말하는 환상적인 미래에 오실 메시아적 인자와 연계성이 있으면서도 상당한 차이점을 보이는 인자관을 펼치고 있다. 그러나 메시아이기를 거부하고 현재적 하나님 나라의 목표를 가지고 실천한 역사적 예수가, '하늘에서 온 인자 예수'라는 1세기 말에나 확립된 「요한복음」의 인자관을 70년은 앞선 공생애 중에 자신의 정체성과 연관해 자부했을 가능성은 없다고 보인다.

이상으로 신약성경에 포함된 복음서의 인자 사용례를 비교적 자세하게 검토해보았다. 이러한 작업을 통해 복음서 안의 인자 관련 말씀들에서는 예수가 공생애 중에 자신의 정체성을 영광된 인자로 자부하며 그 칭호를 사용했다는 근거를 찾을 수 없음을 보았다.

복음서 인자 자료의 포괄적 검토

이제 앞의 복음서의 인자 사용례 분석을 전제로 관련 문제를 보다 포괄적으로 검토하여 인자와 예수 정체성 간의 연관성을 다시 확인해보고자 한다.

복음서보다 약 20년 가까이 먼저 작성된 바울의 서신들에는 '인자'가 전혀 사용되지 않았다. 이는 바울이 '인자(사람의 아들)'에 대해 알고 있었으나 선교 대상인 헬라세계 사람들이 그 의미를 잘 알지 못하고 혈통적으로 이해할 소지가 있어서 사용하지 않은 것으로 보기도 한다.[106] 그런데 만약 '인자'가 예수의 정체성을 나타내는 용어로 예수 생시부터 사용되었거나 부활사건 후 곧 형성된 예루살렘 예수신앙공동체에서 초기부터 이 용어를 그리스도와 함께 사용하였다면, 뒤늦게 뛰어든 사도 바울이 그것을 과연 무시할 수 있었을까 하는 의문이 든다. 이방 신도들이 다소 이해하기 어렵다면 복음서처럼 용어 설명을 붙이면 될 일이다. 사실 다신교의 신화적인 환경에서 살던 헬라인 등 이방인들에게는 유대교의 유일신 신앙이나 예수의 하나님 나라 자체가 이해하기 어려운 것이었다. 따라서 바울서신에 인자가 보이지 않는 것은, '인자'가 예수의 정체성을 나타내는 고유한 용어로 사용되기 시작한 것이 역사적 예수에서 유래하지 않았을 가능성을 내비친다고도 볼 수 있다. 적어도 바울의 활동기에는 예수를 고유하게 지칭하는 '인자'는 확고한 위치를 갖지 못했다는 증거일 수 있다.

복음서의 인자 관련 내용이 예수의 말씀 자료에만 집중적으로 사용되는 것도 주목할 점이다. 예수의 말씀으로 그의 입을 통해서만 나오는 '인자'는 예수의 실제 말이었다는 인상을 강하게 주고 그래서 사실성

358

있는 것으로 보는 경향도 있다. 그런데 아람어 '인자'가 인간의 통칭, 한 개별적 인간, 나아가 '나'를 나타내는 등의 용례를 가지고 있었다면, 예수의 입으로 직접 한 말씀과 무관하게 널리 쓰여 구약성경에서처럼 복음서의 다른 부분에도 나올 만하다. '인자' 곧 인간이야말로 예수가 가장 사랑하고 소중하게 대한 존재였던 것도 물론이다. 이런 점에서 볼 때 오직 예수의 직접 말씀과 그와 직결된 내용에만 사용되는 복음서의 '인자' 사용 양태는 의도적 편집의 산물로 보이는 면이 있다. 앞선 사용례 분석에서 본 것처럼 일반적 용례까지 다소 무리하게 고쳐서 예수의 특별한 칭호처럼 사용하는 경우가 적지 않은 것도 바로 그런 예수 추종자들이나 복음서 저자들의 특별한 의도를 입증해준다. 물론 이처럼 인자가 예수 말씀에 집중적으로 사용된 것이 편집의 결과일 수 있다고 해서, 이것을 예수가 인자를 전혀 사용하지 않은 증거로 단정할 수는 없다.

'인자'는 복음서에서 가장 많이 사용되는 예수의 존칭인데도,[107] 복음서에는 예수가 인자인지에 대한 사람들의 질문이나 우연한 외침, 고백 등이 전혀 보이지 않아 역시 주목된다.[108] 예수를 향해 하나님의 아들임을 고백하는 귀신들린 이들이 있고, 맹인조차 다윗의 자손(아들)임을 외치고, 제자 베드로는 그리스도임을 고백하기도 하였다. 그리고 여러 사람들의 생각과 호칭을 통해 예수가 선지자요 랍비임이 말해지기도 했다. 그런데 유독 베드로를 포함한 제자들과 사람들의 예수에 대한 호칭이나 고백에 '인자'는 보이지 않는다. 이러한 사실은 '인자'가 역사적 예수의 확고한 정체성을 담은 용어로 확립되어 있던 근거라고 볼 여지도 준다. 그러나 '인자' 존칭이 지나치게 많이 사용된 반면에 고백 등이 전혀 없는 것이야말로 '인자'가 뒤늦게 추가되었을 가능성을 보다 더 보여주는 것이다. 당시의 모든 이들이 다 알고 당연시한 호칭이기에 그렇다고 강변할 수 있겠으나, 예수에게 복음을 듣던 팔레스타인의 일반인들조차 예수를 종말에 오실 영광스런 인자로 알고 있었다고 볼 수는 없다.

앞의 인자 관련 자료 분석에서도 보았지만, 공관복음서들이 예수가 인자였다는 점을 의도적으로 확대하고 있음도 유의해야 할 문제이다. 예수가 자신의 정체성을 묻는 「마가복음」 8:27의 "사람들이 나를 누구라고 하느냐"라는 구절은 「마태복음」 16:13에는 "사람들이 인자를 누구라 하느냐"라고 변형되어 있다. '나'를 '인자'로 바꾸어 마치 예수의 고유한 존칭처럼 사용하고 있다. 그런데 "사람들이 인자를 누구라고 하느냐"라는 질문은 예수가 자신의 정체를 말해놓고 다시 사람들에게 내가 누구냐고 다소 어리석은 질문을 한 것처럼 되고 만 면도 있다. 이같이 복음서 저자들이 '인자' 사용을 과도하게 확대하는 경향은 공관복음서의 인자 관련 자료들의 역사적 신빙성을 크게 떨어뜨리고 있음을 부인할 수 없다.

공관복음서들의 이와 같은 기술 양상은 일면 복음서들이 저술되는 1세기 후반에 구름 타고 올 영광스런 인자를 고대하던 현실의 반영이기도 하다. 복음서와 유사한 시기에 저술되었을 「비유에녹서」와 「제4에스라서」에도 메시아적 인자가 분명하게 드러나 있다. 1세기 로마 지배하 질곡의 현실이 종말의 영광스런 인자의 강림을 더욱 고대하게 만들었을 만하다. 예수신앙공동체를 중심으로 본다면, 재림의 지연과 불발에 실망한 가운데서도 다시 한번 부활 승천했다고 믿었던 예수가 인자로서 구름 타고 오는 영광된 재림을 고대했던 것이다. 일반 유대인들의 입장에서도, 민족 대수난의 세월을 통과하면서 「다니엘」에 나타난 보다 구체화된 '인자 같은 이'가 메시아로 강림할 것을 갈망하여 그것이 「비유엔녹서」 등에 반영된 것으로 볼 만하다. 이러한 바람은 결국 70년 로마군의 예루살렘 성전 파괴 후 바리새파 랍비들이 주도하여 재정비한 랍비 유대교가 적극 후원하는 가운데 메시아운동의 성격을 띤 대규모 대로마전쟁인 바르 코크바(Bar Kokhba) 반란(AD 132~35)을 가져왔고, 그로 인해 유대인 수십만명이 도륙당하고 유대인의 예루살렘 출입이 금지되기에 이르렀다.

이제 예수의 인식과 가르침으로 보아 그 스스로 '인자'를 자부했을 것인지 검토해보도록 하자. 이미 언급한 대로 예수는 당시 통상적으로 정치적 제왕의 의미를 갖는 메시아가 되기를 거부하고 기대조차 금한 것을 「마가복음」 등에서 확인할 수 있다. 그는 기존 유대민족의 배타적인 메시아 대망에 관심이 없었고, 오히려 그로 인해 당하기 마련인 민중들의 고통을 예상하며 로마 황제에게 세금을 내도 좋다고 답변하기도 했다. 따라서 그는 전통적 메시아는 물론 「다니엘」 7:13이 말하는바 끝내 메시아로 귀결되는 종말적 영광의 인자에 대한 대망도 없었다고 보인다.

그런데 이렇게 메시아를 거부하고 당연히 그와 연관된 다윗의 아들(자손)이나 인자의 칭호까지 받아들이지 않았다면, 그가 제자와 사람들에게 무엇으로 자신을 위치지어 가르침을 펼치고 하나님 나라 운동을 추진해갔는지 의문이 들기도 한다.

「마가복음」 8:27, 29에는[109] 예수가 "사람들이 나를 누구라고 하느냐" "너희는 나를 누구라 하느냐"라고 하며, 곧 한 종교의 교주가 될 이가 자신의 정체성을 세상 사람들과 제자들에게 물어보는 아주 진기한 장면이 보인다.[110] 성인 자신과 관련된 질문이야 모든 종교 경전들에서 볼 수 있지만, 신앙공동체로서 어느정도 면모를 갖춘 복음서 저술 무렵에도 굳이 이렇게 교주의 정체성을 묻고 답하게 기술한 데는 어떤 이유가 더 있었을 가능성이 있다. 교주의 정체성이 그 자신에 의해 확고하게 선포되지 않았거나[111] 그가 제시한 바가 추종자들의 기대와 모종의 괴리가 있어서일 개연성이 있는 것이다. 예수는 새로운 종교를 만들려 하지 않았던 만큼 자신의 정체성을 크게 선양하고자 하지 않았고, 그에 비해 제자들과 추종자들은 그를 메시아로 기대했던 것은 잘 알려진 일이다. 그에 더해 어쩌면 그의 정체성 문제는 「마가복음」이 저술된 70년경에 이르도록 각지에서 저마다 발전하여 독자성이 강했던 예수신앙공동체들 내에서 여전히 논란의 소지가 있었고,[112] 그래서 이 문제를 정리하고 보다 분명한 역사적 근거를 보이고자 이 전승을 복음서에 전하게 된 것으로도 보인다. 그런데 자신의 정체성을 타인들에게 묻는 이 역사적 현장에서 당사자인 예수 스스로의 진술이 없었을 리 없다. 그는 자신과 제자들, 세상 사람들이 모두 하나님의 아들이고 자녀임을 설파했을 것이다. 예수 그리스도론에 서 있던 추종자들과 복음서 저자들은 이 부분의 실상을 제대로 전하지 않았다고 여겨진다.

본서 앞부분에서 본 대로 예수는 세례를 받으며 성령의 강림으로 하나님과 일치되는 신비한 종교적 체험을 한 것으로 보인다. 하나님의 찾아주심은 자신을 아들같이 사랑하시는 데서 비롯했다는 인식을 갖게 되어 하나님을 아바(아버지)로 감히 받아들여 화답했던 것이다. 이때 그가 가진 자의식으로서의 '하나님의 아들'과 뒤에 예수 추종자들이 그에게만 붙인 그리스도론적 존칭인 '하나님의 아들'은 연결되어 있으면서도 다른 것이다. 예수는 마치 인간이 자기 부모와 관계를 맺듯이 개인적·실존적으로 하나님이 늘 동행함을 의식하며 살았다.[113] 그것은 하나님과의 개인적이고 실존적이며 영속적이고 자연적인 관계됨의 자의식이었다. 그에 비해 예수를 신앙하던 초기 예수신앙공동체원들이 그를 향해 고백한 '하나님의 아들'은 신앙상의 거룩한 존칭으로, 하나님의 친아들이며 독생자인 예수 그리스도에게만 사용할 수 있다고 여긴 배타적 칭호였다.

예수는 마치 백의종군하는 이와 비슷했을 듯하다. 무한한 신을 만나 한없이 겸손해지고 더구나 그 하나님을 아버지로 여기며 사는 삶에 세상 사람들이 기대하는 감투나 지위는 별 의미가 없었다. 여기서 그는 자신을 메시아일 것으로 기대했던 제자들과 신경전을 펼치기도 했던 것이다. 예수를 열심히 따르다가 배반한 제자 가롯 유다의 행위는 이러한 양자의 인식 차이에서 온 것이라고도 할 수 있다. 이 평범한 듯 특별한 삶을 살아가는 예수의 다 알 수 없는 거룩함과 고상함에 취한 어떤 여인은 300데나리온이나 나가는 옥합을 깨뜨려 이 무관(無冠)의 제왕 같은 이의 무거운 앞날을 축복하기도 했다(「마가복음」 14:3~9). 공생애의 예수는 자기 자신을 다 이해받을 수 없는 인적·문화적 환경 속에서 살았다. 그런 그가 자신만의 정체성을 나타내기 위해 궁구하고 '인자' 칭호를 선호하여 사용했다고 보는 기존의 이해는[114] 설득력이 약하다. 그는 자신만을 특별히 구별하지 않았으며 모든 사람이 다 하나님의 자녀라는 인간관을 가지고 모든 약자와 소외된 자들까지 함께 사는 삶을 살았다. 그것이 하나님 나라라고 본 것이다.

165년에 순교한 사마리아 태생의 그리스도교 철학자 유스티누스 (Justinus)의『유대인 트리폰과의 대화』에 보이는 '인자'에 대한 설명도 주목할 점이 있다. 유스티누스는 예수가 사용한 '인자' 곧 '사람의 아들'은 그가 다윗과 야곱, 이삭, 그리고 아브라함의 가계에 속한 동정녀를 통해 태어났기 때문이거나, 아담이 그리스도 자신과 마리아의 조상 모두에게 아버지(선조)가 되기 때문일 것이라 하였다.[115] 메시아를 칭한 바르 코크바의 반란 직후인 135년경에 에베소(Ephesus)에서 만난 유대인 트리폰과 나눈 토론을 160년경에 정리한 이 책에서, 유스티누스는 미래에 오실 영광된 인자를 말하지 않고 하나님의 아들인 예수가 아담과 아브라함 등의 후손인 인간 동정녀 마리아를 통해서 났기에 '인자'라고 했다고 말한 것이다. 이것은 공관복음서가 힘들여 주장한 '장차 오실 영광된 종말의 심판주 인자 예수'와는 거리가 멀고, 히브리어나 아람어 '인자'의 일반적 용례에 가까운 것이다. 여러 이유가 있겠으나, '인자' 자체가 예수의 정체성으로 그리스도인 사회에 뿌리박지 못했기에 이같이 설명되었을 가능성을 부인하기 어렵다. 1세기 중후반에 그리스도인들 사이에서 구름 타고 오실 영광된 인자에 대한 기대가 한창 고조되었다가, 「요한복음」이 나오는 100년경부터는 이미 그것이 소실 국면에 들어간 결과가 아닐까 하는 생각도 해볼 수 있다.

이제 정리해보자면, 역사적 예수는 '인자'라는 용어를 당시의 일반적 용례로 사용했으며, 특별한 자의식을 실어 영광된 인자임을 내세워 배타적으로 사용했다고는 보이지 않는다. 그의 추종자들이 부활사건 이후 예수를 하나님으로부터 보내진 존재로 확신하게 되면서 「다니엘」에 보이는 '인자 같은 이' 곧 '인자'로 보았으며, 이를 반영한 흔적이 복음서의 미래의 인자에 관한 말씀에 나타나게 된 것이다. 아울러 예수 그리스도 신앙을 가진 추종자들과 복음서 저자들은 현실에서 일반적 '인간'의 의미로 인자를 사용한 예수의 말들을 적극 윤문하고, 고난과 부활의 예언까지 적극적으로 인자를 넣어 작성하였다. 마치 예수가 공생애에 자신을 구별하여 '인자'라고 자부한 듯이 말씀 자료들을 일관되게 정리함으로써 거룩한 '인자 예수'의 정체성을 확립하고자 했던 것이다. 그것은 예수가 부활 승천하여 하나님 오른편에 앉은 하나님의 아들이라는 고귀한 신적 지위를 나타내주는 동시에, 구름 타고 재림할 영광의 심판주라는 초기 그리스도인들의 강력한 소망을 담은 칭호였다. 복음서 저자들은 부활 승천하여 하나님 오른편에 있다고 여겨지는 영광된 인자를[116] 전형으로 자체 복음서의 '인자' 예수를 저술하였다. 그런데 솔직담백한 인간 예수는 자신이 구름을 타고 하늘에서 온 자가 아니었기에 그같은 의미의 '인자'를 자부하지 않았을 것이다. 권력이나 심판보다는 용서와 은총과 구원을 추구한 그가 세상 권세를 위임받은 영광스런 인자가 되려 했을 리도 없다. 그는 인간이면 누구나 가질 수 있고 꼭 회복해야 할 보편적 본래의 지위인 '하나님의 아들' 이외에 어떠한 지위나 감투에도 관심이 없는 겸손한 이였다. 따라서 그는 메시아뿐만 아니라 메시아로 이해되기도 하는 '인자'에도 별다른 관심이 없었을 것이다. 결국 복음서의 인자 용례는 재림을 앙망하는 예수의 추종자들과 복음서 저자들의 산물이며, 일부는 예수의 아람어 일반 용례(인간, 어떤 인간, 나 등)에 따라 사용된 흔적으로, 복음서 저자의 편집을 통과하고 남은 것이다.

예수는 메시아됨을 거부했을 뿐 아니라 자신이 누구인지 제자와 함께 대화한 이였다. 따라서 그는 특별한 칭호를 독점하거나 어떤 칭호를 중의적이고 상징적으로 사용하지 않았을 것이다. 그는 이전 역사에는 보이지 않던 자신이 재인식한 정체성, 모든 인간 개개인이 향유할 수 있는 보편적인 '하나님의 아들' '하나님의 자녀'라는 정체성을 제자들을 포함한 다른 이들에게도 알려주려 노력했으나, 마지막까지도 애로를 겪었다. 유대 전통과 고대의 강고한 신분제사회의 한계 속에 살았던 제자들과 추종자들은 너무 보편적이라서 오히려 받아들이기 어려웠을 그가 설파한 정체성을 두고 혼란을 겪었으며, 복음서에 그 여흔이 전해지고 있는 것이다.

제 8 장

인간 예수는
누구인가

이제까지 탐구하여 얻은 인식들을 중심으로 관련 내용을 보완하여 유기적·종합적으로 서술함으로써 인간 예수의 실체에 대해 보다 정리된 이해를 가져보고자 한다.

예수는 기원전 4년경 유대인인 요셉과 마리아의 맏아들로 태어나 갈릴리 나사렛 마을에서 자랐다. 주변 사물에 대해 관심이 깊고 구도적이었던 그는 목수를 겸한 농부였다. 가정형편상 학교 교육을 제대로 받지 못한 것으로 여겨지지만, 뛰어난 지혜로 전통적인 성경 이해에 어려움이 없었다고 보인다.[1] 몰락한 옛 왕족의 후예라는 가계 전통에서 비롯한 자질과 예민한 감수성으로 로마제국과 헤롯왕조, 성전체제 등 삼중의 수탈로 와해되고 있던 갈릴리의 전통적 농촌공동체 내 농민들의 고단하고 답답한 삶 가운데서 자신의 존재의의를 생각하며, 이웃 사람들, 나아가 이스라엘 민족의 운명에 관심을 가졌던 것으로 보인다. 이러한 관심은 이방인들에게도 확대될 여지를 갖고 있었다.

복음 전파에 나선 공생애 초기에 그가 가족과 고향 사람들과 반갑게 해후하지 못한 것을 보면, 20대 (후반의) 상당 기간 동안 신앙적 회의와 방황을 거쳤을 것을 짐작해볼 수 있다. 이렇다 할 학문적 수련을 받지 못했을 그의 신앙적 회의와 방황은 결국 이스라엘의 전통적 하나님 신앙을 중심으로 이루어졌을 것이다. 이방에 있다가 오랜만에 돌아온 듯한 그의 달라진 언행을 보고도 그를 배척하여 몰아낼 만큼(「마가복음」 6:2~3), 유대교 전통 속에 있던 마을 사람들이 느낀 과거 예수의 일탈은 컸던 것으로 여겨진다. 종교적 회의와 방황은 내밀한 것이라 거의 예수 자신만 아는 일이겠지만, 일부 소문이 있었더라도 예수신앙공동체에서 발설하거나 기록하여 전하지는 않았을 것이다. 이때의 예수의 구도를 위한 이방 편력은[2] 이방인에 대한 인식을 넓히고 그들과 대화할 정도의 헬라어를 습득하는 기회가 되었을 가능성이 있다. 그는 재력이나 인맥, 학문적 연줄도 없었던 만큼 그리스나 로마, 인도처럼 먼 이국으로 갈 처지는 아니었다. 그의 사상이 전통적 하나님 신앙에 굳건히 서 있었던 것이나 이후 그의 복음 선포 지역으로 미루어볼 때, 예수는 풍문으로 어느 정도 알고 있었을 갈릴리의 여타 지방과 두로나 시돈 그리고 사마리아나 유대 데카폴리스 등 주변 이방을 전전했을 듯하다.

그는 오랜 회의와 구도의 방황 끝에, 아마도 「누가복음」 15장에 보이는 탕자처럼 극도로 지쳐서 전통신앙으로 돌아오기 위해 세례를 받기에 이르렀던 것 같다. 그가 세례 요한의 외침에 호응하여 '죄 사함을 위한 회개의 세례'를 받은 것을 보면 전통적 하나님 신앙에 대한 회의와 일탈을 회개하는 심정으로 찾아갔던 것이다.

세례를 받던 예수는 하늘이 갈라지며 성령이 비둘기처럼 자신에게 내려옴을 보고, 하나님이 자신을 사랑하는 아들로 여기며 기뻐하신다는 외침을 듣는 신비한 체험을 했던 듯하다. 답답한 현실에 해결책을 내놓지 못하는 전통적인 하나님 신앙에 회의하며 오랜 세월 구도의 방황 끝에 지쳐 돌아온(회개) 그를 하늘은 놀라운 은총으로 환영했던 것이다. 아마도 그가 그렇게 느꼈을 것이다. 자신을 절대적으로 낮추고 비운 만큼, 보이지 않던 영적인 무엇이 놀라운 존재감을 드러냈을지도 모를 일이다. 그것은 방황 끝에 전통적 신의 품으로 돌아와 기대하지 않은 따듯한 영적 환영을 받는 대경험이었다.

그는 거룩한 창조주가 격절된 관계를 넘어 내려와 미물 같은 피조물인 자신을 아들처럼 반길 때, 겸손하게 그 뜻에 화답하여 부득이 아들됨을 받아들이지 않을 수 없었던 듯하다. 이것은 거듭남으로 이해되었다.[3] 아울러 이같은 하나님의 파격적인 은총은 하나님의 무한한 사랑에서 나온 것을 알게 되었던 듯하다. 그는 창조주의 피조물에 대한 무한한 사랑을 실존적으로 경험하며 전율했을 것이다. 이로써 그는 창조주에 대한 확실한 믿음을 갖게 되었고, 하나님의 아들로서 아버지의 뜻을 따라야 한다는 확고한 사명감을 갖게 되었다. 이때의 경험이 그의 '탕자의 비유'에 반영되어 있다고 보인다.

부활 예수를 만나고 삼층천에 끌려갔다 오는 신비 체험을 했으나 끝내 하나님과 하나되는 체험에는 이르지 못했던 사도 바울은, 하나님의 아들임을 주장하지 않고 예수 그리스도를 통한 양자됨을 목표로 살았다. 예수의 수제자 베드로를 훈계하던 이 만만찮은 바리새파 지성인 바울조차 제자들과 추종자들을 통해 전해진 예수의 카리스마의 여파에 순복한 것을 알 수 있다. 갈릴리 호숫가에서 처음 제자들을 부를 때에 안드레, 베드로, 야고보, 요한 등이 주저하지 않고 그의 청에 응했던 것이나, 가정과 생업을 뒤로하고 예수를 추종한 남녀 제자들이 적지 않았던 것도 그가 가진 거역하기 어려운 감화력 때문이었을 것이다. 그의 추종자들이 부활사건 이후 곧바로 예수를 그리스도요 하나님의 아들로

고백하게 되는 것도 그가 생시에 보여준 카리스마와 신이한 능력과 겸손한 언행이 이미 그들을 감화시켰기에 나올 수 있는 일이었다. 그러한 그의 품성은 추종자들에 의해 '성령의 열매'로 말해져 바울에게까지 전해지게 되었을 듯하다.[4] 아울러, 어조가 높고 절박하며 논리정연한 바울서신들이 있었음에도 민중 신도들은 예수의 감화력을 구전했고, 이는 결국 뒤에 복음서 출현의 바탕이 되었다. 예수가 이렇게 탁월하고 전복적이며 권세있는 지혜와 가르침으로 놀라운 감화력을 발휘할 수 있었던 연유를 그의 가정환경이나 학력, 여타 이력에서 찾을 수 없다면 저 특별한 종교적 체험을 중요 계기로 볼 수밖에 없다.[5]

1세기 초반 갈릴리와 유대 일대에서 행한 원수 사랑을 포함하는 이웃 사랑, 어린이와 여성 존중, 가난한 자와 병든 자를 비롯한 사회적 약자 사랑은 물론, 참뒤 이웃의 정의, 인간을 위한 안식일의 의미와 섬김의 리더십 등 그의 행위와 가르침은 당대 사회의 통상적·전통적인 인식과 지혜를 뒤엎고 초월하는 것이었다. 이는 하나님과 하나됨의 경험에서 비롯한 하나님의 입장과 관점으로 본 세상에 대한 이해라서 세상 사람들을 놀라게 하며 권세있는 가르침으로 인정되었다. 실로 공생애의 예수의 생각과 가르침과 실천은 이처럼 하나님과의 일치 경험으로 거듭난 후 나온 것으로, 감동적 직관력과 거부할 수 없는 권위를 동반하여 범상한 인간들은 감화를 받으면서도 제대로 이해하거나 감당하기 쉽지 않은 면이 있었다. 하나님에 대한 온전한 신뢰와 인간과 자연 만물에 대한 한없는 관심과 사랑, 자기부정과 철저히 자신을 낮춘 겸손함도, 이같이 무한거룩한 존재를 만난 피조물의 감정을 경험하고 창조주의 입장을 체득함으로써 자연스럽게 발현된 것이다.[6] 물론 그는 여전히 신 자체가 될 수 없는 인간이었으나 그의 가르침은 신의 영역에서 온 것으로 여겨져서, 영적인 면에 익숙했던 유대인들은 예수의 가르침이 서기관이나 랍비들이 학습으로 얻은 공교한 세상의 지혜와 다르다는 것을 느끼고 그의 '권세있음'에 놀랐다(「마가복음」 1:22, 2:12).

그런데 이같은 신비 체험은 돌출한 것이 아니라 어린 시절부터 그가 가진 구도적 자세와 남다른 감수성으로 해서 마침내 이루어진 일로 보아야 할 것이다. 그의 공생애의 현자다운 면모로 보아 어느정도 사실성이 있어 보이는바 어린 시절 성전에서 선생들과 질의 응답했다는 소년 예수에게서 보이는 현명함과(「누가복음」 2:46), 작은 들꽃에서 솔로몬의 옷보다 더 아름다움을 만나고(「누가복음」 12:27) 참새의 생명에도 하나님의 섭리가 임한다고 본(「마태복음」 10:29) 그 시인처럼 섬세한 감각이 구도자의 기본 자질로서 인식의 성숙과정에도 동반했던 것이다. 더구나 농촌의 목수로서 자식같이 사랑스러운 작품으로 집이나 농기구를 만들면서 느꼈을 우주의 제작자 데미우르고스(dēmiourgos, 신)와 같은 체험은, 자녀 같은 작품인 피조물에 대한 창조주 하나님의 사랑을 유추하여 공감하는 데 도움이 되었을 것이다.[7]

예수는 인간은 물론 식물이나 작은 동물에 대해서도 남다른 친화적 인식과 태도를 보였다. 이에 비해 고대 그리스의 철학자 플라톤 등에게 나타나는 천체의 존재와 운행의 엄밀성 등에 대한 감격은[8] 보이지 않는다. 자신의 주변 가까이 있는 존재와의 친화는 예수 성품의 중요한 특성인데, 구체적 관찰이나 교감이 어려운 천체와 우주의 체계 등에 대해 의도적으로 학습하거나 그렇게 습득한 지식을 과시하려 하지 않았음을 주목할 만하다. 이같은 성품과 이스라엘 전통에 따라 그는 인간 일반의 삶에 현실적으로 크게 문제되지 않는 수학이나 철학적 진리 탐구에 관심을 두지 않았다. 그는 체계적 학습보다는 자신의 오감과 영감으로 접한 인간과 사물에서 진리의 숨결을 느끼고, 그 경험을 바탕으로 현실적 소재의 비유를 통해 이 세상 삶의 주체인 인간으로서 자신의 청중이 쉽게 이해할 수 있도록 가르침을 전하였다.

예수 자신도 말로 다 표현하지 못했을 만큼 신비한 하나님과 하나됨의 체험을 통해 그가 얻은 하나님의 아들로서의 거듭남과 자부는 당연히 그의 인격을 전환시켰다. 초기 그리스도교에서 물과 성령의 세례를 통한 중생(重生)의 실현을 말하게 된(「요한복음」 3:5) 것은 이같은 예수의 세례시 경험을 모범으로 했을 것이다. 예수의 변화된 인격과 그로부터 우러난 카리스마는 예수 가족조차 처음에는 '미쳤다'고 말할 정도로 엄청난 대전환이었다. 미쳤다고 하면서도 가족들이 그의 뜻을 꺾지 못하고 범접하지 못한 데에서 그의 신비 체험의 깊이를 짐작할 수 있다. 그는 자신이 겪은 성스러움과 감동을 가족이나 제자들에게도 다 설명하지 못하는 아쉬움과 외로움 속에서 살았을 것이다. 복음서들이 수난과 부활을 중심으로 하여 그의 초기 대전환의 신비 체험을 제대로 전하고 있지 못한 것은, 그 경험 자체가 말로 다 설명할 수 없는 엄청난 것이기 때문인 동시에 추종자들이 그러한 체험을 하지 못한 까닭도 있을 것이다.

요세푸스의 『유대전쟁사』에는 세례 요한이 종교적·사회적으로 비중 있게 다뤄진 데 비해 예수는 전혀 언급되지 않았다. 그런데 요한은 신앙의 대상이 되지 못했으나 예수는 오히려 요한에 의해 메시아일 가능성이 기대되었고, 처형된 후 곧바로 추종자들에 의해 부활한 하나님의 아들로 선포되었다. 이것은 그에게 특별한 종교적 권위와 감화력이 있었기 때문일 것이다.

거듭남을 자부하게 된 예수는 자신의 장래에 대해 고민하였다. 40일간이라 전해지는 광야에서의 번민과 기도와 궁구는 사단의 시험으로 말해질 만큼 인간적 욕심과 야망을 극복하는 치열한 내적 승화의 과정이었다. 그는 전통적·세속적인 유대민족 우선주의에 서서, 타민족을 타도, 제압하고자 하는 정치적 지배자로서의 메시아 출현은 천지만물을 만드시고 원수조차 사랑하는 하나님의 뜻에 부합하지 않는다는 결론을 얻었던 듯하다. 그리하여 메시아에 대한 기대를 버리고 다만 하나님의 뜻대로 살 것을 각오하며 번민을 마쳤다.

예수는 자신이 하나님의 선지자로 신뢰했던 세례 요한을 따라[9] '하나님 나라'를 선포하며 삶의 방식과 생각을 고쳐 진정한 하나님의 뜻에 따른 삶으로 돌아올(회개) 것을 외치고 다녔다. 귀신을 쫓아내고 병자를 치유하는 놀라운 기적들을 행하였다. 사람들은 그가 귀신의 힘을 빌려 귀신들을 쫓아낸다고 보고 마술사처럼 여기기도 했으나, 그는 자신의 치유가 성령의 능력에 의한 것이며 그 능력은 환자의 영적 호응, 믿음의 공명을 통해 배가되는 것임을 알고 말하였다. 기적을 본 사람들은 예수를 엘리야 같은 위대한 선지자가 다시 살아온 것으로 생각하기도 하고 기다리던 메시아일지 모른다고 여기기도 했으며, 유독 귀신들린 자들은 그를 하나님의 아들이라고 고백하곤 하였다. 물론 과거의 그를 기억하고 그의 변화를 인정하지 않으려 한 고향 사람들에게서 보듯 치료의 기적이 거의 나타나지 않는 경우도 있었으나, 그의 명성은 소소한 실패담을 넘어 널리 퍼져나갔다.

현대의학에서 스트레스 등 정신적 요소가 질병의 중요한 원인이 된다는 사실은 상식이 되어 있다.[10] 종교와 미신이 성행하던 고대사회에서 크게 위축되어 살았을 당시의 많은 소외된 이들은 소위 귀신에게 압도되어 시달리기도 했을 것인데, 정신병 환자들은 강력한 카리스마를 가진 예수가 자신의 사연을 들어주고 격려하며 권위있게 죄 사함을 선포할 때 놀라울 정도의 치료 효과를 보았을 가능성이 있다.[11] 물론 복음서의 치료 관련 기적 전승을 그대로 다 믿을 수는 없으며 믿음이 얕은 자들은 낫지 않았음을 전하고 있기도 하지만, 예수의 치료행위는 귀신들린 자들을 중심으로 큰 효과를 거두어 그의 명성을 높여주었다. 절망적 고난 속의 약자인 민중들에게 이 치료자, 위로자는 메시아로 보이기도 했다. 그래서 더러는 병 나은 자들이 자신의 인생을 예수의 하나님 나라 운동에 헌신하려고 나서기도 했던 것이다.

예수의 기적 중에는 떡 다섯개와 물고기 두 마리로 5천명을 먹인 기적과, 떡 일곱개로 4천명을 먹인 경우가 전해진다(「마가복음」 6:30~44, 8:1~9). 그런데 「사도행전」 2:41에도 예수의 부활 승천 이후 베드로가 한번 설교하자 3천명이 회개하여 예수를 믿게 되었다고 했으니, 초기의 그리스도인 수를 추정한 연구를 참조해보면 이것들은 지나친 과장이 아닐 수 없다.[12] 한 사람분의 음식으로 4천명, 5천명을 먹인 기적은 과장된 신앙적 민담임을 부인할 수 없다. 예수의 가르침은 영적 양식이라고도 말해진 만큼(「요한복음」 4:32, 6:27, 6:35) 많은 사람들에게 하나님 나라를 선포하고 가르친 사실이 구전과정에서 음식을 먹인 일로 바뀌어 전해졌을 가능성이 있다고 보인다. 만약 예수가 실제로 그런 기적을 베풀었다면 당시 빈곤 상태의 유대인들이 그를 지도자나 왕으로 적극 내세우지 않았을 리 없으며, 그의 십자가 처형에도 반발했을 것이다.[13] 늘 배를 이용하던 그가 갈릴리 호수 위를 걸었다는 기적 이야기도 허황하며 별다른 의미조차 찾기 어렵다. 부활 이후의 이미지를 투사해 그의 신성을 드높이고자 만들어진 설화 이상은 아닐 것이다. 그도 살아 있는 동안에는 인간의 한계 안에서 생활하였다. 복음서는 부활사건 수십년 뒤에

376

정리된 것으로, 그에 대한 신앙적 숭배의식이 크게 가미되어 서술된 내용들인 만큼 그대로 다 역사적 사실로 볼 수는 없다.

하나님 앞에 겸손해진 그는 자신의 정체성을 드높여 선포하지 않고 오히려 다른 사람들이 자신을 누구라 하는지, 제자들은 어떻게 생각하는지 묻는 장면이 복음서에 전한다.[14] 당대에 하나님 나라가 완성될 것으로 전망한 그는 유대교 안에 있으면서 하나님 나라를 선포하고 다녔을 뿐 새로운 종교를 창시하고자 하지도 않았기에 굳이 자신의 정체성을 드높여 선언할 필요도 없었다. 이처럼 그의 정체성이 문제시된 것은 제자들과 사도들, 초기 신자들조차 예수의 정체성에 대한 합일된 견해를 아직 갖지 못했음을 반영하는 동시에, 기본적으로 예수 자신도 스스로를 보편적 하나님의 아들, 하나님의 자녀의 한 사람으로 여겼을 뿐 그외의 지위에 관심이 없고 주장하지도 않았기 때문일 가능성이 높다.

그는 일치 체험을 통해 하나님의 아들로 거듭나고 누구도 가질 수 없는 담대함을 갖게 되어, 유대인들의 신앙의 대상처럼 된 율법 앞에서도 꺼리지 않고 자유롭게 입장을 개진하였다. 단순한 하나님의 사자(使者)가 아니라, 하나님과 타자이면서도 동일자인 하나님의 한 아들로서 신의 뜻을 자신의 언어와 행동으로 선포하고 가르친 것이다.[15] 야훼 앞에서 주저하고 경직되었던 모세와[16] 비교해도 예수는 하나님과의 관계 맺음에 더욱 적극적으로 임하여 그를 '아버지'라 부른, 종의 겸손을 보이면서도 아들을 자부하는 용기있고 자유로운 영혼을 가진 구도자였다. 유대민족이 아버지로 여겨온 오랜 통치자이자 익숙한 동반자인 사랑의 하나님과, 개방적인 고향 갈릴리와, 분방한 헬레니즘 문화의 영향까지도 자유로운 기질을 타고난 그를 성원하였다.

복음서는 제자들에게는 그가 메시아인 것이 알려졌다고 전하고 있으나, 예수를 메시아요 하나님의 아들로 고백한 베드로를 위시한 제자들이 예수 수난시 그를 모른 체하고 모두 흩어져 도망친 행태를 보면 사실이 아닐 가능성이 높다. 예수는 추종자들의 관심이나 인식과 상관없이 자신은 당시 유대사회의 일반적·통상적 의미의 메시아(그리스도)가 아니라고 생각한 것을 알 수 있다.[17] 그는 하나님을 만나 거듭나서 하나님의 뜻을 살펴 겸손하고 성실하게 실행하는 하나님의 종 같은 아들이었을 뿐이다.[18] 이 평범한 듯 신비한 정체성의 의미를 제자들과 온전히 공감하기는 어려웠다.

그는 「다니엘」 7장에 보이는 메시아 같은 역할이 기대되던 종말의 권세자이자 심판주, 구름 타고 다니는 영광스런 '인자'를 자임하지도 않았다. 그 스스로 하늘나라에서 구름을 타고 온 사실이 없으며, 하나님으로부터 세상 지배권을 받은 바도 없었다. 먼저 겸손히 섬기는 자가 되고자 한 그로서는 세상 영광이나 권세를 탐하여 나서지도 않았다. 그가 말한 '인자'는 당시 사람들이 널리 사용한 아람어 용법에 따라 총칭으로서의 '사람' 또는 '어떤 사람' 혹은 '나'를 가리키는 것이며, 하나님 나라가 이루어질 때 강림할 「다니엘」 7장의 '인자'에 대해서는 부득이하게 일부 언급했을 가능성도 있다. 그런 일부 사례에 힘입어 예수가 장차 구름을 타고 영광 중에 강림할 인자를 칭한 것처럼 여기고 그런 용례를 확대 적용한 흔적이 복음서들에 보인다.[19] 그런 경향은 특히 유대전쟁 전후에 더욱 강화되어 이 재난을 시작으로 종말의 징조 끝에 영광 중에 천사들과 구름을 타고 오실 재림의 인자 예수가 기대되었다. 그러나 이 '인자' 호칭도 성육하신 하나님으로서의 예수 그리스도가 정립되어 가면서[20] 예수의 정체성을 대표하기에는 한계를 갖게 된 것으로 여겨진다. 예수가 자신이 사람임을 강조하기 위해서 혹은 특별한 사명을 가진

378

인간으로 의식하여 의도적으로 '사람의 아들'을 사용한 것으로 해석하는 경우도 없지 않은데,[21] 전통적 메시아이기조차 거부한 예수가 거의 같은 역할이 기대된 '인자'에 유독 특별한 의미를 두고 사용했다고는 보이지 않는다. 만약 예수가 그렇게 했다면 그 칭호를 바울서신에서 전혀 언급하지 않을 수는 없었을 것이며, 제자 베드로도 신앙고백에서 그런 사실을 말했을 가능성이 높다. 평범한 농부였던 예수가 자각한 개인으로서의 '하나님의 아들'은 구약시대에는 없던 개념으로, 개인과 하나님 관계 중에서 가장 근본적이고 친밀한 실존적 부자관계 의식에서 온 것이었다. 따라서 '하나님의 아들'은 메시아나 인자 등 다른 어떤 신화적 의미를 가진 존재들보다 하나님과의 관계 면에서 앞선 것이다.

역사적 예수가 「이사야」가 전하는 야훼의 '고난받는 종'으로 자임하거나 여겨졌을 가능성도 없다. 그는 머리 둘 곳도 없는 생활을 했지만, 자신의 일을 고난보다는 하나님의 아들로서 마땅히 해야 할 당연하고 즐거운 일로 여겼다. 아울러 십자가 수난을 아직 겪지 않은 그의 생시에 추종자들이 그를 고난받는 종으로 여겼을 가능성도 없는 것이다.

오히려 예수는 「이사야」가 제시하는 상징적 존재의 하나인 '야훼의 기뻐하는 종'의 행실에 가까운 삶을 살았다.[22] 이 종은 포로와 가난한 자와 맹인 등 약자들에게 해방을 가져오는 바벨론 포로 해방의 주역 페르시아의 고레스왕을 상징적으로 미화한 것일 듯하다. 예수는 가난한 자와 식탁을 함께하며 그들이 행복해질 하나님 나라가 왔다는 복음을 선포하고 병든 자와 귀신들린 자들을 치유, 해방시켰다.[23] '야훼의 기뻐하는 종'이자 '하나님이 기뻐하는 택한 사람'의[24] 행실은 '하나님이 기뻐하는 아들'인 예수로서 본으로 삼을 만한 것이었다. 그런데 평소 예수의 행적에서 영광된 정치적 메시아상을 찾지 못한 추종자들은, 수난과 부활을 경험한 뒤에 이르러 그가 '고난받는 종'이었으며 나아가 '야훼의 기뻐하는 종'이라는, 「이사야」에 전하는 겸손한 메시아상을 찾게 되어 그에 대한 예언이 성취되었다고 여겼던 것이다.

예수는 스스로 배타적인 '독생자' 주장을 하지 않았다. 창조주 신 앞에 한없이 겸손해진 자가 아들의 지위를 독점했을 개연성은 적다. 이스라엘의 상투적이고 전통적인 표현이라고는 하지만 주기도문에는 '우리' 하나님을 말하고 있으며 복음서들은 곳곳에서 '하늘에 계신 너희 아버지 하나님' 또는 '나의 아버지 하나님'을 말하였다. 일견 '너희'와 '나'의 아버지를 구분한 듯하지만, 이것은 예수를 신앙한 복음서 저자들이 편집과정에서 구분한 것일 뿐, 하늘에 계신 '나의 아버지'나 '너희들의 아버지'나 같은 분인 것이다. 「요한복음」 등이 하나님의 '독생자 예수'를 강조하고 주장하지만, 본래 예수는 자기와 똑같은 피조물인 인간들을 하나님의 아들들(자녀들)로 보았음을 부인할 수 없다.[25] 그런 관념에서 어린아이 하나를 대접하는 것이 예수 자신은 물론 하나님을 대접하는 것이라고 말할 수 있었으며, 아버지는 오직 하늘에 계신 한분뿐이라는(「마태복음」 23:9) 말도 나올 수 있었다. 예수의 개인적·실존적 자의식으로서 '하나님의 아들'은 피조물인 모든 인간이 본래 가진 지위이며, 집 나갔던 탕자처럼 인격적 회개를 통해 거듭나서 하나님 앞으로 돌아오면 곧바로 회복할 수 있는 보편적 신분이었다. 이것은 부활사건 이후 그의 추종자들이 선포한 하나님의 유일한 친아들(독생자)이라는 그리스도적 칭호로서의 '하나님의 아들'과는 다른 방향에 있는 것이다.

예수 공생애의 목표는 하나님 나라의 전파와 성취에 있었다. 그는 요한이 선포한 하나님 나라의 도래는 받아들였지만 심판보다는 용서와 은총과 구원의 하나님 나라를 전망하였다.[26] 그것은 한편으로 「이사야」

등에 보이는 전통적인 보응의 심판을 말하면서도, 그것을 넘어 이스라엘 민족 내의 소외된 자를 치유, 해방하고 더 나아가 이방인과도 연합하는,[27] 새 하늘과 새 땅으로 형상화된[28] 하나님 나라에 닿아 있었다.

바벨론 포로기 민족적 대고난의 역사적 경험을 통해 제2, 제3 이사야 등 이스라엘 고대 지성들에 의해 진전되고 확대된 종말관은 페르시아의 계속된 지배와 셀레우코스왕조의 억압 정책, 기원전 1세기에 닥친 로마의 지배에 의해 크게 위축될 수밖에 없었다.

로마 지배하 국제교류가 크게 확대된 현실 속에서, 스스로 무한하고 조건 없는 사랑의 하나님과 친밀한 부자관계를 체험한 예수는 신의 은총으로 올 열린 세계의 새 하늘과 새 땅의 비전을 펼쳐 보였다. 배타적·보복적 메시아주의는 피의 보복을 반복할 것이므로, 원수까지 사랑하는 하나님의 사랑으로 약탈과 보복을 완전히 끊어 참되고 평화로운 새 세상을 이루고자 했던 것이다. 하나님이 통치하시는 하나님 나라는 그가 체험으로 알게 된 전능하고 거룩한 하나님의 무한한 사랑을 기반으로 한 것으로, 성취될 수밖에 없는 비전이라 확신했던 것으로 보인다. 로마제국 체제의 권력과 재물이 주도하는 악한 세상에서 소외된 자들까지 모두 행복해지는 것은, 이미 팔레스타인과 지중해세계 여러 부류와 계층에 널리 알려져 있던 사랑의 하나님 신앙을 기반으로 가능하다고 전망했던 듯하다. 하나님과 이 땅에 살고 있는 자신을 부자관계로 인식한 데서 알 수 있는 바와 같이, 하나님 나라는 저 하늘에서나 먼 훗날 심판 이후에 이루어지는 것이 아니라 바로 자신에게서, '지금 여기'에서부터 이루어지는 현실적 역사였다.

이렇게 하나님의 지배 곧 하나님 나라가 아들인 자신에게서부터 이루어짐을 체감하고 살았던 그로서는, 하나님 나라를 명쾌한 비유로 가르칠 수 있었다. 단순하고 담백한 성품의 그가 하나님 나라에 확신이 없었다면 그렇게 자신있고 명료하게 '천국은 ○○와 같다'는 비유들을 말하지 못했을 것이다. 예수는 가장 중심적 가르침인 하나님 나라 비유에서 결코 저 하늘에 있는 나라를 말하지 않았으며, 사후의 천당이나 지옥을 들먹이지도 않았다.[29] 그는 이 세상 이 땅에 있는 것들을 들어서 말하였다. 하나님 나라는 밭에 감추어진 보배라거나 시장 가게에 있으나 그 가치를 쉽게 알아보지 못하는 좋은 진주라고 했으며, 밀가루 반죽에 섞인 누룩이나 들에 자라는 겨자풀같이 알게 모르게 자라나는 것이라고도 하였다. 현실에서 가장 소중하게 여겨지는, 선한 하나님이 함께하시며 그 뜻이 이루어지는 행복한 삶의 형태를 하나님 나라라고 말한 듯하다.

사실 창조주 하나님 신앙에 확고하게 서 있던 그에게 세상은 본래부터 하나님 나라의 속성을 가진 것이기도 했다. 인간이 욕심과 죄악으로 인해 하나님을 등지고 살아온 까닭에 세상이 사단의 지배하에 있게 되었다고 본 것이다. 따라서 예수는 악하게 변한 이 세상을 사랑으로 깨우치고 발효시켜 자라게 함으로써 온전한 하나님 나라를 이루고자 하는 면도 있었다. 예수는 결코 황금이나 보석이 길에 깔린 하늘나라를 전망하거나 무서운 지옥불로 사람들을 위협한 적이 없다. 탕자의 비유에 보이는 바와 같이 벗은 발로 뛰어나와 탕자를 맞이하는 사랑의 하나님이, 지옥불로 자신의 피조물인 사람들을 영원히 벌주리라고 추론했을 가능성은 없어 보인다.

예수는 누구도 알 수 없는 사후의 하늘나라가 아니라 당장 많은 소외된 이들이 숨통이 막혀 죽어가는 이 현실 세상에서, 살아 있는 자들이 하나님의 뜻을 찾고 따르며 서로 돕고 원수조차 사랑하며 살아 하나님의 뜻이 온전히 이루어질 때 거룩한 백성들이 사는 하나님 나라는 완성 되리라고 보았다. 그때에는 「다니엘」 7장에 보이는 대로 하나님이 권세를 준 인자가 영광 중에 내려와 구원받은 영원한 기쁨의 세상을 통치하리라고 여겼을 가능성도 있으나, 메시아에 대한 기대가 없었던 것처럼 인자에 대해서도 별다른 기대를 하지는 않았을 듯하다. 왕 같은 하나님의 자녀들이 사는,[30] 하나님이 직접 통치하시는 세상에 다른 중개자가 굳이 필요할 이치도 없다. 또한 아마도 예수는 당대의 통상적 관념에 따라, 과거에 하나님의 뜻을 따라 살다가 죽은 자들도 「고린도전서」가 전하는 대로(15:52) 하나님 나라가 이루어질 때 썩지 않은 몸으로 다시 살아나 하나님 나라에 같이 살게 되리라고 여긴 듯하다. 그러나 자신은 물론 누구도 알 수 없는 낙원이나 사후와 관련된 세세한 문제에는 관심을 두지 않은 것 같다.[31] 은혜의 하나님 나라는 전능하신 하나님이 주관하시는 만큼, 인간이 걱정할 일은 없다고 믿었을 것이다.[32] 그는 본래 하나님의 자녀인 인간들이 돌아온 탕자처럼 욕심에 물든 스스로를 부정하고 하나님을 향해 방향을 돌려(회개) 살며 세상을 이겨내면 하나님 나라가 이루어질 것이라는 낙관적 전망에 취해 있었을 따름이다. 그 전망은 무엇보다도 자신이 체험한 무한하고 전능한 하나님의 무조건적 사랑에 대한 절대적 신뢰에서 나온 것이었다. 신약성경이 말하는 심판과 천당과 지옥 등은 예수 부활사건 이후에 추종자들에게 수용되어 신자들의 윤리적·신앙적 삶을 긴장케 하는 도구로서 강조되었던 것이다.

　이렇게 예수는 세례 요한 등과 다른 종말관, 천국관을 가졌다. 그래서 세례 요한의 제자들은 메시아가 오실 심판의 종말을 앞두고 바리새인들처럼 조심하고 잘 금식하는 데 비해, 예수는 하나님의 자녀인 사람들이 차별 없이 식탁을 함께하여 먹고 즐기는 하나님 나라(천국)의 잔치를 할 때라고 말하며 형식적 금식을 거부한 것이다. 예수는 세례 요한을 구시대의 예언자로 규정하고 헌 부대의 묵은 술로 비유하며 자신을 새 부대의 새 술로 말하기도 했다(「마가복음」2:18~22).

예수는 미래에 닥칠 종말의 하나님 나라가 이미 시작된 것으로 인식함으로써 종말을 현재화하여 살았다. 이로써 일면 과거부터 현재까지의 고통의 산물이라고 볼 수도 있을 미래 종말의 이상이 현재에 펼쳐졌고, 미래에 올 새로운 세상인 하나님 나라가 예수가 있는 '지금 여기'에 실현되었던 것이다. 이처럼 미래를 앞서 산 그의 삶에 대한 인식은 기존 세상 사람들의 것과는 큰 차이가 있었다. 그는 부자에게 모든 재산을 팔아서 가난한 자들에게 주어 하늘에 보화를 있게 하라고 하였다(「마가복음」10:21~22). 재물이 달리 소용없을 하나님 나라가 곧 이루어질 것을 확신하지 않고는 이처럼 무책임한 지시를 할 리 없다. 아울러 결혼하지 않은 자들에게 참을 수 있으면 결혼하지 말 것을 권하였으며(「마태복음」19:10~12) 자신도 결혼하지 않았다. 극히 일부의 사람들이 예수의 결혼생활 가능성을 그럴듯하게 추론하기도 하나, 현재적 종말관에 서서 살았고 독신생활을 권유하기도 한 그가 결혼했을 가능성은 거의 없다고 보인다. 지금도 여러 종교의 사제나 구도자들이 독신생활을 하는 것을 보아도, 예수의 결혼 가능성은 속인의 관점에서 하는 말일 뿐 없었던 일로 보아도 좋다.

예수의 하나님 나라는 당시 세상과는 여러 면에서 대비되었다. 하나님 나라에서는 아침 일찍 포도원에 들어와 일한 일꾼과 오후 늦게 들어와 일한 일꾼의 품삯 차이가 없다고 하였다(「마태복음」20:1~16). 쉽게 이해하기 힘든 세계이나, 이는 오후 늦게까지 일자리를 찾아 헤맨 이의 절박함을 헤아린 것이다. 탕자를 용서하고 비단옷을 입혀 잔치를 베푸는 아버지가 계신 곳이 그 하나님 나라이다. 탕자의 형만 아니라 세상의 많은 지각 있는 이들이 그 아버지의 분별 없음을 탓할 가능성이 높다. 그러나 조건 없는 사랑과 용서만이 진정한 화해와 평화, 온전한 구원을 가져올 수 있음은 부정하기 어려울 것이다. 원수까지 사랑할 것이 요청되었고, 유대인이 그처럼 싫어하던 사마리아인이 진정한 이웃으로 제시되기도 했다. 어느 민족 출신이건 하나님의 피조물로서 하나님의 사랑을 실천하는 자가 참사람이며 이웃인 것을 유대인들 앞에 도전적으로 보여주었다. 헌금 액수가 많음을 자랑하는 부자보다 두푼의 작은 생활비 전부를 바친 가난한 과부의 진심이 칭송을 받는 세상인 것이다. 이 모든 경우에서 상대적 약자, 소외된 자들이 먼저 배려되고 관심의 대상이 되고 있음을 볼 수 있다. 창조주의 형상을 닮은 존귀한 피조물이 경쟁에서 낙오했다고 하여 다른 피조물들에게 무시되는 불의와 부조리 앞에,[33] 하나님의 의와 사랑이 먼저 다가감을 볼 수 있는 것이다.

예수는 이 하나님 나라가 곧 이루어질 것이라고 가르쳤다. 이 세대가 지나가기 전에 이루어지리라 하였다(「마가복음」 13:30). 예수의 가르침을 들은 자 중에서 어린아이들을 기준으로 보아도 예수는 하나님 나라가 40년, 늦어도 60년 정도 안에 이루어질 것으로 보았을 듯하다. 하나님 나라는 새로운 나라의 건설과도 유사한 만큼, 이스라엘의 건국 이야기인 출애굽의 광야생활을 상기하며 세례 요한이 '광야'에서 선포한 하나님 나라가 40년 정도의 시련과 성장과정을 거쳐 완성될 것으로 예상했을 수 있다. 다만 예수는 그 시기를 숫자를 들어 정확히 말하지 않고 자기 앞에서 복음을 듣고 있던 사람들의 일생 안에 이루어질 것으로 가르친 만큼, 제자들과 사도들은 예수 재림이 지체된 이유를 해명하는 데 약간의 여유를 확보할 수 있었다.

복음서는 '이 세대' 안에 하나님 나라가 이루어질 것을 말하면서도, 그것을 '인자' 예수의 재림과 함께 이루어질 상황으로 바꾸어 말하며 그때는 아무도 알 수 없다는 말로 재림 지연의 위기를 넘어갔다. 예수 공생애 후 약 40년 만에 등장한 「마가복음」은 하나님 나라와 예수 재림이 실현되지 않아 생긴 위기를 돌파하기 위한 신앙 재점검 작업의 일환이었을 것이다. 굳이 체계적 경전이 필요하지 않았을 종말론적 신도들에게 문자 경전이 새롭게 편찬되는 것은 예삿일이 아니었다. 어쩌면 제대로 알지 못한다고 여겨졌을 하나님의 뜻과 예수의 정체와 의도를 확인하는 작업이 펼쳐진 것이다.

예수의 하나님 나라 곧 하나님의 통치는 은혜와 사랑으로 충만한 부드럽고 따뜻한 전망처럼 보이지만, 이 세상의 청산적 종말과 함께 오는 새로운 세상의 비전인 이상 현실 체제와 기득권층에게는 위협적인 것일 수밖에 없었다. 식민지 상태에서도 지배계급으로 군림해온 대제사장과 산헤드린 의원, 헤롯의 계승자 등은 요한과 예수의 종말 선포가 반가울 리 없었다.

예수 공생애 초기의 운동은 다소 낯설고 사회적 영향도 미미했던 만큼 기득권세력의 두드러진 반발이나 제재가 따르지 않았다. 그러나 예수의 운동은 종교적·정치적 속성도 가졌던 만큼 대제사장 중심의 예루살렘 성전체제와 충돌할 조짐을 보이자 사정은 달라졌다. 최종 예루살렘 입성을 앞둔 즈음에 예수는 자신의 행동이 기득권세력에게 종교적·정치적 장애로 여겨지고 있음을 알고 있었다.[34] 그러나 하나님의 아들이라는 자부 속에 약자들의 해방을 가져올 은혜로운 종말의 하나님 나라 선포와 실천을 그만둘 수는 없었다. 그의 하나님 아버지에 대한 확신은 하나님과 자신을 일치시킨 데서 온 것인 만큼, 하나님 나라 건설은 그의 삶의 당연한 의무이자 의미이며 반드시 이루어야 할 목표였다. 이에 반해 하나님 나라가 오기 전에 마땅히 청산될, 하나님의 청지기나 소작인일 수밖에 없는 대제사장 중심의 성전체제는 종식을 고할 처지였다. 물론 기득권세력이 예수의 선포로 인해 성전체제가 종언을 고하고 하나님 나라가 곧바로 성취되리라고 믿지는 않았다. 그러나 그들 중 일부는 예수의 능력에 관심을 갖게 되었으며, 특히 그의 운동을 따르는 갈릴리와 유대의 지식인과 백성들, 그리고 보다 개방적인 디아스포라 출신 추종자들이 늘어날 가능성에 내심 염려가 없지 않았던 것이다.[35] 더구나 성전체제는 로마 총독의 통제하에 로마제국의 지배에 적극 협조하고 있었고, 대제사장의 지위조차 로마 총독에 의해 임명되고 보장받는 비주체적 종속관계에 있었으므로 스스로 온전한 정통성을 자부하지 못하였다. 이런 상황에서 예수는 어느 곳에서든 신령(영)과 진정(진리)으로 예배를 드리면 될 뿐이라고(「요한복음」 4:23~24) 명쾌하게 성전체제의 청산을 압박하였다.

예수의 마지막 예루살렘 상경은 성전체제 청산을 선포하는 선지자로서의 상징적 행위를 하기 위한 것이었다. 그러한 상징행위(퍼포먼스)를 하려고 나선 예수는 자신이 처할 위험에 유념하지 않을 수 없었다. 그는 처형될 수도 있음을 예감하며 제자들에게 이별의 가능성을 내비치기도 했다. 그러나 제자들은 예수의 예루살렘 입성으로 하나님 나라가 기적처럼 완성되리라 기대하며 그 왕국에서 차지할 지위에 관심을 두는 등 스승의 염려에 대해서는 둔감하였다. 다만 첫번째 신자로 말해지기도 하는 영성이 뛰어난 한 여인이 값비싼 나드 향유 한 옥합을 깨뜨려 예수의 머리에 부어주며 외로운 사명을 띤 자를 고취하는 신비로운 믿음을 보였을 뿐이다(「마가복음」 14:3~9).

예수의 제자는 남자들이 중심이 되지만 여성 제자들도 있었고 초기 교회에는 여성 지도자도 있었다.[36] 이 여인을 위시하여 막달라 마리아 등 예수와 동반한 여성 제자들은 남성 제자들보다 신실한 신앙을 보이며 봉사하고, 예수의 십자가 죽음에서도 남자들처럼 도망하지 않고 가까이에서 자리를 지키는 믿음과 의리를 보여주었다. 전통적인 가부장제 사회에서 새로운 사상을 따르는 남성 제자들은 그 사회에서 소외되거나 경쟁에 뒤처진 사람들이 많았을 가능성이 있으며, 그에 비해 여성 제자들은 사회적으로 소외된 여성들 가운데서 선구자적 자질을 가진 용기있는 이들이었을 가능성이 높다. 약자와 소외된 자들을 사랑하고 함께하고자 한 예수에게 훌륭한 자질을 지닌 선각자적 여성 추종자들의 호응이 있었던 것이다.

예루살렘 입성 직후 시장한 예수는 무화과나무를 찾았던 듯하다. 그런데 이와 관련한 이야기는 약간 변형이 가해져 예수가 열매를 얻지 못하자 그 나무가 다시는 열매를 맺지 못하도록 저주하여 결국 말라 죽게 한 것으로 묘사되어(「마가복음」 11:12~14, 20~21) 오해를 사기도 했다.[37] 예수의 권능을 강조하기 위해 구전하던 자들이나 복음서 저자가 적극적으로 윤색한 결과로 볼 수 있는데, 고대사 자료에는 흔히 있는 일이다. 열매 없는 무화과나무를 보고 열매를 맺지 않으면 베일 것이라 말한 정도로 보면 사실에 가까울 것이다. 하나님 앞에 열매 없는 성전체제가 청산될 것을 빗대어 말했을 수도 있다.

성전에 들어간 예수는 하나님 나라가 이미 시작된 이상 역할을 다한 성전체제의 종식을 선포하였다. 그는 장사하는 이들을 내쫓고 환전하는 자들의 상과 제물인 비둘기를 파는 이들의 의자를 엎고, 기구들을 가지고 성전 뜰을 지나가지 말도록 명하였다(「마가복음」 11:15~18). 이 장면은 자칫 예수의 폭력성을 보여주는 것으로 이해될 소지도 있으나, 이는 예언자로서 성전체제 청산에 대한 하나님의 분명한 의지를 보이려는 상징적인 행위이므로 개인의 성품을 판단하는 자료로는 적합하지 않을 듯하다.

예수는 당당하고 권세있게 행동하고 명령하였기에, 사람들은 그를 두려워하여 어찌하지 못하였으며 미처 대비가 없던 대제사장들과 서기관들도 제지하지 못하였다.[38] 이 일화는 흔히 '성전 정화'로 불리는데, 성전세나 헌금 등 현금 수취와 제물 매매 그리고 제사기구 등의 이동을 금지한 것으로, 성전의 제사 운영을 중단시키는 폐쇄와 청산의 상징적 행위였다. 이같은 예수의 성전 폐쇄 선언은 당시 대제사장측은 물론이고 제사로 하나님에 대한 신앙을 표현하던 예루살렘의 대다수 유대인들에게 충격이 아닐 수 없었다.[39] 이때부터 예수를 죽이고자 하는 구체적 계획이 마련되어 시행에 들어갔다. 그런데 유대교 전통을 벗어나지 않은 제자들이나 예수 추종자들은 이것을 성전의 정화처럼 이야기한 것이다. 더구나 복음서 저자는 예수의 행적을 되도록 구약성경에 근거를 두고 기술하여 예언이 이루어졌음을 보이고자 했던 만큼, '강도의 소굴'처럼 된 성전을(「예레미야」 7:11) 정화하여 '만민이 기도하는 집'으로(「이사야」 56:7) 만들려 한 것으로 기술하였다(「마가복음」 11:17). 아울러 복음서가 저술될 즈음 유대교 내에서는 예수 추종자들에 대한 질시가 강해지는 추세였으므로, 추종자들과 복음서 저자는 성전 폐쇄가 아닌 성전 정화행위처럼 기술하여 예수 행동의 과격성을 완화하려 한 것이다.

예수가 성전에 들어가 다닐 때에 대제사장과 서기관, 장로들이 예수에게 무슨 권세로 성전을 폐쇄할 듯이 행동했는지 따져물었다. 이에 예수는 요한의 세례를 거론하며 그것이 하늘로서 온 것인지 사람의 행위에 불과한지를 되물었다. 예수는 자신이 요한의 세례를 통해 성령의 임재를 체험하고 자신 안의 성령의 인도에 따라 하나님 나라를 선포하고 성전을 폐쇄하도록 했다고 말하고자 했을 것이다. 그런데 대제사장 등은 사람들이 요한을 참선지자로 여기므로 두려워하여 잘 모르겠다고 대답을 회피하였다. 이에 예수가 응대할 수 없게 되어 더이상 말하지 않았다. 그런데 복음서의 기록은 그들이 대답하지 못함으로 인해 예수가 대답을 재치있게 회피한 듯한 인상을 풍긴다.

예수에게 일격을 당한 대제사장과 서기관, 장로들은 예수를 곤궁에 빠뜨리기 위해 따로 사람들을 보내 곤란한 질문을 했다. 로마 황제 가이사에게 세금을 바치는 일의 가부를 물은 것이다. 예수는 질문을 한 자들에게 로마의 은화인 데나리온 하나를 가져오게 하여 거기 새겨진 인물과 글자가 누구의 것인지 물었다. 가이사의 것이라는 대답을 들은 예수는 '가이사의 것은 가이사에게 하나님의 것은 하나님에게 바치라'는 유명한 판단을 말하였다. 예수는 그들의 음모에 회피하거나 대항하지 않고 질문자는 물론 어쩌면 주위에 몰려들었을 여러 유대인들이 맞닥뜨린 내면의 혼란까지 헤아리며 당시의 유대 현실에 맞는 답변을 준 것이다.[40] 이 말을 가이사의 정치적 지배와 하나님의 영적·종교적 지배를 나누고 양자 모두 지지하는 것으로 볼 여지도 있지만, 예수는 하나님의 지배만을 인정하는 전통과 사상의 흐름 속에서 대답했다는 데 주목해야할 것이다. 널리 이해되는 대로 예수는 로마 황제의 초상이 있는 돈으로는 그에게 세금을 내도 좋으며, 하나님의 형상을 닮게 만들어진 인간으로서는 자신의 모든 것을 하나님께 드리는 마음으로 살 것을 말한 것이라고 하겠다.

본래 예수의 하나님 나라는 하나님의 왕적 통치(지배)를 말하는 만큼, 로마제국을 예수가 그처럼 심각하게 대립적인 존재로 인식했을 가능성은 낮다. 전능하고 거룩한 하나님 앞에서는 로마 황제도 그저 피조물에 지나지 않는 것이다. 로마제국에도 하나님의 통치가 실현될 수 있는 것도 물론이다. 따라서 예수는 당시 유대사회의 현실적 화두로서 갈릴리의 유다가 주장한, 하나님만이 유대인의 주가 된다며 자유를 추구하여 로마에 납세를 거부하는 사상에 대해 부정적인 의사를 밝힌 것이다. 예수는 로마제국에 세금을 내는 것은 하나님을 주로 모시느냐 여부와 직결된 것이 아니고 현실의 정치·사회 문제에 불과하다고 본 것이다. 하나님의 입장에서 보면 로마 황제도 피조물이며 세상의 나라를 맡긴 청지기나 종에 불과한 만큼, 세상의 세금을 가지고 하나님과 가이사 중 누구를 주로 모실 것인가를 판단할 수는 없다고 본 것이다. 사실 예수는 가이사보다 오히려 재물이 하나님과 대립, 병치될 가능성이 있음을 다른 곳에서 밝히기도 하였다.[41] 따라서 민족주의적 신정주의에 매몰되어 감히 하나님과 가이사를 양자택일하도록 요구하는 갈릴리 유다의 정치적 선동은 하나님을 모독하고 있다고 보았을 가능성이 크다. 은화에 새겨진 형상을 확인해 가이사의 것을 알려줌으로써 또한 동시에 하나님의 형상을 가진 하나님의 것(인간)을 상기시켜주자, 하나님 신앙에 깊이 뿌리박고 있던 당시 유대인들은 가이사와 하나님의 위상에 본질적 차이가 있음을 재인식하고 예수의 대답에 감탄하였다. 그러나 갈릴리 유다의 주장에 대한 예수의 분명한 반대는 이후 별다른 민족적 호응을 얻지 못했는데, 예수 사후 곧 닥친 로마제국과의 격돌과 유대 멸망의 비극적 민족사를 생각하면 아쉬운 면이 없지 않다.

예수의 운동이 현실적·사회적인 것은 물론이다. 그리고 모든 사회운동은 궁극적으로는 정치적 성격을 띠지 않을 수 없다. 그렇지만 그는 신과의 일체감에서 하나님의 일을 한다는 형이상학적 측면이 강했고 정치적 메시아이기를 거부했던 만큼, 당시 정치체제와 직접 대립하는 정치혁명을 추구하지는 않았다. 또한 자기 당대에 하나님 나라가 이루어진다고 확신한 만큼, 로마제국을 굳이 당장의 적대적 대상으로 삼아 맞서지 않았다. 유대민족이 페르시아 이래 제국들의 지배를 오래 받아왔고, 더구나 헤롯 안티파스가 분봉왕으로 지배했던 이방으로 여겨진 갈릴리의 풍토에서 살아온 예수가 이방 강대국의 지배를 당장 척결할 목표로 인식했을 가능성은 낮은 것이다. 복음서에 보이는바 예수에 의해 군대귀신들이 쫓겨 들어간 2천 마리 가량의 돼지들이 물에 빠져 죽은 이야기에는(「마가복음」 5:1~20) 분명 로마군에 대한 적대감이 강하게 반영되어 있지만, 이것은 로마에 반발한 당시 유대인 일반, 특히 열심당(젤롯) 등의 바람이 실려 뒤에 생겨난 민간의 기적 설화일 가능성이 높다.

물론 예수의 하나님 나라 운동을 이어받은 그리스도교회는 로마제국과 대립의 길로 들어서게 되었다. 두 조직의 지향점은 달랐지만, 교회 신도의 절대다수가 로마 지배하의 사람들이고 교회가 여전히 역사의 주관자 하나님을 신앙하고 사회정의를 추구하는 한 충돌의 소지가 있을 수밖에 없었다. 따라서 시간이 흐르면서 상당 기간 양자가 대립한 것은 분명한 역사적 사실이지만, 예수가 갈릴리와 유대를 중심으로 기치를 들었던 하나님 나라 운동은, 충돌의 요인들이 내재했음에도 불구하고 제국질서와의 대결을 의식한 정치적 목적 우선의 운동은 아니었다. 예수의 가르침과 지향점은 당시의 세속적 가치체계의 전복에 가까워서 그의 운동은 로마제국 체제에 대한 극렬한 저항운동으로 비칠 수도 있지만, 상호 거리가 먼 이념체계나 사상들은 오히려 그 거리감만큼 예민하게 갈등하지 않을 수 있음에도 유의할 일이다.

　무엇보다도 그의 하나님 나라 운동은 자기 세대 내에 전능한 하나님의 도우심으로 성취되리라는 종말적·급진적 성격을 가졌기에, 로마제국을 무력으로 무너뜨리려는 의도는 굳이 갖지도 표방하지도 않았다. 예수는 강력한 로마제국에도 하나님의 통치가 이루어질 수 있다고 낙관했던 듯하다. 로마에 협력한 군인이나 세리에게도 그 직책을 버리라는 등의 요구는 전혀 없었으며, 세리 삭개오를 칭찬하고 세리 출신 레위를 제자로 삼기도 하였다. 그는 하나님을 만난 경험 후 하나님 나라에 심취하여, 당시의 세속 인간들이나 현대 학자들이 생각하는 것처럼 당대 정치적·사회적 모순의 궁극적 원인이라고 할 수 있는 로마제국에 대해서도 그것을 심각한 장애라고 생각하지 않는 남다른 현실감으로 살았다. 따라서 가난한 농민 출신으로서 그의 가르침은 민중적이었지만 현실정치에서 반체제적이거나 계급투쟁의 성격을 갖지 않았다. 예수의 뜻을 제대로 이해하지 못한 그의 제자들이 예루살렘 상경 도상에서 예수의 집권과 함께 좌우 권력자들이 되려 했다가 예수와 괴리감만 남긴 일을 보아도, 세속의 정치권력 문제가 예수에게는 민감하게 여겨지지 않았음을 알 수 있다.

　예수의 운동은 은밀하거나 은둔적이지 않았으며 이스라엘의 비판적 예언자 전통을 따른 공개적인 사회·종교 운동으로서, 대체로 방어적으로 자파의 순수성 및 정통성을 주장하던 다른 율법 우선 종교 분파들과 갈등의 소지가 있었고, 예수의 십자가 죽음도 그로부터 유발된 것이 역사적 실상일 것이다.[42] 예수의 운동은 그가 살고 있던 신정국가 전통을 가진 팔레스타인 유대인사회에서 일단은 민족 내의 운동으로 시작되었다. 따라서 예수의 하나님 나라 운동에 가장 민감하게 반응한 것은 신정국가 체제의 유제(遺制)인 성전체제를 운영하던 대제사장 등 사두개파였으며, 그들과 대립하면서 민족의 선생과 지도자로 자부하던 바리새인들이 뒤를 이었다. 그들은 하나님의 직접적인 통치가 완전하게 실현된다면 우선적으로 그 역할을 다할 이들이었다.

예수 사후에도 제자들을 포함한 유대인들은 로마제국과의 관계에서 여러 역사적 굴곡과 변화를 겪었고, 유대인 일반의 반로마 정서와 다양한 예수 추종자들의 출신 배경으로 볼 때, 복음서에서 일부 보이는 반로마 정서가 반영된 기사들을 예수와 직결하여 지나치게 비중있게 볼 필요는 없다. 예수의 형제 유다의 손자들을 불러 만났던 로마 황제 도미티아누스(Domitianus)는, 그리스도의 나라가 세상의 왕국이 아니고 천상의 것으로서 세상의 끝날에 이룩될 나라라는 대답을 듣고는 황당한 이야기를 들은 듯 심각하게 여기지 않고 그들을 곧 풀어주었다.[43] 여기에 보이는 그리스도의 국가는 예수의 하나님 나라가 변형된 것으로, 예수의 하나님 나라와 로마제국은 대비하기도 어려운, 서로 다른 방향과 목적을 가진 별개의 세계였던 것이다. 특히 예수는 종말신앙에 서서 무력조직이나 정치체제를 만들지 않았다. 그는 하나님의 형상을 가진 인간들을 깨우쳐 당대의 정치체제 등과 무관하게 이상적인 하나님 나라를 건설하려고 했으며, 그것이 가능하다고 믿었다. 따라서 그는 어느 면에서는 이상주의자요 물정 모르는 종교운동가이며, 세상의 먼 미래를 신경 쓰지 않는 현재적 종말론자이다. 그러나 이런 한편으로 현실에 매몰되지 않고 하나님의 뜻이라는 이상적 가치를 주목함으로써 인류사에 새로운 변화의 계기와 이념을 제공한 면이 있고, 그것이 인간사에 큰 공헌을 한 것도 물론이다.

현대에 들어, 구약시대 신앙전통에 대한 부채의식과 고대·중세의 유

394

대인 박해, 특히 홀로코스트에 부담감을 가질 수밖에 없는 일부 그리스
도교측 연구자들은 예수와 유대인의 대립이라는 전통적 이해에 대해
재고하면서 '유대인 예수'를 강조하기도 한다. 그러나 유대인과의 대립
적 면모를 줄이기 위해 로마제국과의 대립을 의도적으로 강조하는 것
도 비역사적일 수 있다.

　예수가 예루살렘에 입성해 성전 폐쇄를 선포하고 하나님 나라의 가
르침을 베풀었지만 하나님 나라는 성취될 기미가 없었다. 대제사장측
의 회개나 반성도 전혀 없었다. 물론 예수도 성전체제가 일변하리라 생
각하지는 않았다. 하나님 나라는 자신의 세대 안에 어느정도 시간을 갖
고 이루어지리라 예견했던 만큼 예수는 마지막 예루살렘 방문 후의 다
음 행로도 물론 염두에 두었을 것이다. 현재 복음서 자료로 볼 때, 예수
는 성전 폐쇄로써 유대, 나아가 세계 하나님 신앙의 중심지에서 하나님
나라를 선포하고 일단은 다시 갈릴리 호숫가의 터전으로 돌아가려고
했던 것으로 보인다. 이 점은 「마가복음」과 「마태복음」에 전하는 부활
기사에서 천사가 제자들에게 전하라고 했다는 '갈릴리에서 만나자'라
는 전언을 통해 짐작해볼 수 있다.[44] 이는 본래 예수와 제자들이 그 여행
의 최종 목적지를 당연하게도 예수 활동의 근거지인 갈릴리 호숫가로
정했던 것이 이렇게 전해진 것이라고 여겨진다. 정치적 권세를 잡고자
하지 않은 이상 예수는 갈릴리로 다시 돌아가서 하나님 나라를 이루기
위해 계속해서 전도자의 삶을 살고자 했을 것이다. 갈릴리 귀향 이후의
그의 삶의 계획이 어떠했는지는 알 수 없지만, 갈릴리와 가까운 이방을
거쳐 로마제국에 이르기까지 하나님 나라를 선포하고자 했을 가능성을
부인할 수 없다. 자기 시대 안에 하나님 나라를 이루기 위해서는 고향에
만 머물 수 없었을 것이다. 부활사건 이후 그의 제자들이 곧 이방 선교

에 적극 나선 데서 그 가능성을 추론해볼 수 있다.

하나님 나라가 이루어질 아무런 조짐이 보이지 않자, 그 실재성이 논란이 되기도 하는 제자 가룟 유다는 예수에 대해 크게 실망하고 오히려 그를 처단하는 데 협력하였다. 예수를 메시아로 기대했다가, 집권의 조짐이나 전망이 보이지 않고 대제사장 등 기득권층의 호응이 전혀 없음을 목도한 유다는 예수에게 강한 실망감을 갖게 되었던 듯하다.

이러한 중에 예수는 불가불 자신의 처형이 닥칠 것을 예상하며 마지막 식사가 된 만찬을 하였다. 이때의 식사는 복음서와 바울서신인 「고린도전서」 등에 비교적 자세히 언급되어 있다. 그 내용은 약간 차이가 있으나 예수가 이때 성찬예식의 모범을 보인 것으로 전하고 있다. 떡을 들어 축복하고 나누어주며 자신의 몸이라고 하고, 포도주잔을 들어 감사하고 나누어주며 많은 사람들을 위해 흘리게 될 자신의 피, 언약의 피라고 하고, 하나님 나라에서 새것으로 마실 때까지 다시 포도주를 마시지 않겠다고 했다고 한다.[45]

그러나 이 기사 역시 부활사건을 겪고 예수를 그리스도로 확신한 이후의 관점에서 의도적으로 윤색된 것이다. 대다수 학자들은 예수 자신이 곧바로 부활할 것을 확신했다고 보지 않는데, 그런 예수가 이같이 말했을 가능성은 희박하다. 그는 임박한 죽음이 예상되는 시점에서 다소간 감상적이고 직감적으로 자신이 나누어주는 떡이 살과 같다거나 포도주는 피와 같다는 표현 정도를 했을 개연성이 있다. 이런 식사자리가 앞으로 더 있기 어려울 것이라는 언급도 했을 법하다. 결과적으로 이 만찬이 그와 제자들의 마지막 식사가 되었다. 이에 따라 부활사건 이후 이 식사는 '최후의 만찬'으로 특별한 의미를 가진 것으로 여겨지게 되었다. 떡과 포도주는 그의 찢긴 살(몸)과 그가 흘린 피라고 말해졌을 것이다. 이것은 이후 예수의 살과 피를 먹고 마셔서 구원에 이른다는 성찬례란 성스런 예식으로 의미가 부여되었다.

만찬 후 예수는 제자들과 기도하기 위해 감람산으로 갔다. 올라가는 길에 예수는 베드로가 자신을 배신할 것을 말했다. 베드로는 극구 부인하고 다른 제자들도 같이 입을 모았다고 한다.

겟세마네에 이르러 예수는 자신이 기도할 동안 제자들은 대기하도록 하고 베드로, 야고보, 요한 세 제자만을 따로 데리고 갔다. 그는 매우 슬프고 괴로운 표정이었다. 다가오는 죽음을 인간적으로 크게 걱정하고 있었던 것이다. 세 제자들에게 '심히 고민하여 죽게 되어'(「마가복음」 14:34) 기도하러 온 것이라고 말하며 깨어 있으라고 하고, 자신은 더 나아가서 홀로 떨어져 기도했다. 그는 우선 이 잔을 옮겨주기를 간곡히 기도하였다. 그러면서도 아버지의 원대로 하시라고 하며[46] 사랑의 처분을 바랐던 것으로 보인다.[47] 무심하게도 잠만 자고 있는 제자들을 찾아와 안타까워하기도 했던 예수는, 오래고 간절한 기도를 통해 결국 자신이 이 위험에서 벗어날 수 없으며 그것이 하나님의 뜻일 가능성을 수용하고 자신의 마음을 정리하게 된 듯하다.

그런데 이 사실성 농후한 이야기에는 예수의 정체성과 관련된 내용들이 드러나 있다. 그것은 예수가 여전히 신의 뜻을 알고자 하며 그의 도움을 얻기 위해 기도한 인간이라는 점이다. 남다른 영성과 감성으로 신을 만나는 경험을 했음에도 불구하고 그는 결코 하나님을 완전히 알았거나 그의 전능함을 완전히 전수받은 것이 아니었음을 보여준다. 이같은 점은 이미 자기 딸의 귀신을 쫓아주기를 청한 헬라계 수로보니게 여인과의 일화에서도 드러난다(「마가복음」 7:24~30). 그때의 대화에서[48] 예수는 자녀(유대인)들이 먼저 먹어야 할 떡을 개들(이방인)에게 던져

먹이는 것이 적합하지 않다고 하였다. 이에 대해 여인은 그 말이 옳지만 상 아래의 개들도 아이들이 먹던 부스러기를 먹는다고 응대하였다. 이 말의 타당성을 인정한 예수는 곧 자신의 생각을 고쳐서 이방인인 이 여인의 딸에게 귀신이 나갔다고 선포하며 유대인 대상의 복음 선포방식을 수정했던 것이다. 예수는 애초부터 모든 것을 다 안다거나 장래 일을 다 꿰뚫어보고 대책을 가지고 있었던 사람이 아니다. 신성을 상당히 체현하고 있으나 경험과 사유를 통해 스스로의 길을 수정하기도 하며 산 그는 여전히 인간이었던 것이다.

예수가 처형을 크게 걱정하고 근심한 것으로 보아, 그는 죽음을 두려워했을 뿐 아니라 처형 후에 곧 자신의 부활이 있으리라고 예상하지 못했던 것도 알 수 있다. 물론 최후 심판 때 의로운 자들의 부활은 페르시아의 조로아스터교 사상에 이미 나타난 것으로 유대 바리새파 등에서도 믿던 것이며 예수도 이를 믿어왔을 것으로 보이지만,[49] 그의 걱정하는 모습을 보면 자신이 곧 부활하리라는 확신에 서서 죽음을 담담하게 혹은 기쁘게 받아들이고 있지는 않았음을 알 수 있다.[50]

가롯 유다와 함께 온 대제사장의 부하들에 의해 예수는 잡혀갔다. 가롯 유다의 역할에 대해서는 이론이 적지 않고, 그의 운명에 동정적인 견해들도 없지 않다. 영지주의 저술인 「유다복음」은 가롯 유다를 적극 옹호하고 있다.[51] 그러나 실망스럽다고 하여 별다른 죄를 지은 것도 아닌 스승을 잡으려는 이들의 협조자가 된 것은 비난을 면할 수 없을 일이다. 그가 아니어도 대제사장측에서 예수를 잡지 못할 리 없는데, 그에게 특별한 하나님의 사명이 부여된 것처럼 옹호하는 견해는 지나친 것이다.

산헤드린에 잡혀간 예수는 심문을 받았다. 복음서가 전하는 심문과정이나 내용은 상당 부분 사실일 개연성을 가지면서도 후대에 그리스도론에 의해 윤색, 조정된 감이 있다. 따라서 복음서에서 유대인의 왕임을 인정한 듯 가시관을 씌웠다거나 빌라도가 그를 유대인의 왕으로 대한 듯이 묘사된 것은 구전의 과장이거나 편집의 결과일 것이다. 대제사장측은 매우 기민하게, 가능한 한 조용히 일을 처리했을 것이다. 빌라도도 망설이지 않고 자신의 충성스런 협조자들인 대제사장측을 도와 신속히 법적 문제를 처리해주었을 것이다.

예수는 명백한 범죄를 저지르지는 않았다. 가난한 자를 돕고 병자를 고쳐준 일은 종교지도자로서 칭송받을 일이지 처벌받을 일은 아닌 것이다. 대제사장측은 예수의 죄를 밝히기 위해 증인들을 들이댔다. 그러나 그들의 증언도 확실한 것이 없었다(「마가복음」 14:56~59). 이들 중에는 예수가 손으로 지은 성전을 헐고 사흘 만에 손으로 짓지 않는 다른 성전을 지을 것이라고 했다는 증언도 있으나 그 증거가 부합하지 않아서 유효한 증언이 될 수 없었다. 이 내용은 중요한 면이 있는데, 예수가 예루살렘 성전의 파괴를 제자 중 한 사람에게 말했다는(「마가복음」 13:1~2) 기사의 신빙성이 낮을 가능성을 보여주는 것이다. 예수는 당대에 하나님 나라의 성취를 예상하며 살았던바, 상징적으로 성전 폐쇄 행위를 했지만 하나님 나라의 도래와 성전 건물의 파괴를 굳이 연계해 말했을 가능성은 거의 없다. 그는 비본질적 문제로 세속의 장애를 키워 그것에 묶여 하나님의 일이 방해받도록 하는 어리석은 일을 하지 않았다. 예수 행적의 중요 특징의 하나는, 하나님에 대한 전폭적인 믿음에서 그분에게 많은 것을 맡기고 가라지를 밭에 그대로 두듯이 나머지는 그대로 둠으로써 세상의 여러 장애물을 초월하여 자신의 활동의 장을 유연하게 확보한 것이다. 그래서 그는 머리 둘 곳도 없는 처지이면서도 하늘을 지붕 삼아 자유를 누렸다. 그것은 고금을 막론하고 험한 세상에서 신의 아들

정도를 확실히 자부한 자만이 누릴 수 있는 자유일 것이다.

대제사장측이 예수를 죽이려 한 이유에 대해, 「마가복음」 등 공관복음서에는 없고 가장 뒤늦게 나온 「요한복음」에만 보이는 구체적인 정황 기사가 하나 있다(「요한복음」 11:45~53). 대제사장측은 예수가 기적을 많이 행하면 사람들이 그를 믿게 되며 그렇다면 로마인들이 와서 자기들의 땅과 민족을 빼앗아가리라며 걱정을 했다고 한다.[52] 그때 대제사장 가야바(Caiaphas)의 입을 통해 나온 말이 기록되어 있는데, 그는 "한 사람이 백성을 위하여 죽어서 온 민족이 망하지 않게 되는 것이 너희에게 유익한 줄을 생각지 아니하는도다"라고 했다는 것이다. 대제사장측이 로마의 침략을 막기 위해 놀라운 기적들을 행할 능력을 가진 예수 한 사람을 희생시키는 것이 좋다는 '희생양' 논리를 제시한 것으로 보인다. 더구나 「요한복음」 저자는 이 가야바의 말을 대제사장으로서 예수가 민족과 흩어진 하나님의 자녀들을 모아 하나되게 하기 위해 죽을 것을 미리 말한 예언자적 발언으로 평가하고 있기도 하다.

이 기사를 의미심장하게 본 사회인류학자 르네 지라르는 예수가 희생양으로 처형된 것으로 본다.[53] 그는 신화를, 사회가 위기에서 안정을 얻기 위해 약자나 비정상적인 자 등을 희생양으로 삼아 갈등을 해소하고, 그 진실을 숨겨 오히려 그 희생양을 신적인 존재로 미화하면서 생성된 것으로 보아 주목을 받았다. 대제사장의 말대로라면, 르네 지라르의 논리에 따라서 예수는 희생양으로 죽었다고 볼 수도 있다. 그러나 그가 단순화, 일반화한 희생양 논리로도 다 알 수 없는 실제 역사적 사실들의 개별성 또한 있는 것이며,[54] 예수를 단지 사회적 위기를 극복하기 위한 희생양 메커니즘의 제물에 불과하다고 보기에는 주저된다. 구약성경의 신앙과 사유 전통에 깊이 젖은 이들이 저술한 복음서 내용이 그렇게 이

400

해될 소지가 있는 것과,[55] 복음서 내용을 넘어 존재하는 역사적 실상이 그러했느냐는 다른 문제일 수 있다. 아울러 공관복음서에는 보이지 않고 창작도 마다하지 않은 「요한복음」에만 보이는 이 기사의 사실성도 문제인 것이다.

예수는 편집된 면이 있는 이 기사에 보이는 대로 가야바가 걱정할 만큼 특별한 기적을 자랑스럽게 행한 이도 아니고,[56] 로마가 주목할 만큼 유대의 운명을 좌지우지하는 비중있는 존재도 아니었다.[57] 그는 로마 황제에게 세금을 내도 좋다고 할 만큼 로마제국의 현실적 지배를 인정하기도 했다. 그리고 예수는 같은 민족인 유대인들 사이에서도 매우 제한적으로만 신적 존재로 인정받는 데 그쳤다. 그가 처형된 지 불과 30여 년 만에 로마군은 유대로 쳐들어와 결국 예루살렘과 성전을 정복, 파괴하기에 이르렀다. 그가 로마를 의식한 민족의 희생양이 아니었음을 역사가 입증해주는 것이다.

공생애의 예수의 행적을 보면, 그는 희생양 정도로 설명될 수 없는 적극적이고 실천적인 활동으로 당대 종교지도자들을 긴장시키는 실로 도발적인 존재였음을 부인할 수 없다. 종교지도자들은 강력한 신성을 체현하고 세례 요한을 이어 더욱 겸손한 자세로 민중 속에 파고든 이 조용한 인물을 실로 상대하기 힘겹고 무서운 훼방자로 느꼈다. 그의 가르침은 매우 이상적이지만 단순한 시한부 종말론이 아니고 현재적 실천력을 지닌 혁명적인 것이어서, 억눌리고 지친 대중들을 충동해 커다란 정치·사회 문제를 일으킬지도 모를 일이었다. 특히 외세에 기생하여 정당성을 잃은 자신들의 존재를 위축시키고 신령과 진정으로 드리는 예배면 족하다며 성전 제사와 성전의 효용가치를 무화시키는 등, 율법의 규제를 넘나드는 그의 잠재된 종교적·정치적 파괴력에 두려움을 느꼈을 가능성이 높다.

대제사장측은 대중들의 반발을 피하면서 예수를 합법적으로 처형해야 했다. 그런데 별다른 범법의 증거를 얻지 못하자 답답한 심정에서 대제사장이 직접 예수에게 하나님의 아들인지 여부를 물었던 듯하다. 그는 예수에게 "네가 찬송 받을 자의 아들 그리스도냐"라고 물었다(「마가복음」14:61). 이에 예수는 "내가 그니라 인자가 권능자의 우편에 앉은 것과 하늘 구름을 타고 오는 것을 너희가 보리라"라고 대답했다고 한다(「마가복음」14:62). 이에 대제사장은 옷을 찢으며 결코 왕도 아닌 평범한 갈릴리 농부 출신 거짓 선지자로 보이는 자의 이 발언이 신성모독죄에 해당함을 확인하고 더이상 증인이 필요 없다고 했으며, 결국 공회원들의 찬동으로 사형을 확정지었다(「마가복음」14:64). 대제사장은 수준 있게 예수의 자의식을 건드려 피할 수 없도록 길목을 막았던 것이다. 그런데 질문 내용에 '그리스도'가 들어 있으며 대답에도 영광의 '인자'가 들어 있어서 그리스도론적 윤문이 행해졌음을 보여준다. 어쩌면 예수가 긍정의 대답 뒤에 덧붙였을 모든 사람이 다 하나님의 자녀라는 발언은 대제사장측이 무시했거나 복음서 저자에게 전해지지 않았을 것이며, 굳이 찾아 전하지도 않은 듯하다.

결국 예수를 사형에 처하기로 뜻을 모은 산헤드린은 사법적 결정권을 가진 로마의 유대 총독 빌라도에게 그를 넘겼다. 빌라도는 예수에게 '네가 유대인의 왕이냐'라고 물었다고 하는데, 그대로 사실일 수도 있고 의미를 재해석하여 전한 내용일 수도 있다. 당시 로마 황제가 신의 아들을 칭하고 있었던 만큼, 하나님의 아들이라면 유대의 왕이라는 말일 수 있다. 하나님의 아들로 자부해온 예수는 대제사장 앞에서 인정한 것처럼 다시 인정했던 것이다.

402

이렇게 보면 예수는 유대인사회 내적으로는 하나님의 아들을 참칭했다는 신성모독죄, 그리고 로마에 대해서는 유대인의 왕, 곧 로마의 통치에 저항해 정치적 메시아로 활동했다는 죄목으로 죽은 것이다. 한편 당대의 환경과 예수 자신의 입장을 중심으로 역사적 안목으로 보면, 그는 세상 사람들의 죄를 대신하여 제물로 죽은 것이 아니라 자신의 가르침대로 자신의 십자가를 지고 죽었다고 할 수 있다.[58] 그의 인간관으로 보아도, 다 같은 하나님의 자녀들인 타인들의 죗값을 치르기 위해 자신이 대신해 죽는다는 것은 오만하고 과분한 행위가 될 것이다. 그는 회개하여 하나님을 향해 돌아온 자들은 모두 용서받고 하나님의 자녀로서의 관계를 회복하게 된다고 보았는데, 그런 인간들을 위해 굳이 그가 대신 죽을 이유는 없을 것이다. 아울러 그가 확실하게 신뢰한 사랑의 하나님이, 아들임을 먼저 인식한 자신을 죽여 다른 인간들의 죗값을 받아내려 한다고 생각했을 이치도 없다. 그가 인간들의 죗값을 대신 치르기 위해 희생제물이 되었다는 것은 희생제사 중심의 유대교 성전체제에 익숙했던 그의 추종자들의 인식이었다. 그는 정치·경제·문화·전통·역사적 요소들이 뒤틀려 혼재하던 유대 땅 예루살렘에서, 거의 유일하게 하나님의 실체를 만나 종말의 하나님 나라가 도래했다는 확신에서 하나님 뜻을 실천하다가 처형된 것이다. 무한하고 거룩한 신성을 외롭게 만남으로써 세상을 초월하였고, 그래서 세상의 큰 저항을 만나 죽은 것이다. 초월하고 앞서 나간 자는 지체(遲滯)의 편안함에 익숙한 세상과 충돌하기 마련이다. 그는 인간사에서 흔히 아쉽게 희생되고 마는 선구적 영웅의 길을 간 것이다.[59]

한편 이후의 역사까지 놓고 보면, 예수의 죽음은 타인을 위한 희생이라는 그리스도교적 해석이 설 자리가 되었다고 할 수 있다. 물론 그의 죽음으로 모든 인간들의 죄가 씻겼다는 희생제물, 화목제물의 역할 주장에는 동의할 수 없지만, 그가 타인들이 치러야 할 고난을 대신 치렀다는, 대고(代苦)를 겪은 것으로[60] 해석해볼 여지는 있다. 그는 미래의 많은 이들이 숱한 고통을 겪으면서 발견하고 해결해갈 문제들을 미리 제시함으로써 그들이 역사적으로 치러야 할 고난을 줄여주는 역할을 했다고 할 수 있다. 현대에도 시민혁명이나 민족해방운동, 인권운동 등에 그의 가르침이 중요한 지침이 되고 있는 것을 보면, 그리스도교의 확산과 더불어 인간 해방이 촉진되어온 것을 부인할 수 없다. 그가 미래 종말에나 있을 만한 이상적 가르침을 현실에서 강력하게 제기함으로써 그 자신은 전통을 거스른 자로 처형되었지만, 해방되어야 할 미래의 인간들에게는 고난의 시간을 단축해주고 절실하고 소중한 좌표를 미리 제시해준 면이 있다. 그러므로 그는 타인을 위해 고통을 대신 졌다고 할 수 있을 것이다.

제자들도 다 달아난 가운데, 강제징발된 행인 구레네(Cyrene) 사람 시몬의 도움으로 십자가를 옮긴 후[61] 예수는 마침내 십자가에 달려 숨을 거두었다. 형장에 있던 로마 백부장은 그가 참으로 하나님의 아들이라고 인정했다고 한다(「마가복음」 15:39). 사실이 아닐 가능성도 물론 있으나, 선행과 기적으로 이름이 알려진 종교인이 별다른 죄가 없는데도 변명이나 원망 없이 엄숙하고 담담하게 죽음을 맞이하는 거룩한 모습에 주위에 있던 사람들은 전율했을 법하다. 사실 역사적·객관적으로 확신하기 어려운 부활을 믿고 받아들일 수 있었던 배경에는, 예수의 남달리 헌신적이고 겸손한 평소 행실과 하나님의 아들이라는 자부심을 가지고 담담하게 맞은 그의 죽음의 길이 보여주는 장엄함과 거룩함의 감동이 있었을 것이다. 영적인 일을 믿는 것은 현실에서의 감동과 감격이

404

전제되지 않고는 쉽지 않은 일일 터인데, 부활 같은 초역사적 현상이 믿어지고 예수를 신앙하게 된 데는 이러한 감동이 배경으로 자리하고 있었을 것이다.

십자가상에서 예수가 무슨 말을 했는지는 잘 알 수 없다. 대개 형장에는 일반인의 접근이 불가능하고 도망친 제자나 추종자들이 그의 마지막 말을 들었을 가능성도 매우 낮다. 하나님의 선한 대비를 예상하며 죽음을 받아들였을 것인 만큼 중언부언하지는 않았을 것이다. 당연히 고통의 신음이야 있었을 것이며 기도도 드렸을 것이고 제자들과 추종자들, 자신을 처형한 이들에 대한 소회가 그의 마지막을 함께했을 것이다. 진실의 일단을 전한다고 볼 수도 있을 로마 백부장의 말과 며칠 뒤부터 일어난 그의 추종자들의 통회와 예수에 대한 절대적 신앙의 솟구침을 볼 때, 예수는 죽음을 긍정적으로 받아들이며 운명했다고 보아도 좋을 것이다. 평신도들조차 마지막 가는 길을 평안하게 마무리하는 경우가 적지 않은데, 신을 만나 확신 속에 산 예수가 죽음을 긍정적으로 수용했을 것은 강조할 필요가 없다.

수난과 죽음의 과정에서 보인 감동적 인상과 스승에 대한 죄스러움, 그리고 모든 것이 물거품이 된 것 같은 허무한 분위기가 예수의 죽음 이후 추종자들을 감싸고 있었을 것이다. 그것은 「누가복음」 24장의 엠마오로 내려가는 두 제자 이야기 앞부분에 잘 드러나 있다. 그들은 자신들의 인생을 걸었던 너무나 소중하고 아쉬운 이와 졸지에 작별했던 것이다.

그러다가 예수의 부활사건이 일어났다.

부활은 일상과 신비가 교차하는 일로서, 예수 이전에는 다만 관념적으로 종말의 심판 이후에 있을 부활이 이야기되고 의인의 부활이 막연히 기대되는 정도였다. 이런 가운데, 전에 없던 부활을 주장하는 바울서신과 특히 복음서의 예수 부활사건 기록들은 확신에 차 있는데, 전하는 세부 내용들은 서로 적지 않은 모순점이 있고 현재 전해지는 예수 무덤 자리조차 고고학·역사학적으로 확증받지 못하여 객관적으로 볼 때 부활사건의 실상이 무엇인지 판별하기는 쉽지 않다.

복음서에 앞서 베드로 등 많은 부활사건의 증인들이 생존하던 시기에 신앙공동체들을 향해 기록, 공개된 바울서신들은, 복음서들과는 달리 '빈 무덤'에서의 극적인 부활이나 제자들을 적극적으로 만난 부활 예수의 행보 등을 전혀 묘사하지 않고 있다. 54, 55년경에 바울이 쓴 「고린도전서」는 15장에서 부활의 증인 등을 구체적으로 말할 뿐 복음서들이 사실감 있게 전하는 부활 관련 다른 내용은 언급조차 하지 않았다. 바울은 부활을 믿지 않는 고린도의 일부 신도들을 걱정하며 그들을 깨우치기 위해 부활 문제를 거론하였다. 그런데 바울은 예수 그리스도 신앙의 핵심인 부활이 도전받는 중차대한 상황에서도 부활의 증거로 매우 유효할 예수의 '빈 무덤'이 어디에 어떻게 있는지 등을 전혀 언급하지 않았다. 생전의 예수는 만나지 못했더라도 그는 예루살렘 예수신앙 공동체를 이미 방문하여 베드로와 예수의 형제 야고보 등을 만난 사실이 있는 만큼, 예수의 무덤이 있었다면 참배했을 가능성은 매우 농후하다. 이처럼 바울서신의 부활 관련 기록들이 전하는 진실은 복음서가 전하는 내용이 사실과 상당한 거리가 있을 가능성을 보여준다.

70년경에 「마가복음」이 나오면서, 죽어 장사하고 사흘째 되는 안식후 첫날인 일요일 새벽에 여인들이 열린 무덤을 보게 되면서 전개되는 예수 부활사건 기사가 등장하였다. 뒤이어 나온 세 복음서도 그날 아침의 부활 기사를 비교적 풍성하게 전하는데, 무덤을 처음 찾아간 여인들의 수, 무덤의 상태, 천사의 전언 내용, 무덤 가까이서 부활 예수를 만났는지 여부 등 구체적인 내용에서는 상당한 차이가 보인다.[62]

결국 복음서들이 전하는 부활 아침 사건은 다 달라서 '빈 무덤' 외에는 공통되는 믿음직한 내용이나 대상이 없다. 예수의 '빈 무덤'이 있었는지에 대해 학자들의 견해는 모아지지 않는다. 십자가에서 처형된 죄수의 시체는 매장하지 않고 십자가에 그대로 두어 썩게 하거나 내던져 짐승의 밥이 되게 하거나 이름 없는 무덤에 던져 묻는 정도였다고 한다.[63]

「마가복음」과 그것을 따른 다른 복음서에는, 아리마대의 요셉이 빌라도에게 당돌히 찾아가서 예수의 시신을 달라고 하여 세마포로 싸서 자신을 위해 만든 새 무덤에 묻었다고 하였다. 그러나 공회원이 메시아 혐의를 받았을 정치범의 시신을 총독을 찾아가 내주도록 요청했다는 것부터 설득력이 떨어지는 이야기이다. 베드로 등 측근 제자들도 다 두려워 달아난 상황에서, 직접 연관이 없었을 공회원이 나서서 이런 행위를 했다는 것은 수긍하기 어렵다. 아직 부활사건이 일어나지도 않은 상태에서, 측근 제자들도 확신하지 못했던 예수의 정체성을 그가 어떻게 확신하고 그같은 용기있는 일을 하게 되었는지도 이해할 수 없다. 따라서 숨은 제자라는 공회원 아리마대의 요셉은, 「이사야」 53:9의 '고난받는 종'이 '강포가 없고 궤사〔속이는 말〕가 없었으나 그 무덤이 악인과 부자와 함께 있을 것이다'라는 예언이 성취되었음을 말하기 위해 만들어진 인물일 가능성이 높아 보인다.

설혹 아리마대의 요셉이라는 공회원이 있어서 이를 요청했다고 해도 빌라도가 예수의 시신을 내어주었다는 것 또한 설득력이 매우 약하다. 이 국사범과 관련해 사후에 어떤 문제가 발생하면 로마 본국의 추궁

이 있을 수도 있으며, 무엇보다도 로마제국에 적극 협조하던 대제사장과 그 추종세력의 반발 가능성을 무시하고 이같은 조치를 했을지는 심히 의문이다. 이처럼 복음서가 전하는 부활 아침 사건 내용들은 전체적으로 사실성이 크게 결여된 것을 알 수 있다.

부활에 관심이 매우 깊고 복음서 저자들보다 앞서 서신들을 저술한 바울에게서 문제 해명의 다른 가능성을 찾아볼 수 있다. 바울은 부활한 몸은 '신령한 몸'으로(「고린도전서」 15:44) 그것은 '육체의 몸'과 다르다고 분명하게 말하고 있다. 보다 단순하게 보면, 그 신령한 몸은 육체의 몸과 달라서 썩지 않고 하늘에 오를 수 있다. 바울이 부활사건을 다른 제자들과 함께 목격한 인사가 아닌 것은 분명하다. 그런데 그는 「고린도전서」 15장에 부활 예수를 만난 순서에 따른 부활 증인으로 베드로를 필두로 열두 제자, 신도들, 야고보와 사도들 그리고 자신까지 거명하고 있다. 그는 예루살렘에 가서 베드로와 예수의 형제 야고보를 방문하여 그들로부터도 이방의 사도로 인정받고 복음을 전하였으며, 때로는 베드로의 행위를 질책할 만큼(「갈라디아서」 2:11~14) 초기 예수신앙공동체에서 권위를 갖고 있었다. 그가 다메섹으로 가는 길에서 만났다는 하늘에서 빛나며 말하였다는 부활 예수는, 현실에서든 신앙상으로든 간에 이 사건 전후에 다른 부활한 이가 없었기에 그가 말하는 신령한 몸의 모델이 되었을 것이다. 그리고 그는 그리스도 안에서 죽은 자들도 예수가 영광의 재림을 할 때 모두 깨어 일어나 산 자들과 더불어 구름 속으로 끌려올라가서 재림한 예수를 만나 항상 함께 있으리라 말하기도 하였다(「데살로니가전서」 4:16~17).

이렇게 보면 바울과 그를 이방의 사도로 인정한 베드로와 제자들 그리고 다른 많은 신도 증인들이 만난 부활 예수는, 개인적 경험에 차이가 있을 수 있겠으나 육체적 몸에서 완전히 변화하여 알아보기 쉽지 않으며, 빛난 몸을 가지고 하늘에 오를 수 있고 말도 하는, 바울의 표현대로라면 '신령한 몸'을 벗어나지 않을 것이다. 「요한복음」 20장에서는 부활한 예수가 제자들이 문을 닫고 있는데도 (벽을 투과해) 나타나서 숨도 쉬고 대화도 나누었다고 한다. 공간적 제약 없이 다닐 수 있는 이 부활 예수의 몸이 바울이 말하는 신령한 몸에서 거의 벗어나지 않을 것이다. 그래야 또한 하늘로 오를 수 있을 것이다. 부정적 이미지를 지닌 유령과는[64] 다른 영광된 영적 존재로 볼 수 있을 것이다.

복음서들은 바울식의 이해를 일면 유지하면서도 생선으로 식사를 하거나 손과 발, 옆구리의 상처를 만져보게 하는 등의 예수의 몸을 그려, 바울서신이 전하는 부활한 신령한 예수의 몸과 괴리가 있음을 보게 된다. 본래 구약시대의 앞시기에는 이스라엘에 부활 개념 자체가 없었다. 부활 개념은 바벨론 포로기와 해방된 이후 페르시아 종교의 영향을 받고 특히 기원전 2세기 마카베오항쟁기에 의인들의 희생에 대한 보상 열망이 고조되면서 구체화된 것이다. 「에스겔」 37:1~14에 보이는 바와 같이 이스라엘인들이 생각한 부활은 재생(소생)적인 것으로, 마른 뼈들이 모이고 결합하여 살이 붙고 거기에 생기가 불어넣어져 되살아나는 소박한 관념이었다.[65] 마카베오항쟁기에도 신체 일부나 장기가 잘리고 훼손되어 죽으면 차후에 같은 것으로 보상, 회복될 것이 기대되곤 하였다.

복음서의 예수 부활 기사에는 초기 증인들의 신령한 몸 관념과 함께 민중들이 가지고 있던 전통적인 재생적 부활 관념이 강한 영향을 미쳤다. 식사하는 예수나 상처가 그대로 남은, 살과 뼈가 있는 예수를 강조하는 것이 그것이다.[66] 「요한복음」에서는 막달라 마리아에게 아직 아버지께로 올라가지 못했으니 자신을 만지지 말라고 했던 부활 예수가 조금 뒤에는 의심하는 도마를 만나 손과 옆구리의 상처를 만져 확인하고 믿음을 가지라고 하는 부조화를 보이기도 한다(「요한복음」 20:17, 27).

결국 육체적 재생, 심지어 죽어 장사지냈다가 예수의 명에 의해 나흘 만에 다시 살아났다는 「요한복음」 11장의 나사로의 경우처럼 단순한 소생에 가까운 부활도 선호되어,[67] 예수는 육체적으로도 다시 살아났다는 방향으로 이야기들이 번져갔다. 문을 닫고 있어도 벽을 투과해 들어왔다는 부활 예수가 굳이 무덤 문이 열리고 나온 것처럼 말해지기도 했다.[68] 처음에는 그저 무덤 문이 열려 있었다고만 말하다가(「마가복음」 16:4) 지진과 함께 천사가 하늘에서 내려와 돌을 굴리고 그 위에 앉았다고 묘사하기도 하였다(「마태복음」 28:2).

전체적으로 보아 복음서들의 부활기사는 세부 내용에서 서로 많은 차이가 있으며 자체 줄거리 안에서도 논리적 상충을 드러낸다. 시기에 따른 차이는 물론 설화가 형성된 지역의 문화적 차이까지 반영하며 다양하게 전승되어온 자료를 이용한 결과로 보인다.[69] 객관적으로 보면 믿기 어려운 신앙설화 모음을 벗어나지 못하는 것이다. 따라서 이러한 자료에 전해진 '빈 무덤'의 존재도 신빙성을 크게 의심할 수밖에 없다.

역사학자의 입장에서 객관적으로 볼 때, 예수의 부활은 복음서보다 앞서 기록되었고 베드로를 위시한 예수의 제자들이 살아 있는 상황에서 신앙공동체를 향해 공개적으로 쓰인 바울서신에 전하는 신령한 몸에 당연히 초점이 맞추어질 수밖에 없다. 하늘에서 빛 속에 나타나 바울을 회개하게 한 존재를 베드로를 위시한 제자들도 부활한 예수라고 인정했다고 본다면, 부활 예수가 생선을 먹는다거나 상처를 지녔다는 내용은 일단 애초의 증언과는 거리가 있는 것이다. 벽을 통과해 나타나고 하늘에도 오를 수 있는 신령한 몸이 음식을 먹고 대사작용을 한다는 것은 상식적으로도 용납하기 어렵다. 복음서의 부활기사는 일반 신도들의 부활신앙 민담의 반영일 뿐 객관적 사실자료에 의한 것으로 볼 수 없는 것이다.

'빈 무덤' 관련 문제는 다음과 같이 추정해볼 수 있다.

골고다에서 공개적으로 처형된 예수의 시신은 예수 추종자들의 동요를 염려한 처형자측이 강도들의 시체와 함께 비밀스럽게 옮겨 매장했을 가능성이 크다. 총독 빌라도는 예수 처형이 더이상 사건화되는 것을 꺼렸을 대제사장과 산헤드린측의 요청에 의해 시체를 내어주도록 허락했을 것이다. 전시처럼 긴박한 상황이나 많은 인원의 급작스런 처형이 아닌 만큼 시신을 마냥 십자가 위에 두거나 짐승의 밥이 되도록 유기하지는 않았을 것이고, 다른 곳으로 비밀스럽게 옮겨 처리하여 혹시 있을 수 있는 추종자들이나 대중의 소요를 막고자 했을 듯하다. 시신을 감추려는 의도가 앞섰을 것이므로 표시가 나지 않도록 봉토도 없이 간단하게 매장했을(평토장) 가능성이 높다. 이 정황은 뒤에 부활 설화에 변형되어 공회원 아리마대의 요셉이 예수 시신을 예를 갖추어 장사하였다는 이야기로 발전했을 가능성이 있다.[70] 여인들을 중심으로 뒤에는 일부 남자 제자들도 시신이 묻힌 곳을 찾아나섰겠지만 매장지는 찾지 못했던 것으로 여겨진다.

예수의 무덤을 찾아 헤맸으나 끝내 찾지 못하자, 막달라 마리아 등 여성 신도들이 예수가 부활하여 무덤을 찾을 수 없다는 생각을 해냈을 가능성이 있다. 거의 당대 자료인 복음서에 진실의 일단이 어느정도 투영되었다고 생각해볼 때, 그것은 어쩌면 공교롭게도 죽은 지 사흘이 되는 날 즈음이었을 수 있다. 이같이 막연한 부활 가능성과 추정이 발전하면서, 엠마오 길 제자들에게 찾아와 동행했다는 것과 유사한 부활 예수 체험들이 나타나기 시작했으리라 생각해볼 수 있다. 예수의 성스러운 삶과 인품에 남성들보다 더 깊이 감격하고 신뢰했던 여성들을 중심으로 예수가 여전히 살아 있다는, 즉 부활했다는 믿음이 싹트기 시작했을 듯하다.

예수를 생각하며 길을 걷다가, 혹은 꿈이나 환상으로 예수의 제자들과 추종자들은 예수를 만나는 체험들을 하게 되었던 것이다. 남자 제자들 중에는 베드로가 가장 먼저 부활 예수를 만나는 경험을 하고 예수 부활에 확신을 갖게 되었다고 보인다. 배신자의 오명을 쓰고 있던 그가 수제자로 자리 잡고 차후 예수신앙공동체의 지도자가 된 데는 그러한 경험과 확신이 큰 의미를 지녔을 가능성이 높다. 여성 증언의 효력을 인정하지 않던 가부장적 유대사회에서 베드로는 가장 먼저 부활 예수를 만난 제자로 인정받은 듯하다.

부활 예수를 만나는 경험은 예수 추종자들을 중심으로 짧은 기간 내에 번졌고, 이에 그들은 함께 모여 예수를 회상하며 대참회 모임을 개최하기에 이르렀다. 「사도행전」 2:1~4에 전하는 집단적인 불 같은 성령 체험에 의해,[71] 예수가 살아 있고 성령을 보내 자신들과 여전히 동행하고 있다는 확신을 가지면서 이들은 더욱 확고한 부활신앙에 서게 된 것으로 여겨진다. 그때에 추종자들 가운데 예수의 부활을 확신하는 자들을 중심으로 예루살렘 예수신앙공동체가 형성되기에 이르렀을 것이다.

실재 여부조차 알 수 없는 예수의 무덤은 결국 찾지 못했지만, 부활이 확신된 이상 예수는 부활해 밖으로 나왔다고 여겼으므로 무덤은 의미가 없어졌거나 막연히 빈 무덤의 형태로 이해되었을 것이다. 그런데 부활을 확신하게 된 초기에는 예루살렘 신앙공동체 내에서 찾지 못한 예수의 무덤에 대한 언급을 자제했을 듯하다. 일종의 자체 검열에 따른 묵언으로, 부활을 확신하고 승천한 예수를 믿는 한 논란의 여지가 있는 예수 무덤에 대해 공동체 내에서 굳이 말하지 않는 것은 매우 철저히 지켜지는 금기사항이었을 것이다. 이러한 이유로 바울서신에는 예수의 무덤에 대한 구체적 언급이 없었던 듯하다.

시간이 지나면서 대개 일반 신도들 가운데서 '빈 무덤'이라는 관념이 상정되고 자리 잡아갔을 것이다. 「에스겔」 37장에 보이는 전통적인 재생의 부활 개념에 익숙했을 민중 신도들이 생각하기에, 부활한 예수는 무덤에서 나왔을 것이므로 빈 무덤은 당연히 상정될 만한 것이었다. 「마가복음」이 나온 70년경에는 예루살렘에서 멀리 떨어져 있던 예수신앙공동체들에서 이미 빈 무덤이 포함된 설화들이 체계를 갖춘 채 회자되고 있었다. 무덤 입구 돌이 열리고 천사들이 출현하여 그의 부활을 알렸을 것이 상상되고, 시간이 흐르면서 그것은 여인들에게 선포되었다거나 나아가 부활한 예수를 친히 만나 대화를 나눴다는 등의 내용으로 발전하였다. 부활의 확신 속에 살던 그들로서는 사실 여부도 알 수 없는 세세한 관련 내용들의 진위는 큰 의미가 없었으며, 상층 지도부가 공식적으로 가르치는 신령한 몸의 고상한 부활신앙보다는 민중들이 설왕설래하는 풍성한 설화적 부활 이야기에 더 매력을 느껴 이를 구전하며 확산시켰던 것이다. 예수 재림이 지연되는 등 초기 사도들의 가르침에 대한 회의적 분위기가 없지 않은 터에 민중적 부활신앙의 산물인 빈 무덤의 부활 이야기는 성도들에게 훨씬 설득력과 감화력을 지녔던 만큼, 이 점을 알고 있던 마가신앙공동체 등에서는 복음서를 새로 편찬하는 과정에서 이 이야기를 적극 수용했던 것이다.

객관적인 입장에서 보면 부활사건에서 남는 것은 고고학적으로나 역사학적으로 확인할 수 없는 예루살렘 성묘교회 밑에 있다는 빈 무덤이 아니라, 초기 신도들에게 살아 있는 신령한 몸으로 나타났다고 여겨진 부활 예수를 부활한 존재로 믿느냐 못 믿느냐 하는 원론적인 신앙의 문제이다. 상당수 사람들은 여전히 빈 무덤에서의 부활 여부를 그리스도교 부활신앙의 역사적 근거나 시금석처럼 생각하지만, 추종자들이 처음 만난 부활 예수는 바울의 경우처럼 무덤이 아닌 다양한 삶의 현장으로 신도들을 찾아와 함께한 신령한 존재였다는 사실에 유의해야 할 것이다.[72] 그의 추종자들이 목숨까지 내걸고 복음 전파에 나선 것은 그가 무덤에서 나오는 것을 함께 목격했기 때문이 아니라, 생시의 그가 발휘한 감화력이 여전하고 십자가 죽음 후에도 지속적으로 함께하는 거룩한 동반자로서의 그의 존재가 믿어졌기 때문이다.[73] 객관적으로 보면, 예수의 부활은 믿는 자들에게만 믿어진 영적·종교적 차원의 것이었음을 넘어설 수 없다.

사실 돌무덤의 문이 열리고서야 나올 수 있고 음식을 먹고 대사작용을 해야 하는 몸으로 부활했다면 대제사장 일파와 로마 총독측에서도 그가 소생했다고 보고 다시 체포하여 처형하려 했을 것이다. 그의 부활이 객관적·통상적·역사적으로 분명하게 인지될 수 있는 것이라면 부활의 증인이 그의 제자와 신도들뿐일 이유도 없다. 부활하여 무덤 문을 열고 나왔다면 원수까지 사랑하자던 예수가 제자들을 만나고 자연스럽게 빌라도나 대제사장을 찾아가 부활을 확인해주지 않을 이유도 없는 것이다. 또한 많은 유대인들 앞에 나서서 하나님 나라를 다시 전파하지 않았을 리 없다. 그렇게 했다면 그를 원수같이 여기던 이들도 회개하고 그의 가르침을 따라서 하나님 나라가 성취되는 데 일대 급진전이 있었을 것이다. 그러나 그런 일은 없었다. 부활은 예수 추종자들에 의해 믿어진 일이었을 뿐임을 다시 확인하지 않을 수 없다.

　믿음으로만 인정되는 부활이라면 대단치 않은 것으로 여겨질 수도 있겠지만, 마음과 심령으로 믿어서 목숨을 걸고 수호하고자 하는 신앙이 되는 것은 인간사에서 결코 쉽게 일어나는 일이 아니다. 아울러 복음서에 보이는 부활 기사의 사실성을 주장하면 할수록, 역설적이게도 부활사건의 실상과 멀어질 가능성이 있음도 유의할 필요가 있다.

　부활이라는 사태 앞에서 예수의 죽음을 외면하고 달아났던 제자들과 추종자들은 부끄럽고 두려운 마음이기도 했을 것이다. 그들은 부활 예수에 고무되고 자신들에 실망하면서 예수의 가르침과 실체에 다시 주목하였다. 죽음을 이겼다고 여겨진 예수는 이제 제자들과 추종자들에게 하나님의 아들로 확신되었다. 그리고 세상 사람들을 구원하기 위해 오신 구세주이며 기다리던 메시아(그리스도)라고 믿어졌다. 죄 없는 하나님의 아들이 십자가 형벌을 받음은 구약시대 희생제사의 신앙전통 속에 살던 그들에게는 대속의 행위로 이해되었다. 예수가 인간의 죗값을 대신 치르기 위해 이 땅에 와서 고난을 받았다고 믿게 되었다. 인간의 죗값을 예수가 대신 지고 치렀으니 이제 인간들은 죄의 값인 죽음을 이기고, 죄 없는 예수가 죽었다가 부활 승천한 것처럼 자신들도 그렇게 될 수 있다고 믿었다. 구원과 영생의 소망을 가질 수 있게 된 것이다. 매우 짧은 시간 내에 예수는 신이 되어가고 추종자들은 그의 신실한 신자가 되어갔다.

　현대의 합리적 지성으로는 이러한 제자들과 추종자들의 이해가 무지의 소치라고 생각될 수도 있다. 그러나 그들은 약 2천년 전 고대의 갈릴리와 유대, 지중해 일대에서 산 사람들이었다. 그들은 자신들의 역사와 전통, 인식과 문화의 범주 안에서 자신들이 만난 신의 아들로 보이는 이가 함께 살다가 십자가 형벌을 받고 부활한 그 엄연한 사건을 해명해야 했던 것이다. 그들은 자신들이 처한 여건 속에서 이 사건을 해석한 결과 예수를 신의 아들 곧 신으로 여기게 되면서 그리스도교를 태동시켰다. 따라서 그리스도교의 가르침에는 이같은 초기 추종자들의 인식의 한계가 자리하고 있는 것이다.

이들 2천년 전 초기 그리스도인들이 내세운 고대적인 대속 논리나 빈무덤의 부활 등 비합리적이고 설화적인 내용, 일방적이고 편협한 교리와 신학 등은 이제 설득력이 거의 없어졌다고도 보인다. 서구로부터 시작되어 한국에서도 심화되고 있는 현대 그리스도교의 위기는, 교회가 변질되어 기존 그리스도교 교리와 신조를 제대로 이행하지 않는 데서 비롯한 것도 있겠지만, 그 고대적 인식에 기초한 신학 자체가 현대사회에 적용하기에는 너무 철 지난 것이 보다 근본적 원인일 것이다. 이런 관점에서 볼 때 그리스도교 내에서 자주 거론되는 초대 교회로 돌아가자는 구호나 운동은, 그 순수한 동기는 평가해줄 수 있더라도 시대착오적임을 부인할 수 없다. 새로운 시대는 새로운 사유체계와 가치관을 요청하는 법인데, 고대·중세의 언어와 신학으로 질적으로 완전히 전환된 사회에 살고 있는 현대인을 감동시키는 것은 어느 부류, 어느 단계까지만 가능할 뿐, 다수의 문명한 인류를 설복하기에는 역부족인 것이다.

이같이 설득력을 잃은 고대·중세적 신학을 적당히 꾸며 재미있게 설파한다거나, 인간의 종교적 속성의 한 부분일 뿐인 신비 체험만을 강조한다거나, 늘 상당한 호응이 있기 마련인 기복과 긍정의 주술을 호기롭게 펼치거나, 자선이나 봉사 등 사회적·실천적 활용에만 과도하게 주력하거나, 심지어 자유로운 영혼을 가진 신자들을 겁박하여 낡은 신학에 굴복시켜 목장의 양처럼 만든다고 해도, 그 생명력은 한계에 봉착할 수

416

밖에 없을 것이다. 늘 새로움을 품은 도도한 역사와 그와 더불어 호흡하는 지성과 영성을 갖춘 인간들의 종교적·문화적 개명의 흐름을 막거나 되돌릴 수는 없는 것이다. 역사적 경험으로 보아 그 실현 가능성은 대체로 낮은 편이지만, 답답한 시대에 종말적 이상을 앞당겨 실현하기 위해 자신을 못 박도록 내어준 인간 예수의 정체와 가치를 아는 이들이, 기존의 것들에 안주하지 않고 자본의 위세에 억눌리고 정치·사회체제에서 소외되며 파괴되는 환경으로 위협받는 대다수 현대인들의 영육간의 고통에 주목하여 희생까지 무릅쓰고 함께할 때, 비로소 희망을 찾을 수 있을 듯하다.

이제 역사적 예수의 정체성에 관해 정리해보고자 한다.

예수는 하나님의 아들을 자부하였으며, 이스라엘 전통에서 본다면 자유로움과 자발성, 하나님과의 능동적인 관계 면에서 구약성경에 보이는 모세보다 위대한 선지자(예언자)의 범주에 넣을 수 있을 것이다. 그가 보여준 신과 율법 앞에서의 자유로움은 고대 종교의 강고한 억압 앞에 개별 인간이 인격적으로 설 수 있는 여지를 확대해주었다. 그의 이런 선구자적 자유로움은 전통과 인습이 주도하던 그의 시대에 매우 이질적이고 위험한 요소로 간주되었다.

그는 모든 사람이 자기와 같이 하나님의 아들(자녀)이라 여겼는데, 바로 그들이 살고 있는 이 세상에서 이루어야 할 현재적 하나님 나라를 선포하고 실현하기 위해 헌신하였다. 그가 자신의 시대 안에 이루어질 것으로 예상한 하나님 나라는 그대로 이루어지지 않아 그의 운동은 실패한 것으로 볼 수도 있다.[74] 그러나 그의 종말론은 전통적 신정론과 미래의 종말적 하나님 나라가 현재에서 만난 것이므로 단순한 시한부 종말론의 기준에서 성패를 평가할 수는 없다. 그것은 당시 유대인들이 가졌던 갑작스럽게 다가올 심판의 종말이 아니고, 하나님의 자녀들이 함께 이루어가는 이미 시작된 과정적·역사적 종말로 질적인 전환을 이루어 오늘날도 현재진행형이므로 실패로만 단정할 수 없는 것이다. 역사가 지속되는 한 이상적인 미래적 종말을 현재화한 그의 하나님 나라는 계속 현재적 존재의의를 갖는다. 아울러 여러 신분과 수준의 청중들에게 단순명료한 비유로써 하나님 나라를 알려주며 탁월한 교사의 면모를 보이기도 한 그의 가르침과 지혜는 여전히 영향력을 미치고 있으므로 그는 시대를 초월하여 신의 말씀을 예언한 셈이다.

역사적 예수는 자신의 명예를 추구하지 않고 자신을 별다르게 내세우지 않았기에 그의 제자나 추종자들도 그의 정체를 파악하는 데 어려움을 겪었다. 바울서신이나 복음서에 보이는 수많은 그에 관한 칭호들, '하나님의 아들' '인자' '메시아' '다윗의 자손' '주' '구세주' '하나님의 어린양' 등등은, 상당 기간 그의 추종자들이 역사적 전통 속에서 전형을 찾을 수 없었던 예수의 정체에 대해 자신들의 인식이나 기대를 앞세워 다양한 이해를 시도했음을 보여준다. 그는 놀라운 치유의 능력을 보여주었으나 의사나 주술사가 아니며, 사회적 약자와 동고동락했으나 사회사업가에 그치지도 않았다. 이상주의적이고 혁명적이면서도 권력 쟁취를 열망한 정치적 혁명가는 아니며, 지혜로우면서도 지혜 탐구 자체에 목적을 둔 철학자나 현자가 아니었고, 신탁을 단순히 전달하는 예언자만도 아니었다.

그는 거듭남의 체험을 통해 하나님의 아들을 자부하고, 자신에게 이루어진 무한한 사랑의 하나님의 지배(하나님 나라)를 체감하여 이 땅에서 하나님 나라의 실현 가능성을 확신하게 되었다. 이에 하나님처럼 온전해질 수 있다고 여긴 하나님의 자녀인 사람들을 일깨워[75] 하나님 나

418

라를 이루기 위해 함께하고 가르치는 일에 헌신하였다. 이처럼 아버지로 여긴 하나님의 무한한 사랑에 대한 확신 속에 미래의 종말을 심판보다는 은총과 은혜의 이상으로 구체화하여 가르치고 사람들과 함께 현재적으로 실천한 예수는, 자의식 면에서는 '하나님의 아들'이고 전통적 직능으로 보아서는 '선지자(예언자)'요 '교사'이며[76] 사회과학적으로 보면 미래적 이상을 앞당겨 비폭력적으로 실천한 '혁명적 사상가'로 규정할 수 있는 복합적 정체성을 가진 이였다. 당시 유대교의 입장에서는 율법체계를 넘나드는 그를 집 나간 탕자에 불과하다고 볼 수도 있었겠지만, 그는 하나님의 아들로서 보다 자유롭고 유연하게 세상 사람들을 깨우치며 새로운 세상을 앞당겨 산 것이다. 그는 스스로를 하나님의 유일한 아들이 아니라 다른 모든 인간들과 같이 아들들(자녀) 중의 하나로 자부하여 오히려 홀가분하고 자유로운 삶을 살았다.

구도 끝에 거룩한 신의 경지를 만나 거듭나서 시대를 초월한 자유를 누리고 종말의 이상을 앞당겨 살아서 결국 인류 문화 발전에 크게 기여한 예수는, 아직도 참된 자유와 행복의 세상을 이루지 못한 채 힘들게 살아가고 있는 현대의 인간들에게도 현재와 미래의 삶에서 여전히 하나의 도전이고 희망일 수 있을 듯하다. 아울러 현재까지의 인류 역사에 미친 그와 그의 가르침의 막중한 영향력으로 볼 때, 그가 인간 세상의 메시아 구세주일 가능성을 기대했던 그의 소박한 제자들과 추종자들의 영성과 안목도 나름 평가하지 않을 수 없다고 여겨진다.

제1장 예수 이해의 역사적 배경

1 레스터 L. 그라비 지음, 류관현·김성천 옮김『고대 이스라엘 역사』, 기독교문서선
교회 2012, 143면.

2 「출애굽기」 12:37 "이스라엘 자손이 라암셋에서 발행하여 숙곳에 이르니 유아
외에 보행하는 장정이 육십만 가량이요."

3 레스터 L. 그라비 지음, 앞의 책 192~97면. 구약성경의 다윗 역사는 사울(Saul)의
경우와 같이 다양한 전승들의 편집이며, 솔로몬의 역사는 고대 근동의 제왕적
이미지가 반영된 후대의 편집의 결과로 대부분 신뢰할 수 없다고 하였다. 김영
진『이스라엘 역사』, 이레서원 2006(2012) 217면에는 다윗시대의 고고학적 증
거는 매우 빈약하고 모호하다고 하였다.

4 M. 엘리아데 지음, 정진홍 옮김『우주와 역사』(재판), 현대사상사 1979, 145~
58면.

5 같은 책 155면.

6 르네 지라르 지음, 김진식 옮김『나는 사탄이 번개처럼 떨어지는 것을 본다』, 문
학과지성사 2004(2014) 142, 143면.

7 마르틴 헹엘 지음, 박정수 옮김『유대교와 헬레니즘』1, 나남 2012, 347면. 헬레
니즘 시대 유대인의 역사서술은 헬레니즘의 유연한 수사학을 받아들이면서도
하나님의 구원과 징벌을 묘사하는 신학적 성격을 보여주었다. 그들은 자신들의
'거룩한' 역사를 기술함에 있어 그리스적 세계이해와 역사이해에 저항하여 의식
적으로 경쟁하고자 했던 동방의 유일한 민족이었다.

8 요세푸스 지음, 김지찬 옮김『요세푸스 IV: 아피온 반박문』, 생명의말씀사
1987(2012) 90면.

9 가나안은 야훼가 아브라함에게 약속한 땅이고(「창세기」 12:7) 아름답고 광대한

젖과 꿀이 흐르는 복지(福地)로서 출애굽 이후 정착 대상지이기도 하였다(「출애굽기」 3:8).

10 김영진, 앞의 책에서는 다윗의 건국으로부터 비롯되는 이스라엘의 통일왕국 시대는 기원전 1,000년경에 시작되고(183면) 남북왕국으로의 분열은 기원전 930년에 있었던 것으로 보고 있다(233~47면).

11 예레미야는 기원전 605년 신바빌로니아 네부카드네자르(느브갓네살)왕이 즉위한 때부터 신바빌로니아의 지배를 받을 것이라 예언하였다. 구약성경에는 이때에 70년간 땅이 황폐해지고 신바빌로니아 왕을 섬겨야 할 것이 예언되었다고 하였다(「예레미야」 25:11). 신바빌로니아군은 기원전 604년경 유대에 인접한 지중해변의 아스글론을 점령하였다. 유대왕국은 신바빌로니아의 통치를 받아들였다가 이후 독립노선을 취하면서(BC 602) 그들의 침략을 받게 되었다. 유대왕국은 기원전 597년 예루살렘을 포위한 신바빌로니아군에 항복하여 왕을 위시한 많은 유대인들이 포로로 끌려갔다. 기원전 586년에는 예루살렘이 점령당해 성전이 불타고 왕은 눈이 뽑힌 채 수많은 포로와 함께 잡혀가고 총독이 임명되면서 사실상 유대왕국은 멸망하였다. 예레미야의 70년 포로생활 예언 시점에서 페르시아 고레스왕의 포로 귀환명령이 이루어진 기원전 538년까지가 대략 70년에 해당한다고 할 수 있다.

12 에리히 쳉어 엮음, 이종한 옮김 『구약성경 개론』, 분도출판사 2012, 755면.

13 M. 엘리아데 지음, 정진홍 옮김, 앞의 책 154~56면 ; 미르치아 엘리아데 지음, 이용주 옮김 『세계종교사상사』 1, 이학사 2005(2014) 267~70면.

14 마르틴 헹엘 지음, 박정수 옮김, 앞의 책 359면.

15 「마카베오기 하권」 4:13~16, 『성경』, 한국천주교중앙협의회 2005(2011) 1095면. "이렇게 사악한 사이비 대사제 야손의 극심한 패륜으로, 그리스화와 이국 풍습의 도입이 극에 달하였다. 그리하여 사제들은 제단에서 봉사하는 일에 열성이 없어져, 성전을 경시하고 제물 바치는 일을 소홀히 하였다. 징이 울리기가 바쁘게 그들은 레스링 경기장으로 달려가 법에 어긋나는 경기에 참여하였다. 그들은 이렇게 조상들이 명예롭게 여긴 것을 멸시하고, 그리스인들이 영광스럽게 여기는 것을 가장 훌륭하다고 생각하였다. 바로 그 때문에 무서운 재앙이 그들에게 닥쳤다. 그들이 그리스인들의 생활 풍습을 열심히 따르고 모든 면에서 저들과 같아지려 하였지만, 그리스인들은 그들을 적대시하고 억압하였던 것이다." 이것이 개방파에 적대적인 기록인 것은 쉽게 알 수 있다. 다소의 과장이 있겠지만 조작된 내용으로 볼 수만은 없으며 동시대의 전통적 유대인들이 공감한

역사상을 반영하고 있을 것이다.

16 마르틴 헹엘 지음, 박정수 옮김 『유대교와 헬레니즘』 3, 나남 2012, 159~62면 참조.

17 보 라이케 지음, 한국신학연구소번역실 옮김 『신약성서 시대사』, 한국신학연구소 1986, 67~69면.

18 헤시오도스의 서사시 「일과 날」 106~201행에 의하면, 헤시오도스는 인류 퇴락의 역사를 황금종족, 백은종족, 청동종족, 반신 영웅종족, 철종족의 단계로 종족이 만들어지고 소멸한 것으로 말하였다. 헤시오도스 지음, 천병희 옮김 『신들의 계보』, 숲 2011, 106~11면. 「다니엘」 2:31~35에는 금으로 된 머리를 위시하여 내려가며 은, 놋(청동), 철, 진흙으로 된 꿈에 나타난 우상 형상이 보이며 7:1~8에는 시대순에 따른 네 짐승의 제국들이 제시되어 있다.

19 이때 파면된 대제사장은 자신의 추종자들과 함께 사해 근처에 경건한 자들의 공동체라고 자부한 쿰란(Qumran)공동체를 건설하여 에세네파의 '의(義)의 교사'로 활약한 것으로 사해문서 등의 연구를 통해 널리 추정되고 있다.

20 요세푸스 지음, 김지찬 옮김 『요세푸스 II : 유대고대사』 16권 5장, 생명의말씀사 1987(2013) 387, 388면. "그들은 영광(glory)보다는 의(righteousness)를 더 소중히 여겨온 민족이다. 이 때문에 유대 민족은 헤롯과는 어울리지 못한 것이다. 유대인들은 조상(彫像)을 세우고 신전을 짓는 등의 일에 열중하면서 자신의 명예를 내세우려는 헤롯에게 아첨할 부류의 인간들이 아니기 때문이었다.' '의(righteousness)를 더 소중히 여겨온 민족'임을 1세기 유대인 역사가가 말하고 있다는 데 유의할 일이다.

21 타자들을 무한한 존재로 보고 그 가치를 한없이 고양시키는 엠마누엘 레비나스의 윤리철학이 이스라엘의 전통사유와 연결되는 것은 우연이 아니라고 여겨진다. 엠마누엘 레비나스, 양명수 번역·해설 『윤리와 무한, 필립 네모와의 대화』, 다산글방 2000; 박원빈 『레비나스와 기독교』, 북코리아 2010(2011) 참조.

22 요세푸스 지음, 김지찬 옮김 『요세푸스 II : 유대고대사』 18권 1장, 496, 499면. 갈릴리 유다의 사상은 유대인의 대로마 저항운동의 직접적인 이념적 뒷받침이 되었다.

23 「누가복음」 11:52 "화 있을진저, 너희 율법사여 너희가 지식의 열쇠를 가져가고 너희도 들어가지 않고 또 들어가고자 하는 자도 막았느니라 하시니라."

24 리처드 A. 호슬리 지음, 박경미 옮김 『갈릴리』, 이화여자대학교출판부 2006, 54면.

25 같은 책 130면. 로마에 대한 조공은 2년마다 소출의 1/4을 바쳤다고 한다.

26 「요한복음」 7:52 "저희가 대답하여 가로되 너도 갈릴리에서 왔느냐 상고하여 보라 갈릴리에서는 선지자가 나지 못하느니라 하였더라."

제2장 예수의 역사자료로서의 신약성경

1 작성된 순서에 따라 적어보면 「데살로니가전서」 「고린도전서」 「빌립보서」 「빌레몬서」 「고린도후서」 「갈라디아서」 「로마서」이다.

2 마르틴 에브너·슈테판 슈라이버 지음, 이종한 옮김 『신약성경 개론』, 분도출판사 2013, 419면.

3 「고린도전서」 15:3~11 "3. 내가 받은 것을 먼저 너희에게 전하였노니 이는 성경대로 그리스도께서 우리 죄를 위하여 죽으시고 4. 장사 지낸 바 되었다가 성경대로 사흘 만에 다시 살아나사 5. 게바에게 보이시고 후에 열두 제자에게와 6. 그후에 오백여 형제에게 일시에 보이셨나니 그중에 지금까지 태반이나 살아 있고 어떤 이는 잠들었으며 7. 그후에 야고보에게 보이셨으며 그후에 모든 사도에게와 8. 맨 나중에 만삭되지 못하여 난 자 같은 내게도 보이셨느니라 9. 나는 사도 중에 지극히 작은 자라 내가 하나님의 교회를 핍박하였으므로 사도라 칭함을 받기에 감당치 못할 자로라 10. 그러나 나의 나된 것은 하나님의 은혜로 된 것이니 내게 주신 그의 은혜가 헛되지 아니하여 내가 모든 사도보다 더 많이 수고하였으나 내가 아니요 오직 나와 함께하신 하나님의 은혜로라 11. 그러므로 내나 저희나 이같이 전파하매 너희도 이같이 믿었느니라."

4 극적인 회심 후 예루살렘으로 가서 제자들을 만나려 했다는 「사도행전」 9:26~30의 기록은 잘못 전해진 것이나 개작된 것으로 여겨진다. 귄터 보른캄 지음, 허혁 옮김 『바울』, 이화여자대학교출판부 1978(2010) 65면. 48년 혹은 49년 그리고 56년 두차례 예루살렘 예수신앙공동체를 방문한 일은 사실로 인정되고 있다. 마르틴 에브너·슈테판 슈라이버 지음, 이종한 옮김, 앞의 책 419면.

5 귄터 보른캄 지음, 허혁 옮김, 앞의 책 168면. 바울이 전하는 소식과 신학은 원그리스도교 케리그마(복음 선포)의 해석이고 전개라고 하였다.

6 복음서의 저자나 저술 목적, 시기 그리고 쓰여진 신앙공동체 등에 대해서는 이견이 적지 않다. 복음서에 관하여는 최근에 나온 상세한 개론서인 마르틴 에브너·슈테판 슈라이버 지음, 이종한 옮김, 앞의 책; 유태엽 『복음서의 이해』(재판), 감

리교신학대학교출판부 2009 등을 참고할 수 있다.

7 「갈라디아서」1:11 "형제들아 내가 네게 알게 하노니 내가 전한 복음이 사람의 뜻을 따라 된 것이 아니라." 이외에 「갈라디아서」2:2; 「고린도전서」4:15 등 참조.

8 복음서가 새로 출현하게 된 이유에 대해서는 유태엽, 앞의 책 17~19면이 참고가 된다. 유태엽은 예수 추종자들의 죽음, 하나님 나라의 지연, 선교적 필요성, 공동체원에 대한 교육, 타종교와의 경쟁, 편의성 등을 이유로 꼽았다.

9 이러한 사실이 복음서에 분명하게 드러나지 않은 것은 이것이 이미 지나간 일이고 예수 재림을 강력하게 예측한 자신들의 착오나 실수를 드러내고 싶지 않았기 때문일 것이다.

10 베르너 H. 켈버 지음, 서중석 옮김 『마가의 예수 이야기』, 한국신학연구소 1987, 11, 12면.

11 존 쉘비 스퐁 지음, 이계준 옮김 『만들어진 예수, 참 사람 예수』, 한국기독교연구소 2009(2011) 224면. 복음서가 예수의 역사적 행적을 따라 작성된 것이 아니라 사실성이 떨어지는 신앙적 해석으로 이루어진 것이라고 보았다.

12 「마가복음」15:21 "마침 알렉산더와 루포의 아비인 구레네 사람 시몬이 시골로서 와서 지나가는데 저희가 그를 억지로 같이 가게 하여 예수의 십자가를 지우고." 같은 공동체원으로서 마가 예수신앙공동체원들이 다 아는 알렉산더와 루포가 있었으며 그들의 아버지는 구레네 출신 시몬이었던 것을 거의 확신할 수 있다. 또한 예수 십자가 수난사 일부분이 당시 현장 증인인 시몬이나 그 아들들에 의해 마가 예수신앙공동체에 전해진 것을 알 수 있다. 그들은 증인으로 의식되고 있는 것이다. 한편 루포는 「마가복음」보다 앞서, 로마의 예수신앙공동체에 보낸 바울의 서신인 「로마서」에도 보이는데(16:13 "주 안에서 택하심을 입은 루포와 그 어머니에게 문안하라 그 어머니는 곧 내 어머니니라") 양자는 동일인물일 가능성이 있다(톰 라이트 지음, 양혜원 옮김 『모든 사람을 위한 마가복음』, 한국기독학생회출판부 2011(2014) 295면). 양쪽에 보이는 루포가 동일인물이라면 「마가복음」이 로마에서 작성되었다는 확실한 증거가 될 것이다. 참고로, 「고린도전서」15:6에서 바울은 부활 예수를 일시에 만난 500여명의 신도(형제)들이 있고 그 대다수가 살아 있다고 하여 증인으로 의식하고 있음을 볼 수 있다.

13 프랭크 J. 메이트라 지음, 류호영 옮김 『마가복음 신학』, 기독교문서선교회 1995, 28면. 「마가복음」의 기록연대는 「마가복음」13장의 해석에 달려 있다고 보고, 거기에 예루살렘과 예루살렘 성전의 멸망이 이미 발생했다는 결정적인 근거가 없다고 하여 유대전쟁 기간 동안에 작성된 것으로 보았다.

서중석『복음서해석』, 대한기독교서회 1991(2012) 29면은「마가복음」의 기록 연대를 좁혀서 로마군이 예루살렘을 향해 진격을 시작한 전쟁의 막바지인 69년 말부터 70년 초 사이로 보고 있다.

14 플라비우스 요세푸스 지음, 박정수·박찬웅 옮김『유대전쟁사』 2, 나남 2008, 268~72면.

15 마르틴 에브너·슈테판 슈라이버 지음, 이종한 옮김, 앞의 책 257~59면. 군사와 경제 분야, 기타 관용어 등에 많은 라틴어식 표현들이 보이고, 유대 화폐 렙톤을 로마제국 서쪽 로마와 폼페이 등에서 주로 사용된 콰드란스(고드란트)라는 동전으로 환산하는 내용이 나오는 것 등을 근거로「마가복음」이 로마에서 저술된 것으로 추정한다. 로마 이외에도 갈릴리, 데카폴리스, 시리아 등이 저술 장소로 거론되고 있다 한다.

S. G. F. Brandon, *Jesus and the Zealots*, Manchester : Manchester University Press 1967, pp. 242-243은 로마의 그리스도인들은 71년의 개선행진을 눈으로 보고 종말론을 더욱 대망하게 된 것 이외에, 그들의 신앙이 로마에 강력히 저항한 유대인들로부터 유래하여 여기서 이교도들과 로마정부가 그들도 유대 혁명 사상에 깊이 물들어 있다고 간주할 가능성에 직면하고 심각히 우려했다고 보았다. 이러한 점이「마가복음」저술에 큰 영향을 미쳤다는 것이다.

16 「마가복음」저자의 유대문화나 팔레스타인 지리에 대한 이해는 깊지 않다는 것이 학계의 견해이다. 그가 디아스포라 유대인인지 이방인 그리스도인인지는 견해가 갈린다.

17 「마가복음」 15:21의 알렉산더와 루포의 경우 참조.

18 「마가복음」에는 예수가 타인의 병을 고친 후 자신을 드러내지 않기 위해서인 듯 사람들에게 사실을 말하지 말도록 금하거나(1:44, 5:43, 7:36, 8:26) 자신이 누구냐는 물음에 메시아(그리스도)라고 대답하는 베드로에게 역시 다른 사람들에게 말하지 말도록(8:30) 마치 비밀인 양 금지하는 장면들이 나온다. 이것은 본래 예수는 메시아로 자부하지 않았는데「마가복음」의 저자가 자신의 신앙에 따라 그를 그리스도로 적는 과정에서 나온 산물로 이해된다. 브레데(William Wrede)는 이를 '메시아 비밀'로 제시했다. 이에 대한 보다 구체적인 내용은 이 책 3장에서 후술한다. William Wrede, trans. F. C. G. Greig, *The Messianic Secret*, Cambridge and London : James Clarke & Co. Ltd. 1971, p. 113 ; A. 슈바이처 지음, 허혁 옮김『예수의 생애 연구사』, 대한기독교출판사 1986, 156, 363면 ; 서중석, 앞의 책 34, 35면.

19 일부 제자들과만 함께하거나 알려준 가르침이 있었기에 일반 추종자들은 알 수 없다는 논리로 사실성 논란의 가능성을 사전에 차단하려 한 듯하다. 하나님 나라의 비밀은 제자들에게만 주었다든지(4:11) 변화산의 기적은 베드로, 안드레, 요한 세 제자만 동행하였고 부활 후에야 발설하도록 명했다고 하였다(9:2~9). 야이로의 딸을 살린 기적에는 베드로와 야고보, 요한 이외에는 아무도 따라오지 못하게 하였고(5:37) 제13장의 종말론적 말씀은 감람산에서 베드로, 야고보, 요한, 안드레 네 제자와 조용히 나눈 것으로 되어있다(13:3). 이러한 제자 비전(秘傳)의 인정은 차후 많은 외경과 위경을 낳는 빌미를 제공한 면이 있다. 근자에 많은 관심을 끈 「도마복음」은 이러한 논리를 더욱 강화하여 제자 도마만이 예수로부터 별도의 비전을 얻었다고 주장하며 그 첫머리에 명시하고 있기도 하다. 일레인 페이젤스 지음, 권영주 옮김 『믿음을 넘어서, 도마의 비밀 복음서』, 루비박스 2006, 177면, "이는 살아 계신 예수께서 이르시고 디두모(쌍둥이) 유다 도마가 기록한 비밀의 말씀이라."

20 「마태복음」은 「마가복음」의 내용을 약 90% 정도 이용하고 있으며 「누가복음」은 약 50% 정도를 이용하고 있다 한다. 유태엽, 앞의 책 150, 184면.

21 큐(Q)는 '자료'라는 뜻의 독일어 Quelle의 첫 글자를 따른 것이다.

22 유태엽, 앞의 책 160면.

23 「마태복음」 5:17 "내가 율법이나 선지자나 폐하러 온 줄로 생각지 말라 폐하러 온 것이 아니요 완전케 하려 함이로라."

24 마르틴 에브너·슈테판 슈라이버 지음, 이종한 옮김, 앞의 책 295, 300면. 그런데 드러나지 않은 저자의 출신 민족을 구분하는 일은 쉽지 않다. 유태엽, 앞의 책 192면에서는 헬라어를 세련되게 구사하며 「마가복음」에 보이는 셈족어를 회피하는 경향 등으로 보아 저자가 디아스포라 유대인이거나 비유대계 이방인일 가능성이 있다고 본다.

25 족보에서 아담을 '하나님의 아들'로 기록하고 있는 점은 유의할 만하다. 「누가복음」 3:38.

26 유태엽, 앞의 책 184, 185면.

27 「마가복음」 10:23; 「마태복음」 6:24; 「누가복음」 16:13.

28 이같은 인식은 바울의 행적을 적은 「사도행전」에도 반영되어 있다. 바울은 자신의 서신에서 회심 직후 예루살렘에 간 적이 없음을 밝힌 데 비해(「갈라디아서」 1:17) 「사도행전」은 그가 다메섹을 거쳐 곧 예루살렘으로 가서 제자들을 사귀었다고 기술하였다(9:26~30).

29 마르틴 에브너·슈테판 슈라이버 지음, 이종한 옮김, 앞의 책 324~29면.

「요한복음」 21:24~25 "이 일을 증거하고 이 일을 기록한 제자가 이 사람이라 우리는 그의 증거가 참인 줄 아노라 예수의 행하신 일이 이외에도 많으니 만일 낱낱이 기록된다면 이 세상이라도 이 기록된 책을 두기에 부족할 줄 아노라." 24절에 보이는 이 복음서를 보증하는 '우리'는 이 복음서의 일을 증거하고 기록한 제자가 별도로 있음을 보여준다. 아울러 인용한 개역한글판 성경 25절에는 기록자인 주어 '나'(I)를 드러내 번역하지 않아 그의 존재를 분간하기 어려우나 영문 성경에는 확실하게 드러나 보인다(NIV 참조). 그는 '우리' 가운데의 편집자로 볼 수 있다.

30 「요한복음」 2:6 "거기 유대인의 결례를 따라 두세 통 드는 돌항아리 여섯이 놓였는지라." 기타 2:13, 5:1, 7:2, 11:55 등 참조.

31 지혜신학은 신과 인간 간의 중재자가 없는 것을 아쉽게 보고 그 역할을 해줄 대표적인 것으로 지혜를 상정하였다. 이에 따라 지혜는 마치 인격체처럼 의인화해 기술되기도 하며 태초부터 하나님과 함께 창조에 참여했다고 보기도 하였다. 복음서에서는 예수를 일부 그 지혜로 묘사하기도 했다. 「잠언」 8:22~31; 「누가복음」 7:35 참조.

32 「빌립보서」 2:6~8 "그는 근본 하나님의 본체시나 하나님과 동등됨을 취할 것으로 여기지 아니하시고 오히려 자기를 비어 종의 형체를 가져 사람들과 같이 되었고 사람의 모양으로 나타나셨으매 자기를 낮추시고 죽기까지 복종하셨으니 곧 십자가에 죽으심이라."

33 예수가 세례 요한으로부터 세례를 받는 과정의 자의적 부연 설명이나 그가 수난에 앞서 두려워하던 모습을 생략한 점만 보아도 공관복음서가 그나마 유지하려던 사실성이 더욱 훼손된 감이 있다. 물이 포도주로 변한 가나 혼인집 기적이나(2:1~11) 죽은 나사로를 살린 기적은(11:1~44) 사람들의 관심을 크게 끌 일인데, 공관복음서에는 전혀 언급되지 않았고 구성이 매우 탄탄한 것으로 보아 재창작 또는 창작되었을 가능성이 있다. 한편 현재 「요한복음」에만 전하는 '죄 없는 자가 먼저 돌로 치라'는 말로 유명한 간음하다 잡혀온 여인의 이야기는(8:3~11) 매우 사실성이 높은 편이다. 그런데 이 이야기는 본래 5세기까지의 「요한복음」 초기 사본들에는 나타나지 않으며 16세기에 나온 베자 사본에 처음 들어온 것이라 한다. 아라이 사사구 지음, 김윤옥 옮김 『신약성서의 여성관』, 대한기독교서회 1993, 291~93면.

34 김득중 『요한의 신학』, 컨콜디아사 1994(2011) 181~89면. '예수의 사랑하시는

제자'로 주목되는 존재로는 세베대의 아들 사도 요한, 요한 마가, 상징적인 제자, 유다, 맛디아, 나사로 등이 거론되고 있다고 하였다.

35 마르틴 에브너·슈테판 슈라이버 지음, 이종한 옮김, 앞의 책 325면 참조. 요한계 그리스도교 역사에서 중요한 역할을 한 이 인물이 이상화하여 예수 시대로 옮겨 진 것으로 보기도 한다.

36 「마가복음」 1:11 "하늘로서 소리가 나기를 너는 내 사랑하는 아들이라 내가 너 를 기뻐하노라 하시니라."

37 독자(독생자)는 구약성경 「창세기」 22:2를 위시하여 여러곳에 나온다. 신약성 경에는 9회 나오는데 일반적인 외아들, 외동딸을 가리키는 경우는 「누가복음」 7:12, 8:42, 9:38; 「히브리서」 11:17에 보이며, 예수를 지칭하는 경우로는 「요 한복음」 1:14, 1:18, 3:16, 3:18; 「요한일서」 4:9에 보인다.

38 이 내용은 「히브리서」 11:17에도 나오는데 이삭을 독생자(독자)라고만 하였다.

39 "Take your beloved son Isaak, whom you love", *NETS* (A New English Transla-tion of the Septuagint) New York : Oxford University Press, 2007, p. 19. 구약성 경 영어번역본의 하나인 NIV에는 "Take your son, your only son, Isaac, whom you love"로 되어 있다.

40 「토마복음」 13, 송혜경 역주 『신약 외경』 상권, 한님성서연구소 2009(2011) 311면. 예수가 자신이 누구와 비슷한지 빗대어 말해보라는 요청에 다른 제자들 이 '의로운 천사' '현명한 철학자'라고 대답하자 토마(도마)는 자신의 입으로 도 저히 말하지 못하겠다고 하였다. 이에 예수는 토마에게 자신이 그의 스승이 아 니라고 하면서 토마가 이미 예수 자신이 직접 크기를 잰 샘에서 솟아오르는 물 을 마시고 취했기 때문이라고 하였다. 한편 「토마복음」은 「도마복음」과 같은 것 으로 한국천주교회 계통 연구자들이 사용하고 있다.

41 존 도미닉 크로산·조나단 리드 지음, 김기철 옮김 『예수의 역사』, 한국기독교연 구소 2010, 59면. 예수의 고향 나사렛에서는 회당 건물 흔적이 발굴되지 않았으 며 당시 지중해 지역 문자 해독률이 5% 정도이고 유대 본토는 3% 정도였다. 이 세계에서 글을 읽을 줄 아는 것은 엘리트 귀족들과 훈련받은 가신들, 필사를 담 당한 전문가들의 특권이었다고 한다. 따라서 나사렛의 농부 예수는 글을 읽을 줄 몰랐을 것으로 보았다. 그러나 예수는 글을 읽을 줄 모를 뿐이지 생각하며 가 르칠 수 있었고 그 전통의 핵심에 집중할 수 있었다고 본다. 현실적이고 구조적 인 이해로 경청할 면이 있으나, 통계로 분석하기 어려운 아주 특별한 한 인간을 이해하는 데 이런 일반적인 추론으로 결론을 내리는 것은 조심할 점이 있다. 글

을 몰라도 사고야 가능한 것이지만, 특출하게 지혜로운 자의 문자 해독능력 습득은 다른 기회에, 일반인보다는 쉽게 이루어졌을 개연성도 있는 것이다.

42 고대 아테네인들은 도덕에 대해서도 자유로이 논쟁을 벌였다. 박윤호 『고대 그리스 자연학과 도덕』, 서광사 2004, 302면. 그 결과 불멸의 철학을 산출하였던 것이다.

43 물론 복음서에 자주 보이는 대로 예수에 호감을 가지고 있었으며 칭찬도 들었다고 말해지는 바리새인이나 율법사들 중 일부가 개인적 혹은 직업적 속성에서 율법 관련 문답이나 비유 등의 가르침을 메모해두었을 가능성조차 배제할 수는 없다. 이는 큐복음의 연원과 관련하여 생각해볼 만한 추론이 아닐까 한다. 유대인 디아스포라에 대한 초기 복음 전파에도 예수가 말한 아람어 말씀을 그들이 잘 아는 헬라어로 번역할 필요성이 있었을 것이기에, 번역이 전제되는 문서 형태가 있었을 만하다. 그러나 대체로 많은 제자들이 공감하는 정도의 내용들이 구전 형식으로 전해졌을 가능성이 높다.

제3장 예수의 가계와 출생

1 「사무엘하」 7:12~16 "네 수한이 차서 네 조상들과 함께 잘 때에 내가 네 몸에서 날 자식을 네 뒤에 세워 그 나라를 견고케 하리라 저는 내 이름을 위하여 집을 건축할 것이요 나는 그 나라 위를 영원히 견고케 하리라 나는 그 아비가 되고 그는 내 아들이 되리니 저가 만일 죄를 범하면 내가 사람 막대기와 인생 채찍으로 징계하려니와 내가 네 앞에서 폐한 사울에게서 내 은총을 빼앗은 것같이 그에게서는 빼앗지 아니하리라 네 집과 네 나라가 내 앞에서 영원히 보전되고 네 위가 영원히 견고하리라 하셨다 하라." 이는 왕의 아들은 곧 신의 아들이라는 세계적으로 널리 보이는 관념이 적용된 사례로 볼 수 있다. 이스라엘 왕조의 시조였던 사울이나 다윗은 신의 명에 의해 기름 부음을 받아 왕조를 열게 되었으나, 이제 다윗왕의 계승자부터는 왕의 아들은 신 곧 야훼의 아들이기에 왕이 될 수 있다는 이념이 제시된 것이다. 그런데 다윗왕조 국가가 망하고 민족이 큰 고난을 겪으면서 이것이 하나님의 특별한 약속의 예언으로 강조되고 기대되었던 것이다.

2 「마가복음」 1:34, 44, 3:12, 5:43, 7:36, 8:26, 9:9 등과 「마태복음」 8:4, 9:30, 17:9.

3 「마가복음」 8:29~30; 「마태복음」 16:20.

4 William Wrede, trans. F. C. G. Greig, *The Messianic Secret*, Cambridge and London : James Clarke & Co. Ltd. 1971, p. 113 ; A. 슈바이처 지음, 허혁 옮김 『예수의 생애 연구사』, 대한기독교출판사 1986, 156, 363면 ; 서중석 『복음서해석』, 대한기독교서회 1991(2012) 34, 35면.

5 "다윗이 성령에 감동하여 친히 말하되"는 「마태복음」에서는 '친히'만 빼고 따랐으나 「누가복음」 20:42에는 "시편에 다윗이 친히 말하였으되"로 나온다. 「시편」 110편에도 보이지 않는 "성령에 감동하여"는 「마가복음」 저자의 첨언으로 볼 만하다.

6 「시편」 110편의 내용은 다른 구약성경 구절들에도 연관된 내용이 나와서 구약시대에도 이미 널리 주목받았다고 추정해볼 수 있다. 「시편」 80:17 "주의 우편에 있는 자 곧 주를 위하여 힘있게 하신 인자의 위에 주의 손을 얹으소서." 「다니엘」 7:13, 14 "내가 또 밤 이상 중에 보았는데 인자 같은 이가 하늘 구름을 타고 와서 옛적부터 항상 계신 자에게 나아와 그 앞에 인도되매 그에게 권세와 영광과 나라를 주고 모든 백성과 나라들과 각 방언하는 자로 그를 섬기게 하였으니 그 권세는 영원한 권세라 옮기지 아니할 것이요 그 나라는 폐하지 아니할 것이니라."

7 「요한복음」 12:34 "이에 무리가 대답하되 우리는 율법에서 그리스도〔메시아〕가 영원히 계신다 함을 들었거늘 너희는 어찌하여 인자가 들려야 하리라 하느냐 이 인자는 누구냐."

8 「마태복음」 22:41. 인용한 구절의 '서기관들'이 '바리새인들'로 나온다.

9 서기관 등이 다윗의 자손을 메시아로 보았을 만한 구절을 구약성경에서 더 찾는다면 다음과 같다. 「이사야」 11:1 "이새의 줄기에서 한 싹이 나며 그 뿌리에서 한 가지가 나서 결실할 것이요." 여기서 '이새'는 다윗의 아버지이다. 「예레미야」 23:5 "나 여호와가 말하노라 보라 때가 이르리니 내가 다윗에게 한 의로운 가지를 일으킬 것이라 그가 왕이 되어 지혜롭게 행사하며 세상에서 공평과 정의를 행할 것이며." 「에스겔」 17:22~23 "나 주 여호와가 말하노라 내가 또 백향목 꼭대기에서 높은 가지를 취하여 심으리라 내가 그 높은 새 가지 끝에서 연한 가지를 꺾어 높고 빼어난 산에 심되 이스라엘 높은 산에 심으리니 그 가지가 무성하고 열매를 맺어서 아름다운 백향목을 이룰 것이요 각양 새가 그 아래 깃들이며 그 가지 그늘에 거할지라."

10 J. D. 킹스베리 지음, 김근수 옮김 『마가의 세계』, 기독교문서선교회 2003, 64면에서는 예수가 메시아가 어떻게 다윗보다 작은 자가 됨과 동시에 큰 자가 될 수 있는가를 추론하도록 수수께끼로 남겨두었다고 하였다. 예수는 다윗왕가의 계

430

보에 속하기에 그의 자손이며 하나님의 아들로서 다윗보다 더 높은 신분을 가졌다는 것이 기대하는 답이었다고 보고 있다.

톰 라이트 지음, 양혜원 옮김 『모든 사람을 위한 마가복음』, 한국기독학생회출판부 2011(2014) 246면. 예수는 메시아가 다윗의 자손인 동시에 다윗의 주라고 말하였다고 한다. 다윗이 말하는 '내 주'는 다윗보다 어린 자가 아니라 연장자인 누군가를 말하며, 예수는 직접 말로 전할 수 없는 더 큰 진실을 수수께끼로 남겨두고 설명은 자제하였다고 하였다.

요아킴 예레미아스 지음, 정충하 옮김 『신약신학』, 크리스천 다이제스트 2009(2012) 375면에서는 이 구절을 랍비적 질문인 하가다식 모순논리(haggadic antinomy)를 사용한 것으로 보아 모순적인 두 요소를 모두 타당한 것으로 보았다고 하였다. 곧 모순은 외견상의 것으로, '다윗의 아들(후손)'은 현재를 지칭하고 '다윗의 주'는 미래를 지칭하는 것이라고 하였다. 그런데 이러한 랍비적 논리를 서기관이나 바리새인들이 몰라 답변하지 못했다는 것이 일단 의문이고, 그같이 쉽지 않은 논리적 내용을 백성들이 귀를 기울여 즐겁게 들었다는 것도 이해하기 어렵다. 아울러 율법에 조예가 깊은 서기관이나 율법사적 소양을 가지고 있다고 여겨지는 「마태복음」의 저자가 "한 말도 능히 대답하는 자가 없고 그날부터 감히 그에게 묻는 자도 없더라"(「마태복음」 22:46)라고 끝맺은 것도 이해할 수 없다. 당대의 훈련된 지식인이었을 「마태복음」 저자도 이 그리스도(메시아) 관련 질문을 통해 다윗의 후손이요 주인 예수 그리스도가 자신의 정체를 은연중 가르쳤다고 말하지 않고 바리새인들이 망신당했다는 취지로 전하고 있는 것이다. 결국 「마가복음」의 기사에서 백성들이 예수의 말을 즐겁게 들었다는 것은 지식으로 백성들 위에 군림하던 서기관이나 바리새인들이 이 질문에 대답하지 못함을 고소하게 여겼다는 사실을 전하고 있다고 여겨진다.

11 이 이야기는 내용의 비중으로 보아 예수의 추종자들이 손쉽게 만들어낸 이야기는 아닌 듯하며, 뒤에 보이는 대로 예수의 행적으로 설명될 여지가 적지 않다.

12 아돌프 하르낙 지음, 윤성범 옮김 『기독교의 본질』, 삼성문화재단 1975, 55면. 예수 설교의 위대함과 힘은 그것이 극히 단순하며 동시에 풍부하다는 사실에 있다고 하였다.

13 필론(필로) 사상의 개략적 이해는 케네스 솅크 지음, 송혜경 옮김 『필론 입문』, 바오로딸 2008 참조.

14 예수가 가르침 중에 '수수께끼'로서 청중에게 답을 남겨두는 방식을 사용하였다는 신학자들의 견해에는 회의적이다. 여기서 검토한 내용 등 복음서에 전하는

몇가지 사례들은, 본래 제자나 청중이 잘못 들었거나 전승과정의 오류와 혼란, 특히 복음서 저자들이 자신의 그리스도론적 신앙에서 역사적 예수의 언행을 재구성, 편집한 데서 온 부자연스러움을 줄이기 위한 기법의 흔적일 가능성이 더 크지 않을까 한다. 예수의 가르침은 질문을 통해 상대가 답을 찾게 하는 헬라식 철학 학습과는 거리가 있는 단순명료한 것이라 여겨진다. 무지한 대중들에게 매우 이채로운 하나님 나라를 설명하는 데 수수께끼를 사용할 여지는 없었다. 더구나 그는 종말이 이미 실현되고 있다고 보는 입장인데 청중에게 시간을 주면서 난해한 문제를 곱씹어 이해할 것을 요청할 여유도 없었을 것이다.

15 「마가복음」 10:46~52; 「마태복음」 20:29~34; 「누가복음」 18:35~43. 예수 그리스도론을 확신하는 복음서 저자들이 의도적으로 예수의 반응을 명기하지 않고 다소 모호하게 처리했을 수도 있다.

16 구약·신약성경에 들어 있지 않은 「솔로몬 시편」은 기원전 1세기에서 기원후 1세기 전반에 저술된 것으로 여겨지는데, 거기에는 다윗의 후손을 메시아로 적시하고 그를 왕으로 세워 외적을 물리치고 통치하도록 해줄 것으로 노래하고 있다. 이동진 편역 『제2의 성서, 아포크리파: 구약시대』, 해누리 2009, 581~83면.

17 메시아(그리스도)로 불리는 일에 그처럼 민감하게 금지한 태도로 보면, 예수는 가급적 메시아와 자신이 연관될 수 있는 문제 자체의 거론을 삼가야 했을 것이다. 자신이 메시아와 무관하다고 여긴 바탕에서 부득이한 경우에만 메시아를 언급했다고 보아야 할 것이다.

18 "1. 여호와께서 내 주에게 말씀하시기를 내가 네 원수로 네 발등상 되게 하기까지 너는 내 우편에 앉으라 하셨도다 2. 여호와께서 시온에서부터 주의 권능의 홀을 내어 보내시리니 주는 원수 중에서 다스리소서 3. 주의 권능의 날에 주의 백성이 거룩한 옷을 입고 즐거이 헌신하니 새벽 이슬 같은 주의 청년들이 주께 나오는도다 4. 여호와는 맹세하고 변치 아니하시리라 이르시기를 너는 멜기세덱의 반차를 좇아 영원한 제사장이라 하셨도다 5. 주의 우편에 계신 주께서 그 노하시는 날에 열왕을 쳐서 파하실 것이라 6. 열방 중에 판단하여 시체로 가득하게 하시고 여러 나라의 머리를 쳐서 파하시며 7. 길가의 시냇물을 마시고 인하여 그 머리를 드시리로다."

한편 『성경: 구약성경』, 한국천주교중앙협의회 2005(2011) 1,369면에는 "주님께서 내 주군께 하신 말씀"이라고 1절의 서두를 번역하였다. 같은 책 1,370면에 의하면 5절의 서두는 "주님께서 당신의 오른쪽에 계시어 진노의 날에 임금들을 쳐부수시리이다"라고 하였다.

19 베르너 H. 슈미트 지음, 차준희·채홍식 옮김 『구약성서 입문』, 대한기독교서회 2007, 416면.

20 「마가복음」 1:13; 「마태복음」 4:1~11; 「누가복음」 4:1~13.

21 후술하겠지만 예수가 유대사회가 고대하던 하나님에 의해 종말론적으로 주어지는 메시아왕국을 대망한 것이 아니라 하나님의 자녀로서 하나님의 뜻을 따르는 인간들이 연대해 만들어가는 하나님 나라를 지금 여기서부터 건설하는 데 헌신하였음을 생각하면 이 문제는 한층 분명해진다.

22 예수는 청중들에게 사유와 판단의 주체가 될 것을 촉구하였다. 다음과 같은 구절은 스스로의 판단을 촉구한 구절로 잘 알려진 편이다. 「누가복음」 12:57 "또 어찌하여 옳은 것을 스스로 판단치 아니하느냐." 「마태복음」 6:28 "또 너희가 어찌 의복을 위하여 염려하느냐 들의 백합화가 어떻게 자라는가 생각하여보라 수고도 아니하고 길쌈도 아니하느니라."

23 「이사야」 56:3 "여호와께 연합한 이방인은 여호와께서 나를 그 백성 중에서 반드시 갈라내시리라 말하지 말며 고자도 나는 마른 나무라 말하지 말라."

24 「말라기」 4:5~6 "보라 여호와의 크고 두려운 날이 이르기 전에 내가 선지 엘리야를 너희에게 보내리니 그가 아비의 마음을 자녀에게로 돌이키게 하고 자녀들의 마음을 그들의 아비에게로 돌이키게 하리라 돌이키지 아니하면 두렵건대 내가 와서 저주로 그 땅을 칠까 하노라 하시니라."

25 1세기 지중해 일대의 이방인 중에는 유대교로 개종한 자와 개종은 하지 않았지만 유대인 회당을 후원하며 예배에 참석하는 자들이 적지 않았다. 후자는 '하나님을 경외하는 사람' 또는 '경건한 사람'으로 불렸다. 「사도행전」 10:1~2; 13:16 "바울이 일어나 손짓하며 말하되 이스라엘 사람들과 및 하나님을 경외하는 사람들아 들으라."

26 「마가복음」 10:18 "예수께서 이르시되 네가 어찌하여 나를 선하다 일컫느냐 하나님 한 분 외에는 선한 이가 없느니라."

27 「욥기」 8:3; 「시편」 50:6; 「말라기」 2:17 등.

28 「마가복음」 9:12~13; 「마태복음」 17:10~13.

29 「마가복음」 2:22 "새 포도주를 낡은 가죽 부대에 넣는 자가 없나니 만일 그렇게 하면 새 포도주가 부대를 터뜨려 포도주와 부대를 버리게 되리라 오직 새 포도주는 새 부대에 넣느니라 하시니라."

30 게르트 타이쎈·아네테 메르츠 지음, 손성현 옮김 『역사적 예수』, 다산글방 2001(2010) 375면.

31 「누가복음」 6:20~21 "예수께서 눈을 들어 제자들을 보시고 가라사대 가난한 자는 복이 있나니 하나님의 나라가 너희 것임이요 이제 주린 자는 복이 있나니 너희가 배부름을 얻을 것임이요 이제 우는 자는 복이 있나니 너희가 웃을 것임이요." 이 구절들은 사회적 약자, 소외된 자들을 격려하기 위해, 예수가 전망하는 현재적 종말관에서 가난한 자, 주린 자, 우는 자가 복이 있다는 역설적인 선포를 비교적 원형대로 전한 편이라고 보인다. 같은 내용은 「마태복음」 저자에 의해 현실을 받아들여 상당히 변했는데, 제5장 소위 산상수훈의 3절에서 "심령이 가난한 자는 복이 있나니 천국이 저희 것임이요"라고 하였고, 4절에서는 "애통하는 자는 복이 있나니 저희가 위로를 받을 것임이요"라고 하였다. 재림이 지연되던 상황에서 살아가야 할 생활윤리로서 현실적으로 크게 완화된 내용으로 변했음을 알 수 있다.

32 플라비우스 요세푸스 지음, 박정수·박찬웅 옮김 『유대전쟁사』 1, 나남 2008, 187~89면. 제2권 4장 '헤롯 왕 사후 발생한 소요사건들'에는 헤롯왕 사망 직후 봉기하여 왕을 칭한 3명의 행적이 보인다. 갈릴리의 유다, 베레아에서 봉기한 헤롯왕의 노예 출신 시몬, 목동 출신 아트롱게스가 그들이다. 이러한 봉기로 2천명이 십자가에 처형되었다 하는데, 그 자세한 내용 분석은 존 도미닉 크로산 지음, 김준우 옮김 『역사적 예수』(개정판), 한국기독교연구소 2012, 333~39면 참조.

33 복음서에 의하면 예수는 흔히 선지자나 랍비 혹은 선생으로 불렸으나, 매우 복합적이고 미묘한 정체성을 가진 인물이었다. 그의 정체성에 대해서는 후술한다.

34 「마가복음」 8:27~29; 「마태복음」 16:13~15; 「누가복음」 9:18~20; 「도마복음」 13.

35 「이사야」 56:3 "여호와께 연합한 이방인" 「이사야」 56:7 "내 집은 만민이 기도하는 집" 「스가랴」 8:22 "많은 백성과 강대한 나라들이 예루살렘으로 와서 만군의 여호와를 찾고 여호와께 은혜를 구하리라." 「말라기」 1:11 "만군의 여호와가 이르노라 해 뜨는 곳에서부터 해지는 곳까지의 이방 민족 중에서 내 이름이 크게 될 것이라 각처에서 내 이름을 위하여 분향하며 깨끗한 제물을 드리리니 이는 내 이름이 이방 민족 중에서 크게 될 것이니라."

36 에케하르트 슈테게만·볼프강 슈테게만 지음, 손성현·김판임 옮김 『초기 그리스도교의 사회사: 초기 지중해 세계의 유대교와 그리스도교』, 동연 2008, 158면.

37 『에우세비오 교회사』, 성요셉출판사 1985, 147면. 다윗 가문이라고 고발당해 도미티아누스 황제에게 끌려간 예수의 형제 유다의 손자는 황제의 질문에 대해 다윗의 후손이라고 하였고, 재산은 25에이커의 토지이며 이 땅을 스스로 경작하여

세금을 내고 생계를 유지한다고 하였다. 그들은 자신의 노동의 증거로 못이 박인 손과 단단한 육체를 보여주었다. 그리스도의 나라에 대해서는 천상(天上)적인 나라이며 그리스도가 심판한 후 세상 종말에 이룩될 것이라고 하였다. 황제는 그들을 경멸하며 풀어주었다고 한다.

38 성가족 관련 언급을 보면(「마가복음」 3:35) 예수는 제자들에게 혈통을 자랑하거나 언급하지 않았을 가능성이 높다. 그는 고대 유대인이라는 시대적 한계를 넘어 보편적 사고에 이른 인물임에 유의할 일이다.

39 김득중 『주요 주제를 통해서 본 복음서들의 신학』, 한들출판사 2006(2009) 17~31면. 예수의 족보는 「마태복음」 1:1~17과 「누가복음」 3:23~38에 보인다. 전자에는 아브라함부터 예수까지 모두 41명, 후자는 예수로부터 소급하여 아브라함을 넘어 아담을 거쳐 하나님까지 이르는 데 77명이 나온다. 전자와 후자가 겹치는 아브라함 이후 족보의 인물 수로 보면 「누가복음」의 경우 56명이 나와서 「마태복음」보다 더 많다. 「마태복음」은 「역대상」 2:1~15 및 3:5~9에 보이는 계보를 이용하여 스룹바벨에 이르는 명단을 작성하였는데, 그 이후는 「역대상」 3:19~24에 보이는 이름을 묵과하고 다른 이름들을 제시하고 있다. 이 명단의 신빙성 여부는 알 수 없다. 「누가복음」은 아브라함에서 아담에 이르는 명단은 「역대상」 1:1~34를 이용하고 야곱에서 다윗에 이르기까지는 「역대상」 2:1~15을 이용하였는데 「마태복음」의 경우와 같다. 다만 「마태복음」이 전하는 헤스론의 아들 람에 대해 「누가복음」 사본들에는 '아니'나 '아드민'으로 나오기도 한다. 「누가복음」의 경우 다윗 이후는 「마태복음」의 경우에 나오는 솔로몬을 거치지 않고 나단에 이어 네리에 이르는 계보를 따르고 있다. 그리고 다시 거기로부터 스알디엘과 스룹바벨까지는 「마태복음」과 「역대상」의 계보와 일치한다. 그리고 「누가복음」은 다시 독자적인 계보로 요셉까지 이른다. 누가가 이 독자적인 계보를 어디서 얻었는지는 알 수 없다. 「마태복음」 족보의 의도는 예수가 다윗 계통의 메시아임을 보여주는 것인 반면, 「누가복음」은 그가 하나님의 아들임을 보여주려 하였다 한다.

40 두 복음서의 족보는 서로 참고하지 않았을 가능성이 높아 보인다. 체계나 세대, 조상 이름에 큰 차이가 있다. 다만 두 복음서의 저자가 공히 하나님의 독생자 예수 그리스도의 전기를 짓는다는 엄숙한 저술 동기를 지녔음을 생각해볼 때, 다윗의 자손이라는 것조차 완전히 조작한 것으로 보기에는 다소 주저된다. 퇴락한 가계나 다윗왕실과의 연계가 전해졌기에 '다윗의 자손'임을 밝히기 위해 창작의 위험까지 무릅쓰고 각각 별도의 신앙공동체에서 나름의 기준에 따라 계보 중

간의 인물이나 체계를 만들어냈을 가능성도 추정해볼 만하다.

41 기원전 6세기 바벨론으로부터 포로 귀환 후 다윗왕조의 부활은 이루어지지 않았다.

42 예수의 가족에 대해서는 다음 구절이 참고된다. 「마가복음」 6 : 3 "이 사람이 마리아의 아들 목수가 아니냐 야고보와 요셉과 유다와 시몬의 형제가 아니냐 그 누이들이 우리와 함께 여기 있지 아니하냐 하고 예수를 배척한지라."

43 요세푸스 지음, 김지찬 옮김 『요세푸스 II : 유대고대사』 20권 9장, 생명의말씀사 1987(2013), 654면.

44 「마태복음」 23 : 9 "땅에 있는 자를 아비라 하지 말라 너희 아버지는 하나이시니 곧 하늘에 계신 자시니라."

45 마르틴 에브너·슈테판 슈라이버 지음, 이종한 옮김 『신약성경 개론』, 분도출판사 2013, 439면.

46 「갈라디아서」 1 : 18~19; 마르틴 에브너·슈테판 슈라이버 지음, 이종한 옮김, 앞의 책 419면 바울 연표에 의하면 예수 사망은 30년경, 바울의 회심은 33, 34년경, 예루살렘 회합은 48, 49년경, 「로마서」 작성은 56년 봄으로 추정하였다.

47 「로마서」 1 : 3~4는 본래 바울 이전 전승에 속하는 것으로 널리 인정되고 있다. 마르틴 헹엘 지음, 김명수 옮김 『하나님의 아들』, 대한기독교서회 1981, 123면.

48 『삼국유사』 권2 기이편에 의하면, 백제 무왕은 어머니가 과부였으며 집 옆 연못의 용과 관계하여 낳았다는 설화가 전한다. 역시 같은 책에 의하면, 본래 상주 출신인 후백제 시조 견훤은 그의 영향권 안에 있었던 광주 북촌의 어느 집 딸에게 자주색 옷을 입은 남자가 침실에 찾아와서 관계하여 잉태되었다는 설화가 전한다. 그 남자는 큰 지렁이였다고 한다.

49 「디모데전서」 1 : 4 "신화와 끝없는 족보에 착념치 말게 하려 함이라 이런 것은 믿음 안에 있는 하나님의 경륜을 이룸보다 도리어 변론을 내는 것이라" 참고. 「디모데전서」는 바울의 서신이 아니고 차명 저술로 이해되고 있으나(마르틴 에브너·슈테판 슈라이버 지음, 이종한 옮김, 앞의 책 711면) 헬라 신화가 널리 이야기되던 지중해 일대에서 오직 부활한 예수 그리스도 신앙만을 전하며 고투했던 바울의 입장도 인용한 구절의 인식과 다를 리 없을 것이다.

50 앞서 인용한 100년경에 작성된 「디모데전서」 1 : 4의 내용을 참조해볼 때 지중해 일대를 풍미한 그리스 신화의 풍토에서 초기 그리스도인들이 경계를 늦추지 않았으나 그 영향을 받지 않을 수 없는 정황을 짐작해볼 수 있다.

51 존 도미닉 크로산 지음, 김준우 옮김, 앞의 책 589면.

52 오리게네스 지음, 임걸 옮김 『켈수스를 논박함』, 새물결 2005, 68~69면. 그리스 인 켈수스는 유대인들의 주장이라면서 "예수의 어머니는 목수와 약혼했는데 그 에게서 이혼당했다. 왜냐하면 예수의 어머니가 판데라라는 군인과 간음을 했으며 그의 아이를 낳았기 때문이다"라고 말했다는 내용이 전한다.

53 「마태복음」 1:19. 그런데 마리아가 잉태한 것을 알고 의로운 요셉이 조용히 파 혼하려 했다는 이 구절 내용은, 성령에 의한 잉태 설정의 뒷이야기로 당연히 나올 수밖에 없는 면이 있음을 부인할 수 없다.

54 사생아라는 사실이 제대로 전해진 것이라면, 동네 이웃들이 먼저 알고 있었다고 보아야 타당성이 높을 것이다.

55 「마가복음」 12:28~34; 「마태복음」 22:34~40.

56 존 쉘비 스퐁 지음, 이계준 옮김 『만들어진 예수, 참 사람 예수』, 한국기독교연구 소 2009(2011) 69, 78면.

57 J. D. 킹스베리 지음, 김근수 옮김 『마가의 세계』, 기독교문서선교회 2003, 16면. 나사렛 사람들은 예수의 가족관계를 따지며 그를 불신했으며, 단지 그를 목수나 마리아의 아들인 사생아로 인식하고 있었다고 하였다.

58 「요한복음」 19:26~27에는 십자가 위의 예수가 사랑하는 제자에게 자신의 모친 을 어머니로 모실 것을 부탁하는 장면이 나온다. 예수의 모친이 예수 사망시 생 존했을 가능성을 굳이 부정할 수는 없다.

59 「요한복음」 7:5 "이는 그 형제들이라도 예수를 믿지 아니함이러라."

60 「토마복음」 61, 송혜경 역주 『신약 외경』 상권, 한님성서연구소 2009(2011), 335면.

61 역사적 예수의 존재에 대한 회의주의적 이해는 게르트 타이쎈·아네테 메르츠 지음, 앞의 책 149~96면에 정리되어 있다.

62 고대 서책에 보이는 인물을 두고 고대사 학자에게 명징하게 실재 여부를 밝히라 고 요구한다면 상당수 인물에 대한 입증을 포기할 수밖에 없을 것이다. 과거사 를 기억한다는 것, 기록한다는 것, 그리고 그것의 사실성을 분석하는 일은 지적 으로 수긍할 만한 공감의 선에서 이루질 수밖에 없는 면이 있다. 종래의 역사가 들이 어처구니없는 실수를 저지르지 않았다는 데 상당한 신뢰를 보내고 해석을 수용한다면 큰 어리석음을 범하지는 않을 것이다.

63 게르트 타이쎈·아네테 메르츠 지음, 앞의 책 110~48면 참조.

64 예수의 대표적 제자들을 위시한 초기 추종자들 대다수가 무학 무식한 이들임은 널리 받아들여지고 있다. 그러나 복음서가 전하는 내용 중에 적어도 바리새인이

나 서기관 등 일부가 예수의 가르침에 관심을 갖고 있었던 것도 널리 인정된다. 그렇다면 그의 존재를 높이 평가하며 따르던 일부 지식인들의 존재 가능성에도 주목할 필요가 있다고 생각된다.

65 견유학파에 대해는 말테 호센펠더 지음, 볼프강 뢰트 엮음, 조규홍 옮김 『헬레니즘 철학사』, 한길사 2011, 442~43면 참조.

66 요세푸스 지음, 김지찬 옮김, 앞의 책 506~07면; 게르트 타이쎈·아네테 메르츠 지음, 앞의 책 113~26면. 후자의 113~14면 기사의 내용은 다음과 같다. "이즈음에 군이 그를 사람이라고 부른다면, 예수라고 하는 현자 한 사람이 살았다. 예수는 놀라운 일을 행하였으며, 그의 진리를 기쁘게 받아들이는 사람들의 선생이 되었다. 그는 많은 유대인과 헬라인들 사이에 명성이 높았다. 그는 바로 메시아(그리스도)였다. 빌라도는 우리 유대인 중 고위층 사람들이 예수를 비난하는 소리를 듣고 그를 십자가에 처형하도록 명령했으나, 처음부터 그를 따르던 사람들은 예수에 대한 애정을 버리지 않았다. 예수가 죽은 지 사흘째 되는 날, 그는 다시 살아나 그들 앞에 나타났다. 이것은 하나님의 예언자들이 이미 예언했던 바, 예수에 대한 많은 불가사의한 일들 중의 하나였다. 오늘날에도 그를 따라 이름을 붙인 족속, 즉 그리스도인이란 족속이 사라지지 않고 여전히 남아 있다."

67 요세푸스 지음, 김지찬 옮김, 앞의 책 654면; 게르트 타이쎈·아네테 메르츠 지음, 앞의 책 112~13면.

68 로마의 그리스도인들은 이미 로마대화재(AD 64) 사건에서 네로 황제의 큰 박해를 받은 바 있다. 따라서 로마인들 중에는 불과 수년 뒤에 로마에 살게 된 요세푸스에게 그리스도인의 실체를 물어보는 이들도 있었을 수 있다고 생각된다. 더구나 로마제국 내에 그리스도인들이 계속 늘어나는 추세에서 1세기 말로 갈수록 역사가인 요세푸스 스스로도 유대인 출신 그리스도에 대해 관심을 갖게 되었을 가능성이 높다고 여겨진다.

69 요세푸스 지음, 김지찬 옮김, 앞의 책 497면.

70 조철수 『예수평전』, 김영사 2010, 116면.

71 플라비우스 요세푸스 지음, 박정수·박찬웅 옮김, 앞의 책 200면. 유대인의 3개 철학집단으로 바리새인, 사두개인, 에세네인을 들어 소개하였다. 한편 요세푸스 지음, 김지찬 옮김, 앞의 책 497~99면에서는 이 3개 철학집단에 갈릴리 유다가 창시한 제4의 철학집단을 덧붙여 말하고 있다.

72 그가 가장 우호적으로 기술하고 있는 것은 에세네파로 보인다. 분량도 많고 긍정적인 점을 많이 부각시키고 있다. 그런데 에세네파도 로마와의 항전에 참여하

여 결국 괴멸되었다.

73 헤로도투스 지음, 박광순 옮김『역사』제1권, 범우사 1987(2009) 23면.

74 게르트 타이쎈·아네테 메르츠 지음, 앞의 책 115면. 역사가 랑케와 하르낙은 그리스도라 하는 예수 기사 중 예수 부활사건 언급은 그리스도인에 의해 삽입된 것으로 보았다 한다. 그런데 요세푸스가 예수 부활사건에 대해 그리스도인들이 전한 내용을 들어 기술했을 가능성도 생각해볼 여지가 있다.

75 같은 책 113면.

76 타키투스 지음, 박광순 옮김『연대기』, 범우사 2005, 675면. "그래서 네로는 이 세간의 소문을 수습하려고 희생양을 만들고 대단히 공이 많이 든 치밀한 벌을 가했다. 그것은 평소부터 꺼림칙한 행위로 세상 사람들이 증오하며 '크리스투스 신봉자'라고 부르는 자들이었다. 이 일파 명칭의 유래가 된 크리스투스라는 자는 티베리우스 치세하에 황제 속리 폰티우스 필라투스에 의해 처형되었다. 그당장은 이 해롭기 짝이 없는 미신이 일시 잠잠해졌지만, 최근에 이르러 다시 이해악의 발상지인 유대에서뿐만이 아니라, 세계에서 마음에 안 드는 파렴치한 것들이 모두 흘러들어오는 이 수도에서조차 극도로 창궐하고 있었다."

제4장 하나님의 아들로 거듭남

1 「마가복음」6:15 "어떤 이는 이가 엘리야라 하고 또 어떤 이는 이가 선지자니 옛 선지자 중의 하나와 같다 하되."

2 「마태복음」11:13 "모든 선지자와 및 율법의 예언한 것이 요한까지니."

3 김명수『하느님과 사람은 둘이 아니다』, 통나무 2013, 126면. 이와 같은 이해에 대해서는 이론도 있다. 권터 보른캄 지음, 강한표 옮김『나사렛 예수』, 대한기독교서회 1973, 45면 참조.

4 무소부재(無所不在)의 전능한 하나님이 예루살렘 성전에만 모셔진다는 것 자체가 모순이 아닐 수 없다. 이는 고대 이스라엘 민족국가 형성과정에서 부득이하게 정치적 의도에 따른 것이다. 이런 신의 속성과 성전 중심 체제라는 이스라엘 종교의 모순적 관계는 오히려 성전을 장악한 세력의 존립기반을 강조하기 위한 지나친 교조화와 율법주의를 가져온 것이 아닐까 하는 생각도 해볼 수 있다.

5 「레위기」1:9 "그 내장과 정갱이를 물로 씻을 것이요 제사장은 그 전부를 단 위에 불살라 번제를 삼을지니 이는 화제라 여호와께 향기로운 냄새니라."

6 그레고리 라일리 지음, 박원일 옮김『하느님의 강』, 한국기독교연구소 2005,

82면.

7 김판임『쿰란공동체와 초기 그리스도교』, 비블리카아카데미아 2008, 261~64면 참조.

8 「마태복음」21:25~27 "요한의 세례가 어디로서 왔느냐 하늘로서냐 사람에게로 서냐 저희가 서로 의논하여 가로되 만일 하늘로서라 하면 어찌하여 저를 믿지 아니하였느냐 할 것이요 만일 사람에게로서라 하면 모든 사람이 요한을 선지자 로 여기니 백성이 무섭다 하여 예수께 대답하여 가로되 우리가 알지 못하노라 하니 예수께서 가라사대 나도 무슨 권세로 이런 일을 하는지 너희에게 이르지 아니하리라." 대제사장들과 백성의 장로들이 요한에 대한 사람들의 신뢰를 두려 워하고 있었음을 보여준다.

9 존 도미닉 크로산 지음, 김준우 옮김『역사적 예수』(개정판), 한국기독교연구소 2012, 377면에 보이는 모턴 스미스(Morton Smith)의 해석.

10 물은 본래 유대 율법에서 부정을 씻는 재료로 여겨졌다. 「레위기」11:25, 28 참 조. 헬레니즘 문화는 민족·종교 간의 포용과 공존을 주요 특성으로 하는바, 유일 신 신앙을 고수하던 유대인들에게 다신 신앙을 옹호하는 헬레니즘의 혼합주의 는 위협적 환경이었다. 이러한 상황은 기원전 2세기부터 두드러져 로마지배하 에서도 지속되었다.

11 요세푸스의『유대전쟁사』에는 로마군의 침략을 막기 위해 예루살렘 성전에 집 결한 유대인들 간에도 계층, 계급 그리고 종교적 이념이나 결사체의 차이에 따 라 날카로운 내부 대립이 강력한 긴장감을 낳고 있음이 잘 묘사되어 있다. 플라 비우스 요세푸스 지음, 박정수·박찬웅 옮김『유대전쟁사』2, 나남 2008.

12 존 도미닉 크로산·조나단 리드 지음, 김기철 옮김『예수의 역사』, 한국기독교연 구소 2010, 317면.

13 같은 책 245면. 물이 매우 부족한 쿰란공동체의 생수를 확보하려는 노력은 유별 했다. 석회암을 파서 만든 수로를 통해 조잡하게 건설된 댐에서 물을 단지 안으 로 끌어왔다. 극심한 더위 속에 물을 저장하기 위한 시설로는 저수조와 12개의 미크바오트(제의용 욕조)가 발굴되었다. 남쪽에 있는 대형 욕조는 아래로 내려 가는 계단 발판이 12개가 넘었으며 2개의 낮은 칸막이를 세워 내려가 씻어야 할 사람과 위로 올라갈 정결해진 자의 접촉을 막았다.

14 요세푸스 지음, 김지찬 옮김『요세푸스 II : 유대고대사』, 생명의말씀사 1987(2013), 517면.

15 「마태복음」3:10 "이미 도끼가 나무뿌리에 놓였으니 좋은 열매 맺지 아니하는

나무마다 찍어 불에 던지우리라."

16 「마태복음」 3:12 "손에 키를 들고 자기의 타작 마당을 정하게 하사 알곡은 모아 곡간에 들이고 쭉정이는 꺼지지 않는 불에 태우시리라" 참조. 세례 요한이 예수의 심판주로서의 역할을 예언하는 구절이나, 내용으로 보아 예수의 종말관과는 무관하며 세례 요한 등 유대인들이 가졌던 관념일 가능성이 높다고 여겨진다.

17 요세푸스 지음, 김지찬 옮김, 앞의 책 517면.

18 「마가복음」 1:9;「마태복음」 3:16;「누가복음」 3:21;「요한복음」 1:31.

19 세례 요한의 제자였다가 예수의 제자가 된 사람이 두명이라는 기록도 있다. 「요한복음」 1:37.

20 「이사야」 40:3;「말라기」 3:1, 4:5.

21 「마태복음」 11:14. 단 「누가복음」은 이것을 이 구절에서 전하지 않고 있으며 오히려 요한 탄생설화에서 "저가 또 엘리야의 심령과 능력으로 주 앞에 앞서가서" 라고 윤문하여 전하고 있다(1:17). 「요한복음」은 그가 오도록 예언된 엘리야도 아닌 것으로 기술하고 있다(1:21). 「요한복음」 편집자는 예수와 대비해 세례 요한을 매우 낮게 보는데 그 의도성이 잘 드러난 사례이다.

22 「요한복음」 3:22;「사도행전」 8:38.

23 「말라기」 4:5 "보라 여호와의 크고 두려운 날이 이르기 전에 내가 선지 엘리야를 너희에게 보내리니."

24 「스가랴」 4:6 "그가 내게 일러 가로되 여호와께서 스룹바벨에게 하신 말씀이 이러하니라 만군의 여호와께서 말씀하시되 이는 힘으로 되지 아니하며 능으로 되지 아니하고 오직 나의 신으로 되느니라." 김판임, 앞의 책 2008, 124면;「이사야」 61:1 참조.

25 예수가 죄 사함을 위한 세례를 받을 수 있는지 하는 의문은 초기 그리스도인들도 가지고 있었음을 외경의 내용에서 확인할 수 있다. 「나자렛파 복음」, 송혜경 역주 『신약 외경』 상권, 한님성서연구소 2009(2011) 293~94면. "주님의 어머니와 형제들이 그분께 말하였다. '세례자 요한이 죄의 사면을 위한 세례를 베풀고 있습니다. 우리도 가서 세례를 받읍시다.' 그러자 그분께서 말씀하셨다. '그에게 가서 세례를 받아야 한다니 내가 무슨 죄를 지었단 말이오? 혹 내가 한 말 중에 모르고 (지은 죄가) 있는 게 아니라면 말이오'."

26 요세푸스 지음, 김지찬 옮김, 앞의 책 96~99면.

27 같은 책 505~06면.

28 표준새번역 개정판 『성경전서』, 대한성서공회 2003;「마태복음」 11:12 참조.

29 『성경: 신약성경』, 한국천주교중앙협의회 2005(2011) 25, 178면.

30 「마태복음」 23:13, 11:16~19 비유 참조. 정양모 『마태오 복음서』, 분도출판사 1990(2009) 107면.

31 아돌프 하르낙 지음, 윤성범 옮김 『기독교의 본질』, 삼성문화재단 1975, 40면. 예수는 비상한 긴장 가운데 있으면서도 이전의 예언자가 가지지 못했던 내적 자유와 영혼의 쾌활을 보여주었다고 하였다.

32 같은 내용은 「누가복음」 7:22. 「이사야」 61:1~2 "주 여호와의 신이 내게 임하셨으니 이는 여호와께서 내게 기름을 부으사 가난한 자에게 아름다운 소식을 전하게 하려 하심이라 나를 보내사 마음이 상한 자를 고치며 포로 된 자에게 자유를, 갇힌 자에게 놓임을 전파하며 여호와의 은혜의 해와 우리 하나님의 신원의 날을 전파하여 모든 슬픈 자를 위로하되" 참조.

33 이 사단의 시험이 세례 후 곧바로 있었는지 약간의 세월이 경과한 후에 있었는지는 단정할 수 없다. 아마도 세례 후 초기에는 받은 은혜에 취해 세례 요한을 따라다니며 심판과 회개 촉구를 외치다가, 사랑과 은총의 하나님에 대한 자신의 깨달음에 확신을 더하게 되면서 마침내 사단의 시험과정을 겪어내고 자기만의 새로운 하나님 나라 복음 전파에 나섰을 듯하다. 요한이 예수를 제자처럼 보는 태도나 예수가 요한을 높이 평가하고 있음을 볼 때, 이같은 가능성이 없지 않다는 생각이다.

34 귀신의 왕이랄 수 있는 악마 사단은 구약성경 「욥기」 등에 모습을 드러낸 이래 복음서에까지 그 존재를 드러내고 있다. 그런데 복음서에서 많은 귀신이 예수에 의해 쫓겨나고 광야에서의 예수 시험이 악마에 의해 이루어진 것으로 말해지지만, 그의 존재가 끈덕지거나 두렵게 느껴지지 않음에 유의할 점이 있다. 예수는 본래 전능한 창조주 하나님에 대한 절대적 신뢰를 가지고 있었기에 사단이나 그 졸개에 불과한 귀신들을 전혀 두려워하지 않고 가볍게 처리한 듯 묘사되어 있다. 그에 비해 그의 제자들은 축귀에 실패하는 등 고생한 흔적이 보인다(「마가복음」 9:18). 적어도 하나님의 아들을 자부한 예수는 악마나 귀신을 장애로 여기지 않았던 것이다. 의미심장한 것은 그의 십자가 죽음조차 사단의 술수와는 무관하게 그려지고 있다는 것이다. 사단은 가룟 유다의 역할에 개입한 것으로 「누가복음」에만 언급되어 있는데(22:3) 그것은 십자가 부활사건에서는 지엽말단의 일로 여겨진다. 예수가 이스라엘의 전통신앙에 굳건히 서 있었던 증거로 볼 수 있다.

35 J. 예레미아스 지음, 허혁 옮김 『예수의 비유』, 분도출판사 1974(2011) 118,

119면. 광야에서의 세가지 시험의 주제는 잘못된 메시아 대망의 극복으로 보고 있다.

36 「이사야」 34:8 "이것은 여호와의 보수(복수)할 날이요 시온의 송사를 위하여 신원하실 해라." 「나훔」 1:2 "여호와는 투기하시며 보복하시는 하나님이시니라 여호와는 보복하시며 진노하시되 자기를 거스르는 자에게 보복하시며 자기를 대적하는 자에게 진노를 품으시며."

37 「미가」 6:8; 「이사야」 61:8; 「스바냐」 3:5; 「말라기」 2:17.

38 「이사야」 56:7 "내가 그를 나의 성산으로 인도하여 기도하는 내 집에서 그들을 기쁘게 할 것이며 그들의 번제와 희생은 나의 단에서 기꺼이 받게 되리니 이는 내 집은 만민의 기도하는 집이라 일컬음이 될 것임이라."

39 「마가복음」 2:22 "새 포도주를 낡은 가죽 부대에 넣는 자가 없나니 만일 그렇게 하면 새 포도주가 부대를 터뜨려 포도주와 부대를 버리게 되리라 오직 새 포도주는 새 부대에 넣느니라 하시니라." 병행 「마태복음」 9:17; 「누가복음」 5:37.

40 「이사야」 42:1~13 "1. 내가 붙드는 나의 종, 내 마음에 기뻐하는 나의 택한 사람을 보라 내가 나의 신을 그에게 주었은즉 그가 이방에 공의를 베풀리라 2. 그는 외치지 아니하며 목소리를 높이지 아니하며 그 소리로 거리에 들리게 아니하며 3. 상한 갈대를 꺾지 아니하며 꺼져가는 등불을 끄지 아니하고 진리로 공의를 베풀 것이며 4. 그는 쇠하지 아니하며 낙담하지 아니하고 세상에 공의를 세우기에 이르리니 섬들이 그 교훈을 앙망하리라 5. 하늘을 창조하여 펴시고 땅과 그 소산을 베푸시며 땅 위의 백성에게 호흡을 주시며 땅에 행하는 자에게 신을 주시는 하나님 여호와께서 이같이 말씀하시되 6. 나 여호와가 의로 너를 불렀은즉 내가 네 손을 잡아 너를 보호하며 너를 세워 백성의 언약과 이방의 빛이 되게 하리니 7. 네가 소경의 눈을 밝히며 갇힌 자를 옥에서 이끌어 내며 흑암에 처한 자를 간에서 나오게 하리라 8. 나는 여호와니 이는 내 이름이라 나는 내 영광을 다른 자에게, 내 찬송을 우상에게 주지 아니하리라 9. 보라 전에 예언한 일이 이미 이루었느니라 이제 내가 새 일을 고하노라 그 일이 시작되기 전이라도 너희에게 이르노라 10. 항해하는 자와 바다 가운데 만물과 섬들과 그 거민들아 여호와께 새 노래로 노래하며 땅 끝에서부터 찬송하라 11. 광야와 거기 있는 성읍들과 게달 사람의 거하는 촌락들은 소리를 높이라 셀라의 거민들은 노래하며 산꼭대기에서 즐거이 부르라 12. 여호와께 영광을 돌리며 섬들 중에서 그의 찬송을 선전할지어다 13. 여호와께서 용사같이 나가시며 전사같이 분발하여 외쳐 크게 부르시며 그 대적을 크게 치시리로다."

41 제2 이사야에 대해서는 J. B. 노스 지음, 윤이흠 옮김 『세계종교사』상, 현음사 1986, 253~57면 참조.

42 「마태복음」 11:29 "나는 마음이 온유하고 겸손하니 나의 멍에를 메고 내게 배우라 그러면 너희 마음이 쉼을 얻으리니."

43 「이사야」 61:1~11 "1. 주 여호와의 신이 내게 임하셨으니 이는 여호와께서 내게 기름을 부으사 가난한 자에게 아름다운 소식을 전하게 하려 하심이라 나를 보내사 마음이 상한 자를 고치며 포로된 자에게 자유를, 갇힌 자에게 놓임을 전파하며 2. 여호와의 은혜의 해와 우리 하나님의 신원의 날을 전파하여 모든 슬픈 자를 위로하되 3. 무릇 시온에서 슬퍼하는 자에게 화관을 주어 그 재를 대신하며 희락의 기름으로 그 슬픔을 대신하며 찬송의 옷으로 그 근심을 대신하시고 그들로 의의 나무 곧 여호와의 심으신바 그 영광을 나타낼 자라 일컬음을 얻게 하려 하심이니라 4. 그들은 오래 황폐하였던 곳을 다시 쌓을 것이며 예로부터 무너진 곳을 다시 일으킬 것이며 황폐한 성읍 곧 대대로 무너져 있던 것들을 중수할 것이며 5. 외인은 서서 너희 양떼를 칠 것이요 이방 사람은 너희 농부와 포도원지기가 될 것이나 6. 오직 너희는 여호와의 제사장이라 일컬음을 얻을 것이라 사람들이 너희를 우리 하나님의 봉사자라 할 것이며 너희가 열방의 재물을 먹으며 그들의 영광을 얻어 자랑할 것이며 7. 너희가 수치 대신에 배나 얻으며 능욕 대신에 분깃을 인하여 즐거워할 것이라 그리하여 고토에서 배나 얻고 영영한 기쁨이 있으리라 8. 대저 나 여호와는 공의를 사랑하며 불의의 상탈을 미워하여 성실히 그들에게 갚아 주고 그들과 영영한 언약을 세울 것이라 9. 그 자손을 열방 중에, 그 후손을 만민 중에 알리리니 무릇 이를 보는 자가 그들은 여호와께 복 받은 자손이라 인정하리라 10. 내가 여호와로 인하여 크게 기뻐하며 내 영혼이 나의 하나님으로 인하여 즐거워하리니 이는 그가 구원의 옷으로 내게 입히시며 의의 겉옷으로 내게 더하심이 신랑이 사모를 쓰며 신부가 자기 보물로 단장함 같게 하셨음이라 11. 땅이 싹을 내며 동산이 거기 뿌린 것을 움돋게 함 같이 주 여호와께서 의와 찬송을 열방 앞에 발생하게 하시리라."

44 「이사야」 52:13~53:12 "13. 여호와께서 가라사대 보라 내 종이 형통하리니 받들어 높이 들려서 지극히 존귀하게 되리라 14. 이왕에는 그 얼굴이 타인보다 상하였고 그 모양이 인생보다 상하였으므로 무리가 그를 보고 놀랐거니와 15. 후에는 그가 열방을 놀랠 것이며 열왕은 그를 인하여 입을 봉하리니 이는 그들이 아직 전파되지 않은 것을 볼 것이요 아직 듣지 못한 것을 깨달을 것임이라 하시니라 1. 우리의 전한 것을 누가 믿었느뇨. 여호와의 팔이 뉘게 나타났느뇨 2. 그

는 주 앞에서 자라나기를 연한 순 같고 마른 땅에서 나온 줄기 같아서 고운 모양도 없고 풍채도 없은즉 우리의 보기에 흠모할만한 아름다운 것이 없도다 3. 그는 멸시를 받아서 사람에게 싫어 버린 바 되었으며 간고를 많이 겪었으며 질고를 아는 자라 마치 사람들에게 얼굴을 가리우고 보지 않음을 받는 자 같아서 멸시를 당하였고 우리도 그를 귀히 여기지 아니하였도다 4. 그는 실로 우리의 질고를 지고 우리의 슬픔을 당하였거늘 우리는 생각하기를 그는 징벌을 받아서 하나님에게 맞으며 고난을 당한다 하였노라 5. 그가 찔림은 우리의 허물을 인함이요 그가 상함은 우리의 죄악을 인함이라 그가 징계를 받음으로 우리가 평화를 누리고 그가 채찍에 맞음으로 우리가 나음을 입었도다 6. 우리는 다 양 같아서 그릇행하여 각기 제 길로 갔거늘 여호와께서는 우리 무리의 죄악을 그에게 담당시키셨도다 7. 그가 곤욕을 당하여 괴로울 때에도 그 입을 열지 아니하였음이여 마치 도수장으로 끌려가는 어린 양과 털 깎는 자 앞에 잠잠한 양 같이 그 입을 열지 아니하였도다 8. 그가 곤욕과 심문을 당하고 끌려갔으니 그 세대 중에 누가 생각하기를 그가 산 자의 땅에서 끊어짐은 마땅히 형벌 받을 내 백성의 허물을 인함이라 하였으리요 9. 그는 강포를 행치 아니하였고 그 입에 궤사가 없었으나 그 무덤이 악인과 함께 되었으며 그 묘실이 부자와 함께 되었도다 10. 여호와께서 그로 상함을 받게 하시기를 원하사 질고를 당케 하셨은즉 그 영혼을 속건제물로 드리기에 이르면 그가 그 씨를 보게 되며 그 날은 길 것이요 또 그의 손으로 여호와의 뜻을 성취하리로다 11. 가라사대 그가 자기 영혼의 수고한 것을 보고 만족히 여길 것이라 나의 의로운 종이 자기 지식으로 많은 사람을 의롭게 하며 또 그들의 죄악을 친히 담당하리라 12. 이러므로 내가 그로 존귀한 자와 함께 분깃을 얻게 하며 강한 자와 함께 탈취한 것을 나누게 하리니 이는 그가 자기 영혼을 버려 사망에 이르게 하며 범죄자 중 하나로 헤아림을 입었음이라 그러나 실상은 그가 많은 사람의 죄를 지며 범죄자를 위하여 기도하였느니라 하시니라." 예언자 시인(제2 이사야)은 이스라엘 민족의 고난이 지나칠 만큼 컸다고 보는 편이며(40:2) 이는 이스라엘에 이방 많은 민족들을 의의 길로 인도하기 위한 속건제물의 역할이 있었기에 그러했다고 노래한다. 시인은 자기 민족의 역할을 합리화하고 있는 것이다. 여기서 타자를 위한 희생양, 대속제물로서의 야훼의 종이 형상화되며(52:13~53:12) 예수 추종자들은 이 노래의 희생양이 예수이며 그의 고난과 죽음이 이러한 성경의 예언을 이룬 것이라고 보았던 것이다. J. B. 노스 지음, 윤이흠 옮김, 앞의 책 255면에는 제2 이사야가 쓴 이 '고통받는 종'의 노래를 지금까지 쓰인 것 가운데 가장 위대한 종교시라고 하였다.

45 「이사야」 45:4 "내가 나의 종 야곱, 나의 택한 이스라엘을 위하여 너를 지명하여 불렀나니 너는 나를 알지 못하였을지라도 나는 네게 칭호를 주었노라." 여기서 '너'는 페르시아의 고레스왕이다(「이사야」 45:1).

46 존 도미닉 크로산·조나단 리드 지음, 김기철 옮김, 앞의 책 62~63면. 예수의 고향 나사렛은 갈릴리의 작은 마을로 기원전 2세기 하스몬왕조 시절에 거의 무주 상태의 이 지역에 이주해온 유대인의 후손들이 살던 곳이며, 곡류와 올리브, 포도 재배에 적합한 비옥한 토질을 가진 농촌이었다. 약 6km 떨어진 곳에는 예수 생애 중 분봉왕 헤롯 안티파스가 대대적으로 재건한 갈릴리에서 가장 큰 헬라식 도시인 세포리스가 있어 갈릴리 속주의 수도로 기능하였다. 세포리스는 북쪽의 베이트 네토파(Beit Netofa) 골짜기를 통해 역시 헤롯 안티파스가 뒤이어 건설한 갈릴리 호숫가의 헬라식 도시 티베리아스와 지중해변의 도시 프톨레마이오스를 연결하는 교통과 군사·경제상의 요지였다. 예수 당시의 나사렛은 약 1시간 반이면 걸어갈 수 있었던 이 도시의 영향하에 있었다.

47 요세푸스 지음, 김지찬 옮김 『요세푸스 IV : 플라비우스 요세푸스의 자서전』, 생명의말씀사 1987(2012) 10~11면에 의하면, 제사장 가문이자 귀족 출신인 요세푸스(37~100년경)는 14세에 이미 율법 지식으로 저명하였으며, 16세 때에는 바리새파, 사두개파, 에세네파의 세 종파 중에 무엇이 가장 좋은 종파인지 알기 위해 여러 난관을 극복하며 모두를 경험했다고 하였다. 그러고도 만족할 수 없어서, 거친 옷을 입고 거친 음식을 먹으며 순결을 유지하기 위해 밤낮으로 자주 목욕을 하는 바누스란 사람을 따라서 3년간 함께 광야에서 생활하였다 한다. 19세에 도시(예루살렘)로 돌아온 후 스토아학파와 유사하다고 말하는 바리새파의 원리를 따라 행동하기 시작했다고 한다.

48 와타나베 쇼코 지음, 법정 옮김 『불타 석가모니』, 문학의숲 2010, 89, 180면.

49 「마태복음」 13:53~58; 「누가복음」 4:16~30 참조.

50 「요한복음」 2:4 "예수께서 가라사대 여자여 나와 무슨 상관이 있나이까 내 때가 아직 이르지 못하였나이다."

51 에르네스트 르낭 지음, 최명관 옮김 『예수의 생애』, 창 2010, 119면 참조. 예수의 독특한 성격은 일찍부터 드러났다고 하였다. 전하는 이야기지만 예수는 어릴 적부터 부모의 권위에 항거했으며, 한 사상에 열중하는 사람이 그렇듯이 혈연관계를 대수롭게 여기지 않았다고 보았다.

52 「누가복음」 12:27; 「마태복음」 10:29.

53 「마가복음」은 12제자를 나열하며 맨 마지막 가룟 유다의 바로 앞에 '가나안인

446

시몬'을(3:18) 말하고 있다. 뒤에 「마태복음」 역시 가룟 유다 앞에 '가나안인 시몬'을 전한다(10:4). 그런데 「누가복음」(6:15)과 「사도행전」(1:13)은 '젤롯인 시몬'으로 밝혀 적고 있다. 「마가복음」 저자는 유대전쟁 직후의 상황에서 로마인들을 의식하여 유대의 반란을 통해 그들의 귀에 불쾌하고 위험한 존재로 여겨질 수 있었던 젤롯을 피하고, 젤롯을 이해하기 어렵게 지칭하는 아람어로 가나안인이라고 칭하면서도 다른 경우와 달리 그 아람어의 의미를 설명하지 않았다고 보기도 한다(S. G. F. Brandon, *Jesus and the Zealots*, Manchester : Manchester University Press 1967, pp. 244-245). 그런데 본래 갈릴리 출신들인 다른 제자들, 특히 동명이인인 시몬(베드로)과 구분하기 위해 그렇게 불리거나 복음서 저술에 이용한 원자료에 이미 그렇게 되어 있었을 가능성도 배제할 수 없다. 아울러 유대문화나 팔레스타인 지리 등에 미숙한 이해를 보이고 있는 「마가복음」 저자가, 구약시대 이래 지중해 세계에 널리 알려진 가나안을 지방명으로 이해하고 넘겼는데, 헬라어 등 언어 실력이 뛰어난 「누가복음」의 저자에 이르러 그 의미를 알아차려 밝혔다고 볼 수도 있을 듯하다. 예수의 제자 가운데 젤롯이 있었던 점이 그처럼 「마가복음」 저자에게 의식되었다면 젤롯을 뜻하는 가나안인이란 표현조차 쓰지 않았을 가능성이 크지 않을까 생각된다. 아울러 「마가복음」이 로마를 의식하고 있지만 유대 대제사장과 로마 총독의 협조 속에 예수가 유대인의 왕으로 메시아로서 처형된 사실 자체를 싣고 있음을 유의해야 할 것이다. 「마가복음」은 예수신앙공동체원들을 대상으로 저술되었으며, 로마제국이 가해올 위험을 염려하고 의식하면서도 거기에 결코 굴복하지 않았고, 죽음조차 이긴 하나님의 아들 예수를 신앙적으로 확신하고 선포하고 있음도 유념해야 할 것이다. 한편, 예수의 제자 가운데 젤롯 출신이 있는 것은, 그가 새로운 방향으로 노선을 전환하면서도 예수를 정치적 메시아로 기대한 것으로도 볼 만하다.

54 김득중『주요 주제를 통해서 본 복음서들의 신학』, 한들출판사 317~50면. 역사적 예수는 젤롯당의 지도자였으며 복음서들이 그를 평화의 그리스도로 바꾸었다고 보고 있다. 신앙의 대상인 예수와 역사적 예수를 구분해 보아야 할 것을 피력하기도 하였다(349면). 그런데 역사적 예수를 젤롯의 지도자로 보는 것은 지나치다고 여겨진다. 오히려 그가 청년시절 일시적으로 젤롯에 관심을 가졌을 가능성 정도를 생각해보는 것이 실상에 가까울 것이다. 예수가 추구하고 가르친 원수 사랑, 로마 황제 가이사에 대한 납세 옹호, 메시아운동 거부, 비폭력저항 등은 젤롯당과는 확고하게 다른 입장에 서 있었음을 보여준다. 복음서에 젤롯과 연관하여 해석할 만한 구절들이 보이는 것은, 당시 유대인들이라면 대다수가 가

졌던 반로마적 정서가 반영된 다양한 복음서 원자료의 성격에서 유래한 면이 있을 것이다. 반로마 정서는 유대인인 예수는 물론 제자들과 대다수 추종자들도 어느정도 공유하던 것이다. 이러한 자료들을 어떤 의도성을 가지고 해석하면 다른 가능성을 제시할 수 있다. 따라서 이러한 복음서 자료들은 예수의 사상이나 행동 전반에 비추어 그 의미를 해석해야 할 것이다. 기본적으로 폭력을 불사했을 젤롯당 지도자가 변변치 못한 추종자들에 의해 극히 단기간 내에 하늘의 지혜를 선포하는 평화의 화신으로 변하게 되었다는 이해는 역사학 전공자로서는 받아들이기 어렵다.

한편, 젤롯당 출신을 제자로 받아들인 것은 오히려 예수가 현실정치와 거리를 두고 있었고 스스로 젤롯과 전혀 무관했기 때문에 가능했을 수도 있으며, 예루살렘 성전 숙정(폐쇄)사건도 다수 패거리의 힘을 이용한 성전 공격사건(같은 책 329면)이라기보다 예수를 비롯한 소수가 갑자기 연출한 퍼포먼스 정도로 보는 것이 타당할 것이다. 만약 다수의 힘으로 공격적으로 성전 안으로 진입하여 이 사건을 야기했다면, 성전 내 병사나 성전을 내다보는 위치의 안토니아 요새에 주둔하던 로마군이 즉각 출동하여 예수 일행을 폭력적으로 제압했을 것이다.

55 「마가복음」 12:13~17. 이에 대해 예수는 로마의 은화인 데나리온 하나를 가져오게 하여 확인시키며 매우 적극적으로 대답하였다. 이에 대해서는 본서 제5장에서 후술하겠다.

56 게르트 타이쎈·아네테 메르츠 지음, 손성현 옮김 『역사적 예수』, 다산글방 2001(2010) 216~27면. 예수와 유대교 기존 종파들과 여타 갱신운동과의 관계를 요약적으로 분석하였다. 에세네파는 예수와 달리 토라를 강화하고 있으며, 사두개파는 부활을 믿지 않았고, 바리새파는 예수와 가까운 편이나 배타적인 소극적 정결사상에 머물고 있었다. 이에 비해 예수는 토라를 완화하고 죽은 자의 부활을 믿으며 외래의 감염을 두려워하지 않는 적극적인 정결사상을 가졌다고 보았다. 아울러 갈릴리 유다 등의 1세기 유대교 내의 갱신운동도 이스라엘의 승리를 염원하고 유대적 규범을 강화하며 하층 민중과 유리되어 있고 군사적 대립을 불사한 데 비해, 예수는 이방인의 차별의식을 거부하고 규범들을 완화했으며 민중에 대해 의도적 관심을 보이는 등 열린 형태를 보이는 차이가 있다고 하였다.

한편 김판임, 앞의 책 234~57면은 예수와 에세네파 쿰란공동체의 사상을 구체적으로 대비하였는데, 결론적으로 예수에게만 보이는 현재적 하나님 나라의 핵심 종말론 등에서 큰 차이가 있어서 차별성이 더 두드러진 것으로 보았다.

57 요세푸스 지음, 김지찬 옮김 『요세푸스 Ⅱ: 유대고대사』 20권 8장, 앞의 책

651면. 예수 생애보다 조금 뒤의 일인데, 대제사장들의 수탈에 가난한 제사장들은 굶어 죽었다는 소문이 떠돌기도 했다고 한다. 아그리파 2세가 60년경 대제사장에 임명한 파비의 아들 이스마엘 때에, 대제사장들은 종들을 타작마당에 보내 지위가 낮은 제사장들이 차지할 소출의 1/10을 강탈하는 추악한 일을 하여 그같은 풍문이 나돌았다고 하였다. 예수가 살았던 약 30년 전의 상황을 유추하는 데도 참고할 만하다.

58 「에스겔」 36:25~27 "맑은 물로 너희에게 뿌려서 너희로 정결케 하되 곧 너희 모든 더러운 것에서와 모든 우상을 섬김에서 너희를 정결케 할 것이며 또 새 영을 너희 속에 두고 새 마음을 너희에게 주되 너희 육신에서 굳은 마음을 제하고 부드러운 마음을 줄 것이며 또 내 신을 너희 속에 두어 너희로 내 율례를 행하게 하리니 너희가 내 규례를 지켜 행할지라."

59 「에스겔」 1:1 "제 삼십년 사월 오일에 내가 그발강 가 사로잡힌 자 중에 있더니 하늘이 열리며 하나님의 이상을 내게 보이시니."

60 윌리엄 제임스, 김재영 옮김 『종교적 경험의 다양성』, 한길사 2000, 505면. 신비적 상태에서 우리는 절대적 존재와 더불어 하나가 되며 우리의 하나됨을 깨닫게 된다고 한다.

61 루돌프 옷토 지음, 길희성 옮김 『성스러움의 의미』, 분도출판사 1987(2013) 155면. 예수는 그 거룩한 자 하나님이 하늘에 계신 '아버지'라는 사실을 발견하였으며 이것이 그의 가르침의 기조를 이루고 있다고 하였다.

　김명수 『역사적 예수의 생애』, 한국신학연구소 2004, 138면. 이러한 신비체험을 통해 예수는 '하나님의 아들'됨을 자각하고 출가하여 민중 구원을 위한 공생애를 시작했다고 하였다.

　미르치아 엘리아데 지음, 최종성·김재현 옮김 『세계종교사상사』 2, 이학사 2005(2014) 353면. 예수가 왜 세례를 받기로 선택했는지는 알려져 있지 않으나 세례를 통해 그에게 메시아로서의 존엄성이 주어졌다는 것은 분명하다고 하였다.

　귄터 보른캄 지음, 강한표 옮김, 앞의 책 52면. 세례가 중요한 의의를 가진 사건이었음은 아무도 부인할 수 없다고 하였다.

　요아킴 예레미아스 지음, 정충하 옮김 『신약 신학』, 크리스천다이제스트 2009(2012) 94면. 대제사장 등에 대해 성전에서 자신의 권위의 근거로 요한의 세례를 들었던(「마가복음」 11:27~31) 사실을 지적하며, 예수는 세례를 통해 성령의 손 안에 있게 되었고 자신의 소명을 체험하였다고 하였다.

62 윌리엄 제임스, 앞의 책 462~63면. 신비한 종교적 경험의 네가지 특징으로 형언

불능성, 순이지적 특성, 일시성, 수동성을 들고 있다.

63 성령에 의해 창조주의 아들로 거듭 태어났다는 인식은 이후 예수 성령 수태 탄생설화에 영향을 주었을 가능성이 있다. 신에 의한 수태는 이스라엘의 전통신앙에는 보이지 않는다.

「누가복음」 1:28 "그에게 들어가 가로되 은혜를 받은 자여 평안할지어다 주께서 너와 함께하시도다 하니." 「마태복음」 1:18 "예수 그리스도의 나심은 이러하니라 그 모친 마리아가 요셉과 정혼하고 동거하기 전에 성령으로 잉태된 것이 나타나더니."

64 루돌프 옷토, 앞의 책 39면.

65 같은 책 43면. '피조물적 감정'은 모든 피조물을 초월하는 자를 대할 때 자신의 '무'(無) 속으로 함몰되어 사라져버리는, 피조물이 느끼는 감정을 말한다고 하였다.

66 「에스겔」 1:1~28 "1. 제 삼십년 사월 오일에 내가 그발강 가 사로잡힌 자 중에 있더니 하늘이 열리며 하나님의 이상을 내게 보이시니 2. 여호야긴왕의 사로잡힌 지 오년 그달 오일이라 3. 갈대아 땅 그발강 가에서 여호와의 말씀이 부시의 아들 제사장 나 에스겔에게 특별히 임하고 여호와의 권능이 내 위에 있으니라 4. 내가 보니 북방에서부터 폭풍과 큰 구름이 오는데 그 속에서 불이 번쩍번쩍하여 빛이 그 사면에 비추며 그 불 가운데 단쇠 같은 것이 나타나 보이고 5. 그 속에서 네 생물의 형상이 나타나는데 그 모양이 이러하니 사람의 형상이라 6. 각각 네 얼굴과 네 날개가 있고 7. 그 다리는 곧고 그 발바닥은 송아지 발바닥 같고 마광한 구리 같이 빛나며 8. 그 사면 날개 밑에는 각각 사람의 손이 있더라 그 네 생물의 얼굴과 날개가 이러하니 9. 날개는 다 서로 연하였으며 행할 때에는 돌이키지 아니하고 일제히 앞으로 곧게 행하며 10. 그 얼굴들의 모양은 넷의 앞은 사람의 얼굴이요 넷의 우편은 사자의 얼굴이요 넷의 좌편은 소의 얼굴이요 넷의 뒤는 독수리의 얼굴이니 11. 그 얼굴은 이러하며 그 날개는 들어 펴서 각기 둘씩 서로 연하였고 또 둘은 몸을 가리웠으며 12. 신이 어느 편으로 가려면 그 생물들이 그대로 가되 돌이키지 아니하고 일제히 앞으로 곧게 행하며 13. 또 생물의 모양은 숯불과 횃불 모양 같은데 그 불이 그 생물 사이에서 오르락내리락하며 그 불은 광채가 있고 그 가운데서는 번개가 나며 14. 그 생물의 왕래가 번개같이 빠르더라 15. 내가 그 생물을 본즉 그 생물 곁 땅 위에 바퀴가 있는데 그 네 얼굴을 따라 하나씩 있고 16. 그 바퀴의 형상과 그 구조는 넷이 한결같은데 황옥 같고 그 형상과 구조는 바퀴 안에 바퀴가 있는 것 같으며 17. 행할 때에는 사방으로 향

한 대로 돌이키지 않고 행하며 18. 그 둘레는 높고 무서우며 그 네 둘레로 돌아가면서 눈이 가득하며 19. 생물이 행할 때에 바퀴도 그 곁에서 행하고 생물이 땅에서 들릴 때에 바퀴도 들려서 20. 어디든지 신이 가려 하면 생물도 신의 가려 하는 곳으로 가고 바퀴도 그 곁에서 들리니 이는 생물의 신이 그 바퀴 가운데 있음이라 21. 저들이 행하면 이들도 행하고 저들이 그치면 이들도 그치고 저들이 땅에서 들릴 때에는 이들도 그 곁에서 들리니 이는 생물의 신이 그 바퀴 가운데 있음이더라 22. 그 생물의 머리 위에는 수정 같은 궁창의 형상이 펴 있어 보기에 심히 두려우며 23. 그 궁창 밑에 생물들의 날개가 서로 향하여 펴 있는데 이 생물은 두 날개로 몸을 가리웠고 저 생물도 두 날개로 몸을 가리웠으며 24. 생물들이 행할 때에 내가 그 날개 소리를 들은즉 많은 물소리와도 같으며 전능자의 음성과도 같으며 떠드는 소리 곧 군대의 소리와도 같더니 그 생물이 설 때에 그 날개를 드리우더라 25. 그 머리 위에 있는 궁창 위에서부터 음성이 나더라 그 생물이 설 때에 그 날개를 드리우더라 26. 그 머리 위에 있는 궁창 위에 보좌의 형상이 있는데 그 모양이 남보석 같고 그 보좌의 형상 위에 한 형상이 있어 사람의 모양 같더라 27. 내가 본즉 그 허리 이상의 모양은 단 쇠 같아서 그 속과 주위가 불 같고 그 허리 이하의 모양도 불 같아서 사면으로 광채가 나며 28. 그 사면 광채의 모양은 비 오는 날 구름에 있는 무지개 같으니 이는 여호와의 영광의 형상의 모양이라 내가 보고 곧 엎드리어 그 말씀하시는 자의 음성을 들으니라."

그런데, 진정 거룩한 절대자를 만난 자라면 이와 같이 자세한 묘사는 불가능할 것으로, 이는 신화적 사고를 가진 자의 윤문 가필일 것이다. 26절에서 하나님을 보좌에 앉은 '사람 같은 형상'이라고 하였는데 신인동형론이나 「창세기」 1:27 하나님의 형상을 따라 사람을 창조하셨다는 묘사의 역방향 추론의 결과임을 보여준다. 바울도 하늘에 간 경험을 간접적으로 말하면서 '말할 수 없는 말'을 들었다고 했을 뿐이며(「고린도후서」 12:4) 예수도 성령 강림의 환상적 느낌만을 언급하고 만 것과 비교된다. 피조물이 창조주의 영광을 보았다면 묘사하기 어려울 만큼 놀랍고 심지어 두려운 경험일 것인즉 바울이나 예수의 진술이 상대적으로 진실일 가능성이 더 높다.

67 「다니엘」 12:4 "다니엘아 마지막 때까지 이 말을 간수하고 이 글을 봉함하라 많은 사람이 빨리 왕래하며 지식이 더하리라."

68 윌리엄 제임스, 앞의 책 485, 486면의 각주 21). 신비적 통찰을 얻기 위한 수련으로 잘 알려진 요가의 수행자는 수행을 통해 자신의 생각과 몸을 지배하여 어떤 '인물'이 된다고 한다. 충동과 성벽을 자신의 의지에 복종시키고 그 의지를 선의

이상에 고정시킴으로써 그는 다른 사람에게 영향을 받지 않는 인격이 된다는 것이다. 그러므로 그는 일반적으로 무당이나 영매라고 상상하는 것과는 정반대가 된다. 예수의 경험을 요가 수행자와 같이 볼 수는 없겠으나, 하나님과의 일치 체험 이후 가족이나 타인 등의 인격으로부터 영향을 받지 않은 면에서 이같은 이해는 참조할 만한 면이 있다.

69 「출애굽기」 3:1~14, 19:16~25.

70 「출애굽기」 4:12~14 "이제 가라 내가 네 입과 함께 있어서 할 말을 가르치리라 모세가 가로되 주여 보낼 만한 자를 보내소서 여호와께서 모세를 향하여 노를 발하시고 가라사대 레위 사람 네 형 아론이 있지 아니하뇨 그의 말 잘함을 내가 아노라 그가 너를 만나러 나오나니 그가 너를 볼 때에 마음에 기뻐할 것이라."

71 필자는 모세가 역사적으로 실재한 인물일 가능성에 회의적이다. 예수의 하나님 만남과 모세의 경험은 같은 수준의 것일 텐데 전해진 양자의 상황 차이가 큰 것을 주목할 필요가 있다. 모세의 경우, 그 체험을 말하거나 생각해낸 구약시대 이스라엘 지성들이 그러한 대경험을 실제로 알지 못한 상태에서 추정하여 묘사한 결과일 가능성이 있다.

72 「마가복음」 8:33 "예수께서 돌이키사 제자들을 보시며 베드로를 꾸짖어 가라사대 사단아 내 뒤로 물러가라 네가 하나님의 일을 생각지 아니하고 도리어 사람의 일을 생각하는도다 하시고." 「요한복음」 12:49 "내가 내 자의로 말한 것이 아니요 나를 보내신 아버지께서 나의 말할 것과 이를 것을 친히 명령하여 주셨으니."

73 「마가복음」 1:22 "뭇사람이 그의 교훈에 놀라니 이는 그 가르치는 것이 권세 있는 자와 같고 서기관들과 같지 아니함일러라."

74 「요한복음」 5:17~18 "예수께서 저희에게 이르시되 내 아버지께서 이제까지 일하시니 나도 일한다 하시매 유대인들이 이를 인하여 더욱 예수를 죽이고자 하니 이는 안식일만 범할 뿐 아니라 하나님을 자기의 친아버지라 하여 자기를 하나님과 동등으로 삼으심이러라."

75 「출애굽기」 4:22 "너는 바로에게 이르기를 여호와의 말씀에 이스라엘은 내 아들 내 장자라."

76 에르네스트 르낭 지음, 앞의 책 142~43면. "하나님은 그의 속에 있다. 그는 자신이 하나님과 함께 있음을 느끼며, 또 그의 아버지에 관해서 말하는 것을 그의 가슴속으로부터 끌어낸다. 그는 순간마다 하나님과 교통함으로써 하나님의 품속에 산다. (…) 하나님을 대뜸 아버지로 생각한 것에 예수 신학의 전부가 있다."

또한 같은 책 149면에는 "무엇 때문에 사람과 그 아버지 사이에 중개자들이 있는 것인가?"라고 예수의 의도를 전하며 예수가 유대교의 첫손 꼽히는 혁명가라 하였다.

한편 예수와 동시대를 살았던 디아스포라 유대인 종교철학자 알렉산드리아의 필론은 '아버지이자 동시에 창조자인 분'이 피조물을 돌보신다는 것을 이성이 가르쳐준다고 하였다. 알렉산드리아 필로 지음, 노태성 옮김 『창조의 철학』, 다산글방 2005, 17면. 학문적·이성적 자세에서 창조주 하나님을 대상화하여 아버지로 보고 있다. 이것은 이스라엘 전통신앙의 흐름에 서 있는 객관적 인식으로, 예수처럼 그 창조주 하나님 아버지와 실존적으로 상호 교통하는 부자관계됨에서 온 의식과는 차이가 있다.

77 「마태복음」 5:9 "화평케 하는 자는 복이 있나니 저희가 하나님의 아들(들)이라 일컬음을 받을 것임이요." 「마태복음」 5:44~45 "나는 너희에게 이르노니 너희 원수를 사랑하며 너희를 핍박하는 자를 위하여 기도하라 이같이 한즉 하늘에 계신 너희 아버지의 아들이 되리니 이는 하나님이 그 해를 악인과 선인에게 비치게 하시며 비를 의로운 자와 불의한 자에게 내리우심이니라." 「로마서」 8:14 "무릇 하나님의 영으로 인도함을 받는 그들은 곧 하나님의 아들이라."

개역한글판 성경의 이 구절들에는 '하나님의 아들'이 단수로 되어 있으나 본래 사본들에는 복수인 '하나님의 아들들'로 되어 있다. 애써 예수를 하나님의 유일한 아들로 쓰고 있는 신약성경에도 예수 당시에 사용되던 것이나 복음서 등 저술에 이용된 원자료에 포함된 '하나님의 아들들'이 남겨진 면이 있다고 할 수 있다.

78 「마태복음」 18:12~14; 「누가복음」 15:3~7.

79 「요한복음」 1:12 "영접하는 자 곧 그 이름을 믿는 자들에게는 하나님의 자녀가 되는 권세를 주셨으니."

80 「마태복음」 3:16~17; 「누가복음」 3:21~22.

81 이 하늘의 음성 내용은 흔히 구약성경의 다음 구절들을 참조하여 이해되고 있다. 그러나 이 역사적 상황은 이러한 전거들의 조합만으로는 충분하게 이해할 수 없는 것이다. 이에 관하여는 J. D. 킹스베리 지음, 김근수 옮김 『마가의 세계』, 기독교문서선교회 2003, 49~50면; 루돌프 슈낙켄부르크 지음, 김병학 옮김 『복음서의 예수 그리스도』, 분도출판사 2009, 97~98면 참조.

「시편」 2:7 "내가 영(명령)을 전하노라 여호와께서 내게 이르시되 너는 내 아들이라 오늘날 내가 너를 낳았도다." 「이사야」 42:1 "내가 붙드는 나의 종, 내 마음에 기뻐하는 나의 택한 사람을 보라 내가 나의 신을 그에게 주었은즉 그가 이 방에 공의를 베풀리라."「창세기」22:2 "여호와께서 가라사대 네 아들 네 사랑하는 독자 이삭을 데리고 모리아 땅으로 가서 내가 네게 지시하는 한 산 거기서 그를 번제로 드리라."

82 「마가복음」9:2~9. 변화산의 예수 신체 변형의 이적을 본 사람은 베드로, 야고보, 요한 세 제자로 나온다.

83 신약성경 복음서 중 가장 늦게 100년경에 저술되어 윤색과 재창작 정도가 가장 높은「요한복음」1:32~34에는 바로 세례 요한을 성령 강림을 목도한 증인으로 기술하고 있다.「요한복음」1:32 "요한이 또 증거하여 가로되 내가 보매 성령이 비둘기같이 하늘로서 내려와서 그의 위에 머물렀더라."

84 요아킴 예레미아스 지음, 정충하 옮김, 앞의 책 90면. 그 당시의 유대주의에서 성령이 주어지는 것은 거의 대부분 선지자적 영감을 의미하는 것이며, 앞서 끊어진 성령이 예수에게 돌아왔다는 것은 종말론적 성격을 가진 사건이라고 하였다.

85 「사도행전」9:1~19, 22:6~16, 26:12~18;「갈라디아서」1:16.

86 김판임, 앞의 책 195면.

87 「사도행전」8:38, 10:47~48.

88 「갈라디아서」3:26~28 "너희가 다 믿음으로 말미암아 그리스도 예수 안에서 하나님의 아들이 되었으니 누구든지 그리스도와 합하여 세례를 받은 자는 그리스도로 옷 입었느니라 너희는 유대인이나 헬라인이나 종이나 자주자나 남자나 여자 없이 다 그리스도 예수 안에서 하나이니라." 이 구절도 바울 이전의 전승문이라고 한다. 김판임, 앞의 책 197면 주 37 참조.

89 「요한복음」3:22 "이후에 예수께서 제자들과 유대 땅으로 가서 거기 함께 유하시며 세례를 주시더라."

90 「마가복음」1:8 "나는 너희에게 물로 세례를 주었거니와 그는 성령으로 너희에게 세례를 주시리라."「요한복음」1:33 "나도 그를 알지 못하였으나 나를 보내어 물로 세례를 주라 하신 그이가 나에게 말씀하시되 성령이 내려서 누구 위에든지 머무는 것을 보거든 그가 곧 성령으로 세례를 주는 이인 줄 알라 하셨기에." 특히 인용된 후자는 예수가 수세시에 성령이 내려왔기에 성령 세례를 베풀 것이라는 해석을 하고 있어서 초기 그리스도교의 세례에 대한 이해를 잘 전해준다. 이런 인식이 옳은 것이라면 예수의 '불세례'도「사도행전」2:3에 보이는 불의 혀 같은 대 성령 강림의 이미지가 추가된 것일 가능성을 생각해볼 만하다. 예수의 세례를 성령과 불의 세례라고 하는 경우는「마태복음」3:11;「누가복음」3:16에

보인다. 물론 불세례는 예수 추종자나 복음서 저자들이 심판을 강조하는 의도에서 말한 것일 가능성이 있다.

91 게르트 타이쎈·아네테 메르츠 지음, 손성현 옮김, 앞의 책 783면.

92 「마가복음」 9:7 "마침 구름이 와서 저희를 덮으며 구름 속에서 소리가 나되 이는 내 사랑하는 아들이니 너희는 저의 말을 들으라 하는지라."

93 게르트 타이쎈·아네테 메르츠 지음, 앞의 책 784면.

94 「마태복음」 7:21, 26:39, 42, 53 "내 아버지"; 「마가복음」 14:36 "아바 아버지"; 「누가복음」 10:22, 22:29, 24:49 "내 아버지".

95 「마태복음」 5:16, 45, 6:32, 7:11, 10:20 "너희 아버지의 성령"; 「누가복음」 11:13, 12:32 "너희 아버지".

96 「마태복음」 6:9에는 "너희는 이렇게 기도하라"는 전제하에 "하늘에 계신 우리 아버지여"라고 하였고, 같은 주기도문 내용을 전하는 「누가복음」 11:2에는 단순히 "아버지여"라고 하였다.

97 「마태복음」 23:9 "땅에 있는 자를 아비라 하지 말라 너희 아버지는 하나이시니 곧 하늘에 계신 자시니라."

98 권터 보른캄 지음, 강한표 옮김, 앞의 책 129~30면에는 필자와 다른 견해가 보인다. 예수가 '나의 아버지'라든가 '너의 아버지' 혹은 '너희 아버지'라고 말하는 장절은 많으나 제자들과 함께 같은 '우리 아버지'라고 하는 데 그가 가담하고 있는 장절은 전혀 없다. 이같은 용례는 확실히 독특한 것이라고 보면서 교회가 하나님과 예수의 부자됨을 당연히 주어진 것이 아니라 기적으로 이해한 확실한 증거라고 하였다. 그러나 이것은 그리스도론이 형성된 이후의 인식을 반영한 편집의 결과이다.

99 베드로가 이렇게 말했다고 하여 그가 하나님의 아들로서 예수의 자의식을 충분히 이해하고 공감하고 있다고 단정할 수는 없다. 설화자료인 만큼 실제 사실을 판단하는 데 한계가 있을 수밖에 없다. 이 설화자료만으로 볼 때에도, 전부터 해왔던 일이기에 그렇게 대답했거나 예수가 성전세를 내겠다고 한 말을 이미 들었기에 가볍게 응대한 것으로 볼 수도 있다.

100 「마가복음」 14:36 "가라사대 아바 아버지여 아버지께서는 모든 것이 가능하오니 이 잔을 내게서 옮기시옵소서 그러나 나의 원대로 마옵시고 아버지의 원대로 하옵소서 하시고." 「로마서」 8:15 "너희는 다시 무서워하는 종의 영을 받지 아니하였고 양자의 영을 받았으므로 아바 아버지라 부르짖느니라." 「갈라디아서」 4:6 "너희가 아들인고로 하나님이 그 아들의 영을 우리 마음 가운데 보내사 아바 아

버지라 부르게 하셨느니라.”

한편, 아바는 어린아이가 아버지를 친근하게 부르는 '아빠'를 뜻한다는 견해
가 그리 명확한 것이 아님이 지적되고 있기도 하다(차정식 『거꾸로 읽는 신약성
서』, 포이에마 2015, 15~22면). 그런데 본래 그같은 견해를 보였던 예레미아스
는 자신의 주장을 수정하여 아바는 어린이의 말이었지만 장성한 아들딸도 아버
지를 부를 때 사용하게 된 공손한 말임을 받아들였다. 요아킴 예레미아스 지음,
정충하 옮김, 앞의 책 110면. 그런데 한 개인이 실제 하나님을 입으로 아버지로
호칭한다는 사실 자체가 전대에 비해서는 일대 비약이다.

101 요아킴 예레미아스 지음, 정충하 옮김, 앞의 책 109~110면. 예수의 시대에 '아
바'는 친부자간·부녀간 외에 존경받는 노인에 대한 호칭이기도 했으며, 랍비 가
말리엘은 타비라는 종의 아바로 불리기도 하였다 한다. 아바는 본래 공손한 표
현이지만, 예수 당시의 사람들이 하나님을 이렇게 부르는 것은 무례한 행위로
상상할 수 없는 것이었다. 그런데 예수는 대담하게도 이 용어로 하나님을 불렀
으며, 이러한 아바는 '예수의 실제 음성'이라고 하였다. 예수는 어린아이가 자기
아버지에게 하는 것처럼 '확신을 가지고 그리고 동시에 경건하면서도 정중하게'
하나님께 말했다고 하였다.

102 부활의 역사성에 대해는 후술하겠다. 우선 여기서 필자는 역사학적으로 보아
복음서에 전하는 빈 무덤의 부활 이야기는 설화에 불과하며 예수의 무덤을 못
찾은 가운데 부활 신앙이 시작되었다고 생각하고 있음을 밝힌다.

103 「로마서」 8:15. 「에베소서」 1:5 "그 기쁘신 뜻대로 우리를 예정하사 예수 그리
스도로 말미암아 자기의 아들들이 되게 하셨으니."

104 예수 이전에 「스가랴」 4:11~14이나 쿰란문서 1QS 공동체 규칙 9열에 정치적
메시아와 제사장적 메시아가 구별되어 등장했지만, 예수 시대에도 유대인의 통
상적인 메시아관은 정치적인 것임을 기원전 1세기 말~2세기 전반 유대인의 메
시아운동을 통해서 알 수 있다. 복음서에 보이는 세상 권세를 기대하는 제자들
의 행태도 물론 당시의 일반적인 정치적 메시아주의에 머물고 있다. 「이사야」
52, 53장에 보이는 '고난받는 종'과 같은 메시아상은 오히려 예수 부활사건 이
후에 그의 추종자들이 영적 각성과 신앙심에서 예수와 연결하여 찾은 것으로 보
인다. 예수 당시에 이미 메시아에 대한 표상이 변화하여 정치적·종교적 관념으
로부터 정신적·종교적 관념으로 옮겨갔고, 그러한 중에 예수는 결국 약속된 메
시아임을 확신하게 되었다는 견해는(아돌프 하르낙 지음, 윤성범 옮김, 앞의 책
142면) 일단 그 가능성을 생각해볼 만은 하다. 그런데 전통적 사유에 젖은 하층

민중들을 주 대상으로 펼쳐진 예수의 하나님 나라 운동에서 새로운 메시아상을 예수가 확신했다거나 더구나 추종자들이 그에게 기대했다고 보기에는 주저된다. 외세의 강압에 처해 있던 유대인들로서는 정치적 해방과 민족의 영광을 가져올 존재를 더욱 대망하였다고 보인다. 쿰란공동체와 같은 특별한 성향을 가진 종교집단에서 정치적 메시아와 종교적 메시아를 구분하였으나 그것이 유대인 일반에게 미친 영향은 매우 제한적이었을 것이다.

「스가랴」4:11~14 "내가 그에게 물어 가로되 등대 좌우의 두 감람나무는 무슨 뜻이니이까 하고 (…) 가로되 이는 기름 발리운 자 둘이니 온 세상의 주 앞에 모셔 섰는 자니라 하더라." 1QS 공동체 규칙 9열 "(11) 예언자가 올 때까지, 그리고 아론의 (제사장적인) 메시아와 이스라엘(일반 대중)의 메시아가 올 때까지 말이다."(F. 마르티네즈·E 티그셸라아르 영어 편역, 강성열 옮김 『사해문서』1, 나남 2008, 141면).

105 「마가복음」9:5 "베드로가 예수께 고하되 랍비여 우리가 여기 있는 것이 좋사오니 우리가 초막 셋을 짓되 하나는 주를 위하여, 하나는 모세를 위하여, 하나는 엘리야를 위하여 하사이다 하니." 같은 내용은 「마태복음」17:4 「누가복음」9:33에도 보인다. 다만 예수에 대한 호칭은 바뀌었다. 기타 랍비가 보이는 구절로는 「요한복음」1:38, 20:16 등이 있다.

106 「사도행전」13:33 "곧 하나님이 예수를 일으키사 우리 자녀들에게 이 약속을 이루게 하셨다 함이라 시편 둘째 편에 기록한 바와 같이 너는 내 아들이라 오늘 너를 낳았다 하셨고."

107 「마가복음」1:14~15 "요한이 잡힌 후 예수께서 갈릴리에 오셔서 하나님의 복음을 전파하여 가라사대 때가 찼고 하나님 나라가 가까웠으니 회개하고 복음을 믿으라 하시더라."

108 「마가복음」에는 없는 예수 탄생설화가 약 20년 뒤에 저술된 「마태복음」과 「누가복음」에 기술된 것은 그만큼 예수의 신성화가 진행되어 나타난 현상임을 전제한 이해이다.

109 김판임, 앞의 책 124면.

「스가랴」4:6 "그가 내게 일러 가로되 여호와께서 스룹바벨에게 하신 말씀이 이러하니라 만군의 여호와께서 말씀하시되 이는 힘으로 되지 아니하며 능으로 되지 아니하고 오직 나의 신으로 되느니라." 「이사야」61:1 "주 여호와의 신이 내게 임하셨으니 이는 여호와께서 내게 기름을 부으사 가난한 자에게 아름다운 소식을 전하게 하려 하심이라 나를 보내사 마음이 상한 자를 고치며 포로된 자에게 자유를, 갇힌 자에게 놓임을 전파하며."

110 「히브리인들의 복음」, 송혜경 역주 『신약 외경』 상권, 한님성서연구소 2009
    (2011) 303면. 「히브리인들의 복음」에 대한 기본적 이해는 같은 책 130~33면 참조.

111 「요한복음」 15:15. 다만 이러한 내용의 선포가 실제 있었기보다는 이런 내용을
    늘 가르치고 실천했다고 보는 것이 사실에 근접할 것이다. 예수는 인간을 다 같
    은 하나님의 자녀로 본 이상 종으로 여겼을 가능성은 없으며, 전통적 종교나 문
    화 속에서 하나님의 종이라는 피동성에 젖어 있는 제자나 추종자들을 일깨웠을
    것이다.

112 그리스 철학이나 헬레니즘 철학은 인간의 자유의지를 중시했고 이는 기원 전
    후 유대의 바리새인 등의 사유에서도 보인다. 그런데 예수는 당시 신앙시되던
    모세의 율법에 대해서도 자유롭게 자신의 의견을 개진하는 등 한층 초월적인 자
    유로움을 누렸다.

113 예수 이외의 일반인도 하나님의 아들들이 될 수 있음은 산상수훈에도 나온다
    는 것을 앞서 제시하였다. 「마태복음」 5:9, 5:44~45 참조.

114 일례로, 쿰란문서 중 이 공동체의 지도자인 '의의 교사(Teacher of Righteous-
    ness)의 찬양시로 보이는 1QH 제10열에도 이런 점이 보인다. F. 마르티네즈·E
    티그셀라아르 영어편역, 강성열 옮김, 앞의 책 212면. "나는 범죄자들에게 올무
    와 같은 자가 되고 (…) 당신께서는 나를 배신자들을 책망하고 조롱하는 자로
    (…) 하셨습니다."

115 쿰란공동체의 헌법이라고 할 수 있는 문서인 1QS 공동체 규칙 제1열에는 공동
    체원과 대적 자들을 구별하여 사랑하거나 미워하라고 하였다. 예수의 가르침은
    이것을 극복하여 원수까지도 사랑하라고 하였다. 같은 책 118면. "모든 빛의 자
    녀들을 (10) 하나님의 계획 안에 있는 운명을 따라 사랑하라. 그리고 하나님께서
    보복하시는 개개인의 죄악을 따라 어둠의 자녀들을 미워하라."

116 「요한복음」 7:7, 12:31, 14:30, 15:19; 「에베소서」 2:2; 「요한일서」 2:16. 이것
    은 기원전 2세기 중엽에서 기원후 1세기 후반까지 존속한 에세네파의 현실세계
    관이기도 했다. 김판임, 앞의 책 178~83면.

117 예수가 살았던 시기에 근접한 기원전 4년의 헤롯왕의 사망 후에 3명, 로마와의
    전쟁기간(AD 66~70)에 2명의 정치적 왕 곧 메시아를 자칭하는 자들이 팔레스
    타인에 있었다. 존 도미닉 크로산 지음, 김준우 옮김, 앞의 책 333~44면.

1 존 도미닉 크로산 지음, 김준우 옮김 『역사적 예수』(개정판), 한국기독교연구소 2012, 113~52면.

2 제4장 주 117 참조. 중요 종교분파인 에세네파의 경우에는 종교적 메시아와 정치적 메시아를 구분하여 대망하기도 하였다.

3 「마태복음」 11:16~17 "이 세대를 무엇으로 비유할고 비유컨대 아이들이 장터에 앉아 제 동무를 불러 가로되 우리가 너희를 향하여 피리를 불어도 너희가 춤추지 않고 우리가 애곡하여도 너희가 가슴을 치지 아니하였다 함과 같도다." 병행 「누가복음」 7:31~32.

4 「마태복음」 10:28 "몸은 죽여도 영혼은 능히 죽이지 못하는 자들을 두려워하지 말고 오직 몸과 영혼을 능히 지옥에 멸하시는 자를 두려워하라."

5 이스라엘의 전통적 창조신앙에 대해서는 루돌프 불트만 지음, 허혁 옮김 『기독교 초대교회 형성사』, 이화여자대학교출판부 1993(2003) 9~18면 참조. 구약의 창조신앙은 포착될 수 없는, 사유에 의해 좌우될 수 없는 하나님의 능력에 의해 인간의 현존이 규정당함을 말한다. 창조신앙은 하나님에게 자신을 전부 맡기는 것이며, 창조주 하나님을 아는 것은 자신의 피조성을 아는 것이다. 인간의 피조성은 인간이 자연에 예속되지 않고 그것과 대립하게 한다고 하였다.

6 예수는 유대인들에 의해 이방으로도 여겨진 갈릴리에 살던 유대인이며, 가난하지만 상대적으로 안정된 소농 계층이고, 식민지 일반 백성에 속하지만 다윗 왕실의 방계 후손인 듯하며, 농부면서 목수였던 점 등에서 넓은 안목과 유연한 사유를 가질 수 있는 여건을 가진 면이 있다.

7 스스로 생각하는 자의 모습은 구약성경에서는 선지자 요나와 예레미야 그리고 「전도서」의 저자와 「욥기」 등에서 그 흔적을 볼 수 있다. 이러한 성향은 야훼에 대한 절대적 믿음과 순종을 최고 덕목으로 여기는 이스라엘 전통에서는 이질적인 면모라 하겠다.

8 월터 윙크 지음, 김준우 옮김 『예수와 비폭력 저항』, 한국기독교연구소 2003, 30면. 악에 대한 전통적 대응방식은 도피와 싸움 두가지뿐이었으나 예수는 비폭력저항이라는 제3의 길을 제시하였다고 하였다.

9 앞의 세가지 사례에 대한 해석은 같은 책 32~44면.

10 비폭력저항에 대한 이런 이해는 같은 책 및 월터 윙크 지음, 한성수 옮김 『사탄의 체제와 예수의 비폭력』, 한국기독교연구소 2013(중판) 참조.

11 「마가복음」 12:13~14 "저희가 예수의 말씀을 책잡으려 하여 바리새인과 헤롯당 중에서 사람을 보내매 와서 가로되 선생님이여 우리가 아노니 당신은 참되시고 아무라도 꺼리는 일이 없으시니 이는 사람을 외모로 보지 않고 오직 참으로써 하나님의 도를 가르치심이니이다 가이사에게 세를 바치는 것이 가하니이까 불가하니이까."

12 「고린도전서」 1:26; 오리게네스 지음, 임걸 옮김 『켈수스를 논박함』, 새물결 2005, 62면 참조.

13 「요한복음」 12:49~50 "내가 내 자의로 말한 것이 아니요 나를 보내신 아버지께서 나의 말할 것과 이를 것을 친히 명령하여 주셨으니 나는 그의 명령이 영생인 줄 아노라 그러므로 나의 이르는 것은 내 아버지께서 내게 말씀하신 그대로 이르노라 하시니라."

14 아돌프 하르낙 지음, 윤성범 옮김 『기독교의 본질』, 삼성문화재단 1975, 132면. 하나님의 아들이라는 자각은 하나님을 아버지로서 인식하게 된 실제상의 결과라고 하였다.

15 「창세기」 1:26~27 "하나님이 가라사대 우리의 형상을 따라 우리의 모양대로 우리가 사람을 만들고 그로 바다의 고기와 공중의 새와 육축과 온 땅과 땅에 기는 모든 것을 다스리게 하자 하시고 하나님이 자기 형상 곧 하나님의 형상대로 사람을 창조하시되 남자와 여자를 창조하시고."

16 히브리어로 '너희는 들으라'라는 뜻. '이스라엘아 들으라'로 시작되는 「신명기」 6:4 등으로 구성되었으며 히브리인들의 신앙고백이자 교육지침으로 기능했다.

17 「신명기」 11:13~15 "내가 오늘날 너희에게 명하는 나의 명령을 너희가 만일 청종하고 너희의 하나님 여호와를 사랑하여 마음을 다하고 성품을 다하여 섬기면 여호와께서 너희 땅에 이른 비, 늦은 비를 적당한 때에 내리시리니 너희가 곡식과 포도주와 기름을 얻을 것이요 또 육축을 위하여 들에 풀이 나게 하시리니 네가 먹고 배부를 것이라."

18 「마가복음」 12:29~31; 「요한복음」 15:9.

19 「레위기」 19:18 "원수를 갚지 말며 동포를 원망하지 말며 이웃 사랑하기를 네 몸과 같이 하라 나는 여호와니라."

20 F. 마르티네즈·E 티그셸라아르 영어 편역, 강성열 옮김 『사해문서』 1, 나남 2008, 118면 1QS 공동체 규칙 1열. "모든 빛의 자녀들을 (10) 하나님의 계획 안에 있는 운명을 따라 사랑하라. 그리고 하나님께서 보복하시는 개개인의 죄악을 따라 어둠의 자녀들을 미워하라."

21 요세푸스 지음, 김지찬 옮김 『요세푸스 II : 유대고대사』 18권 1장, 생명의말씀사 1987(2013) 499면.

22 「요한복음」 13:34 "새 계명을 너희에게 주노니 서로 사랑하라 내가 너희를 사랑한 것같이 너희도 서로 사랑하라." 다만 「요한복음」이 내세운 사랑은 역사적으로 요한 예수신앙공체 내의 사랑을 강조한 한계가 있다는 견해도 있다.

23 「마가복음」 7:11 "너희는 가로되 사람이 아비에게나 어미에게나 말하기를 내가 드려 유익하게 할 것이 고르반 곧 하나님께 드림이 되었다고 하기만 하면 그만이라 하고." 히브리어 고르반(corban)은 하나님께 드리려 따로 마련해둔 제물을 뜻하는데, 후대에 이를 악용해 부모를 봉양할 재물까지 고르반이라 하며 빼돌리는 세태가 있었다.

24 「요한일서」 4:8 "사랑하지 아니하는 자는 하나님을 알지 못하나니 이는 하나님은 사랑이심이라."

25 「마태복음」 5:27~28 "또 간음치 말라 하였다는 것을 너희가 들었으나 나는 너희에게 이르노니 여자를 보고 음욕을 품는 자마다 마음에 이미 간음하였느니라."

26 「누가복음」 11:2~4 "예수께서 이르시되 너희는 기도할 때에 이렇게 하라 아버지여 이름이 거룩히 여김을 받으시오며 나라이 임하옵시며 우리에게 날마다 일용할 양식을 주옵시고 우리가 우리에게 죄 지은 모든 사람을 용서하오니 우리 죄도 사하여 주옵시고 우리를 시험에 들게 하지 마옵소서 하라." 병행 「마태복음」 6:9~13.

27 「마태복음」 18:23~35의 '용서할 줄 모르는 종의 비유'를 보면 하나님은 먼저 크게 죄를 탕감해주시는 분이므로, 자신에 대한 타인의 작은 죄도 용서하는 데 인색한 인간들 사이의 용서를 문제로 보았던 것이다.

28 금령을 모르고 범했다가 그 죄를 깨닫게 되면(「레위기」 4:14 등) 드리는 속죄제의 희생제사는 「레위기」 4:13~35, 성물에 대해 잘못을 저질렀을 때나 부지중에 금령을 범하거나 남의 물건을 맡았다가 사실을 부인하거나 빼앗았을 때 드리는 속건제의 제사에 대해서는 「레위기」 5:14~6:7 참조. 속건제를 드리기 전에 해당 물건의 1/5을 추가로 내거나 더하여 반환해야 한다.

29 「요한복음」 4:23~24 "아버지께 참으로 예배하는 자들은 신령과 진정으로 예배할 때가 오나니 곧 이때라 아버지께서는 이렇게 자기에게 예배하는 자들을 찾으시느니라 하나님은 영이시니 예배하는 자가 신령과 진정으로 예배할지니라."

30 「누가복음」 19:8~10 "삭개오가 서서 주께 여쭈오되 주여 보시옵소서 내 소유의

절반을 가난한 자들에게 주겠사오며 만일 뉘 것을 토색한 일이 있으면 사배나 갚겠나이다 예수께서 이르시되 오늘 구원이 이 집에 이르렀으니 이 사람도 아브라함의 자손임이로다 인자의 온 것은 잃어버린 자를 찾아 구원하려 함이니라."

31 「마태복음」 9:8 "무리가 보고 두려워하여 이런 권세를 사람(들)에게 주신 하나님께 영광을 돌리니라."

32 「레위기」 25:55 "이스라엘 자손은 나의 품군〔종〕이 됨이라 그들은 내가 애굽 땅에서 인도하여 낸 나의 품군이요 나는 너희 하나님 여호와니라."

33 「마태복음」 15:11 "입에 들어가는 것이 사람을 더럽게 하는 것이 아니라 입에서 나오는 그것이 사람을 더럽게 하는 것이니라." 「마가복음」 7:15~16도 같은 내용이다. 이와 연관하여 초기 선교과정에서 음식이 문제됨은 「사도행전」 11:1~10과 「갈라디아서」 2:11~21 참조.

34 「요한복음」 10:34~35 "예수께서 가라사대 너희 율법에 기록한바 내가 너희를 신이라 하였노라 하지 아니하였느냐 성경은 폐하지 못하나니 하나님의 말씀을 받은 사람들을 신이라 하셨거든." 「시편」 82:6 "내가 말하기를 너희는 신들이며 다 지존자의 아들들이라 하였으나" 참조.

35 「누가복음」 12:56~57 "외식하는 자여 너희가 천지의 기상은 분변할 줄을 알면서 어찌 이 시대는 분변치 못하느냐 또 어찌하여 옳은 것을 스스로 판단치 아니하느냐." 「마태복음」 6:33 "너희는 먼저 그의 나라와 그의 의를 구하라 그리하면 이 모든 것을 너희에게 더하시리라."

36 「요한복음」 5:17 "예수께서 저희에게 이르시되 내 아버지께서 이제까지 일하시니 나도 일한다 하시매."

37 「마태복음」 5:9~10 "화평하게 하는 자는 복이 있나니 저희가 하나님의 아들이라 일컬음을 받을 것임이요 의를 위하여 핍박을 받은 자는 복이 있나니 천국이 저희 것임이라." 「마가복음」 6:12~13 "제자들이 나가서 회개하라 전파하고 많은 귀신을 쫓아내며 많은 병인에게 기름을 발라 고치더라." 「마가복음」 8:34 "무리와 제자들을 불러 이르시되 아무든지 나를 따라오려거든 자기를 부인하고 자기 십자가를 지고 나를 좇을 것이니라."

38 「누가복음」 17:20~21 "바리새인들이 하나님의 나라가 어느 때에 임하나이까 묻거늘 예수께서 대답하여 가라사대 하나님의 나라는 볼 수 있게 임하는 것이 아니요 또 여기 있다 저기 있다고도 못하리니 하나님의 나라는 너희 안에 있느니라."

39 「마가복음」 8:36 "사람이 만일 온 천하를 얻고도 제 목숨을 잃으면 무엇이 유익

462

하리요."

40 「마태복음」 23:9 "땅에 있는 자를 아비라 하지 말라 너희 아버지는 하나이시니 곧 하늘에 계신 자시니라."

41 「마태복음」 5:48 "그러므로 하늘에 계신 너희 아버지의 온전하심과 같이 너희도 온전하라."

42 약자를 먼저 찾아 함께하는 예수의 겸손한 실천적 사랑의 삶으로 볼 때, 이러한 가르침은 그의 오만함의 소치로 볼 것이 아니라 하나님과 하나됨에서 얻은 겸손함의 결과로 보아야 할 것이다.

43 「창세기」 18:27 "아브라함이 말씀하여 가로되 티끌과 같은 나라도 감히 주께 고하나이다."

44 「이사야」 51:12 "가라사대 너희를 위로하는 자는 나여늘 나여늘 너는 어떠한 자이기에 죽을 사람을 두려워하며 풀같이 될 인자를 두려워하느냐."

45 「민수기」 23:19 "하나님은 인생이 아니시니 식언치 않으시고 인자가 아니시니 후회가 없으시도다 어찌 그 말씀하신 바를 행치 않으시며 하신 말씀을 실행치 않으시랴."

46 「욥기」 15:14 "사람이 무엇이관대 깨끗하겠느냐 여인에게서 난 자가 무엇이관대 의롭겠느냐."

47 「욥기」 25:6 "하물며 벌레인 사람, 구더기인 인생〔인자〕이랴."

48 1QH³, 첫번째 찬양의 노래, 제9열, F. 마르티네즈·E 티그셸라아르 영어 편역, 강성열 옮김, 앞의 책 210면.

49 신약성경에 포함된 복음서 이외의 바울서신이나 기타 서신류에는 복음서에 보이는 인간의 존엄성이 전통과 현실의 타협 속에서 후퇴하였다. 교회가 조직화되어 운영되면서 여성관 등에서 상당한 퇴행이 이루어졌다. 아라이 사사구 지음, 김윤옥 옮김 『신약성서의 여성관』, 대한기독교서회 1993, 179~213면 참조.

50 수로보니게 여인과의 대화(「마가복음」 7:24~30); 마르다와 마리아 방문(「누가복음」 10:38~42); 사마리아 수가 마을 여인과의 대화(「요한복음」 4:5~26) 참조. 예수는 이방인인 수로보니게 여인과의 대화에서 이방인에게도 은혜를 나누어줄 것을 요청하는 그녀 논리의 타당성을 인정하고 그녀의 딸에게서 귀신을 쫓아주었다. 마리아와 마르다의 집을 방문해서는, 대접을 위해 분주한 마르다보다 가르침을 듣고자 한 마리아의 자세를 오히려 칭찬하여 여성에게도 적극적으로 가르침을 베풀었음을 보여준다. 사마리아 여인과의 대화에서는 이방인이라고 할 수 있는 낯선 여인임에도 그녀를 인격적으로 대해 대화하며 복음을 전파하였다.

51 「마가복음」 15:40~41 "멀리서 바라보는 여자들도 있는데 그중에 막달라 마리아와 또 작은 야고보와 요세의 어머니 마리아와 또 살로메가 있었으니 이들은 예수께서 갈릴리에 계실 때에 좇아 섬기던 자요 또 이외에도 예수와 함께 예루살렘에 올라온 여자가 많이 있었더라."

    아라이 사사구 지음, 김윤옥 옮김, 앞의 책 34~35면. 갈릴리에서부터 예수를 '따르고' '섬기며' 예루살렘 여정에 동반하여(「누가복음」 8:1~3) 죽음의 현장 가까이에서 그의 운명을 지켜본 이 여인들을 제자로 보았다. 유대교 문헌에 의하면 유대교 랍비들은 여성의 집에 들어가서 가르치거나 여성을 여행에 동반하는 일은 없었다고 한다.

52 이 부분은 플라톤의 『국가』 제7권에 나오는 '동굴의 비유'를 참조하여 이해하면 좋을 듯하다. '동굴의 비유'는 플라톤 지음, 박종현 역주 『플라톤의 국가·政體』, 서광사 1997(2015) 448~58면.

53 「말라기」 2:10 "우리는 한 아버지를 가지지 아니하였느냐 한 하나님의 지으신 바가 아니냐 어찌하여 우리 각 사람이 자기 형제에게 궤사를 행하여 우리 열조의 언약을 욕되게 하느냐."

    알렉산드리아 필로 지음, 노태성 옮김 『창조의 철학』, 다산글방 2005, 17면. 예수와 동시대의 유대인 출신 종교철학자 필론은, 아버지이며 동시에 창조자인 분이 피조물을 돌본다는 것은 이성이 가르쳐주며, 예술가가 자신의 작품에 관심을 기울여 보존하려 하듯이 아버지는 자신의 자녀들의 보존에 관심을 둔다고 하였다.

54 「고린도전서」 12:13 "우리가 유대인이나 헬라인이나 종이나 자유자나 다 한 성령으로 세례를 받아 한 몸이 되었고 또 다 한 성령을 마시게 하셨느니라."

55 「요한복음」 5:18 "유대인들이 이를 인하여 더욱 예수를 죽이고자 하니 이는 안식일만 범할 뿐 아니라 하나님을 자기의 친아버지라 하여 자기를 하나님과 동등으로 삼으심이러라." 이와 같은 점은 제자나 추종자들이 결국 예수만을 유일한 하나님의 아들 독생자로 되돌린 데서 역설적으로 입증되는 면도 있다. 아울러 주 53 「말라기」 2:10을 보면 민족구성원이 모두 한 아버지인 하나님의 피조물이라는 점을 지적하는 것이, 같은 민족구성원을 착취하며 속여먹는 일을 예사롭게 행하는 사회에서 얼마나 충격적 내용인지를 알 수 있을 것이다.

56 「갈라디아서」 3:28 "너희는 유대인이나 헬라인이나 종이나 자주자나 남자나 여자 없이 다 그리스도 예수 안에서 하나이니라."

57 「고린도전서」 11:3 "그러나 나는 너희가 알기를 원하노니 각 남자의 머리는 그리스도요 여자의 머리는 남자요 그리스도의 머리는 하나님이시라." 「고린도전

464

서」14:34 "모든 성도의 교회에서 함과 같이 여자는 교회에서 잠잠하라 저희의 말하는 것을 허락함이 없나니 율법에 이른 것같이 오직 복종할 것이요."

58 아라이 사사구 지음, 김윤옥 옮김, 앞의 책 179~213면; 마거스 J. 보그·존 도미닉 크로산 지음, 김준우 옮김 『첫번째 바울의 복음』, 한국기독교연구소 2010 참조.

59 착한 사마리아인 이야기는 부활사건 이후 이방 전도가 열린 초기 예수신앙공동체 단계에서 다소 의도적으로 만들어진 것으로 보기도 한다. 그러나 본질을 추구하는 예수 가르침의 성격이나 공생애에 보이는 이방인들에 대한 열린 자세를 보면 그 원형이 예수의 본래 가르침에 있었을 개연성이 높다.

60 「이사야」56:3; 「예레미야」18:7~8; 「미가」4:2; 「스바냐」3:9; 「스가랴」8:22.

61 「요나」4:10~11 "여호와께서 가라사대 네가 수고도 아니하였고 배양도 아니하였고 하룻밤에 났다가 하룻밤에 망한 이 박 넝쿨을 네가 아꼈거든 하물며 이 큰 성읍, 니느웨에는 좌우를 분변치 못하는 자가 십이만여명이요 육축도 많이 있나니 내가 아끼는 것이 어찌 합당치 아니하냐."

62 「마태복음」5:17~18 "내가 율법이나 선지자나 폐하러 온 줄로 생각지 말라 폐하러 온 것이 아니요 완전케 하려 함이로라 진실로 너희에게 이르노니 천지가 없어지기 전에는 율법의 일점 일획이라도 반드시 없어지지 아니하고 다 이루리라." 이 내용은 「마태복음」에만 있는 것으로 유대 율법주의자들의 시선을 크게 의식한 결과로 보인다. 정신적으로 보면 예수는 율법을 완성하려 하였지만, 바울서신이나 예수의 사상체계 전반을 보면 일점일획까지 수호하려고 했다고 말했을 리는 없다. 그는 이혼에 관한 모세 율법 등을 수정하였고 음식물과 안식일 규정을 완화하기도 했다. 예수는 율법을 상대화하고 절대적 장애로 여기지 않는 정도의 가르침을 펴 권세있는 선생으로 여겨졌던 것이다.

63 「창세기」18:27 "아브라함이 말씀하여 가로되 티끌과 같은 나라도 감히 주께 고하나이다." 이렇게 피조물이 초월자를 대할 때 자신이 무(無) 속으로 함몰되어 사라져버리는 듯한 느낌을 피조물 감정이라고 규정하기도 한다. 루돌프 옷토 지음, 길희성 옮김 『성스러움의 의미』, 분도출판사 1987(2013) 43면.

64 수메르 신화의 '사람이 태어난 이야기' 등을 보면, 고대 메소포타미아인들은 노동을 하던 낮은 지위 신들의 불평으로 점토에 작은 신의 우두머리의 피를 섞어 인간의 형체를 만들고 낮은 지위 신들의 노역을 대신하게 했다고 여겼다. 조철수 『수메르 신화』, 서해문집 2003, 50~60면. 인간은 신들의 노역을 대신하기 위해 만들어진 노예 같은 존재로 그려지고 있다. 이러한 인식은 고대 지중해 일대

사회 전반의 신과 인간의 관계에 대한 이해를 조망하는 데 참고가 될 것이다. 고대 이스라엘의 경우 「레위기」 25:55 참조.

65 「예레미야」 23:5 "나 여호와가 말하노라 보라 때가 이르리니 내가 다윗에게 한 의로운 가지를 일으킬 것이라 그가 왕이 되어 지혜롭게 행사하며 세상에서 공평과 정의를 행할 것이며."

66 「이사야」 53:2 "그는 주 앞에서 자라나기를 연한 순 같고 마른 땅에서 나온 줄기 같아서 고운 모양도 없고 풍채도 없은즉 우리의 보기에 흠모할 만한 아름다운 것이 없도다."

67 「스가랴」 9:9 "시온의 딸아 크게 기뻐할지어다 예루살렘의 딸아 즐거이 부를지어다 보라 네 왕이 네게 임하나니 그는 공의로우며 구원을 베풀며 겸손하여서 나귀를 타나니 나귀의 작은 것 곧 나귀 새끼니라."

68 대다수 일반 유대인들은 다윗이나 솔로몬 같은 강력한 제왕적 메시아를 그렸을 것이다.

69 「마태복음」 7:12 "그러므로 무엇이든지 남에게 대접을 받고자 하는 대로 너희도 남을 대접하라 이것이 율법이요 선지자니라."

70 「누가복음」 16:13 "집 하인이 두 주인을 섬길 수 없나니 혹 이를 미워하고 저를 사랑하거나 혹 이를 중히 여기고 저를 경히 여길 것임이니라 너희가 하나님과 재물을 겸하여 섬길 수 없느니라."

71 예수 시대를 전후한 갈릴리의 전반적인 정치·경제·사회·문화 상황은 리처드 A. 호슬리 지음, 박경미 옮김 『갈릴리』, 이화여자대학교출판부 2006 참조.

72 「누가복음」 4:43~44 "예수께서 이르시되 내가 다른 동네에서도 하나님의 나라 복음을 전하여야 하리니 나는 이 일로 보내심을 입었노라 하시고 갈릴리 여러 회당에서 전도하시더라."

73 「마태복음」 3:1~2 "그때에 세례 요한이 이르러 유대 광야에서 전파하여 가로되 회개하라 천국이 가까웠느니라 하였으니." 「마태복음」 4:17 "이때부터 예수께서 비로소 전파하여 가라사대 회개하라 천국이 가까웠느니라 하시더라." 「마가복음」 1:15 "가라사대 때가 찼고 하나님 나라가 가까웠으니 회개하고 복음을 믿으라 하시더라."

74 예수 스스로 하나님의 아들로서 변화된 삶을 살게 되면서 하나님 나라가 자신에게 실현되고 있음을 확신했음에도 왜 여전히 하나님 나라가 가까이 왔다고 말했을까 의문이 될 수도 있다. 이것은 하나님 나라가 이제 막 시작되었으나 완성의 과정이 필요한 것으로 여겼기 때문이다. 완성된 하나님 나라는 아직은 가까이

오고 있는 미래일 수 있는 것이다.

75 「마태복음」 11:2; 「누가복음」 7:19.

76 존 도미닉 크로산 지음, 김준우 옮김 『비유의 위력』, 한국기독교연구소 2012, 189면. 예수의 공적 활동은 세례 요한의 비전에 동의하고 그 비전에 복종하는 것으로부터 시작되었다 한다. 그러다가 예수는 요한의 메시지로부터 거리를 두기 시작하였다. 예수는 그를 지켜보았으며, 배웠으며, 변했는데, 이것은 세례 요한에게 벌어진 일 때문이었다고 보았다. 하나님 나라의 임박이 선포되었지만 하나님은 오시지 않고 그는 처형되었는데도 하나님은 그의 순교를 막기 위해 개입하지 않으셨다. 이로 인해 예수는 종말을 철저하게 재해석하게 되었다는 것이다. 그런데, 세례 요한에게 벌어진 일들이 예수에게 영향을 주었을 것은 물론이지만, 이것을 양자의 종말관의 차이를 가져온 주요 이유로 볼 수는 없을 것이다. 더구나 복음서의 내용들을 보면 세례 요한이 죽기 전부터 양자의 종말관은 차이가 있었음을 알 수 있다. 금식 관련 사례에서 알 수 있는 바와 같이 당시를 보는 관점이나 메시아 대망 등에서 이미 큰 차이를 보이고 있었던 것이다. 이에 대해는 본서에서 곧이어 언급하겠다.

77 같은 내용을 전하면서도, 「누가복음」에만 보이는 추가 내용에는(5:39) "묵은 포도주를 마시고 새것을 원하는 자가 없나니 이는 묵은 것이 좋다 함이니라"라고 하였다. 기존 율법을 여전히 존중하는 요한의 가르침이 일단 더 호응을 얻고 있었을 상황을 보여주는 듯하다.

78 이 문제에 대해서는 후술할 것이나, 荒井獻(아라이 사사구) 지음, 서남동 옮김 『예수의 행태』, 대한기독교서회 1976, 155~61면; 귄터 보른캄 지음, 강한표 옮김 『나사렛 예수』, 대한기독교서회 1973, 120~24면 참조.

79 「베드로전서」 2:9 "오직 너희는 택하신 족속이요 왕 같은 제사장들이요 거룩한 나라요 그의 소유된 백성이니 이는 너희를 어두운 데서 불러내어 그의 기이한 빛에 들어가게 하신 자의 아름다운 덕을 선전하게 하려 하심이라."

80 「스가랴」 4:6~10, 6:11~13.

81 이동진 편역 『제2의 성서 아포크리파, 구약시대』, 해누리 2009, 581~83면.

82 루돌프 불트만 지음, 허혁 옮김 『기독교 초대교회 형성사』, 이화여자대학교출판부 1993(2003) 85면 참조.

83 요세푸스 지음, 김지찬 옮김, 앞의 책 478~80면. 이들 3인의 봉기에 관한 검토는 존 도미닉 크로산 지음, 김준우 옮김 『역사적 예수』, 333~39면 참조.

84 「아모스」 5:18~20; 「이사야」 2:12~22; 「스바냐」 1:7, 1:14~18; 「스가랴」

14:1;「말라기」4:1~6.

85 조로아스터교에서도 마지막 종말을, 새롭게 만든다는 뜻의 프라쇼케레티(Fra-shokereti)로 부른다고 하며, 선신과 악령이 최후로 싸우는 종말에 인간의 행위가 결정적 역할을 한다. 그 신자들 누구에게나 종말의 시기를 앞당겨야 하는 의무가 있다고 한다. 나종근 엮음『조로아스터』, 시공사 2000, 46면.

86 요세푸스 지음, 김지찬 옮김, 앞의 책 496면. "그들은 백성들이 스스로 자신들의 유익을 위해서 협력하지 않는다면 하나님께서도 결코 도우시지 않을 것이라고 주장했다. (⋯) 이런 대담한 반역의 시도는 점차 무르익기 시작했다. 그리하여 이들로 인해 온갖 불행이 불어 닥쳤으며 유대국은 이들의 교리로 인해 크게 오염되기에 이르렀다." 같은 책 497면에 의하면, 이같은 사상은 유대인들이 전에는 알지도 못했던 철학체계라고 하였다.

87 같은 책 485면.

88 荒井獻(아라이 사사구)지음, 서남동 옮김, 앞의 책 155~61면 참조.

89 오강남『또 다른 예수』, 위즈덤하우스 2009(2012) 389면. 이때 예수의 대답은 세금을 내라 혹은 내지 말라는 직답은 아니라고 보았다. 이런 입장에서라면 예수의 대답을 난제에 대한 매우 지혜로운 대처라고 해석할 수 있겠지만, 예수가 데나리온의 황제 화상을 굳이 확인시킨 사실로 보아도 그가 직답을 피했다고 보기는 어렵다. 황제 화상이 그려진 은화를 확인하고 가이사의 것은 가이사에게 바치라고 했을 때 그 자리에 있는 유대인들은 그 대답이 세금을 내라는 말임을 다 알아들었을 것이다. 복음서 저자의 윤문이 가해진 복음서의 일부 기사(예를 들자면「마가복음」11:27~33, 예루살렘 성전에서 대제사장 등이 예수가 성전 청산을 선포한 권세의 근거를 물은 내용)에서 직답을 회피하여 난관을 모면하는 듯한 인상이 풍기기도 하지만, 본래 하나님의 아들을 자부한 예수는 하나님의 관점에서 세상을 본 만큼 자신에게 주어지는 문제에 답하기를 거의 회피하지 않았다고 여겨진다. 그가 그렇게 살았다면 십자가 형벌도 모면했을 가능성이 있는 것이다.

차정식『거꾸로 읽는 신약성서』, 포이에마 2015, 142면. 질문자의 수사학적 그물망을 수사학적 재치로 가뿐하게 벗어났다고 보았다. 여기에는 공감되지 않는데 이유는 앞서 언급한 바를 참고하면 되겠다. 예수의 대답은 매우 진지했던 것으로 여겨진다.

한편 김용옥『도올의 도마복음 한글역주』3, 통나무 2010, 313~25면에서는「도마복음」에 보이는 거의 같은 내용에 대해 상세하게 해석하고 있다. 또한,「도마

468

복음」 100장에 보이는 가이사의 것과 하나님의 것 다음에 '그리고 나의 것은 나에게 주어라'라는 본래 있었던 예수의 말씀은 너무 래디컬하여 「마가복음」 저자에 의해 삭제되었다고 보고 있다(같은 책 324면). 「도마복음」에 대한 관점의 차이에서 나올 수 있는 견해이기는 하나, 역사적 시각에서 보아 기원후 30년경 유대 땅에서 문제된 가이사의 세금은 당연히 갈릴리 유다가 세금 납부와 관련하여 유대인의 주인은 로마 가이사인가 유대의 하나님인가 하는 문제에 대해 유대인들이 고민하는 가운데 나온 것으로 보아야 할 것이다. 세금과 연관하여 예수의 것에 대한 유대인 일반의 고민이 있을 리는 없으며, 복음 선포에 전력투구하고 있던 예수가 별도의 자기 몫을 언급했을 가능성은 거의 없다고 보인다.

90 권터 보른캄 지음, 강한표 옮김, 앞의 책 123면 주 31 참조.

91 「마태복음」 22:37 "예수께서 가라사대 네 마음을 다하고 목숨을 다하고 뜻을 다하여 주 너의 하나님을 사랑하라 하셨으니."

92 요세푸스는 앞서 지은 『유대전쟁사』에서는 갈릴리 유다의 사상을 언급하지 않다가 『유대고대사』 18권 1장에서 제4철학으로 말하며 그것이 유대·로마 간 전쟁의 주요 원인이라고 기술하였다. 당대 민중들에게 깊은 관심을 가지고 살았던 예수가 이 사상의 문제점을 심각하게 생각하지 않을 수 없었을 것이다.

93 荒井獻(아라이 사사구) 지음, 서남동 옮김, 앞의 책 160, 161면.

94 유대인들은 로마 황제의 통치를 엄중하고 무섭게 받아들이면서도, 황금독수리상 철거나 황제 깃발 반입사건 그리고 예루살렘 성전 내 가이우스 황제상 설치 반대에서 보여준 대로 죽음을 각오하고 율법과 하나님 신앙 수호를 앞세웠다. 요세푸스 지음, 김지찬 옮김, 앞의 책 544면에 의하면 가이우스 황제의 명령에 고민하던 시리아 총독 페트로니우스에게 유대인들은 '하나님은 가이우스 황제마저 심판하시는 최고의 심판주'라며 하나님의 권위를 확고히 앞세우며 목숨을 바쳐 율법에 따를 것임을 밝혔다. 같은 책 542면에는, 가이우스 황제의 명령을 취소시키기 위해 로마로 황제를 찾아간 알렉산드리아의 필론이 가이우스에게 쫓겨난 후 "카이우스가 우리에게 분을 품고 있는 것은 확실하나 이미 하나님을 자기 적으로 삼은 것이니 아무 걱정할 것 없소"라고 했다고 한다.

95 요세푸스 지음, 김지찬 옮김, 앞의 책 17권 5장 449면.

96 이러한 예수의 입장을 비겁하다고 비난할 수도 있지만, 역사적 책임은 작으면서 부담은 늘 많이 안기 마련인 민중의 입장에서 보면 설득력 있는 인식이라고 할 수 있다. 사실 대다수 유대인 민중에게 로마 총독의 지배와 로마의 종속정권인 헤롯 아들들의 왕정 지배는 실제적으로 별다른 차이가 없었을 것이다.

97 「마태복음」11:27 "내 아버지께서 모든 것을 내게 주셨으니 아버지 외에는 아들을 아는 자가 없고 아들과 또 아들의 소원대로 계시를 받는 자 외에는 아버지를 아는 자가 없느니라." 「누가복음」10:22; 「요한복음」14:9~10 참조.

98 「누가복음」11:2 "예수께서 이르시되 너희는 기도할 때에 이렇게 하라 아버지여 이름이 거룩히 여김을 받으시오며 나라이 임하옵시며."

99 「마태복음」6:33 "너희는 먼저 그의 나라와 그의 의를 구하라 그리하면 이 모든 것을 너희에게 더하시리라."

100 「마가복음」9:1 "또 저희에게 이르시되 내가 진실로 너희에게 이르노니 여기 섰는 사람 중에 죽기 전에 하나님의 나라가 권능으로 임하는 것을 볼 자들도 있느니라 하시니라." 약간 윤색되었으나 거의 사실을 전하고 있을 듯하다. '권능으로 임하는 것'은 완성된 상황을 말할 것이다.

101 공자는 『논어』 선진(先進)편에서 죽음(死)이 무엇인지 묻는 제자 계로(자로)에게 '삶이 어떤 것인지를 잘 모르겠는데 어떻게 죽음을 알 수 있겠느냐(未知生焉知死)'라고 하였다. 이가원 역주 『논어 맹자』, 동서문화사 1978, 126면.

한편 플라톤의 저술에 의하면, 소크라테스는 혼의 불멸을 논리적 추론으로도 확신했고 사후에 대해 낙관하고 확신을 갖고 죽음을 맞은 것으로 전한다(「소크라테스의 변론」41d, 플라톤 지음, 천병희 옮김 『소크라테스의 변론·크리톤·파이돈·향연』, 숲 2012(2015). 그는 전해오는 이야기임을 전제로, 철학에 의해 충분히 정화된 사람은 몸 없이 사후에 좋은 곳에 살게 될 것이라 말하기도 하나(「파이돈」114b, 같은 책). 그런데 그도 사후 문제에 대해 전해오는 이야기들을 있을 법한 것이며 고상한 모험으로 기대하면서도, 전해지는 그대로 될 것이라 우기는 것은 분별 있는 사람들에게 어울리는 일이 아니라고 하였다(「파이돈」114d, 같은 책). 그는 인간들은 죽음이 인간에게 최대의 불행이라고 생각하나 최대의 축복일 수도 있음을 말하면서, 저승의 삶에 대해 충분히 알지 못하기에 자신이 모른다고 생각한다는 점에서 다른 사람들보다 더 지혜롭다고 할 수 있다고 말하기도 하였다(「소크라테스의 변론」29a, b, 같은 책).

102 「누가복음」17:20~21 "바리새인들이 하나님의 나라가 어느 때에 임하나이까 묻거늘 예수께서 대답하여 가라사대 하나님의 나라는 볼 수 있게 임하는 것이 아니요 또 여기 있다 저기 있다고도 못하리니 하나님의 나라는 너희 안에 있느니라." 「도마복음」113 "제자들이 여쭈되 하늘나라는 언제 오나이까 대답하시되 그것은 기다린다고 오지 아니하니 여기 있다 저기 있다 할 것이 아님이라 아버지의 나라는 지상에 펼쳐져 있으니 사람들이 그것을 보지 못하느니라."(일례

인 페이젤스 지음, 권영주 옮김 『믿음을 넘어서, 도마의 비밀 복음서』, 루비박스 2006, 191면).

103 「마가복음」 8:34 "무리와 제자들을 불러 이르시되 아무든지 나를 따라오려거든 자기를 부인하고 자기 십자가를 지고 나를 좇을 것이니라." 「마태복음」 11:29 참조.

104 공화정을 마감하고 황제 독재를 막 경험하고 있던 1세기 초 로마의 정치현실도, 예수가 제왕적 메시아 지배를 지지하지 않는 데 영향을 미쳤을 가능성이 있다.

105 이러한 추정은 예수가 초기에 세례 요한의 종말론을 계승한 면이 있음에서 유추해 볼 수 있다. 요한은 심판과 종말을 말했으므로 그가 요한의 세례를 받고 자신만의 종말론을 확실히 정립하기 이전 단계에서 영광된 심판의 주 인자를 언급했을 가능성이 있는 것이다. 물론 이것도 예수와 영광의 인자를 동일하게 인식한 추종자들이나 복음서 저자들의 창작일 수 있다.

106 「요한복음」 12:47하 "내가 온 것은 세상을 심판하려 함이 아니요 세상을 구원하려 함이로라." 예수가 친히 이대로 말한 적은 없다고 여겨진다. 그가 이런 취지를 밝혔다면 '나는 아버지께서 인간들을 심판이 아니라 구원하려 하심을 확신한다' 정도로 말했을 것이다. 예수가 세례 요한까지 선포했던 전통적 심판의 종말을 은혜로운 구원의 하나님 나라로 바꾸어 성취하려고 한 사실을 보면, 「요한복음」 저자는 예수의 의도를 매우 적절하게 반영하여 저 구절을 기술했다고 할 수 있다.

107 「이사야」 6:1; 「에스겔」 1:26; 「다니엘」 7:9~10.

108 「마태복음」 11:12 "세례 요한의 때부터 지금까지 천국은 침노를 당하나니 침노하는 자는 빼앗느니라." 「누가복음」 16:16 참조.

109 요아킴 예레미아스 지음, 정충하 옮김 『신약 신학』, 크리스천다이제스트 2009(2012) 132면. 예수는 구원의 때 곧 영(spirit)의 때가 세례 요한의 활동과 더불어 이미 시작되었다고 말했으나 그 자신을 세례 요한과 동일한 수준에 놓았음을 의미하는 것은 아니라고 하였다.

110 세례 요한의 존재의의나 역할을 가급적 낮게 평가하고 기술하려던 예수 그리스도론 신봉자인 복음서 저자들의 성향으로 볼 때, 복음서에 세례 요한 관련 긍정적 평가가 적지 않은 것은 요한에 대한 예수의 평가가 매우 우호적이었던 데서 가능했을 것도 유의할 만하다.

111 「마가복음」 4:30~32.

112 「마태복음」 13:33; 「누가복음」 13:21.

113 「누가복음」 11:20 "그러나 내가 만일 하나님의 손을 힘입어 귀신을 쫓아내는 것이면 하나님의 나라가 이미 너희에게 임하였느니라." 「누가복음」 10:18 "예수 께서 이르시되 사단이 하늘로서 번개같이 떨어지는 것을 내가 보았노라."

114 「마태복음」 13:24~30 "예수께서 그들 앞에 또 비유를 베풀어 가라사대 천국 은 좋은 씨를 제 밭에 뿌린 사람과 같으니 사람들이 잘 때에 그 원수가 와서 곡식 가운데 가라지를 덧뿌리고 갔더니 싹이 나고 결실할 때에 가라지도 보이거늘 집 주인의 종들이 와서 말하되 주여 밭에 좋은 씨를 심지 아니하였나이까 그러면 가라지가 어디서 생겼나이까 주인이 가로되 원수가 이렇게 하였구나 종들이 말 하되 그러면 우리가 가서 이것을 뽑기를 원하시나이까 주인이 가로되 가만두어 라 가라지를 뽑다가 곡식까지 뽑을까 염려하노라 둘 다 추수 때까지 함께 자라 게 두어라 추수 때에 내가 추수꾼들에게 말하기를 가라지는 먼저 거두어 불사르 게 단으로 묶고 곡식은 모아 내 곳간에 넣으라 하리라."

115 「마가복음」 10:18 "예수께서 이르시되 네가 어찌하여 나를 선하다 일컫느냐 하나님 한분 외에는 선한 이가 없느니라."

116 복음서에 보이는 예수는 악한 세력인 사탄이나 귀신들을 거의 장애로 여기지 않았다. 심지어 그의 십자가 수난에서도 사탄은 가룟 유다를 통해 큰 의미도 없 는 역할을 한 존재로 그려지고 있을 뿐이다. 예수는 선신이기도 한 전통적인 창 조주 하나님 아버지 신앙에 매우 투철했음을 알 수 있다.

117 「마태복음」 6:31 "그러므로 염려하여 이르기를 무엇을 먹을까 무엇을 마실까 무엇을 입을까 하지 말라." 「누가복음」 10:18 "예수께서 이르시되 사단이 하늘 로서 번개같이 떨어지는 것을 내가 보았노라." 「요한복음」 14:1 "너희는 마음에 근심하지 말라 하나님을 믿으니 또 나를 믿으라."

118 그러나 실체가 모호하며 결국 로마제국 영토 내에서 이루어질 이 새로운 하나 님 나라를 기존 지배계급이 위험스럽게 볼 가능성은 물론 있었다.

119 「마가복음」 2:27 "안식일은 사람을 위해 있는 것이요 사람이 안식일을 위해 있 는 것이 아니니"라는 구절을 보면 예수가 인간을 목적적으로 생각했음을 잘 알 수 있다.

「마태복음」 6:33 "너희는 먼저 그의 나라와 그의 의를 구하라 그리하면 이 모 든 것을 너희에게 더하시리라." 「마태복음」 5:48 "그러므로 하늘에 계신 너희 아 버지의 온전하심과 같이 너희도 온전하라."

120 「요한복음」 15:15 "이제부터는 너희를 종이라 하지 아니하리니 종은 주인의 하는 것을 알지 못함이라 너희를 친구라 하였노니 내가 내 아버지께 들은 것을

다 너희에게 알게 하였음이니라."

121 「마태복음」 10:34~36 "내가 세상에 화평을 주러 온 줄로 생각지 말라 화평이 아니요 검을 주러 왔노라 내가 온 것은 사람이 그 아비와, 딸이 어미와, 며느리가 시어미와 불화하게 하려 함이니 사람의 원수가 자기 집안 식구리라." 예수를 따름에 의해 가족간에도 원수가 될 수 있음이 밝혀져 있다. 예수가 제시하고 전망한 것은 당대의 일반적 인식과 차이가 큰 혁명적인 것이었다. 인용한 구절의 가족 내 불화상은 본래 구약성경 「미가」 7:6에도 보이는 종말의 상황이기도 하다. 예수가 직접 인용했을 가능성도 있으며 큐복음의 저자 등이 찾아 기술했을 수도 있겠다.

122 예수가 로마제국이라는 강력한 폭력 아래에 있던 유대와 지중해 일대 민중들에게 무장 봉기나 쿠데타를 충동하지 않고 이상적 비전을 제시한 것을 비판적으로 볼 수도 있을 것이다. 그러나 로마제국하 폭력 저항이 필연적으로 봉기한 자들의 죽음이나 노예화로 끝난 것을 생각해보면 그의 방식이 갖는 원대한 이상성을 평가할 만하다. 더구나 그가 비전만 제시한 것이 아니라 삶의 방식을 실천적으로 보여줌으로써, 자포자기 상태의 민중들을 일깨우고 모범을 보여 실현 가능성을 제고한 데서 그 운동 의도의 진지함을 발견할 수 있다.

123 「마가복음」 10:21~22. 물론 이러한 전재산 기부의 권고는 예수가 당대를 종말로 보았기에 나온 것이다.

124 「다니엘」 12:1~2 "그때에 네 민족을 호위하는 대군 미가엘이 일어날 것이요 또 환난이 있으리니 이는 개국 이래로 그때까지 없던 환난일 것이며 그때에 네 백성 중 무릇 책에 기록된 모든 자가 구원을 얻을 것이라 땅의 티끌 가운데서 자는 자 중에 많이 깨어 영생을 얻는 자도 있겠고 수욕을 받아서 무궁히 부끄러움을 입을 자도 있을 것이며." 「요한복음」 11:23~24 "예수께서 가라사대 네 오라비가 다시 살리라 마르다가 가로되 마지막 날 부활에는 다시 살 줄을 내가 아나이다."

125 「마태복음」 11:17 "가로되 우리가 너희를 향하여 피리를 불어도 너희가 춤추지 않고 우리가 애곡하여도 너희가 가슴을 치지 아니하였다 함과 같도다."

126 「마가복음」 9:1 "또 저희에게 이르시되 내가 진실로 너희에게 이르노니 여기 섰는 사람 중에 죽기 전에 하나님의 나라가 권능으로 임하는 것을 볼 자들도 있느니라 하시니라." 「누가복음」 21:31~32 "이와 같이 너희가 이런 일이 일어나는 것을 보거든 하나님의 나라가 가까운 줄을 알라 내가 진실로 너희에게 말하노니 이 세대가 지나가기 전에 모든 일이 다 이루리라." 물론 이 구절들은 인자의

재림을 예상한 내용이지만 '하나님 나라'가 언급된 것으로 보아 예수 생전의 말씀이 반영되었을 개연성이 높다.

127 루돌프 불트만 지음, 허혁 옮김, 앞의 책 96면. 가까운 세계 종말에 대한 예수의 기대가 잘못된 것으로 보았다. 그 이유는 예언자는 하나님의 존엄한 권위와 그의 뜻의 절대성에 압도되어 그에 비하면 세상은 무(無)에 빠져 마지막에 처해 있는 듯이 보였을 것이기 때문이라고 하였다.

128 최초의 복음서인「마가복음」에는 비유가 매우 적은 편인데, 약 20년 뒤에 저술된「마태복음」과「누가복음」에는 체계가 정연한 많은 비유들이 전해지고 있음도 참고할 만하다.

129 J. 예레미아스 지음, 허혁 옮김『예수의 비유』, 분도출판사 1974(2011) 9면. 팔레스타인에서는 밭을 갈기 전 먼저 파종하므로 여건이 좋지 않은 땅에도 씨가 뿌려진다고 한다.

130 아돌프 하르낙 지음, 윤성범 옮김, 앞의 책 55면. 예수 설교의 위대함과 힘은 그것이 극히 단순하며 동시에 풍부하다는 사실에 있다고 하였다.

요아킴 예레미아스 지음, 이태성 옮김『새로 발견된 예수의 말씀들』, 요나미디어 2011, 101면. 예수의 내면의 양식은 자유와 경외의 연결, 순박성, 매우 진지함에서 나타난다고 하였다.

131 이 구절은 일반 대중이나 제자들이나 비유를 이해하지 못했다고 말하고 있는 셈이다. 제자들에게 보충 설명을 하는 것은 충분히 있을 수 있는 일인데 복음서가 이것을 군이 기록하여 전한 것은, 제자들의 가르침이 예수로부터 배운 것이라는 계승의 정통성을 말하고자 하는 것으로 보인다.

132 복음서의 비유들에 대해서는 다음과 같은 관련 서적들을 참고하였다. J. 예레미아스 지음, 허혁 옮김, 앞의 책; 김득중『복음서의 비유들』, 컨콜디아사 1988(1996); 로버트 펑크 지음, 김준우 옮김『예수에게 솔직히』, 한국기독교연구소 1999(2006); 버나드 브랜든 스캇 지음, 김기석 옮김『예수의 비유 새로 듣기』, 한국기독교연구소 2006; 존 도미닉 크로산 지음, 김준우 옮김『비유의 위력』, 한국기독교연구소 2012(2013).

133「누가복음」6:20 "예수께서 눈을 들어 제자들을 보시고 가라사대 가난한 자는 복이 있나니 하나님의 나라가 너희 것임이요." 같은 내용이「마태복음」5:3에는 "심령이 가난한 자는 복이 있나니 천국이 저희 것임이요"라고 전해진다. 전자가 원자료일 큐복음 내용을 제대로 전하고 있다고 이해된다. 후자는 좀더 심령적·정신적 차원으로 변형을 가한 것이다. 1세기 갈릴리에서 의로운 부자를 찾기는

474

어려운 현실이었다. 식민지배의 삼중 착취 속에 무너지는 농민경제의 생산기반인 토지를 부자들이 욕심 사납게 여러 방법으로 차지하고 있었다. 대다수 갈릴리 농민들은 가난한 자의 범주에 들었다. 그들을 격려하기 위해, 그리고 하나님의 입장에서는 약한 자녀가 더 마음이 쓰이기에 그들에게 하나님 나라를 선포하여 분발케 하려는 듯하다. 또한, 불의한 재물이 있는 곳에 하나님을 제대로 모실수는 없으므로 하나님 나라는 가난한 자들 차지가 되기 마련이었다. 종말의 하나님 나라가 선포되었으니 재물을 쌓아두는 것이 별 의미가 없기도 했다.

134 현대 대한민국의 선거에서도 저소득층이 오히려 진보정당보다 보수정당을 지지하는 경향이 있음도 참조할 만하다. 김진석 『우충좌돌, 중도의 재발견』, 개마고원 2011, 53면.

135 예수는 청중의 직업, 지적 수준과 심리를 잘 알고 그에 맞추어 적절한 비유로 하나님 나라 복음을 전하였다.

136 왕인 메시아를 상징하는 것으로 보이는 백향목이 등장하는 다음과 같은 성경 구절이 있다. 이 구절은 '겨자씨 비유' 창작에 크게 참고된 것으로 여겨지기도 한다. 「에스겔」 17:22~23 "나 주 여호와가 말하노라 내가 또 백향목 꼭대기에서 높은 가지를 취하여 심으리라 내가 그 높은 새 가지 끝에서 연한 가지를 꺾어 높고 빼어난 산에 심되 이스라엘 높은 산에 심으리니 그 가지가 무성하고 열매를 맺어서 아름다운 백향목을 이룰 것이요 각양 새가 그 아래 깃들이며 그 가지 그늘에 거할지라."

137 인용된 구절에서 내 이웃이 누구냐고 물은(29절) 율법사는 이 비유 바로 앞에서부터 보인다. 「누가복음」 10:25~28에서 그는 어떻게 해야 영생을 얻을 수 있느냐 묻고 이에 예수는 하나님을 사랑하고 네 이웃을 네 몸과 같이 사랑하면 된다고 대답했다. 이 사랑의 이중계명 관련 내용은 「마가복음」 12:28~31 및 「마태복음」 22:34~40에도 보인다. 그런데 이들 두 복음서에서는 가장 큰 계명이 무엇인지 물은 데 대한 답으로 제시되어 있고, '착한 사마리아인 이야기'는 보이지 않는다. 따라서 가장 큰 계명을 묻는 이야기와 이 사마리아인 관련 비유가 본래 함께 묶여 말해졌다고 볼 근거는 약하다.

138 「누가복음」 13:34~35 "예루살렘아 예루살렘아 선지자들을 죽이고 네게 파송된 자들을 돌로 치는 자여 암탉이 제 새끼를 날개 아래 모음같이 내가 너희의 자녀를 모으려 한 일이 몇 번이냐 그러나 너희가 원치 아니하였도다 보라 너희 집이 황폐하여 버린 바 되리라 내가 너희에게 이르노니 너희가 주의 이름으로 오시는 이를 찬송하리로다 할 때까지는 나를 보지 못하리라 하시니라."

139 「마가복음」 14:58~59 "우리가 그의 말을 들으니 손으로 지은 이 성전을 내가 헐고 손으로 짓지 아니한 다른 성전을 사흘에 지으리라 하더라 하되 오히려 그 증거도 서로 합하지 않더라."

140 김득중, 앞의 책 257면에 의하면 기존 연구들을 참조하며 청지기의 결단력 있는 행동, 민첩성을 칭찬하였다고 보았다.

141 물론 7절과 8절 사이에, 빚을 감면받은 자들이 그 청지기가 일을 매우 정직하게 잘하고 있다고 적극적으로 소문을 내 주인에게도 알려졌다는 내용이 있었다가 전승과정에서 없어졌을 가능성도 생각해볼 수 있다.

142 송혜경 역주 『신약 외경』 상권, 한님성서연구소 2009(2011) 351면.

143 김득중, 앞의 책 114면.

144 루돌프 불트만 지음, 허혁 옮김 『공관복음서 전승사』, 대한기독교서회 1970(2010) 217면. 좀더 자세하게 묘사하고 있는 「누가복음」의 비유가 이차적인 것 같다고 하며, 이차적 적용문을 제외한 「마태복음」의 비유가 원래 것이라 추정하였다.

   J. 예레미아스, 허혁 옮김, 앞의 책 36, 37면. 「마태복음」의 비유가 배교자를 목자의 성실성으로 대할 것을 교회 지도자들에게 호소하는 제자 비유로 변화된 것으로 보아, 예수가 복음의 비판자(바리새인)들에 대해 변호하며 하나님은 회개한 자를 기뻐한다는 목자의 기쁨에 강조점을 두고 있는 「누가복음」 내용이 원래의 상황이 분명하다고 하였다.

145 하나님의 형상을 따라 창조된 하나님의 자녀임을 자부하는 그리스도인들을 아직도 굳이 양으로 말하며 교회 내 성도 관리에 '목장' 등의 용어를 사용하는 한국 기독교 교회의 최근 행태는 이같은 예수 비유들의 발전양상으로 보아도 문제가 있음을 알 수 있다.

146 「신명기」 21:15~17에 의하면 장자는 다른 아들의 두배를 받았기 때문에, 이 둘째아들은 아버지 재산의 1/3을 받았을 것이다. 한편 부친이 살아 있는 중에 분재는 가능하나 재산을 나누어 가진 아들이 그것을 처분할 권한은 없었다고 한다 (김득중, 앞의 책 279면). 증여한 후에도 아버지의 사용권은 유효하며 따라서 둘째아들이 아버지 생전에 그가 나눠준 재산을 처분한 것은 아버지를 무시한 행위이며 가족관계를 단절하는 행위라 할 수 있다. 미야타 미츠오 지음, 양현혜 옮김 『탕자의 정신사』, 홍성사 2014, 108면.

147 두 비유 모두 잃어버린 것을 주인이 열렬하게 찾고, 찾은 다음에 크게 기뻐함을 말하고 있으며, 탕자의 비유도 기본적으로 이 구성을 취하고 있다고 보인다. 다

만 양이나 돈이 피동적으로 찾아진 것에 비해, 탕자 이야기의 경우 회개라는 적극적 인간 행위가 주요한 모티프로 등장하여 앞의 비유들이 가지는 지나친 피동성·단순성을 넘어서 있다.

148 김득중, 앞의 책 274~77면에 의하면 불트만 '잃은 아들의 비유', 맨슨 등 '두 아들의 비유', 스튤뮐러 '두 형제의 비유', 예레미아스 '아버지의 사랑에 대한 비유' 등으로 명명해야 한다고 보았다 한다.

149 집을 떠난 아들이 장자가 아닌 것은 구약성경의 아브라함이나 야곱, 요셉의 경우에서도 볼 수 있다. 장자 우대 풍습이 있는 곳에서 장자는 우선적이며 정통적인 상속자인 만큼 부친을 두고 고향을 떠나는 이야기 설정은 설득력이 없을 것이다. 이같은 사실은 한국 고대사에서도 볼 수 있다. 새로운 지역에 가서 나라를 열었다는 단군신화 속 환인의 아들 환웅은 장자가 아니며, 고구려의 주몽도 그렇게 여겨진다. 백제의 시조 온조의 경우도 마찬가지이다.

150 「마가복음」 6:1~3 "예수께서 거기를 떠나사 고향으로 가시니 제자들도 좇으니라 안식일이 되어 회당에서 가르치시니 많은 사람이 듣고 놀라 가로되 이 사람이 어디서 이런 것을 얻었느뇨 이 사람의 받은 지혜와 그 손으로 이루어지는 이런 권능이 어찌됨이뇨 이 사람이 마리아의 아들 목수가 아니냐 야고보와 요셉과 유다와 시몬의 형제가 아니냐 그 누이들이 우리와 함께 여기 있지 아니하냐 하고 예수를 배척한지라."

151 구약성경의 「전도서」나 「욥기」 등에도 전통적 야훼신앙에 대한 회의를 내비치는 것으로 이해되는 대목이 있다.

152 「마가복음」 2:27, 28; 「마태복음」 12:8; 「누가복음」 6:5.

153 「마태복음」 5:21~48. 이런 경우는 모세의 율법과 달리 이혼을 용납하지 않는 데서도 볼 수 있다(「마가복음」 10:2~12).

154 「마가복음」 7:5 "이에 바리새인들과 서기관들이 예수께 묻되 어찌하여 당신의 제자들은 장로들의 유전을 준행치 아니하고 부정한 손으로 떡을 먹나이까" 하며 문제를 제기하는 것이 그런 경우이다.

155 「누가복음」 6:38 "주라 그리하면 너희에게 줄 것이니 곧 후히 되어 누르고 흔들어 넘치도록 하여 너희에게 안겨 주리라 너희의 헤아리는 그 헤아림으로 너희도 헤아림을 도로 받을 것이니라."

156 「마태복음」 10:39 "자기 목숨을 얻는 자는 잃을 것이요 나를 위하여 자기 목숨을 잃는 자는 얻으리라." 예수의 말 그대로는 아니겠지만, 세상에서 너무 어렵게 여겨지는 하나님의 뜻을 헌신적으로 준행하는 자는 끝내 승리할 것이라는 내용

의 말을 그가 했을 가능성은 있다.

157 「마태복음」 20:26~27 "너희 중에는 그렇지 아니하니 너희 중에 누구든지 크고
자 하는 자는 너희를 섬기는 자가 되고 너희 중에 누구든지 으뜸이 되고자 하는
자는 너희 종이 되어야 하리라."

158 「마태복음」 7:12 "그러므로 무엇이든지 남에게 대접을 받고자 하는 대로 너희
도 남을 대접하라 이것이 율법이요 선지자니라."

159 「마태복음」 11:28~30 "수고하고 무거운 짐 진 자들아 다 내게로 오라 내가 너
희를 쉬게 하리라 나는 마음이 온유하고 겸손하니 나의 멍에를 메고 내게 배우
라 그러면 너희 마음이 쉼을 얻으리니 이는 내 멍에는 쉽고 내 짐은 가벼움이라
하시니라."

160 예수의 비유에 보이는 '참된 이웃 사마리아인'은 물론 천국 비유에 보이는 '겨
자풀'이나 '누룩' 등도 역설적인 면을 띠고 있다.

161 「역대상」 21:1~14. 다윗이 인구조사를 명하자 신하 요압이 죄가 되는 일이라
고 간언하였으나 끝내 조사를 강행하여, 결국 야훼의 진노를 사서 전염병으로
7만명이 죽는 참사를 맞았다.

162 「이사야」 31:1~3. 말과 전차와 기마병이 많은 애굽에 도움을 청하려 함에 대해
멸망이 선포되었다.

163 「이사야」 32:17 "의의 공효는 화평이요 의의 결과는 영원한 평안과 안전이라."

164 「신명기」 4:8 "오늘 내가 너희에게 선포하는 이 율법과 같이 그 규례와 법도가
공의로운 큰 나라가 어디 있느냐."

165 약자의 당장의 적극적 저항은 상대 강자의 강압적 대응으로 자칫 존속 불가능
한 멸절을 가져올 확률이 높다. 무저항은 약자가 그나마 시간과 기회를 벌 수 있
는 것으로 차후에 대한 희미한 희망이라도 가능케 할 수도 있는 것이다. 이러한
행위는 '비겁하다'는 주·객관적 평가가 따르는 것이나, 비겁함이나 그로 인한 창
피함은 늘 약자에게 따라 붙기 마련이다. 그것을 참고 견뎌내느냐는 자신의 수
양이나 성품과 더불어 자신의 선택에 달린 문제인 면이 있다.

166 로마제국 질서 자체에 대해 직접적인 폭력 대응을 하지 않은 데서 무저항이나,
로마제국을 악한 세상 나라로 보고 자신의 이상사회인 하나님 나라 건설을 시도
하였다는 데서는 결과적으로는 저항적이다.

167 「마가복음」 12:26~27 "죽은 자의 살아난다는 것을 의논할진대 너희가 모세의
책 중 가시나무떨기에 관한 글에 하나님께서 모세에게 이르시되 나는 아브라함
의 하나님이요 이삭의 하나님이요 야곱의 하나님이로라 하신 말씀을 읽어보지

못하였느냐 하나님은 죽은 자의 하나님이 아니요 산 자의 하나님이시라 너희가 크게 오해하였도다 하시니라."

168 「누가복음」 12:57 "또 어찌하여 옳은 것을 스스로 판단치 아니하느냐."

169 근래의 연구자들은 복음서에 보이는 기적에 대해, 질병의 치유 기사는 상당 부분 사실일 가능성을 인정하는 듯하나 자연법칙을 거스르는 기적 기사의 신뢰성에 대해서는 부정적이다. 물론 종교의 세계에서 자연법칙을 뛰어넘는 기적을 기대하는 것은 당연한 면도 있으나, 복음서의 기적 기사 중에는 고조된 신앙분위기 속에서 과도해진 내용이 적지 않다. 예수도 기적을 추구하는 자세를 비판적으로 보았음을 유의할 필요가 있다(「마가복음」 8:12;「요한복음」 4:48).

170 이미 헬레니즘 제국의 왕들 중에는 제우스나 아폴론 등 신의 이름을 자신의 이름으로 하거나 소테르(Soter, 구세주)를 칭하는 이들이 적지 않았다(월뱅크, 김경현 옮김 『헬레니즘 세계』, 아카넷 2002, 261~67면). 로마 황제들도 신의 아들이나 신을 칭하는 추세였다.

제6장 예수 부활사건

1 예수 부활에서 빈 무덤이 갖는 의미에 대한 학술적 쟁점에 대해서는, 게르트 타이쎈·아네테 메르츠 지음, 손성현 옮김 『역사적 예수』, 다산글방 2001(2010) 708~14면 참조. 714면에 의하면, 빈 무덤 전승에 어떤 역사적 핵심이 있을 것이라는 견해가 아주 미소하게 우위를 차지하고 있는 편이라 한다.

2 「마가복음」의 흰옷 입은 한 청년,「마태복음」의 지진과 함께 천사의 하강 좌정 및 번개 같은 형상에 흰 옷을 입음,「누가복음」에서 찬란한 옷을 입은 두 사람,「요한복음」에서 흰 옷 입은 두 천사 등이다.

3 예수와 제자들의 갈릴리에서의 해후 약속은 어떤 사실과 연관되었을 가능성이 있다. 예루살렘에 상경한 예수는 제자들의 기대와 달리 왕이 되려는 목적을 가지지 않았으므로 하나님 나라를 전파하고 성전 폐쇄를 선언한 후 당연히 고향 갈릴리로 돌아가고자 했을 것이다. 따라서 예루살렘 상경 이후 행로의 최종 귀착지일 갈릴리는 초기 신앙공동체 안에서 줄곧 부활한 예수가 꼭 가실 곳으로 이야기되었을 가능성이 높다.

4 「요한복음」 11:24 "마르다가 가로되 마지막 날 부활에는 다시 살 줄을 내가 아나이다." 인간 예수의 본래 인식도 여기서 벗어나지 않았을 것이라 여겨진다.

5 「누가복음」 18:31~34 ; 「마가복음」 10:32~34.

6 「마태복음」 28:15 "군병들이 돈을 받고 가르친 대로 하였으니 이 말이 오늘날까지 유대인 가운데 두루 퍼지니라."

7 천사가 갈릴리에서 제자와 만나자는 예수의 부탁을 전하는 「마가복음」이나 「마태복음」의 부활 아침 기사와 달리, 「누가복음」 기사는 갈릴리에서 말씀하신 수난과 사흘 만의 부활 예고 사실을 상기하라고 했다고 다른 내용을 전하였다. 「누가복음」의 저자는 「사도행전」도 함께 저술했는데, 예수로부터 사도들을 거쳐 로마세계로 전파되고 있는 복음의 확산과정을 역사적 안목을 가지고 기술하였다. 그리하여 그리스도교 신앙의 중심지로서 예루살렘에 이어 로마가 중시된다. 아마도 그런 안목에서 그는 부활한 예수가 갈릴리로 돌아가서 제자들을 만나는 전승을 포기하고 예루살렘에서 곧바로 제자들을 만나도록 설정한 것으로 보인다. 그런데 사실 예수가 부활했다면 예루살렘에서 곧바로 제자들을 못 만날 이유는 없다. 「누가복음」 저자는 이러한 판단을 부활 사건 기사에 적극 반영했다고 보인다.

8 「누가복음」과 같이 흰옷 입은 두 천사가 등장한다.

9 그런데 부록 성격의 「요한복음」 21장은 디베랴 바다(갈릴리 호수)에서 제자들과 부활 예수가 만난 상황을 자세히 전하고 있다. 이렇게 추가 편집이 행해진 것은, 「마가복음」이나 「마태복음」 등 더 일찍 성립된 복음서들에 익숙한 신자들이 두 복음서의 부활 기사에 전하는 갈릴리에서 만나자는 천사의 전언을 소중하게 여겼기 때문은 아닌가 하는 생각도 든다. 신화가 범람하던 그 시대에 복음서에 줄곧 나오는 설교자 예수의 진술보다 보이지 않던 천사의 전언이 가진 감화력이 컸을 것으로도 여겨진다.

10 네 복음서를 산출한 신앙공동체의 구성원들은 부활을 확신하는 입장에서 이같이 부정적인 소지가 있는 내용도 담담하게 전한 것으로도 여겨진다.

11 55년경에 기록된 「고린도전서」에서 바울은 "내가 받은 것을 먼저 너희에게 전하였노니"라고 하여(15:3) 자신이 전해들은 것임을 밝히고 있다. 그런데 부활 예수가 500여명 앞에 일시에 보였다면(15:6) 도대체 부활에 대한 의혹이 일(15:12) 가능성이 없으며, 그 대단한 장면이 복음서에 전혀 언급되지 않을 이유도 없을 것이다. 부활사건이 모호하고 혼란스럽게 인식되고 있던 상황을 지도부 위주로 신앙적으로 정리한 감도 든다.

12 네 복음서를 산출한 신앙공동체에 베드로의 영향력이 크지 않았음을 반영하며, 초기 각 예수신앙공동체의 독자성이 매우 강했음을 알 수 있다.

480

13 「마태복음」16:19 "내가 천국 열쇠를 네게 주리니 네가 땅에서 무엇이든지 매면 하늘에서도 매일 것이요 네가 땅에서 무엇이든지 풀면 하늘에서도 풀리리라 하시고." 예수 복음의 보편성과 그가 이 땅에서 하나님 나라를 이루려 한 것을 볼 때, 이 내용을 예수가 말했을 가능성은 없다고 여겨진다. 예수신앙공동체가 더욱 조직화되면서 생성된 것이다.

14 유대인들은 시신과의 접촉을 부정한 것으로 여겼으며, 그토록 두려움에 떤 여인들이 무덤 속에 들어가 시신 상태를 확인했다는 것은 현실성이 없는 듯하다.

15 아폴로도로스 지음, 천병희 옮김 『원전으로 읽는 그리스 신화』, 도서출판 숲 2004, 174면.

16 바울의 경우를 참고할 수 있을 것이다. 「갈라디아서」1:16 "그 아들을 이방에 전하기 위하여 그를 내 속에 나타내시기를 기뻐하실 때에 내가 곧 혈육과 의논하지 아니하고."

17 「고린도전서」15:42~44 "죽은 자의 부활도 이와 같으니 썩을 것으로 심고 썩지 아니할 것으로 다시 살며, 욕된 것으로 심고 영광스러운 것으로 다시 살며 약한 것으로 심고 강한 것으로 다시 살며 육의 몸으로 심고 신령한 몸으로 다시 사나니 육의 몸이 있은즉 또 신령한 몸이 있느니라."

18 「사도행전」에는 베드로가 본 환상과 신비 경험이 전해진다. 그대로 사실이라고 단정할 수는 없으나 베드로의 신비 체험이 말해지던 정황은 유의할 만한 일이다. 그것들은 여러 짐승 등이 담겨 내려온 환상과(10:10~16) 천사가 옥에 출현하여 탈옥시키는 일이었다(12:1~19).

19 「에스겔」37:1~13 "1. 여호와께서 권능으로 내게 임하시고 그 신으로 나를 데리고 가서 골짜기 가운데 두셨는데 거기 뼈가 가득하더라 2. 나를 그 뼈 사방으로 지나게 하시기로 본즉 그 골짜기 지면에 뼈가 심히 많고 아주 말랐더라 3. 그가 내게 이르시되 인자야 이 뼈들이 능히 살겠느냐 하시기로 내가 대답하되 주 여호와여 주께서 아시나이다 4. 또 내게 이르시되 너는 이 모든 뼈에게 대언하여 이르기를 너희 마른 뼈들아 여호와의 말씀을 들을지어다 5. 주 여호와께서 이 뼈들에게 말씀하시기를 내가 생기로 너희에게 들어가게 하리니 너희가 살리라 6. 너희 위에 힘줄을 두고 살을 입히고 가죽으로 덮고 너희 속에 생기를 두리니 너희가 살리라 또 나를 여호와인줄 알리라 하셨다 하라 7. 이에 내가 명을 좇아 대언하니 대언할 때에 소리가 나고 움직이더니 이 뼈, 저 뼈가 들어맞아서 뼈들이 서로 연락하더라 8. 내가 또 보니 그 뼈에 힘줄이 생기고 살이 오르며 그 위에 가죽이 덮이나 그 속에 생기는 없더라 9. 또 내게 이르시되 인자야 너는 생기를 향

하여 대언하라 생기에게 대언하여 이르기를 주 여호와의 말씀에 생기야 사방에
서부터 와서 이 사망을 당한 자에게 불어서 살게 하라 하셨다 하라 10. 이에 내가
그 명대로 대언하였더니 생기가 그들에게 들어가매 그들이 곧 살아 일어나서 서
는데 극히 큰 군대더라 11. 또 내게 이르시되 인자야 이 뼈들은 이스라엘 온 족속
이라 그들이 이르기를 우리의 뼈들이 말랐고 우리의 소망이 없어졌으니 우리는
다 멸절되었다 하느니라 12. 그러므로 너는 대언하여 그들에게 이르기를 주 여
호와의 말씀에 내 백성들아 내가 너희 무덤을 열고 너희로 거기서 나오게 하고
이스라엘 땅으로 들어가게 하리라 13. 내 백성들아 내가 너희 무덤을 열고 너희
로 거기서 나오게 한즉 너희가 나를 여호와인 줄 알리라."

20 요아킴 예레미아스 지음, 정충하 옮김『신약 신학』, 크리스천다이제스트 2009
(2012), 440면. 유대주의는 예수의 부활처럼 역사 속 사건으로 예기된 부활을 알
지 못하고 죽은 자에게 생명이 다시 돌아오는 소생(蘇生)이 말해지고 있었을 뿐
이라고 하였다.

정양모『나는 예수를 이렇게 본다』, 햇빛출판사 2012, 288면.「에스겔」37:1~
14를 전거로 하여, 유대인들은 부활을 시신이 소생하는 것으로 간주했다고 하
였다.

21「마카베오기 하권」7:10~11,『성경』, 한국천주교중앙협의회 2011, 1103, 1104면.

22「마카베오기 하권」14:46 "그리고 피가 다 쏟아지자, 자기 창자를 뽑아내어 양
손에 움켜쥐고 군사들에게 내던지며, 생명과 목숨의 수인이신 분께 그것을 돌려
주십사고 탄원하였다. 그는 이렇게 죽어갔다"(같은 책 1127면).

23「베드로전서」와「베드로후서」는 예수의 제자 베드로가 아닌 다른 사람이 차명
저술한 것이다. 두 서신의 저자들도 서로 다르다. 마르틴 에브너·슈테판 슈라이
버 지음, 이종한 옮김『신약성경 개론』, 분도출판사 2013, 793, 807면 참조.

24「누가복음」24:13~35 "13. 그날에 저희 중 둘이 예루살렘에서 이십오리 되는
엠마오라 하는 촌으로 가면서 14. 이 모든 된 일을 서로 이야기하더라 15. 저희가
서로 이야기하며 문의할 때에 예수께서 가까이 이르러 저희와 동행하시나 16.
저희의 눈이 가리워져서 그인줄 알아보지 못하거늘 17. 예수께서 이르시되 너희
가 길 가면서 서로 주고받고 하는 이야기가 무엇이냐 하시니 두 사람이 슬픈 빛
을 띠고 머물러 서더라 18. 그 한 사람인 글로바라 하는 자가 대답하여 가로되 당
신이 예루살렘에 우거하면서 근일 거기서 된 일을 홀로 알지 못하느뇨 19. 가라
사대 무슨 일이뇨 가로되 나사렛 예수의 일이니 그는 하나님과 모든 백성 앞에
서 말과 일에 능하신 선지자여늘 20. 우리 대제사장들과 관원들이 사형 판결에

넘겨주어 십자가에 못 박았느니라 21. 우리는 이 사람이 이스라엘을 구속할 자라고 바랐노라 이뿐 아니라 이 일이 된지가 사흘째요 22. 또한 우리 중에 어떤 여자들이 우리로 놀라게 하였으니 이는 저희가 새벽에 무덤에 갔다가 23. 그의 시체는 보지 못하고 와서 그가 살으셨다 하는 천사들의 나타남을 보았다 함이라 24. 또 우리와 함께한 자 중에 두어 사람이 무덤에 가 과연 여자들의 말한 바와 같음을 보았으나 예수는 보지 못하였느니라 하거늘 25. 가라사대 미련하고 선지자들의 말한 모든 것을 마음에 더디 믿는 자들이여 26. 그리스도가 이런 고난을 받고 자기의 영광에 들어가야 할 것이 아니냐 하시고 27. 이에 모세와 및 모든 선지자의 글로 시작하여 모든 성경에 쓴바 자기에 관한 것을 자세히 설명하시니라 28. 저희의 가는 촌에 가까이 가매 예수는 더 가려 하는 것같이 하시니 29. 저희가 강권하여 가로되 우리와 함께 유하사이다 때가 저물어가고 날이 이미 기울었나이다 하니 이에 저희와 함께 유하러 들어가시니라 30. 저희와 함께 음식 잡수실 때에 떡을 가지사 축사하시고 떼어 저희에게 주시매 31. 저희 눈이 밝아져 그인 줄 알아보더니 예수는 저희에게 보이지 아니하시는지라 32. 저희가 서로 말하되 길에서 우리에게 말씀하시고 우리에게 성경을 풀어 주실 때에 우리 속에서 마음이 뜨겁지 아니하더냐 하고 33. 곧 그시로 일어나 예루살렘에 돌아가 보니 열한 사도와 및 그와 함께한 자들이 모여 있어 34. 말하기를 주께서 과연 살아나시고 시몬에게 나타나셨다 하는지라 35. 두 사람도 길에서 된 일과 예수께서 떡을 떼심으로 자기들에게 알려지신 것을 말하더라."

25 「누가복음」보다 뒤에 만들어진 「요한복음」이 이 이야기를 편성하지 않은 이유가 궁금하기도 하다. 이 이야기 중에 등장하는 글로바라는 제자는 「요한복음」에도 등장한다(19:25). 십자가에 의해 영광스럽게 '들린' 하나님 예수를 분명하게 말하는 「요한복음」의 신학 때문에 이 다소 모호한 부활 경험 이야기는 주목되지 않았을 듯도 하다.

26 「요한복음」 19:25. 예수가 목 박혔을 때 십자가 가까이 있었던 네 여인(모친 마리아, 이모, 글로바의 처 마리아, 막달라 마리아) 중에 글로바의 처가 보인다.

27 원이야기에서는 이들은 예수의 무덤을 찾을 수 없다는 안타까운 소식을 듣고 길을 가고 있었을 가능성도 있다. 필자는 이것이 더 사실에 가깝다고 여겨지는데 곧 후술하겠다.

28 「마가복음」 10:17~18 "예수께서 길에 나가실새 한 사람이 달려와서 꿇어앉아 묻자오되 선한 선생님이여 내가 무엇을 하여야 영생을 얻으리이까 예수께서 이르시되 네가 어찌하여 나를 선하다 일컫느냐 하나님 한분 외에는 선한 이가 없

느니라."

29 1세기 전반 예수 시대의 유대인들이 막연하게나마 의인의 부활을 가능한 것으로 여겼을 증거로는, 동시대인인 갈릴리 분봉왕 헤롯 안티파스가 갑자기 등장해 복음을 선포하는 예수를 자신이 처형한 선지자 세례 요한이 부활한 것이 아닌가 생각했다는 복음서의 내용을 들 수 있다. 「마가복음」 6:14~16 "이에 예수의 이름이 드러난지라 헤롯왕이 듣고 가로되 이는 세례 요한이 죽은 자 가운데서 살아났도다 그러므로 이런 능력이 그 속에서 운동하느니라 하고 어떤 이는 이가 엘리야라 하고 또 어떤 이는 이가 선지자니 옛 선지자 중의 하나와 같다 하되 헤롯은 듣고 가로되 내가 목 베인 요한 그가 살아났다 하더라."

30 윌리엄 제임스 지음, 김재영 옮김 『종교적 경험의 다양성』, 한길사 1999(2014) 464면. 신비적 경험의 범주는 매우 넓다고 하였다. 예수 제자나 추종자들이 만난 부활 예수와의 경험도 매우 다양했을 가능성을 열어두어야 할 것이다.

31 「누가복음」 24:36~43 "36. 이 말을 할 때에 예수께서 친히 그 가운데 서서 가라사대 너희에게 평강이 있을지어다 하시니 37. 저희가 놀라고 무서워하여 그 보는 것을 영으로 생각하는지라 38. 예수께서 가라사대 어찌하여 두려워하며 어찌하여 마음에 의심이 일어나느냐 39. 내 손과 발을 보고 나인 줄 알라 또 나를 만져보라 영은 살과 뼈가 없으되 너희 보는 바와 같이 나는 있느니라 40. 이 말씀을 하시고 손과 발을 보이시나 41. 저희가 너무 기쁘므로 오히려 믿지 못하고 기이히 여길 때에 이르시되 여기 무슨 먹을 것이 있느냐 하시니 42. 이에 구운 생선 한 토막을 드리매 43. 받으사 그 앞에서 잡수시더라." 37절과 39절의 '영'은 유령으로 볼 수 있는데, 이방인 예수신앙공동체에서 저술된 「누가복음」은 부활한 예수가 유령이 아님을 애써 강조하고 있다. 그리하여 이어지는 41~43절에는 구운 생선 한 토막을 제자들 앞에서 먹었다고 하였다. 같은 저자가 지은 「사도행전」 13:31에도 갈릴리에서 예루살렘에 함께 올라간 사람들에게 부활한 예수가 여러 날 보이셨다고 하였다. 그리고 그 증인은 아무나 된 것이 아니라 미리 택한 자, 부활 후 모시고 음식을 먹은 자인 자신들이라고 하였다(「사도행전」 10:41).

헬라인들의 유령관은 플라톤의 저서를 통해 볼 수 있다. 소크라테스는 혼 중에서 신체적인 것에 오염되어 밑으로 처지고, 비가시적인 것과 하데스가 두려워 가시적인 세계로 도로 끌려가서 무덤과 묘비 주위를 배회하는 그림자 같은 환영(幻影)이 혼들의 유령이라고 하였다. 이것은 가시적인 것을 일부 간직하고 있어서 눈에 보인다고 하였다. 「파이돈」 81c·d, 플라톤 지음, 천병희 옮김 『소크라테스의 변론·크리톤·파이돈·향연』, 숲 2012(2015).

32 잘 알려진 대로, 「요한복음」은 자체 신앙공동체 내부의 영지주의자들의 가현설 (假現說)을 비판하기 위해 육신을 가진 예수를 강조하는 성향이 있음도 참작해 야 할 것이다.

33 별도의 전승이 있었을 가능성을 부정할 수는 없으나, 「누가복음」은 부활한 예수 가 굳이 갈릴리에서 제자들을 만나야 한다는 것은 설득력이 없으며 곧바로 예루 살렘에서 제자들을 만났을 것으로 보았던 듯하다. 이방인으로 구성된 누가 예수 신앙공동체는 갈릴리가 예수의 고향이라는 사실을 크게 의식하지 않았다고도 여겨진다.

34 「요한복음」 20:30~31 "예수께서 제자들 앞에서 이 책에 기록되지 아니한 다른 표적도 많이 행하셨으나 오직 이것을 기록함은 너희로 예수께서 하나님의 아들 그리스도이심을 믿게 하려 함이요 또 너희로 믿고 그 이름을 힘입어 생명을 얻 게 하려 함이니라."

35 「요한복음」 21:1~25 "1. 그후에 예수께서 디베랴 바다에서 또 제자들에게 자기 를 나타내셨으니 나타내신 일이 이러하니라 2. 시몬 베드로와 디두모라 하는 도 마와 갈릴리 가나 사람 나다나엘과 세베대의 아들들과 또 다른 제자 둘이 함께 있더니 3. 시몬 베드로가 나는 물고기 잡으러 가노라 하매 저희가 우리도 함께 가겠다 하고 나가서 배에 올랐으나 이 밤에 아무것도 잡지 못하였더니 4. 날이 새어갈 때에 예수께서 바닷가에 서셨으나 제자들이 예수신 줄 알지 못하는지라 5. 예수께서 이르시되 얘들아 너희에게 고기가 있느냐 대답하되 없나이다 6. 가 라사대 그물을 배 오른편에 던지라 그리하면 얻으리라 하신대 이에 던졌더니 고 기가 많아 그물을 들 수 없더라 7. 예수의 사랑하시는 그 제자가 베드로에게 이 르되 주시라 하니 시몬 베드로가 벗고 있다가 주라 하는 말을 듣고 겉옷을 두른 후에 바다로 뛰어내리더라 8. 다른 제자들은 육지에서 상거가 불과 한 오십 간쯤 되므로 작은 배를 타고 고기 든 그물을 끌고 와서 9. 육지에 올라보니 숯불이 있 는데 그 위에 생선이 놓였고 떡도 있더라 10. 예수께서 가라사대 지금 잡은 생선 을 좀 가져오라 하신대 11. 시몬 베드로가 올라가서 그물을 육지에 끌어올리니 가득히 찬 큰 고기가 일백쉰세 마리라 이같이 많으나 그물이 찢어지지 아니하였 더라 12. 예수께서 가라사대 와서 조반을 먹으라 하시니 제자들이 주신 줄 아는 고로 당신이 누구냐 감히 묻는 자가 없더라 13. 예수께서 가셔서 떡을 가져다가 저희에게 주시고 생선도 그와 같이 하시니라 14. 이것은 예수께서 죽은 자 가운 데서 살아나신 후에 세번째로 제자들에게 나타나신 것이라 15. 저희가 조반 먹 은 후에 예수께서 시몬 베드로에게 이르시되 요한의 아들 시몬아 네가 이 사람

들보다 나를 더 사랑하느냐 하시니 가로되 주여 그러하외다 내가 주를 사랑하는
줄 주께서 아시나이다 가라사대 내 어린 양을 먹이라 하시고 16. 또 두번째 가라
사대 요한의 아들 시몬아 네가 나를 사랑하느냐 하시니 가로되 주여 그러하외다
내가 주를 사랑하는 줄 주께서 아시나이다 가라사대 내 양을 치라 하시고 17. 세
번째 가라사대 요한의 아들 시몬아 네가 나를 사랑하느냐 하시니 주께서 세번째
네가 나를 사랑하느냐 하시므로 베드로가 근심하여 가로되 주여 모든 것을 아시
오매 내가 주를 사랑하는 줄을 주께서 아시나이다 예수께서 가라사대 내 양을
먹이라 18. 내가 진실로 진실로 네게 이르노니 젊어서는 네가 스스로 띠 띠고 원
하는 곳으로 다녔거니와 늙어서는 네 팔을 벌리리니 남이 네게 띠 띠우고 원치
아니하는 곳으로 데려가리라 19. 이 말씀을 하심은 베드로가 어떠한 죽음으로
하나님께 영광을 돌릴 것을 가리키심이러라 이 말씀을 하시고 베드로에게 이르
시되 나를 따르라 하시니 20. 베드로가 돌이켜 예수의 사랑하시는 그 제자가 따
르는 것을 보니 그는 만찬석에서 예수의 품에 의지하여 주여 주를 파는 자가 누
구오니이까 묻던 자러라 21. 이에 베드로가 그를 보고 예수께 여쭈오되 주여 이
사람은 어떻게 되겠삽나이까 22. 예수께서 가라사대 내가 올 때까지 그를 머물
게 하고자 할지라도 네게 무슨 상관이냐 너는 나를 따르라 하시더라 23. 이 말씀
이 형제들에게 나가서 그 제자는 죽지 아니하겠다 하였으나 예수의 말씀은 그가
죽지 않겠다 하신 것이 아니라 내가 올 때까지 그를 머물게 하고자 할지라도 네
게 무슨 상관이냐 하신 것이러라 24. 이 일을 증거하고 이 일을 기록한 제자가 이
사람이라 우리는 그의 증거가 참인 줄 아노라 25. 예수의 행하신 일이 이외에도
많으니 만일 낱낱이 기록된다면 이 세상이라도 이 기록된 책을 두기에 부족할
줄 아노라."

36 「이사야」 61:2 "여호와의 은혜의 해와 우리 하나님의 신원의 날을 전파하여 모
든 슬픈 자를 위로하되."

37 김득중 『요한의 신학』, 컨콜디아사 1994(2011) 202~03면.

38 익명의 '예수의 사랑하시는 그 제자'가 「요한복음」 21:2의 이름이 보이지 않는
두 제자에 속했을 개연성도 생각해볼 수 있으나, 그를 중심적인 제자로 기술하
고 있는 복음서에서 그렇게 표현하지는 않았을 것이다.

39 「마가복음」 3:17. 또한 제자 요한은 예수 일행이 예루살렘으로 가기 위해 사마
리아 촌을 통과하려다 거부당하자 "제자 야고보와 요한이 이를 보고 가로되 주
여 우리가 불을 명하여 하늘로 좇아 내려 저희를 멸하라 하기를 원하시나이까"
(「누가복음」 9:54)라고 하여 과격한 면을 보이기도 했다. 제자 요한의 이런 성격

에 대해 융도 주목한 바 있다. 「욥에의 응답」, C. G. Jung 지음, 한국융연구원 C. G. 융 저작 번역위원회 옮김 『인간의 상과 신의 상』, 솔 출판사 2008, 417면 참조.

40 수제자라는 베드로의 잘못을 훈계하는 뒤늦게 뛰어든 사도 바울의 행적도(「갈라디아서」2:11~14) 과거의 잘못으로 인해 큰 신뢰를 받지 못하고 있던 베드로의 취약한 기반을 추론케 해준다.

41 에르네스트 르낭 지음, 최명관 옮김 『예수의 생애』(개정판), 창 2010, 65면. 「요한복음」에 대해 "놀랄 만큼 선명한가 하면 이상하게 변질되어 있는 추억들을 품고 있어서 말한 사람과는 다른 노인이 편찬한 것이라고 해야 납득될 만한 필치가 수두룩하다"고 분석하고 있다.

42 「마가복음」9:2~13; 「마태복음」17:1~13; 「누가복음」9:28~36.

43 「마가복음」9:2~9 "2. 엿새 후에 예수께서 베드로와 야고보와 요한을 데리시고 따로 높은 산에 올라가셨더니 저희 앞에서 변형되사 3. 그 옷이 광채가 나며 세상에서 빨래하는 자가 그렇게 희게 할 수 없을 만큼 심히 희어졌더라 4. 이에 엘리야가 모세와 함께 저희에게 나타나 예수로 더불어 말씀하거늘 5. 베드로가 예수께 고하되 랍비여 우리가 여기 있는 것이 좋사오니 우리가 초막 셋을 짓되 하나는 주를 위하여, 하나는 모세를 위하여, 하나는 엘리야를 위하여 하사이다 하니 6. 이는 저희가 심히 무서워하므로 저가 무슨 말을 할지 알지 못함이더라 7. 마침 구름이 와서 저희를 덮으며 구름 속에서 소리가 나되 이는 내 사랑하는 아들이니 너희는 저의 말을 들으라 하는지라 8. 문득 둘러보니 아무도 보이지 아니하고 오직 예수와 자기들뿐이었더라 9. 저희가 산에서 내려올 때에 예수께서 경계하시되 인자가 죽은 자 가운데서 살아날 때까지는 본 것을 아무에게도 이르지 말라 하시니."

44 마르틴 에브너·슈테판 슈라이버 지음, 이종한 옮김, 앞의 책 419면에 보이는 바울의 전기적 연대표에 의하면 예수 사망을 30년경으로, 바울(바오로)의 소명을 33, 34년경으로 보고 있다.

45 9장 내용은 「사도행전」저자의 일반적 서술, 22장 내용은 대중연설, 26장 내용은 아그립바왕 앞에서의 변명이다.

46 「사도행전」9:1~19 "1. 사울이 주의 제자들을 대하여 여전히 위협과 살기가 등등하여 대제사장에게 가서 2. 다메섹 여러 회당에 갈 공문을 청하니 이는 만일 그 도를 좇는 사람을 만나면 무론남녀하고 결박하여 예루살렘으로 잡아 오려 함이라 3. 사울이 행하여 다메섹에 가까이 가더니 홀연히 하늘로서 빛이 저를 둘러 비추는지라 4. 땅에 엎드러져 들으매 소리 있어 가라사대 사울아 사울아 네

가 어찌하여 나를 핍박하느냐 하시거늘 5. 대답하되 주여 뉘시오니이까 가라사대 나는 네가 핍박하는 예수라 6. 네가 일어나 성으로 들어가라 행할 것을 네게 이를 자가 있느니라 하시니 7. 같이 가던 사람들은 소리만 듣고 아무도 보지 못하여 말을 못하고 섰더라 8. 사울이 땅에서 일어나 눈은 떴으나 아무 것도 보지 못하고 사람의 손에 끌려 다메섹으로 들어가서 9. 사흘 동안을 보지 못하고 식음을 전폐하니라 10. 그때에 다메섹에 아나니아라 하는 제자가 있더니 주께서 환상 중에 불러 가라사대 아나니아야 하시거늘 대답하되 주여 내가 여기 있나이다 하니 11. 주께서 가라사대 일어나 직가라 하는 거리로 가서 유다 집에서 다소 사람 사울이라 하는 자를 찾으라 저가 기도하는 중이다 12. 저가 아나니아라 하는 사람이 들어와서 자기에게 안수하여 다시 보게 하는 것을 보았느니라 하시거늘 13. 아나니아가 대답하되 주여 이 사람에 대하여 내가 여러 사람에게 듣사온 즉 그가 예루살렘에서 주의 성도에게 적지 않은 해를 끼쳤다 하더니 14. 여기서도 주의 이름을 부르는 모든 자를 결박할 권세를 대제사장들에게 받았나이다 하거늘 15. 주께서 가라사대 가라 이 사람은 내 이름을 이방인과 임금들과 이스라엘 자손들 앞에 전하기 위하여 택한 나의 그릇이라 16. 그가 내 이름을 위하여 해를 얼마나 받아야 할 것을 내가 그에게 보이리라 하시니 17. 아나니아가 떠나 그 집에 들어가서 그에게 안수하여 가로되 형제 사울아 주 곧 네가 오는 길에서 나타나시던 예수께서 나를 보내어 너로 다시 보게 하시고 성령으로 충만하게 하신다 하니 18. 즉시 사울의 눈에서 비늘 같은 것이 벗어져 다시 보게 된지라 일어나 세례를 받고 19. 음식을 먹으매 강건하여지니라 사울이 다메섹에 있는 제자들과 함께 며칠 있을새.”

47 복음서가 전하는 예수 부활사건 이야기에 비해 「사도행전」이 전하는 바울의 부활 예수 만남 이야기는 크게 변형되지는 않은 것으로 보인다. 부활한 예수의 신성이 신자들에 의해 강조될 여지가 많으나 그의 음성 이외에 행위 묘사가 거의 없는 것으로 보아 비교적 초기 전승이 채록된 것이 아닐까 한다. 아나니아 관련 이야기는 추가된 내용일 가능성이 높아 보인다.

48 「갈라디아서」 1:11~20 “11. 형제들아 내가 너희에게 알게 하노니 내가 전한 복음이 사람의 뜻을 따라 된 것이 아니라 12. 이는 내가 사람에게서 받은 것도 아니요 배운 것도 아니요 오직 예수 그리스도의 계시로 말미암은 것이라 13. 내가 이전에 유대교에 있을 때에 행한 일을 너희가 들었거니와 하나님의 교회를 심히 핍박하여 잔해하고 14. 내가 내 동족 중 여러 연갑자보다 유대교를 지나치게 믿어 내 조상의 유전에 대하여 더욱 열심이 있었으나 15. 그러나 내 어머니의 태로

부터 나를 택정하시고 은혜로 나를 부르신 이가 16. 그 아들을 이방에 전하기 위하여 그를 내 속에 나타내시기를 기뻐하실 때에 내가 곧 혈육과 의논하지 아니하고 17. 또 나보다 먼저 사도 된 자들을 만나려고 예루살렘으로 가지 아니하고 오직 아라비아로 갔다가 다시 다메섹으로 돌아갔노라 18. 그후 삼년 만에 내가 게바를 심방하려고 예루살렘에 올라가서 저와 함께 십오일을 유할새 19. 주의 형제 야고보 외에 다른 사도들을 보지 못하였노라 20. 보라 내가 너희에게 쓰는 것은 하나님 앞에서 거짓말이 아니로라.'

49 윌리엄 제임스 지음, 김재영 옮김, 앞의 책 511면.

50 「사도행전」 22:9에는 함께 있던 사람들이 빛은 보면서도 말하는 이의 소리는 듣지 못했다고 하였다. 구전자료라서 혼란이 있을 수 있으며 편집자의 착오나 후대 사본 필사자의 실수 등으로 동일한 기술이 나오지 않게 된 듯하다. 고대의 구전과 관련된 자료를 다루는 데 있어 민감하게 생각할 정도의 큰 문제는 아니다.

51 「고린도전서」 15:44 "육의 몸으로 심고 신령한 몸으로 다시 사나니 육의 몸이 있은즉 또 신령한 몸이 있느니라."

　요아킴 예레미아스 지음, 정충하 옮김, 앞의 책, 440면. 바울의 예수 그리스도 현현의 신령한 몸 경험은 다른 모든 부활 현현의 전형으로 간주될 수 있다고 하였다.

52 게르트 타이쎈·아네테 메르츠 지음, 손성현 옮김, 앞의 책 714면.

53 로버트 펑크 지음, 김준우 옮김 『예수에게 솔직히』(개정판), 한국기독교연구소 2006, 335~36면.

　또한, 정양모·이영헌 『이스라엘 성지, 어제와 오늘』, 생활성서사 2011(1988) 47면에 의하면, 324년 콘스탄티누스 황제의 어머니 헬레나가 예루살렘 순례과정에서 당시 예루살렘 주교 마카리우스에게서 여러 사실을 들었으며 유피테르와 베누스(비너스) 신전이 자리하고 있는 곳이 골고다와 예수님 무덤이었다는 사실도 알게 되었다 한다. 헬레나가 이런 사실을 황제에게 알려 326년 황제의 명에 따라 신전이 헐리고 그후 10년 세월을 거쳐 예수의 죽음과 부활을 기념하는 대성전(교회)이 세워졌다고 하였다.

54 콘스탄티누스 시대에 살았고 팔레스타인 가이사랴의 주교였던 에우세비우스의 저서에 성묘교회 설립과정이 자세히 전하는데, 성묘교회 터가 예수의 처형장이나 무덤이라는 확실한 근거가 있었던 것이 아니고 어떤 추정과 확신 속에서 교회 건축이 시행된 것으로 보인다. Eusebius Pamphilus, *The Life of the Blessed Emperor Constantine*, New Jersey: Evolution Publishing Merchantville 2009, pp.

121-130.

55 존 도미닉 크로산·조나단 리드 지음, 김기철 옮김『예수의 역사』, 한국기독교연구소 2010, 377면. 콘스탄티누스가 교회를 세운 그 자리는 예수가 십자가에서 처형된 자리요 시신이 버려진 곳이 분명해 보이며, 예수의 성묘를 확실히 믿을 수 있는 몇 안되는 유적지의 하나라고 하였다. 그런데 많은 사람들에게 일종의 협박수단으로도 쓰였던 십자가형은 공개적으로 시행되었을 것인 만큼, 예수의 십자가 처형이 복음서에 전하는 바와 같이 성묘교회가 있는 골고다 언덕에서 이루어졌고 그렇게 전해졌을 가능성은 높다고 보이나, 특별한 비상시도 아닌 상황에서 처형된 곳 바로 가까이에 추종자가 상당하고 문제화될 소지가 있는 국사범의 무덤을 두도록 했을지는 심히 의문이다.

56 M. 엘리아데 지음, 정진홍 옮김『우주와 역사』(재판), 현대사상사 1979, 73~74면. 제1차 세계대전 직전 루마니아에서 당사자인 증인이 살아 있는데도 3년 만에 사실의 역사성이 탈색되고 신화적 내용으로 가득 찬 전설, 설화가 된 사례를 소개하고 있다.

57 「고린도전서」 15:17 "그리스도께서 다시 사신 것이 없으면 너희의 믿음도 헛되고 너희가 여전히 죄 가운데 있을 것이요." 이들 부활을 부정하는 고린도교회 신자들은 영지주의자로 이해되기도 한다. 울릭히 빌켄스「원시 기독교사에 나타난 계시 이해」, W. 판넨베르그 지음, 전경연 등 옮김『역사로서 나타난 계시』, 대한기독교서회 1979, 85면.

58 순교자 유스티누스는 2세기 중엽의 저서『유대인 트뤼폰과의 대화』에서, 유대인들은 예수가 사기꾼이고 그의 무덤의 시체는 제자들이 훔쳐간 것이라는 주장을 해외 선교에서 알리고 있다고 하였다. Justin, *Dialogue of Justin, Philosopher and Martyr with Trypho a Jew*, Whitefish, MT: Kessinger Publishing 2010, pp. 123-124; 이경직『순교자 유스티누스의 생애와 사상』, 기독교연합신문사 2005, 404면. 그러나 이 내용은 예수의 빈 무덤이 객관적으로 존재한다는 사실을 확인하고 나온 것이기보다는, 유대교와 대립관계에 들어가던 마태신앙공동체의 형성·활동기인 80~90년경 기록된「마태복음」이 전하는 관련 기사(28:13)를 의식하며 재론하는 정도로 보면 족할 것이다. 설혹 유대교측이 실제로 그렇게 했더라도 그것은 예수 사후 50년 이상이 지난 시점에 그리스도인들이 부활 전도에 열을 올리는 데 대한 대응일 가능성이 높을 뿐, 그것 때문에 빈 무덤의 실재가 입증되는 것은 아니다. 실제 예수 사망 후 사흘째 되는 날에 빈 무덤 사건이 발생했거나 제자들이 시신을 훔쳐가 부활을 주장했다면, 대제사장측은 무덤에서 사라

진 예수의 시신과 그의 제자들을 수색 체포하는 등 강력히 대응했을 것이다.

59 마르크 반 드 미에룹 지음, 김구원 옮김 『고대 근동 역사』, 기독교문서선교회 2010, 115면.

60 「마가복음」 14:61~62. 한편 사실 이면의 진실을 잘 전해주는 편인 「요한복음」 19:7에는 "유대인들이 대답하되 우리에게 법이 있으니 그 법대로 하면 저가 당연히 죽을 것은 저가 자기를 하나님 아들이라 함이니이다"라고 하여, 초기 그리스도인들도 예수가 '하나님의 아들'임을 인정하여 유대 율법에 따라 신성모독죄로 처형된 것으로 보았음을 알려준다.

61 1세기에 수천명의 유대인들이 십자가형으로 처형되었으나, 고고학적으로 확인된 무덤에 묻힌 처형자는 단 한 사람, 이스라엘의 예루살렘 북쪽 근교 기브앗 하미브타르의 납골함 속에서 발견된 발목뼈에 못이 박혀 있는 여호아난(Yehochanan)뿐이다. 그는 부유한 가문 출신으로 연줄도 좋아서 가족묘에 매장되는 행운을 얻었다고 한다. 존 도미닉 크로산·조나단 리드 지음, 김기철 옮김, 앞의 책 373~75면.

62 같은 책 373면; 마커스 보그·톰 라이트 지음, 김준우 옮김 『예수의 의미』, 한국기독교연구소 2001, 150면; 조순 『그리스도론 ― 주요 쟁점들을 중심으로』, 한들출판사 2004, 237면 크로산의 견해.

63 「요한복음」 19:38. 아리마대 사람 요셉은 예수의 제자이지만 유대인을 두려워해 숨겨왔다고 하였다.

64 구체적인 것이 곧 사실성이 높음을 입증하는 것이 아님을 알 수 있는 예로 바울의 경우를 참조해볼 수 있다. 바울은 다메섹 도상의 회심 이후 자신의 행적에 대해 자신의 편지인 「갈라디아서」에서 밝혀 말하고 있다. 그런데 「누가복음」의 저자이기도 한 「사도행전」의 저자는 그것에 대해 다른 이야기를 매우 구체적으로 전한다. 「갈라디아서」에서 바울은 자신이 예루살렘으로 가지 않았다고 하는데, 「사도행전」은 다메섹에서 전도하다가 제자들의 도움으로 광주리를 타고 성을 빠져나와 곧 예루살렘으로 가서 바나바의 안내로 제자들과 교류하다가 헬라파 유대인들이 죽이려고 하자 피신했다고 하였다. 「사도행전」의 내용은 다메섹 회심이 있은 지 약 50년이 지난 후에 저술된 것인데, 구체적 인명이 나오고 내용 구성도 자세하지만 사실이 아님이 널리 인정되고 있다. 아마도 그것은 신도들의 구전설화를 바탕으로 「사도행전」 저자가 정리하면서 더욱 그럴듯하게 만든 것으로 보인다.

「갈라디아서」 1:16~17 "그 아들을 이방에 전하기 위하여 그를 내 속에 나타내시기를 기뻐하실 때에 내가 곧 혈육과 의논하지 아니하고, 또 나보다 먼저 사도 된 자들을 만나려고 예루살렘으로 가지 아니하고 오직 아라비아로 갔다가 다시 다메섹으로 돌아갔노라." 「사도행전」 9:19~30 "19. 음식을 먹으매 강건하여지 니라 사울이 다메섹에 있는 제자들과 함께 며칠 있을새 20. 즉시로 각 회당에서 예수의 하나님의 아들이심을 전파하니 21. 듣는 사람이 다 놀라 말하되 이 사람 이 예루살렘에서 이 이름 부르는 사람을 잔해하던 자가 아니냐 여기 온 것도 저 희를 결박하여 대제사장들에게 끌어가고자 함이 아니냐 하더라 22. 사울은 힘 을 더 얻어 예수를 그리스도라 증명하여 다메섹에 사는 유대인들을 굴복시키니 라 23. 여러 날이 지나매 유대인들이 사울 죽이기를 공모하더니 24. 그 계교가 사 울에게 알려지니라 저희가 그를 죽이려고 밤낮으로 성문까지 지키거늘 25. 그의 제자들이 밤에 광주리에 사울을 담아 성에서 달아 내리니라 26. 사울이 예루살 렘에 가서 제자들을 사귀고자 하나 다 두려워하여 그의 제자 됨을 믿지 아니하 니 27. 바나바가 데리고 사도들에게 가서 그가 길에서 어떻게 주를 본 것과 주께 서 그에게 말씀하신 일과 다메섹에서 그가 어떻게 예수의 이름으로 담대히 말하 던 것을 말하니라 28. 사울이 제자들과 함께 있어 예루살렘에 출입하며 29. 또 주 예수의 이름으로 담대히 말하고 헬라파 유대인들과 함께 말하며 변론하니 그 사 람들이 죽이려고 힘쓰거늘 30. 형제들이 알고 가이사랴로 데리고 내려가서 다소 로 보내니라."

65 「요한복음」 19:38~42를 보면, 예수의 시신은 십자가로 처형된 곳에 있던 동산 안의 새 무덤에 묻힌 것으로 말해진다. 아리마대의 요셉이 주도한 매장에는 예 수를 알고 지낸 니고데모가 몰약과 침향 100근쯤을 가지고 찾아와서 유대인의 장법대로 시신에 넣고 세마포로 싸서 무덤에 두었다고 하였다. 로마시대 십자가 처형자의 처지와는 너무 다르게 별도 동산에 마련된 새 무덤에 대량의 향료에 싸여 왕처럼 정중히 장사지낸 것으로 적고 있다. 이는 사실과 관계없이, 그리스 도로 인정된 예수를 숭모하던 100년경 요한 예수신앙공동체의 상상 속의 예수 장례상을 보여주는 것이다. 그런데 정도에서는 차이가 있지만 「마가복음」 이래 공관복음서에도 이미 예수에 대한 신앙심에서 그의 처형이나 장례가 보다 정중 하게 이루어진 것처럼 기술하는 경향이 있었던 것이다.

66 「신명기」 21:22~23 "사람이 만일 죽을 죄를 범하므로 네가 그를 죽여 나무 위 에 달거든 그 시체를 나무 위에 밤새도록 두지 말고 당일 장사하여 네 하나님 여호와께서 네게 기업으로 주시는 땅을 더럽히지 말라 나무에 달린 자는 하나님 께 저주를 받았음이니라."

67 「이사야」 53:9 "그는 강포를 행치 아니하였고 그 입에 궤사가 없었으나 그 무덤
이 악인과 함께 되었으며 그 묘실이 부자와 함께 되었도다."

68 아리마대의 요셉은 「이사야」 53:9에 보이는 '고난받는 종'은 '강포가 없고 궤사
(속이는 말)가 없었으나 그 무덤이 악인과 부자와 함께 있을 것이다'라는 예언의
성취를 말하기 위해 만들어진 인물일 가능성이 높다고 보인다. 이 성경구절의
본래 의미는 의로운 고난받는 종은 강포와 거짓이 없는데도 타인의 허물을 대신
씻기 위한 속건(贖愆) 제물로 드려졌기에(53:10) 결국 죽어서도 첫값을 받는 것
처럼 강포를 행한 악인과 거짓된 부자와 무덤을 함께하게 되었다는 내용일 것이
다. 그런데 히브리어 구약성경이 아니라 복음서 저자들이 많이 이용했던 『70인
역 헬라어성경』 영역본을 보면, 「이사야」 53:9는 '그가 불법을 행하지 않았고 그
의 입에서 거짓을 찾을 수 없었으므로, 내가 그의 매장을 위해 악인을, 그의 죽음
을 위해 부자를 줄 것이라'("And I will give the wicked for his burial and the rich
for his death, because he committed no lawlessness, nor was deceit found in his
mouth.")라고 조금 달리 전해지고 있다. 괄호 안 영문의 출전은 *A New English
Translation of the Septuagint*, New York : Oxford University Press 2007, p. 866. 그
가 강포도 없고 거짓도 없었기에 그에 따라 그의 장례와 죽음에서는 상당한 대
우를 받는 양 기록되어 있는 것이다. 「이사야」의 고난받는 종 전체의 맥락에서는
마땅히 전통적인 히브리어 성경구절에 보이는 대로 죽음에서조차 고난받는 자
처럼 좋지 않은 대우를 받았음을 말한 듯한데, 죄 없는 의인의 죽음의 댓가를 그
렇게 보는 데 대해 해석상 견해 차이가 존재하였음을 알 수 있다. 「마가복음」이
나 여타 복음서들은 『70인역 헬라어성경』의 「이사야」 53:9의 의도를 받아들여
예수의 최후를 다소 미화한 면이 있다고 여겨진다.

69 아리마대의 요셉에 대해 「마가복음」 15:43은 '존귀한 공회원이요 하나님 나라
를 기다리는 자'로, 「마태복음」 27:57은 '부자이고 예수의 제자'로, 「누가복음」
23:50~51은 '공회 의원으로 선하고 의로운 하나님의 나라를 기다리는 자'로,
「요한복음」 19:38은 '예수의 제자이나 유대인을 두려워해 숨겨온 자'로 묘사하
고 있다. 「마태복음」은 '부자'를 드러내고 있어 「이사야」의 예언을 더욱 의식하
여 기술했음을 알 수 있다.

70 로버트 펑크 지음, 김준우 옮김, 앞의 책 335~36면. 미국의 역사적 예수 연구자
모임인 '예수 세미나' 정회원들은 예수가 보통의 무덤에 매장되었을 가능성이
있음을 인정하지만, 그의 무덤 위치가 알려져 있다는 것은 의심스럽게 생각한다
고 한다. 저자인 펑크는 부활절 아침에 여인들이 알 수 없었을 예수의 빈 무덤을

발견했다는 기사는 마가의 문학적 창작으로 확신한다고 하였다.

71 신앙적 차원에서 교회에서의 설교 등에 구약성경에 예수의 사흘 만의 부활이 예언되었다는 구절들이 상당수 제기되고 있다(「시편」 16:10; 「이사야」 54:7; 「호세아」 6:2; 「스가랴」 12:10 등). 그러나 이중 「호세아」 6:2이 사흘이라는 날수를 말하고 부활과 연계해 설명할 약간의 여지를 보여주는 정도이며 객관적이고 역사학적으로 인정할 만한 구절은 없다고 보인다. 이스라엘인들은 영광스런 유대나라의 메시아를 대망했을 뿐 수난과 부활을 거치는 수고스런 메시아를 예상하지는 못했던 것이다. 사흘 만의 부활의 근거를 찾기 어려웠음은 기실 복음서 저자들도 실감한 것이니, 「마태복음」 12:40에 예수의 입을 통해 구약성경에 보이는 바다의 큰 물고기 뱃속에서 사흘을 지내다가 살아왔다는 요나와 관련한 사실만을 부활의 사전 표지로 만들어 말할 수밖에 없었던 것이다.
　　「호세아」 6:1~2 "오라 우리가 여호와께로 돌아가자 여호와께서 우리를 찢으셨으나 도로 낫게 하실 것이요 우리를 치셨으나 싸매어 주실 것임이라 여호와께서 이틀 후에 우리를 살리시며 제 삼일에 우리를 일으키시리니 우리가 그 앞에서 살리라." 「마태복음」 12:39~40 "예수께서 대답하여 가라사대 악하고 음란한 세대가 표적을 구하나 선지자 요나의 표적밖에는 보일 표적이 없느니라. 요나가 밤낮 사흘을 큰 물고기 뱃속에 있었던 것같이 인자도 밤낮 사흘을 땅속에 있으리라."

72 「고린도전서」 15:12 "그리스도께서 죽은 자 가운데서 다시 살아나셨다 전파되었거늘 너희 중에서 어떤 이들은 어찌하여 죽은 자 가운데서 부활이 없다 하느냐."

73 「요한복음」 20:29 "예수께서 가라사대 너는 나를 본 고로 믿느냐 보지 못하고 믿는 자들은 복되도다 하시니라."

제7장 예수의 칭호

1 「마가복음」 12:35~37; 요아킴 예레미아스 지음, 정충하 옮김 『신약 신학』, 크리스천다이제스트 2009(2012), 375면. 예수는 자신을 묘사하면서 한번도 다윗의 아들이란 칭호를 사용하지 않았다고 하였다.

2 「창세기」 1:26; 알렉산드리아 필로, 노태성 옮김 『창조의 철학』, 다산글방 2005, 17면. "왜냐하면 아버지이며 동시에 창조주인 분이 피조물을 돌본다는 사실은

이성이 가르치기 때문이다. 이는 아버지는 자신의 자녀들의 보존에 관심하며 예술가는 자신의 예술작품의 보존에 관심하기 때문이다." 예수와 동시대를 살았던 유대계 디아스포라인 종교철학자 필로의 이같은 인식은 유대인 지성들이 기본적으로 가지고 있었을 것이다.

3 「출애굽기」 4:22 "너는 바로에게 이르기를 여호와의 말씀에 이스라엘은 내 아들 내 장자라." 「호세아」 11:1 "이스라엘의 어렸을 때에 내가 사랑하여 내 아들을 애굽에서 불러내었거늘." 「이사야」 63:16 "주는 우리 아버지시라 아브라함은 우리를 모르고 이스라엘은 우리를 인정치 아니할지라도 여호와여 주는 우리의 아버지시라 상고부터 주의 이름을 우리의 구속자라 하셨거늘."

4 「이사야」 49:6 "그가 가라사대 네가 나의 종이 되어 야곱의 지파들을 일으키며 이스라엘 중에 보전된 자를 돌아오게 할 것은 오히려 경한 일이라 내가 또 너로 이방의 빛을 삼아 나의 구원을 베풀어서 땅 끝까지 이르게 하리라"

5 「사무엘하」 7:14 "나는 그 아비가 되고 그는 내 아들이 되리니 저가 만일 죄를 범하면 내가 사람 막대기와 인생 채찍으로 징계하려니와." 솔로몬의 출생을 앞둔 나단의 예언이다. 「시편」 2:6~7, 89:27 참조.

6 「욥기」 1:6 "하루는 하나님의 아들들이 와서 여호와 앞에 섰고 사단도 그들 가운데 왔는지라." 「다니엘」 3:25 "왕이 또 말하여 가로되 내가 보니 결박되지 아니한 네 사람이 불 가운데로 다니는데 상하지도 아니하였고 그 넷째의 모양은 신들의 아들과 같도다 하고." 천사로 보이는 존재를 '신들의 아들'로 말하였다.

7 루돌프 불트만 지음, 허혁 옮김 『기독교 초대교회 형성사』, 이화여자대학교출판부 1993(2003) 81면. 예수에게 있어 하나님은 이미 민족의 역사에서 자신을 계시하지 않고 심판도 미래의 구원도 개인에게 주어진다고 하였다.

8 전통적 이스라엘에서 야훼 신의 기름 부음을 받아 임명되는 자는 왕과 제사장 그리고 선지자였다. 이들이 곧 기름 부음을 받은 자, 메시아이기도 하였다.

9 월 뱅크 지음, 김경현 옮김 『헬레니즘 세계』, 아카넷 2002, 265면.

10 예수보다 조금 앞서는 아우구스투스를 위시해 그를 뒤이은 로마 황제들도 신의 아들이나 신을 자임하였다. 마커스 J. 보그·존 도미닉 크로산 지음, 김준우 옮김 『첫번째 바울의 복음』, 한국기독교연구소 2013, 127~50면 참조. 따라서 예수가 로마 황제의 정치 이데올로기에서 어떤 영향을 받았을 가능성은 충분히 상정할 수 있을 것이다. 예수의 추종자들은 로마황제 치하에서 새로운 종교의 교주로 예수 그리스도를 만들어가는 과정에서 현실 권력이자 신의 아들이라는 로마황제를 크게 의식하지 않을 수 없었고, 그와 대비해 예수를 신의 아들로 더욱 강조

하게 되었다. 그러나 인간 예수 자신은 메시아를 자임하지 않은 데서 알 수 있는 바와 같이, 로마황제와는 다른 차원으로, 거듭남에서 온 하나님의 아들로서 자각했다고 보는 것이 타당할 것이다. 그가 로마제국과 대비되면서도 결국 직접 대항하지 않는 다른 성격의 하나님 나라 건설을 지향했던 것도 상기해야 할 것이다.

11 마르틴 헹엘 지음, 박정수 옮김 『유대교와 헬레니즘』 1, 나남 2012, 347, 359면.

12 유대 사상에도 이미 지혜를 의인화하여 태초부터 하나님과 함께 창조에 참여하였다고 보기도 하는 등(「잠언」 8:22~31) 하나님과 인간 사이에 지혜의 중재자적 역할을 기대한 듯한 지혜신학이 형성되어 있었다. 「누가복음」 7:35 "지혜는 자기의 모든 자녀로 인하여 옳다 함을 얻느니라."

13 알렉산드리아 필로, 노태성 옮김, 앞의 책 17면 참조.

14 인용된 구절과 같이 '내 이름으로' 등을 붙여 신앙상 구분하는 현상은 「마가복음」보다 10여년 앞서 50년대 중반에 작성된 바울의 서신에서 이미 볼 수 있다. 「고린도전서」 12:13은 "우리가 유대인이나 헬라인이나 종이나 자유자나 다 한 성령으로 세례를 받아 한 몸이 되었고 또 다 한 성령을 마시게 하셨느니라"라고 하였다. 모든 인간이 한몸이 되었다고 하지 않고 '성령으로 세례를 받아' 한몸이 되었다고 신앙적으로 구분해 이야기하고 있다.

15 「요한복음」 5:18 "유대인들이 이를 인하여 더욱 예수를 죽이고자 하니 이는 안식일만 범할 뿐 아니라 하나님을 자기의 친아버지라 하여 자기를 하나님과 동등으로 삼으심이러라."

16 「마가복음」 8:36 "사람이 만일 온 천하를 얻고도 제 목숨〔영혼soul〕을 잃으면 무엇이 유익하리요."

17 「마태복음」 10:28; 「마가복음」 9:43.

18 「요한복음」 4:24 "하나님은 영이시니 예배하는 자가 신령과 진정으로 예배할지니라."

19 「마가복음」 10:18 "예수께서 이르시되 네가 어찌하여 나를 선하다 일컫느냐 하나님 한분 외에는 선한 이가 없느니라."

20 「누가복음」 5:39 "묵은 포도주를 마시고 새 것을 원하는 자가 없나니 이는 묵은 것이 좋다 함이니라."

21 「열왕기하」 2:12 "엘리사가 보고 소리지르되 내 아버지여 내 아버지여 이스라엘의 병거와 그 마병이여 하더니 다시 보이지 아니하는지라 이에 엘리사가 자기의 옷을 잡아 둘에 찢고." 육신의 아버지보다 토라를 배우는 랍비를 더 존중하

는 습속이 있음은 미쉬나에도 전해지고 있다 한다(조철수 『예수평전』, 김영사 2010, 462~63면).

1QHᵃ, 첫번째 찬양의 노래 제15열, F. 마르티네즈·E 티그셸라아르 영어 편역, 강성열 옮김 『사해문서』 1, 나남 2008, 231면. "당신께서는 나를 자비의 후손들에게 아버지가 되게 하셨고 징조의 사람들에게 유모가 되게 하셨습니다." 기원전 2세기 중엽에 활동한 에세네파 쿰란공동체의 설립자이자 지도자인 대제사장 출신의 '의의 교사'는 스스로를 공동체원들의 아버지로 여기기도 했음을 알 수 있다.

22 「마태복음」 10:34~36 "내가 세상에 화평을 주러 온 줄로 생각지 말라 화평이 아니요 검을 주러 왔노라 내가 온 것은 사람이 그 아비와, 딸이 어미와, 며느리가 시어미와 불화하게 하려 함이니 사람의 원수가 자기 집안 식구리라."

23 「말라기」 2:10 "우리는 한 아버지를 가지지 아니하였느냐 한 하나님의 지으신 바가 아니냐 어찌하여 우리 각 사람이 자기 형제에게 궤사를 행하여 우리 열조의 언약을 욕되게 하느냐."

24 30여년 전 필자는 교회에서 한 설교자로부터, 어떤 유교 집안의 남자 어른이 교회에 나오게 되었는데 수개월이 지나도 기도할 때 도저히 하나님을 아버지로 부를 수 없어 걱정이라고 했다는 이야기를 들은 바 있다. 참고할 점이 있다고 여겨진다.

25 「잠언」 1:7 "여호와를 경외하는 것이 지식의 근본이어늘 미련한 자는 지혜와 훈계를 멸시하느니라."

26 「마가복음」 14:36; 「로마서」 8:15; 「갈라디아서」 4:6 "너희가 아들인고로 하나님이 그 아들의 영을 우리 마음 가운데 보내사 아바 아버지라 부르게 하셨느니라."

27 「마가복음」 6:4~5 "예수께서 저희에게 이르시되 선지자가 자기 고향과 친척과 자기 집 외에서는 존경을 받지 않음이 없느니라 하시며 거기서는 아무 권능도 행하실 수 없어 다만 소수의 병인에게 안수하여 고치실 뿐이었고."

28 「마가복음」 2:5 "예수께서 저희의 믿음을 보시고 중풍병자에게 이르시되 소자야 네 죄 사함을 받았느니라 하시니."

29 「마가복음」 2:7 "이 사람이 어찌 이렇게 말하는가 참람하도다 오직 하나님 한 분 외에는 누가 능히 죄를 사하겠느냐."

30 「마태복음」 5:27~28 "또 간음치 말라 하였다는 것을 너희가 들었으나 나는 너희에게 이르노니 여자를 보고 음욕을 품는 자마다 마음에 이미 간음하였느니

라."

31 「누가복음」11:2~4 "예수께서 이르시되 너희는 기도할 때에 이렇게 하라 아버지여 이름이 거룩히 여김을 받으시오며 나라이 임하옵시며 우리에게 날마다 일용할 양식을 주옵시고, 우리가 우리에게 죄지은 모든 사람을 용서하오니 우리 죄도 사하여 주옵시고 우리를 시험에 들게 하지 마옵소서 하라." 병행 「마태복음」6:9~13.

32 모르고 금령을 범했다가 그 죄를 깨닫게 되면(「레위기」4:14 등) 드리는 속죄제의 희생제사는 「레위기」4:13~35에 보인다. 성물에 잘못을 저질렀을 때나 부지중 금령을 범하거나 남의 물건을 맡았다가 그 사실을 부인하거나 빼앗았을 때 드리는 속건제의 제사에 대해서는 「레위기」5:14~6:7에 보이는데, 속건제를 드리기 전에 해당 물건의 1/5을 추가로 내거나 더하여 반환해야 했다.

33 「요한복음」4:23~24 "아버지께 참으로 예배하는 자들은 신령과 진정으로 예배할 때가 오나니 곧 이때라 아버지께서는 이렇게 자기에게 예배하는 자들을 찾으시느니라 하나님은 영이시니 예배하는 자가 신령과 진정으로 예배할지니라."

34 「누가복음」19:8~10 "삭개오가 서서 주께 여쭈오되 주여 보시옵소서 내 소유의 절반을 가난한 자들에게 주겠사오며 만일 뉘 것을 토색한 일이 있으면 사배나 갚겠나이다 예수께서 이르시되 오늘 구원이 이 집에 이르렀으니 이 사람도 아브라함의 자손임이로다 인자의 온 것은 잃어버린 자를 찾아 구원하려 함이니라."

35 「마태복음」9:8 "무리가 보고 두려워하며 이런 권세를 사람〔들〕에게 주신 하나님께 영광을 돌리니라."

36 「요한복음」9:1~3. 맹인 된 것이 누구의 죄로 인한 것이냐고 제자들이 예수에게 물었다.

37 칼릴 지브란 지음, 임경민 옮김 『사람의 아들 예수』, 태동출판사 2003, 169면. 이스라엘의 이웃나라인 시리아 사람들은 병들어 의사를 찾아가면 약이나 치료보다는 의사와 토론을 하고 싶어했다고 한다.

38 「마태복음」5:48 "그러므로 하늘에 계신 너희 아버지의 온전하심과 같이 너희도 온전하라."

39 '믿음'은 그리스도교 내에서는 너무 흔히 사용되어 그 중요성이 퇴색한 면이 있으나, 구약시대의 유대교는 물론 그리스도교도 다른 종교와 다르게 인간이 신과 관계하고 양자 간에 믿음이 강조되는 종교로서의 특성을 가졌다. M. 엘리아데 지음, 정진홍 옮김 『우주와 역사』(재판), 현대사상사 1979, 154면; 미르치아 엘리아데 지음, 최종성·김재현 옮김 『세계종교사상사』 2 , 이학사 2005(2014)

466면.

40 「마태복음」 6:13 "우리를 시험에 들게 하지 마옵시고 다만 악에서 구하옵소서." 「마태복음」 4:8~9 "마귀가 또 그를 데리고 지극히 높은 산으로 가서 천하 만국과 그 영광을 보여 가로되 만일 내게 엎드려 경배하면 이 모든 것을 네게 주리라."

41 엠마누엘 레비나스, 양명수 번역 해설 『윤리와 무한, 필립 네모와의 대화』, 다산글방 2000, 88면. 친자관계는 신비한 것으로 상대방이 철저하게 다르면서 동시에 그가 나인 관계라 하였다.

42 예수 자신이 스스로에 대해 온유하고 겸손한 자라고 했을 리는 없을 것이다. 제자들이나 추종자들이 자신들이 본 그의 성품을 이처럼 묘사한 것으로 보아야 할 것이다. 이같은 예수의 성품은 바울이 전하는 성령의 열매(「갈라디아서」 5:22~23, 사랑·희락·화평·오래 참음·자비·양선·충성·온유·절제)와 관계가 있음도 유의할 일이다.

43 빌라도가 역사적 실존 인물임은 1962년 지중해 동쪽 해안지방 가이사랴에서 발견된 라틴어 명각(銘刻)에 티베리움이라는 건물을 봉헌한 빌라도라는 인물이 확인됨으로써 금석학적으로도 확실해졌다. 존 도미닉 크로산·조나단 리드 지음, 김기철 옮김 『예수의 역사』, 한국기독교연구소 2010, 17면.

44 「로마서」 1:4 "성결의 영으로는 죽은 가운데서 부활하여 능력으로 하나님의 아들로 인정되셨으니 곧 우리 주 예수 그리스도시니라."

45 「베드로전서」 2:9 "오직 너희는 택하신 족속이요 왕 같은 제사장들이요 거룩한 나라요 그의 소유된 백성이니 이는 너희를 어두운 데서 불러내어 그의 기이한 빛에 들어가게 하신 자의 아름다운 덕을 선전하게 하려 하심이라." 이 구절은 교회가 좀더 자리를 잡아가던 1세기 말 고난 중에 있던 교인들을 향한 익명의 「베드로전서」 저자의 선포이다. 교회가 형성되지 않았던 예수 공생애에 모든 인간을 평등하게 보고 하나님과 인간 간의 종교적 중개자조차 필요 없다고 보았던 역사적 예수의 가르침을 잘 간직한 구절로 볼 만하다. 예수는 그리스도인이 아니라 자기의 말에 귀를 기울이는 모든 이들을 향해 말했을 것이다. '왕 같은 제사장'이라는 말은 아브라함을 축복한 전설적인 하나님의 제사장이기도 한 '살렘 왕 멜기세덱'이나(「창세기」 14:18) 나아가 '메시아'나 '하나님의 아들'과 동격의 말로 볼 수 있을 것이다. 전반부에 비해 후반부는 전승자나 저자가 지어넣은 말인 것이 드러난다. 「히브리서」 4:14~5:10을 보면, 예수는 큰 대제사장이요 승천하신 자, 하나님의 아들이라 하였고, 멜기세덱의 반차를 좇는 자라고 하였다.

결국 예수와 일반 인간들은 하나님에 대해 제사장이 될 수 있는 동급의 자격을 가진 것을 보여주고 있다.

46 「요한복음」 5:17~18 "예수께서 저희에게 이르시되 내 아버지께서 이제까지 일 하시니 나도 일한다 하시매, 유대인들이 이를 인하여 더욱 예수를 죽이고자 하 니 이는 안식일만 범할 뿐 아니라 하나님을 자기의 친아버지라 하여 자기를 하 나님과 동등으로 삼으심이러라."

47 「요한복음」 3:16 "하나님이 세상을 이처럼 사랑하사 독생자를 주셨으니 이는 저를 믿는 자마다 멸망치 않고 영생을 얻게 하려 하심이니라."

48 관련 구절을 나열해보면 다음과 같다. 「마가복음」 1:1, 3:11, 5:7, 15:39; 「마 태복음」 14:33, 16:16; 「누가복음」 22:70; 「요한복음」 1:34, 49, 11:27, 20:31; 「요한일서」 4:15; 「데살로니가전서」 1:10; 「갈라디아서」 4:4; 「고린도후서」 1:19; 「로마서」 1:3, 4; 「골로새서」 1:3; 「히브리서」 4:14.

49 「시편」 8:4 "사람이 무엇이관대 주께서 저를 생각하시며 인자가 무엇이관대 주 께서 저를 권고하시나이까."

50 「민수기」 23:19 "하나님은 인생〔인자〕이 아니시니 식언치 않으시고 인자가 아 니시니 후회가 없으시도다 어찌 그 말씀하신 바를 행치 않으시며 하신 말씀을 실행치 않으시랴."

51 「욥기」 25:6 "하물며 벌레인 사람, 구더기인 인생〔인자〕이랴."

52 「욥기」 35:8 "네 악은 너와 같은 사람이나 해할 따름이요 네 의는 인생〔인자〕이 나 유익하게 할 뿐이라."

53 「시편」 80:17 "주의 우편에 있는 자 곧 주를 위하여 힘있게 하신 인자의 위에 주 의 손을 얹으소서."

54 「이사야」 51:12 "가라사대 너희를 위로하는 자는 나여늘 나여늘 너는 어떠한 자 이기에 죽을 사람을 두려워하며 풀같이 될 인자를 두려워하느냐."

55 「다니엘」 8:16~17 "내가 들은즉 을래강 두 언덕 사이에서 사람의 목소리가 있 어 외쳐 이르되 가브리엘아 이 이상을 이 사람에게 깨닫게 하라 하더니 그가 나 의 선 곳으로 나아왔는데 그 나아올 때에 내가 두려워서 얼굴을 땅에 대고 엎드 리매 그가 내게 이르되 인자야 깨달아 알라 이 이상은 정한 때 끝에 관한 것이니 라."

56 「에스겔」 2:1 "그가 내게 이르시되 인자야 일어서라 내가 네가 말하리라 하시 며." 기타 예는 인용을 생략한다.

57 「다니엘」 8:15 "나 다니엘이 이 이상을 보고 그 뜻을 알고자 할 때에 사람 모양

같은 것이 내 앞에 섰고.";「에스겔」1:26 참조.

58「다니엘」7:9~28 "9. 내가 보았는데 왕좌가 놓이고 옛적부터 항상 계신 이가 좌정하셨는데 그 옷은 희기가 눈 같고 그 머리털은 깨끗한 양의 털 같고 그 보좌는 불꽃이요 그 바퀴는 붙는 불이며 10. 불이 강처럼 흘러 그 앞에서 나오며 그에게 수종하는 자는 천천이요 그 앞에 시위한 자는 만만이며 심판을 베푸는데 책들이 펴 놓였더라 11. 그때에 내가 그 큰 말하는 작은 뿔의 목소리로 인하여 주목하여 보는 사이에 짐승이 죽임을 당하고 그 시체가 상한바 되어 붙는 불에 던진바 되었으며 12. 그 남은 모든 짐승은 그 권세를 빼았겼으나 그 생명은 보존되어 정한 시기가 이르기를 기다리게 되었더라 13. 내가 또 밤 이상 중에 보았는데 인자 같은 이가 하늘 구름을 타고 와서 옛적부터 항상 계신 자에게 나아와 그 앞에 인도되매 14. 그에게 권세와 영광과 나라를 주고 모든 백성과 나라들과 각 방언하는 자로 그를 섬기게 하였으니 그 권세는 영원한 권세라 옮기지 아니할 것이요 그 나라는 폐하지 아니할 것이니라 15. 나 다니엘이 중심에 근심하며 내 뇌 속에 이상이 나로 번민케 한지라 16. 내가 그 곁에 모신 자 중 하나에게 나아가서 이 모든 일의 진상을 물으매 그가 내게 고하여 그 일의 해석을 알게 하여 가로되 17. 그 네 큰 짐승은 네 왕이라 세상에 일어날 것이로되 18. 지극히 높으신 자의 성도들이 나라를 얻으리니 그 누림이 영원하고 영원하고 영원하리라 19. 이에 내가 네째 짐승의 진상을 알고자 하였으니 곧 그것은 모든 짐승과 달라서 심히 무섭고 그 이는 철이요 그 발톱은 놋이며 먹고 부숴뜨리고 나머지는 발로 밟았으며 20. 또 그것의 머리에는 열 뿔이 있고 그 외에 또 다른 뿔이 나오매 세 뿔이 그 앞에 빠졌으며 그 뿔에는 눈도 있고 큰 말하는 입도 있고 그 모양이 동류보다 강하여 보인 것이라 21. 내가 본즉 이 뿔이 성도들로 더불어 싸워 이기었더니 22. 옛적부터 항상 계신 자가 와서 지극히 높으신 자의 성도를 위하여 신원하셨고 때가 이르매 성도가 나라를 얻었더라 23. 모신 자가 이처럼 이르되 네째 짐승은 곧 땅의 네째 나라인데 이는 모든 나라보다 달라서 천하를 삼키고 밟아 부숴뜨릴 것이며 24. 그 열 뿔은 이 나라에서 일어날 열 왕이요 그후에 또 하나가 일어나리니 그는 먼저 있던 자들과 다르고 또 세 왕을 복종시킬 것이며 25. 그가 장차 말로 지극히 높으신 자를 대적하며 또 지극히 높으신 자의 성도를 괴롭게 할 것이며 그가 또 때와 법을 변개코자 할 것이며 성도는 그의 손에 붙인바 되어 한 때와 두 때와 반 때를 지내리라 26. 그러나 심판이 시작된즉 그는 권세를 빼앗기고 끝까지 멸망할 것이요 27. 나라와 권세와 온 천하 열국의 위세가 지극히 높으신 자의 성민에게 붙인바 되리니 그의 나라는 영원한 나라라 모든 권세 있는 자가

다 그를 섬겨 복종하리라 하여 28. 그 말이 이에 그친지라 나 다니엘은 중심이 번민하였으며 내 낯빛이 변하였으나 내가 이 일을 마음에 감추었느니라."

59 요아킴 예레미아스 지음, 정충하 옮김, 앞의 책 376면. 「마태복음」 30회, 「마가복음」 14회, 「누가복음」 25회, 「요한복음」 13회. 복음서 이외의 사용 예로 「사도행전」 1회(7:56) 「히브리서」 1회(2:6) 「요한계시록」 2회(1:13, 14:14)가 있다.

60 「히브리서」 2:6 "오직 누가 어디 증거하여 가로되 사람이 무엇이관대 주께서 저를 생각하시며 인자가 무엇이관대 주께서 저를 권고하시나이까."

61 「요한계시록」 1:13 "촛대 사이에 인자 같은 이가 발에 끌리는 옷을 입고 가슴에 금띠를 띠고." 「요한계시록」 14:14 "또 내가 보니 흰 구름이 있고 구름 위에 사람의 아들 같은 이가 앉았는데 그 머리에는 금 면류관이 있고 그 손에는 이한 낫을 가졌더라."

62 요아킴 예레미아스 지음, 정충하 옮김, 앞의 책 383면.

63 게르트 타이쎈·아네테 메르츠 지음, 손성현 옮김 『역사적 예수』, 다산글방 2001(2010) 777면.

64 같은 책 767~82면 ; 요아킴 예레미아스 지음, 정충하 옮김, 앞의 책 376~79면.

65 개역한글판 등에서 「마가복음」 13:29은 "이와 같이 너희가 이런 일이 나는 것을 보거든 인자가 가까이 곧 문 앞에 이른 줄을 알라"라고 번역되어 있으나, 헬라어 사본과 영어 사본의 하나인 NIV 등에 의하면 여기에 보이는 '인자'는 '사람의 아들(the Son of Man)'로 표기되지 않았으며 의미가 다르게 해석되기도 한다. 따라서 기존 연구자들과 같이 이 구절은 마가복음의 '인자' 자료에서 제외한다. 「누가복음」 21:31 "이와 같이 너희가 이런 일이 나는 것을 보거든 하나님의 나라가 가까운 줄을 알라." 참고.

66 이 가운데 ⑪ ⑫는 사실성이 있을 가능성을 부정할 수 없으나 여기 사용된 인자도 일반적 용례를 벗어나지는 않는다.

67 「마가복음」 2:23~28 "23. 안식일에 예수께서 밀밭 사이로 지나가실새 그 제자들이 길을 열며 이삭을 자르니 24. 바리새인들이 예수께 말하되 보시오 저희가 어찌하여 안식일에 하지 못할 일을 하나이까 25. 예수께서 가라사대 다윗이 자기와 및 함께한 자들이 핍절되어 시장할 때에 한 일을 읽지 못하였느냐 26. 그가 아비아달 대제사장 때에 하나님의 전에 들어가서 제사장 외에는 먹지 못하는 진설병을 먹고 함께한 자들에게도 주지 아니하였느냐 27. 또 가라사대 안식일은 사람을 위하여 있는 것이요 사람이 안식일을 위하여 있는 것이 아니니 28. 이러므로 인자는 안식일에도 주인이니라."

68 병행「누가복음」9:58;「토마복음」86, 송혜경 역주『신약 외경』상권, 한님성서
　　연구소 2009(2011), 345면.

69「마태복음」11:18~19 "요한이 와서 먹지도 않고 마시지도 아니하매 저희가 말
　　하기를 귀신이 들렸다 하더니 인자는 와서 먹고 마시매 말하기를 보라 먹기를
　　탐하고 포도주를 즐기는 사람이요 세리와 죄인의 친구로다 하니 지혜는 그 행한
　　일로 인하여 옳다 함을 얻느니라." 병행「누가복음」7:32~35.

70 이상 현재적 인자에 관한 말씀에 대한 분석은 요아킴 예레미아스 지음, 정충하
　　옮김, 앞의 책 378~79면 참조.

71 김창선『쿰란문서와 유대교』, 한국성서학연구소 2007, 35~36면.「비유에녹서」
　　는「에녹서」또는「에녹 1서」로 말해지는 묵시문학적 위경의 한 부분으로 제
　　37~71장에 해당한다. 쿰란문서에는「에녹 1서」의 다른 부분은 다 나왔으나 이
　　비유서 부분만이 나오지 않았다. 이 부분은 다른 부분과 달리 기원후 1세기경에
　　생성된 것으로 보고 있다.
　　　　한편, 게르트 타이쎈·아네테 메르츠 지음, 손성현 옮김, 앞의 책 770면에서는,
　　「비유에녹서」에 성전 파괴 언급이 없음을 들어 많은 학자들이 이 책이 기원후
　　70년 이전에 생겨났다고 보고 있음을 말하고,「제4에스라서」는 1세기 말에 나온
　　것으로 추정하였다.

72「에녹 1서」46장 "나는 천사에게 그 사람의 아들[인자]이 누구인지, 어디서 왔는
　　지, 그리고 왜 그가 시간의 머리를 가졌는지 물었다. 천사는 그는 정의로움을 지
　　닌 사람의 아들[인자]이요. 성령이 그를 선택했기 때문에 그는 모든 비밀을 드러
　　낼 것이요. 그는 모든 왕과 지배자들을 왕좌에서 일으켜서 죄인들을 쳐부술 것이
　　요. 그리고 그는 왕들이 자기를 찬미하지 않을 뿐 아니라, 왕국을 누구에게 받
　　았는지 겸손하게 인정하지 않기 때문에 그들을 옥좌와 왕국에서 추방할 것이
　　요."; 62장 "그들은 영광의 옥좌에 앉아 있는 사람의 아들[인자]을 보고 공포에
　　질렸다. 사람의 아들[인자]은 태초부터 숨겨져 왔고 가장 높으신 분이 그를 자기
　　권능 앞에 보존하여 두었다가 선택된 사람들에게만 드러낼 것이다. 모든 왕들과
　　지배자들이 사람의 아들[인자]에게 희망을 걸고 그의 자비를 간청할 것이다."
　　이동진 편역『제2의 성서, 아포크리파: 구약시대』, 해누리 2009, 662, 665면.
　　　　「제4에스라서」7장 "내 아들 구세주가 자기와 함께 있는 사람들과 더불어 드러
　　날 것이고."; 12장 "그리고 숲에서 나온 사자는 마지막 시기에 나타날 구세주이
　　고, 그는 다비드[다윗]의 가문에서 나올 것이다 하고 말했다."; 13장 "그러자 바
　　다 한가운데서 사람의 형상을 한 것[인자?]이 솟아났다. 이윽고 한 사람이 구름

들을 타고 날아다녔는데 그의 눈길이 닿는 곳에서는 모든 것이 떨고, 그의 목소리를 듣는 것은 모두 초와 같이 녹아내렸다." 같은 책 812, 817, 818면.

73 F. 마르티네즈·E 티그셸라아르 영어 편역, 강성열 옮김 『사해문서』 2, 나남 2008, 227면. "그는 하나님의 아들이라 불릴 것이요, 그들은 그를 지극히 높으신 분의 아들이라 부를 것이다. 그들의 왕국은 네가 본 불꽃과도 같을 것이다. 그들은 수년 동안 땅을 다스릴 것이요, 모든 것을 짓밟을 것이다. 한 민족이 다른 민족을 짓밟을 것이요, 한 지역이 다른 지역을 짓밟을 것이다. 하나님의 백성이 일어나서 모든 사람으로 하여금 칼로부터 안식을 얻게 할 때까지 그러할 것이다. 그의 왕국은 영원한 왕국이 될 것이요, 그의 모든 길들은 진리 안에 있을 것이다." 여기에 보이는 '하나님의 아들' 또는 '지극히 높으신 분의 아들'은 흔히 메시아로 보는데, 셀레우코스왕조의 한 통치자나 하스모니안의 한 통치자, 적그리스도, 천상의 존재인 미가엘이나 멜기세덱 등으로 보기도 한다고 한다. 그런데 그의 실체가 누구와 연관되든지 이 문서에 보이는 '하나님의 아들'은 정복자적 행적을 보이고 있어 기본적으로 메시아적인 존재로 여겨진다.

74 주 72 참조.

75 요아킴 예레미아스 지음, 정충하 옮김, 앞의 책 397면. 예수가 자신과 인자를 구분하고 있지만 이는 현재 상태와 미래의 승귀(昇歸)된 상태를 구분하는 것일 뿐 다른 인물이 아니며, 그는 아직 인자가 아니지만 인자로 승귀될 것이라고 하였다. 이는 신앙적 인식을 벗어나지 못한 논리이다. 십자가에서의 죽음도 두려워한 예수가 인자로서의 천상 승귀를 스스로 예상해 말했다는 것은 설득력이 없다.

76 같은 책 385면. 샤르만(H. B. Sharman)과 가이(H. A. Guy)는 공관복음서에서 '하나님의 통치(나라)'와 '인자'라는 용어는 상호 아무런 관련성이 없이 양립하며 이것들은 오직 편집과정에서 연결된 진정성 없는 것이라고 보았다 한다. 필하우어(P. Vielhauer)는 두 용어 가운데 오직 '하나님의 통치'만 예수의 설교에 속할 수 있다고 보았다 한다.

77 「마태복음」 6:33 "너희는 먼저 그의 나라와 그의 의를 구하라 그리하면 이 모든 것을 너희에게 더하시리라."

78 「마가복음」 1:38 "이르시되 우리가 다른 가까운 마을들로 가자 거기서도 전도하리니 내가 이를 위하여 왔노라 하시고."

79 「다니엘」 12:1 "그때에 네 민족을 호위하는 대군 미가엘이 일어날 것이요 또 환난이 있으리니 이는 개국 이래로 그때까지 없던 환난일 것이며 그때에 네 백성 중 무릇 책에 기록된 모든 자가 구원을 얻을 것이라." 여기서 더 나아가 유대인

내에서도 자기들 공동체에 소속된 거룩한 빛의 자녀들인 자신들만의 구원을 확신하고, 민족 내 자신들의 대항세력에 대해 어둠의 자녀, 악한 자로 보아 저주해 마지않은 이들이 기원전 2세기 중엽에 성립된 에세네파 쿰란공동체원들이었다.

80 유대인들은 「다니엘」보다 앞선 구약시대에도 이미 집단적 상징에 익숙해 있었다. 이스라엘 민족 전체를 야훼의 장자로 말했고(「출애굽기」 4:22) 이스라엘 민족 전체를 하나님의 종으로 부르기도 하였다(「이사야」 44:1).

81 예수 사후 바울 등 그의 추종자들이 그를 종교적 관점에서 일종의 집합적 상징으로 본 것은 다른 문제일 것이다.

82 「요한복음」 12:47 "사람이 내 말을 듣고 지키지 아니할지라도 내가 저를 심판하지 아니하노라 내가 온 것은 세상을 심판하려 함이 아니요 세상을 구원하려 함이로라."

83 주 82 참조.

84 「고린도전서」 1:23 "우리는 십자가에 못 박힌 그리스도를 전하니 유대인에게는 거리끼는 것이요 이방인에게는 미련한 것이로되."

85 헤롯왕이 시작한 예루살렘 성전 재건축은 예수 사후에 완성되었다(AD 64).

86 「마가복음」 13:1~8 "1. 예수께서 성전에서 나가실 때에 제자 중 하나가 가로되 선생님이여 보소서 이 돌들이 어떠하며 이 건물들이 어떠하니이까 2. 예수께서 이르시되 네가 이 큰 건물들을 보느냐 돌 하나도 돌 위에 남지 않고 다 무너뜨려지리라 하시니라 3. 예수께서 감람산에서 성전을 마주 대하여 앉으셨을 때에 베드로와 야고보와 요한과 안드레가 종용히 묻자오되 4. 우리에게 이르소서 어느 때에 이런 일이 있겠사오며 이 모든 일이 이루려 할 때에 무슨 징조가 있사오리이까 5. 예수께서 이르시되 너희가 사람의 미혹을 받지 않도록 주의하라 6. 많은 사람이 내 이름으로 와서 이르되 내가 그로라 하여 많은 사람을 미혹케 하리라 7. 난리와 난리 소문을 들을 때에 두려워 말라 이런 일이 있어야 하되 끝은 아직 아니니라 8. 민족이 민족을, 나라가 나라를 대적하여 일어나겠고 처처에 지진이 있으며 기근이 있으리니 이는 재난의 시작이니라."

87 마르틴 에브너·슈테판 슈라이버 지음, 이종한 옮김 『신약성경 개론』, 분도출판사 2013, 256, 257면.

88 생전의 예수가 유대인들과 내적으로 대결 상태인 로마에 의해 성전이 파괴될 수 있음을 예측했을 가능성을 생각해볼 수는 있다. 그러나 성전 파괴를 종말의 도래가 아닌 종말 재난의 '시작'으로(「마가복음」 13:8)까지 예언했을 가능성은 없다고 여겨진다. 종말이라 여겼던 성전이 파괴된 상황을 겪은 이후에 그것을

'시작'으로 말할 수 있는 그의 추종자들이나 복음서 저자가 만든 사후 예언인 것이다.

89 신약성경에서 예수 입에서 나온 거짓 그리스도라는 존재는 예수 그리스도를 전제로 한 후에 나올 수 있다. 메시아를 자부하지도 않았던 생전의 예수가 자신과 연관하여 내부적으로 거짓 그리스도를 언급했을 가능성은 없다.

90 「마가복음」 13:20~27 "20. 만일 주께서 그날들을 감하지 아니하셨더면 모든 육체가 구원을 얻지 못할 것이어늘 자기의 택하신 백성을 위하여 그날들을 감하셨느니라 21. 그때에 사람이 너희에게 말하되 보라 그리스도가 여기 있다 보라 저기 있다 하여도 믿지 말라 22. 거짓 그리스도들과 거짓 선지자들이 일어나서 이적과 기사를 행하여 할 수만 있으면 택하신 백성을 미혹케 하려 하리라 23. 너희는 삼가라 내가 모든 일을 너희에게 미리 말하였노라 24. 그때에 그 환난 후 해가 어두워지며 달이 빛을 내지 아니하며 25. 별들이 하늘에서 떨어지며 하늘에 있는 권능들이 흔들리리라 26. 그때에 인자가 구름을 타고 큰 권능과 영광으로 오는 것을 사람들이 보리라 27. 또 그때에 저가 천사들을 보내어 자기 택하신 자들을 땅 끝으로부터 하늘 끝까지 사방에서 모으리라."

91 필자는 「마가복음」이 유대전쟁 직후에 작성된 것으로 본다는 사실을 이미 제2장에서 밝힌 바 있다.

92 「요엘」 2:28~32 "28. 그 후에 내가 내 신을 만민에게 부어 주리니 너희 자녀들이 장래 일을 말할 것이며 너희 늙은이는 꿈을 꾸며 너희 젊은이는 이상을 볼 것이며 29. 그때에 내가 또 내 신으로 남종과 여종에게 부어 줄 것이며 30. 내가 이적을 하늘과 땅에 베풀리니 곧 피와 불과 연기 기둥이라 31. 여호와의 크고 두려운 날이 이르기 전에 해가 어두워지고 달이 핏빛같이 변하려니와 32. 누구든지 여호와의 이름을 부르는 자는 구원을 얻으리니 이는 나 여호와의 말대로 시온산과 예루살렘에서 피할 자가 있을 것임이요 남은 자 중에 나 여호와의 부름을 받을 자가 있을 것임이니라."

93 「마가복음」 13:10 "또 복음이 먼저 만국에 전파되어야 할 것이니라."「마태복음」 24:13, 14 "그러나 끝까지 견디는 자는 구원을 얻으리라. 이 천국 복음이 모든 민족에게 증거되기 위하여 온 세상에 전파되리니 그제야 끝이 오리라."

94 '엘리 엘리 라마 사박다니'는 당시 유대사회에서 가장 널리 사용되던 아람어로 한 말이기에 실제 예수의 말일 가능성이 한층 높다고 연구자들은 보고 있다.

95 「누가복음」 11:2~4. 병행문은 「마태복음」 6:9~13. 다만 더 널리 알려진 후자는 좀더 확대 변용된 것임이 널리 인정되고 있다.

96 「요한복음」 14:1~3 "너희는 마음에 근심하지 말라 하나님을 믿으니 또 나를 믿으라 내 아버지 집에 거할 곳이 많도다 그렇지 않으면 너희에게 일렀으리라 내가 너희를 위하여 처소를 예비하러 가노니 가서 너희를 위하여 처소를 예비하면 내가 다시 와서 너희를 내게로 영접하여 나 있는 곳에 너희도 있게 하리라." 예수가 이 구절을 전부 직접 말했을 가능성은 낮으나, 예수의 하나님에 대한 신뢰의 경지를 잘 나타내주고 있다. 아마도 예수는 제자들에게 사후 문제에 대해 괜한 걱정을 하지 말 것이며, 사랑의 하나님 아버지가 다 대비해두었을 것이라는 확신을 말했을 만하다.

97 「마가복음」과 「마태복음」이 전하는 최후 발언 내용으로 보아도, 예수가 영광스런 인자 강림을 운운했을 가능성은 없을 듯하다.

98 「마태복음」 24:33은 「마가복음」 13:29과 같은 내용인데, 주 65에서 본 바와 같은 이유로 인자 말씀 자료에서 제외한다.

99 「마태복음」의 인자 말씀 자료.
　　8:20 '인자는 머리 둘 곳이 없음'; 9:6 '인자가 세상에서 죄를 사하는 권세 있음을 너희로 알게 하려 함'; 10:23 '이스라엘을 다 다니지 못하여 인자가 오리라'; 11:19 '인자가 와서 먹고 마시매'; 12:8 '인자는 안식일의 주인'; 12:32 '말로 인자를 거역하면 용서, 성령 거역하면 영원히 사함 불가'; 12:40 '요나처럼 인자도 밤낮 사흘을 땅속에 있으리라'; 13:37 '좋은 씨를 뿌리는 이는 인자요'; 13:41 '인자가 천사들을 보내 불법 행하는 자를 거두어 풀무 불에 넣을 것'; 16:13 '사람들이 인자를 누구라 하느냐'; 16:27 '인자가 아버지의 영광으로 그 천사들과 함께 오리니'; 16:28 '여기 서 있는 사람 중에 인자가 왕권을 가지고 오는 것을 볼 자도 있다'; 17:9 '인자가 죽은 자 가운데서 살아나기 전에는 본 것을 아무에게도 이르지 말라'; 17:12 '엘리야가 이미 왔으되 (…) 인자도 이와 같이 고난을 받으리라'; 17:22~23 '인자가 장차 사람들의 손에 넘기워 죽임을 당하고 제 3일에 살아나리라'; 19:28 '세상이 새롭게 되어 인자가 자기 영광의 보좌에 앉을 때, 나를 좇는 너희도 열두 보좌에 앉아 이스라엘 열두 지파를 심판하리라'; 20:18 '예루살렘에 올라가니 인자가 대제사장들과 서기관들에게 넘기우고 저희가 죽이기로 결안하고'; 20:28 '인자가 온 것은 섬김을 받으려 함이 아니요 섬기려 하고 자기 목숨을 많은 사람의 대속물로 주려 함'; 24:27 '번개가 동편에서 나서 서편까지 번쩍임같이 인자의 임함도 그리하리라'; 24:30 '그때에 인자의 징조가 하늘에 보이겠고 (…) 그들이 인자가 구름을 타고 능력과 영광으로 오는 것을 보리라'(인자 사용 2회); 24:37 '노아의 때와 같이 인자의 임

함도 그러하니라'; 24:39 '홍수가 나서 다 멸하기까지 깨닫지 못하더니 (⋯) 인자의 임함도 같으리라'; 24:44 '생각하지 않은 때에 인자가 오리라'; 25:31~32 '인자가 자기 영광으로 모든 천사와 함께 올 때 자기 영광의 보좌에 앉으리니' 이어 '심판'(25:32 이하); 26:2 '인자가 십자가에 못 박히기 위해 팔리우리라'; 26:24 '인자는 기록된 대로 가나 인자를 파는 자는 그에게 화가 있으리로다'(인자 사용 2회); 26:45 '보라 때가 가까웠으니 인자가 죄인의 손에 팔리우느니라'; 26:64 '이후에 인자가 권능의 우편에 앉는 것과 하늘 구름을 타고 오는 것을 너희가 보리라'.

100 요아킴 예레미아스 지음, 정충하 옮김, 앞의 책 380면. 네 복음서에 사용된 51회(병행구절은 하나로 셈함)의 인자 말씀들 가운데 최소한 37회는 인자 칭호 대신에 에고(ἐγώ, 나)가 사용되는 경합전승을 가지고 있다고 하였다.

101 「마태복음」 25:31~46. 영광스럽게 온 인자는 모든 민족을 모아 각각 양과 염소처럼 사람들을 나누어 심판하는데 그 장면과 그곳에서의 응답 등이 자세히 묘사되고 있다. 그 인자는 '임금(왕)'으로도 말해지고 있다(34절). 전승자료의 차이 때문일 수도 있으나 마태신앙공동체는 '인자'를 곧 메시아(왕)로도 인식하고 있음을 알 수 있다.

102 「누가복음」의 인자 관련 구절 요약.
  5:24 '땅에서 죄 사함의 권세'; 6:5 '안식일의 주인'; 7:34 '먹기를 탐하고 세리와 죄인의 친구'; 9:22 '많은 고난 후 죽고 제3일에 살아날 것'; 9:26 '영광으로 옴'; 9:44 '사람들 손에 넘겨짐'; 9:58 '머리 둘 곳도 없음'; 11:30 '요나처럼 세대에 표적이 됨'; 12:8 '나를 시인하면 인자도 저를 시인'; 12:10 '말로 인자를 거역함은 사해짐'; 12:40 '생각지 않은 때에 옴'; 17:22 '이를 인자의 날 하루'; 17:24 '번개같이 올 인자'; 17:26 '노아의 때와 같을 인자의 때'; 17:29~30 '인자의 날 소돔처럼 불과 유황이 내림'; 18:8 '인자가 올 때 세상에 믿음이 있겠는가'; 18:31 '예루살렘 입성, 선지자들로 기록된 모든 것이 인자에게 응할 것'; 18:32 '이방인들에게 넘겨져 희롱받을 것'; 19:10 '잃은 자를 찾아 구원하려 옴'; 21:27 '구름 타고 능력과 큰 영광으로 오는 것을 보게 됨'; 21:36 '장차 올 인자 앞'; 22:22 '작정된 대로 가는 인자'; 22:48 '유다야 입맞춤으로 인자를 파느냐'; 22:69 '이제 후로는 하나님의 권능의 우편에 앉아 있을 것'; 24:7 '죄인의 손에 넘기워 십자가에 못 박히고 제3일에 다시 살아날 것'.

103 「요한복음」의 인자 관련 구절 요약.
  1:51 '하나님의 사자들이 인자 위에 오르락내리락하는 것을 보리라'; 3:13 '하

늘에서 내려온 자 인자 이외는 하늘에 올라간 자가 없다'; 3:14 '모세가 광야에서 뱀을 든 것같이 인자도 들려야 함'; 5:27 '인자됨을 인해 심판하는 권세를 줌'; 6:27 '인자가 영생의 양식을 줌. 인자는 하나님 아버지의 인치신 자'; 6:53 '인자의 살을 먹지 않고 인자의 피를 마시지 않으면 너희 속에 생명이 없다'; 6:62 '인자가 이전 있던 곳으로 올라가는 것을 보면 어찌하겠느냐'; 8:28 '너희는 인자를 든 후에야 내가 그인 줄 알고'; 9:35 '네가 인자를 믿느냐'; 12:23 '인자의 영광을 얻을 때가 왔도다'; 12:34 '무리가 너는 어찌하여 인자가 들려야 하리라 하느냐 이 인자는 누구냐'; 13:31 '지금 인자가 영광을 얻었고 하나님도 인자를 인해 영광을 얻으셨도다'.

104 「요한복음」 9:35~39 "35. 예수께서 저희가 그 사람을 쫓아냈다 하는 말을 들으셨더니 그를 만나사 가라사대 네가 인자를 믿느냐 36. 대답하여 가로되 주여 그가 누구시오니이까 내가 믿고자 하나이다 37. 예수께서 가라사대 네가 그를 보았거니와 지금 너와 말하는 자가 그이니라 38. 가로되 주여 내가 믿나이다 하고 절하는지라 39. 예수께서 가라사대 내가 심판하러 이 세상에 왔으니 보지 못하는 자들은 보게 하고 보는 자들은 소경되게 하려 함이라 하시니."

105 「요한복음」 12:34 "이에 무리가 대답하되 우리는 율법에서 그리스도가 영원히 계신다 함을 들었거늘 너희는 어찌하여 인자가 들려야 하리라 하느냐 이 인자는 누구냐."

106 요아킴 예레미아스 지음, 정충하 옮김, 앞의 책 383면. 바울은 예수를 사람으로 보고 있고 아담-그리스도 모형론을 구사하는 등 '인자' 칭호를 잘 알았다고 보이며, 헬라어를 모어(母語)로 사용하는 사람들로 하여금 그 칭호를 혈통을 지칭하는 것으로 받아들이는 위험을 피하게 하기 위해 사용하지 않았다고 하였다.

107 정양모 역주 『마르코 복음서』, 분도출판사 1981(2010) 12~14면. 「마가복음」에는 '하느님의 아들' 7회, '그리스도' 7회, '다윗의 아들' 4회, '인자' 14회 보임.

정양모 역주 『마태오 복음서』, 분도출판사 1990(2009) 18~22면. 「마태복음」에는 '아들(하나님의 아들)' 21회, '그리스도' 17회, '다윗의 아들' 10회 보임. '인자'는 30회(필자 추가).

정양모 역주 『루가 복음서』, 분도출판사 1983(2010) 25면. 「누가복음」에는 '지극히 높으신 분의 아들(하느님의 아들)' 13회, '그리스도' 12회, '인자' 25회, '주님' 42회가 보인다고 함.

108 J. D. 킹스베리 지음, 김근수 옮김 『마가의 세계』, 기독교문서선교회 2003, 82면. 복음서에는 예수가 메시아나 하나님의 아들인지에 대해 제자 혹은 다른 이들의

질문이나 고백이 수차 나오는 데 비해, '인자'에 대해서는 이같은 경우가 전혀 거론되지 않았다고 하였다.

109 병행 「마태복음」 16:13, 15;「누가복음」 9:18, 20.

110 제자 베드로의 대답은 「마가복음」 8:29 '그리스도'. 병행 「마태복음」 16:16 '그리스도요 살아 계신 하나님의 아들';「누가복음」 9:20 '하나님의 그리스도'.

111 결국 「요한복음」은 그것의 문제점을 의식하고 예수의 입을 통해 야훼 하나님 의 자기 소개방식을 따라서 '나는 ○○이다'라고 선포하는 면이 있다. 잘 알려진 구절을 들자면, 「요한복음」 14:6 "예수께서 가라사대 내가 곧 길이요 진리요 생 명이니 나로 말미암지 않고는 아버지께로 올 자가 없느니라."

112 「고린도전서」 15장에는 부활을 믿지 않는 그리스도인들이 보인다. 「마태복음」 에는 율법과 예수의 관계가 크게 의식되고 있으며, 「요한복음」에도 요한신앙공 동체 내부 영지주의자들의 가현설을 의식하여 육신을 입은 하나님인 예수가 강 조된 것 등을 볼 수 있다. 아울러 「도마복음」에는 예수의 부활이 의식되지 않고 있다.

113 예수의 제자와 추종자들이 부활 예수를 실존적으로 느끼며 사는 상태와 유사 했을 것이다.

114 김세윤 지음, 최승근 옮김 『그 '사람의 아들', 하나님의 아들』, 두란노 2012, 270~71면. 예수는 종말에 하나님의 새 백성을 창조하는 하나님의 아들로서 자 신을 나타내고자 이 색다르고 이해하기 어렵지만 적절하고 또한 완벽한 "그 '사 람의 아들'"이라는 칭호를 사용했다고 한다. 들을 귀 없는 자들에게는 자신의 정 체성을 숨기고, 들을 귀 있는 자들에게는 자신의 진정한 정체성을 나타낼 수 있 기 때문에 유일하게 선택할 수 있었을 이 칭호만 사용했다는 것이다.

그런데 가난한 자, 억눌린 자, 소외된 약자를 먼저 향하고 민중의 지적 수준에 맞추어 현실적인 쉬운 비유로 가르침을 편 동시에 원수 사랑까지를 주장한 예수 가 복음 선포에서 자신의 정체성을 교묘하게 숨기고 특정 부류에게만 이해시키 고자 했다는 인식은 공감되지 않는다. 복음은 누구에게나 열려 있었다. 들을 귀 여부가 강조된 것은 예수신앙공동체가 유대교로부터 점차 분리되면서 나온 내 외부 구별의 논리가 복음서 편집에 반영된 것이다. 예수가 들을 귀를 요구했다 면 세상의 가치관이나 지혜와 많은 차이가 있는 자신의 가르침을 제대로 전하기 위해 마음과 생각을 적극적으로 열 것을 요청한 것 이상이 아닐 것이다. 하나님 앞에 한없이 겸손했던 예수는 자신의 정체성에 골몰하지 않았을 가능성이 매우 높다. 그에 비해 제자들이나 그의 추종자들은 그의 메시아 여부에 안달했고, 그

같은 경향을 부활 이후에도 제대로 극복하지 못하고 자신들이 처한 상황의 영향도 받으면서, 결국 예수의 의도나 가르침을 일정 정도 변질시킨 면이 있었다고 보인다.

115 Justin, *Dialogue of Justin, Philosopher and Martyr with Trypho a Jew*, Whitefish, MT: Kessinger Publishing 2010, p. 116; 이경직『순교자 유스티누스의 생애와 사상』, 기독교연합신문사 2005, 395면.

116 「사도행전」 7:55~56 "스데반이 성령이 충만하여 하늘을 우러러 주목하여 하나님의 영광과 및 예수께서 하나님 우편에 서신 것을 보고 말하되 보라 하늘이 열리고 인자가 하나님 우편에 서신 것을 보노라 한대." 「사도행전」은 「누가복음」 저자의 연작이다. 따라서 여기 보이는 내용은 복음서 저자들이 부활 승천한 예수를 하나님 우편에 있는 영광의 인자로 보았음을 대변해주는 면이 있다.

제8장 인간 예수는 누구인가

1 「요한복음」 7:14~15 "이미 명절의 중간이 되어 예수께서 성전에 올라가사 가르치시니 유대인들이 기이히 여겨 가로되 이 사람은 배우지 아니하였거늘 어떻게 글을 아느냐 하니." 공관복음서에 보이지 않는 기사라서 신빙성에 다소 의문이 가지만, 예수 자신에 관한 기본 전승의 범주에 들 수도 있는 것이라서 사실 반영의 가능성을 부정적으로만 볼 일은 아니다. 예수가 학교 공부를 많이 했다면 그의 제자나 추종자들도 굳이 그것을 복음서에 전하지 않을 이유는 없을 것이다. 그의 고향 마을의 실정이나 당시 농민들의 삶을 생각할 때도 그가 학교 교육을 받았을 가능성은 낮다. 아울러 예수가 당시 사회의 전통적 인식과 다른 종교적 견해를 다수 내놓은 것으로 보아도 그가 전통적 지식체계의 틀에 매여 있지 않았음을 알 수 있다. 이런 일은 많이 배운 후에 그것을 극복하면서 나올 수도 있지만, 가난한 시골 청년 예수의 입장에서 보면 전통적 교육을 많이 받지 않은 데서 오는 지적 전통에서의 자유로움과 연관지어 이해해볼 수 있을 것이다.

2 예수와 같이 1세기에 살던 세례 요한이나 역사가 요세푸스도 광야에서 구도생활을 한 바 있다. 구도생활은 당시 유대인 젊은 지성들 사이의 풍조였던 듯하다. 에세네파 쿰란공동체원의 경우도 집단적이지만 구도에 나선 것은 마찬가지다.

3 「요한복음」 3:3 "예수께서 대답하여 가라사대 진실로 진실로 네게 이르노니 사람이 거듭나지 아니하면 하나님 나라를 볼 수 없느니라." 「요한복음」 14:10 "나

는 아버지 안에 있고 아버지는 내 안에 계신 것을 네가 믿지 아니하느냐 내가 너희에게 이르는 말이 스스로 하는 것이 아니라 아버지께서 내 안에 계셔 그의 일을 하시는 것이라."

4 「갈라디아서」 5:22~23 "오직 성령의 열매는 사랑과 희락과 화평과 오래 참음과 자비와 양선과 충성과 온유와 절제니 이 같은 것을 금지할 법이 없느니라." 이 구절은 바울에 의해 기록되었지만, 그리스도교 신앙의 핵심적 요소로 성령 세례에 의해 하나님의 아들로 자부하게 되었던 예수의 거룩한 언행을 통해 추론되었을 가능성이 매우 높다고 보인다. 이것은 예수를 직접 경험한 이들의 예수관이었을 것이다. 적어도 예수 이외에, 바울에 의해 질책을 받은 베드로는 물론 다른 초기 그리스도인들 중에서 이같은 성령의 열매로 말해진 덕성을 체현하고 살던 모범이 될 인물을 찾기 어렵다. 이 편지를 쓴 바울조차도 늘 선과 악에 흔들리던 자신을 통탄하기도 하였다(「로마서」 7:21~24).

5 참고로, 소크라테스는 어린 시절부터 초인간적인 신적 현상을 통해 일종의 목소리로 다가오는 신의 지시를 따라 철학하며 다른 사람들에게도 혼의 최선의 상태에 최우선적인 관심을 갖도록 설득하고 다니는 삶을 살게 되었다고 한다. 그는 신탁을 통해, 꿈을 통해, 그밖에 온갖 방법으로 신의 지시를 받았다고 하였다(「소크라테스의 변론」 30b, 31c·d, 33c, 플라톤 지음, 천병희 옮김 『소크라테스의 변론·크리톤·파이돈·향연』, 숲 2012(2015)).

6 루돌프 옷토 지음, 길희성 옮김 『성스러움의 의미』, 분도출판사 1987(2013) 43, 60면. 피조물은 합리적 개념들로 다 파악될 수 없는 절대적으로 위압적인 것 앞에서 함몰되거나 자신의 무성을 느끼게 된다. 그것이 피조물의 겸손을 가져올 것도 물론이다.

7 시골의 목수는 지역의 건축가일 수도 있다. 고대의 건축이 창조주의 창조를 모방해 반복하는 것이라는 엘리아데의 이해를 참고하면(M. 엘리아데 지음, 정진홍 옮김 『우주와 역사』, 현대사상사 1979, 36면) 목수 예수는 창조의 의미나 신비에 상대적으로 쉽게 공감할 수 있었을 것이다. '만드는 이'라는 의미를 가진 그리스의 창조자, 신이라고 할 수 있는 데미우르고스에 대해서는 플라톤 지음, 박종현·김영균 공동 역주 『티마이오스』, 서광사 2000(2008) 75면 주 74 참조. 같은 책 78면의 주 82에 의하면 데미우르고스는 목수로도 비유되고 있다.

8 플라톤은 데미우르고스를 최선자로, 우주는 아름답고 조화로운 질서 체계로서 좋음을 실현하고 있는 최선의 것으로 자주 언급하였다(『티마이오스』 30a, 37a, 41a~b, 연관된 내용은 같은 책 83면 주 98 참조).

512

9 복음서들이 예수의 신성을 옹호하는 데 장애가 되기도 하는 세례 요한의 위상을 낮추기 위해 노력한 것은 잘 알려져 있다. 그런데도 세례 요한이 여인이 낳은 자 중에 가장 큰 자이고(「마태복음」 11:11) 사람들이 하나님 나라로 힘써 들어가는 일이 요한이 복음을 선포한 때로부터 시작되었다는(「누가복음」 16:16) 예수의 말이 전해지는 것으로 보아 예수는 세례 요한을 매우 높이 평가했음을 알 수 있다.

10 C. G. Jung 지음, 한국융연구원 C. G. 융 저작 번역위원회 옮김 「심리학과 종교」, 『인간의 상과 신의 상』, 솔 2008, 24면. 융은 심리적 원인을 고백함으로써 히스테리성 고열이 몇분 안에 치유되거나 몇주의 심리학적 치료로 마른버짐이 거의 낫거나 수술한 대장의 이상 확장이 역시 심리적 조치로 정상화된 사실이 있음을 말하며 그러한 경험이 결코 드물지 않은 일이라고 하였다

11 제7장 주 37 참조. 이스라엘과 가까운 이 지역의 전통적 의사에 관한 인식은 예수의 치료행위 이해에도 참고할 만하다고 생각된다.

12 Rodney Stark, *The Rise of Christianity*, New Jersey: Princeton University Press 1996, p. 7. 초기 그리스도교의 신자 수를 10년마다 약 40%씩 증가한 것으로 보고, 40년경 1,000명, 50년경 1,400명, 100년경 7,530명, 150년경 40,496명, 200년경 217,795명, 250년경 1,171,356명, 300년경 6,299,832명, 350년경 33,882,008명으로 추정하였다. 350년 로마제국의 총인구는 6천만명, 당시 그리스도인의 비율은 56.5%로 보았다.

13 가장 뒤늦게 나온 복음서인 「요한복음」만은, 오병이어의 기적을 본 사람들이 자신을 잡아서 왕을 삼을 것을 염려하여 예수가 혼자 산으로 떠나갔다고 하였다 (6:15).

14 「마가복음」 8:27~30. 예수는 사람들이 자신을 누구라 하며 제자들은 자신을 누구라 하는지를 물었고, 베드로가 '주는 그리스도'라고 대답했으나 아무에게도 말하지 말라는 금지명령을 받았다. 그런데 이런 질문을 한 예수는 당연히 자신이 누구인지 말했을 것이다. 그는 자신은 사람들과 같이 하나님의 아들(자녀)이라고 했을 것이다. 예수만을 하나님의 아들로 여긴 복음서에 이 상황은 전해지지 않는다.

15 엠마누엘 레비나스 지음, 양명수 번역 해설 『윤리와 무한, 필립 네모와의 대화』, 다산글방 2000, 88면의 '아들은 타자인 나'라는 견해를 원용하여 생각해보았다.

16 「출애굽기」 4:13~14상 "모세가 가로되 주여 보낼 만한 자를 보내소서 여호와께서 모세를 향하여 노를 발하시고 가라사대 레위 사람 네 형 아론이 있지 아니하

뇨 그의 말 잘함을 내가 아노라."

17 브레데의 소위 '메시아 비밀' 이후 많은 학자들이 이와 같이 생각하고 있다. 제 2장 주 18 참조.

18 이런 사실로 보면, 약간의 종교적 신비 체험을 통해 능력을 얻었다거나 또는 일부 성경 구절에 대한 그럴듯한 해석 가능성을 얻었다고 자신을 크게 내세우는 이들은, 겸허해질 수밖에 없었던 예수의 하나님 체험에 비하면 유치하기 이를 데 없는 경험을 했거나 착각한 것이라고 할 수 있다.

19 복음서보다 10여년 이상 앞서 기록된 신약성경의 바울서신에는 '인자'는 전혀 보이지 않는다. 아울러 앞장에서 본 대로 복음서에 인자가 보이는 병행구절 간에 인자와 다른 대명사가 병치되는 경우들이 있다. 예수 추종자들과 복음서 저자들이 인자 사용을 확장한 실상의 증거이다.

20 「빌립보서」 2:6~8; 「요한복음」 1:14.

21 김세윤 지음, 최승근 옮김 『그 '사람의 아들', 하나님의 아들』, 두란노 2012, 270~71면.

22 「이사야」 42:1~13에서는 유대인 포로 해방령을 내렸던 '야훼의 기름 부음을 받은 고레스'(「이사야」 45:1)를 노래하고 있다. '야훼의 기뻐하는 종'인 겸손한 고레스를 통해 이스라엘 민족의 구원을 가져온 하나님 앞에 겸손한 메시아상이 그려지고 있는 것이다. 「이사야」 61:1~11은 제3자의 입장에서 고레스를 은유적으로 노래한 42장의 내용에 대해, 예언자 스스로(예언자의 입장에서) 노래하는 형식으로, 후대에 다른 예언자에 의해 재창작되었다. 소위 이 제3 이사야는 복음 전파와 환자 치유 등을 통한 구원사업을 해야 함을 선포하였다.

「이사야」 52:13~53:12의 또다른 종인 '고난받는 종'은 고난을 받은 이스라엘 민족집단(45:4 '나의 종 야곱, 이스라엘')을 의인화한 것이다. 예언자 시인(제2 이사야)은 이스라엘 민족의 고난이 지나칠 만큼 컸다고 보는 편이며(40:2) 이는 이방 민족들을 의의 길로 인도하기 위한 속건 제물의 역할이 있어서였다고 노래한다. 여기서 타자를 위한 희생양, 대속제물로서 야훼의 종이 형상화되었는데 (52:13~53:12) 예수 추종자들은 이 노래의 희생양이 예수라고 보았다.

따라서 「이사야」에 보이는 '야훼의 기뻐하는 종'이나 '고난받는 종'이 예수를 예언한 것이라고 볼 수는 없다. 그러나 국가의 멸망과 바벨론 포로기의 민족적 대고난과 절망을 경험하고 치열하게 극복하면서 제2 이사야 등 고대 이스라엘 지성들이 찾아낸 마지막 소망이 되고 의미가 찾아진(재해석된) 두가지 종의 형상은, 유대인의 존망과 팔레스타인 민중의 생존이 다시 크게 위협받은 1세기의 종말적 상황에서 다시 주목받고 모범이 되어 예수에 의해 재인식되고 실천됨으로써, 결과적으로 예수에 대한 예언의 기능을 했다고 해석할 수 있는 여지를 주었다. 치열한 신앙과 지성의 고뇌 어린 사유는 후대의 유사한 상황에 예언과 같이 작용할 수 있음을 볼 수 있는데, 이것은 구약성경에 누차 등장하는 목숨을 건 선지자들의 예언이 당대뿐 아니라 장기적으로 의미있게 해석되어 하나님 말씀으로 간주되는 이유를 알려주는 구체적 사례로도 주목할 만하다.

23 세례 요한이 제자를 보내, 오실 이(메시아)가 당신인가 물은 데 대해 예수가 답한 내용이기도 하다(「마태복음」11:5). 이어진 구절에서 예수는 자신을 메시아로 여겨 실족하지 말 것을 말하였다.

24 「이사야」42:1 "내가 붙드는 나의 종, 내 마음에 기뻐하는 나의 택한 사람을 보라 내가 나의 신을 그에게 주었은즉 그가 이방에 공의를 베풀리라." 「이사야」 61:1 "주 여호와의 신이 내게 임하셨으니 이는 여호와께서 내게 기름을 부으사 가난한 자에게 아름다운 소식을 전하게 하려 하심이라 나를 보내사 마음이 상한 자를 고치며 포로된 자에게 자유를, 갇힌 자에게 놓임을 전파하며."

25 「마태복음」5:9에서 화평케 하는 자는 하나님의 아들(들)로 일컬음을 받을 것이라 하였고, 5:44~45에서도 원수를 사랑하며 핍박하는 자를 위해 기도하면 하늘 하나님의 아들(들)이 된다고 복수형으로 말하고 있다. 예수의 본래 가르침일 가능성이 있다.

26 「요한복음」12:47 "사람이 내 말을 듣고 지키지 아니할지라도 내가 저를 심판하지 아니하노라 내가 온 것은 세상을 심판하려 함이 아니요 세상을 구원하려 함이로라." 예수가 직접 이렇게 말했을 가능성은 없지만, 「요한복음」 저자는 예수의 역할과 공생애의 목적을 잘 알고 예수의 입을 통한 말씀으로 만들어 전해주었다고 보인다.

27 「이사야」49:6, 56:3; 「예레미야」18:7~8; 「미가」4:2; 「스바냐」3:9; 「스가랴」8:22.

28 「이사야」65:17~25 "17. 보라 내가 새 하늘과 새 땅을 창조하나니 이전 것은 기억되거나 마음에 생각나지 아니할 것이라 18. 너희는 나의 창조하는 것을 인하여 영원히 기뻐하며 즐거워할지니라 보라 내가 예루살렘으로 즐거움을 창조하며 그 백성으로 기쁨을 삼고 19. 내가 예루살렘을 즐거워하며 나의 백성을 기뻐하리니 우는 소리와 부르짖는 소리가 그 가운데서 다시는 들리지 아니할 것이며 20. 거기는 날 수가 많지 못하여 죽는 유아와 수한이 차지 못한 노인이 다시는 없을 것이라 곧 백세에 죽는 자가 아이겠고 백세 못되어 죽는 자는 저주 받은 것이

리라 21. 그들이 가옥을 건축하고 그것에 거하겠고 포도원을 재배하고 열매를 먹을 것이며 22. 그들의 건축한데 타인이 거하지 아니할 것이며 그들의 재배한 것을 타인이 먹지 아니하리니 이는 내 백성의 수한이 나무의 수한과 같겠고 나의 택한 자가 그 손으로 일한 것을 길이 누릴 것임이며 23. 그들의 수고가 헛되지 않겠고 그들의 생산한 것이 재난에 걸리지 아니하리니 그들은 여호와의 복된 자의 자손이요 그 소생도 그들과 함께 될 것임이라 24. 그들이 부르기 전에 내가 응답하겠고 그들이 말을 마치기 전에 내가 들을 것이며 25. 이리와 어린 양이 함께 먹을 것이며 사자가 소처럼 짚을 먹을 것이며 뱀은 흙으로 식물을 삼을 것이니 나의 성산에서는 해함도 없겠고 상함도 없으리라 여호와의 말이니라."

29 모세5경(토라) 등 전통적 유대사상에는 천당과 지옥 개념이 없었다. 고대 이스라엘인들은 현실 세상에서의 하나님의 지배와 축복과 저주만을 생각하고 살았다. 천당이나 지옥은 대체로 바벨론 포로기 이후 세월이 경과하면서 외래 사상의 영향으로 접하게 된 것인데, 유대의 전통적 창조신앙에 굳건히 서 있던 예수와 당대의 대다수 유대인들에게 이러한 신화적 사고는 익숙하지 않은 것이었다.

30 「베드로전서」 2:9 "오직 너희는 택하신 족속이요 왕 같은 제사장들이요 거룩한 나라요 그의 소유된 백성이니 이는 너희를 어두운 데서 불러내어 그의 기이한 빛에 들어가게 하신 자의 아름다운 덕을 선전하게 하려 하심이라."

31 공자나 소크라테스도 사후 문제를 알 수 없거나 확실히 말할 수 없는 문제로 보았다. 공자는 『논어』 선진(先進)편에서 "삶이 어떤 것인지를 잘 모르는데 어떻게 죽음을 알 수 있겠느냐(未知生 焉知死)"라고 하였다(이가원 역주 『논어 맹자』, 동서문화사 1978, 126면). 소크라테스는 사후 문제에 대해 전해오는 이야기들을 있을 법한 것으로 보고 고상한 모험으로 기대하면서도, 전해오는 이야기들이 그대로 될 것이라 우기는 것은 분별 있는 사람들에게 어울리는 일이 아니라고 하였다(「파이돈」 114d, 플라톤 지음, 천병희 옮김, 앞의 책 227면).

32 루돌프 불트만, 허혁 옮김 『기독교 초대교회 형성사』, 이화여자대학교 출판부 1993(2003) 90면. 예수의 선포는 당장 임박한 하나님 나라 사상에 지배되어, 심판과 부활, 미래의 영광에 대해 전혀 묘사하지 않았다고 하였다.

33 「잠언」 17:5 "가난한 자를 조롱하는 자는 이를 지으신 주를 멸시하는 자요 사람의 재앙을 기뻐하는 자는 형벌을 면치 못할 자니라."

34 「누가복음」 13:31 "곧 그때에 어떤 바리새인들이 나아와서 이르되 나가서 여기를 떠나소서 헤롯이 당신을 죽이고자 하나이다." 갈릴리의 분봉왕 헤롯 안티파스는 이미 세례 요한을 죽였으며 그를 계승한 것으로 보이는 예수도 못마땅하게 여

겼을 것이다. 이같은 점은 일부러 성전에 찾아와 예수에게 로마 가이사에게의 납세 여부를 질문한 이들이 헤롯당과 바리새인이라는 점을 통해서도 알 수 있다.

35 디아스포라 유대인이 예수 추종자들 가운데 점증했을 것은, 초기 예루살렘 신앙공동체에서 믿음과 성령이 충만한 일곱 일꾼(집사)을 뽑았을 때(「사도행전」 6:5) 그들이 모두 헬라식 이름을 가졌다는 사실에서도 유추해볼 수 있다. 「사도행전」 2:5 이하는 디아스포라 유대인들의 유입 계기를 오순절 성령 강림의 대역사의 파급 효과로 보지만, 예수의 예루살렘 입성 이후 일부 추종자들이 이미 생겨나 성령 강림 사건 후에 대규모 유입이 가능해졌을 듯도 하다. 일곱 일꾼 안에 드는 최초의 순교자인 스데반의 경우를 보아도 예수에 대한 상당한 이해가 있었을 가능성을 생각해볼 수 있다. 이방에서 유대교 율법을 지키는 데는 많은 제약과 불편함이 따르는데, 안식일 규례나 정결례 등 율법을 완화하고 이방인도 차별 없이 대하는 예수의 가르침은 디아스포라 유대인들에게 상당한 설득력을 가졌을 것이다. 물론 그들은 오히려 이방에서 유대 율법을 더욱 철저히 지키려는 교민적 특성을 가지고 있었음도 유의해야 할 것이다.

36 아라이 사사구 지음, 김윤옥 옮김 『신약성서의 여성관』, 대한기독교서회 1993, 179~89면.
　한편 초기 그리스도교 위경들은 막달라 마리아를 예수의 제자로 명기하고 있다. 「베드로복음」 12:50 "주일 이른 아침에 주의 제자인 마리아 막달레나는 분노에 찬 유다인들이 두려워 주의 무덤 앞에서 여인네들이 사랑하는 망자에게 하는 관습을 하지 못했기에." 송혜경 역주 『신약 외경』 상권, 한님성서연구소 2009 (2011), 275면. 막달라 마리아가 베드로가 시기할 정도로 예수가 가장 사랑한 제자라는 내용은 「마리아복음」에도 보인다. 장 이브 를루 지음, 박미영 옮김 『막달라 마리아 복음서』, 루비박스 2006, 50~67면.

37 버트런드 러셀 지음, 송은경 옮김 『나는 왜 기독교인이 아닌가』, 사회평론 1999, 37면. 무화과가 열릴 철도 아닌데 나무를 탓한 예수는 지혜로나 도덕성으로 보나 역사에 남은 다른 사람들만큼 높은 위치에 있다고 도저히 볼 수 없다고 하였다. 그런데 러셀은 같은 책 31~32면에서 자신은 역사적인 데 관심이 없고 복음서에 보이는 내용만으로 판단함을 말하였다. 역사적 자료 비판을 전제로 한 현대의 복음서 이해로 보아서는 주목할 만한 견해가 아니다. 사실 열매가 없다고 저주하는 이같은 일은 상식을 지닌 일반인들도 흔히 하지 않을 일로서 예수의 사랑의 품성이나 지향과도 전혀 어울리지 않는 것이다. 한편 무화과나무 저주 관련 이야기가 아람어에 대한 오해로 야기된 것이라고 보는 견해도 있다. 요아

킴 예레미아스 지음, 정충하 옮김 『신약 신학』, 크리스천다이제스트 2009(2012) 137면.

38 예수는 제자들과 평화스럽게 성전 안으로 들어간 뒤 돌발적으로 이같은 행위를 했을 것이다. 만약 입장할 때부터 집단의 힘을 과시하며 과격성을 내보였다면 성전 내 병사나 성전 옆 안토니아 요새에 망을 보던 로마군에 의해 사전 진압되었을 것이다.

39 요세푸스 지음, 김지찬 옮김 『요세푸스 II : 유대고대사』 15권 7장, 생명의말씀사 1987(2013) 329면. "사실상 오늘날에도 유대인들은 하나님께 마땅히 드려야 할 제사를 드리지 않고 사느니보다는 기꺼이 죽음을 택할 마음의 자세를 갖추고 있다."

40 「마가복음」 12:17 "이에 예수께서 가라사대 가이사의 것은 가이사에게, 하나님의 것은 하나님께 바치라 하시니 저희가 예수께 대하여 심히 기이히 여기더라." 마지막 부분을 보면, 바리새인과 헤롯당에서 보내온 자들은 자신들의 음모가 무산되었는데도 불구하고 오히려 예수 대답의 탁월함에 공감한 듯 예수에 대해 놀랐다고 하였다. 음모가 분쇄된 데 따른 실망을 넘어서는 감동이 있었던 것으로 보아야 할 듯하다.

41 「누가복음」 16:13 "집 하인이 두 주인을 섬길 수 없나니 혹 이를 미워하고 저를 사랑하거나 혹 이를 중히 여기고 저를 경히 여길 것임이니라 너희가 하나님과 재물을 겸하여 섬길 수 없느니라."

42 예수는 바리새파·사두개파·에세네파에 비해 토라를 완화하고 외식적인 율법주의를 비판하며 사회적으로 소외된 세리, 창기 등 소위 '죄인'들과의 연대를 지향하며 미래의 메시아 왕국이 아닌 현재적 종말론의 하나님 나라 실현을 추진하였다. 그리고 이방인에 개방적이고 로마에의 납세를 인정하는 등 갈릴리 유다의 신정국가 운동과도 대비된다. 사두개파와 바리새인은 산헤드린을 통해 예수 처형에 직접 가담했고 에세네파도 방관하거나 심정적으로 찬성했을 개연성이 높으며, 갈릴리 유다의 지지자들도 그의 처형을 용납했을 가능성이 높다. 이러한 기존 유대교 분파들의 일치된 분위기에서 민중들도 적극적으로 예수의 처형에 반대하지 않았을 것이며 그 분위기에 눌려 예수의 제자와 추종자들도 달아나거나 숨었을 듯하다. 예수와 유대교 내 기존 분파의 사상 차이는 게르트 타이쎈·아네테 메르츠 지음, 손성현 옮김 『역사적 예수』, 다산글방 2001(2010) 216~27면. 예수와 에세네파 쿰란공동체의 사상의 차이는 김판임 『쿰란공동체와 초기그리스도교』, 비블리카아카데미아 2008, 234~57면 참조.

43 『에우세비오 교회사』, 성요셉출판사 1985, 147~48면.

518

44 「마가복음」16:7; 「마태복음」28:7, 10. 예수가 갈릴리로 먼저 가 있겠다는 야속은 「마가복음」14:28에 이미 보이는데 이것은 복음서 저자가 의도적으로 삽입한 것으로 보인다. '예수가 갈릴리로 가시려고 하였다'는 사실과 거기서 연유한 소문이 있었던 것으로 추정해볼 수 있는데, 예루살렘 최종 여행 출발 전에 제자들에게 말한 내용일 가능성이 있다. 하나님 나라가 세워지고 자신들이 권세를 잡을 것이라 기대했던 대다수 (남자) 제자들은 이에 대해 별다른 의미를 두지 않았을 것이다. 「마가복음」10:35~45 참조.

45 성찬예식의 연원이 되었을 마지막 만찬에 관해서는 「마가복음」14:22~25과 그보다 앞서서 쓰인 바울의 「고린도전서」11:23~26의 내용이 있는데, 「고린도전서」에는 '나를 기념하라'를 보완하여 의식적 성격이 강화되었을 뿐 내용상 대동소이하다.

46 「마가복음」14:36 "가라사대 아바 아버지여 아버지께는 모든 것이 가능하오니 이 잔을 내게서 옮기시옵소서 그러나 나의 원대로 마옵시고 아버지의 원대로 하옵소서 하시고."

47 제자들과 거리가 떨어져 있었고 더구나 제자들은 곧 잠들었다고 하였기에 이때의 기도 내용은 누구도 들은 적이 없어 창작된 내용이라고 흔히 지적되고 있다. 잘못된 것은 아니지만, 예수의 고난과 죽음을 절실하게 아파했던 제자들과 추종자들의 추론과 인식을 반영한 만큼 실제 예수의 기도에 가까운 내용으로 보아도 무리가 없다고 여겨진다. 또한 다른 내용의 기도를 했을 가능성을 추정해내기도 어렵다. 이런 점은 복음서 내용의 역사학적 분석에 유의하여 참고할 만하다고 여겨진다.

48 당시 대화에서 그 이방 여인이 아람어를 사용했을 가능성을 부인할 수는 없으나, 예수가 아마도 헬라어로 말했을 가능성이 더 높지 않을까 한다.

49 「다니엘」12:1~2 "그때에 네 민족을 호위하는 대군 미가엘이 일어날 것이요 또 환난이 있으리니 이는 개국 이래로 그때까지 없던 환난일 것이며 그때에 네 백성 중 무릇 책에 기록된 모든 자가 구원을 얻을 것이라 땅의 티끌 가운데서 자는 자 중에 많이 깨어 영생을 얻는 자도 있겠고 수욕을 받아서 무궁히 부끄러움을 입을 자도 있을 것이며." 「요한복음」11:24 "마르다가 가로되 마지막 날 부활에는 다시 살 줄을 내가 아나이다." 인간 예수의 인식도 이 구절들에 보이는 생각과 다르지 않았을 듯하다.

50 예수는 자신의 죽음을 일단 기쁘게 받아들이지 않은 것을 알 수 있다. 이에 비해 플라톤의 저술을 통해 전해지는 소크라테스는 사형 판결에 따른 죽음을(BC

399) 긍정적이고 호기심 어린 태도로 담담히 받아들이고 있으며 죽음 이후에 자신에게 좋은 일들이 나타나리라고 낙관하기도 했다. 그런데 이러한 양자의 태도로 양자의 인격이나 지성을 비교 판단하는 데는 조심할 면이 있다. 양자가 처한 전통과 문화의 차이, 특히 사후세계에 대한 인식의 차이가 그같이 다른 반응을 낳을 수 있는 것이다. 아울러 혼의 불멸성을 확신하고, 70세라는 당시로서는 놀라운 장수자 대열에 든 소크라테스는 자신 스스로도 고단한 인생을 내려놓고 싶은 마음이 들 정도의 연배이기도 했다. 거기에 비해 예수는 30대 초의 나이로 막 뜻을 세워 하나님 나라를 선포하자마자 닥쳐온 죽음이 생경한 운명으로 여겨져 당황스러웠을 것이다(「스크라테스의 변론」 41d; 「크리톤」 43b, 플라톤 지음, 천병희 옮김, 앞의 책 참조).

51 「유다복음」은 유다의 예수 배반을 예수가 이미 알려준 것에 따른 행위로 본다. 유다는 예수를 둘러싸고 있는 육신을 없애서 영적 구원을 이루도록 도운 것으로 묘사되었다(로돌프 카세르·마빈 마이어·그레고르 부르스트 지음, 김환영 옮김 『예수와 유다의 밀약: 유다복음』, YBM SI-sa 2006, 40~42면).

52 유대전쟁의 결과를 보고 난 후의 사후 예언일 가능성도 없지 않다.

53 르네 지라르 지음, 김진식 옮김 『희생양』, 민음사 2007(2014) 185~93면.

54 월터 윙크 지음, 한성수 옮김 『사탄의 체제와 예수의 비폭력』(중판), 한국기독교연구소 2013, 291~95면. 지라르의 신화 및 예수 희생양 논리에 대한 비판적 검토가 피력되어 있다.

55 르네 지라르 지음, 김진식 옮김 『나는 사탄이 번개처럼 떨어지는 것을 본다』, 문학과지성사 2004(2014) 164~65면. "모방에 의한 전염과 만인의 일인에 대한 박해의 비밀을 드러내는 『구약』의 기록은 그리스도의 고난을 실제로 '예언하거나' 혹은 '예시하고 있다'"고 하여 구약성경에 나오는 희생양과 예수를 동격으로 보고 있다.

56 「요한복음」은 예수가 메시아인지에 신경을 쓴 공관복음서와는 다르게 그를 성육한 로고스 하나님으로 확실하게 선언하였다. 따라서 예수는 물을 포도주로 변하게 하고 죽은 뒤 나흘 된 나사로를 무덤에서 살리는 등 공관복음서에 보이지 않는, 하나님만이 행할 만한 특별한 기적들을 행한 것으로 싣고 있다. 그런데 그런 기적들이 실제 있었다면 공관복음서가 전하지 않을 리 없는 만큼 이것들은 요한 예수신앙공동체나 「요한복음」 저자의 창작으로 보인다. '표적(sign)의 책'으로서 「요한복음」에 대해서는 김득중 『요한의 신학』, 컨콜디아사 1994(2011) 68~116면 참조.

57 요세푸스의 초기 저작인 『유대전쟁사』에 세례 요한은 나오지만 예수는 보이지 않는다. 로마와 유대의 전쟁 요인으로 예수는 전혀 문제되지 않았음을 알 수 있다. 뒤에 나온 요세푸스의 저작 『유대고대사』에는 예수가 나오지만 전쟁 원인과의 연관성은 전혀 언급되지 않았다.

58 「마가복음」 8:34 "무리와 제자들을 불러 이르시되 아무든지 나를 따라오려거든 자기를 부인하고 자기 십자가를 지고 나를 좇을 것이니라."

59 플라톤 지음, 박종현 역주 『플라톤의 국가·政體』 제7권 517a, 서광사 1997 (2015) 453면. 동굴의 비유에서, 동굴 밖에 나갔다 온 자가 동굴의 어둠에 적응하지 못하여 비웃음을 자초하고, 이에 본래부터 동굴 속에 매여 있던 자들은 그가 위로 갔다가 눈을 버려가지고 왔으니 올라가려고 애쓸 필요가 없다고 말하리라 보았다. 그가 동굴 속에 매여 있던 자들을 풀어주고 동굴 밖으로 인도하려고 한다면 그들은 그를 어떻게든 붙잡아서 죽일 수만 있다면 죽이려고 하지 않겠는가라고 하였다. 이 구절은 소크라테스의 운명을 시사하는 것으로 이해된다는데, 예수 죽음의 주 원인도 이와 같이 볼 수 있을 것이다.

60 길희성 『하나님을 놓아주자』, 새길 2009, 143면.

61 「마가복음」 15:21~22 "마침 알렉산더와 루포의 아비인 구레네 사람 시몬이 시골로서 와서 지나가는데 저희가 그를 억지로 같이 가게 하여 예수의 십자가를 지우고 예수를 끌고 골고다 하는 곳(번역하면 해골의 곳)에 이르러." 마가 예수신앙공동체원들이 다 아는 인물로 아마도 같은 공동체원이었을 알렉산더와 루포가 있었으며 그들의 아버지는 구레네 출신 시몬임을 거의 확신할 수 있다. 두 형제에 의해서건 시몬 자신에게 들었건 간에 예수 수난의 일부분이 당시 현장 증인들을 통해 마가 예수신앙공동체에 전해진 것을 알 수 있다.

62 세 여인이 무덤을 찾아갔다고 하고(「마가복음」 16:1) 두 여인이 찾아간 것으로도 나오며(「마태복음」 28:1) 심지어 막달라 마리아 혼자서 간 것으로도 나온다(「요한복음」 20:1). 이미 돌이 굴려져서 무덤 문이 열려 있었다고도 하였고(「마가복음」 16:4; 「누가복음」 24:2; 「요한복음」 20:1), 천사가 하늘에서 내려와 돌을 굴려 무덤 문을 열어주는 장면을 목격한 것으로도 전한다(「마태복음」 28:2). 천사가 출현하여 갈릴리에서 만날 것을 전했다고도 하고(「마가복음」 16:7; 「마태복음」 28:7, 10) 그와는 달리 십자가에 못 박히고 사흘 만에 다시 살 것을 이미 말했음을 상기시켰다고도 한다(「누가복음」 24:7). 무엇보다도 부활 예수가 무덤에 왔다가 돌아가던 여인들을 만나준 것으로 전해지기도 하고(「마태복음」 28:9) 이 문제를 전혀 언급하지 않기도 하며(「누가복음」 24장) 혼자 남은 막달

라 마리아가 예수를 동산지기로 알다가 점차 스승임을 알아보는 과정이 전해지기도 한다(「요한복음」 20:11~18). 심지어 열한 제자들을 만난 곳이 갈릴리라고도 하며(「마태복음」 28:16) 예루살렘인 것으로 적고 있기도 하다(「누가복음」 24:33~36).

63 존 도미닉 크로산·조나단 리드 지음, 김기철 옮김『예수의 역사』, 한국기독교연구소 2010, 373~75면. 발뼈에 십자가 형벌의 못이 박힌 채 가족 무덤에 안치된 시신의 유골이 발굴되기도 했는데, 부유한 집안 출신으로 뇌물 등을 써서 특별히 조치한 극히 예외적인 사례이다.

64 소크라테스는 혼은 신체적인 것에 오염되어 밑으로 처지고, 비가시적인 것과 저승의 신 하데스가 두려워 가시적인 세계로 도로 끌려가서 무덤과 묘비 주위를 배회하는 그림자 같은 환영(幻影)이 혼들의 유령이며, 이것은 가시적인 것을 일부 간직하고 있어서 눈에 보인다고 하였다(「파이돈」 81c·d, 플라톤 지음, 천병희 옮김, 앞의 책 159면).

65 정양모『나는 예수를 이렇게 본다』, 햇빛출판사 2012, 288면. 「에스겔」 37:1~14를 근거로, 유대인들은 부활을 시신이 소생하는 것으로 간주했다고 하였다.

66 「누가복음」 24:39~40 "내 손과 발을 보고 나인 줄 알라 또 나를 만져보라 영은 살과 뼈가 없으되 너희 보는 바와 같이 나는 있느니라 이 말씀을 하시고 손과 발을 보이시나."

67 죽어 무덤 속에 있던 나사로를 살린 이야기는 예수의 신성을 매우 높은 수준으로 보고 있는 「요한복음」에만 있어(11:1~44) 요한신앙공동체 내에서 생성되었거나 복음서 저자가 창작한 것으로 보인다. 실제 이런 대단한 일이 있었다면 다른 복음서에 전하지 않을 이치가 없을 것이다.

68 「에스겔」 37:11~12 "또 내게 이르시되 인자야 이 뼈들은 이스라엘 온 족속이라 그들이 이르기를 우리의 뼈들이 말랐고 우리의 소망이 없어졌으니 우리는 다 멸절되었다 하느니라 그러므로 너는 대언하여 그들에게 이르기를 주 여호와의 말씀에 내 백성들아 내가 너희 무덤을 열고 너희로 거기서 나오게 하고 이스라엘 땅으로 들어가게 하리라."

69 이러한 설화적 무덤 부활 기사는 외경인 「베드로복음」에도 나타난다. 「베드로복음」 9:35~10:42 "그런데 주일이 시작되는 밤에 군인들이 둘씩 짝을 지어 보초를 서고 있을 때 하늘에서 큰 소리가 났다. 그들은 하늘이 열리고 두 사람이 찬란한 광채를 내며 그곳에서 내려와 무덤으로 다가오는 것을 보았다. 그리고 입구

에 놓여 있던 돌이 저절로 굴러 한쪽으로 비켜서고 무덤이 열리자 두 젊은이가 안으로 들어가는 것이었다. 이것을 보고 군인들은 백인대장과 원로들을 깨웠다. 그들도 그곳을 지키며 거기 있었던 것이다. 그들이 본 것을 얘기하고 있을 때 무덤에서 세 사람이 다시 나오는 것이 보였는데 두 사람이 다른 한 사람을 떠받치고 십자가가 그들 뒤를 따랐다. 두 사람의 머리는 하늘까지 닿아 있고 그들이 손으로 모시고 가던 분의 머리는 하늘 위로 솟아 있었다. 그리고 그들은 하늘에서 나는 소리를 들었는데 (그 소리가) 말하였다. "너는 잠들어 있는 이들에게 말씀을 선포했느냐?" 그러자 십자가에서 "예"라는 응답이 들려왔다."(송혜경 역주, 앞의 책 271~72면). 이야기 내용과 구성이 체계적으로 매우 잘 정리된 것으로 보아, 후대에 창작되었거나 기존 전승에 적극적으로 윤문이 가해진 것으로 보인다.

70 예수 추종자들이 보기에는 「이사야」 53:9의 '고난받는 종'의 매장과 죽음에 연계된 부자 악인의 전형적인 예가, 예수를 죽이도록 결의한 산헤드린의 의원일 가능성이 있음도 유의할 일이다. 그들에게 산헤드린 의원은 '악인'이랄 수 있으며 그 의원들은 주로 부자였을 것이다. 이런 배경에서 공회원 중 한사람이 거론되다가 점차 예수의 죽음과 장례가 예를 갖춘 것으로 미화되어 전파되면서 '하나님 나라를 고대하는 자' '제자' 이미지에까지 이르렀을 가능성도 있다.

71 부활 증인을 열거하는 「고린도전서」 15:1~8에서 5, 6절에는 게바(베드로)에 이어 열두제자 그리고 500여 형제에게 일시에 보이셨는데 그중에 태반이 살아 있다고 하였다. 이미 비교적 인정되는 바와 같이 그 500여 형제들은 이 집단적 성령 체험을 한 이들을 가리킬 가능성이 있다. 고양된 부활신앙 상태에서 나온 그 숫자에 부풀림이 있었을 것은 인정해야 할 것이다.

72 복음서보다 앞서 바울 사도에 의해 기록된 「고린도전서」 15:1~8에 보이는 초기 예수신앙공동체의 공식적 부활 증인들(게바, 열두 제자, 500여 형제, 야고보, 모든 사도, 바울)을 놓고 볼 때, 부활 예수를 복음서가 말하는 무덤에서 보았을 가능성이 있는 증인은 게바(베드로) 한 사람뿐인데, 복음서들은 무덤 속을 확인한 베드로가 오히려 부활 가능성을 생각지도 못한 것으로 전하고 있다.

73 마거스 보그·톰 라이트 지음, 김준우 옮김 『예수의 의미』, 한국기독교연구소 2001(2014) 211면. 마거스 보그는 자신이 생각하는 부활절의 역사적 근거는 "예수의 제자들은 그 당시에나 지금에나 예수가 죽은 후에도 계속해서 그를 살아 있는 실재로 체험하고 있다는 사실이다"라고 하였다.

74 루돌프 불트만 지음, 허혁 옮김, 앞의 책 96면. "가까운 세계 종말에 대한 예수의 기대가 잘못된 것은 더 말할 필요가 없다. (…) 예언자적 의식은 분명히 언제나

하나님의 심판을 아주 가까운 시간 안에 있을 것으로 기다렸다. 왜냐하면 예언자는 하나님의 존엄한 권위와 그의 뜻의 절대성에 압도되어 그에 비하면 세상은 무(無)에 빠져 있고 마지막에 처해 있는 듯이 보였을 것이기 때문이다."

75「마태복음」5:48 "그러므로 하늘에 계신 너희 아버지의 온전하심과 같이 너희도 온전하라."

76 유대 전통에서 선지자와 교사로서의 예수는, 그와 동시대의 선지자인 세례 요한과 기원전 2세기에 활동한 것으로 추정되는 대제사장 출신 쿰란공동체의 의의 교사(Teacher of Righteousness)와 대비해 이해해볼 수 있다. 예수와 이들의 출신과 사상, 행적은 여러 면에서 차이가 있었다. 김판임, 앞의 책 참조.

찾아보기